南京理工大学校史（1953—2022）

南京理工大学校史编纂组　编著

国防工业出版社

·北京·

内 容 简 介

本书综合记述了南京理工大学近 70 年的发展历程,以时间为序,力求真实、准确地展现学校办学过程中的教育教学、科学研究、师资队伍、人才培养、学科建设、党建与思政等各项工作发展脉络,是一部史料丰富、内容翔实的校史著作。

本书可供南京理工大学师生、校友,相关高校及科研院所工作人员,关心、支持南京理工大学发展的社会各界人士参考、阅读。

图书在版编目 (CIP) 数据

南京理工大学校史(1953—2022)/南京理工大学校史编纂组编著 . —北京:国防工业出版社,2023.9
ISBN 978 - 7 - 118 - 13053 - 9

Ⅰ.①南…　Ⅱ.①南…　Ⅲ.①南京理工大学 - 校史 -
1953 - 2022　Ⅳ.①G649. 285. 31

中国国家版本馆 CIP 数据核字(2023)第 165915 号

※

国防工业出版社出版发行

(北京市海淀区紫竹院南路 23 号　邮政编码 100048)
北京虎彩文化传播有限公司印刷
新华书店经售

*

开本 787 × 1092　1/16　印张 31¾　字数 639 千字
2023 年 9 月第 1 版第 1 次印刷　印数 1—1200 册　定价 280.00 元

(本书如有印装错误,我社负责调换)

国防书店:(010)88540777　　书店传真:(010)88540776
发行业务:(010)88540717　　发行传真:(010)88540762

《南京理工大学校史(1953—2022)》

编 纂 委 员 会

主 任　张　骏　付梦印
副主任　席占稳　李　强
委　员　廖文和　陈　钱　许百涛　何　勇　路贵斌　朱俊武
　　　　陈　雄　韩晓梅　郭　健　朱建飞　李　涛　丁大志
　　　　王　赓　张世宏　庄志洪　张　珩

编 纂 组

组　长　席占稳
副组长　李　涛　宗士增
撰　稿　王虹铈　杨　武　杨钰婷　李广都　李　翚　李春宏
　　　　李梦瑶　何振才　张佳钊　季卫兵　周　荣　孟天财
　　　　赵玉瑜　姜　莹　顾来红　谈　悠　曹　洪　崔　聪
　　　　曾绍军　(以姓氏笔画排序)
秘　书　李梦瑶

前　言

　　南京理工大学由创建于1953年的新中国军工科技最高学府中国人民解放军军事工程学院(简称哈军工)分建而成,历经炮兵工程学院、华东工程学院、华东工学院等历史时期,距今已走过70年发展历程。学校现隶属工业和信息化部。

　　70年栉风沐雨,70年砥砺前行。70年来,学校在党的全面领导下,不断战胜各种艰难险阻,各项事业取得了长足进步,书写了"南理工人"创新创业、担当作为、不断开拓奋进的壮丽篇章。

　　1953年9月,蕴含红色血脉的哈军工诞生于抗美援朝的战火硝烟之中,其创建既是新中国成立后建设强大国防和现代化军队的迫切需要,也是当时国内国际形势发展的客观要求。

　　在哈军工的创立及办学过程中,陈赓院长以其对党和人民的无限忠诚和对新中国高等军事技术教育的执著热爱,为学院建设呕心沥血,提出了一系列办学思想和办学理念,如"边建、边教、边学"的方针,"两老"(老干部、老教师)办院的思想,"两个承认"(既要承认长征两万五,也要承认十年寒窗苦),"一中、二主、三严"(以教学为中心,以教师为主、以学生为主,治学严谨、组织严密、要求严格),"善之本在教、教之本在师","拧成一股绳一切为了学生"等。也孕育形成了强军报国、忠诚奉献、团结拼搏、守正创新的哈军工特质。

　　1959年12月,为落实中央军委"尖端集中,常规分散"的指导方针,炮兵工程系与武昌高级军械技术学校合并,组建中国人民解放军炮兵工程学院。

　　从决定分建,到1960年7月1日学院成立,学院师生在孔从洲院长、廖成美政委带领下,在仅半年时间内,完成了搬迁南下、两校合并任务,保证了教学、科研活动的正常进行。其后又经历了西安基建、三地施训等艰苦、复杂的办学过程,直至1962年8月定址南京,开启了学校又一段辉煌的建设发展之路。学校自力更生、勤俭办院,以思想建院、作风建院、团结建院,尊重知识、重视教师、关爱人才，积累了丰富的办学经验，这些是学校办学治校的宝贵财富。全校师生在党委领导下，英勇无畏，排除万难，经受住了艰苦的工作与生活环境的考验，锤炼了更加坚强的意志品质，胜利完成建校创业的历史重任；开拓创新，坚定了发展军工科学技术的使命担当；在军队、军人、军工思想文化的教育熏陶下，厚植了南京理工大学的军工文化基因。

1966年学校脱离军队编制，更名为华东工程学院。广大师生秉承哈军工的优良传统，在十分困难的条件下，坚守教学和科研，服务国防，推动学校在曲折中不断前行。其间，学校共招收五批工农兵学员，先后为越南、赞比亚等国培养多批留学生，组织教师编写教材，承担并完成了多项科研任务。"82毫米无后坐力炮系统"等项目的研制成功，更是学校无论在任何艰难条件下，不忘初心、牢记使命、为国铸利器的集中体现。

改革开放后，学院教学秩序、生活秩序逐步恢复，各项规章制度不断建立、健全，改革力度不断加大，教学、科研和其他各项工作加快了建设发展的步伐，实现了学校由以教学为中心向教学科研两个中心、由兵器学科为主向多学科协调发展的转变。1988年学校第六次党代会提出了国内一流大学的建设目标，开启了学校建设国内一流大学的新征程。

1995年学校进入国家"211"工程建设行列后，全校广大师生员工面对新的形势和任务要求，以前所未有的昂扬精神，抢抓机遇，深化改革，开拓进取，奋发有为，加快推进国内一流理工科大学建设。进入21世纪后，学校又不失时机，顺应高等教育现代化、大众化、国际化的发展大势，推进学校由多科性大学向着国内一流、国际知名（国际化）、特色高水平研究型大学的奋斗目标不断前行。2011年学校获批建设"985工程优势学科创新平台"。

2017年，学校入选"双一流"建设高校，"兵器科学与技术"学科入选"双一流"建设学科，南京理工大学作为行业特色鲜明研究型大学也迈入了新的发展阶段，学校党委带领全校师生，凝心聚力，全面贯彻党的教育方针，加快特色高水平研究型大学建设步伐。2019年，学校第十二次党代会提出了"为党育英才、为国铸利器，奋力开启建设特色鲜明世界一流大学新征程，为实现中华民族伟大复兴的中国梦贡献南理工力量！"十二次党代会以来，学校全面深化综合改革，拓展办学空间，完善内部治理体系，提高教育教学质量，由研究型大学向着建成特色鲜明世界一流大学的目标阔步前进。

习近平总书记指出："历史是一面镜子，它照亮现实，也照亮未来。"《南京理工大学校史(1953—2022)》一书立足南京理工大学七十年发展中的重大时间节点、重大事件、重要人物等,较为全面地回顾总结了学校创建和各个建设发展阶段学科专业、人才培养、科学研究、师资队伍、交流合作、党建思政与文化等学校发展概貌。在校史编写过程中,始终坚持以习近平新时代中国特色社会主义思想为指导,遵循历史唯物主义的原则,深入挖掘与梳理校史,全面总结办学经验,旨在进一步讲好南理工故事、诠释南理工精神,努力为建设特色鲜明世界一流大学凝聚思想共识、汇聚奋进力量。南京理工大学 70 年的发展历程,谱写了南理工人传承红色基因,无私奉献、科学务实、自强不息、敢为人先的时代篇章。

忠诚担当,奋发有为,在国家需要面前勇挑重担,勇毅前行。在学校初建时期,任新民、沈正功、肖学忠、赵子立、鲍廷钰、浦发、张宇建、于道文、许哨子等一大批优秀知识分子在国家建设,国防建设需要面前,义无反顾,全力以赴,融入到新中国高等军事技术教育的洪流中,将聪明才智贡献给我国的兵工和国防建设,成为新中国兵工教育事业的创建者,南理工兵器学科的奠基人。

此后,学校历代建设者,秉承"强大国防,繁荣祖国"的使命担当,自觉行动,把个人命运和学校、国家命运紧紧联系在一起,紧跟国家战略需要,瞄准世界军事前沿技术进展,自命题目,自加压力,自主研究,实现了学校在国防科学技术研究中的多个突破和创新,展示了南理工在国防和国民经济建设中更多的不可或缺和不可替代。祝榆生带领一批青年教师研制 82 毫米无坐力炮及弹药系统,不仅为我军提供了性能优良的轻型反坦克武器装备,为我国破甲技术赶上世界先进水平做出了积极贡献;屈大壮等人在从未见过计算机什么样子,一无资料,二无图纸,白手起家,仅靠一些文献,边学边干的情况下,完成了 PG-1 第一台数字计算机的研制;安全可靠的非电起爆系统用于深水起爆首次成功,不仅填补了我国爆破器材的空白,也使我国进入了这一技术领域的国际先进行列。一系列的重大成果书写了一篇篇振兴中国教育与科技发展的动人篇章,镌刻下永恒的"南理工印记"。

黾勉敬业,恪尽职守,为党和人民事业精益求精,不懈追求。惟其艰难,方显勇毅。为了"342 项目"(子母弹项目),徐振相带领宋开元、胡雅君、潘功配、金序兰、范嘉璁、余陵陵等课题组成员,可以前后六年时间居住在试验现场,躬身在干打垒的土屋和山峰高耸的大山沟里;旋压药形罩课题组成员王儒策、高森列、汪东辉、赵国志等顶风冒雪,每天与雨水泥泞、湿漉漉的靶场为伴;

为了研究前线急需的火炮，唐治教授两上老山，冒着生命危险走遍前线的每寸阵地。70 年来，一大批南理工人扎根科学技术研究领域，十年磨一剑，为国铸利器，他们埋头苦干，精益求精，创新超越，取得一系列原创性、突破性、标志性成果。改革开放以来学校获得省部级以上科研成果奖励 1154 项，其中国家级奖励 107 项。

甘于奉献，默默无闻，坚守教育一线，匠心独运，铸魂育人。70 年来，学校为国家培养输送了 18 万余名各类高级专门人才。一代代教育工作者，坚守教育阵地，为党育英才，为国铸栋梁，他们中有吴晓蓓、钟秦、王建新、袁军堂、陈光等教学名师，有全国"黄大年式教师团队"光电成像与信息处理教师团队、控制科学与工程教师团队。他们心有大我、至诚报国，教书育人、敢为人先，淡泊名利、甘于奉献，在三尺讲台上演绎了精彩人生，把爱国之情、报国之志融入国家改革发展的伟大事业之中、融入人民创造历史的伟大奋斗之中，从自己做起，从本职岗位做起，为实现"两个一百年"奋斗目标、实现中华民族伟大复兴的中国梦贡献智慧和力量。

意志坚定，矢志奋斗，毕生为事业拼搏进取，敬业奉献。国家最高科学技术奖获得者王泽山院士有一句广为流传的话，叫作"一辈子做好一件事"；我国著名的火炮专家张月林教授的口头禅，叫作"活着干，死了算"，他还说："一个民族要发展，要强盛，必须要有人作出牺牲，我甘愿为火炮事业作出牺牲。""最美奋斗者"个人祝榆生、王泽山，"最美奋斗者"集体代表任新民，以及我国著名火炮专家张月林等，生动诠释了科学家的精神品格，是无数南理工人的杰出代表，他们忠诚于党、报效祖国，扎根基层、奉献人民，在各自岗位上做出了非凡业绩，赢得了人民广泛赞誉。李鸿志、王泽山等一大批院士，始终坚守在服务国家、服务国防、服务地方经济建设的主战场上，拼搏进取，敬业奉献。70 年来，学校取得了丰硕的育人成果，一批批南理工优秀学子在国家经济建设、国防建设事业中只争朝夕，建功立业，涌现了 L15 教练机总设计师张弘、"女枪王"黄雪鹰、"月宫一号"总设计师刘红，更有以"把生命的最后一次心跳献给了祖国的武器装备事业"，被中央军委追记一等功的校友胡卫为代表的数万名校友。

70 年来，学校始终坚持正确社会主义办学方向，努力为祖国培养优秀科技人才。"政治坚定、要求严格"的办学传统、"强大国防、繁荣祖国"的使命担当、以工为主的办学路径使得学校不断发展壮大，予学校未来发展以深刻的启示：一是坚持服务国防，在 70 年的办学历程中，从建校初期的炮兵装备，到兵器、立体兵工，再到陆海空天信的融合发展战略，聚力创新驱动，不断拓展与强化服务国防面向。二是坚定走内涵式发展道路，以"强势工科、特色理科、精品文科"为专业学科建设的指导思想，增强发展自信，聚焦特色鲜明，走特色高水平大学发展之路。三是坚守质量为本的办学理念，将质量作为立校之本、强校之基，聚力质量提升，把提升质量贯穿于人才培养、科学研究、社会服务、国际交流和文化传承创新的始终。

2023 年 9 月，学校将迎来 70 周年华诞，在漫长的办学过程中，学校广大师生、历届校友和社会各界为学校发展付出了无数心血，这是南理工发展进步永之不竭的动力源泉！新征程上，我们将继续沿着特色鲜明世界一流大学建设目标，砥砺奋进，阔步前行，在服务国家需要和社会发展中不断展现新作为，实现新突破，体现新担当，创造南京理工大学新的辉煌！

南京理工大学校史编纂组
二〇二三年八月

目　　录

第一章　肩负强大国防使命创建现代军事科技学府（1953—1960 年）

1953 年 9 月，我军历史上第一所综合性的高等军事工程技术学院——中国人民解放军军事工程学院（简称"哈军工"）在哈尔滨宣告成立。成立之初设有空军工程系、炮兵工程系、海军工程系、装甲兵工程系以及工兵工程系 5 个系。哈军工从 1952 年筹建到 1960 年第一次分建先后 8 年，从 1953 年正式成立到 1966 年退出军队序列，前后办学 13 年，哈军工培养了一批优秀军工科技人才，积累了丰富的办学经验，也形成了一种独有的精神——哈军工精神。

第一节　创建军事工程学院

军事工程学院的创建是在党的建军思想指导下，在新中国成立后建设强大国防和现代化军队的客观要求，也是建国初期国内国际形势建设发展的时代需要。

一、创建背景

新中国成立之初，针对我国面临的国内外政治、经济、军事等方面的严峻形势，毛泽东提出"中国必须建立强大的国防军"，加快国防建设的步伐。

1950 年 6 月，美国出兵侵略朝鲜，同时派第七舰队侵入台湾海峡，公然干涉我国内政，我国周边安全受到严重威胁，中共中央毅然作出"抗美援朝，保家卫国"的战略决策。1950 年 10 月 25 日，中国政府派出的志愿军跨过鸭绿江，进入朝鲜，和朝鲜人民并肩作战。朝鲜战争中，我军武器装备和技术的落后，坚定了党和国家领导人加速发展我国军事技术及现代化武器装备的决心。1953 年 1 月，毛泽东主席明确指出："无论抗美援朝战争的结果如何，都要搞国防工业的建设与军工生产。朝鲜战争证明，依靠我们过去和较为落后的国内敌人作战的装备和战术是不够的，我们必须掌握最新的装备和随之而来的最新战术。"

毛泽东主席的要求，加快了各类军校、军队各兵种建设和常规武器的制造，推动了我国国防的现代化。中国人民解放军军事工程学院在这样的历史背景下，开始了筹建的各项工作。

二、筹备组建

1952 年 3 月 18 日，代总参谋长聂荣臻和副总参谋长粟裕向中央军委呈送《关于成立军事工程学院的报告》。周恩来、朱德、林彪审阅后，中央军委主席毛泽东于 3 月 26 日批示："同意。"

6 月 23 日，中央人民政府人民革命军事委员会主席毛泽东签署了《关于全国军队院校调整的命令》。根据命令，军事工程学院拟设在哈尔滨，并以中国人民解放军第二高级步兵学校、华东军区军事科学研究室和中国人民志愿军三兵团部分干部为建院的组织基础。组建哈军工的三支力量，是在我党、我军历史上均创造过重要成绩，产生重要影响的部队。

中国人民解放军第二高级步兵学校（简称二高步校）的前身是第二野战军军事政治大学，具有我军优良的军事传统和战术基础。二高步校是军事工程学院筹建三支力量中人数最多的一支。1952 年 9 月，先后从重庆出发的二高步校 1400 多名排级以上干部和 1600 多名战士、职工抵达哈尔滨市。

华东军区军事科学研究室是新中国成立初期华东军区为发展军事科技、改进部队武器装备，在陈毅的直接关心下于南京设立的军事科研机构。它是新中国第一个进行比较完整地进行兵工研究的军事单位。军事科学研究室作为组建哈军工的基础之一，1952 年 7 月，任新民、许哨子、赵子立、鲍廷钰、金家骏、张宇建、马明德等 15 名教授、专家和 282 名干部、战士、职工开始北上，至 12 月底，华东军区军事科学研究室的人员设备从南京全部迁到哈尔滨。军事科学研究室的人员，构成了哈军工的教学、科研骨干力量。

中国人民志愿军第三兵团，由原第二野战军战斗序列的部队组成，下辖第 12、第 15、第 60 军，陈赓任司令员兼政治委员，王近山为副司令员。1952 年底，从志愿军第三兵团选调的 25 名干部先后从朝鲜回国到军事工程学院任职。第三兵团副参谋长李懋之担任哈军工筹委会副主任委员，军务处长黄景文为筹委会委员，成为哈军工初创的重要力量。

中央军委调中国人民志愿军副司令员陈赓负责筹建工作，并要求学院 1953 年 9 月 1 日开学。7 月 11 日，毛泽东主席任命陈赓为军事工程学院院长兼政治委员。8 月 22 日，中央批准成立军事工程学院筹备委员会（以下简称"筹委会"），地址为北京地安门恭俭胡同 1 号（现为 59 号）志愿军第三兵团驻京办事处。筹委会于 9 月 1 日开始正式办公。筹委会由陈赓、徐立行、李懋之、张衍、胡翔九、黄景文、张述祖、任新民、沈正功、赵子立 10 人组成，主任委员陈赓，副主任委员徐立行。在筹委会的这 10 人当中，任新民、沈正功、赵子立 3 位后来均进入炮兵工程系（二系）。

筹委会的设立，标志着军事工程学院正式踏上了筹建之路。

三、调配师资

创建军事工程学院时,新中国刚成立不久,科技人才寥若晨星,高等教育师资奇缺,教师队伍远远不能适应教学要求,因此,调配一批高水平的师资,建立一支骨干教师队伍成为建校的重要工作之一。1952 年 9 月 22 日,哈军工筹委会向中央军委呈送了《关于招收学员及请调师资问题的报告》,报告中强调了学院"筹建工作的中心环节是培养师资"。师资问题的解决,一方面依靠在全国范围内选调少数有真才实学的专家、教授作骨干,另一方面则主要依靠择优录取和培训助教。

(一)全国范围请调专家教授

为了请调专家教授,建立一支骨干教师队伍,陈赓院长亲自督促,他依靠筹委会的干部、教授,广泛进行调查研究,了解中央人民政府各部、科学院、高等院校的教授、专家和中央军委系统中大学理工科毕业生情况。张述祖教授最早提出了一个 37 人的推荐名单,后在和其他同志的推荐名单整合后,拟定了一份首批选调的 80 名专家教授名单,其中 18 名教授被列为选调重点。选调教授、专家名单涉及几十个单位,人多面广。经中央军委同意后,陈赓向周恩来总理亲自呈送选调教师的报告。在周恩来总理的关心下,从全国高等院校、科研院所、企事业单位、军队第一批选调了 62 名教授、专家。哈军工请调的教授、专家许多都是国内各专业的顶尖人才,其中包括张述祖、高步昆、卢庆骏、周明鸂、曹鹤荪、陈百屏、刘恩兰、李宓、曾石虞、孙本旺、谭自烈、马明德、任新民、沈正功、卢寿栩、赵国华、曹国惠、杨仲枢、邱劼毅、钟以文、梁守槃、张稼益、曾承典、潘景安、刘景伊、吴守一、张凤岗、胡振渭、许哨子、浦发、董绍庸、庄逢甘、朱起鹤、程尔康、龚承鹿、黄明慎、鲍廷钰、赵子立、张宇建、金家骏、肖学忠、罗时钧、陈涵奎、余新福、凌之巩、顾懋祥、周祖同、苏谔、李天庆、胡寿秋、何乃民、沈毅、黄德馨等。其中,任新民、沈正功、卢寿栩、许哨子、鲍廷钰、浦发、赵子立、张宇建、金家骏、肖学忠、程尔康、孙本旺等先后在炮兵工程系(二系)工作。

(二)择优录取和培训助教

选调助教的工作同样得到总政治部、总干部部等中央部门的重视。1952 年 11 月 24 日,中央军委向全军下达《抽调 300 名助教及 1000 名学员的指示》。学院仅用两个月的时间,对全军大学毕业和大学 3 年以上肄业的青年干部分 8 个考区进行了选考,择优录取了 243 人担任助教,至年底实际报到 232 人。

为了提高助教的基础理论水平,学院决定先将所有助教分配到各教研室(1953—1958 年称教授会,1959 年后称教研室)学习基础课程,从 1953 年 4 月 13 日—9 月 20 日,用了 20 周时间学习基础课程,然后,再择优分入各系学习专业。经过集中训练,先后组建起院属各教研室和各系专业教研室，所有基础课助教都能担任各自课程的辅导工作，少数优秀者能胜任讲课任务。

在培训助教的同时，老教师们积极进行教材的翻译、编写工作，有的教师除承担培训助教讲课任务外，还担任基层行政领导工作，为学院正式成立和第一期学员开学积极努力，认真负责地做好各项教学准备工作。

（三）聘请苏联顾问

新中国成立初期，以美国为首的一些资本主义国家对新中国持敌视态度，实行经济封锁和物资禁运。创建军事工程学院只能得到当时社会主义国家的帮助。

1952年10月4日，陈赓院长向中央军委呈报《关于聘请苏联顾问的报告》，请求聘请50名苏联顾问到学院工作。经中央军委批准，1953年4月，以奥列霍夫为首的军事工程学院顾问团第一批成员8人抵京。其中，除首席顾问瓦·依·奥列霍夫，还有副首席兼科学教育顾问依·依·叶果洛夫、炮兵工程系主任顾问尼·比·贝日科等。之后，许多专家直接分配到各系教授会指导专业筹建工作。二系专家主要来自苏联捷尔仁斯基炮兵工程学院。

四、招收学员

1952年9月12日，中央军委向全军发出《关于调查登记大学、专科学校学生及各种技术人才的指示》，责成各级政治机关和干部部组织一定力量进行调查登记工作。9月22日，学院筹委会在向中央军委呈送的有关招收学员的报告中提出，每期学员以800名毕业人数为准，预科招生应录取1000人，以保证有880~900人升入本科。报告考虑了预科招生与升入本科的差额。报告批准后，总干部部派出8个工作组，分赴6个大军区、特种兵部队和军委直属队，协助调查登记具有大专以上学历人员的分布、使用情况。8个工作组的组长、组员均由学院的干部担任。

11月24日，中央军委向全军下达《为军事工程学院抽调1000名学员的指示》。指示强调："为加速现代化国防军的建设，军委创办军事工程学院，培养各军兵种高级军事工程师和技术人员，决定从部队中抽调大学、专科以上理工科学生1000名，赴军事工程学院学习。"选调原则：凡是学非所用或大材小用者，或者用不了可能调出者均应抽调；报考的学员名额应超过录取数。考试、审查、体格检查、接收等工作由各大军区，军委各特种兵干部部、政治部组成的工作组负责，并由军委总干部部派去的工作组协助，限于12月底考试完毕。1952年底，经对军队高中毕业和大学一、二年级肄业的青年干部进行考试，共录取学员1010名，实际报到987名。

第一期学员于1953年1月到哈尔滨集中。他们一般都在部队中经过了几年实际工作的锻炼，思想觉悟、组织性与纪律观念方面都有一定的基础。第一期党员、团员占比达

80%,上进心强,具有较高的学习热情,愿意学习国防科学技术。但由于他们大部分是1950年之前参军的,所学数、理课程遗忘较多。在录取的987名学员中,大学一、二年级肄业的有365人,高中毕业的有369人,高级工业专科学校(简称"高专",学习年限相当于高中,一年学完高中数、理、化课程,数、理、化基础薄弱)毕业的有165人,高中、高专肄业的有88人。由于学历不同,文化程度参差不齐,在本科教育开始前,必须进行数、理、化等基础课程的学习,同时开展时事政策教育与队列、体育训练等,即实施预科学习,为进入本科学习奠定必要的基础。学员大队下设6个学员队,2个助教队,统一编入预科大队,接受文化补习教育。

1953年3月9日,学员大队文化补习开始,学院按照苏联十年制中学文化程度为学员补习高中课程。为了保证教学质量,讲课教师都是全国有名的教授,如孙本旺、沈正功、黄明慎、陈百屏、罗时钧、刘绍唐、金家骏等。陈赓院长积极关注文化补习工作进展,其务实的工作态度有力促进了预科学习中文化补习的教学质量。

第一期学员经过6个半月的文化补习后,需要再经过文化考试和政治、身体复查,才能进入本科阶段学习。7月11日,学院成立学员入学考试委员会,并举行第一次会议。陈赓为主任委员,炮兵工程系副主任刘吉林是委员之一。7月20日,第一期学员入学考试开始。

在此前的5月15日,中央军委副主席彭德怀向毛泽东主席呈送《关于军事工程学院今后每年毕业学员人数计划的报告》。报告说,经过在军委例会上的研究,拟确定该校每年毕业学员800名,以便从1957年开始,至1960年训练完成3200人的数目。毛主席批示:"同意这个计划,即每年以毕业800人为限度。"

至8月15日,历经近一个月时间,第一期学员本科入学考试结束,987名学员有795名进入本科学习。根据个人志愿与组织需要相结合的原则进行入系分科,8月24日,学员的学科专业确立后,被分到各系开始接受本科教育。分到炮兵工程系的学员共180名(表1.1.1),其中炮兵兵器、炮兵射击指挥仪2个专业各40名,步兵兵器、炮兵弹药、火药与炸药、炮兵雷达、火箭兵武器5个专业各20名,于9月1日正式开学上课。

建院初期,新生部分由部队输送,部分来自普通中学,文化基础参差不齐,设置预科制度,在一年预科教育期间对学员进行文化补习、入伍教育、部分军事教育,并进一步帮助他们打好高中文化基础,对即将进入本科阶段的学员以及学院的整体发展,都具有一定的积极作用。后由于进入学院学习的学员,大多具有高中文化知识基础,从1959年第七期学生起取消了预科。

1958年3月26日,学院隆重举行第一期学员毕业典礼。国防部部长彭德怀签发了国防部命令:"中国人民解放军军事工程学院第一期学员已完成教育计划,根据毕业考试委员会的报告,下列636名学员考试及格,准予毕业,授予毕业证书。"大会还宣读了陈赓院长抱病写来的贺信,他勉励毕业学员理论联系实际,向广大官兵学习,以求不断提高自已解决实际问题的能力。国防部副部长李达上将专程从北京赶到哈尔滨,在毕业典礼上发表了热情洋溢的讲话,对学院和毕业学员表示祝贺。刘居英副院长等院领导为学员颁发了毕业证书,刘居英、冯纪新、哈尔滨工业大学和北京航空学院两校领导、教授高步昆、毕业学员代表黄刚强等在毕业典礼上分别作了讲话。典礼后,又有 29 名学员获得毕业证书,第一期学员共 665 名正式毕业,其中 1/5 留院任教。

表 1.1.1　炮兵工程系一期学员名录

班级	姓名
211 212	罗光、李真、蔡时雨、李洪昌、闵杰、黄淼、宁静、王成科、梁绵振、刘则文、邹厚甫、沙英琦、刘龙华、郭叔辉、程明珍、俞敏士、梁汉基、李树德、周传哲、杨祚钰、刘忠亮、任敏、袁伯祥、杨留铨、程远、郑光达、戈新民
213	石淘、李伟如、宋丕极、肖辉、李应纪、何践、陈荣镐、陈大光、王正位、危克振、张时雍、王祖年、张才忠、李正繁、庚红军、宋遵吉、纪无畏、吴学询、陈彦、彭棣辉
214	陈洗、杨欣德、彭厚刚、陈际轩、汪遵善、朱铮苏、蔡松林、黄明遽、朱桂芳、赵仁笃、赵革非、俞成、邹品章、蒋名枢、申甲、吴子明
215	宋晓岚、萨白、江浩华、吕隆菊、李辉荣、张尊润、孙名振、宁治、邹尘拂、袁景照、陈舒林、梁正辉、徐冰若、金为箴、叶文德、应宁兴、刘英朴、邓川、钱叔英
216 217	桑宇垠、甘敬授、杨守忠、张树元、周继行、郭林方、杨敬群、屈大壮、白方周、杨宗威、向贤英、彭党成、杨清海、徐金铺、申立仁、万一常、董大铨、徐鸿桢、葛富权、邹晓泽、黄楷成、高崇德、莫继城、何平伟、郭祖定、郭灿章、王立、张衍铎、李中杰、梁正智、越士云、何苒、唐传英、黄忠、王开德、王朝熹
218	刘次由、阎聪、吴鹏程、王家培、曹庆双、孙同祁、陈善清、杨怡、刘振松、陈立民、李黄河、唐一平、刘光叶、曹立达、杜永清、罗宽深、王壮勋、胡大全、方令尹、黎德恩
219	刘树华、莫仓圻、金宏猷、宋世清、周树仁、吴一正、丘光申、黄寿康、易明初、谢继光、李启炽、邢球痕、丁辉南、马宗光、刘建中、鲍弘仁、万俊华、池俊、许龙兴、袁秋帆、朱君谋、马野

五、管理体制

中国人民解放军军事工程学院,由中央人民政府人民革命军事委员会直接领导。

1952 年 12 月 5 日,军事工程学院第一次办公会议召开,陈赓院长宣布了中央军委批准的院系组织机构。学院直属机关下属七部(政治部、干部部、科学教育部、科学研究部、技术器材部、行政队列部和物资保障部)、两处(财务处和保密处)、一个办公室,五个系:空军工程系(一系)、炮兵工程系(二系)、海军工程系(三系)、装甲兵工程系(四系)、工程兵工程系(五系),一个预科总队。会议一并宣布了院系领导名单:教育长徐立行,副教育长兼物资保障部、技术器材部和行政队列部部长李懋之,政治部副主任兼干部部部长张衍,科学教育部部长张述祖。五个系的主任分别为:一系唐铎(未到职前由徐介藩负责),二系赵唯刚,三系黄景文,四系徐介藩,五系唐凯。

12月12日,学院按照建院方案中的组织系统表,并参考南京军事学院的组织系统,向中央军委呈报了《军事工程学院组织系统(草案)》,经聂荣臻代总参谋长批准执行。

1953年1月26日,中央人民政府人民革命军事委员会总政治部批准军事工程学院党委的权限,暂按兵团级党委的权限执行。系为军级编制,履行军的职权。

2月2日,总参谋部批准军事工程学院暂行组织编制表。1953年的编制序列是:院设院长、政治委员、副院长、教育长、副教育长;院机关设科学教育部、政治部、物质保障部、干部部、工程技术勤务部、行政队列部6个部;各部共设师级二级部、处、室、馆24个,团级科、室、厂、队建制单位43个;院辖空军工程系、炮兵工程系、海军工程系、装甲兵工程系、工程兵工程系5个系;系机关设教务处、政治处、行政处3个处,系下共设22个专科,73个专业教研室以及实验室、陈列室、专修室等。1953年全院队列人员4357名。

在中央军委明确学院的编制序列后,学院各级组织机构相继设立,主要领导干部先后被任命。1953年4月至1954年10月,中央军委先后任命刘居英为副院长,刘有光为副政治委员兼政治部主任。其他任命还有,科学教育部部长徐立行,副部长张述祖、张子明;政治部主任刘有光(兼),副主任张衍;物质保障部部长李懋之;工程技术勤务部部长李焕。院直属财务处处长张友亮;行政队列处处长杨进,副处长雷立德;保密处处长宋犁夫;干部处处长张衍(兼),副处长曾煜;预科主任张文峰,政委屈兴栋,副主任张杰,空军工程系副主任葛燕璋、戴其蕚,炮兵工程系政治委员贺振新,副主任沙克、刘吉林;海军工程系政治委员邓易非,副主任穆栋材;装甲兵工程系副主任安守田、吴生敏、胡翔九;工程兵工程系政治委员南敬之,副主任吴振挺、赵本源。学院各级组织体系进一步健全和完善。

建院初期,院下各系的编制体制是系、专科两级,系下设教务科和教授会。

曾经担任炮兵工程系领导的有,主任赵唯刚,政委贺振新,副主任沙克、刘吉林、任新民、沈正功、刘君杰、祝榆生、姜国华,副政委赵阳、祝玉璋,政治处主任苏广义,教务处处长张吉乡,副处长熊正威,行政处副处长候盛林等。

炮兵工程系成立时,共有5个专科、7个专业、9个教授会。

5个专科分别是炮兵步兵兵器、弹药火炸药、射击指挥仪、雷达、火箭炮。

7个专业是炮兵兵器、步兵武器、炮兵弹药、火药炸药、指挥仪器、炮兵雷达、火箭武器。

9个教授会是炮兵兵器设计(201)、步兵兵器设计(202)、内外弹道学(203)、弹药学(204)、火药炸药学(205)、炮兵射击指挥仪器(206)、炮兵雷达(207)、火箭炮(208)、射击学(209)。曾任炮兵工程系教授会主任、副主任的有:

沈正功(炮兵工程系炮兵兵器教授会主任)

任新民(炮兵工程系火箭武器教授会主任)

卢寿椿(炮兵工程系炮兵指挥仪教授会主任)

程尔康(炮兵工程系步兵兵器教授会副主任)

鲍廷钰(内、外弹道教授会代理主任)

浦　发(内弹道教授会副主任)

许哨子(弹药教授会副主任)

肖学忠(火药教授会主任)

赵子立(火药炸药教授会副主任)

以及范柏青、晨雷、徐世麟、冯缵刚、朱逸农、金家骏、吴洪鳌、樊祖培、商燮尔、刘学昌、王德佩、郭招贤、彭国琳(实验室副主任)等。

创建初期,炮兵工程系有干部、教师、教学辅助人员111人,其中教师51人。其后,随着新教师的补充,炮兵工程系的师资队伍也得到相应的发展。到1957年5月,全系教师已达127人,其中教授2人(沈正功、肖学忠)、副教授8人(程尔康、鲍廷钰、浦发、张宇建、许哨子、赵子立、金家骏、王如芝)、讲师43人、助教64人,实验室主任、副主任、工程师共10人。

六、正式开学

1953年9月1日,中国人民解放军军事工程学院隆重举行正式成立暨第一期开学典礼。在中共中央、政务院、中央军委的亲切关怀下,我军历史上第一所综合性的高等军事工程技术学院经过一年的筹建,从无到有地创办起来了。

典礼于9月1日下午1时30分在操场举行。首先由中央人民政府人民革命军事委员会张宗逊副总参谋长阅兵,并代表中央军委授"八一"军旗、致辞,陈赓院长接受军旗。随后,进行分列式。

张宗逊副总参谋长宣读毛泽东主席的训词。

中央人民政府人民革命军事委员会训词

军事工程学院陈院长和全体教授、助教、学员、工作人员同志们:

当你们开学的时候,我向你们致以热烈的祝贺。

在此时机,我并向热诚帮助我们计划和创办这个学院的苏联政府、苏联顾问表示衷心的感谢!

中国人民解放军军事工程学院的创办,对于我国的国防事业具有极重大的意义。为了建设现代化的国防,我们的陆军、空军和海军都必须有充分的机械化的装备和设备,这一切都不能离开复杂的专门的技术。今天我们迫切需要的,就是要有大批能够掌握和驾驭技术的人,并使我们的技术能够得到不断的改善和进步。军事工程学院的创办,其目的就是为了解决这个迫切而光荣的任务。

向苏联学习,这是我们建军史上的优良传统,无论任何时候,任何工作部门,都应当如此。这点,对于你们这个学院,有更加重要的意义。我们必须学习苏联的先进科学和技术知识,学习苏联顾问同志高度的爱国主义和国际主义精神。在学习上应该是虚心诚恳,不要学到一点就自满和骄傲。

保持和发扬中国人民解放军的光荣传统,特别是全心全意为人民服务的精神和自我牺牲的英雄气概,这在你们的学院,是和全军一样,必须充分领会和一刻也不可忘记的。

希望你们团结一致,办好学院,尊重顾问,努力学习,为完成人民革命军事委员会给予你们的光荣任务而奋斗!

主席:毛泽东

一九五三年八月二十六日

陈赓院长在致辞中说:"我以十分敬意与荣幸,宣布我们中国人民解放军军事工程学院——我国历史上第一所军事工程学院正式成立了。一九五三年九月一日,就成为军事工程学院的纪念日。"

军委总政治部秘书长、中国新民主主义青年团中央书记处书记王宗槐、苏联驻哈尔滨总领事馆副总领事科尔巴辛、学院苏联顾问团首席顾问奥列霍夫、空军司令部副司令员常乾坤、工兵司令部副政委黄志勇等总部和各军、兵种代表,松江省主席强晓初等12人在大会上致贺词。

最后,由徐立行教育长宣读教职学员向毛主席、朱总司令的致敬电。

乐队高奏国歌,隆重的开学典礼在《国际歌》声中结束。

当晚,学院举行万人露天会餐。总政文工团和东北军区文工团、学院文工团为庆祝开学典礼举行文艺演出。

为庆祝哈军工的创建,许多中央和军委领导同志也先后题词。周恩来总理题词"努力学习,建设现代化的国防军、军事工程学院",朱德总司令的题词"努力学习近代科学技术,为建立巩固的国防,保卫祖国而奋斗"。中央军委副主席刘伯承、贺龙、罗荣桓和总政治部副主任傅钟、肖华、甘泗淇,总干部部副部长徐立清等总部领导同志也分别题了词。中央人民政府人民革命军事委员会总参谋部、总政治部,中国人民志愿军司令部、政治部,中国人民解放军西北军区司令部和政治部,西南军区、华东军区司令部和政治部,华北军区、东北军区,林彪、叶剑英、罗荣桓、邓子恢、谭政、黄永胜、陶铸暨中南军区第四野战军全体指战员,空军、海军、炮兵、装甲兵、工程兵、军事运输司令部,中共中央东北局、中央人民政府高等教育部,军事学院、后勤学院、总高级步兵学校等领导机关和军事院校等为学院成立发了贺电,送了贺信、贺幛。

军事工程学院院刊《工学》报也于9月1日正式创刊。毛泽东主席亲笔题写了

《工学》学报名称。

第二节　教育教学

在学院筹建过程中，院党委指出："学院的中心任务为完成国防技术教育，培养各兵种高级技术人员。这一繁重而艰巨的任务，如无各种工作的有力保证，是不可能胜利完成的。因此在院党委的统一领导下，加强对教学工作的保证，应成为各部门的中心任务。"

建院初期，学院提出了"以教学为中心"的办学思想，明确了培养优秀军事人才的目标。在培养方案制定、教学组织设置、教育教学实施等方面注重高规格和高水准，注重面向现代化战争趋势和我国国防建设需要的强化科学研究。学院经过初创时期的艰辛探索，较为有效地形成了教学与科研齐头并进的良好办学格局，也为其建设发展以及后期各分建高校的建设发展凝塑了优良传统和文化基因。

一、高规格培养人才

培养优秀的军事技术人才是军事工程学院创办的首要目标。1953 年 8 月，毛泽东主席向军事工程学院颁发的训词中明确提出："为了建设现代化的国防，我们的陆军、空军和海军都必须有充分的机械化的装备和设备，这一切都不能离开复杂的专门的技术。今天我们迫切需要的，就是要有大批能够掌握和驾驭技术的人，并使我们的技术能够得到不断的改善和进步。"院长兼政治委员陈赓多次强调和阐述学院的人才培养目标。1952 年 9 月 1 日，陈赓院长在军事工程学院筹备委员会成立时即指出："掌握军事技术，是军队建设的头等大事。"1952 年 12 月 11 日，陈赓院长在与张述祖等教授座谈时又强调："将来的武器是非常复杂的，飞机、大炮、高射炮，都要配备雷达等仪器设备，没有相当的科学知识是不能掌握和使用的，我们要把学员培养成为具有高度军事素养、有严格纪律性和高度技术的干部，然后分配到全国的国防岗位上。"苏联专家也为军事工程学院人才培养的目标积极建言献策。1952 年 10 月，苏联驻军委顾问团副总顾问柯托夫向筹委会建议："对学员的培养，首先要求他成为一个体魄健壮的士兵，一个热爱祖国的技术军官，他必须能忍受一切艰难困苦，不怕流血牺牲，有铁的军事纪律观念，一丝不苟的工作作风和主动承担责任的精神。没有这样的道德品质，就很难完成战场上的技术保障任务。"

1953 年 2 月 28 日，学院党委通过的《关于执行教学任务中几个主要问题的决定》，首次提出了学院的培养目标。1953 年 8 月，军事工程学院《第一期教学计划说明》中对培养目标进一步明确为：培养政治上坚定，无限忠于党和人民，忠于祖国，具有高度爱国主义和国际主义精神的军事工程师；精通并善于使用本兵种技术武器，能够独立完成工程任务,并具有高度组织性、纪律性、较高文化程度和一定军事素养的军事工程师;忠诚老实、勇敢顽强,富于主动性、警惕性,不怕困难并善于克服困难的工程师;能够教育与培养其部属,体格坚强,能承受军事勤务中一切艰难困苦的军事工程师。

此后,根据形势发展和学院实际情况,在开展教学改革的过程中,学院培养目标和教学计划不断修订完善。1958 年 12 月,学院公布的教改方案包括"教学改革原则""培养目标和学制""教育与生产劳动相结合的形式"等 22 条。1959 年 5 月,学院完成新教学计划的制订工作,培养目标定为"培养具有共产主义觉悟的、有一定军事素养的、有高度科学技术水平的又红又专、全面发展的研究设计和维护修理的军事工程技术干部"。

同时,为主动适应军队现代化建设特别是尖端技术发展的需要,学院及时调整专业设置。1956 年 9 月,学院党委根据军委总军械部意见决定撤销炮兵工程系的固体火箭专业,将原火箭专业教研室教员 7 人、实验人员 6 人以及 1956 年级学员 20 人及全部实验器材调归空军工程系成立新专业。1958 年 4 月,经国防部部长彭德怀批准,学院增开 5 个专业,其中火箭方面 4 个,包括导弹和喷气发动机、导弹自动控制系统、导弹无线电控制系统、组织与射击;原子专业(即特种武器)1 个。

1957 年 9 月,中央军委批准学院在炮兵工程系设防原子、防化学专业,在海军工程系增设消磁专业。1958 年 3 月,根据中央军委指示,防化兵学校 100 余人并入军事工程学院,学院为此在炮兵工程系设立七、八、九 3 个防化专科,共 5 个专业班,作为筹建防化兵工程系的基础。1959 年 5 月,防化兵学校 100 余名教员,由校长刘君杰带队从北京等地迁往哈尔滨,与炮兵工程系合并。

1957 年 9 月,中央军委批准学院建立导弹专业。1959 年 2 月,中央军委批准学院以空军工程系第七科为基础,并入炮兵工程系的火箭炮专业,正式成立导弹工程系,设于空军工程系大楼。对外称"电机系",代号为七系。导弹工程系下设导弹设计、发动机、飞行力学、飞行控制、原子 5 个专业。

为了夯实培养过程和严格培养环节,学院根据上级要求,结合实际及时调整学员学制。1953 年、1954 年入学的第一、第二期学员学制为 4 年。1955 年 5 月,学院传达中共中央关于"提高教育质量,减轻学生过重负担,贯彻全面发展的教育方针"的指示,提出:"少学一点,学好一点。"根据中央军委指示,从 1955 年 9 月 1 日起,第三期学员学制由 4 年改为 5 年。1959 年 3 月,根据军委办公厅通知,学院学制改为 5 年半或 6 年,培养目标由维护修理工程师改为研究与设计工程师。

军事工程学院 1955 年开始进行研究生培养。当年 9 月,学院招收研究生学员 3 名,均在海军工程系。1956 年,学院招收研究生学员 15 名。其中,炮兵工程系 7 名,指导教师为程尔康、许哨子、肖学忠、赵子立、朱逸农,研究生学员分别为甘高才、潘昌祥、黄人骏、张振斌、金安石、朱宗正、郑克杰,专业领域为步兵兵器、炮兵弹药、火药与炸药、炮兵仪器、炮兵雷达。这一时期,学院还开启了留学生培养工作,1958 年 8 月,第一批 40 名越南留学生进入学院学习,其中有 14 名越南人民军留学生进入炮兵工程系学习。

二、教师队伍建设

教员是开展好教育、教学活动的关键力量,学院组织最优秀的教员担任主讲教师。1953 年 3 月,学员大队开始为首批学员进行文化补习,主要的文化补习课都由当时全国有名的教授担任,如孙本旺讲授平面几何,沈正功和黄明慎讲授投影几何,陈百屏讲授代数,罗时钧讲授数学解析,刘绍棠讲授中学物理,金家骏讲授中学化学等。为了开展好文化补习,在此之前,学院组织教员们到哈尔滨工业大学进行了两周的参观学习,听各类专业教师和苏联专家讲课,吸取专业建设的经验。

学院严格规范教员教学准入,加强教员的培训、进修和交流。学院要求,即使是著名教授讲高中课程,也要经过试讲并接受评价。1953 年 3 月 5 日,学院教务处组织第一次试讲评教会。这次试讲评教会由曹鹤荪主持,炮兵工程系的沈正功教授主动要求进行第一个试讲。1953 年 3 月 16 日,为了学习、掌握苏联的先进科学技术,学院举办助教俄文速成学习班和基础课培训班,炮兵工程系的青年教员都参加了学习。1953 年秋,学院高等数学教授会开设甲、乙两个助教培训班,由卢庆骏和孙本旺编写教材,为在职助教讲授高等微积分、复变函数等课程。同时,卢庆骏成立数学研讨班,按照苏联副博士的标准引导青年教师研读数学高层次专著,取得了很好的效果。1956 年 9 月,学院组织兵器专业教员开展教学经验交流会。1958 年 5 月,学院向苏联派出第一批教员攻读副博士学位,此后陆续派出共计 23 名教员到苏联学习,他们学成后取得副博士学位,提高了师资队伍水平。

1957 年 2 月,哈军工编制数为 6846 人,实有 11906 人;学员编制 5500 人,实有 5399 人;炮兵工程系职工编制 528 人,实有 1208 人,其中学员 762 人,教授(教授包括正、副教授)有沈正功、肖学忠、程尔康、鲍廷钰、浦发、张宇建、许哨子、赵子立、金家骏、王如芝等。

三、教学制度建设和教学研究

在加强教学制度建设方面,1953 年 9 月 5 日,学院公布《军事工程学院教学过程组织基本条例》。条例包括九项制度:各级领导在教学中的职责;教授会、教师的职责;编制教学基本文件制度;教师指导学员作业制度;学员独立作业制度;教学过程检查制度;考试、考核、测验、毕业考试、毕业设计答辩及记分方法;教学秩序和课堂纪律;在职人员学习制度等。1953 年 12 月,学院公布了《军事工程学院考试与测试实施办法》;1954 年 2 月 27 日,公布了《成绩优良的专科、学员班及优等生标准及奖励办法》;1955 年 4 月 6 日,公布了《专业技术课程教学方法暂行基本条例》;1956 年 5 月,公布了《关于保证教员工作时间的规定》;1957 年 10 月,公布了《毕业设计程序和评定暂行办法》;1957 年 12 月 23 日,公布了《优等生标准及评定办法》《毕业班优秀学员及奖励办法》。

在教学组织方面,1953 年 10 月 31 日,经过 10 个多月的准备,由陈赓院长提议的军事工程学院教育工作者协会,得到中央军委政治部批准,正式成立。陈赓院长在成立会议上致贺词,他说:"'教协'是教育工作者的群众组织,院党委决定撤销专门负责教师工作的政治协理员编制,让教授、专家们自己管理自己的政治学习和文化生活,院党委这一提议已经得到军委总政治部的同意。"教育工作者协会制定了章程,选举了 13 人的委员会,周明鸂任主任,朱起鹤、卢庆骏、梁守槃、任新民、戈果为副主任。

1954 年 1 月 28 日,学院召开第一届教学方法研究会,徐立行教育长作了《半年来教学方法的几个问题》的报告。会议提出了教学工作的四条原则,即"要以高度思想理论水平讲课""要在教学工作中发扬集体主义精神""要贯彻理论联系实际的原则""要培养学员独立工作能力"。1954 年 3 月 16 日,学院召开首届行政队列工作会议,陈赓院长要求向苏联军队学习,必须坚决贯彻条令,把一切行动都约束在条令中。21 日,炮兵工程系召开全体学员、工作人员的军人大会,刘吉林副主任传达了学院行政队列工作会议的精神。为了加强对教育教学的组织和实施,学院成立了相应的专门委员会。1954 年 11 月 4 日,学院成立教材编审委员会,由 9 人组成,徐立行任主任委员,张衍、张述祖为副主任委员,唐铎、沈正功、赵国华、徐介藩、殷之书、王炜等为委员。11 月 19 日,学院成立教学方法指导委员会,共 14 位委员,其中炮兵工程系的任新民教授和沈正功教授为委员。12 月 2 日,学院成立体育运动委员会,刘居英任主任委员。1956 年 11 月 16 日,学院成立考试委员会。

四、重视学员军事素质养成和实践教学

军事教育所设置的课程,有军事思想课(内容有人民战争与人民军队、中国革命战争的战略问题、人民解放军十大军事原则、我国积极防御的战略方针、现代战争的特点与几种战略思想)、各军兵种性能课、军事地形学及军队标号课、合同战术概则与营团师军各级合同战术课以及各军兵种战术课。

从 1955 年(第三期)开始,学院对从地方招收的学员进行入伍教育,内容包括人民解放军的性质和建军宗旨,人民解放军的队列、纪律内务、警备条令,单兵战术动作和班、排、连攻防战术及土工作业、地形测绘,在近似实战环境中的行军、宿营、侦察、警戒、夜间行动,还有防空、防炮、防化学、防原子知识。通过入伍教育,使学员经受野营生活和野战生活锻炼,培养不怕苦、不怕死的革命精神,由一个普通中学生转变成为正规的革命军人,从思想上真正入伍。

军事教育的师资,大都来自原第二高级步兵学校,少数人毕业于解放前国民党陆军大学,多数是经过军事学院和总高级步兵学校学习并经历过革命战争锻炼的老干部。

学院重视并加强实践教学。在原华东军区司令部军事科学研究室十余名老工人的努力下,学院以十几台旧机床为基础逐渐建成了实习工厂。1954 年 6 月 1 日,学院举行

实习工厂建成和试车典礼,陈赓院长为实习工厂剪彩并讲话。实习工厂有 156 名职工、168 台各种机械加工设备,新厂房面积 8000 平方米,首任厂长为刘长禄。6 月 22 日,学院野营司令部成立,野营教育内容包括合同战术、射击、筑城、工程测量等科目。7 月 11 日,学院野营训练基地在哈尔滨市北郊 25 千米外的柞树林开营,开营仪式上检阅了学员方队。1954 年 10 月,经陈赓院长建议,中央军委批准学院选派学员参加总参谋部在胶东半岛举行的诸兵种合同演习,"以改变纸上谈兵的教学局面"。1955 年 7 月,学院公布了《专业教授会实验室条例》,对开展实验教学进行了规定。1958 年 10 月,中央军委决定在学院建立一座综合实验工厂,投资 2000 万元,编制 1288 人。1959 年 4 月,以试制武器装备为主要任务的大型综合机械厂开工建设。

五、重视正规化校风建设

中华人民共和国成立后,毛泽东提出建设现代化、正规化军队的任务,号召全军为建设现代化、正规化的国防军而奋斗。彭德怀于 1953 年底召开了全军高干会议,他强调"正规化"是建设现代化军队绝不可少的基本条件。所谓"正规化"就是按条令办事,从严治军,依法治军。就是要把全军各方面用条令的规定彻头彻尾地统一起来,做到令行禁止。令行禁止是条令的核心,是军人的灵魂,是军威的形象。

陈赓院长说,我们是军事技术院校,学院的校风、校纪建设是和全军革命化、现代化、正规化建设密切相连的。我们是培养军事工程师的场所,也是锻造军人作风,锤炼军人品德的"熔炉",对贯彻条令条例要求更严、更高,人人要养成遵纪守法的自觉行动。我们必须强调养成有军工特点的校风、校纪,因为它是学校的校魂,必须强调军人姓"军",不能和地方院校攀比。学院根据上级指示精神,于 1953 年 4 月 25 日召开了全院排以上干部会议,动员整顿纪律,加强行政管理,学习条令、条例,建立正规化军事生活秩序。在此之前已布置各部系根据条令,拟订各种规章制度,在试行过程中不断修正,逐步克服自由散漫习气,使生活秩序和工作秩序初步有了一些条理,但距正规化的要求还相差很远。

1953 年 4 月 27 日,学院召开了全体军人大会,传达了陈赓院长在干部会上的讲话要点,强调了建设正规化校风和学风的重要意义,动员大家严格遵照条令、条例要求,自觉执行各项规章制度,端正军容风纪,用条令、条例规范自己的行动,做一个合格的模范军人。具体要求和措施:一是按现行编制编队;二是进行条令教育训练;三是内务卫生要经常保持整齐划一,清洁干净;四是建立健全昼夜值班制度和值星制度;五是严格执行请假、销假制度;六是整顿军容风纪,加强军人礼节。

六、重视体育和文化活动

坚持军、政、技、体全面发展,是学院党委十分明确的办学思想。建院之初从全国调来的第一批老教师中,就有体育界知名人士龚家鹿;在学院最初成立的公共课教授会中,就有射击体育教授会。学员的体育课正规而严格,任务是向学员传授基本的体育理论知识和基本的体育运动技能,以适应在战争和艰苦环境中工作的需要,而且通过开展体育活动,培养组织纪律性、吃苦耐劳精神和勇敢顽强、坚韧不拔的意志。体育课时间一年级每周为2学时,二、三年级每周为1学时。上体育课时,学员必须遵守课堂纪律,教师也必须认真负责。迟到、误课、对学员说话不检点,都为纪律所不容。体育课同样要考试,不及格者必须补考。

1953年8月下旬,学院举办了首届运动会,为期两天,共进行了24个比赛项目。炮兵工程系(二系)组织选拔了参加学院运动会的代表队。

1957年5月上旬开始,学院举办了院级篮球、排球、乒乓球三项比赛。比赛12日结束。装甲兵工程系(四系)获得篮球、排球冠军。炮兵工程系盛元龙获得乒乓球单打冠军,刘志伟、吕长林获得双打冠军。

优秀的文艺作品,也是思想政治工作的有力武器。政治部文化部经常向学员推荐优秀文艺作品,如吴运铎的《把一切献给党》,苏联优秀小说《拖拉机站站长和总农艺师》等。学院文工团经常结合形势、任务排演有教育意义的戏剧,如反映挪威一位科学家世界观转变的话剧《在20世纪中叶》;反映青年革命幸福观的话剧《志愿军的未婚妻》;反映青年成长道路的话剧《在战斗里成长》;为配合学习党的七届四中全会文件,以反对资产阶级个人主义为主题的大型话剧《考验》等,都给师生员工留下了深刻的印象。在1954年春节全院文艺汇演中,空军工程系学员钟山创作的谐剧《学得好与学不好》、工程兵工程系学员集体创作的反映优秀学员谭国玉在学习中顽强拼搏精神的话剧《谭国玉》,思想性、艺术性都较强,在学员中引起了强烈的反响。各基层单位的共青团支部经常组织座谈会,交流阅读革命文艺作品和观看电影、戏剧的感想、体会,一般都能联系思想,对照检查。政治部为鼓励战斗性、群众性文艺创作活动的开展,制定了《军事工程学院文艺创作评奖暂行条例》。

1956年12月1日和2日晚,学院三千多人在军人俱乐部礼堂观看了匈牙利人民军文工团单项演出队演出的独唱、钢琴独奏、舞蹈和民间器乐演奏等精彩节目,每个节目都博得了观众热烈的掌声。许多节目再次、三次地演出,震耳的掌声依然经久不息。在12月1日演出休息时,副院长刘居英和各部负责人慰问了参加演出的文工团同志。演出终了,学员代表向文工团献了花篮。

1958年11月23日晚,炮兵工程系举行了歌咏比赛。为了这次比赛,各科都创作了很多新歌曲,如《过好共产主义关》《四管高射机枪》《歌唱学习和劳动》《祖国乘着东风飞翔》等。

经过严格培养,学院第一期学员于1957年10月开始毕业答辩。10月28日,学院成立第一期学员毕业答辩委员会,徐立行为主任委员,各系主任、政委为副主任委员,曹鹤荪为秘书长。邀请任新民、谢光选等军内外 55 名专家来院参加毕业设计答辩。截至 11 月 12 日答辩结束，共有 654 名学员参加答辩，214 人取得优秀成绩。炮兵工程系学员王成科设计的"100 毫米无后坐力炮"，经 701 厂的专家评定，认为设计考虑问题全面，有创造性，符合战术要求，答辩委员会初步认为可以提供给国家设计部门参考。来院担任答辩评委的北京工业学院高庆春教授认为炮兵工程系学员李洪昌设计的"100 毫米自行火炮"能与实际战术相结合，有较强的实用性。

第三节　科学研究与学术活动

军事工程学院成立初期，教学工作成为学院的中心工作。在教学工作初步进入有序状态后，开展科学研究就被提上了议事日程。

1954 年 1 月 4 日，学院首席顾问奥列霍夫提出："院首长的基本任务是：第一，使学院成为培养军事工程师的教学中心；第二，使学院成为军事科学技术思想的研究中心。"在建设发展过程中，学院高度重视学术科研工作，组织师生开展科研攻关，不断促进科研工作与教学工作并驾齐驱、相得益彰。1955 年 6 月 10 日，学院公布了《科学研究工作条例》。1956 年 2 月 29 日—3 月 1 日，学院召开了第一届科学技术研究会议，进一步强调学院"既有培养军事工程师干部的任务，又有发展军事科学技术的任务"。1956 年 3 月 12—18 日，学院第二次党代会提出要响应党中央"向科学进军"的号召，确定"提高教学质量""开展科学研究""扩大专家队伍"三项任务，明确了制定科学研究工作五年计划和十二年规划、在高年级学员中广泛开展科学研究等八项举措。这一时期，学院还先后颁布了《科学研究奖励暂行办法》《科学研究对外联系暂行办法》《稿酬暂行办法》，并创办了学术刊物《工学学报》。为了进一步加强科学研究，学院于 1957 年 3 月将科学教育部分建为教务部和科学研究部。

一、瞄准前沿性科研方向

1955 年 11 月 25 日，归国不久的钱学森访问学院。当天上午，钱学森在刘居英、刘有光等陪同下，参观了学院的陈列馆、图书馆，并随后参观了海军工程系、装甲兵工程系和工程兵工程系。下午，钱学森由徐立行、张述祖等陪同，参观了炮兵工程系，他与任新民谈了"二战时德军 V2 导弹袭击英国，落点散布服从泊松原理的现象"。在炮兵工程系 208 实验室，任新民陪同他看了固体火箭试验车，他请实验室主任王德佩将 37 曲线打出来给钱学森看。钱学森看了以后说："不容易！你们的研究已有相当的深度，尽管条件有限，毕竟已经干起来了。能迈出这一步，实在出乎我的意料！"钱学森对徐立行说："任教授是你们的火箭专家，今天我有幸认识了他。"钱学森握住任新民的手说："我们一见如故,希望不久我们再见面,深入探讨一些问题。"钱学森还见到了相识的梁守槃和老同学周明鸂,见到了他的两个学生庄逢甘和罗时钧。当天,陈赓院长乘飞机赶回哈尔滨,晚上在大和旅馆宴请钱学森。陈赓院长对钱学森说:"钱先生,您看,我们能不能自己制出火箭来?"钱学森说:"为什么不能?外国人能造出来的,我们中国就不能造出来?难道中国人比外国人矮一截不成?"陈赓院长和钱学森商量了军事工程学院与中国科学院合作的问题。钱学森说:"将来中国的军事科学的专门技术人才,主要靠军事工程学院输送了。"

从1955年上半年开始,学院组织骨干教师撰写关于研制高性能武器装备的决策建议。炮兵工程系任新民与周曼殊、金家骏3人完成了《对我国研制火箭武器和发展火箭技术的建议》的论证报告。报告中提出了我国应尽快发展火箭与导弹武器,并对我国发展火箭与导弹武器的必要性和可行性进行了较为充分的论证。这一报告反复征求了学院的院、系领导和专家的意见,在几易其稿后于1956年1月正式提交学院,陈赓院长将这一建议书递交国防部部长彭德怀。彭德怀很重视,阅毕当即批给黄克诚和万毅。根据批示,总参装备计划部部长万毅亲自去征询钱学森的意见。1月20日,彭德怀主持中央军委会议,讨论万毅提出的《关于研究与制造火箭武器的报告》,决定立即向中共中央提出研制导弹的建议报告。任新民等人提交的报告是新中国"两弹一星"事业的第一个论证报告,标志着"两弹一星"事业的开端。1956年5月10日,聂荣臻提出《关于建立中国导弹研究工作的初步意见》,其中,决定建立以钱学森为院长的导弹研究院,对外称国防部第五研究院(以下简称第五研究院)。5月29日,聂荣臻邀请国务院各部委领导33人开会,商量为第五研究院选调科技骨干的问题。陈赓院长在会上表示,坚决支持第五研究院的工作。几天后,正在北京出差的任新民和庄逢甘即被调到第五研究院。当年10月,梁守槃、朱正也被调至第五研究院。

二、推进科学研究工作

炮兵工程系干部和师生积极贯彻学院"向科学进军"的号召,在开展好教学工作的同时加快推进学术科研工作。1956年3月,炮兵工程系落实学院第一届科学技术研究会议精神,在全系学员中展开了科学研究活动,有115名学员踊跃参加。经过全系干部和师生的共同努力,炮兵工程系成了推进科研攻关的模范系。例如,1956年6月1日,学院科研处开会研究全院各单位科研工作进展情况,认为形势很好,但指标偏高,炮兵工程系是超额完成当年科研计划的系。1956年,学院全年有61位教授制定了科研计划,提出了210项课题,比1955年增加了5倍,而炮兵工程系是当年第一个超额完成科研计划的系。1959年1月2日,学院举行技术革命元旦祝捷大会,大会展示的比较突出的项目有我国第一代441A电子管计算机、第一部适合我国海域条件的快艇雷达、600×600超声速风洞、橡胶火药、双级小火箭等,其中橡胶火药为炮兵工程系的成果。

1955年8月,炮兵工程系203弹道教授会实验室代理主任范嘉琠在苏联内弹道专家帕拉同洛夫上校的启发下，带领纪家珍、靳开森、杨贺臣等利用暑假研制成功我国第一台转鼓式密闭爆发器，这是我国第一台能测定压力温度（P-t）曲线的弹道测试仪器。同年，在苏联专家拉金的指导下，203实验室风洞部成功研制用于外弹道教学的烟风洞。不久，郑郁侠、席德简等又开始研制马赫数为3.5的10厘米×10厘米小型超声速风洞，并于第二年研制成功。至此，我国第一个现代弹道实验室诞生。1958年7月29日，经过4个月的努力，炮兵工程系206教授会成功试制电子模拟计算机。1959年3月，张爱萍上将来到科尔沁草原的白城子靶场，观看炮兵工程系第二期219班的学员研制的新型火箭炮，经现场试验，4种新型火箭炮的射程、精度都达到设计最高水平。

学院的科研工作受到了党和国家领导人的充分肯定。1958年8月1日，学院第一批36项科研成果参加北京军队院校技术革命成果展览会。刘少奇、周恩来、朱德、邓小平、陈云、彭德怀、刘伯承、陈毅、林伯渠、叶剑英、粟裕、黄克诚等党和国家领导人及各总部、各军兵种领导先后到现场观看，彭德怀、叶剑英还分别作了讲话。8月17日，炮兵工程系一科带着240毫米迫击炮、130毫米加农炮等7种火炮到达北京，向炮兵司令部、军械部科学研究所等汇报了研制情况。203教授会承担了130毫米加农炮的内外弹道设计。内弹道设计为保证膛内P-t曲线平缓、平衡，鲍廷钰教授创造性提出使用多孔梅花形火药。在当时国内没有生产的情况下，组织弹道实验室同志人工将普通七孔火药粘贴成多孔火药块，在N23机关炮上实验，取得可靠数据。9月2日，中央军委副主席彭德怀到学院视察，上午视察了实习工厂、空军工程系和风洞实验室。下午，彭德怀参观了炮兵工程系的增程炮弹和远程火箭炮。系领导汇报了教员带学员在白城子靶场试验新型火箭模拟弹的情况，彭德怀赞扬教员和学员把技术革命和部队急需结合起来。他反复强调要加强各系、各专业之间的协作，院党委有责任使各系相互了解，系党委有责任使各专业相互了解。9月16日，中共中央委员会总书记邓小平、国务院副总理李富春等到学院视察。邓小平一行在学院参观了空军工程系、海军工程系、炮兵工程系和实验工厂，鼓励哈军工搞尖端办学。在炮兵工程系，科研人员向邓小平汇报了迫击炮增程弹的研制。邓小平很重视哈军工当时最大的研制项目"高空歼击机（'东风'113）"。他说："看看我们国家发展航空工业所走过的道路就明白了，从仿制转向自己设计，与其晚走不如早走。不要怕失败，可以带动工业部门跃进。你们军工出了题，我们就好做文章了。"1959年12月23日，周恩来总理视察了学院的导弹陈列室、超声速风洞、"东风"113射击指挥系统，听取了炮兵工程系几种火炮研制情况的介绍，最后到体育馆游泳池观看了海军工程系无线电遥控舰艇模型表演。在炮兵工程系，贺振新政委作了介绍，周总理看了近几年研制的几种新型火炮，听取在白城子靶场试射情况汇报，他说："我们自己也能搞出比'喀秋莎'还好的火炮，了不起！"

三、建立科协等组织，推进学术交流活动

1957年2月6日，学院召开第二届科学技术研究会。43名教授和讲师在会上宣读了

45 篇学术论文。学院特别邀请著名数学家、中国科学院数学研究所所长华罗庚博士,物理学家、中国科学院物理研究所所长朱洪元博士,电子学专家、总参谋部通信部研究员吕保维博士为会议作了专题学术报告。针对会议发表的 45 篇论文,吕保维提出了一条意见:"没有电子学科的学术论文宣读,不能不说是个严重的缺陷。"意见引起学院刘居英副院长和徐立行教育长的重视。几个月后,学院就成立了电子科学技术委员会,李宓为主任,周祖同、刘景伊、慈云桂为副主任。

1956 年春夏之交,学院颁发《学员军事科学技术研究协会条例》,同时正式成立"学员军事科学技术研究协会"以及炮兵工程、海军工程、工程兵 3 个系的分会。各系还成立了科研小组。10 月 15 日,炮兵工程系举行了学院军事科学技术协会分会成立大会,与会代表共 200 余人。238 班学员郑勤国、249 班学员吴一正、248 班学员王家培作了 3 个科学报告。207 教授会朱逸农副主任代表系教学方法指导委员会将全系科学研究活动开展情况作了简要的总结。学院副院长刘居英到会作了指示,系政委贺振新在会上作了发言,会议宣布分别给予在科学研究活动中取得较好成绩的 4 个小组和 8 人奖励。大会最后选举了学院军事科学技术协会二系分会的正副主任及委员。会议期间还展出了学员科学研究小组自己制作的各种仪器、学员科学研究工作报告,以及显示学员科学研究活动开展的各种图表、资料等。之后,又成立了系学员科协分会。系学员科协分会积极开展学术研究与学术交流,取得了良好成效。例如,1957 年 5 月 17 日,炮兵工程系学员科协分会邀请 208 教授会代主任金家骏作了《关于导弹》的专题报告。报告中讲了导弹的发展史和它的一般构造及分类、发动机的性能分析和各种类型的比较及应用、控制系统,目前世界各国导弹发展情况的 4 个问题。为了加强理解,还放映了幻灯图片。到会听讲的有各年级学员、工作人员以及预科学员约 300 余人。

四、教学科研与生产实践相结合

在办学过程中,学院高度重视将教学科研与生产实践相结合。1956 年,学院与全国 19 个工厂、8 所院校、3 个研究所签订了科学研究协议和合同,帮助国防生产部门解决大小技术难题 58 个,取得了显著成效。1958 年 3 月 15 日—9 月 1 日,学院根据中共中央的统一号令掀起了勤工俭学运动。4 月,炮兵工程系弹药炸药科(四科)教授会成功试制硝胺炸药、醋酸纤维、细菌肥料、油墨和高级胶水等。此外,炮兵工程系还办起了硫酸亚铁厂、过氯酸铵厂和醋酐厂。1958 年 7 月 1 日,炮兵工程系和海军工程系帮助哈尔滨市郊区新春蔬菜生产合作社建设的有线广播网完成。广播网分布在 7 千米长的 6 个村庄,广播外线的安装工程(包括安装有线电话)由海军工程系 313 教授会负责;广播台的扩音机由炮兵工程系 206、207 教授会负责设计、试制和安装。1959 年初,学院外出下厂的教员和学员共有 1000 余人,分布全国 31 个城市的 76 家工厂,投入科研的教员占学院教学力量的 45%,个别单位高达 61%。1959 年,学院响应党中央号召,先后建立的小型工厂多达 66 个,试制成功的产品有 105 种。

第四节　党的建设与思想政治工作

党的建设和思想政治工作始终伴随哈军工的筹建和成长发展。党组织在学院建设发展中发挥了政治核心和战斗堡垒作用,为学院建设发展提供了组织保障和思想引领。

一、党的建设

(一)成立学院党委

经中央军委批准,1952 年 9 月 1 日,军事工程学院筹备委员会在北京地安门恭俭胡同 1 号(现为 59 号)成立,陈赓院长为主任,徐立行、李懋之、张述祖为副主任,4 人组成常委会。9 月 16 日,中央军委批准军事工程学院筹委会成立临时党委,陈赓、徐立行、李懋之、张衍、胡翔九、黄景文为委员,陈赓为书记。

1953 年 1 月 30 日,中央军委总政治部批准军事工程学院成立党委会,由陈赓、徐立行、李懋之、张衍、徐介藩、曾焜、张文峰、黄景文、赵唯刚、吴振挺、屈兴栋 11 人组成,陈赓为书记。纪律检查委员会由张衍、李懋之、曾焜、张文峰、吴振挺、贺达、陈怡、邓易非、沙克、安守田 10 人组成,张衍为书记,贺达为副书记。

1953 年 3 月 8 日,学院党委向军委总干部部呈报团以上干部的职务调整名单。5 月 8 日,陈赓以院长兼政治委员名义,公布中央军委批准的团以上干部任职名单。院、部、系主要领导干部的配备,除明确干部部长由张衍兼任外,其他均无变化。后又明确李懋之兼任物质保障部部长,张文峰代理队列部部长。空军工程系主任一职,由于长期在苏联空军服务的唐铎回国参加社会主义建设,遵照周恩来总理的指示,改由唐铎担任,徐介藩改任装甲兵工程系主任。专科主任基本上都由原第二高级步兵学校的中队干部担任。

(二)党委思想引领

在 1953 年 2 月 28 日召开的党委会议上,讨论、通过了根据陈赓的指示由政治部经过调查研究起草的《关于执行教育任务中几个主要问题的决定》,对培养目标、中心任务、学习苏联、知识分子工作、干部工作、党的建设、工作作风 7 个方面作了原则规定。

学院创建伊始,百废待举,万绪千头,教育计划还未制定,5 个系的教学大楼还未建好,而学员已经到院,补习教育已经开始,老干部们没有办高等技术学校的经验,老教师对军事工程学院怎么办也无头绪,都有必要学习苏联。在这种情况下,临时党委认为只能边建设,边教学,边向苏联学习办学经验和军事科学技术,并在实践中逐步明确了"边建、边教、边学"的方针,得到了广大干部的赞同和支持。

学院根据党委成员来自五湖四海的特点,首先加强党委班子建设,统一思想,达到认识一致、目标一致,同心协力办好学院,把党委班子建设成为一个作风好、组织纪律观念强、办事效率高、团结战斗的领导核心。提出了以教学为中心,各行各业为教学服务的思想,统一了全院干部教师的思想认识。

(1)学院党委重视班子和党内团结。学院党委从建院初期开始,就一直非常重视老干部和老教师的团结,号召老干部、老教师加强团结,共同努力,办好学院。在院党委的重视和直接领导下,各级党组织把做好知识分子,特别是高级知识分子的工作列入议事日程,作为经常性的重要工作来抓。陈赓院长在 1952 年 12 月 11 日老教师座谈会上说:"在我们学院建设中,你们是一根柱子,军队干部也是一根柱子,许多工作没有他们不行,没有你们更不行。"在 1953 年"七一"老干部、老教师座谈会上陈赓院长说:"既要承认长征两万五,也要承认十年寒窗苦,要办好军事工程学院首先要依靠老教师,不能光靠两万五。"为了做好"两老"团结工作,1954 年 4 月 14 日—6 月 13 日,学院党委召开扩大会议,吸收全院团以上党员干部参加。陈赓院长亲自传达中国共产党七届四中全会精神,组织学习《关于增强党的团结的决议》,带头做自我批评,要求大家检查妨碍团结的个人主义、分散主义和官僚主义思想,严肃批评宗派主义言论。学院党委委员均认真做了思想检查,互相坦诚地批评缺点、错误,深挖思想根源,和风细雨地解决思想问题。陈赓院长在总结讲话中对一些不利于团结的言论和现象进行了严肃批评,这次会议进一步巩固了党委的团结,奠定了全院大团结的基础。

1956 年 3 月学院第二次党代表会议、3 月 26 日召开的全院教师会议,都再次把解决"两老团结"问题作为会议的内容之一,并着重检查、批评了在一部分老干部中存在的宗派主义情绪。1956 年 3 月,校刊《工学》发表题为《加强团结,办好学院》的社论。为了促进老干部和老教师的团结,陈赓院长还专门让学院政治部请黑龙江省京剧团到学院演出"将相和",并在各种适当场合深入细致地作老干部、老教师的团结工作。1957 年 6 月19 日,国防部黄克诚副部长在学院党的骨干分子会议上讲话时,充分肯定了学院依靠"两老"办院的思想,他说,办好学院除了依靠老干部外,还要依靠老教师,他要求党的骨干充分认识老教师在学院的重要作用,信任、尊重、团结他们,充分发挥他们的聪明才智。

(2)学院党委重视贯彻落实党的知识分子政策。1953 年 2 月 28 日,学院党委在《关于执行教育任务中几个主要问题的决定》中指出,在进行军事工程技术教育中,争取团结教育改革知识分子是一个重要问题,而其主要环节则是教授问题。学院高级知识分子都具有一定的科学知识水平,他们是祖国经济建设及国防建设中不可缺少的部分。学院党委在认真分析知识分子的历史和现状以后,结合学院实际作出了具体贯彻执行党的知识分子政策的有关决定。并提出要尊师重道,宣传党的知识分子政策和知识分子在办好学院中的重要作用。

1956年3月12日—18日，学院召开第二次党代表会议，贯彻1月14日中共中央关于知识分子问题的会议作出的"知识分子是工人阶级的一部分"的结论，以及"向科学进军"的口号。会议提出"提高教学质量，开展科学研究，扩大专家队伍"三项任务和扩大学员数量，培养、储备师资力量，加紧培养研究生、硕士和副博士，制定科学研究工作五年计划和十二年规划，在高年级学员中广泛开展科学研究等8项措施。

1956年5月，刘居英代表院党委在学院第一次党代表大会所作的工作报告中说："由于我院担负高级的技术科学教育，如果离开了知识分子特别是具有高等教育经验的知识分子，要想完成教育任务是不可想象的""在我们学院，几年来基本上是依靠这些高级知识分子来担任教学工作的，离开了他们，就不可能培养出建军所需的军事技术干部，所以坚决贯彻党对知识分子的政策，在我院来说更有凸出的重要性。"

（三）党委组织建设和干部队伍建设

学院党委非常关心知识分子的政治进步，要求政治机关积极在老教师中发展党员。有些老教师因为自己的出身、历史、社会关系问题背了思想包袱，怕组织不信任，学院领导开诚布公地给他们讲党"有成份论，不唯成份论，重在政治表现"的政策，引导他们加强马克思列宁主义学习，努力改造世界观，以实际行动争取加入中国共产党。

1953年7月1日，陈赓院长召集要求入党的教授、专家座谈，给他们讲党的优良传统和党的基本知识，介绍毛泽东、周恩来、刘少奇、朱德等同志在革命历程中坚持原则、遵守纪律、顾全大局、忍辱负重的革命事迹。他说："党的大门是敞开的，欢迎每一个愿为共产主义事业奋斗终生、具备共产党员条件的同志加入中国共产党。"不少老教师在陈赓院长和其他院、部、系领导同志的帮助下，积极争取加入中国共产党，1954年7月1日，学院党委吸收黄明慎、熊正威、刘长禄、张华等同志入党，政治部为他们举行入党宣誓大会，陈赓、刘居英、刘有光等院领导都参加了大会并讲话。到1956年全院已有52名老教师提出了加入中国共产党的申请。

为了在教师中作好党员的发展工作，学院政治部在历年政治工作要点中，都把这一工作列入计划。各级党组织根据积极慎重的发展方针，每年都在教师中发展一定数量的党员。1956年在全院教师中发展党员140名，其中老教师8名。

1954年2月，志愿军铁道运输司令兼政治委员刘居英被任命为军事工程学院副院长，志愿军第三兵团政治部主任刘有光被任命为军事工程学院副政治委员兼政治部主任，志愿军第三兵团政治部组织部部长张子明被任命为军事工程学院科学教育部副部长。三人均于1954年5月5日增补为学院党委委员。空军工程系主任唐铎也于同日增补为学院党委委员。6月19日，又增补刘居英为学院党委第一副书记，刘有光为学院党委第二副书记。1954年初，贺振新由总政分配至学院任炮兵工程系政治委员。6月20

日,工程兵工程系主任唐凯和炮兵工程系政治委员贺振新增补为学院党委委员,学院党委领导班子进一步得到加强。

党委书记陈赓 1921 年参加革命工作,1922 年加入中国共产党,黄埔军校第一期毕业,参加过东征、北伐、南昌起义,大革命失败后,在上海中央特科工作,为保卫党中央的安全作出了重要贡献;其后历任中国工农红军第四方面军第十二师师长、红四方面军参谋长和红军学校校长;在长征中任红军干部团团长;在抗日战争中任八路军第一二九师第三八六旅旅长,太岳军区司令员;解放战争时期任中国人民解放军纵队司令员和兵团司令员;新中国成立后任西南军区副司令员兼云南军区司令员、云南省人民政府主席;抗美援朝战争中任中国人民志愿军副司令员,是中外闻名的常胜将军。

党委第一副书记刘居英、第二副书记刘有光是土地革命战争时期参加革命的干部。党委常委中张衍、徐立行、李懋之都是抗日战争初期参加革命的干部。党委委员徐介藩 1923 年参加革命,1926 年入党,黄埔军校第三期毕业,后在共产国际东方部工作;唐铎 1919 年参加“五四”运动,1920 年赴法勤工俭学,1923 年在广州参加革命工作,1925 年被派往苏联空军学院学习,1926 年入党,参加了苏联卫国战争,获卫国战争勋章和列宁勋章;赵唯刚、吴振挺、曾焜、屈兴栋、唐凯、贺振新都是土地革命战争时期参加革命的干部;张文峰、黄景文也是抗日战争初期参加革命的干部。

(四)军事工程学院第一次党代会

1956 年 5 月 10—25 日,中国共产党军事工程学院第一次代表大会召开,正式代表 326 名,列席代表 109 名。大会选举陈赓、刘居英、刘有光、张衍、张子明、徐立行、李懋之、肖新春、李焕、贺达、张友亮、唐铎、于达康、赵唯刚、贺振新、黄景文、邓易非、徐介藩、江洪涛、唐凯、张文峰 21 人为学院党委委员。党委第一次会议选举陈赓、刘居英、刘有光、张衍、张子明、徐立行、李懋之 7 人组成常务委员会,陈赓为书记,刘居英为第一副书记,刘有光为第二副书记。此外,炮兵工程系苏广义当选学院党委监察委员会委员。

学院党委把毛泽东主席对军事工程学院的《训词》作为办学的基本指导思想,组织全院师生员工反复学习领会,并从学院实际情况出发,逐步明确了贯彻落实《训词》的具体办学思想:一是以政治统帅技术,对学员进行政治、技术、军事、体格综合训练的思想;二是以教学为中心的思想;三是依靠“两老”办院的思想;四是治校从严的思想;五是学习苏联“以我为主”的思想。

(五)炮兵工程系的党建工作

1953 年 12 月 20 日,炮兵工程系召开第一届党员大会,听取并讨论了系临时党总支的工作报告,选举了正式的总支委员会,并就今后任务作出了决议。决议强调了加强党的集体领导和加强支部建设的重要意义,要求一切重大问题须经过党总支讨论,行政首长必须在党总支统一领导下,通过自己的行政职权贯彻党总支决议。

1955年4月,根据学院党委指示,成立炮兵工程系临时党委,增设系政委和政治处。系政委为贺振新,政治处主任为苏广义。

二、思想政治工作

(一)高度重视思想政治工作

军事工程学院的思想政治工作,继承并发扬了中国人民解放军思想政治工作的优良传统,把革命战争年代的思想政治工作经验,灵活运用到和平建设时期的军事技术院校,保证党的方针、政策和院党委的办学指导思想得以贯彻实行。主管思想政治工作的政治部以培养优良政治品质、树立革命世界观为主要任务,及时向学院党委报告党的方针、政策和办学指导思想在实践中贯彻执行情况和师生员工的思想动向,提出改进工作、解决思想问题的措施和建议,并通过政治工作系统和党团组织,发动群众,落实学院党委的指示要求。

在军事工程学院的筹建阶段,人员来自五湖四海,在新形势、新任务、新事物面前思想不统一,刚成立的政治部及时向学院党委反映人员的思想情况,政治部组织召开各种座谈会,听取师生反映,汇集意见,起草学院党委的第一个决定《军事工程学院党委会关于执行教育任务中几个主要问题的决定》。经过学院党委讨论和向全院领导骨干传达,及时统一了思想。在第一期学员文化补习阶段,政治部发现教学领导思想不一致,影响文化补习教育的开展,根据学院党委指示,政治部组织教学工作检查,及时解决了教学进度与学员接受程度的矛盾,明确了自学与互助的关系,纠正了以管理战士的方式管理大学生的偏差。

在第一期教育计划宣布及本科教育开学之后,政治部带头贯彻学院党委"以教学为中心"的思想,及时召开政治干部会议,张衍作了《加强教学中政治思想工作》的报告,指出:"学校的教育计划,相当于部队的作战计划,政治工作的中心任务是保证教育计划的完成,各级党委、支部的一切工作都要围绕教育计划进行,任何工作都要有利于完成教育任务,教育计划应作为一切工作的依据。"政治部还根据毛主席《训词》和第一期教育计划,制定了第一学期教学保证计划,要求"各级党组织应当号召并且组织所有有关人员认真研究教育计划,反复地进行宣传,务使深入人心,统一思想,贯彻实施"。第一学期开学后两个月,政治部又召开全院党支部书记联席会议,检查党政工作保证教学的情况和教学过程中存在的教学思想问题,对专科、预科党支部提出了进一步加强教学保证的要求。此后,每个学期和学年,政治部都要根据总政治部和学院党委的指示,结合学院实际情况,作出保证教学的工作安排。一年一度的政治工作会议,既安排全年的政治工作,又总结交流思想政治工作保证教学的经验。

(二)开展马克思列宁主义和毛泽东思想教育

军事工程学院思想政治工作强有力的武器是列入教育计划由专门的教授会进行的马克思主义基本理论教育,还有定期由政治部宣传部组织实施的时事政策教育和由政治部组织部、青年部组织实施的党课、团课教育和革命传统教育。

第一期学员进入本科后,1953 年秋冬学期进行辩证唯物主义和历史唯物主义教育。1954 年总政治部批准军事工程学院本科 4 年政治教育计划之后,为一、二、三年级学员分别开设马列主义基础(即联共党史)、中共党史、政治经济学三门课程;为毕业班学员开设政治工作课,以应毕业分配后的工作之需。各门政治课的教育内容虽各有侧重,但树立革命世界观是他们的共同任务。政治部为提高政治课的教学质量,十分重视政治教师队伍的建设,要求政治教师不仅政治理论强,而且思想作风好,言传身教。政治教授会的党团组织生活抓得很紧,经常开展积极的思想斗争。

时事政策教育是政治教育的一个重要方面,它与系统的政治理论教育相配合,帮助学员用马克思主义理论观点分析认识国际、国内现实的政治、经济、社会问题,陈赓院长带头作时事报告,讲党的方针、政策,讲朝鲜战争形势,联系朝鲜战争的实际事例,宣传办军事工程学院、培养军事工程师的意义,鼓励教师、学员立志改变我军技术装备的落后面貌,建设强大的国防力量,彻底改变一百多年来挨打受辱的历史。陈赓院长邀请来学院看望他的上甘岭战役指挥员秦基伟军长给教师、学员讲上甘岭战役的经过和邱少云烈士英勇献身的事迹;请来院参观的主持西藏工作的张经武将军作和平解放西藏的经过和人民解放军严格执行党的民族政策事迹报告。政治部主任张衍经常给全院人员作国内外形势分析报告,以马克思列宁主义观点分析当时国际、国内重大问题,启发师生员工将自己的学习、工作同整个国际、国内革命斗争形势联系起来。学院直属机关的主要领导干部和各系的主任、政治委员是时事政策教育的教员,每月的第三周党日,是按照政治部宣传部编写的教育提纲给所属人员作时事报告的固定时间。

每月 4 小时(2 个党日)的党课、团课教育,主要内容是共产党、共青团的性质、奋斗目标、思想意识修养、组织原则和组织纪律等,以党、团员标准对照支部范围内党、团员的实际表现,开展批评与自我批评。1957 年以前,学员中的党课教育不分年级,由专科党的支部(总支部)统一组织,由担任支部书记的专科主任或专科政委讲课,吸收高年级学员中的共青团员和各个年级党的发展对象参加。学员中的共青团支部每到革命节日,就邀请革命斗争经验丰富的老干部去讲革命传统。每个学期,政治部都要邀请劳动模范、战斗英雄来学院报告英模事迹。1957 年 2 月,政治部利用寒假连续组织三次革命传统报告会,最后特邀哈尔滨市长吕其恩来院报告哈尔滨城市建设成就和市民经济生活情况,对群众提出的关于自由市场问题、粮食和副食品供应问题作了回答。

(三)开展教员思想政治工作

军事工程学院是全军知识分子最集中的单位之一,且每年都要从应届高中毕业生中招收新学员,不断从地方大学毕业生中选调师资培养对象,因而,做好知识分子的思想政治工作,是政治机关的头等大事。专作高级知识分子工作的第一政治处根据院党委的指示精神和院政治部的部署,在老教师中具体作思想政治工作和党的发展工作,协助苏联专家开展政治学习和文化活动。1954年10月,政治部召开团以上党员干部会议,总结贯彻执行知识分子政策、作知识分子工作的经验。会后组织两个工作组到院、系4个教授会调查研究知识分子政策贯彻落实的情况,发现有些教授会的党、团员不尊重非党员教授会主任,非党员教授会主任也不了解自己有作政治思想工作的职权。副政委兼政治部主任刘有光召开教授会党、团支部书记会议,说明教授会党支部与专科、连队党支部不同,其任务不是领导业务工作,而是保障业务工作,要求党、团组织尊重教授会主任,支持其大胆、主动地领导业务建设,管理、教育全教授会人员。接着召开教授会主任政治工作会议,授予教授会主任作思想政治工作的权力。刘有光在会上说:"教授会主任是教授会所属人员的直接首长,有进行政治思想教育、组织政治学习、维持教学纪律、提高所属人员业务能力的职责;教授会内部的党、团员有责任定期向主任汇报思想情况,便于主任结合教学业务进行政治思想教育;党、团支部召开有关保证教学的会议,应请教授会主任列席,教授会内部在教学工作上有了意见分歧,应服从主任的裁决,教授会主任在教授会内部的政治工作方面有教育、管理、批评、建议之权。

(四)开展学员思想政治工作

军事工程学院对学员的政治素质要求很高,学院党委根据技术学校容易忽视政治的历史经验,十分注意正确处理政治与技术的关系,强调马克思主义理论教育和革命世界观的树立,防止有忽视和偏废政治学习的倾向。军委副主席彭德怀对陈赓院长说:"你们一定要重视对学生政治素质的培养。"强调德才兼备。

政治教育时间仅次于技术课,其中马列主义基本理论教育时间约占1/2,现实思想和方针政策教育时间各占1/4。马列主义基本理论课主要内容是马克思主义哲学(由辩证唯物主义与历史唯物主义两部分内容组成)、政治经济学和中共党史。这3门课是按马克思主义3个组成部分设置的,其中科学社会主义部分包括在辩证唯物主义和历史唯物主义两部分课程内容中;中共党史课的教学重点是马克思主义理论在中国革命和社会主义建设中的具体运用。3门政治理论课的教学目的是在学制年限之内,有计划地向学员系统灌输马克思主义基本理论,帮助学员树立劳动观点、群众观点、阶级和阶级斗争观点、辩证唯物主义观点,了解社会发展规律,奠定革命世界观和人生观的基础。政治教授会(最初是政治部中的政治教育部,1953年9月按苏联顾问团的建议改为社会经济学教授会,1954 年 9 月分建为马列主义基础教授会、政治经济学教授会、中共党史教授会)一开始编在政治部,后按苏联顾问团的建议编在科学教育部,接受政治部和科学教育部的双重领导。政治课教师大都来自原第二高级步兵学校。

军事工程学院的政治理论课与技术课一样正规和严格。政治课考试不及格的学员要留级,入党、入团、评先进都以政治学习的成绩和政治思想表现作为重要条件;而政治学习的成绩,除了考试分数,还看实际表现。政治统帅技术,技术与战术结合,是军事工程学院培养高质量军事工程师的重要途径,也是一个突出的特点。除了专业技术课含有一定的战术内容之外,还对学员开设专门的军事课和战术课,要求毕业生不仅能从科学的合理性上对武器装备进行设计,而且要考虑实战需要,使设计出来的武器装备符合战术要求,既能最大限度地杀伤敌人,又能减免我军伤亡。在第一批进入学院的 8 名苏联顾问中,就有 1 名合同战术顾问;在最初成立的公共课教授会中,就有合同战术教授会。后来各系还成立了军兵种战术教授会。

学员的思想政治工作主要依靠专科干部,政治部依靠各系按专业建立的专科这一基层行政组织和专科党、团支部,在学员中开展多种形式的思想政治工作。专科开始只设主任,后期既管专业教授会,又管学员班,工作重点对象是学员。1955 年专科增设政治委员,第一期学员由一年级升到二年级、第二期学员由预科进入本科一年级之后,专科以下增设年级主任。专科起初成立党支部,后来党员多了,成立党的总支部,支部建在年级,班有党小组和青年团支部。专科、年级干部基本上都是经过战争考验或部队锻炼的团、营职干部。他们之前熟悉部队和战士,现在一起学习专业知识,摸索教学规律,关心、爱护学员,和学员生活在一起。早晨学员起床之前,他们就到了学员宿舍,晚上熄灯之后才离队回家。他们随时注意学员在教学过程中思想情绪的变化,在学员有困难时能帮助解决,产生苦恼时能给予慰藉,有正当的愿望和要求时能给予满足,出现了不良思想情绪时能帮助排除。经过几个学期的实践和总结,专科思想政治工作形成了一整套行之有效的程式和方法。他们按照教学过程,把 1 个学期分为 4 个思想政治工作阶段:第一阶段是学期开始前后的 4~6 周,中心任务是了解新学员情况,安定思想情绪,建立党、团、班、级组织,传达教育计划,解决专业思想问题,端正学习态度;第二阶段是开学后第二个月到复习考试前,这是完成教育计划的决定性阶段,中心任务是保证教育计划能够有秩序地实施,开展与各种教学方式相适应的思想教育和政治鼓动工作;第三阶段是停课后的复习考试阶段,中心任务是保证学员按计划、系统而又有重点地复习、消化全学期所学知识,通过考试检验知识掌握的程度和教学质量高低;第四阶段是假期,中心任务是保证学员能在参加社会实践、扩大眼界、增长见闻中得到积极的休息。专科干部还根据整个教学周期的若干个教学环节安排相应的思想政治工作;生产实习、部队见习、野营训练、毕业实习、毕业设计期间,都要做政治动员,提出政治口号,有一套思想政治工作的要求和方法。

（五）继承人民军队光荣传统，开展为民服务

1957年6月3日，学院出动4100人参加修筑三棵树马家沟江堤。4日，又出动600人抢修松花江江堤。7月中旬，松花江突发洪水，洪水直逼1932年最高水位119.77米。哈尔滨市组织全市军民抗洪。哈军工负责江堤东大堤2千米长的薄弱环节。为了取土，组织架桥连突击架起18座浮桥，哈军工万人抗洪大军组织起18支运土队伍，不断向大堤上运土，连续20多天抗洪，涌现出许多英雄事迹和模范人物。8月7日，水位达到120.06米时（超过历史最高水位），东大堤依然岿然不动，死守大堤的哈军工人胜利了！东大堤从此被哈尔滨市更名为103大堤①。抗洪从7月中旬开始到8月下旬结束，哈军工抗洪大军上堤抢险，共出动9398人，46179人次，完成土方11675立方米。

1958年3月19日，炮兵工程系的胡其廉率30余名学员乘哈尔滨市开往大连市的92次列车去鞍山市实习，20日晨在沈阳车站上车后，主动要求帮助列车员进行大清扫。一个小时紧张的劳动后，列车环境焕然一新，他们受到旅客称赞，有的列车员感动地说："我们再不好好干，还能对得起谁！解放军军官同志都双手拿起痰盂洗刷……"事后，列车长曲宝安和全体乘务员给学院写了感谢信。

此外，学员每年都要参加抢收、抢种等助民劳动。

（六）学习先进典型

1955年2月16日，《把一切献给党》的作者吴运铎给学院文工团青年团支部回信，他在信中鼓励大家："要热爱劳动，热爱自己平凡辛勤，因为只有劳动才能诞生智慧，因为只有劳动才能为我们创造幸福。在我们的时代里，劳动是没有贵贱的分别的。要安心对平凡的工作，用深厚的爱对待它，从平凡的劳动中产生智慧，不断地提高它，不要为'个人'而感到苦恼。一个有了'个人'的人是危险可怕的，他丧失了集体的情感，他终日彷徨在'个人'打算的低级圈子里，他满脑子想着名誉、地位、待遇，等等，他成天追求着，但得到的只有些最可怕的东西，自私、欺骗、堕落和可怕的毁灭。要顽强而又认真地学习，学习是我们生活的重要部分。只有学习才能获得知识，也只有知识才能更好地建设社会主义社会。"全院师生迅速掀起学习该回信的热潮。

1958年8月5日上午11：50，炮兵工程系2B实验室发生爆炸。正在进行新型火药实验的二期学员赵佐国和助手实验员向传烈当场身亡。事后两人均被授予"革命烈士"的光荣称号。次日，学院政治部主任张衍在赵佐国和向传烈两位烈士的追悼会上讲话，号召全院同志向这两位党和人民的好儿子学习，为国防科技现代化奋斗到底。

---

① 103为哈军工部队番号。

(七)形成全员育人工作机制

军事工程学院一开始就提倡教师对学员全面负责,反对只管教、不管学,只教书、不教(育)人的态度,批判"不管懂不懂,反正两点钟"的旧教学作风,树立了许多全面关心学员成长、全心全意为学员学习服务的优秀教师模范。

1953 年 3 月 24 日,陈赓院长在全院干部大会上号召教师"以自己良好的教风去影响学员的学风"。旧社会的大学,教师对学生的学习情况基本上是不管的。新中国成立后,情况完全变了,学校的性质变了,教师与学校、教师与学生、教师与教师之间的关系也变了。

1955 年 1 月 31 日—2 月 3 日,军事工程学院召开第二届教学方法研究会,总参谋部和兄弟院校派来了代表。刘居英副院长致开幕词,张衍、朱起鹤、卢庆骏、张述祖、周明鸂、李宓、吴洪鳌、马明德、张凤岗、陈俊、凌如镛分别作《关于军人教养问题》《物理讲授中贯彻辩证唯物主义观点的体会》《数学教授会组织教师业务进修的经验》《本学期组织与计划学员自学工作的经验》《材料力学教授会培养学员独立工作能力的体会》《电工教授会组织实验的经验》《射击原理教授会上练习课的方法》《空气动力学教授会建设实验室的经验》《机械工艺教授会组织教学实习的经验》《合同战术野营教育的经验》和《海军战术部队见习的经验》报告。徐立行在总结讲话中提出了"教书教人"的概念,即教师不仅要向学员传授科学技术知识,还要培养学员的革命品质;不仅在课堂上传授马克思主义的立场、观点、方法,还要在实践中成为学员的表率。会议期间,各开课的教授会分别举办了为期 18 天的教学展览,哈尔滨工业大学、北京工业学院、空军第八航空学校派来了参观小组。

军事工程学院的教师与学员,是为实现社会主义祖国国防现代化的共同革命目标走到一起来的,在中国共产党的坚强领导下形成了组织严密的革命集体。教师们以"革命教师"称号为荣,以崭新的姿态投入教学工作,形成了与旧大学迥然不同的新教风,其核心是对革命教育工作的高度责任心和全心全意为教育对象服务的精神。高等数学教授会主任卢庆骏教授对全体数学教师说:"每个担任教学工作的同志,必须系统地了解学员,和学员交朋友。"教师的主导作用是既管教、又管学,既教书、又教人。

既管教、又管学,既向学员传授知识,又帮助学员把知识真正学到手,是军事工程学院教师发挥主导作用的第一个突出表现。为此,他们注意做好 4 件事:一是深入学员班调查、了解学员的学习情况,使讲课有的放矢,使辅导、答疑对症下药;二是帮助学员解决学习思想问题,排除学习的思想障碍;三是不断指导学员改进学习方法,学会独立思考,成为知识的主人;四是注意因材施教。教师们随时注意学员的学习思想情况,发现学员不热爱自己的专业,就向学员宣传这个专业对国防建设的意义,纠正学员的误解,并用亲身经历进行启发诱导;发现学员遇到困难就畏缩,作业做不出就急躁,便及时作工作予以开导,并且耐心地帮助寻找困难的症结,具体帮助解决。有些思想问题一时不好解决,就向基层干部反映，互相配合作工作。既教书、又教（育）人，在向学员传授技术知识的同时，向学员灌输共产主义思想，引导学员走"又红又专"道路，是军事工程学院教师发挥主导作用的第二个突出表现。如果说在第一个教学周期只是一般地说教师有对学员作政治思想工作的责任，那么在党的教育方针提出之后，就明确要求教师"忠诚于党的教育事业"，培养学员成为忠于革命的工程技术人才。

军事工程学院的思想政治工作，不仅政工干部作，也不仅各级领导干部作，各行各业的工作人员都作。学员是作思想政治工作的主要对象，又是作思想政治工作的强大力量。干部、教师、职工也同样既是作思想政治工作的对象，又是作思想政治工作的力量。师生员工的代表人物和政治工作骨干都是思想品德比较好、群众威信比较高的同志，他们都是群众性思想政治工作的积极分子。定期的党团组织生活，普遍的谈心活动，习以为常的批评与自我批评，同志间政治上的互相关心监督和生活上的互相体贴帮助，使思想政治工作无处不在、无时不有。

（八）加强共青团工作

学院政治部下设青年部，团支部是在系党委和党支部领导下开展工作的。

1960 年学院分建之前，学员的党课教育不分年级，所有党员均接受党课教育。

党课教育：每月用两个党日时间，二、三年级接受共产党的性质和党的基本知识教育；四、五年级学习共产党员的修养。

团课教育：每月用一个团日时间，一、二年级接受连队共青团支部工作条例和团章的教育；三年级以上的团员和青年群众听党课。

党团课教育分别由组织部、青年部统一制定计划，提供教材和进行督促检查，由各系政治处具体领导并组织实施，由专科（年级）领导干部讲课。党团课教育的特点是理论联系实际，对照检查自己，自觉地开展批评与自我批评。

炮兵工程系一科二、三年级的各个团支部，组织给受奖同志的家庭写信报喜，1956 年 11 月初，已有家长来信表示感谢。炮兵工程系一科学员沈仲书接到他远在上海的妈妈来信："我的好儿子，13 日早晨接到你们团支部的来信，说你获得了优秀学员的光荣称号，使我兴奋得话也说不出来……儿，这应该归功于党和同志们对你的帮助，你以后应更加虚心地向同志们学习，不要骄傲，不要自满，进一步争取更大的荣誉……"学员陆祥瑢的父亲来信说："瑢儿……和你受奖的同时，我也被我的单位所属的 29 行业委员会评选为积极分子……今后，我们要把建设社会主义当成自己的切身事业，充分发挥自己的积极性和创造性，加强学习，共同钻研，在各个不同的战线上共同前进。"学员朱承庆的父亲从北京给他来信说："你们是世界和平、祖国安全的保卫者，也是祖国社会主义事业的建设者，希望你积极学习，钻研技术，切实负担起这一光荣的任务。"学员邱罗汉全家在给 232 班团支部的信中说："希望你们今后加强对罗汉的监督，特别是教会他如何更谦虚、踏实、顽强地向科学进军!"

1955年6月3日—6月9日,政治部召开专科政治工作会议,系统总结了专科思想政治工作经验。专科思想政治工作最基本的经验有7条:一是专科干部必须树立热爱学员、全心全意为学员服务的根本态度,深入学员学习、生活各个领域,多方面、多层次地了解学员,关心、体贴学员的学习、生活、家庭困难和疾苦,千方百计为学员排忧解难,逐渐同学员建立起深厚的革命感情;二是把对学员的管理与教育统一起来,把关心爱护与严格要求统一起来,把严格与合理统一起来,把以理服人与以情感人统一起来;三是将言教与身教相结合,要求学员做到的事,自己首先要做到,不准学员做的事,自己也绝对不做,在道德、品质、情操、思想作风方面成为学员的表率;四是既是教育者、又是受教育者、既要教育学员、又要向学员学习,自己有了错误,切不可文过饰非,强词夺理,必须老老实实公开作自我批评,诚恳地接受学员的批评、帮助;五是加强专科党、团支部建设,经常做党的发展工作和开展团支部输送优秀团员入党的活动,以党支部为核心,依靠团支部、俱乐部和党员、团员、非党积极分子,组成思想政治工作队伍,使思想政治工作具有群众性;六是与任课教师互通信息,密切配合,共同做学员的思想教育工作;七是努力提高自己的军、政素质和文化科学水平,学习专业知识,熟悉专业教育计划,了解所设课程的意义、特点和内容梗概,使自己逐步成为专科工作的内行。

三、政治运动

1955年6月11日,在反胡风运动变成全国"肃反"运动的形势下,军事工程学院召开"声讨胡风反革命集团罪行大会",并在全院开展了"保密大检查"。由此开始了历时15个月的"肃反"运动。"肃反"运动期间,学院重点审查了300多人,最后清理出"历史反革命"和"坏分子"10多人。7月21日,全院开始"肃反"运动第二阶段。7月27日,军事工程学院召开肃清胡风反革命集团及一切反革命分子检举坦白动员大会。

1957年5月29日,学院召开整风运动动员大会,刘有光宣布学院整风运动正式开始。此前张衍在北京参加了总政治部的全军整风工作会议后,曾去看望陈赓院长,就反对教条主义的指示征询他的意见。陈赓院长说:"反教条主义,中央是有这个精神,你回去可在党委会里让大家议一下,如果哪一方面属于教条主义,也可以反嘛,不过我的意见,一不要反到老教授们的头上,二不要反到苏联专家的头上。"

1957年5月16日,学院召开第一次老教师座谈会,开始"鸣放"。5月30日—6月1日,学院连续3天召开规模更大的整风运动——"鸣放会"。1957年6月10日—13日,炮兵工程系普遍开展"鸣放",系党委委员贺振新、刘吉林、苏广义、周景良等分别在教师、助教、实验室人员、机关工作人员中组织了5个座谈会。各专科、某些年级和班也先后召开了一次到3次座谈会。全系先后参加座谈会的达500多人次,发言的在100人以上。

1957年6月29日,学院召开反击"右派分子猖狂进攻"的动员大会,发动全院人员参加反右派斗争,学员停课参加运动。7 月 6 日—8 月 16 日的 40 天中,举行了各种形式的批判会议。

1957 年 12 月 28 日,刘居英副院长在全院干部大会上,作了"紧缩机构,下放干部"的报告。他传达了中央关于在全国掀起"干部下放""上山下乡"高潮的指示,他讲了干部下放的重要意义在于国家要建立一支经过锻炼、经得起考验的干部队伍。从学院来说,4000 多干部中,绝大多数人是小资产阶级出身的知识分子,有 90% 以上没有经过残酷的阶级斗争和相当时期的劳动锻炼,我们的干部缺这么一课。为了在 15 年内超过英国,必须加强农业战线,干部下放农村,可以增加农村的文化、技术和劳动力,对农业起支援作用。

根据党的八届三中全会精神和中共中央关于全国掀起"干部下放""上山下乡"高潮的指示,中央军委下达了《关于动员十万干部转业复员,参加生产建设的指示》。根据中央军委指示,军工学院的招生办法改为组织保送。军内招生由全军组织统一考核,学院复查;军外招生由地方中学和教育部门按军工学院的条件在应届高中毕业生中选送,学院复审,提前录取。

1958 年 1 月 24 日,学院确定了第一批下放农村参加社会主义建设的干部名单:共278 名,由学院党委委员、预科主任张文峰带队。此后,又分批下放了许多干部和学员。在响应"上山下乡"的热潮中,部队掀起干部下连当兵热潮,炮兵工程系也先后组织两批干部下连当兵。第一批分两部分:一部分去福建某高炮师,一部分去江苏江阴炮九师 14团 1 营,与战士同吃、同住、同操练,彻底沉底当普通兵,他们中的代表有范嘉璬、高连壁、候延久、彭运森等,在连队足足半年,于 1959 年初返回学院;第二批由炮兵工程系政委贺振新少将带领系内部分专科干部到炮九师 14 团三营当兵,一沉到底,持续一个月。这对干部的锻炼、成长,对部队的作风素质提升影响甚大。

1958 年 4 月 4 日,学院党委召开党的四级干部(院、系、专科、年级)会议,谢有法作动员报告,检查"三风"(官僚主义、主观主义、宗派主义)、"五气"(官气、阔气、暮气、骄气、娇气)。检查工作 6 月 9 日结束。同时在党外开展"灭资兴无、破旧立新、向党交心"运动,于 7 月下旬结束。

1958 年 8 月 12 日,学院召开第一届二次党代表大会,以反教条主义为纲,贯彻军委扩大会议精神。会议重点批判教育长徐立行的教条主义思想。

1959 年 9 月 19 日,学院先后召开团以上干部和营、连、排干部会议,贯彻八届八中全会精神。

第五节　条件与保障

在军事工程学院创建初期,陆续建成了教学楼、礼堂、图书馆、实验室、生产实习工厂,配备了丰富、齐全的图书资料、实验器材,食堂、宿舍、军需物资、子弟学校建设均初具规模,为教学科研、师生生活提供了保障。这一时期正值中华人民共和国成立初期,无论是办学需要的校舍、图书教材、实验设备、生产工厂,还是师生生活所需的住房、饮食、生活物资,各方面保障条件都异常艰苦。

中央领导对军事工程学院的建设寄予了厚望和关怀,为使学院迅速建设起来,政务院、中央军委将学院建设列为国家第一个五年计划的重点建设项目。军事工程学院筹备委员会提出了"边建、边教、边学"的建院方针,全面展开了筹建工作。哈军工人不畏艰辛、迎难而上,短短一年内实现了从零到一的突破,从白手起家到开展正规教学,成为我国高等院校建设史上的奇迹。

一、接收住房

筹建伊始,由于时间和任务紧迫,中央人民政府政务院命令卫生部将哈尔滨医科大学的4万多平方米校舍移交给学院使用。

1952年5月,第二高级步兵学校副校长徐立行带领包括营建处长张复明在内的200人先遣队赶到哈尔滨市,经过一个多月的努力,采取借、租、换等方式,筹得住房20余处。10月底,哈尔滨医科大学将哈尔滨市南岗区文庙街两侧的校舍腾空,移交给学院;哈尔滨市人民政府在南岗、道外、道里、沙曼屯、马家沟等地区搬迁走一批地方单位,把其住房暂借给学院使用,使学院来自西南、华东、朝鲜前线的数千名干部、战士、职工、家属在严寒的冬季有了栖身之地,保证人员和物资按中央军委的规定于年底前全部搬迁至哈尔滨市。

与此同时,陈赓院长为军事工程学院建院所需土地问题请示周恩来总理后,受命代毛泽东主席起草电报,要求东北军区对学院选址问题给予支持。一周后,中共中央、政务院、中央军委正式下文,命令国家卫生部和东北人民政府把位于哈尔滨市南岗区包括哈尔滨医科大学4.7万平方米校舍在内的250万平方米的土地划拨给军事工程学院作为立足点,哈尔滨医科大学另选校址。10月,李懋之带领高步昆和殷之书等一行到哈尔滨市察看校址。经初步勘察,确定了学院院区的范围:东自橡胶厂,西至极乐寺和苏联红军烈士陵园,北自太平桥区边界,南至马家沟河南岸。

周恩来派出政务院监察组先后到达沈阳和哈尔滨两市,督促东北有关方面落实军事工程学院的选址筹建。

11月,陈赓院长呈送报告给周恩来总理,请求借用哈尔滨铁路局的大和旅馆等住房,作为接待苏联专家的馆舍。周恩来总理批示请哈尔滨铁路局拨给房舍。借用大和旅馆得到铁道部支持,取得中长铁路苏方同意。1953年5月军事工程学院首批苏联顾问入住,1970年军事工程学院二次分建后,大和旅馆归还铁道部。

二、校舍规划建设

建院初期，学院仅有哈尔滨医科大学移交的住房，实际使用面积2万多平方米，上下层床铺挤着住，仅够即将到来的助教和千余名学院及服务人员的食、宿、办公、讲课使用。教授、讲师、苏联专家和行政、政工、后勤机关及附属单位工作人员，仍须租借房屋分住在外。

1952年11月，军事工程学院筹委会上报中央军委陈赓院长署名的《呈请批示军事工程学院校舍建筑初步计划》，报告中说明：第一个五年计划内，学院按照中央军委要求，须培养3200名工程师，故需具备完备的校舍。按学员和教师职工1∶2的比例，到1956年，全院要发展到15000余人。依据学员与教职工逐年增加和教学发展的需要，分先后缓急拟新建校舍40余万平方米。其中拟于1953年建成10万平方米，1954年建15万平方米，1955年全部完成。

1952年12月，学院成立基本建设委员会（以下简称建委会），下设办公室和技术室，进行基建规划、地址勘察，组织设计、施工及材料供应等各项工作。

1953年4月，学院新校舍建设开工奠基仪式在"八一楼"工地举行，陈赓院长铲下第一铲土，抛向奠基石。全院69万平方米建筑工程从此全面动工。松江省建筑工程局的5000名建筑工人在一片荒地上拉开了战斗帷幕。学院建委会工作人员和建筑工人并肩施工劳动，日夜苦战，风雨无阻。

5月，军事工程学院召开营房建设委员会扩大会议，陈赓院长和奥列霍夫首席顾问参加会议。会议就学院各系大楼的布局和大楼的建筑形式进行讨论。奥列霍夫说："军事工程学院就好比一只老母鸡，下的蛋是要给各军兵种的。随着中国国民经济的发展和各军兵种技术装备的增加，现在的5个系将来会成为各军兵种直属的工程学院。军工学院的任务将改为研究设计尖端武器装备和特种装备。把几个系集中在一个楼里会相互干扰的，因为专业不同，设备各异，所以还是各建一个教学楼比较合适。至于建筑造型，各个民族都有各自的民族感情，喜爱自己的传统风格，既然形式与教学使用价值无关，那就按国内专家的决定好了，他设想的大楼造型，含义很好，尤其是高屋脊两端蹲着两只大老虎，象征着中国人民解放军的威武，我是赞成这个造型的。"与会者对奥列霍夫的讲话报以热烈掌声。会议确定了学院各系大楼自成体系又互相和谐的格局。哈军工教学大楼由哈尔滨市设计院设计，松江省工程公司负责施工。

根据中央军委批准的基建规划，学院党委提出"坚固耐久、经济适用、朴素庄严、节约经费"的建设方针。由于教学人员陆续来院，急需解决食宿问题，故从建筑步骤上采取1953年先建生活用房，开学后教学设施尽量利用接收的旧房，1954年集中力量建筑5个系的教学大楼，1955年建筑全院的辅助教学用房，如俱乐部、体育馆和办公楼，1956年至1957年陆续增建教学、生活用房。先后有4个设计院、6个施工单位参加学院的设计施工,工地建筑工人最多时达2万余人。政务院把学院基建工程列为国家第一个五年计划的重点项目之一,在人力、物力、财力上都给予了很大支持。施工开始后,1953年建筑宿舍、食堂7.6万多平方米,实验室1.2万多平方米。1954年建成5个系的教学大楼16万平方米,其中炮兵工程系的主教学楼21号楼面积为3.3万平方米。5栋大楼楼层高、面积大、设计复杂。为了保证施工质量,学院与施工单位双方每周开一次联席会议。当年共完成建筑面积达17.6万平方米。1955年12月,学院的主要校舍基本建成,各项工作走上正轨,新建院办公楼、俱乐部、体育馆、干部宿舍等近14万平方米,经过精打细算,建筑费用比原指标降低了17万元。1956年11月,学院举行体育馆落成开馆典礼。全年建筑了3栋容纳700名学员的学生宿舍,共3.5万多平方米。1957年建系实验室、印刷厂、煤气房等。当年哈尔滨市发生特大洪水,劳力、运输工具紧张,建筑材料供应困难,影响了施工进度,最后完成营房建设10万多平方米。1958年至1962年又新建校舍6万多平方米。

三、教学科研保障条件建设

(一)实验室建设

1952年11月,按照中央军委通知,各军兵种将持有的各式武器装备和重要军用器材,调拨给军事工程学院各1～2套。各军兵种表示,所管理武器装备和器材,包括技术和战术部分都不对军事学院保密,尽量拨给。

1952年12月,学院成立技术勤务部,下设计划、器材、技术实验室3个处和1个生产实习工厂,编制296人,承担全学院的技术勤务保障工作。陈赓院长、李懋之副教育长亲自组织教授、专家到清华大学、北京大学参观教学设备,并从教育部了解全国重点大学实验室的建设状况。学院强调教学、科研的实验设备要分普通与专门两个方面,并建立了生产实习工厂,其中专门设备包括火炮、舰船、飞机、坦克等,都有各种教学器材与样品陈列。

1953年6月,学院召开技术勤务保障工作会议,确定教学、科研的仪器供应办法,其中包括从各军种收集飞机、战车、军舰、火炮等,保障教学实验和学院生产实习急需。学院创建初期,实验设备什么也没有,当年共采购各种型号的发动机、枪炮、战车、鱼雷舰艇、接收机、发射机等武器装备和仪器设备12万余件,共开支500万元。

1954年,根据教学计划,学院决定开出362门课程,其中177门需要配套实验。为保障教学工作顺利进行,全院各教研室自己研究、设计、制作、生产仪器设备。

学院从1953年开始到1959年,大量引进苏联和东欧国家的仪器设备和军事技术装备,这对加强实验室建设和提高教学质量发挥了重要作用,但也存在专业教学的大型器材装备多,对基础实验手段所必需的分析仪器少,特别是能做定量分析的高精密仪器更少等不足。

(二)生产实习工厂建设

生产实习工厂是学院实践性教学的重要基地。学员通过生产实习,理论联系实际,提高了独立工作能力;同时,工厂以其拥有的生产能力,参加实验室的建设和教具模型的生产,为科学研究制作仪器设备并试制产品,直接为教学、科研服务。

1953年,学院生产实习工厂筹建时只有职工30余人,厂房是几间土屋。当时主要生产急需的仪器和机械原理、投影几何等基础课教研室的教学、实验模型。1954年5月,新厂房竣工,面积8000平方米,投资170万元,分为机工、钳工、锻工、木工车间和电焊、模型、热处理室等。各种设备和机器是从国内外订购的新产品,有各种金属切削机床168台,技工83人,学徒工17人;同年6月1日举行试车典礼,陈赓院长亲临剪彩。

之后,老一辈的中央领导来学院参观时,都到工厂参观。刘居英、谢有法等领导不但经常关心工厂的建设,而且还深入车间,拜师学习,参加劳动。

学院生产实习工厂主要担负4项任务:一是学员生产实习。通过实习使学生巩固、加深对所学书本知识的理解,初步掌握必需的生产知识和操作技能。二是生产教学实验设备和教具模型,为机械原理、机械工艺、投影几何等教研室制作了不少模型和教具,供教师在课堂教学中把抽象难懂的知识形象化,使学员易于接受。三是完成科研试制项目。参与了一批技术工艺复杂、精密度较高的科研试制项目。此外,还负担了一部分国家的试制项目。四是支援地方社会主义建设。工厂十分重视民用产品的生产,1957年底院外订货达到总产值的50%,产品销往14个省、24个市。1958年还为黑龙江省成功试制由装甲兵工程系研究设计的"松花江8号"拖拉机。1958年10月,中央军委决定在学院建立一个综合实验工厂,投资2000万元,土建工程5.3万平方米,编制定额1288人,承担学院及军内研究设计的新式技术装备的试制任务。综合实验工厂设9个分厂。学院成立了建厂委员会及办公室,着手筹备工作。新厂建设于1959年4月,并开始大批培训工人。

(三)翻译工作

1952年12月,学院成立科技部编辑出版处翻译室,调配俄文译员65人。1953年6月,各系成立翻译室,学院先后从大连、北京解放军俄语专科学校和各兵种司令部调配俄文翻译137人,当时全院共有译员182人,担任口译及笔译工作。院、系翻译室的任务:①保证近100名苏联顾问、专家的口译工作;②完成俄文教材、资料、文献的笔译任务及临时性的口译、笔译工作;③执行其他与外文有关的工作,如组织培训、质量检查、经验交流、任务调度等。

学院翻译室逐步建立了计划表报、翻译定额、奖励办法及质量检查、词汇统一制度。1955 年,学院召开翻译工作会议,评选并奖励了 22 名成绩优良的翻译人员;1959 年先后召开 3 次翻译人员专业会议,加强了对翻译工作的领导,提高了翻译工作质量。

四、图书资料工作

学院图书馆是由原第二高级步兵学校及华东军区军事科学研究室所属的图书馆合并组建的。1952 年仅有图书 12232 册,科技图书占 27%,馆舍面积 678 平方米,工作人员 8 名。1953 年,学院大量采购图书,先后购进新书 12577 册,比原来增加了 1 倍,在全国院校调整时,又从国内各大学调来图书 3014 册,使藏书达 27823 册。其中中外科技图书占 48%;另订购期刊 437 种,其中 69% 为科技期刊。

1953 年 2 月,图书馆开始对教师、学员开放。图书馆主任薛鸿达副教授亲自动手编制了中外文兼容的图书分类法(草稿)及分类、书名、著者 3 套卡片目录,拟定了工作细则。建院初期,图书馆还负责全院学员的教材供应工作。

1954 年,学院开始为 5 个系筹建图书室。从 1955 年 3 月起,在新建的系教学大楼里建立起 5 个系的普通图书室,由院图书馆统配规格统一的书架书柜,配备中外图书 10300 册。这一时期,第一期学员开始着手毕业设计,对各专业的内部资料需要迫切,一时供不应求,各系派出大批指导教师外出搜集资料,到 1957 年共有藏书 23 万册、机密以上图书资料 22 万册,订购杂志 300 种,购进 30 年代成套国际期刊英、德文版 50 种,俄文版 20 种。

1956 年 12 月,全国首次高校图书馆工作会议通过了《高校图书馆试行条例草案》,明确了高等学校图书馆是"为教学和科学研究服务的学术机构""是高等学校的一个重要组成部分"。1958 年,学院图书馆提出了"开门办馆,勤俭办馆,为政治、教学、科学研究服务"的办馆指导思想。图书馆的主要任务是采购、搜集与教学、科研有关的书刊资料,通过分类、编目、科学整理,以借书阅览、检索咨询等方式为教学、科研人员服务。

学院图书馆从创建起就得到各级领导的关怀与支持。陈赓院长在招待我国驻外大使馆武官时,曾请他们代为采购国外最新的科技书刊资料。根据徐立行教育长建议,学院在文庙(原哈尔滨文庙,哈尔滨医科大学建院时,作为图书馆馆址)后院新建了两栋书库,与文庙其他建筑物配合,解决图书馆面积的不足。文庙的中院、后院作为图书馆,配殿、崇圣祠、虎厅作书库,大成殿作阅览室,学院为阅览室购置了草地毯,要求花房按季节及时给阅览室送花。大成殿虽宽大但光线昏暗,为此,每个阅览桌前挡板上都安有日光灯。文庙院落井然,古松参天,丁香、小桃红等花木葱郁,鸟语花香,环境清雅,是读书的理想场所。

1956 年第一期学员毕业前，学院党委批准图书馆派出专人常驻北京联络站，搜集内部专业资料。刘居英副院长出国访问时，参观了国外许多军事院校图书馆并复制了波兰院校图书馆建设图纸，返院后向图书馆工作人员介绍了苏联空军学院图书馆工作人员的服务态度和熟练的专业知识。

五、生活服务

在确保教学、科研、生产任务正常进行的同时，学院军需工作在被装、伙食、消费品的供应、运输上，千方百计，想方设法，克服各种困难，努力保障教职员工生活上的需要。同时学院对子弟小学和幼儿园投入了大量资源，解决了教职工及家属的后顾之忧。

新中国成立初期，国家实行粮食统购、统销。松江省对军人、非军籍人员的粮食供应标准、粗细粮比例各不相同。而学院创建时，人员来自全国各地，多数来自黄河、长江以南的细粮产区，不习惯吃粗粮；同时，由于地处寒带，副食品供应比较困难。为了保障教职工的生活，学院依靠地方人民政府的支持协助，统一采购、调运，合理调剂非军籍人员的粗细粮比例，做到既不违反政策，不增加教职工负担，又基本上保证如期供应。

学院有教职工及家属 2 万余人。为保证副食品供应，军需供养工作人员走进产地，从全国各地采购大宗副食品运回学校。仅 1953 年到 1954 年的第一学年就采购供应各种价廉物美的肉类 15 万公斤，鸡蛋 43 万余公斤及各种副食品，节省菜金 4 万多元。采购工作中，军需给养干部积极钻研业务，廉洁奉公、披星戴月、忘我工作。采购员冯国成在冬季零下 30℃ 的夜间运猪，跟大车奔跑；猪上船后过肥站立不起，他抱着猪嘴喂食；大雪纷飞，他将自己的雨布盖在猪身上挡雪防冻。1953 年秋季，哈尔滨市的牛肉价高质差，采购员去山东省、河南省采购，购回大量质高价低的牛肉。为保证豆浆、豆腐供应，豆腐坊工人每天从零点工作到午后一点。为方便群众，军人服务社门市提供日用品购买、洗澡、理发、洗衣等，平时建立全日值班制度；在教员、学员课外活动和节假日、复习考试期间，营业员、理发员还进入宿舍，清洗脏衣服、理发和送货上门。

办好食堂对保证教学具有重要的意义。学院领导经常下食堂检查工作，听取意见，召开会议，研究改善食堂伙食。刘居英院长曾亲自主持召开过粗粮细作、蔬菜花样评比会议。党、国家、军队领导人董必武、彭德怀、贺龙、叶剑英等来学院视察，也到食堂检查工作，贺龙元帅还同学员进餐。1953—1954 年，学院新建 9000 多平方米食堂，有桌有凳，条件较好。得益于各级领导的关心，每到复习考试期间，军需部门根据学员需要，开会动员食堂及服务行业人员，改善伙食及其他服务工作，这已经成了学院的一个好传统。

第二章 历经三地艰难办学
筑牢大学根基(1960—1966年)

为了克服我军尖端技术落后的状况,加快军事技术人才培养,迅速发展我军尖端技术,就需要调整培养军事工程技术干部的院校。1959年12月,中央军委正式决定,以中国人民解放军武昌高级军械技术学校为基础,将其与中国人民解放军军事工程学院的炮兵工程系合并,组建中国人民解放军炮兵工程学院(以下简称炮兵工程学院)。

炮兵工程学院自成立至1965年7月,一直隶属中央军委炮兵领导;1965年7月起改属国防科学技术委员会(以下简称国防科委)领导。1966年4月,学院脱离军队建制,转为地方院校,前后历时6年,是学校办学史上条件最困难、环境最复杂的阶段,也是南京理工大学建设发展史上最为重要的时期之一。学院全体师生员工发扬我党、我军优良传统,继承、弘扬哈军工精神,坚持勤俭建院和"边建、边教、边学"方针,艰苦创业、励精图治,积累了丰富的办学经验。特色鲜明的军工专业优势和一批学术精湛、德高望重的大家巨匠奠基了学院学科专业的"四梁八柱",南京校址的选定也为学校长远建设发展奠定了坚实基础。

第一节 组建炮兵工程学院与三地办学

1959年12月31日,中央军委第十五次办公会议正式决定:"炮兵工程学院以武昌高级军械技术学校为基础组建,该校改建后应在炮兵工程学院内设一个军械工程系,负责原高级军械学校所担负的培养军械干部的任务。关于这个学校的改建问题,由总后勤部、军械部同炮兵商量决定。"

1960年2月27日,中央军委第三十次办公会议重申:"炮兵工程学院仍按十五次办公会议决定,以武昌高级军械技术学校为基础扩建,由炮兵同总后办理移交。"1960年4月16日总参谋部关于"公布炮兵工程学院名称"电报规定:学院的名称为"中国人民解放军炮兵工程学院",并指示即按军委第三十次办公会议的决定办理筹组事宜。

1960年4月16日总参谋部、总政治部下文宣布:"炮兵工程学院正式组成""学院建制领导属炮兵"。炮兵司令员邱创成、政委陈仁麒命令:"炮兵工程学院于1960年7月1日正式建院,8月20日启用印章。"学院体制按总参谋部批示设训练、政治、院务、科学研究、技术5个部，设院办公室和兵器、弹药、火药炸药、仪器、雷达、火箭武器、军械勤务7个系、24个专业。

1960年7月1日，中国人民解放军炮兵工程学院正式成立，学院领导组成包括：院长孔从洲，副院长贺振新、黄延卿，副政委廖成美、林胜国，教育长徐宗田，副教育长祝榆生，政治部主任冷新华、副主任曹瑛等。

一、武昌高级军械技术学校

1960年炮兵工程学院成立时，参与学院组建的中国人民解放军武昌高级军械技术学校（简称武高），其创建可以追溯到1948年冬。辽沈战役结束后，东北全境解放，随着我军迅速发展壮大的需要，第四野战军后勤部于沈阳创办了后勤青年干部学校，招收新解放城市的青年知识分子，进行短期的政治教育和思想改造后，充实后勤初级干部队伍。1949年2月，学校随军入关南下，8月定址武昌。先后办了3期，训练了1831名学生。1950年5月，学校奉命改为第四野战军后勤干部学校，主要任务是对后勤工农干部进行文化教育，同时举办了以青年知识分子为对象的军械队，培养初级军械技术干部。

1950年7月，学校奉命改属中南军区建制，第三次更名为中南军区后勤干部学校。1951年2月，学校经历了第四次更名：中南军区后勤干部学校更名为中南军区后勤军械学校。5月，学校根据中央军委决定，又第五次更名为中国人民解放军第四军械学校，以培养初级军械技术干部为主要任务，隶属关系上，也由中南军区改由中央军委炮兵领导。随着部队军械装备工作的发展，军械业务系统的建立与健全，以及部队改装的需要，大批军、师、团军械主管干部需要提高业务水平，1952年10月28日，中央军委总参谋部决定，中国人民解放军第四军械学校改称中国人民解放军高级炮兵技术学校，这是学校第六次更名。主要任务是培训步兵、炮兵营以上军械技术干部，编制上升格为正师级。1953年1月，中国人民解放军武昌高级炮兵技术学校正式成立，这是我军第一所专门培训军械领导干部的高级学校，陈亚藩任校长，徐青山任政治委员。8月，学校主要领导调整，廖成美任高级炮兵技术学校政委。11月，贾克任高级炮兵技术学校副校长，次年，贾克接替陈亚藩任高级炮兵技术学校校长。

1956年中央军委成立总军械部。1956年2月4日，根据国防部决定，学校第七次更名，中国人民解放军高级炮兵技术学校改称中国人民解放军武昌高级军械技术学校，编制进一步升格为军级，隶属上改为中央军委总军械部（后军械部并入总后勤部，为总后军械部），主要任务是培养部队军师团军械业务领导干部。贾克任武高校长，廖成美任政治委员。

武高校址位于武昌张之洞路紫阳湖畔。办学期间，学校先后分3批大规模兴建营房，至1960年合并建院时，全校已有砖石结构和钢筋水泥结构营房131栋，建筑面积共有77127平方米，使用面积为53592平方米，按学校编制定额，学生1040人、教师和工作人员635人，包括家属所需要的用房，基本上都可以保证。

1958 年之前,武高设训练部、政治部、物资保证部、干部部、军务处和 1~10 教育班,并开办了越南班和新疆民族军第五军维吾尔族军械干部短训班。训练部领导 9 个系(相当教研室),即军事、政治、普技、地炮、高炮、步兵武器、光学、雷达、火药弹药系,以及实习工厂、印刷所。1958 年后,校领导机关改为 3 部,即训练部、政治部、校务部。教育班与专业系合并为步兵武器、炮兵武器和火药弹药 3 个系(原专业系改为教研室),系领导教研室和学生队。军事、普技教研室仍属训练部建制,政治教研室改属政治部领导。步兵武器系和炮兵武器系下设 3 个学生队,队下设区队。与行政系统相适应,党的支部建立在区队、教研室和处,学生队设党总支。

1960 年 5 月 17 日统计,武高在职机关干部 150 名,军官职务的职员 25 名,共 175 名。在干部中,党员占 80%,这批干部,一部分是原四野后勤青干校和第四军械学校留校继续工作的,一部分是毕业留校工作的,还有一部分是上级增调的,这些人员为组建解放军炮兵工程学院准备了一定条件。

武昌高级军械技术学校主要是培养部队军、师、团军械业务领导干部,开设完成班和速成班。完成训练班的学制为 1~2 年,主要对象:第一期多数是部队营以上干部,第二期以后总军械部确定由河南新乡文化预校为学校输送学生,这些学生是具有初中毕业文化程度的部队干部,一般是初级军官,少数是大尉军官,个别为校级军官。学校先后开办了 5 期完成训练班,培养部队的军械主任、仓库主任、修械所长、修械主任、驻厂代表等军械业务领导干部 2862 名。速成班训练时间一般是 3 个月到半年,主要轮训部队在职军械业务干部,先后办了 5 期,训练学生 1993 名。1955 年 7 月,学校接收了 293 名应届高中毕业生,培养技术员,学制为两年,于 1958 年 2 月离校。此外,还帮助培训了越南学生两期计 35 名;开办了一期民族军械干部短训班,学生 13 名。到 1960 年炮兵工程学院组建时,武高共培养学生 5196 名,为我军现代化军械业务建设作出了贡献。

武高的各方面建设工作,为炮兵工程学院的组建和落脚武昌,创造了一定的条件。

自 1953 年 11 月,先后担任高级炮兵技术学校(1956 年改为武昌高级军械技术学校)领导的有校长贾克(1954—1959 年)、黄延卿(1960 年),政治委员廖成美(1953—1960年),副校长徐宗田(1958—1960 年),副政治委员徐育山、林胜国,训练部长朱家鼎、副部长张尔登,政治部主任曹瑛、副主任林革,校务部长董兴仕。

1954 年 7 月 1 日召开了高级炮兵技术学校党代会;1956 年 4 月 29 日,召开了武昌高级军械技术学校党代会。这两次会议的主要议题为总结办学经验、讨论一个时期的工作、选举新的委员会。

二、合并建院

1960 年 4 月,军事工程学院炮兵工程系(二系)(不包括防化学部分和军械研究所)按照军委炮兵指示在 6 月份分批南迁,与武昌高级军械技术学校合并组建学院。炮兵工程系党委一方面指定一科主任王子才等同志组成搬迁小组，积极筹备包装材料，组织包装工作，编拟搬迁计划；另一方面在全系人员中对建设炮兵工程学院的重要意义和搬迁工作应注意的事项进行了动员。在军事工程学院党委和各部门的大力支持与帮助下，在炮兵工程系分建过程中，全系同志仅一个多月就完成了2700多箱的包装任务。

与此同时，武昌高级军械技术学校根据炮兵的指示，对合并建院工作进行了研究布置，积极进行营房、营具、伙食、副食品供应等各项准备工作，保证了合并建院工作的顺利进行。

由于武昌高级军械技术学校和炮兵工程系双方都进行了充分的准备工作和深入的思想动员，合并组建工作开展顺利。

1960年6月，军事工程学院炮兵工程系的系机关人员及三、四、五年级学员分3批先期到达武昌，于6月14日后陆续复课，积极开展炮兵人才教育工作。合并建院没有影响日常施训。原武高的学生，组并为第七系，继续分地炮、高炮、枪械、火弹4个专业上课。原炮兵工程系的一、二年级学生，暂时未迁武昌，留在军事工程学院继续学习基础课；高年级学生来武昌后，继续进行课程设计和毕业设计。

炮兵工程学院建院伊始，一至六系的主要任务，是按新建制在原炮兵工程系8个专业的基础上，扩建和新建为24个专业，安装实验室设备，保证开出实验课。其中，最紧张的工作是安装实验室设备。高年级学生需要做实验，暂留哈尔滨的学生学完基础课来武昌以后，要进入专业学习，也需要实验室，故安装设备刻不容缓。为了保证安装质量和节约经费，学院党委决定自力更生。当时，正是武汉六七月的炎热季节，但在任务面前，各系教学人员和干部，鼓足干劲，冒着炎热，不顾疲劳、日以继夜、争分夺秒，终于用1个月左右的时间，完成了设备安装任务。

建院时，除政治和军事教研室以外，原武昌高级军械技术学校和炮兵工程系都没有基础课教研室，仅有军事工程学院支援来的19名基础课教师，距开展基础课教学的要求甚远；基础课实验室的设备，也是一无所有。基础课教研室和实验室要平地起家，为解决这个矛盾，学院党委积极采取措施：第一，立即从原炮兵工程系专业教师、水平较高的实验员及原武高教师中，抽调了70名人员，连原有的19名人员共89名同志，初步组成了基础课的教师队伍，组建起数学、化学、物理、理论力学、材料力学、机械原理与机械零件、机械工艺、金工金相、画法几何、电工、无线电、外语12个基础课教研室；第二，1960年7月入院新生的战术野营训练和下连当兵锻炼，提前在入伍入学教育之后进行，以便为基础课教师腾出3个月左右的时间进行紧张的备课工作；第三，立即组织人员在上海、北京、广州等地设立采购组，积极采购仪器设备，争取在1960年底，陆续建立起一批基础课实验室，并补充专业实验室的设备。

1960年7月，开始建院后的首次招生。炮兵工程学院首届共招生400人（又称第6期），均为保送的应届高中毕业生。10月8日，炮兵工程学院举行第6期（1960级）开学和第 1 期(1955 级)毕业典礼。该期毕业学生共 106 名,是 1954 年在哈尔滨入学的青年学生,这批毕业生全部留院充实教师队伍。这一天,也曾经被确定为炮兵工程学院,及华东工程学院、华东工学院的院庆日。

三、西安基建

炮兵工程学院组建初期,由于两校合并后人员骤增,原武昌高级军械技术学校校址较小,经上级批准,学校决定在西安市以南约 25 千米的花园村择地建设新校区,为学院发展准备必要条件。

西安基建正式开始于 1960 年 6 月 22 日,按照炮兵党委指示,在学院党委领导下,成立了基建机构并完成了初步设计方案。根据军委"靠山、分散、隐蔽"原则选择修建的新校区,由于距离交通线、市区、地方材料供应处远,因此运输力、劳动力的供应困难大大增加,同时国家拨付的材料也存在供应和运输难的问题。为了克服这些困难,学院领导分工协作,一人抓思想建设,一人抓施工,一人抓材料供应,大家齐心协力、克服困难,推进西安基建工作有序开展。学院领导还亲临施工一线,亲自抓政治工作,提出干部要以身作则,带动群众开展劳动竞赛,改进施工方法,提高工作效率;提出"领导、群众、技术员"三结合,要求广大干部战士参与一线基建,积极参与施工技术革新和后勤保障工作。

在西安基建中,学院一直重视政治和业务学习,负责基建的人员每周政治学习 8 小时,文化学习 5 小时,业务学习 3 小时,大家学习热情高,工作主动,积极推动基建工作。

此后一年左右时间里,西安校区按照计划有序推进建设,已建成营房 10810 平方米,并进行了道路、线路、水管、营具等基础建设工作,开垦耕地 1000 多亩。就在奔赴各地的师生翘首盼望西安基建早日完成之时,1961 年 6 月,时任解放军副总参谋长的张爱萍上将在视察西安院址时,认为学院院址和建筑规划不符合军委"山、散、洞"的营建方针,没有进山,不够分散,不符合防护要求,建筑规模偏大,占地较多。同时陕西省委提出意见认为突然增加这么多学院,供应上也保证不了。因此从 6 月下旬开始,按照军委决定,学校停止了在西安的营建。至 1962 年 10 月底,西安基建收尾工作结束,建制撤销。

四、三地教学施训

1961 年夏,根据总政治部指示,炮兵工程学院代表炮兵派出 4 个工作组分别赴上海、陕西、山东、广西 4 个地区进行建院后的第 2 期招生,共招收学生 1014 名,招生规模比前一年多出 1 倍以上。这一期录取的学员,没有参加全国高考,录取标准是根据当年毕业考试成绩,由地方党委报送,军区统一组织审查。由于他们在高中学习期间正值全国"大跃进",有的学校组织参加劳动过多,课程没有教完,学生的学业成绩受到了一定影响。

第 2 期招生规模的扩大，加之在军事工程学院完成基础课学习的原炮兵工程系低年级学生也来到了武昌，致使学校人员剧增，武昌校舍容纳不下，教学组织实施一下子变得非常困难。

学院院长孔从洲与学院其他领导商定，并经炮兵首长同意后，决定暂借沈阳炮兵政治干部学校协助进行训练教学。主要安排学院基础课部分（1～3 年级）学生的学习。

炮兵工程学院的基础课教研室和二、三年级学生以及部分机关工作人员于 1961 年 8 月迁往沈阳。1961 级学生在经过入学考试和一周时间的入学教育后，于 8 月下旬下连当兵 3 个月，于 11 月底当兵期满后来到沈阳报到。

根据学院党委决定，副教育长祝榆生代表学院至沈阳协同炮兵政治干部学校党委主持基础课训练工作。为了方便各系和专科掌握学生的学习和思想情况，学院抽调了 3 名系副主任、10 名专科领导干部到沈阳参加学生大队和中队的领导工作。此时基础课教学面临诸多困难：教研室新建不久，大部分是新教师开课；炮兵政治干部学校骤然担负技术训练，在教学设备、物资供应等方面都有许多困难；再加上学院第 7 期学生开课，教学任务很紧张。为了克服困难，炮兵政治干部学校的同志们发扬了"方便让与别人，困难留给自己的精神"，在当时物资供应比较困难的情况下，从各方面想方设法保证了教学工作的顺利进行。基础课的教师们刻苦备课、认真试讲，并通过加强辅导、答疑等活动，改进教学，提高授课质量。

对于沈阳基础课教学情况，学院党委十分关心。为了加强对基础课教学的领导，学院领导亲率工作组到沈阳对改进基础课教学进行调查研究。学院还组织了一次规模较大的参观东北工学院的活动，根据参观获得的资料和收获，检验基础课教学质量，采取了相应的改进措施。由于学院党委和炮兵政治干部学校党委的正确领导和基础课全体同志的努力，在当时那种情况下，保证了基础课教学工作的顺利进行，完成了训练任务。

这一阶段，由于院址分散，分开施教，教学计划不好安排，基础课与专业课衔接不紧，应提前开课的不能提前，有些基础课教师和专业基础课教师往返两地授课，调动频繁，影响了授课质量。两地施教，在图书资料、教学器材、实验设备的利用上，也有很多不便，给教师进修和学生学习都带来困难。

1961 年招收的 1014 名学生（包括个别接收的 24 名），经过文化课复习，按照高考标准考试，综合新生入学前的学业成绩，最后有 555 名新生分别进入炮兵工程学院 1961 级和 1962 级本科学习，其余学生经炮兵批准调给科学研究院 30 名女生，调 30 名组成数理班以培养基础课教师，尚有 399 名须经预科教育补习文化后才能转入本科学习。由于当时学院已接到上级命令准备迁址南京，所以学院决定将这 399 名学生组成预科大队先行至南京，借用炮兵文化预备学校和高射炮兵学校校舍实施预科教学。

南京预科教育于 1962 年 2 月开课，学生 399 名，共编为 4 个队，5 个教学班，主要是补习高中文化课。开课两个月后，由于原升入本科一年级的 152 名学生基础薄弱，

不能跟班上课,又调来预科补习文化。预科完成相关施训任务后于 1962 年 10 月正式
撤销。

因此,1962 年上半年,学院处于专业课在武昌、基础课在沈阳、预科班在南京的三地
教学(施训)局面。

炮兵工程学院建设初期,虽然历经三地办学和三地施训的复杂和不利形势,但是学
院干部师生坚持边建、边教、边学和自力更生,勤俭建院,在政治思想教育、日常施训、组
织和干部建设、营房建筑、物资供应等各个方面积极开展工作,克服一个又一个困难,按
期完成了并校、搬迁等任务,迅速恢复了教育教学秩序,使学院走上稳定有序发展的
道路。

五、迁址南京

西安基建停止后,学院仍分散在三地教学施训,办学条件十分困难。孔从洲院长号
召大家集思广益,为学院发展献计、献策。祝榆生提出了与南京高射炮兵学校对调校址
的想法。时任总参谋长的罗瑞卿大将到学院视察,他在听取了孔从洲院长的汇报后,说:
"南京高射炮兵学校的校舍很多,用不了,我看你们学院与高射炮兵学校对调一下校址,
既不影响他们办学,又可解决你们的问题。这件事,回北京后我与炮兵领导同志商量。"

1962 年 1 月 5 日,中央军委办公会议研究决定,中国人民解放军炮兵工程学院与驻
扎南京孝陵卫营区的高射炮兵学校互调校址。

7 月,在北京召开"炮兵院校合并、迁移准备工作会议"后,学院开始准备搬迁至南
京。从 8 月份开始,炮兵工程学院分散在武昌、西安、沈阳三地的大队人马陆续向南京
集中。

搬迁工作不仅工程浩大复杂,而且时间紧迫,为了保证能够在 9 月如期开学,搬迁工
作必须在暑假期间完成。为此学院领导兵分三地,孔从洲到沈阳,廖成美在南京,李仲麟
在武昌,顶着酷暑,夜以继日拆卸、装箱、搬运,先后动用 800 ~ 1000 吨货轮 9 艘,大型客轮
3 艘,火车车皮 100 节;汽车行程 17.8 万公里,耗油 4.4 万升,终于将人员 5449 名(其中
军官 1521 名,学员和士兵 1620 名,职员 295 名,工人 144 名,家属 1869 名),既有精密易
损的贵重仪器设备,又有易燃易爆和剧毒的化学品,以及大量的笨重营具约 4790 吨,运
抵南京。

抵达南京后,专家教授们又因陋就简,自行设计、自行施工,将房屋改造利用为实验
室用房和科研场地 3 万多平方米,并自己动手将实验设备重新拆箱、安装,节省了大笔经
费。炸药专家张宇建教授,带领青年教员和试验人员将弃置的厕所改建为试验用房,一
开始总后勤部有关部门的人员误认为是在破坏营房设施,在了解真相后,拨专款给学校
作为改造旧房之用。

迁址落户南京,从此改变了学院四处为家的艰难局面。1962 年 9 月 6 日,军委炮兵

有关领导，高射炮兵学校尹琪校长、刘平政委，炮兵工程学院孔从洲院长，以及政治委员廖成美、副院长祝榆生、副政治委员林胜国，政治部主任齐陶等，在今天的 104 栋办公楼会议室（现为公共事务学院、马克思主义学院办公楼会议室），就两校校址对调开会并形成正式会议纪要。9 月 20 日，炮兵工程学院在孝陵卫校址正式办公，高射炮兵学校同时正式迁入湖北武昌张之洞路 268 号落户。

第二节　专业建设和人才培养

炮兵工程学院的建立是党中央和中央军委着眼军事工程技术干部培养和军队建设全局作出的重大决定。"鼓足干劲，争取时间，大抓尖端技术，建立强大的科学技术队伍，高速度地把我院建设成为培养'又红又专'的现代炮兵科学技术干部的基地之一"，是学院建设发展的重要目标。在 6 年左右的办学实践中，学院虽然历经多次办学环境、体制机制、专业设置的调整变化，但始终坚持人才培养目标，推进学院教育教学和各项事业有序发展。

一、专业发展

炮兵工程学院组建时，中央军委规定："解放军炮兵工程学院是培养'又红又专'的，身体健壮的炮兵研究设计和维护使用工程师，并负责短训军械勤务干部。"该规定明确了学院的主要培养目标：一是炮兵研究设计和维护使用工程师；二是军械勤务技术方面人才；三是对外办学，培养外国留学生，比如越南留学生等。

组建炮兵工程学院是以克服军队装备技术的落后状态，迅速发展武器尖端技术为目标，从隶属兵种武器装备研究、设计出发，兼顾军种武器装备维护和修理，确定培养工程技术干部和军械行政干部的学业类别，在军事工程学院炮兵工程系原有专业基础上设置专业。炮兵工程学院以建设多学科工程高等院校为目标，以兵种装备类别设系，以武器装备产品设专业。学院的专业发展经历增设扩张、调整缩减和恢复发展 3个阶段。

（一）增设扩张阶段

1960 年 6 月—1961 年 10 月，是炮兵工程学院专业增设扩张阶段。这一阶段围绕炮兵工程技术，兼顾步兵兵器技术进行规划，专业设置以调整、组扩建新专业为主。炮兵工程系原有 12 个专业，其中消毒、化学武器等 5 个留在军事工程学院，以原炮兵工程系分建的炮兵兵器、步兵兵器、弹药、火炸药、仪器、雷达、火箭 7 个专业为基础，调整扩建至 24 个专业。同时，保留原武昌高级军械技术学校 4 个专业。全院共设 28 个专业。

1960 年 6 月,炮兵工程学院实设编制有炮兵兵器工程(一系)、炮兵弹药工程(二系)、火药炸药工程(三系)、炮兵仪器工程(四系)、炮兵雷达工程(五系)、火箭武器工程(六系)和军械勤务(七系)等 7 个系。其中一至六系设炮兵兵器等 24 个专业。武昌高级军械技术学校组并设系,编成军械勤务系(七系),继续分地炮、高炮、枪械、火弹 4 个专业开展教学活动。如表 2.2.1 所示。

表 2.2.1　1960 年 6 月炮兵工程学院专业设置情况

系别	炮兵兵器工程	炮兵弹药工程	火药炸药工程	炮兵仪器工程	炮兵雷达工程	火箭武器工程	军械勤务
专业名称	炮兵兵器	弹丸药筒	火药	指挥仪器	炮瞄雷达	火箭弹体	地炮
	动力传动与稳定装置	引信	炸药	侦察仪器	侦察雷达	火箭发动机	高炮
	步兵兵器	射击公算与外弹道	内弹道	红外线仪器	侦察干扰	火箭发射装置	枪械
	—	—	火工品	自动控制	引导	飞行力学	火弹
	—	—	—	计算机	电视侦察	—	—

1961 年 3 月,军委炮兵副参谋长主持研究学院专业设置,拟在军械勤务系增设武器仓库专业,如表 2.2.2 所示。

表 2.2.2　1961 年炮兵工程学院专业设置情况

序号	系别	专业名称	专业性质	专门化
1	炮兵兵器	炮兵兵器	研究设计	高年级分地炮、高炮专门化
2		步兵兵器	研究设计	—
3		动力传动与稳定装置	研究设计	高年级分动力传动、稳定装置专门化
4		炮兵兵器维护修理	维护修理	—
5	弹药系	弹丸药筒及一般引信	研究设计	
6		非接触引信	研究设计	
7		射击弹道	研究设计	
8	火炸药系	火药	研究设计	高年级分炮用火药、火箭火药专门化
9		炸药	研究设计	
10		火工品	研究设计	
11		内弹道	研究设计	
12	仪器系	侦察仪器	研究设计	
13		指挥仪器	研究设计	
14		电子计算机	研究设计	
15		自动控制	研究设计	
16		红外线	研究设计	

续表

序号	系别	专业名称	专业性质	专门化
17	雷达系	炮瞄雷达	研究设计	—
18		侦察雷达	研究设计	—
19		侦察干扰	研究设计	—
20		引导	研究设计	—
21		电视侦察	研究设计	—
22	火箭系	火箭弹体	研究设计	—
23		发动机	研究设计	—
24		地面设备	研究设计	—
25		飞行力学	研究设计	—
26	军械勤务	步兵军械	—	—
27		地炮军械	—	—
28		高炮军械	—	—
29		弹药仓库	—	—

(二)调整压缩阶段

1961年10月—1965年6月,为专业调整缩减阶段。炮兵工程学院各种专业从29个调整到13个。

1961年,全国高等教育事业根据中央"调整、巩固、充实、提高"的方针,进行2次调整,压缩全国高校及在校生数量。3月22日,军委炮兵司令部杨庚午副参谋长在学院主持研究了学院专业设置问题,决定:撤销与合并射击公算与外弹道、内弹道、飞行力学和电视侦察4个专业,若今后需要再行增设。炮瞄雷达和侦察雷达合并成1个专业,高年级再分出2个专门化。军械勤务系增设1个武器仓库专业。维护修理方向,年内只增设1个弹药专业。

5月,学院召开第一次党代表大会。会议总结了建院以来专业建设的经验教训,根据中央"八字"方针精神,明确在师资、设备比较紧张的情况下,学院在近几年内没有特殊需要一般不增设新专业,集中力量搞好现有专业,保证重点,提高质量。7月,根据"八字"方针和紧缩机构、精简机关人员精神,鉴于炮兵工程学院任务减少,从保证教学质量,有利互相学习,提高业务水平,教学器材设备便于集中调用等要求出发,学院拟定了调整专业设置计划,撤销七系(军械勤务系)。地炮军械勤务专业、高炮军械勤务专业并入兵器系炮兵兵器专科,专科设置炮兵兵器研究设计、炮兵兵器维护修理、炮兵兵器军械勤务3个专业。步兵军械勤务专业并入兵器系步兵兵器专科,专科设置步兵兵器研究设计、步兵兵器军械勤务2个专业。弹药勤务专业并入弹药系,在弹药专科下设炮兵弹药研究设计、仓库勤务2个专业。

9月,中央军委办公会议决定,炮兵工程学院执行军级权限。

1962年1月,根据总后勤部、炮兵司令部决定的通知,炮兵工程学院军械勤务系(七系)、兵器系(一系)步兵兵器科及所属专业,分别移交北京解放军后勤学院、重庆解放军后勤工程学院。2月,原军械勤务系(七系)所属4个专业,计教职员工107人,学员300名,在七系政委夏则然、副主任赵铁良、刘存厚带领下,分出并入北京解放军后勤学院和南京军械学校。同月,步兵武器专业所属教职员工29人,四、五年级学员20人,由科主任、专业带头人程尔康教授率领,分出并入重庆解放军后勤工程学院。

1962年2月5日,毛泽东主席在中南海单独约见炮兵工程学院院长孔从洲,听取学院情况汇报,在涉及雷达、指挥仪器等专业时,表现出特别关心,明确指示"人无眼不行,火炮没有镜子也不行","对雷达的干扰必须找出对付的办法"。4月,学院召开党委扩大会议,提出学院建设中有关专业设置建设重大问题的措施;提出进一步压缩专业设置,保留火炮等13个专业:撤销飞行力学、引导电视侦察、自动控制和计算机(保留教研室)专业;火箭弹体和火箭发动机合并为火箭弹专业,炮瞄雷达、侦察雷达、侦察干扰和引导专业合并为雷达专业;引信和弹丸专业合并为弹药专业;侦察仪器专业改为光学仪器专业;火工品专业改为烟火火工专门化。6月,军委炮兵召开院校编制工作会议,确定炮兵工程学院设炮兵兵器、火箭武器、火药炸药和炮兵仪器4个系,开设炮兵兵器(分地炮、高炮专门化)、动力传动、弹药、火箭弹、火箭发射装置、外弹道、火药、炸药、内弹道、光学仪器、指挥仪、雷达、红外仪器13个专业,如表2.2.3所示。

表2.2.3　1962年6月院校编制会议确定的炮兵工程学院专业设置情况

系别	炮兵兵器	火箭武器	火药炸药	炮兵仪器
专业	炮兵兵器	火箭	火药	光学仪器
	动力传动	火箭发动机装置	炸药	指挥仪
	弹药	外弹道	内弹道	雷达
	—	—	—	红外仪器

1963年2月11日,军委炮兵司令部再次确认炮兵工程学院的专业调整方案,在学制方面,雷达、红外仪器、光学仪器专业为6年,其余专业为5年。

(三)恢复发展阶段

1965年7月—1966年4月,为专业恢复发展阶段。学院规划专业增至20个,截至1966年4月,实际设置专业16个。

1965年7月,中央军委办公会议决定,炮兵工程学院划归国防科学技术委员会(以下简称国防科委)领导。6月23日,国防科委副主任唐延杰到院了解情况,对学院发展规模、专业设置等问题作出了具体指示。根据上级指示,经院党委研究,7月30日,就扩大办学规模,增设新专业等问题向国防科委作出书面请示。国防科委8月25日文件批复,学院办学规模为4500人，每年招收本科生850人，研究生100人，如表2.2.4所示。

表2.2.4 1965年7月隶属国防科委后炮兵工程学院计划设置专业情况

系别	炮兵兵器（一系）	火箭武器（二系）	火炸药（三系）	炮兵仪器（四系）
专业	炮兵兵器	火箭弹	火药	指挥仪
	武器随动系统	弹药	炸药	光学仪器
	轻武器	外弹道	内弹道	红外线仪器
	火箭发射装置	触发引信	—	雷达
	内弹道	非触发引信	—	—

截至1966年4月1日，学院实际增加专业3个，由原有13个增加至16个。原有13个专业之一：动力传动专业改为武器随动系统专业；恢复、分建了自动武器、触发引信、非接触引信3个专业。1965年9月，学院确定恢复自动武器专业。自动武器专业原为军事工程学院初建时的步兵兵器专业。恢复专业时，学院抽调理论力学和物理教研室部分教师，加上火炮、步兵兵器等相近专业部分本科毕业生，经过建设专业初具规制，并且开始承担科研任务。触发引信专业又称普通引信、机械引信专业，触发引信、非接触引信2个专业由弹药专业分建出。学制方面，光学、夜视仪器、雷达3个专业仍为6年，其余专业学制均为5年半。

炮兵工程学院根据国家和军队的需要，从综合性质的军事工程学院按军兵种设系，按兵器装备设专业，转变为依兵种装备类别设系，以兵种武器装备产品设专业。作为隶属兵种的工程技术高等院校，从服务国家、军队出发，专业设置基本覆盖炮兵技术兵器的专业面。截至1966年3月脱离军队建制前，在原炮兵工程系分建出的7个专业基础上，新发展出武器随动系统、火箭弹、火箭发射装置、外弹道、火药、炸药、内弹道、光学仪器、指挥仪、红外仪器、触发引信和非触发引信12个专业。炮兵工程学院不仅传承了军事工程学院时期的传统专业，而且创新发展了相当数量精尖专业，经过数年持之以恒的建设，多数成为学校经典专业。

二、专业建设与教学组织

（一）专业教学组织架构

（1）专业领导管理机构——训练部。1960年6月—1961年10月，学院设训练部，负责教学管理与专业建设。职责是制定教育训练规划，科学提出工作目标，管理学院教学工作，制定学科专业建设规划、人才培养方案和课程标准，组织各项教学活动，抓好教学质量控制，组织教育科学研究、教学改革工作；负责学校教育训练基础设施的规划与建设，推动学院教育训练发展。训练部内设教务处、政治处、行政管理科和图书馆，全校14

个基础课教研室由训练部直属。1961 年 10 月,学院机关调整,科学研究部、技术部并入训练部,改称科研处、技术处。实习工厂归属训练部领导。

(2)专业教学行政单位:系。1960 年 9 月,学院按照炮兵兵种装备为主兼顾军械维护,设置炮兵兵器工程系等 7 个教学行政单位。1962 年 6 月起,学院的专业教学行政单位调整为 4 个系,即炮兵兵器系(一系)、火箭武器系(二系)、火药炸药系(三系)、炮兵仪器系(四系)。

(3)专业教研基层实体单位:教研室。1960 年 6 月,学院按炮兵兵器装备产品技术知识,计划设置火炮设计等 44 个专业教研室。1961 年 10 月之后,基层教学研究组织经过紧缩,调整为兵器等专业教研室。1963 年 3 月,再次调整为地炮等 19 个专业教研室。

教研室下有教研(小)组。

(4)专业教研及学员管理合一单位:专科。1961 年 5 月—1962 年 6 月,学院执行专业教研与学员管理合一的专科体制。1961 年 5 月,炮兵政委陈仁麒在学院作调查研究工作,要求迅速建立专科以加强基层建设。6 月 9 日,学院领导颁发了建立 17 个专科的命令,如表 2.2.5 所示。专科设正副主任、正副政委,既领导教研室,又领导学生班,并以专科为单位建立党支部。

表 2.2.5 1961 年 10 月炮兵工程学院学科专业教研机构设置情况

系	炮兵兵器		火箭武器		火药炸药		炮兵仪器	
	专科	教研室	专科	教研室	专科	教研室	专科	教研室
专科及教研室	兵器	兵器教研室	弹体	弹药教研室	火药	火药教研室	指挥仪器	指挥仪教研室
	发射装置	发射装置教研室	火箭	一般引信教研室	炸药	炸药工艺教研室	雷达	光学仪器教研室
		机动工具教研室	非接触引信	非接触引信教研室		化工教研室	光学红外线	红外线教研室
				飞行力学外弹道教研室		烟火火工品教研室		发射与接收教研室
				内弹道教研室				雷达教研室
				火箭弹体教研室				

1962 年 6 月,学院撤销基层专业与管理合一的专科体制,改设学员教育班,教育班不再领导教研室。全院设 4 个系,34 个教研室,其中军事等基础课教研室 14 个,地炮等专业教研室 19 个。经过两年的边教边建,学院所设专业大体配套,虽然数量有所压缩,但同隶属兵种科学技术发展的需要基本相适应,实现了军委和炮兵党委建院初提出的要求。

从 1962 年 9 月—1965 年 4 月，学院专业规模基本保持稳定，以训练部、系、教研室组织形式的专业运行体系逐步形成。

（二）教改运动与专业建设

1960 年 8 月，军委召开全军第八次院校会议，会议要求院校必须"把毛泽东思想真正学到手"，必须贯彻"少而精、短而少"的教学原则，实现"非常无产阶级化、非常战斗化"。9 月，为了深入贯彻全军第八次院校会议精神，学院开展了教学改革运动。

学院的教学改革运动进行了 4 个月。运动中针对本院初建，缺乏经验，特别是 12 个新专业和基础课教研室处于新建的情况，确定以二系为试点，先行一步，摸索教改的经验；采取"鸣放"、辩论和充分讨论等方式，对教学思想、教学体系、教学内容以及教学方法存在的问题提出批评和意见；针对运动中提出的问题专题整改，学院党委集中群众意见，对学院基本任务、训练方针、训练工作中的主要原则、学制、课程设置、专业发展方向等重要问题进行了研究，对如何使"少而精、短而少"原则落实提出了以下指导原则：①必须使教学工作符合毛泽东思想，把毛泽东思想贯穿到教学工作的各个环节中去；②必须抓住教学内容中最主要最基本的东西，使教学内容符合培养目标的要求；③从全面上体现"少而精"，按专业需要配套成龙，使"少而精、短而少"原则在边教边改中逐步落实；④在课程设置上：军事、政治训练，必须以毛泽东著作为基本内容；政治与军事、战术与技术，基础与专业之间要有机结合，配套成龙；技术教育既要考虑到发展，又要不脱离当前实际，以各专业的当前需要与发展作为组成课程设置体系的依据；科学研究应列入教学计划，科研内容应与当年的课程和总的任务设计相结合；教育计划要体现军委的战略方针，我军的经验和原子、导弹条件下的作战要求等。

在专题整改的后一阶段，根据学院试点单位的情况和兄弟院校教改的经验，及时贯彻了"先立后破"的精神，为了使边教边改工作稳妥地进行，规定了大改（一个专业范围内的大合并、大变动）、中改（一门课程体系的改变）、小改（一门课程内容的去旧更新）的原则并确定以小改为主，克服和纠正了教改前一阶段存在的一些盲目性。

通过此次教改，系统深入地揭露、批判了过去教学中存在的问题，进一步明确了在教学中贯彻毛泽东思想和"少而精、短而少"原则的重大意义，明确了训练的指导思想，讨论并确定了学院培养目标、专业发展方向等一系列教学上的重大问题，为学院教学工作的顺利开展打下了良好的基础。但由于受"左"的思想的影响，对教改工作缺乏经验，对上级指示精神领会不深，教改中也存在一些失误，如培养目标定得偏高，增设了一些暂时可以不增的课程，砍掉了一些如制图、外语不应砍的内容。

教学改革中统一规划教育计划，"关系到学院老专业计划修订与新专业从头开始制订计划的工作，并在此基础上组织向新计划过渡，按新计划实施教育"的专业建设。

(三)专业试点

1963 年 2 月,炮兵工程学院召开了第一届教学工作会议,会后鉴于学院专业配套大体成形,规模趋于稳定,学院决定结合教学改革,试点改革学制、计划和大纲。

学院党委经过调查研究,确定将火箭弹专业作为试点。1962 年 4 月,学院专业调整,将火箭弹体和火箭发动机合并为火箭弹专业,减少了专业课程门数,由原来 32 门,减少到 20 门;精简了技术课内容,在 19 门技术课中,主干课为 10 门,专业课为 5 门,缩短了总学时数;提高了自学比例,从原有总学时数 3228,削减到 1499 课时。

1964 年 7 月,试点火箭弹专业草拟出学制、计划的改革方案和机械设计基础、火箭弹设计两门课程的大纲样本。8 月 5 日,学院召开教改委员会,李仲麟副院长主持会议,根据党委扩大会议的要求,对学院教改作具体安排:第一步,深入学习毛主席的教改指示,联系学院实际,初步揭露教学中存在的问题;第二步,发动教师、学生"鸣放"讨论,提出改革方案:由 201 教研室向全体教师传达火箭弹专业改革方案,让大家提意见;第三步,调查研究。自 1964 年 11 月,派人到部队征求意见;第四步,自 1964 年 11 月—1965 年 2 月,经过内外调查研究,火箭弹专业完成全部大纲的修订工作。

以火箭弹专业改革试点,学院贯彻执行大抓尖端技术,琢磨锻炼新整合专业,直接推动专业发展,促进国防建设事业。根据火箭弹专业试点方案,学院开始在一系炮兵兵器专业、三系火药专业、四系指挥仪专业进行重点改革试点。

三、加强教学改革,建设优良教风

在保障和提高教学质量过程中,学院十分重视教学各个环节建设,不断推进教学改革,培养优良教风、学风。

(1)将教学方法的改革作为教学改革的中心环节。这一时期,学院进行了教学方法、考试方法以及在学制、教学计划等方面的改革,其中,紧紧抓住教学方法的改革作为教学改革的核心,推进"启发式"教学来替代"满堂灌""填鸭式"。考试也是整个教学的一个极重要的环节,通过考试不仅反映平时的教学质量,而且直接影响平时的教学质量。用什么样的考试方法,就会要求什么样的与之相适应的教学方法。

(2)优良的教学作风是改进教学工作,提高教学质量的推动力量。优良的教学作风,集中体现在思想上、教学上贯彻落实严格要求。把严格要求贯彻到教学各个环节中去。在作风培养方面,教师是关键,学院重视培养教学相长的学习氛围,1965 年学院组织任课教师到学员班与学生同吃住、同学习、同娱乐活动,养成教学相长、教书育人的良好氛围。

(3)通过评教评学改进教学方法,促进教学相长。建立定期的或不定期的评教评学制度,由教育班干部主持召开有任课教师和学生参加的会议,教师可以指出学生在学习中要注意的问题和要改进的学习方法;学生可以向教师提出建议和要求,这对于沟通教学思想、交流教学情况，改进教学方法，发扬教学民主是很有必要的。

四、师资队伍建设与人才培养规模

教师队伍的建设是教学工作各项建设的中心环节。实践证明，没有一支相当数量的、高水平的教师队伍，不仅教材建设和实验室建设水平上不去，日常教学工作也难以完成。因此，建院之后，学院始终把教师队伍建设放在首位，一是采取调、借、留的办法，充实壮大师资队伍；二是在职进修为主，外出进修为辅，围绕教学任务，以老带新狠抓培养提高；三是对教师政治上关心、工作上支持、生活上照顾，强调教师的主导作用。

1960 年学院初建时，共有包括教授 2 名、副教授 7 名、六级讲师 4 名在内的教师（员）202 名。对照"争取时间，把学院建设成为炮兵工程技术干部与技术勤务干部的基地和炮兵科学技术研究基地之一"的目标要求，专业教师师资力量存在较大缺口。

学院党委全力解决师资队伍问题。除向上级请调、自行调整解决外，采取了以老带新、教学实践中培养、院内院外进修、抽调高年级学生等多种办法，扩大教师队伍，积极准备新专业教学力量。炮兵工程系 1955 级学员充当了建院的生力军，为保证新专业发展需要，很多同志承担了教学任务和科研任务，积极收集设置新专业课程有关的资料，准备方案。一些同志放弃原来所学专业，重新学习，改教基础课或新开课程。1961 年 5 月，专业技术和基础课师资力量发展到教员 323 人，其中讲师以上 42 人，助教及相当于助教的 281 人，政治教员 31 人，战术教员 26 人，七系教员 31 人，进修培养教师的学员 185 人，共计 596 人，初步奠定了教师队伍基础。

为了鼓励教师上进，1962 年学院按上级部署组织评定教师职务。全院教师 397 人（不包括政治、军事、体育教师），以前评定过教师职务的只有 91 人，未评定职务的 306 人。经过此次教师职务评定，共有 280 人（含之前已评的 91 人）评定或晋升了职称。副教授晋升教授 3 人，讲师晋升副教授 6 人，助教晋升讲师或评定为讲师 58 人，教师定为助教 161 人，其余教师待后续评定。全院拥有正、副教授 14 人，讲师 92 人，助教、教员 443 人。

1963 年 12 月，学院拥有主任教员 504 人；1964 年 12 月，全院专任教师 695 人。1965 年 12 月，教师队伍共有教员 829 人，教学人员 1006 人；1966 年，学院组织第二次教师职务评定，晋升段林权等 29 名同志为讲师。3 月，全院教职员工 1847 人，专任教员 731 人。

严师才能出高徒。为提高基础课素质和能力，学院对教师实行了"三试"制度，提出了"过五关"（思想关、基础关、外语关、教学关、实验关）的严格要求。思想关，就是教师要树立全心全意为人民服务的思想，要树立为教学、为学生服务的思想；基础关，要求每位教师，都要根据自己的发展情况，制定自修或听课计划，有目的地补充某些方面的基础课知识；外语关，要求每个教师必须懂两门外语；教学关与实验关，就是要求教师备好课、讲好课。实行"三试"制度,即试讲、试做、试作,上新课必须试讲,布置的习题必须试做,实验课的试验、毕业设计也必须试作。通过坚持过"五关"与"三试"制度,促进了教师队伍的成长与教学质量的提高。

炮兵工程学院人才培养规模,随着形势的发展也发生了变化。1960 年学院确定的专业人才培养目标:培养德才兼备、"又红又专",具有研究、设计和维护修理能力的炮兵工程技术干部与技术勤务干部。按照 1962 年基本建成学院的目标,在院学员人数到达 4500 人的规模。1961 年 5 月学院第一届党代表大会上提出,各专业人数应当适当增加,每个专业每年招生一般以 30~40 人为宜。个别特殊情况,可以适当增减。当年,按照专业计划学院实际招收学员 1014 名(不包含军械勤务系学员)。随后,1962 年炮兵院校编制会议,将学院学员在编人数调整到 1500 人的规模。

1963 年,在学院人才培养标准方面,军委炮兵再次强调要培养德智体全面发展,成为"又红又专"的国防技术人才。1965 年,根据中央批转军委的报告,学院体制改变以后,政治思想工作受省委和国防科学技术委员会双重领导,学院的任务主要为第四、第五机械工业部培养设计制造工程技术干部,为部队培养军械维护修理人员。学生规模恢复到在院学员 4500 人的规模,如表 2.2.6 所示。

表 2.2.6　炮兵工程学院时期历年学员情况

年份	招收学员	毕业学员	定编学员	在校学员	备注
1960 年	452	147	6500		招收学员包括 30 名专科生
1961 年	1014	66	2500	1685	
1962 年		77	1500	1297	
1963 年	257	104	1500	1333	毕业学员其中专科生 30 人
1964 年	256	176	1500	1259	
1965 年	430	316	4500	1442	另留学生 128 名
1966 年				1436	1966 年 3 月统计数据
合计	2409	886			

1960—1965 年炮兵工程学院先后招收学生 6 期共 2409 人,毕业 836 名本科学生,30 名专科学生。他们大都被分配到部队、院校、科研单位、领导机关和国防工厂工作。由于学生熟悉军队的装备武器,毕业之后就能胜任本职工作,绝大多数成为各方面的技术骨干。

五、教学条件保障

建院伊始,学院积极着手解决基础课教学问题。至 1961 年 5 月,除政治教研室外,学院已设立了战术、数学、物理、化学、理论力学、材料力学、机械原理和零件、机械工艺、金工金相、电工、无线电、画法几何、外语、体育和原子化学防护基础课教研室 15 个,共有基础课教员 108 人,初步建立起了基础课教学体系。基础课教学体系在炮兵工程学院期间一直存续,基本没有发生变化,即使是在紧缩、精简专业课教研机构时,仍然没有受到影响。炮兵工程学院成立时设技术部,部长王子才(1960 年 9 月—1961 年 2 月)、孙成才(1961 年 2 月—1961 年 10 月)。1962 年机关精简缩编后撤销技术部,在训练部内设技术处。技术部负责全院教学实验与科研试验的条件、设备保障管理和服务。1960 年学院建立初期,技术部协调各系教学人员和干部,派出人员在上海、北京、广州等地设立采购组,积极采购仪器设备。在任务面前,大家夜以继日,争取时间,在 1 个月左右时间内完成了设备安装,建设了 17 个实验室,开出实验课程 117 个。经持续"计划并购置教学器材或投工自制",至 1961 年 5 月:①陆续建成基础课实验室 7 个,能开出实验 238 个;②补充专业实验室的设备,分建和扩建了 25 个专业的 39 个实验室;③实验员和教学辅助人员达到 205 人;④实习工厂拥有 3 个车间,166 台机床,技术工人 125 人,可同时供 90 个学生实习。

学院迁址南京后,1962—1963 年,在新校址上建成威力摆、硝化甘油、火箭发动机、风洞、雷达等实验室。1963 年,全院专职实验员 125 名。改造原坦克车库,建设实习工厂,投资 2 万余元解决实验、生产用电,1964 年,实习工厂完成锻工、龙门刨车间建设。到 1965 年,拥有专业实验室 24 个,开出实验 600 个,专职实验人员 177 人。

第三节　科学研究

大力发展尖端科学技术,建设现代炮兵技术学院,是学院建设发展的重要目标。在 6 年左右的办学时间里,学院在坚持教育教学为主的同时,克服各种困难,组织师生开展科学研究,为学院科研工作的长远发展奠定了基础。

一、科研组织管理

炮兵工程学院的建设目标之一就是建设成为"炮兵科学技术研究的基地之一"。1961 年 5 月,学院第一次党代会指出,根据学院教学发展的需要,应当大力开展学术研究工作,不断提高学术水平。学院拟成立学术研究委员会,以加强对学术研究工作的组织领导,通过教师进修、学术研究报告会、学术讲座等方式,促进学术研究工作的开展。

炮兵工程学院时期,科研组织管理机构设置经历 4 个阶段:

(1)建院初期,按总参批复设科学研究部,为学院 4 大部之一,负责领导全院科研工作。部长为刘吉林(1961 年 6 月—10 月)。科学研究部内设科学研究处、情报资料处和中心计算室3个处室,科学研究处处长为杨正夫(1960年7月—11月)、钟文综(1960年11月—1961年10月);情报资料处处长为纪雨滨(1960年6月—1961年10月)。

(2)1961年7月,国家紧缩精简机构,学院撤销科学研究部,在训练部内设科学研究处,负责全院科研组织领导工作,处长为钟文综(1961年11月—1962年9月),副处长为纪雨滨。科学研究处下设编辑出版室、机密资料室,共编制18人。

(3)1962年9月,学院从武昌迁至南京后,科研处机构取消,科研工作由教务处指定2名同志兼管。

(4)1963年3月,学院教务部下恢复设置科研组织领导机构科研处。

炮兵工程学院时期,坚持"一主二从三结合"原则,继续开展科学研究工作。除设计和试制项目外,科研工作应结合本专业的理论研究题目,以丰富教学内容,提高教学质量。故未专设研究所、研究室等科研机构,具体科研依托各系教研室、实验室和工艺室开展。各系安排力量,制定年度科学研究计划,摸清学术根底,做到领导心中有数,有计划、逐步地攻克本专业的尖端技术难关。列入训练计划的科学研究内容,统一安排题目,严密组成配套系统,逐步使研究题目落实。科研管理机关制定学院长远科学研究规划,循序渐进有步骤地解决学术上的难关,以完成国家交给的科研任务,提高教学质量。1960年,科学研究部即组织申报了1963—1967年国防科学技术基本建设投资项目14项。

二、科研活动

(一)建院武昌阶段的科研(1960年9月—1962年7月)

1. 群众性的科研运动

学院组建之初,正值全国大搞科学研究。在全国科研群众运动的推动下,一方面为了在力所能及的范围内为国防建设作出一定贡献,一方面为新建专业摸清方向,院党委根据全军八次院校会议和炮兵科学研究工作会议的精神,乘新建专业尚无教学任务、老专业有一年间隙的机会,决定从原炮兵工程系承担的155项科学研究任务中选出有关国防急需的30多个项目,在1960年下半年,按照教改与科研互相结合,又有重点、分阶段进行的规划,学院组织了一次以群众性技术革新和技术革命的科研运动。

1960年9月—1960年11月学院开展了一场群众性的科研运动。倡导两个"三结合":"领导、教员、学院结合""领导、技术人员、工人结合"。科研项目所需要的器材,根据勤俭建国,勤俭建院的精神,自力更生,"土洋"结合进行了解决。

全院群众性的科研活动,一方面,贯彻自力更生,奋发图强的精神,集中力量,突破重点;另一方面,强调不影响教学的正常进行,使科研和教学相结合,边教学、边科研、边教改。因此,科研声势很大,参加设计方案讨论和技术设计工作的,全院共500人。建立了28个技术设计组,同时教学工作仍然是按原定计划正常进行。在崔有信、张宇建指导下,火炸药专业的学员，组成 3007 科研组，开启针对硼氢高能燃料研制的探索性研究。雷达专业科研突击誓师大会上，为解决雷达快速、慢速跟踪精度问题，张吉乡主任主持，赫光政委动员，利用军工获得的苏联雷达"双传动"方法，经突击攻关，完成了"双传动"项目设计和部分试验任务。群众性科研活动，历时两个多月，除规定的重点任务项目外，一系在新型自动枪、二系在布雷弹、三系在微秒雷管、四系在红外线方面都取得了一定成绩，有的被科研部门采用或进行试制。这些成果，为学院之后继续研究打下了基础。

2. 群众运动中的大系统项目攻关

学院在群众性科研运动中，围绕国家 3 项任务抓重点。受国际、国内环境影响，强调独立自主、自力更生，完成国家已定的 3 项任务，回击修正主义路线。科研快马加鞭，缩短战线攻关，集中力量突破重点，为建党 40 周年献礼。

学院将国家确定的 100 千米火箭、中程地炮雷达和 122 毫米双管滑膛炮三个项目，作为重点任务，发扬自力更生精神，集中力量进行攻关，促进、带动其他科研，被称为"三条龙"重点攻关。学院以技术革新和技术革命为主要科研方式，攻关取得了部分成果：100 千米火箭，协同哈尔滨国营松江电机制造厂（423 厂）设计试制，设计方案已初步拟定。有关控制部分，已设计加工出几套试验设备，初步拟出了中程地炮雷达的总体设计方案；122 毫米双管滑膛炮，拟出了 203 个方案，后归纳为 7 种类型的方案，绘出了图纸。三项重点任务技术革新取得相应成效。

三大科研项目因调整政策后期下马，在条件不具备的情况下大上大系统项目，也是科研活动中形成的教训。

3. 结合教学科研设计开展科研

1961 年 1 月，学院第 2 期学员毕业设计，结合所学专业制定方案，共有 7 个班，64 人参加科研。方案拟定了 8 个项目，其中兵器 2 项、弹药 3 项、仪器 1 项、雷达 1 项。科研采取"边研究、边设计，分组按部件进行"的方式，研究的目标是完成初步方案设计。三系直接明确毕业设计是任务设计，要见实效。

学院较早认识到计算机技术对武器装备和军队现代化的重要性，瞄准以先进技术的研究来为军队现代化建设服务。

在原炮兵工程系计算机科研组基础上，1960 年 6 月，学院设立了计算机专业，专业科研主要面向计算机在炮兵中的应用。1961 年 2 月，学院向国防科委电子学小组、炮兵科学技术研究院申请新专业科研立项，包括实时仿真专用电子计算机等多项研究课题，其中计算机类立项占 60%。同时计算机教员结合进修，开始对计算机各大部件进行设计、安装和调试，为正式设计制造计算机做好准备。1961 年 5 月，学院电子数字计算机教研室（403），开始为研究试制小型数字计算机作准备。

4. 阶段科研活动的认识

这次群众性科研活动，不仅推动了学院科研工作的开展，对成立伊始的学院其他各项工作也起到重要的促进作用:①锻炼了教师队伍。凡是参加科研的教师,都受到了一次研究设计、实验试制的锻炼,丰富了专业知识和实际技能,不同程度地克服了理论脱离实际的弱点。这对教学水平和授课质量的提高,有直接的、深远的影响;②通过科研,许多新建专业探索了发展方向和教学内容。因此,使这些新专业有可能在较短的时间内制定出教学计划,编选了教材,保证了开课的需要,各专业在院内院外的设计实验、制作、探索过程中,积累了不少技术资料,也促进了教学工作;③充实了部分实验设备,带动了新建专业实验室建设,增加了实验内容,提高了实验质量。

但由于经验不足,在这次群众性科研活动中也存在一些失误。主要是对科学研究的复杂性、艰巨性认识不足,时间和项目的安排不够恰当,战线拉得过长,指标一般偏高,要求过急;当新的教学任务到来时,科学研究和一些专业教学发生了矛盾;某些毕业班学生对毕业设计这一教学环节的基本训练受到一定影响;在纠正这些失误时,及时总结经验不够,部分同志对教学必须结合科研才能提高教学质量的重要性认识不足。

同时,这一阶段教学和科研工作的实践说明,高等学校必须开展科学研究,否则,就不可能不断地丰富教学内容,提高教学质量;科学研究主要依靠教师力量;科学研究需量力而行,不能影响教学。

在这次群众性科研活动后,学院认真总结了经验教训,同时根据上级精神,发出了"勤勤恳恳、埋头苦干、自力更生、发奋图强"的号召,对科研的重点与一般项目进行了调整,削减了任务设计项目,加重了理论性和具体兵器验算的研究项目。

(二)迁址南京时期的科研(1962年9月—1965年7月)

1962—1964年,学院出现科研相对停滞徘徊情况。1962年9月,学院迁址南京,由于当时人员、设备等科研条件还适应不了大规模开展科研工作的要求,加上编制压缩,重点科研立项、大系统项目被迫下马,学院组织的向国防科学技术1963—1967年基本建设投资申报的民兵火炮等14个项目也无疾而终。学院一级的科研管理机关撤销,科研管理归并教务部领导。

面对困难现状,学院科研工作仍力克时艰,坚守站位,努力创新。1962年2月,毛泽东在中南海接见孔从洲时对学院科研作出具体指示,学院要搞科研,教学与科研是相辅相成的,要运用科研成果充实教材,丰富授课内容,提高教学质量。学院要把教学、科研和使用联系起来。学院为解决教学与科研的结合问题,在总后勤部支持下,借南京新校址改造,积极进行科研条件保障建设。1962—1963年期间建设的火箭发动机、风洞、雷达等实验室,以及弹药装填、内弹道测压、炸理爆炸和消毒锅炉房等工艺室,在满足教学工作的同时,也用于开展科学研究。

1962年启动研制电子管计算机。1958年炮兵仪器专业开始接触到数字计算机。1960年炮兵工程学院成立后,在科研活动的基础上成立403教研室,一方面对学员开展计算机专业教学,一方面结合实验室建设,自行设计、研制脉冲示波器、信号发生器等设备。经过 2 年时间前期预研,1962 年在教研室屈大壮副主任带领下,正式开始研制计算机工作。1963 年,因上级组织调整专业,撤销了计算机专业。学院考虑发展计算机技术对我军现代化建设的重要意义,决定该专业人员全部保留在相邻专业内,并继续支持和鼓励计算机研制工作。

1963 年,炮兵科学院根据曹刚川从苏联带回的 RPG - 7 资料,立项 J - 203 型压电引信项目研制新 40 毫米火箭筒,炮兵工程学院参与了项目研究工作。1964 年,引信教研室在压电引信原理研究成功的基础上,与解放军炮兵科学院合作研制成功了 J - 203 型压电引信,使破甲弹引信性能有了显著提高。RPG - 7 研制新 40 毫米火箭筒的关键技术在火箭弹,采用了火箭增程技术。新 40 毫米火箭筒在射程、破甲威力上均远超老 40 毫米火箭筒。弹药专业教员李学瀚①参与项目研制,荣立个人三等功。1965 年 6 月 28 日在沈阳靶场试验,因测试弹药偶遇故障,李学瀚主动要求前往排险,突遇爆炸伤重牺牲。1970 年 8 月,新 40 毫米火箭筒设计定型,命名为 1969 年式 40 毫米火箭筒。李学瀚被授予"革命烈士"称号。

(三)隶属科委时期的科研(1965 年 7 月—1966 年 6 月)

1965—1966 年,学院科研呈现出恢复提升趋势。1965 年 3 月,在总结前期科研经验教训之后,学院上下充分意识到,作为一所高等院校,如长期不开展科学研究,教学质量是不能提高的。为了加强科研工作和科研课题组织领导,决定恢复设置科研管理机构。学院在训练部教务部下面重新设立科研处,提出科学研究继续保持和发扬"自力更生、发愤图强"精神,汲取了条件不具备的情况下,大上大系统项目的教训,组织一部分专业和军事战术教师,深入部队进行调查研究,进行战术技术论证,提出了一批发挥我军近战夜战特长的科研课题。

1965 年,结合学生专业教学和人才培养,在 1960 级学员毕业设计时,安排了一些科研项目。如李鸿志、陈运生等负责的 122 毫米轻榴弹炮,屈大壮等负责的 57 毫米高射炮数字式指挥仪,以及火箭串联爆破弹,夜间照明弹,高能火药、炸药配方设计及工艺研究等。1966 年有 301 教研室与 1961 级学员新法制备 82 毫米迫击炮弹药,405 教研室的 1045 - 1 型数字指挥仪科研等项目。这些科研的特点:①大部分属于武器装备产品研制,②紧密结合我军特点及兵种需求,③科研结合学员毕业设计安排。到 1966 年上半年,列入研究的项目 42 个,参加科学研究的专、兼职教师近百人。在专业教研室指导下,高年级学生通过业余研究活动,结合毕业设计进行科学研究,积累了自己动手的经验,克服了

---

① 李学瀚(1938—1967 年),天津市人,天津第一中学毕业,1954 年考入中国人民解放军军事工程学院,分配在炮兵工程系弹药专业学习,期间任学员班副班长,成绩优秀。毕业后留炮兵工程学院 202 教研室任教,参研项目时,为副连级中尉教员。

理论脱离实际的弱点,实践知识逐步丰富,从而使授课比较生动具体,促进了教学质量的提高。

三、代表性科研项目和成果

这一时期,代表性的科研项目和成果如下:

(1)20 毫米机关炮项目。1965 年 2 月,学院根据军委下达研制机动性高射炮的任务,正式立项对空为主、兼顾对地,以驮为主、也能肩扛的 20 毫米机关炮项目。项目组由 101 教研室教员周德求①负责,完成了论证、总体设计、火炮部件设计等工作。1971 年正式定型为 1971 年式 20 毫米高射炮,是学院研制的首款型号火炮。其周期长达 6 年,前后 20 多人参与,时逢清贫年代,科研人员克服困难,与工人同甘共苦,长期驻厂技术攻关。始终坚守重庆开展科研工作的周德求积劳成疾,定型前夕因病殉职。

(2)积木式 120 毫米迫击炮项目。1965 年初,为了解决高原步兵武器负载过重问题,学院组织研制能够进一步分解,便于战场运动的 120 毫米迫击炮及机动工具,立项代号为 1012。101 教研室李洪昌负责牵头,105 教研室、理论力学、材料力学教研室,实习工厂参研。1966 年 6 月研制出样炮。院副教育长祝榆生组织了背负试验和射击试验,显示战技指标良好。主要科研人员唐治,为积累座板设计经验,实弹射击时,头戴钢盔于胸墙后近抵观察。该炮研制开启了学院迫击炮自主研制之门。

(3)轻型反坦克火炮项目。在充分收集研究国外先进坦克情报资料的基础上,1965 年,学院组织学员在毕业设计时决定设计一款能够有效攻击敌方坦克的火炮。1965—1966 年,学院依靠自身财力和加工条件,多次进行了探索实验,在自主研制还是仿制,采用 82 毫米还是 84 毫米口径等技术方向上加以明晰,总体技术方案趋于完善,炮、弹及瞄具已具雏形。为日后国防科委正式下达 82 毫米无后坐力炮的炮、弹、药、引信、瞄准镜全套的研究设计任务和 1978 年式 82 毫米无后坐力炮定型奠定了基础。

(4)炮工 I 型计算机诞生并投入使用。1965 年秋,经过多年科研攻关,研制出 1 台电子管计算机,实现了"研制一台数字计算机"的目标。研制成果属数字通用电子管计算机,命名为炮工 I 型(PG－1),计算机字长 32 位,内存 1K,速度 5000 次/秒。机器投入实际运行后,用于计算弹道曲线等若干课题研究,实属创新之举。

(5)"三石－1"通过鉴定。1966 年 5 月,三系研制"三石－1"火药,经过多年研制,通过军委炮兵和第五机械工作部有关厂、校、所的联合鉴定。鉴定认为:"它是当时国内能量最高的双基火药,它的研制成功为双基火药进一步提高能量打开大门。"

---

① 周德求(1937—1970 年),湖南长沙人,长沙第二中学毕业,1955 年考入中国人民解放军军事工程学院,分配在炮兵工程系火炮专业学习,期间被嘉奖,评为"五好"学员。毕业后留炮兵工程学院 101 教研室任教,参研项目时,为副连级上尉教员。

通过几年的科研实践，学院取得各种成果 39 项。通过科研，摸清了专业发展趋向与技术关键所在，为专业建设提供了有利条件。带动了实验室等科研条件保障建设。1965年，建成涉及枪炮、火炮、弹箭、火炸药、火工品等 8 个实验室，面积 4000 多平方米，其中 3个实验室与新增设的专业相关。科研历练培养了参研人员的能力和作风，为学校科研骨干队伍形成和发展奠定了良好的基础，也为后来的某些项目取得重大成就创造了前提。为后续出成果，为国家育英才，起到了坚实的铺垫作用。

第四节　党的建设与思想政治工作

炮兵工程学院建立后，发扬我军光荣传统，高度重视党建与思想政治工作，并贯穿在组织机构、政治运动、教学科研等方方面面，逐渐形成了富有成效与特色的党建与思政工作体系。

学院创建伊始，院党委就提出了"以培养'三八'作风为纲，带动以合并建院为中心的各项工作持续跃进"的口号，反复强调思想建设和培养作风是学院建成的根本问题，并强调团结的重要，提倡谦虚谨慎、互相学习、互相尊重。"三八"作风是毛泽东为延安抗大提出的校风"坚定正确的政治方向，艰苦朴素的工作作风，灵活机动的战略战术"三句话与"团结、紧张、严肃、活泼"八个字。学院认为，"三八"作风是毛泽东军事思想的重要组成部分，是人民军队本质的集中表现，是我军训练、作战和一切行动的准则，是团结自己战胜敌人的重要因素。培养"三八"作风，就在于最大限度地调动一切积极因素，充分发挥人的主观能动作用。所以学院也以此作为校风。

1960 年 6 月，学院成立临时党委；1960 年 11 月 20 日—12 月 12 日，学院召开建院后第一次党委扩大会议。中心议题是贯彻军委扩大会议《关于加强军队政治思想工作的决议》。参加会议的有大尉以上党员干部 103 人。会议首先由孔从洲同志作"院临时党委会工作检查报告"，政治部提出的"关于政治思想工作的检查报告"，经分组学习文件、座谈讨论、大会发言，最后由孔从洲作会议总结。会议以整风的方法，检查了学院政治思想工作方面的不足，提出了加强政治思想工作的措施。会议指出，学院的工作成绩是主要的，基本完成了上级党组织交予的各项任务，使合并建院工作合得快、合得好。但是，在一个时期内，政治思想工作存在严重缺点，其主要表现是在一切领域中以毛泽东思想为指针贯彻得不够，教学中的政治思想工作、对知识分子特别是高级知识分子的思想工作抓得不紧；政治部存在"浮、乱、粗、慢"的毛病等。

为了贯彻军委扩大会议决议，改正政治思想工作的不足，院党委提出了加强政治思想工作的 10 项措施：①高举毛泽东思想红旗，把毛泽东思想真正学到手；②大抓活的思想教育；③大兴"三八"作风；④继续深入彻底地进行教学改革，加强对教学工作的领导；⑤大抓基层建设；⑥加强知识分子的工作，建设又红又专的教师队伍；⑦抓好职工、家属、外出人员、分散单位与分散人员的政治思想工作;⑧劳逸结合和抓好生活;⑨加强保密工作;⑩改进工作作风与工作方法。

学院党委扩大会议之后,各部、系先后用 7 ~ 10 天时间,召开排以上党员干部会议,贯彻学院党委扩大会议精神,进行整风。这次党委扩大会议,对贯彻军委扩大会议决议精神,以及对学院后续工作开展都有着深远的影响。

学院在加强党建与思想政治工作方面,主要的工作方式有群众性学习与政治运动、基层党组织建设等。

一、学习毛主席著作的群众运动

发动群众性学习与政治运动,是学院进行政治思想与作风建设的主要形式。建院初期学院就先后开展了"三反四查"、大兴"三八"作风、"战争与和平问题"学习、整顿支部、教学改革、贯彻执行军委扩大会议决议、加强党委和机关作风建设、形势教育、"两忆三查"、"农村人民公社工作条例(草案)"学习等一系列的政治教育和整风运动。

1961 年 1 月 4 日—2 月 13 日期间学院开展了"两忆三查"。2 月 5 日罗瑞卿总参谋长来院视察,在听取学院领导的工作汇报后,对开展"两忆三查"运动作了重要指示。"两忆"指的是"忆阶级苦、忆民族苦";"三查"指的是"查立场、查斗志、查工作"。运动重点以国内形势问题为中心,忆苦挖根,谈甜思源,在自觉的基础上,进行自我检查。通过"两忆三查",达到"认清形势、提高觉悟、增强斗志、树立信心"的目的。在这些运动之中,学习毛主席著作的群众运动是最为广泛、持久、深入的政治思想教育活动。

1960 年建院伊始,学院就根据上级指示开展学习毛主席著作活动。9 月 30 日《毛泽东选集》第四卷出版,10 月中央军委扩大会议《关于加强军队政治思想工作的决议》把"高举毛泽东思想伟大红旗,把毛泽东思想真正学到手",提到了高于一切的地位。根据《决议》精神,学院同全军一样,把"读毛主席的书,听毛主席的话,照毛主席的指示办事,做毛主席的好战士"当成座右铭,持续推进学习毛主席著作的群众运动。学习有集中培训、学习日学习、报告辅导等多种形式,并成立了 257 个学习毛主席著作小组。许多同志挤时间、抓空隙,节假日、课余不休息,争读"四卷",手不释卷。当时书少人多,人人都以先读为快。有的单位还将"四卷"拆开分篇轮读,尽量做到人停书不停。一系 103 教研室只领到一本"四卷",他们在书皮上写道:"人停书莫停,发奋苦钻研,一定学到手,成效卓卓见"。许多同志抓紧业余时间读完了"四卷"一遍,许多同志作了笔记、写了心得。

此后,学习毛主席著作成为"雷打不动"的一整套制度。根据总政的规定,毛主席著作是学校军事、政治教育的基本教材。在职干部每年都规定有学习毛主席著作的具体任务。各级领导布置工作首先布置毛主席著作学习,检查工作先检查毛主席著作学习,要求各单位都要树立学习毛主席著作的标兵。要求人人用毛主席著作,处处用毛主席著作,写文件、作报告、讲话、个别交谈、讲课、辅导、黑板报、教室、实验室,处处运用毛主席的语录。除政治教育、政治运动必须学习指定的重点文章外，业余和课余，每周一般都须保证 2~4 小时的学习时间。

学习毛主席著作强调"理论联系实际""以现实问题为中心，活学活用""在用字上狠下功夫"。

一是结合形势教育学习毛主席著作。这是按全院统一的计划进行的。建院初期至"文革"前的 6 年，学院根据上级指示，先后开展了 10 项政治教育和政治运动，都结合学习毛主席的有关文章。例如 1960—1962 年三年困难时期，结合学习毛主席著作，增强在党中央和毛主席领导下战胜困难的信心。在"两忆三查"运动中，动员阶段学习《评西北大捷兼论解放军的新式整军运动》《在晋绥干部会议上的讲话》等，在忆苦挖根阶段学习《中国社会各阶级的分析》《湖南农民运动考察报告》等，在谈甜思源阶段学习《中共中央关于农村人民公社当前政策问题的紧急指示信》和《八届九中全会公报》，在"三查"阶段又学习《为人民服务》《反自由主义》等，以保证运动按照规定的指导思想进行。

二是结合中心工作学习毛主席著作。除政治教育和政治运动外，学院经常性的中心工作是教学。在学习毛主席著作的群众运动中，组织广大师生用毛主席著作指导教学改革，落实毛主席对教育工作的指示。在日常教学、科研活动中，用毛主席的思想指导备课、讲课，从事科学研究。1963 年，在教师中推广"两本书（一本专业教材，一本毛主席著作）备课""两本书上讲台"的经验。教师学习了辩证唯物论，广泛运用毛主席的《实践论》《矛盾论》中的观点指导自己的业务活动。

三是结合现实思想学习毛主席著作。因人而异，遇到什么问题、需要什么学什么，自觉改造思想。一般都在业余时间，按照"闲时多学，忙时少学""毛著随身带，有空就学起来"的要求自学。毛主席号召"向雷锋同志学习"后，结合学雷锋学习毛主席的《为人民服务》，收到了积极效果。

总之，组织师生员工学习毛主席著作，对于确立共产主义理想，树立"为人民服务"思想，完成党在各个时期的任务，是有帮助的。但是，由于受林彪错误口号的影响，学习中没有把毛泽东思想当成完整的科学体系来学，有实用主义倾向；在学习方法上，存在着形式主义和简单化的倾向。

二、加强基层党组织建设与改进机关作风

加强基层党组织建设与改进机关工作作风是学院加强与保障政治思想工作的两个主要抓手。学院党委从建院开始就指出："学院政治思想工作必须深入到教研室、学生支部、学生队、食堂、连队、车间、分散的独立小单位去，工作应扎根于这些基层。各级党委和领导机关的工作必须面向基层，为基层服务，坚决克服浮、浅的毛病"。认为"学院党委就是基层党委，学院环境集中，体制纵短横宽，应该采用团的工作方法，一竿子插到底，实行面对面的领导"。

(一)加强基层党组织建设

加强基层党组织建设,就是要发挥党支部的核心领导和战斗堡垒作用。"文革"前,学院在院和部、系两级设党委,在民主集中制的原则下,实行党委领导下的首长负责制。

根据党章规定和我军的传统,学院党支部设在教研室、教育班,警卫连和机关处(建院初期教研室和学生班合建为专科时,党支部设在专科)。由于基层行政建制的变化,党支部数量少的时候为48个,多的时候为78个。全院党员,以比较适中的1964年的数量统计,为1128人,占全院总人数的32.7%,其中,学生党员231人,占学生总数的18.5%,教师、实验员中的党员273人,占36.7%(基础课教师党员占19%,专业课教师党员占52%,实验员党员占28.7%)。

关于党支部的性质和作用,建院初期,强调基层党支部的全面领导作用。1961年以后,根据总政治部颁发的《连队支部工作条例》,学院改进支部工作,明确专科(后分建为教研室和教育班)、机关支部与连队支部的工作性质和工作方法有所区别,指出它是本单位的领导核心,对教学业务工作起保证作用。支部的主要任务是抓思想领导与思想教育,抓教学方针的贯彻和教学作风的培养,抓共青团和革命军人委员会的工作,对教学业务工作则应多听取业务干部、教师的意见,在工作计划制定以后,发动党员和群众贯彻执行。教研室与学生班分建后,教研室(有的几个教研室联合)建立党支部,属机关性质,设协理员,专职做政治思想工作和支部工作。教育班党支部在统一的教育计划下,对学生实行全面领导,在教学工作上,通过"一统三结合"(即在教育班党支部统一领导下的干部、教师、学生结合)的方式,协调教学关系,保证教学计划的顺利实施。警卫连支部全面领导全连工作。

学院各党支部既要抓好组织建设,又要抓好思想建设,并以思想建设为重点。1960年下半年,1963年"五反"运动后和1965年3月,学院先后进行了三次整顿党支部的工作。整顿的主要内容是根据各个时期政治运动中暴露出的问题,首先从党内进行整顿,发挥支部的战斗堡垒作用和党员的先锋模范作用。

学院进行党的经常性教育工作,规定每周六下午为党日(党员学习教育活动时间)。每月4个党日:2个党日用来进行党的教育;1个党日开党的小组会,开展批评与自我批评;1个党日开党支部大会。"在一切党的会议上,都要贯彻教育党员"的精神,1960—1965年,除了学习毛主席著作和政治运动规定的学习文件以外,党员在党日时间,学习《论共产党员的修养》和《怎样做一个好的共产党员》等。1962年,为贯彻扩大的中央工作会议精神,学院对165名大尉以上干部进行了轮训。1963年冬—1964年春,学院对党员开始实行每年一次的鉴定制度。这些重大的党的教育活动,虽然不可避免地受到了"左"的影响,但对于全党团结在以毛泽东同志为首的党中央周围,统一思想、克服困难、完成任务、加强党性锻炼等,起了积极作用。如建院初期,正值国家经济严重困难时期,院务部3名干部利用工作之便"走后门",私分了20斤麻油,违反了党的统购统销政策,在全院受到了通报批评,除了责成作深刻检查外,并将麻油收回,如数还给了原单位。

学院教育党员以表扬为主。各党支部通过党的生活,经常表扬党员中的先进思想和先进事迹。1963年,为庆祝党的生日,学院召开了表彰先进大会,表扬了6个先进党支部,15个先进党小组,23位好党员。学院第二次党代会也表彰了一批先进集体与标兵。常规开展的活动还有创造"四好连队","四好连队"是中国人民解放军以"政治思想好,'三八'作风好,军事训练好,生活管理好"为标准评选先进连队的表彰制度,建院后,学院每年都召开"四好"连队总评授奖大会,表彰一批先进集体与个人。

总的来说,这一时期学院对党员的教育是抓得紧的,因此,党支部较好地发挥了战斗堡垒作用,党员较好地发挥了先锋模范作用,党在群众中的威信是好的。但在党员教育问题上,也存在"左"的问题,例如个别党员对人民公社和大跃进中的问题提出某些怀疑,如实反映了形势中的问题,被当作"右倾"批评和批判;在党日的使用上,1964年总政组织部派人来调查了两个支部的情况,训练部某支部43个党日,真正用于党的活动的只有11个,占25.6%,主要原因是运动多、教学任务重、临时任务多,不得不占用了党日时间。

根据既积极又慎重地发展党员的方针,学院党的发展工作正常,比较注重在教师和学生中发展党员。在学生中,要求"一年级就物色培养积极分子,二年级个别发展,三年级就可成立党小组。"据统计,1960年7月—1964年1月,全院发展党员355名,其中教学人员和学生占65%。在当时的情况下,党员发展工作也受到"左"的影响,存在"成份论"现象。党的政策虽然也提出了"有成份论,不唯成份论,重在政治表现",但在实际工作中,首先仍然强调"成份好",凡是出身于剥削阶级家庭,特别是直系亲属有政治历史问题的,缺乏具体分析,长期被关在党的大门之外。因此,许多老教师虽有强烈的入党愿望,但没有被发展入党,即使是青年人也有这个问题。

(二)改进机关工作作风

1960年12月14日起,各部系党委和政治机关用8～12天进行整风。这次整风的主要内容是贯彻军委扩大会议精神。通过整风,端正政治工作方向,开展批评与自我批评,改进党委领导,增强团结。整风期间,炮兵政治部主任刘春同志率领工作组来院指导和帮助工作。

每年新学期开学、期中的教学检查以及各个时期的重要政治教育,学院都要组织大批领导干部和机关人员下到基层调查研究,指导工作,同基层一起现场解决问题。1960年7月—1962年1月,一年多时间里,在学院领导和部系领导带领下,全院共组织了18个工作组深入基层从事调查研究。1963年第三季度,院里组织了9个工作组深入班、室了解情况,帮助工作。在开学前,由院长、副院长等领导4人分别带4个工作组深入到教研室、实验室、仓库,检查了解开学前的各项准备工作,对检查中发现的问题就地解决。

1964 年元月中旬—2 月中旬,进入紧张的寒假前的期考阶段,全院组织了 5 个工作小组分别深入到各系和训练部、基础课教研室,指导帮助工作。1—4 月,7 位学院领导干部除一位分工抓基建和机关工作的同志外,其余 6 位院领导深入教学第一线的时间少则 24 天,多则 73 天,平均 57 天,接近一半的时间在基层,认真执行了军委炮兵关于"院校主要领导干部一定要达到 3 个月以上时间亲自参加教学活动"的要求。

领导干部和机关深入基层面对面地指导工作主要有 4 种形式:一是领导干部蹲点。例如廖成美政委在 1964 年 1 月 25 日—2 月 22 日,带工作组到二系二教育班蹲点,和学生实行"同吃、同住、同活动",并写出了考察报告;5 月 8 日—5 月 30 日,他又率领工作组,到四系三教育班蹲点,同学生实行"三同",也写出了调查报告。两个教育班各有其特点,前者是比较先进的班,后者是比较后进的班。通过蹲点,掌握基层第一手材料,提出问题,亲自解决问题,指导面上的工作。二是下放代职,亲自解剖"麻雀"。例如政治教师到教育班代理指导员、副指导员职务,或者随课下班,使政治教育同学生的现实思想紧密结合。三是经常参加基层的活动,有计划地听试讲、检查课,参加干部、教师、学生的"三结合"会议和各项活动。广大干部教师对祝榆生副院长深入实际的作风十分赞赏,他大部分时间都深入在基层,熟悉各种情况和数据,对下情了如指掌,群众说"没有什么事情能瞒得过他"。四是专题调查,不同时期,抓住一两个关键性的问题,组织小型工作组,跟班参加活动,总结专题经验和进行思想调查。

(三)以教学为中心开展政治思想工作

改进机关工作作风与加强基层党组织建设目的是加强与保障思想政治工作的开展。学院高度重视思想政治工作,认为思想政治工作的中心是教育干部、学生、职工逐步确立坚定正确的政治方向,树立共产主义思想,坚信党的领导,树立全心全意为人民服务的思想和艰苦奋斗的作风。学院各级党组织加强思想政治工作,把学习毛主席著作,同各个时期的政治教育相结合,同抓现实思想相结合,同学雷锋学先进相结合,强调在改造客观世界的同时,改造主观世界,尤其是重视作教学中的政治思想工作。在林彪的"突出政治""政治可以冲击一切"思想下,学院自始至终强调了"以教学为中心",牢记学院的根本任务是培养"又红又专"的现代化炮兵科学技术干部。

围绕教学中心工作开展政治思想工作,是政治思想工作的重要任务之一,主要内容:抓党的教育方针、教学原则在教学过程中的落实;抓教师的教学态度、学生的学习态度,正确处理红与专的关系;抓教和学的方法,找出成绩优、劣的原因,提高教学效果;处理好师生之间、新老之间、学生之间、教师职工之间的关系,搞好团结;抓教学中的好人、好事、好经验,加以宣传推广;抓保证教学时间的落实,以及其他可直接影响教学的问题。

学院为做好教学中政治思想工作,进行了积极有效的探索。

(1)干部深入教学第一线。在当时的条件下,学院政工干部和行政管理干部,特别是教育班干部,多来自部队,对学校工作不熟悉,又不懂专业,"外行"比较多。干部深入教学第一线,首先要解决认识问题:不懂专业教学怎么办? 学院党委从实际出发,号召各级政工干部,努力使自己由外行变内行,深入到教学中去,即使开始一无所知,只要有决心,多见、多问、多听,不需要太长时间就能学到更多的东西。事实证明,有许多教育班干部,后来提高了教学管理水平。他们从自己的实践中,总结了不同年级、教学各个环节中学生思想发展的规律,使教学中的政治工作真正能做到有针对性。

(2)教师做政治思想工作。教师作政治思想工作,既教书又教人,这是建院以来一直提倡的、大多数教师能自觉去做的优良传统之一。学院教师,大多经过比较长时间的教育和锻炼,陆续从地方调进的老师也受到了部队的熏陶,一般政治素质较好,对担任的教学任务有高度的责任感,对所教的学生有强烈的爱,这是教师既教书又育人的前提条件。在这个前提下,强调"以身示教"。他们结合教学而不是脱离教学,使学生得到思想教育。具体做法:①每讲一课,都要对学生高度负责,备好课,讲好课,课前对学生的接受程度先调查,课后征求学生的意见,耐心帮助学生解决学习中的困难和指导学习方法;②讲授的内容要符合辩证唯物主义观点,即通过专业教学,使学生从业务学习中受到辩证唯物主义的教育;③对学生严格要求,一丝不苟,培养学生科学的治学态度和严谨的工作作风,以身作则、处处以模范行动感染和影响学生,帮助学生正确处理学习过程中出现的现实思想问题。

(3)实行"一统三结合"的领导方法。即在教育班党支部统一领导下的干部、教师、学生三结合,这是学院的一项重要的政治工作形式,是我军民主制度在教学工作上的体现,其目的在于解决教学过程中的矛盾,调动各方面的积极因素,更好地提高教学质量,完成教学任务。在教育班党支部领导下的"统一",就是统一思想、统一安排工作:对教学原则、教学要求和教学方法要有统一认识;对工作要有统一安排,如学生的作业量、自学复习时间的分配、辅导活动等有关政治思想、行政管理、体育锻炼等各方面的活动,常常在时间上发生矛盾,这就要由教育班召集三方根据上级的有关规定讨论平衡和协调的办法,调整教学活动同其他工作的关系,调整本班级任课教师的相互关系以及课程与课程之间的关系。在一般情况下,教育班党支部每月研究一次教学工作,分析本班教学情况,包括学生的学习思想、学习态度、学习方法、学习成绩,以及教学中存在的问题,提出解决的办法。各专业教研室从任课教师中选派一名水平较高,领导能力较强的党员教师参加教育班支部委员会。这样,既有利于教育班吸取教研室和教师的意见,又有利于教研室和教师了解学生的情况。此外,教育班还根据各个时期的教学情况,同教师通气,例如开学前介绍新生的情况,开课后沟通教师、学生的要求,课程结束对教学情况进行小结,适时地召开"三结合"会议,请有关教师参加,研究解决教学中的问题。在日常施训中,干部同教师经常联系,及时沟通情况,为开好"三结合"会议和制定支部工作计划做好准备。在"一统三结合"中,领导干部成为了密切教学关系的纽带,主动向教师反映学生学习的情况和对教学的意见,贯彻教师对学生学习的要求。教师成为领导对学生进行思想工作和管理教育工作的有力助手,教育班党支部领导下的"一统三结合",在当时的条件下发挥了积极作用。

1964 年,党中央号召"全国都要学习解放军",军队高校成了地方高校对口参观学习的对象。军委炮兵政治部指示学院:"要想一切办法使地方干部真正学到东西。"学院党委认真组织了接待参观活动,成立了专门班子负责这项工作。从 1964 年 2—4 月,学院计接待了 11 批 48 所地方院校 522 人(次),其中主要是各院校、部系处领导和专职学生干部,还有一些教师。前来参观考察的主要内容是政治思想工作,观摩听取了学院的经验介绍。

三、"五反"运动与院校整风

这一时期,学院遵照上级指示与安排,组织开展了各项政治运动,其中持续时间长影响较大的有"五反"运动,院校整风运动与"四清"运动等。

(一)开展"五反"运动

根据中央和总政治部指示,学院于 1963 年 4 月 29 日—10 月 12 日,开展了厉行节约和"五反"运动。由廖成美、徐宗田、林胜国、曹瑛、刘乾、王子才 6 位同志组成"五反"运动领导小组。"五反":反对领导干部的铺张浪费(特殊化)、反对分散主义、反对官僚主义、反对贪污盗窃、反对投机倒把。运动分两个阶段,第一阶段重点是前"三反",进行领导干部整风;第二阶段重点是后"两反"。

第一阶段领导干部整风,前后进行了两个月。具体步骤是:院、部系和处三级领导干部自觉"洗澡""下楼",然后开展群众性的自我教育。学院领导干部的整风,是先开常委会,后开党委扩大会(处以上领导干部参加),最后是在全院干部大会作检查,听取群众和干部的批评,洗三盆"温水澡""稳步下楼"。廖成美同志代表院党委在党委扩大会上检查了下面几个主要问题:①1962 年以来,积压、浪费、损坏和丢失物资价值情况;②在组织纪律性问题上的本位主义和分散主义错误;③在生活上特殊化,违反中央禁令,购置高级沙发和请客送礼;④官僚主义比较严重。

在"五反"第二阶段反对贪污盗窃、投机倒把的"两反"斗争中,发动群众共揭发出犯有贪污盗窃、投机倒把错误行为的 40 人,共贪污现金 10537. 71 元,粮票 8858. 7 斤,布 126 尺,油票 47. 5 斤。其中,贪污千元以上的有 2 人。

学院在领导"洗澡""下楼"和群众性揭发贪污盗窃、投机倒把的基础上,根据炮兵党委的指示,1963 年 9 月 7 日—10 月 12 日,又在全院人员中开展了一次以"反对腐化堕落"为主要内容,同时反对"追求资产阶级生活方式,无组织无纪律和小集团活动"等不良倾向的教育活动。这次反不良倾向斗争,被揭发批判的有 45 人,其性质属于腐化堕落道德败坏的有 35 人,占 77.7% 。监委会根据上述人员的错误性质,分别给予了处分。

(二)进行院校整风

1964 年 10 月,军委先后在长沙召开了院校政治工作会议和第十次院校工作会议,即"两次长沙会议"。两次会议的主要内容是推广长沙政治学校的办学经验,决定以长沙政治学校为样板,开展院校整风。长沙政治学校的主要经验:高举毛泽东思想红旗,把活学活用毛泽东同志的著作摆在第一位,强调兴无灭资、改造思想;"四个第一"、"三八"作风、三大民主、"四好"运动都落实得好。军委指出:这次院校整风,是院校工作的一次革命,是一次深刻的社会主义教育运动,也是一次生动的毛泽东思想教育运动。整风的基本内容和要求:按照毛主席指示,改进院校工作,使 1960 年军委扩大会议《关于加强军队政治思想工作的决议》在院校中落实扎根。通过这次整风,要使院校工作做到思想红、作风正、组织纯、机构精、教学好。整风的方针:高举毛泽东思想红旗,以阶级斗争为纲,充分发动群众,要在政治思想、工作作风、组织问题、学校机构、教学方针 5 个方面彻底进行整顿,主要是整顿政治思想,其中又着重整顿领导干部的思想作风。

开展整风运动,是学院在 1964 年 12 月—1965 年 6 月的重点工作,军委炮兵党委非常重视,派出以炮兵副政委刘何同志为首的工作组,直接指导运动的开展。根据军委指示,整风运动大致分为三个阶段:第一阶段 1964 年 12 月—1965 年 2 月,整顿院校领导干部的思想作风;第二阶段 1965 年 2—4 月整顿教师队伍,进行教学改革;第三阶段 1965 年 4—6 月,在干部、教师和战士、职工、家属中进行"四清"运动。

学院第一阶段的整风,从 1964 年 12 月中旬开始,主要是整顿领导干部和领导机关的作风。首先是发动群众"大鸣大放"。第一批参加"鸣放"的教师、学生、战士、职工有 2633 人,停课 10 天,群众发动得比较充分,"鸣放"的火力很猛,对学院领导同志大到原则问题,小至生活细节、习惯举止,知无不言,言无不尽。反映比较集中的意见,就其基本倾向来说,是受到了"左"的影响。但某些具体意见,如学生负担过重,过分看重分数,以及领导上的官僚主义等,则是应该引起重视的。

在群众"鸣放"的基础上,学院领导在党委常委会上进行了检查。1965 年 1 月 11 日—2 月 5 日,院党委召开扩大会议,进一步揭露学院的问题,对学院领导干部和党委常委的问题进行揭发批评,统一了对学院存在问题的看法:一是军委扩大会议的决议落实不到位,政治思想工作薄弱;二是主席、军委提出的一套训练方针、原则没有落实;三是勤俭办院的方针没有落实;四是领导作风革命化很不够,存在比较严重的官僚主义,骄傲自满,生活上有特殊化。学院党委认为,这些问题的实质是没有高举毛泽东思想伟大红旗,军委的一整套方针原则不落实。基本原因是学习和运用毛泽东思想不好,对阶级斗争的形势认识不足,没有抓住阶级斗争为纲,没有主动地在学院两种教学思想、两条教育路线的斗争中,领导打好"兴无灭资"的仗,而是在这场斗争面前迁就退让,或者"绕道走",甚至"跟着走",打了几年的糊涂仗。

因为这次整风正处在全国开展社会主义教育运动时间,这个检讨后来被认为是在"阶级斗争"的纲上进行的检查,无疑是比较"左"的。

1965年3月进入整风的第二阶段,主要是以教学改革为中心,统一教学思想。在学习文件的基础上,发动教师、学生,以"四查"(查内容,查课程设置,查教学方法,查教学质量)为中心,以毛主席和军委指示为武器,开展"大鸣、大放、大辩论",划清两种教育路线的界线,着重检查以毛泽东思想为指针,贯彻少而精、短而少教学原则的落实情况,以及存在的问题;检查现行教学中的教条主义的各种表现及其弊病与危害,树立"以我为主",统一教学思想。在此基础上,研究确定教学计划、实施改革的初步方案。

整风的第三阶段是在干部、教师、学生、工人、家属中进行社会主义教育运动,即"四清"运动。所谓"四清"运动,即中央关于农村工作中若干问题的决定中指出的清账目、清仓库、清财物、清工分,它的性质,不只是算算账,而是政治思想上的"伟大革命"。学院整风中的"四清"运动,是在院、部系领导干部以至教研室领导层层"洗澡""下楼"之后,在教改"四查"之后,在广大教职员工中进行的清政治、清思想的运动。机关干部集中了四五天时间,教师集中了三周、学生集中了两周时间。例如在教师的"四清"中,全院97.6%的教师参加了"四清"运动,为集中精力、集中时间,1959级学生停课到无锡参加"四清"运动,其他年级停课下连当兵。在"四清"运动中,首先反复学习毛主席关于阶级和阶级斗争的论述和中央制定的"二十三条",发动群众忆苦思甜,边诉苦,边检查忘本思想,边揭发,边批判,边划线。在运动中,比较彻底地清理了教师队伍的政治历史、家庭出身、社会关系状况和政治思想。有78人交代了新问题。

教师中类似的问题,基本上都是认识问题,思想问题,有许多是生活问题,把它们提到"阶级斗争"立场问题的高度,是言过其实、无限上纲的。

在整风运动期间,弹药系副主任许哨子给毛泽东主席直接写了一封信并得到批示,成为军队院校整风的学习材料。1964年12月,许哨子根据自己的调查结果给毛泽东主席写信,以炮兵工程学院为例来说明"我国军事工程技术教育目前存在很多问题",并且"这些问题如果得不到解决,我们培养'又红又专'的接班人的任务就不能落实,还将妨碍我国国防科学技术的提高"。他在信中主要写了4个问题:①学员严重娇气,"学院对他们偏重于生活上的照顾,政治思想工作流于形式,这样就助长了骄、娇二气";②教学内容脱离实际,"教材愈来愈脱离实际,远远落后于我国的科学水平和生产水平";③科学研究搞不起来,"以设计而论,教员应该走过设计、试制、试验、改进、重制、直到成功那么一个循环才谈得上教人。可我们的教员,包括讲师甚至教授在内,都很缺乏这些实际经验";④机关庞大,人浮于事,学员很少,经济上很不划算。

1965年1月12日,毛泽东在给贺龙、罗瑞卿的批示中说:"此件所说,可能是很多院校的通病,请你们认真处理。"贺龙随后在给罗瑞卿的批语中提出:"像这封信中所提出的那些严重问题,也的确是普遍存在的。目前院校正在整风,建议把主席批示和这封信印发下去,让各院校发动群众认真讨论,可能把问题揭得更深更透。"1月16日,中央军委办公厅即照此办理。

（三）参加地方"四清"运动

1963年9月—1966年上半年,全国根据中央的"两个文件"和"二十三条",在部分农村和少数城市基层开展了社会主义教育运动。1964年9月,中央发出了"组织高等学校文科师生参加社会主义教育运动"的通知,10月,高教部提出"把阶级斗争锻炼作为一门主课,将参加'四清'和军训正式列入教育计划"。1965年8月18日军委炮兵电话传达了毛主席关于部队干部参加地方"四清"运动的批示和军委总政的指示。根据这一系列的指示精神,院党委决定,全院干部、教师、学生分两批在1965年、1966年两年内,参加地方"四清"运动。

1965年3月23日—5月9日,1959级学生与部分教育班干部、政治教师共176人采取"中途插队"的办法,在无锡县安镇公社参加了社教运动中的经济退赔、夺权和对敌斗争几个阶段,上了这一堂"阶级斗争主课"以后才毕业。1965年8—9月,学院1961级学生340人和部分干部、教师376人,共716人,在学院副政委冷新华和副院长徐宗田的带领下,参加了江苏省江浦县的"四清"运动。在县社教总团的统一领导下,分散在4个公社,编入地方社教工作团队工作。任正副队长和指导员的73人,任正副组长的149人,6位同志在分团参加了领导工作,冷新华参加了社教总团的领导工作,徐宗田蹲点,多数同志是工作队队员,但在生产队独当一面。在"四清"运动第一线接受"阶级斗争锻炼",接受贫下中农教育,改造思想。学生因教学计划不好改变,在参加了"对敌斗争"阶段后,于1966年1月10日前返院,历时5个月。干部、教师参加了运动的全过程,于1966年4月返院,历时8个月。

"四清"运动的重点,是打击那些"走资本主义道路的当权派",因此,"四清"运动是当时"左"倾错误的产物,参加"四清"运动,难免执行"左"的路线,受到"左"的影响。但是,对个人来说,这样长时间地接触农村,接触实际,接触农民,对思想改造,锻炼工作能力,确实是有益的。在工作上由于大多数干部、教师受党和军队多年教育,因此发扬了我党我军的光荣传统,在社教工作团队的统一领导下,在掌握具体政策方面,还是比较稳、讲究工作方法的。学院干部师生遵守"三大纪律、八项注意",和农民实行"三同"(同吃、同住、同劳动),给群众留下了很好的印象,同当地农民建立了比较深厚的感情。

与农民实行"三同",自觉树立劳动人民的感情,是这次参加"四清"运动的重大收获。同吃,一般采取搭伙、代伙、代烧三种形式,在716名同志中,有500人始终坚持"搭伙",农民吃什么,他们吃什么。同住,除在社教总团、分团工作住在县镇和公社所在地的少数同志外,绝大多数都住在农民家里。同劳动,在完成工作的前提下,一般都参加了四五十个半劳动日,不少同志参加了七八十个半天,有的则达一百四十个半天。

江浦县虽处南京近郊,但经济比较落后,大部分群众生活比较艰苦,住的是茅草屋,鸡、狗、猪与人同户,灶、缸与尿桶同房。吃的是稀粥掺山芋、南瓜、胡萝卜,很难每天吃一餐干饭,菜是陈年咸菜,很少吃"熟菜",吃油极少。这样的条件下,同志们抱着锻炼、改造的决心,"自找苦吃",坚持"三同",涌现了许许多多生动的事例。干部学生孙汝荣,一身两病,坚持与农民同吃,领导多次劝他改为"代烧"(自己愿吃什么,农民代做什么),他不肯。挑上稻把子"每挪动一步都困难"的时候,还坚持挑。他为学会赤脚劳动,就光着脚在田埂上来回练"脚板皮"。女学生杨素珍,和一个孤寡老太住牛棚,同吃一锅饭,同盖一床被,同住一间屋,与老人情同母女。

四、两次党代会

1961年5月20—27日学院召开首次党代表大会。这次会议的正式代表101名,其中因病、事假缺席的代表12名,出席会议的代表89名,列席代表41名。炮兵政委陈仁麒出席了20日上午的开幕会并讲话。会议的任务:总结合并建院以来的各项工作;检查学院对军委扩大会议《关于加强军队政治思想工作的决议》与军委炮兵党委扩大会议《关于执行军委扩大会议〈关于加强军队政治思想工作的决议〉的决议》执行情况;明确学院今后三四年内建设的方针和任务;选举学院第一届党的委员会和党的监察委员会。

孔从洲同志代表院临时党委会向大会作了院临时党委会成立一年来的工作报告,指出院临时党委会成立近一年来,在炮兵党委、武汉军区党委和湖北省委的领导与关怀下,在兄弟院校的支援下,依靠全院同志的团结一致与艰苦努力,高举毛泽东思想红旗,贯彻勤俭建院,边建、边教、边学的方针,完成了党赋予的政治思想工作、专业扩建与繁重的教学工作、干部与教师的调配及教师的培养提高工作、科学研究工作、教学物资保证工作与生活物资保证工作、西安的营建及施建工作,以及支援社会主义建设方面的任务。在肯定成绩的同时,着重检查了学院执行军委扩大会议《关于加强军队政治思想工作的决议》、炮兵党委扩大会议《关于执行军委扩大会议〈关于加强军队政治思想工作的决议〉的决议》的情况。

会议根据上级党委的指示和学院的具体情况,提出了今后的任务:"在党的总路线、'大跃进'、人民公社三面红旗的光辉照耀下,高举毛泽东思想的伟大红旗,继续深入贯彻军委扩大会议的决议,贯彻勤俭建院和边建边教边学的方针,为争取三四年内把我院基本建成而努力。"具体目标是到1964年学院建设要达到如下规模:在院学生人数4000~5000人;学院各级机构基本健全;教师数量与质量能够基本上与学院发展的需要相适应;摸索出一个比较完善的教育计划。

经过全体代表的充分讨论,22位同志的大会发言,一致同意和拥护学院临时党委会的工作报告。会议选举孔从洲、王海、刘吉林、刘乾、孙成才、冷新华、吕凤阁、李一林、李子寿、林胜国、林革、苏广义、徐宗田、祝榆生、夏则然、曹瑛、贺振新、黄延卿、冯缵刚、杨国治、廖成美、赫光、谢惠民23位同志为本届党委委员。

6月30日，经炮兵党委批准，孔从洲、廖成美、贺振新、黄延卿、林胜国、徐宗田、祝榆生、冷新华、曹瑛同志为党委常委；廖成美同志为第一书记，孔从洲同志为书记，贺振新同志为副书记。

党委监委会由林胜国、曹瑛、刘乾、杨万藻、阎发仓、马庭元、侯淮、姚云峰、赵铁良9位同志组成；林胜国同志为书记，曹瑛同志为副书记。

1964年元月5—11日，学院召开了第二次党代表大会。大会的任务是着重检查和总结第一次党代表大会以来的主要工作，讨论今后工作，选举第二届党委。正式代表89人，候补代表10人，全院教育班和处以上干部列席了会议。南京军区政治部副主任符确坚、军委炮兵副参谋长杨毅到会并发表讲话。

会议由廖成美同志代表上届党委作了工作报告，林胜国同志代表上届监委作了工作报告。代表们一致同意这两个报告。孔从洲同志作了大会总结，大会选举产生了第二届党委和监委。

会议认为，学院第一次党代表大会以来，在上级党委的领导与关怀下，高举毛泽东思想红旗，在勤俭建院和边建边教边学的思想指导下，各方面建设都取得了显著成绩。在肯定成绩的同时，检查了工作中存在的问题和错误。

会议提出了"把学院建设推向一个新阶段"的工作任务：①坚持毛泽东思想挂帅，坚持"四个第一"，加强政治思想工作；②加强党的建设，改进党委领导；③改进教学工作，提高教学质量；④加强干部建设与教师队伍的培养；⑤继续开展"四好"运动，加强基层建设，改进机关工作；⑥进一步培养优良作风，加强组织性与纪律性；⑦贯彻勤俭建院方针，做好物资保证工作。

会议选举并经军委炮兵党委批准，孔从洲、李仲麟、廖成美、林革、曹瑛、齐陶、林胜国、徐宗田、祝榆生、刘乾、刘俊彩、刘金凯、王子才、黄延卿、苏广义、冯缵刚、王海、吴植楷为学院第二届党委委员。廖成美、孔从洲、李仲麟、林胜国、徐宗田、祝榆生、齐陶同志为党委常委。廖成美同志为第一书记，孔从洲同志为第二书记。

刘乾、龙飞、李子寿、范柏青、林胜国、马廷元、曹瑛、钟文综、张吉乡、阎发仓、解守仁同志为学院党委监委委员。林胜国、曹瑛、龙飞、马廷元、解守仁同志为监委常委。林胜国同志为监委书记，曹瑛同志为副书记。

两次党代会，学院在深入总结合并建院以来工作总体情况的同时，提出了学院的发展方向与目标，对学院今后发展有着重要意义。

第三章 曲折中的坚守（1966—1978 年）

经中央批准,自 1966 年 4 月 1 日起,炮兵工程学院正式退出军队序列,集体转业,改为地方院校,更名为华东工程学院,继续归属国防科学技术委员会管理。

1966 年 3 月 31 日,学院召开大会宣布中央和军委的决定,同时宣布人事任命:李仲麟任华东工程学院院长兼党委书记,祝榆生为副院长,齐陶为党委副书记,林革为政治部主任,苏广义为教务部部长,钟文综为院务部部长。组织体系由炮兵工程学院的三部、一处、四系改为四部、一室、五系,即政治部、教务部、院务部、基础课部、院办公室、炮兵兵器系(一系)、火箭武器系(二系)、火炸药系(三系)、炮兵仪器系(四系)、留学生系(五系)。学院的专业由 13 个调整到 16 个。

学院刚刚改制更名,即遇到"文化大革命"(简称"文革"),十年"文革"打乱了学院的正常秩序,但广大师生秉承哈军工的优良传统,在十分困难的条件下,坚守教学和科研,服务国防,推动学院在曲折中不断前行。其间,学院共招收五批工农兵学员,先后为越南、赞比亚等国培养多批留学生,院、系分别组织了多个科研分队,先后承担并完成了多项科研任务,"82 毫米无后坐力炮系统"等项目的研制成功,更是学院无论在任何艰难条件下,不忘初心、牢记使命、为国铸利器的集中体现。

第一节 "文革"十年学院历经坎坷

党的十一届六中全会通过的《关于建国以来党的若干历史问题的决议》中指出:"'文化大革命'是一场由领导者错误发动,被反革命集团利用,给党、国家和各族人民带来严重灾难的内乱。"在这十年中,学院教学、科研和日常工作遭受重挫,师生也饱经坎坷。

1966 年 5 月,中共中央政治局扩大会议召开,会议通过了"五一六通知",8 月,党的八届十一中全会通过了《中国共产党中央委员会关于无产阶级文化大革命的决定》(即《十六条》),这两次会议的召开,标志着"文化大革命"的全面发动。

一、政治风波迭起

(一)停课闹"革命"

1966 年 6 月 12 日,学院部分师生参加了南京某大学召开的"造反"大会,这次会议,对南京高校的"造反"运动,起到了推波助澜的作用。6 月 13 日,学院党委迫于形势发展和部分师生的强烈要求,召开了停课"闹革命"动员大会,李仲麟院长代表学院党委作报告,并宣布了停课的决定。随后,学院各部、系,自发成立了各种群众性的组织,采取"大鸣、大放、大字报、大辩论"的形式,大造所谓修正主义的"反"。

(二)群众组织夺权

1967 年 1 月 21 日,学院一派组织的"八一红卫兵团",在学院办公楼宣布夺权,将学院领导、机关各部门负责人和掌印工作人员召集在一起,要求交出印章,当即遭到了另一派"革命造反兵团"的反对。第二天,"革命造反兵团"发表声明,反对"八一红卫兵团"夺权。27 日,"革命造反兵团"冲砸"八一红卫兵团"总部,次日,迫使"八一红卫兵团"交出学院和部门印章,进行了再夺权。以两派群众组织夺权为开端,学院打起了"派仗",并开始走出校园,走上社会,参加了南京地区的派性斗争。

(三)"揪斗"之风

"文革"开始后,全国多地掀起了揪斗"走资派"之风,学院党政领导毫无例外受到影响和冲击。

1967 年 8 月 19 日,祝榆生、沈正功、苏广义等首先受到冲击,被扭送到群众组织接受批斗。其后,党委书记李仲麟、副书记齐陶等领导及学院部、系主要负责人被批斗、游街。与此同时,一些老知识分子也被打成"反动学阀",在精神上与身体上遭到摧残。

(四)"清队"运动

1968 年 11 月,根据中央和江苏省革命委员会(以下简称革委会)指示,学院组织开展了"清队"运动。在学院革命委员会和工人毛泽东思想宣传队领导下,采取"左"的思想和方法,组织开展"拔钉子""揭盖子"和清理阶级队伍的运动。据统计,自 1968 年学院革委会成立至 1969 年底,这次运动学院先后有 322 人受到审查,定性为敌我矛盾的有 19 人,后经审查,全部都是冤假错案。

(五)深挖"5·16"运动

1970 年 3 月,根据中央〔1970〕20 号文件精神和江苏省的部署,学院组织开展了深挖

"5·16"反革命份子运动。设立了清查"5·16"办公室,代号为"20 号办公室"。至 1972 年运动结束,学院共有 535 人被怀疑是"5·16"份子,292 人被定性为"5·16"份子。

1974 年,学院开始重新审查"5·16"等运动中被批判、处理的人员问题,4 月,学院成立落实政策办公室,何可人任办公室主任,4 月 27 日晚 8 时,林连章代表学院党委宣布:撤销"20 号办公室",暂时封存所有材料。

1975 年 5 月,按照讲大局、反派性要求,学院党委决定为被错误打成"5·16"分子的 292 人平反,恢复名誉。为 535 名被怀疑是"5·16"分子的人员平反,给予信任。26 日,学院召开"平反团结大会",齐陶代表党委宣布了平反决定。

(六)批林整风

1971 年 9 月,林彪叛逃事件发生后,中共中央陆续下发《关于粉碎林彪集团反革命政变斗争》等文件材料,在全国开展"批林整风"运动,从党内到党外,动员广大干部和群众揭发批判林彪集团的罪行,清查与林彪集团阴谋活动有关的人和事。

1972 年 8 月,根据中共中央文件要求,学院开展了"批林整风"运动,全院 1985 名教职工和全体学员、家属分成三批进行,开展了革命大批判。

(七)批林批孔

1974 年 1 月,中共中央下发文件,开展"批林批孔"运动。

学院整个运动经历 4 个阶段:第一阶段通过学习中央文件,批判学院一些干部为子女工作走后门的不正之风;第二阶段围绕着教育革命"回潮",批判齐陶关于教育工作方面的两个讲话;第三阶段联系学院深挖"5·16"问题,进行辩论;第四阶段"评法批儒",学"朝农经验",进行开门办学。

二、管理运行跌宕

(一)成立革命委员会

1966 年 6 月 15 日,江苏省委派工作队进驻学院,帮助党委领导"文革"运动,8 月 11 日撤出。8 月 4 日—8 月中旬,学院各级组织相应成立"文革筹委",负责领导"文革"运动。

1966 年 10 月 22 日,学院召开全体人员大会宣布中断党委领导。

1968 年 7 月,江苏省革委会先后向学院派进工人宣传队和解放军宣传队,帮助学院消除派性、促进群众组织联合,并成立了学院革命大联合委员会。

1968 年 9 月 24 日,江苏省革命委员会批准成立了学院革命委员会,革命委员会由齐陶、吴运福、彭正山、张恩生等 27 人组成,齐陶、吴运福、彭正山、张恩生、宫善、周光照、狄有命、陈运生、张宝印、马振英等 11 人为常委,齐陶任主任,吴运福、彭正山、张恩生任副主任。10 月,又相继成立了各部、系革命委员会(领导小组)。10 月 14 日,学院成立了"红卫兵"师。

1973 年 2 月 19 日,中共江苏省委发文任命林连章为学院革命委员会副主任。

(二)成立党的核心小组

1967 年 12 月 2 日,中共中央、中央文革小组下发了《关于整顿、恢复、重建党的组织的意见和问题》文件,建议在革命委员会中建立"党的核心小组",实施党的组织领导。

1969 年 7 月 28 日,根据中共中央文件精神及江苏省革委会《关于整顿、恢复、建设党的组织的通知》要求,学院向江苏省委申请在革命委员会中建立党的核心小组,递交了《关于建立华东工程学院革命委员会党的核心小组问题的报告》。

1970 年 11 月 4 日,经江苏省委发文批准,中共华东工程学院革命委员会党的核心小组成立,核心小组由齐陶、李浮泉、陈忠、周光照、马振英、狄有命 6 人组成,齐陶任组长,李浮泉任副组长。增补李浮泉为学院革命委员会常委、副主任,陈忠为学院革委会常委。11 月 12 日,学院党的核心小组召开了第一次全体会议,在传达学习上级指示精神的同时,讨论了关于加强学院党的思想建设和组织建设等问题。

1971 年 12 月 7 日,江苏省委下发通知,增补唐廷治为学院革命委员会党的核心小组副组长,并为学院革命委员会委员、常委、副主任。1972 年 7 月 7 日,江苏省委批复,国海任学院革命委员会党的核心小组副组长,并为学院革命委员会委员、常委、副主任,王方滋任学院革命委员会党的核心小组成员,并为学院革命委员会委员、常委。

(三)隶属关系变动

1970 年 1 月 29 日,国务院、中央军委决定,国防科委所属的华东工程学院划归国务院第五机械工业部(以下简称五机部),由所在地省革命委员会和主管部门实行双重领导。3 月 4 日,五机部军事管制委员会同意学院成立一个机械工厂和电子、光学两个分厂,4 月 13 日,五机部军管会批准华东工程学院为国防工业序列工厂,学院使用"国营5328 厂"代号,学院革委会即是工厂革委会。

1971 年 5 月 7 日,从保密工作要求出发,学院启用单位保密通信信箱"南京 1412 信箱",用于公私通信,电报挂号"南京 4453"同时启用。

(四)召开第三次党代会

1970 年 10 月 28 日,中共中央发出《关于召开地方各级党代表大会的通知》,提出要陆续召开地方党的代表大会,产生新的党委。

1973 年 5 月 15 日,经江苏省委批准,学院第三次党代表大会召开。这次党代表大会是在特殊时期召开的,会议的主要议题是总结党的核心小组建立以来的工作,讨论确定今后任务,选举产生学院第三届党的委员会。出席本次会议代表 140 人,列席代表 76 人,会议历时 3 天半。会议期间,齐陶代表革命委员会党的核心小组作了工作报告,会议选举出马振英等 21 名党委委员,马振英、王方滋、齐陶、张尔登、吴运福、李奋程、周光照、林连章、徐尚信 9 人为常委,齐陶为书记,李奋程为副书记。

(五)改组领导班子

1975 年 4 月 15 日,经学院党委向中共江苏省委提出申请,恢复祝榆生、徐宗田两位同志为学院党委常委、革命委员会副主任。5 月 3 日,学院党委发文为李仲麟平反,恢复名誉,并立即恢复党组织生活。

同年 6 月,国务院第五机械工业部派尹俊、江苏省委派周伯藩等同志组成联合调查组进驻学院,帮助解决学院领导班子问题。9 月 18 日,江苏省委会同五机部共同决定对学院领导班子进行改组,新的领导班子中,周伯藩为学院党委书记、革委会主任,霍宗岳为副书记、革委会副主任,林天木、耿柏青为党委常委、革委会副主任,祝榆生、李子寿为革委会副主任。免去齐陶学院党委书记、革委会主任职务,另行分配工作,免去李奋程党委副书记、革委会副主任职务,任顾问,免去吴运福革委会副主任职务,另行分配工作,免去张尔登党委常委、革委会副主任职务,任顾问,任命徐宗田为顾问,免去周光照党委常委职务,另行分配工作。

1977 年 7 月 5 日,江苏省委再次作出决定:周伯藩调离学院,赴南京市委工作,任命霍宗岳为学院党委书记、革委会主任。9 月 12 日,经江苏省委批准:李子寿、王立信为学院党委常委,马振英为学院革委会副主任,免去林连章党委常委、革委会副主任职务。

(六)机构体制变化

1971 年 1 月 8 日,学院革命委员会党的核心小组决定,实行新的组织体制,并下发院革字〔1971〕第 2 号通知,学院启用一至五大队、一至五分厂革命委员会印章,原各系、教学组、实习工厂等单位的印章作废。3 月 12 日,学习清华大学办工厂、校厂合一的先进经验,驻院宣传队和学院革命委员会调整机构体制,机关设院办、政治工作、教育革命和行政后勤 4 个组,辖上述 5 个大队,分别为一大队(炮兵兵器)、二大队(火箭弹药)、三大队(火药炸药)、四大队(电子仪器)、五大队(光学仪器)以及外生(外国留学生)训练队等二级单位。

1972 年 8 月 21 日,学院召开体制编制会议,参加会议的有政治工作、教育革命和行政后勤等各大组负责人。革命委员会主任齐陶对暂行体制编制进行了说明,会议决定取消大队,恢复各系体制,机关设政工组、教育革命组和院务组,基础课部、工厂、外生训练队等单位原属关系不变。9 月,学院组织实施了机构体制变更工作。

1975 年 9 月 25 日，学院再次对组织机构进行调整，取消上述机关"组"的机构设置，成立了政治部、教务部、院务部、办公室，同时调整了部、系领导班子。

三、反对"四人帮"的斗争

1976 年 1 月 8 日，伟大的马克思主义者、杰出的无产阶级革命家、中共中央副主席、国务院总理周恩来与世长辞，他的逝世引起全党全国各族人民的无限悲痛。

全国各族人民深切怀念周恩来，自发采取各种不同方式开展悼念活动，但是，"四人帮"倒行逆施，以种种借口加以限制和破坏，对悼念群众进行迫害，激起了全国人民的义愤和反抗。

1976 年 3 月下旬，学院广大师生员工和南京市民一起进行勇敢斗争，三系 74 - 321 班吕祥松、二系 73 - 221 班周忠良、三系 73 - 321 班张荣秀等同学，在院内、孝陵卫，以及市区张贴"誓死捍卫周总理""周总理永远活在全国亿万人民的心中""周总理永垂不朽"等标语和大字报，以赤诚炽热的感情表达对周恩来的崇敬和怀念。

1976 年 4 月 4 日，学院团委冲破重重阻力，组织了 1500 名共青团员和青年前往雨花台，在烈士墓前举行凭吊仪式，怀念周总理，反对"四人帮"。

第二节　教学工作

十年动乱期间，学院教学、科研和日常管理工作秩序遭到严重破坏，但一大批干部、教师顶着各种政治风险，克服困难，继续顽强地开展各项教学工作。

一、招收工农兵学员

1966 年"文化大革命"开始后，全国高校停止招生，1961—1965 级学生陆续毕业离校。1968 年 3 月，学院 1961 级学生 484 人、1962 级学生 159 人毕业离校；9 月，1963 级学生 322 人毕业离校；12 月，1964 级学生 322 人毕业离校。当年度学院 4 届学生共 1287 人离校。1970 年 9 月，又有 1965 级学生 470 人毕业离校，至此，"文革"之前招录的学生全部毕业离校。

1970 年 6 月 27 日，中共中央批转《北京大学、清华大学关于招生（试点）的请示报告》，决定废除考试制度，"实行群众推荐、领导批准、学校复审相结合的办法"，招收工农兵学员，先是在以上两校进行试点，之后，北大、清华招生试点的经验在全国高校推广。

1971 年 9 月 16 日，学院经研究向第五机械工业部上报请示，招生规模拟为 850 人。根据中央军委国防工业领导小组关于国防工业院校招生问题的指示，五机部下发文件，确定学院 1972 年按专业分省招生指标为 840 人。

1972 年 2 月,全院为迎接首批工农兵学员,积极进行各项准备工作。2 月 9 日,院革命委员会党的核心小组听取工作汇报,审查研究重点专业教育计划,明确专业课程设置一般为 10~13 门,全院第一学期开课 30 门,准备讲义 220 万字。同时,学院组织 40 余名老师奔赴全国各地进行招生。3 月,学院领导、机关部门负责人组成检查组,对各大队、基础课部的开学准备情况进行了检查,各项准备工作已基本就绪。

1972 年 4 月 25 日,学院迎来了第一批工农兵学员报到,1972 级共招收 17 个专业 837 名学员,其中解放军学员 170 名。5 月 2 日正式开学,学院按照学员不同的文化程度,采取甲、乙、丙三类编班组织教学。1973 年 10 月,招收 1973 级工农兵学员 319 名;1974 年 10 月,招收 1974 级工农兵学员 486 名;1975 年 8 月,834 名 1972 级工农兵学员毕业,9 月,159 名 1975 级工农兵学员入学;1976 年冬季,组织进行了 1976 级招生工作,招收工农兵学员 686 名,推迟于次年 3 月入学。

由于工农兵学员文化水平高低不齐,因此给教学组织工作带来了很大困难,对此广大教师积极编写教材,认真备课讲课,耐心辅导,除极少数学生外,大多数学生具有较好的素质和能力,他们学习刻苦,严格要求自己,顺利完成学业,走上了不同工作岗位。

从这些同学中也走出了一批优秀人才,如 72 - 411 班的崔向群、74 - 421 班的杨安国等。

崔向群,重庆市万州人,研究员、博士生导师,1975 年毕业于学院光学仪器专业。2009 年当选为中国科学院院士,2010 年当选为第三世界科学院院士,曾任中国科学院国家天文台副台长、南京天文光学技术研究所所长、国际天文学会(IAU)光学红外技术分会(Division IX)组委、中国天文学会副理事长、中国南极天文中心副主任。她长期从事天文望远镜与仪器、主动光学技术、大口径非球面光学镜面技术研究,研制成功了世界上新型的最大口径的大视场和光谱获取率最高的大天区面积多目标光纤光谱望远镜(LAMOST),荣获国家科技进步二等奖,她将中国望远镜研制水平推进到国际前沿,为中国研制未来极大望远镜奠定了基础。

杨安国,1974 年进入学院指挥仪设计制造专业学习,曾任河南豫光金铅集团有限责任公司党委书记、董事长,所领导的公司是地方龙头骨干企业和中国有色金属行业大型骨干企业,多年跻身"中国企业 500 强""中国制造业 500 强"和"财富中国 500 强",公司先后研制开发出非定态 SO_2 转化技术、全湿法金银生产技术、铅冶炼富氧底吹氧化—鼓风炉还原熔炼技术、液态高铅渣直接还原炼铅等 4 项国际国内领先的核心技术,有力推动了中国铅冶炼工业的技术进步,被国务院国资委列为创建世界一流专精特新示范企业,其核心企业河南豫光金铅股份有限公司是行业内首家上市公司。

二、教材编撰

学院开始招收工农兵学员、教学工作恢复后,最急迫的任务就是组织教师开始专业的恢复建设工作,专业恢复的工作重点是抓"三材一促",即抓人才、教材与器材,促科研。教材的重新编写工作十分艰苦,弹药引信专家许哨子亲自重新改写了几本教材,其中《引信设计原理》在1974年出版;同时他作为领导小组成员与北京工业学院、有关情报所等单位合作,重编了《外军引信手册》。许哨子将他与同事们多年收集、解剖、测量、绘制的引信资料都收录其中,系统地整理了有关引信结构的设计知识:第一册中炮弹引信包括400多种,第二册中有航弹地雷引信以及火箭弹、手榴弹引信共400多种,第三册中有非触发引信30多种。这些书在1976年陆续出版,受到第五机械工业部的奖励,是一套使用价值很高的工具书,而且此时中国的引信弹药事业正处在一个走出苏联模式,广泛吸纳欧美等国不同的设计思路与经验,并探索自己道路的关键时期,这套书就收录了除苏联之外的美国、英国、德国、澳大利亚等多国的引信资料,起到了拓展读者视野的作用。自1966年至1978年,学校组织教师编写出版教材120余部。组织编写出版高等数学、基础化学、电工基础、物理学、物理实验、机械制图等各类基础课教材近40部,编写出版火炮构造原理、自动武器设计、步兵自动武器及弹药设计手册、枪炮制造工艺、火药简明教程、炸药生产工艺过程化学原理、火药装药设计原理、弹丸作用和设计原理、火箭弹制造工艺、随动系统原理与设计、内弹道学、军用光学仪器、光学零件工艺、金属材料及热加工工艺、金属切削原理及刀具、化学反应过程及反应器等各类专业课教材84部。

1971年3月召开了全国轻武器科研工作会议,这次会议最重要的决策是确定了开始研制我国的小口径弹/枪系统。会议还达成一个初步共识,就是研制武器要打破"画、加、打"的经验型模式,要重视理论研究,而当务之急是需要有一本指导性的参考资料为依据。这项浩繁的工程谁也没有贸然接手,学院黄仲怀老师参加了这次会议,他根据在北京工业学院进修的体会认为,当时国内使用的仍是苏联20世纪40年代编写的教材,已经不能满足新时期的需要了,急需编写一批高水平的专业教材,而借助全行业的力量来编写一套参考资料,正是一个很好的切入点,于是他自告奋勇地提出由华东工程学院来具体负责这个项目,编写《步兵自动武器及弹药设计手册》。学院接受这项艰巨任务后,由从太原机械学院调入的自动武器专家于道文担任编写组组长。于道文教授领受任务后,即刻率领不同老师组成的多个调研组,赶赴全国各地的兵工厂、科研所与军队,实地了解兵器研发与生产的情况,收集资料。一系列的调研收获非常大,因为当时各地、各单位都有不少他们的学生在担任要职,给了这次调研工作巨大的支持。有一次于道文教授带领靳天佑、陆家鹏和谭兴良3位教师去吉林白城靶场,靶场其中一位1959级毕业生已是大校军官,见到几位老师来了,立即把封存在资料室的大量实验资料全搬了出来,于道文教授及老师们如获至宝,加班加点分工抄写,连续工作三四天。这些通过调研获得的第一手的资料,不仅为专业建设提供了新的依据,更为于道文教授主持编写的《步兵自动武器及弹药设计手册》提供了最新材料。这本后来分上、中、下三册的书,动员了高校、研究所与工厂共16个单位的科技人员一起参加编写,耗时近6年,于1977年由国防工业出版社出版,并荣获 1978 年全国科学大会奖,它总结了我国枪械设计生产和实践经验,以结构设计为重点,较全面地、系统地阐述了自动武器及其弹药的设计要求与方法,以及参数测试和性能鉴定,为适于广大工人和技术人员参考,还根据"洋为中用"的原则,收集了较多的国外武器结构简图,并绘制了一些机构示意图和立体图,具有非常强的实用价值,既是我国第一部全面、系统的枪械设计参考书,也成为自动武器领域的经典著作。于道文教授在组织编写设计手册告一段落之时,为了培养中青年骨干教师,1975 年开始,他又组织了 7 名教师合编教材《枪械设计原理》,内容包括枪械自动原理、机构工作原理、枪管设计、自动机运动和枪架的设计等篇章,他本人负责编写了全书的 60%,这本书于 1979 年出版,1987 年被评为学院优秀教材。

三、开门办学

1969 年 7—9 月,根据毛泽东主席提出的"走上海机床厂从工人中培养技术人员的道路"的指示,学院先后派出 11 个教育革命小分队,到院外和学院实习工厂进行调查研究,准备教学改革。

1969 年 10 月 20 日,按照江苏省革委会进行"战略疏散"及参加生产劳动的要求,学院组织 1156 名教职工战备下乡,赴江宁县上坊、淳化等公社,后移至湖熟、龙都等公社,进行战备和劳动。1970 年 3 月,所有人员相继返回学院。同年 4 月,学院先后组织 14 个小分队,带着教学任务到对口工厂进行教育改革探索。

1969 年 9 月,学院贯彻毛泽东主席"五七"指示,成立了"五七"红校领导机构,红校领导小组由李一锦任组长,钟文综任副组长,组员有季晋辉、高新蕴、李士杰,负责分期分批组织学院干部、教师参加生产劳动。1970 年 6 月,学院"五七"红校农场制砖组,利用废旧设备,研制成功一套专用制砖设备,设备包括滚泥机、输送机、压坯机和切砖机,每小时可出砖超过 3000 块。

1971 年 2 月,为了贯彻落实毛泽东主席"野营训练是一种好方法"的"1124"指示,学院革委会党的核心领导小组决定,组织全院人员分期分批进行以政治内容为主的野营拉练。17 日,第一批 400 人编成 6 个连,开始野营拉练,经江苏六合、盱眙、金湖和安徽天长等县,抵达江苏洪泽县,往返行程 600 千米,历时达 3 周。

1973 年 11 月,学院组织 1362 名师生员工,赴江宁县上坊公社支援农业生产,接受贫下中农再教育,历时 10 天。1975 年 10 月,组织 1975 级 4 个班的 150 名学员赴江苏江阴华西大队,以开门办学的形式进行为期一周的入学教育,教育的主要内容是学习无产阶级专政的理论。在华西大队期间,还组织学员参观农田、养殖场、饲养场、政治夜校、大队企业,开展调查研究走访 253 人次,请大队作了 3 场报告。

1975 年 11 月 8 日,学院召开党委扩大会议,布置贯彻落实全国农业学大寨会议精神。10—15 日,全院用一周时间组织集中学习会议文件以及大寨公社、昔阳县在会上的经验介绍。11月下旬,学院派出42名同志,由耿柏青带队,参加了江苏省委组织的赴灌云县"农业学大寨"工作队,开展了学、帮工作,次年11月返回学院。

四、举办培训班,开展社会服务

进入20世纪70年代,部队和社会企事业单位的科研、生产迫切需要人才和提高技术水平,学院为部队和企事业单位连续举办多个短训班培训人才、提供服务,满足社会对人才的需求。

1971年3月12日,学院为洛阳矿山机械厂开办了小口径高炮专题短训班,班期39天;4月2日,学院为南京军区炮兵部队高炮两个师举办高射炮短训班,班期3个月;4—12月,学院先后为内蒙古、新疆、贵州、福建等地工厂和部队开办了炸药、外弹道、无线电、高炮随动、指挥仪、光学仪、雷达等短训班,先后参加培训的有200余人;5月10日,学院为解放军第31基地举办内弹道、外弹道、无线电3个短训班,参加学习的学员有55人,班期7个月;9月1日,学院举办了TNT炸药制造短训班,110名学员参加了培训学习。

1973年9月,学院根据五机部要求,为部内单位培训40名内、外弹道进修生,进修班学制1年。12月10日—次年1月14日,为全国各地工厂、院校的27名学员举办了棱镜、透镜干涉仪短训班。

1974年2—10月,学院还先后派出41名教师到北京军区开办高地炮、光学、指挥仪、雷达短训班,培养兵器维护修理人员。

1974年3—8月,学院为五机部"七二一大学"举办了数学、物理、电工、机床液压、金属材料和热处理6个师资培训班,共培训师资238人。

五、留学生教育

"文革"期间,学院按照国防和外事部门要求,坚持继续开展留学生教育,留学生主要是来自越南和赞比亚。除继续进行炮兵工程学院期间来院留学生的培养外,1970年3月,学院又接收越南留学生20人。1971年10月,赞比亚军事留学生6人来学院进行短期培训,学习课程为人民军队、弹药勤务、炸药、枪械等。

为了做好对留学生的专门管理,1966年4月,学院改制地方后,将留学生班改设为系——五系,五系设置直至1973年3月结束。

学院尽力为留学生创造良好学习、生活、实践环境,1967年4月,学院组织在院学习的越南留学生112人到湖南毛泽东故乡进行政治教育,历时20余天,7月,正值南京高温暑期,又组织91人到安徽黄山避暑。

1973年8月,学院专门向上级申请经费建设留学生的教学、生活用房,新建筑面积达4500平方米。在越南重要庆典日期间,学院组织了相应活动。1971年3月19日为"越南全国反美日"21 周年,学院召开纪念大会;同年 9 月 1 日,是越南民主共和国成立 26 周年,学院又在大礼堂隆重召开庆祝大会,学院、总字 340 部队、南京河床实验站的越南留学生及相关单位人员 1700 余人参加了大会。

越南留学生在院学习期间,越南政府相关人员多次来到学院看望留学生,进行调研指导。1972 年 1 月 19 日,越南大使馆副武官谢玉湖到学院;4 月 12 日,越南驻华武官阮同上校来学院;1973 年 5 月 3 日,第 11 期 20 名越南军事留学生毕业时,越南驻华武官阮同上校来学院参加了毕业典礼。

六、专业建设

"文革"期间,学院为做好教学工作,克服困难努力开展专业建设工作。

1967 年 10 月 9 日,学院成立了由 15 名老师组成的近炸引信专业调查组,深入一线部队调查研究,此次调研推进了学院无线电引信专业建设。

1971 年 2 月 26 日,学院为迎接全国教育工作会议,组织召开了教育革命有关问题座谈会,3 月 6 日,学院召集炮兵兵器、火箭炮、炸药、火工品、指挥仪、数字计算机、光学仪器、夜视仪等专业的教师,以及数学、外语、物理、材料力学、机械工艺、机械零件、电工、无线电等基础课教研室、外训队主管教学工作的人员与教员分别召开座谈会,研究讨论专业布局、专业设置及学院体制等问题。

1971 年 6 月,五机部批准学院开办自动武器专业的申请,建设周期为 3 年,学院获批开办经费 38 万元。8 月,经五机部批准,太原机械学院轻武器、火炮、弹药、化工等专业共 90 余名专业人员调入学院,其中包括我国著名轻武器专家于道文教授,随同移交学院的还有 4 台套设备。

1971 年 11 月,五机部下发了《关于院校专业设置的通知》,批准学院设置火炮、随动系统、炮弹、火箭弹、火箭发射装置、外弹道、火药、炸药、内弹道、军用光学仪器、指挥仪、雷达、军用夜视仪器、轻武器、触发引信、非触发引信、火工烟火和计算机 18 个专业。

1973 年 1 月,学院经向五机部、江苏省教育局提出申请,从部属院校、工厂、科研单位调进了 50 名教师。

1973 年 2 月 14 日,学院编制了 1973—1975 年 3 年建设规划,按照规划,至 1975 年,学院教职员工达到 2656 人,学员规模 3000 人,建筑面积达到 217299 平方米。4 月 23 日,学院又编制了 1973—1975 年教材改革规划,计划在 3 年时间完成编制 228 种教材。

1973 年 3 月 31 日,学院革命委员会下发文件,决定调整部分教学单位,金工金相、机械工艺两个教研室划归基础课部。在 1969 年基础课部与工厂合并时,金工金相和机械工艺两个教研室曾下放到工厂,属工厂建制。1973 年 5 月 22 日,学院又向省教育局申请增设火炮瞄准具设计与制造、枪弹设计与制造、药筒设计与制造、炸药应用、弹丸空气动力等专业,建议筹建机械制造专业。

1976年5月下旬,学院党委决定成立各系专业委员会,撤销基础课部,将物理、数学、理论力学、材料力学、零件制造、制图、电工、无线电9个基础课教研室的干部、教员、实验员共256人分配到各专业,在专业委员会的领导下统一组织教学工作。

第三节　科学研究

"文革"期间,科研工作曾经一度停滞。随着派性斗争不断升级,学院不少干部、教师以养病、备课学习、搞科研、抓生产为名,拒绝参加打派仗,抵制打砸抢,宁肯让人给戴上"保皇派""逍遥派"的帽子,也决不做损害国家和人民利益的事情,一批干部、教师在困境中顶着各种政治压力,艰难、顽强地坚持开展科学研究工作,学院科研工作延续了前进发展势头。

一、科研工作

(一)坚守初心研制82毫米无后坐力炮系统

围绕82毫米无后坐力炮及弹药系统,从1963年预研起步到1979年该系统列装部队,所进行的艰苦探索和积极服务国防的实践,就是学校"不忘初心、牢记使命"的生动呈现。通过研制、列装82毫米无后坐力炮及弹药系统,学校既培养了一支能打硬仗的科研队伍,又通过继承哈军工传统,从哈军工到解放军炮兵工程学院,再到华东工程学院、华东工学院、南京理工大学,形成了"团结协作、献身国防、严谨求实、敢于创新"的南京理工大学精神。

1. 研制82毫米无后坐力炮系统的由来

新中国成立后,特别是经历朝鲜战争,为强大国防,我国迫切需要提高武器装备的现代化水平,并大力推动火炮武器教学、科研、人才培养工作。其间,以炮兵工程学院副院长兼训练部部长祝榆生为主要代表,领导和开始了对新型无后坐武器的积极探索。

祝榆生,1918年11月出生。1938年1月参加革命,进入延安抗日军政大学学习军事,同年10月加入中国共产党。1948年1月,在组织迫击炮敌前试射时痛失右臂,年仅30岁。1962年3月17日炮政干字第19号文转发周恩来总理2月23日命令,任命祝榆生同志为中国人民解放军炮兵工程学院副院长兼训练部部长。

"二战"以后,世界上坦克装甲武器发展迅速,到20世纪60年代,坦克装甲防护性能越来越高,于是,有效毁伤坦克成为陆军作战面临的重要任务与挑战。祝榆生早在革命战争时期就关注反坦克武器的研究,解放后,随着我军制式反坦克武器的逐步装备,他更加注重了解世界最新坦克装甲技术的发展。在担任副院长并主管教学和科研工作之后,更是关心这个领域的发展,并把研制性能优异的反坦克武器作为自已和学院重点研究的方向之一。

1964 年秋季开学后,祝榆生查阅国外最先进的坦克资料,结合抗美援朝、抗美援越、中印边境冲突等新中国成立后的几场战争中,营团级步兵武器对反坦克等装备的需求,正式提出研制先进的反坦克火炮,以满足未来反坦克作战的需要。他组织学院相关专业的专家进行研讨,提出了 82 毫米无后坐力炮及弹药系统的总体设计思想与各项技术指标,如其中要求破甲威力瞄准击穿当时世界最先进的坦克装甲。

由于当时尚无国家立项,在祝榆生坚持下,学院临时成立了专门的科研小组,他组织动员了几乎涉及学院大多数专业的一批专家,并将参加人员挂靠在当时二系的 202 教研室。他根据当时调研的情况指出,我军团以下的反坦克火力薄弱,步兵班装备的主要是 54 式 40 毫米火箭筒,直射距离仅仅 100 米,步兵连准备列装的 65 式 82 毫米无后坐力炮,直射距离也只有 300 米,还有其他准备淘汰的老式 57 毫米与 75 毫米无后坐力炮还在大量使用。这些武器不仅直射距离近,而且破甲威力不高,已经明显不适应现代战争反坦克的需要。他认为学院是国内唯一开展炮兵装备科研和人才培养的高等学府,应该大胆开拓,勇敢地走在前面。

祝榆生曾到部队和南京相关军事学院有关战术教研室进行调研和资料查新,论证 82 毫米无后坐力炮的战术技术指标,提出了当时非常严格及全新的无后坐力炮设计思路:一是要求新的 82 毫米无后坐力炮直射距离大于 500 米,这样能提高击毁坦克概率,保证我步兵在敌人坦克发现之前,至少发射两发炮弹,减少我方伤亡;二是要求破甲威力能击穿最新式的苏联主战坦克装甲,当时提出破甲威力达到 150 毫米、65°指标;三是全炮重 16 千克以内,同时火炮要能拆成几大件,可以实现人背马扛,带着火炮在丛林、高原、山地行走,或者可以放在自行车上越野。

反坦克弹主要有两种类型,一种是穿甲弹,另一种是破甲弹。穿甲弹就是用高速动能的钢棒或钨棒击穿坦克装甲,破甲弹则是用高温高速的金属流击穿坦克装甲。祝榆生通过前期论证,结合当时科研试验与部队需求,认为无后坐力武器更适合采用火箭增程破甲弹,并初步定为尾翼式稳定,要求火箭增程破甲弹重 3.2 千克以内。据了解,当时世界上最先进的无后坐力炮是瑞典的 Gustav M2,其公开技术指标质量是 14 千克,有效射程为 700 米,对运动目标有效射程为 400 米。祝榆生是瞄准世界最先进水平设定的技战术指标,为了及时了解工作进度,他要求科研小组前期工作人员每 1～2 个星期,都要在其办公室碰头,汇总分析论证进展情况。

科研小组一边论证一边开始了试制,因为科研经费都是学院自筹,财力有限,当时校办工厂一个月只能生产十几发炮弹,每个月甚至只有一次打靶试验的机会。每次打靶试验之后，祝榆生都要及时开总结会，细致分析出现的技术问题，并提出改进意见。

一年多的时间，科研小组虽然只打了 100 多发炮弹，但是论证工作取得重大进展，证明系统方案基本可行、原理正确，据此初步确定了火炮的身管尺寸、喷管设计、火箭弹结构、发动机装药结构、点火时间、弹形系数等重要参数。

随即，祝榆生提出让部分毕业学员参加该项科研。1965 年 6 月，学院 1960 级学员开始进行毕业设计，60 - 111 班、60 - 211 班等炮、弹、火箭专业学员，以毕业设计的方式参加 82 毫米无后坐力炮及弹药系统的研制工作，直到 1965 年 11 月毕业设计结束。之后，祝榆生又把光学专业的专家组织进来，设计了瞄准镜。这样，除了破甲威力与射击密集度等重要指标外，基本完成了初步设定的目标。1966 年初，82 毫米无后坐力炮及弹药系统的研制达到了初步申请立项的水平。

至 1966 年，学院 82 毫米无后坐力炮及弹药系统的探索性研制取得了显著的阶段性成果。祝榆生首先提出武器系统的概念和初步的战术技术指标，并亲自主持了前期的研制工作，基本解决了飞行稳定性和增程的问题，形成了初步的总体设计方案。他是公认的后来列装部队的 82 毫米无后坐力炮及弹药系统研制的奠基人。

82 毫米无后坐力炮及弹药系统的研制探索，体现了学院继承哈军工精神的使命与担当，主动服务军队建设的眼界与气魄，为后续 82 毫米无后坐力炮及弹药系统的进一步研究工作打下了基础。

2. 研制 82 毫米无后坐力炮系统的坚守

1966 年 10 月 22 日，学院召开全体人员大会宣布中断党委领导后，祝榆生被下放到学院实习工厂负责工厂的工具管理，82 毫米无后坐力炮及弹药系统科研工作面临困境。

因科研小组挂靠在二系，时任二系主任的李子寿及时地从祝榆生手里接过了科研小组的领导重任。李子寿是 1937 年参加革命的红军老战士，历经抗日战争、解放战争，是我军炮兵早期的优秀指挥员，多次立功受奖，为我军炮兵早期建设作出了重要贡献。1960 年 8 月，他被调至解放军炮兵工程学院，先后担任系副主任、主任。"文革"期间，虽也遭到一定的冲击，但由于根红苗正，政治可靠，最终留在二系主任岗位上。

1968 年，恢复 82 毫米无后坐力炮及弹药系统科研又被提上日程。李子寿接过组织管理 82 毫米无后坐力炮及弹药系统科研工作的重任，在他的坚持和带领下，相关的研制工作得以艰难地推进。

为了储备后续科研力量，为全面恢复科研工作做准备，李子寿安排部分科研人员前往河北国营 137 厂，学习、收集研制 65 式 82 毫米无后坐力炮的经验和资料，借鉴他们的研制经验。老师们十分珍惜学习机会，了解收集了全部设计图纸资料、试验资料。期间，科研人员还与国防科委第 20 研究院沈阳研究所无坐力炮研究室有关专家交流了学院研制 82 毫米无后坐力炮及弹药系统的战技指标、总体技术方案及研制进展等情况。

1967 年后，苏联边防军开始入侵中国领土珍宝岛，多次制造流血事件，中苏边境面临严重的军事冲突危机。

1968 年,国防科学技术委员会下发〔1968〕科校字第 20 号文,向学院第一次正式下达了 82 毫米无后坐力炮、弹、药、引信、瞄准具系统的研究设计任务,并列入了国家科研计划。国防科委第十一研究院鉴于学院前期开展的相关工作,要求学院立即恢复 82 毫米无后坐力炮及弹药系统的研制工作。借此东风,82 毫米无后坐力炮及弹药系统科研小组开始逐步恢复科研工作。

3. 科研立项

1969 年 8 月初,国防科委在北京第 20 研究院召开反坦克专题紧急会议,会议传达了周恩来总理在国防工作会议上的讲话精神,要求尽快研制前线部队急需的、能击毁苏军 T–62 坦克的反坦克武器,并早日装备部队。有参会单位提出,华东工程学院已经开始相关 82 毫米无后坐力炮及弹药系统的研制,会议当即通知学院立即派科研人员赴京参加会议。科研小组的相关科研人员赶赴北京参加会议,详细汇报了 82 毫米无后坐力炮及破甲弹的研制情况和取得的技战术指标数据,引起参加会议各级领导的高度重视,并决定由学院独立承担 82 毫米无后坐力炮和破甲弹研制任务。

会议结束后,学院革委会非常重视,将尽快研制出 82 毫米无后坐力炮及弹药系统明确为一项紧急的国家战备科研任务,同时明确李子寿具体负责组织实施。

1969 年 8 月 20 日,经学院批准,汇聚学院炮、弹、药、引信、发动机、瞄准镜、内外弹道等专业教师,正式成立由学院革委会直接领导,李子寿总负责的 82 毫米无后坐力炮及弹药系统科研分队,正式称为“八二科研分队”,亦简称“科八二”。“科八二”研制工作从原来以二系为主,正式演变为以学院为主导,集全院之力合成攻关的“学院项目”。此后,在原有研制队伍的基础上,学院调整补充研制人员,参研人员涉及 4 个专业系、基础科学系和实习工厂,累计 19 个教研室 100 余人。人员分成几个专业组,其中,炮组又按炮架、套管、炮身、保险机构等分工;弹组有总体组,还按引信、威力、精度、破甲、装药和药型罩等进行分工;瞄准镜组主要由 401 教研室人员组成。与此同时,学院 1965 级部分专业学生和北京航空航天大学飞行力学专业一个班、西北工业大学导弹飞行力学专业 1964、1965 级两个班学生,逐步充实参加到科研工作中来。

8 月 23 日,国务院召开了反坦克武器科研生产会议。8 月 25 日,在北京南口举行了反坦克武器演示,周恩来总理等国家领导人观看了此次试验演示并接见了战斗英雄和会议代表。学院受邀,由李子寿带领八二科研分队部分人员参加了这次试验演示。这次会议后国家成立了“823 反坦克武器会战指挥部”,总指挥是五机部副部长、原炮兵副司令陈锐霆,随即,学院 82 毫米无后坐力炮及弹药系统研究进入正式立项阶段。

从 1964 年祝榆生率先组织先期探索开始,到 1969 年在李子寿带领下,取得国家正式立项,5 年时间的接力与坚守,终于让 82 毫米无后坐力炮及弹药系统研制正式进入国家层面,体现了学院传承哈军工优良传统、矢志国防军工科研并不懈奋斗与追求的精神。

4. 系统的技术创新

1970 年，五机部下发〔1970〕五军管字第 238 号等文件，进一步明确了 82 毫米无后坐力炮及弹药系统科研任务，同时规定了主要战术、技术指标。

"八二科研分队"的科研人员在研制 82 毫米无后坐力炮和火箭增程破甲弹的过程中，克服各种困难，解决了各种各样的技术难题，取得了诸多的技术突破，其中最主要的技术成果是旋压药型罩及其对低速旋转破甲弹的威力补偿效应研究及其应用。

我国 65 式 82 毫米无后坐力炮破甲弹上开始使用的是旋压药型罩，八二科研分队弹组认为旋压药型罩加工精度高，节省材料，决定采用旋压药型罩。分队迅即派人从太原 743 厂采购了 38 个次品的旋压药型罩。弹组科研人员立即用它们做试验，按照 120 毫米、65°的试验标准，4 发全部实现击穿，而且入孔直径、出口直径明显大于冲压药型罩，更加坚定了他们使用旋压罩的决心。

1976 年下半年，需要第二次进国家靶场试验。科研人员再从旋压药型罩的图纸设计单位沈阳 724 厂购买了 1500 个旋压药型罩。回来后，弹组即刻组织试验，试验结果却大失所望，甚至还不如冲压药型罩的性能。经过不断做静破甲试验和旋转静破甲试验，仍未找到原因。在一次做旋转静破甲试验时，弹组张炳钊同志提出，以往是按炮弹飞行时旋转方向做试验的，可以将旋转方向反过来试试，没想到一反过来做试验，效果大好，与早先在 743 厂购买的旋压药型罩完全相同。在八二科研分队多位同志的共同努力下，发现了旋压药型罩及其对低速旋转破甲弹的威力补偿效应。

经过进一步分析，发现 743 厂、724 厂生产旋压罩时旋压机转轴转向是相反的，说明旋压药型罩的旋压转向与弹丸飞行的转动方向的关系对金属射流形成有明显的影响。为了从理论上解释旋压药型罩的这个特性，学院金工金相教研室对旋压罩的断面切片作金相分析，用 X 光衍射仪进行电镜扫描，测定旋压紫铜罩的织构，发现紫铜经旋压后，其立方晶格的滑移面发生了取向性聚合，形成织构的不对称性。药型罩金属在爆炸变形过程中，这种滑移面产生取向性聚合的晶粒要恢复其正常状态，于是就产生了旋压药型罩的抗旋效应。这一发现和机理研究，惊动了兵器科学研究院（以下简称兵科院）领导。

1977 年春，兵器科学研究院田牧副院长在南京炮兵招待所主持了由八二科研分队主办，有关领导机关、研究所和兵工厂相关人员参加的破甲技术交流会。会上，八二科研分队弹组介绍了 82 毫米无后坐力炮破甲弹研制工作和发现的旋压药型罩的抗旋作用。这次会议极大地推动了全国有关研究所和工厂对破甲弹的研究。

1977 年夏，兵器科学研究院在西安临潼召开了全国第一次破甲技术学术交流会。参加会议的有中国科学院力学所常务副所长郑哲敏以及北京理工大学、203 所、204 所、304 厂、282 厂等多个单位的科研人员，大家分享了研究论文。学院八二科研分队派代表参加了会议,宣讲了论文《旋压药型罩的抗旋作用及在营82无破甲弹上的应用》。其后,郑哲敏从残余应力的角度分析了旋压药型罩的抗旋机理,发表了论文《旋压药型罩的抗旋》。

旋压药型罩在我国首先用于65式82毫米无破甲弹,但其弹丸飞行时不旋转,69式40毫米火箭筒的破甲弹飞行时旋转,但用的是冲压药型罩,因此,均未发现旋压药型罩的抗旋作用。学院研制的82毫米无后坐力炮破甲弹不仅飞行时旋转,而且选用了旋压药型罩。

1978年,"旋压药型罩及其对低速旋转破甲弹的威力补偿效应的研究"获得全国科学大会奖。旋压药型罩抗旋作用的发现,推动我国破甲弹研制水平上了一个新台阶,在后续99式坦克等其他型号的破甲弹设计中,广泛采用了该技术,使得我国破甲弹技术接近或达到世界先进水平。

同时,另一项重要技术成果,即为研制82毫米无后坐力炮破甲弹开发的瞬发引信,此后一直成为我国破甲弹的主流引信,在后续的相关型号弹种中,得到继续应用。

5. 项目试验

八二科研分队在研制82毫米无后坐力炮和破甲弹的过程中,进行了无数次试验。其间,为加强科研分队的试验力量,学院加派公算教研室的人员参加相关试验打靶,主要任务是帮助计算密集度,遇到一些疑难问题时,可以从统计学角度来分析解决问题。学院基础科部还将这些试验实例采纳编入教材,反哺教学。

八二科研分队曾前后两次参加了军委在北京南口组织的反坦克武器表演试验。

1972年7月20日—8月8日,军委反坦克领导小组为检查我军反坦克武器性能,在北京南口靶场组织汇报试验。八二科研分队由李子寿带领,赶赴北京南口靶场参加表演试验。参加试验的还有其他单位正在研制的单兵反坦克导弹等。八二科研分队和某迫击炮项目队分在同一组,当日叶剑英元帅、谭政大将观看了汇报试验,听取了炮兵副司令员孔从洲汇报,查看了射击效果,与学院参试人员一一握手,并指示:"很好,要加快研制。"

1978年春,军委应炮兵司令部要求组织单兵反坦克演示。军委徐向前元帅和秘书长罗瑞卿参加了审查观摩。八二科研分队在汇报中,试验全部命中目标,并且穿透坦克装甲,十分成功。这次参加试验表演,更加坚定了八二科研分队研制新式82毫米无后坐力炮和破甲弹的信心。

八二科研分队在国家白城靶场还前后进行了两次试验:

1973年11月第一次进白城靶场进行试验时,战士反映装备原设计有4~5处用螺钉、螺母固定,操作不便、费时且容易丢失,要求改进设计。

1976年9月第二次进白城靶场时,装备已经是改进设计后的结构,去掉了全部螺钉、螺母,不仅分解结合操作快捷方便,并且零件都留在闩体上,保证不会丢失,还配套设计了一把组合工具可完成全部操作,战士即便在黑暗环境中也可快速操作完成,符合实战要求。第二次白城靶场试验,还将试验用药改为8701炸药,使破甲威力从120毫米、65°

提高为 150 毫米、65°。同时，还改进设计了加热卷制赛璐珞管和检查密封性能的专用装置等。

按照武器装备列装要求，武器装备在国家靶场设计定型试验考核合格后，须进行寒区和热区部队试用，由部队报告试用意见书。

1977 年 4 月、7 月和 1978 年夏季，八二科研分队在兰州部队、广州部队和沈阳部队分别进行了寒区、热区试验。根据试验要求，八二科研分队派出老师向部队有关人员介绍武器性能、构造、操作方法等。1977 年 10 月，根据定型试验及部队的意见、建议，再次完成了闭锁保险机构、炮闩的螺纹连接部位等的改进设计和补充试验。

随着我国反坦克武器性能的提高，从 1974 年开始，苏联军队陆续装备 T－72 坦克，装甲防护能力有了很大改变。根据这个情报，1978 年，军委装甲兵司令部在包头组织了我国反坦克武器对"复合装甲"的试验，学院参试的 82 毫米无后坐力炮破甲弹是战斗部口径最小的破甲弹。试验使用的是 1976 年设计定型试验时的破甲弹，其破甲威力是 150 毫米/65°。第一发试射未击穿靶板，科研分队现场人员在紧张分析后，决定将破甲弹炸高从 160 毫米提高到 250 毫米。科研分队冒着危险，立即在现场重新装配换上加长风帽，顺利完成重装工作。再次射击试验时，顺利击穿"复合装甲"，为学院争得了荣誉。装甲兵司令部的领导对学院的破甲弹寄予厚望，这对学院研制的 82 毫米无后坐力炮批准设计定型与列装起到了很大推动作用。

学院 82 毫米无后坐力炮及弹药系统研制期间，最初在南京东郊西村白水桥临汾旅的军方靶场进行试验，也有部分试验是在学院内原来的小靶场进行的。为了适应学院军品武器试验的需要，特别是研制 82 毫米无后坐力炮及弹药系统大量试验的迫切需求，李子寿多次与南京后勤军械部联系，经过积极努力，1972 年 12 月，学院与南京军区签署协议，协商购置了占地面积 6.66 万平方米，建筑面积 1281 平方米，投资 14.4 万元的炮兵弹道测试站，学院又称其为"汤山试验场"。

6. 获批定型

早在 1972 年 7 月 26 日，学院即正式申请 82 毫米无后坐力炮及弹药系统设计定型，当时申请的系统包括 82 毫米无后坐力炮、火箭增程空心装药破甲弹和 0.75 米测瞄合一瞄准镜。

1976 年 7 月 12 日，学院召开了 82 毫米无后坐力炮及弹药系统定型专项工作会议，学院领导听取了研制工作汇报，分析了存在的问题，明确了工作安排，要求 9 月中旬完成图纸、5 门样炮和 1000 发备弹的准备工作，年内完成定型试验。按照这个要求，八二科研分队如期完成了全部定型试验。

1977 年 7 月 11—15 日，根据〔1977〕五机部科字第 447 号文件精神，在学院召开了 82 毫米无后坐力炮破甲弹威力及破甲稳定性的分析研究技术协调会，743 厂、724 厂、五机部五所、204 所等单位相关人员参加了会议，制定了项目的阶段工作计划。

1977 年 12 月 14—21 日,炮兵军工产品定型委员会在北京召开了 82 毫米无后坐力炮及弹药系统设计定型会议(含破甲弹、引信、光学瞄准镜),并以〔1978〕炮定字第 10 号文印发了《会议纪要》。一致认为,主要战技指标达到设计要求,可以设计定型。会后,炮定委与第五机械工业部联合向中央军委提交了请示定型报告。

1979 年 3 月 26 日中央军委下发〔1979〕军字第 30 号文,同意新 82 毫米无后坐力炮(含破甲弹、瞄准镜)设计定型,命名为"1978 年式 82 毫米无后坐力炮""1978 年式 82 毫米无后坐力炮破甲弹""1978 年式 82 毫米无后坐力炮瞄准镜",简称"78 式 82 无后坐力炮""78 式 82 无后坐力炮破甲弹""78 式 82 无后坐力炮瞄准镜"。因为列装目标是营属反坦克武器,有时也简称为"营 82"。

7. 研制获得殊荣

1978 年 3 月 18—31 日,中共中央、国务院在北京隆重召开全国科学大会,中共中央副主席、国务院副总理邓小平发表了重要讲话,强调指出要"树雄心,立大志,向科学技术现代化进军",会上,表彰了科技工作先进集体和先进工作者。

学院作为国防兵器科研重要单位,获邀参加大会,学院派张炳钊老师作为学院和八二科研分队的代表参加了会议,八二科研分队主要参与完成的"82 毫米无后坐力炮系统""旋压药型罩及其对低速旋转破甲弹的威力补偿效应的研究"两项研制成果在大会上获奖,同时,八二科研分队因在我国科学技术工作中作出了重大贡献获得先进集体奖。

1978 年 5 月 11—16 日,继全国科学大会召开之后,江苏省召开了全省科学大会,八二科研分队再次获得先进集体称号。分队成员朱鹤荣老师还参加了第五机械工业部召开的工业学大庆先进集体和学铁人先进个人代表大会,受到了党和国家领导人的接见并合影留念。

78 式 82 毫米无后坐力反坦克武器系统的研制成功,在我军装备建设的历史上具有重要意义,它是我军装备从引进仿制改进到独立自主研制的重要标志。上海电视台纪实频道和中央电视台的相关频道曾先后来到学院,对 78 式 82 毫米无后坐力炮反坦克武器系统的性能和研制过程进行节目录制,朱鹤荣等老师参加了相关工作。

78 式 82 毫米无后坐力反坦克武器系统的研制成功,对学院的建设也具有重要意义。此项研究工作历经十余年,培养锤炼了一支教学、科研的骨干教师队伍,同时,研究工作带动了学院实验室建设,如 10^{-6} 秒多通道测试仪的制作、旋转破甲实验台的建设、百吨级油压机的购置以及 X 射线衍射仪的引进、1000 千伏高压脉冲 X 光机的引进等。

(二)研制超动态应变仪助力教学科研并重的实验室建设

超动态应变仪是武器动态测试中具有广泛用途的仪器,自新中国成立到 20 世纪 80 年代,一直是国外对我国禁运的仪器。

1961 年,国防科工委召开了一个小型研讨会,超动态应变仪研制项目落在了上海交通大学和上海华东电子仪器厂，由他们两家合作研制。

1971年，朱明武老师随同近百位教师，从太原机械学院调入华东工程学院。学院当时要将自动武器专业恢复起来，朱明武来到学院后，被安排担任自动武器实验室（又简称105实验室）主任。朱明武担任实验室主任时，筹建工作几乎从零开始，在筹建过程中，他发现国内市场上能用于武器研究测试的仪器不多，便又想起了超动态应变仪，专业和实验室建设迫切需要这种仪器。他到上海调研后得知，由于"文化大革命"的冲击，超动态应变仪的研制半途而废，课题组解散了。朱明武听说后，开始下决心自己研制，他向学院做了汇报，学院十分支持，同时争取到了第五机械工业部的支持，获得了研究经费。

自动武器实验室初期仅有7位老师，因为新建实验室工作千头万绪，大家明确分工，5位老师以实验室教学工作为主，超动态应变仪研制工作主要由朱明武和梁人杰二人承担。他们披星戴月，加班加点，历时近3年，终于完成了研制工作，按我国应变仪命名规则定名为"Y4C－1型超动态应变仪"。

粉碎"四人帮"后，第五机械工业部为了推动科研工作，组织召开了多场科研成果展览交流会，朱明武等老师携超动态应变仪参加了有关现场演示、推广宣传活动，受到兵工学会的重视。1978年，经兵工学会推荐，超动态应变仪研制项目获得了全国科学大会奖。

（三）无线电引信研制展现厂校合作典范

1978年，在首届全国科学大会上，学院"152毫米加榴炮无线电引信"项目获全国科学大会奖。

20世纪60年代初，我国开始兵器无线电引信的研制。兵器无线电引信的特点决定它必须满足小型化、抗高过载、低功耗、低成本等特殊要求。70年代，由于受科技条件的制约，当时国内外类似引信都采用连续波多普勒自查体制，这种体制原理简单，信噪比低、探测距离近且精度差，可参考资料少。张清泰老师从自动振动理论出发，对其进行深入研究，将其定位为在自激状态下的再生接收机，并从理论层面得出了灵敏度和辐射功率是矛盾的这一重要结论。在满足炸高要求的前提下，引信灵敏度选择上就低不就高，尽量提高辐射功率，增加稳定性，使引信早炸率明显减少。

天南海北，春夏秋冬，不辞辛劳到协作单位协调技术指标，张清泰及参研老师花费了许多时间和精力，顶酷暑冒严寒去白城31基地靶场、碾子山靶场等进行多次靶场试验。靶场在大草原上，夏天蚊虫铺天盖地，蚊叮虫咬防不胜防，再热的天也要穿厚厚的服装，头戴面罩。冬天冰天雪地、寒风刺骨，冬天打靶为了观察炸点都是在夜间进行，夜间最低温度在零下30℃，厚厚的军用皮大衣、皮棉鞋也无法御寒。大多数情况下都是选择在弹着点附近观察，有战士负责通信和测炸高，当报告炮位发射后，数十秒就能听到划破寂静夜空呼啸而来的炮弹声，紧接着在离地面的低空，就能看到、听到爆炸的耀眼火光和震耳的爆炸声，现场欢呼雀跃，说明作用正常，试验成功。如果发射不久后天空传来的是"闷雷声",心里就会"咯噔"一下,因为这是遇到早炸了,张清泰等老师被一种责任感驱使,第二天白天便到弹着点查看炸点情况,甄别可能出现的是触发炸或近地炸。虽然工作条件艰苦,但协作团队团结奋战,终于完成了我国第一个兵器无线电引信的研制,被命名为"电 - Ⅰ"无线电引信,填补了我国兵器无线电引信的空白,成为我国兵器无线电引信技术发展的里程碑,为以后无线电引信研制打下了基础。

之后,以共同承担"电 - Ⅰ"无线电引信研制的(524 厂)第一研究所的原班人马为主,在河南邓县(今邓州市)成立了我国第一个无线电引信厂,代号为 5124 厂。该厂又与张清泰老师及其教研室密切协作,完成了"电 - Ⅱ"无线电引信研制,并装备了部队,教研室许多老师为此作出了贡献,这也成为厂院合作完成重大项目的典范。

(四)研制激光全息干涉仪拓展学院通用科研领域

1963 年,贺安之于北京大学量子电子学专业毕业,他是我国第一批进入现代光学和激光研究的学生,毕业后分配到炮兵工程学院从事国防教学科研工作。

世界上第一台激光器诞生于 1960 年。1961 年开始,贺安之在导师指导下,紧跟激光研究前沿,实验和论文几乎与国际同步。"文革"开始后,这一领域的研究工作与国外的差距开始拉大。贺安之看在眼里,急在心里,但他很不甘心,于是在比较简陋的物理实验室,悄悄开始从事现代光学的实验,特别是全息实验。他在查资料时得知可以重建三维像,感觉十分神秘。

1972 年,贺安之开始担任物理实验室主任。经过努力,在实验室用最简单的设备实现了全息实验,虽然时间已是早上三四点钟,贺安之仍然抑制不住兴奋和激动,忘记了所有的疲劳。刚刚恢复工作的学院祝榆生副院长得知后,给予了很大的鼓励和支持。1974 年,贺安之研制出了质量为 50 千克的全息试验仪器,在全国及江苏省获得广泛重视。

时隔不久,全息试验仪器遇到一次较好的检验验证机会。第五机械工业部西安(248 厂)是当时国内最大的光学厂,从西德进口了一批质量好,光学均匀性达到百万分之一量级即 2×10^{-6} 的光学材料,口径达到 200 毫米,它需要检验,以确认是不是达标合格。当时的长春光机所、上海光机所、北京理工大学等都没有这样的检验条件,248 厂就找到了贺安之老师。

贺安之认为从原理上是可行的,因为他了解到全息研究的最新进展是,德国有研究人员在风洞中不用高均匀性光学玻璃作为窗口,而是用有机玻璃通过二次曝光试验,结果得到风洞的流场,他因此获得启示,确信运用全息照相,采用二次曝光干涉的办法,可以用由比较差的光学材料构成的仪器去检验好得多的光学材料。鉴于此,贺安之接受了任务,但 248 厂时间要求比较紧,只给了一年半时间。

接收任务后,贺安之带着几名学生开始了研究工作。实际干起来后他发现仍有许多难题需要解决,比如虽然使用的材料可以差些,但口径必须足够大到 200 毫米。他就找到南京天文光学仪器厂请求帮助加工非球面，还请 248 厂派来一位师傅共同加工，最终加工完成了一台口径为 200 毫米的全息干涉仪。

贺安之又创新性地用三次曝光法来解决双干涉图的计算问题，提出了让干涉条纹判断优于 1/4 的方法，而当时国内部分专家认为，对干涉条纹的判断只能做到 1/2。他还提出，根据游标卡尺，可以进行一系列的算法和试验方法的改进，最终，解决了高精度光学材料的检测难题，做出了口径达到 200 毫米以上的激光全息干涉仪，并且通过了当时国内最权威的专家鉴定，属国内首创，命名为"JQ－200 型激光全息干涉仪"。成果很快得到了光学界的承认，产生了较大的影响，上海光机所专家带队来学院半个月进行检验，成都 208 厂、西安 248 厂、天津硅酸盐所等单位专程来院购置了此设备。

贺安之课题组只花了两年时间，不仅完成了原理实验，而且做出了可用于进口材料检测的产品设备，得到了北京理工大学、上海光机所等专家同行的高度评价。

1978 年，"JQ－200 型激光全息干涉仪"获得首届全国科学大会奖。

（五）"342"心齐志坚会战研制反抛空炸钢珠弹

20 世纪 60 年代末，学院火工烟火教研室（代号 304 教研室）成立了 3 个科研小组，3 个科研小组按照编号，研究电雷管的称为"341"，研制将火工品应用于弹的称为"342"，研究燃烧剂的称为"343"。到 1972 年，"342"科研小组一直坚持下来，这个组的工作重点是利用专业特长，研究火工品在弹上的应用以使弹的功能有所提高或改进，研究的弹最初称作子母弹，后称为钢珠弹。火工品是在弹上起到点火或起爆作用的元件，典型的元件就是弹上的底火（点火）和雷管（起爆），以往一个口径不大的杀伤弹利用火工品一般只有 2~3 个，而"342"科研小组研制的弹使用火工品达 10 个之多，从而使弹具有更优异的功能。这个弹具有突出的火工专业特点，最终确定弹的名称为"62 毫米单兵反抛空炸钢珠弹"，即单兵用的口径为 62 毫米的钢珠杀伤弹，弹打到敌方阵地落地反抛到空中再爆炸，通过空炸可大幅度地提高杀伤威力。

"342"科研小组的技术骨干徐振相、宋开元、潘功配与金序兰等老师在近十年的研制中，遇到了无数技术、试验困难，但依靠团队集体的智慧和力量，不但解决了难题，而且越战越勇，先后有仪征电线厂、宜兴 9352 厂、南通航海仪表厂、济南 53 所、湖南 282 厂、北京 394 厂、江西包装筒厂以及南京军区某部共计 8 个单位的相关人员参与攻关，时称大江南北九路英杰大会战。学院是总体牵头单位，总装单位是宜兴 9352 厂。

在 32 基地靶场，经参研单位的共同努力下，研制的钢珠杀伤弹进靶场一次通过试验考核。接着又进行了南北方部队试验，南方赴海南岛，在丛林等地进行试验，北方赴哈尔滨，在严冬低温下的深雪地进行试验，各种试验结果均很理想，顺利通过了设计定型审查鉴定会，报军委军工产品定型委员会通过了设计定型。

（六）其他主要科研工作及成果、获奖

1966 年 4 月，学院在转制更名后，立即接受了国防科委下达的 1045 - Ⅰ型数字指挥仪的科研任务，此项任务由指挥仪专业承担，计算机教研室主任屈大壮负责。但由于"文革"的影响，直到 1969 年，学院才正式成立 1045 - Ⅰ型数字指挥仪科研"五七"分队，并与苏州无线电工业局开展合作，由王德臣、冯缵刚先后担任科研分队队长。1971 年 1 月 8 日，1045 - Ⅰ型 57 毫米高炮数字指挥仪样机研制成功，当年 8 月，完成了 1045 - Ⅰ型、1045 - Ⅱ型数字指挥仪科研任务，该项科研工作为学院 1972 年恢复计算机设计与制造专业奠定了基础。

1967 年 6 月 13 日，北京召开"6·13"会议。会上，第五机械工业部机械科学研究所向学院、兵器总公司五二所等单位下达科研任务，学院承担了"非实弹射击方法鉴定与身管寿命有关的钢材性能"和"火炮身管破坏机理的研究"两个课题任务，具体负责"模拟试验机""热力学参数及内弹道参数测试研究"专题。

1970 年 4 月 13 日，第五机械工业部军管会批准华东工程学院为国防工业序列工厂，学院使用国营 5328 厂代号。国营 5328 厂在 1972—1990 年期间，生产火炮、弹药、仪器仪表等产品，其中，生产的测时仪曾出口欧、亚、非的多个国家，实现工业产值 5000 余万元，净收入 3300 万余元。

1970 年 4 月，学院国营 5328 厂开始筹备制造 65 式 82 毫米无后坐力炮，经过两个月的努力，试制造出第一门炮，经过两次大型射击试验检验后，开始小批量试生产。截至 1974 年 2 月，共试生产 55 门炮，1974 年 4 月，生产的 65 式 82 毫米无后坐力炮经国家鉴定合格，1974 年全年制造完成 65 式 82 毫米无后坐力炮 110 门。

1970 年 5 月 3 日，为了贯彻上级"12·7"项目会议精神，学院决定，组成"12·7"项目 9 人小分队，承担火箭增速规律部分的研究工作。

1971 年 1 月，学院一大队随动专业成功研制出 ZX - 104 型正弦机，该仪器可用于晶体管可控硅线路 50 周正弦机，替代电子管正弦，用于中、大口径高射炮随动系统做等速正弦实验。1978 年 5 月，该仪器在江苏省科学大会上获奖。

1971 年 3 月，学院承担了总后勤装备部下达的"轻武器设计理论的研究"任务。

1971 年 6 月底，学院承担的"4021"指挥仪第 1 台科研样机完成了总装，"4021"指挥仪是 37 毫米高炮用简易机电指挥仪，研制经费 5 万元。

1971 年，学院自动武器专业与安徽 9336 厂合作研制弹壳后坐间隙式 7.62 毫米自动步枪，至 1981 年，设计、实验、试制出 11 代样枪。1979 年，该项目获得安徽省科学大会成果奖。

1972 年 4 月，学院三大队（火药炸药）完成了"3021"混合炸药技术总结报告。"3021"炸药是高凝聚黏结粉，可作反坦克破甲弹装药。1977 年，炮兵军工产品定型委员

会批准设计定型,1978 年获江苏省科技成果三等奖。同月,完成了常压法制乙烯二硝胺炸药研究报告。常压法制乙烯二硝胺炸药的小型、中型工艺研究于 1977 年获江苏省科技成果奖。

1972 年 5 月 12 日,学院"1041"高射炮单向 400 周可控硅随动系统在 57 毫米高炮上调试成功。

1972 年 11 月,学院研制完成的六分力推力偏心实验台,开始承担科研项目测试任务。该实验台是学院自行设计、制造的大型实验设备。1971 年开始设计、研制,1972 年 3 月,完成了实验台安装、调试和电测系统校准工作,并为增程火箭发动机进行了测试,之后又完成了几何精度测量。

1972 年,学院开始研制供团、营属炮兵使用的 0.5 米测距机,1974 年研究成功定型样机,12 月完成了设计定型。1975 年 6 月 11 日,炮兵军工产品定型委员会同意学院和国营 528 厂共同研制的 0.5 米测距机定型,命名为"1974 年式地面炮兵 0.5 米测距机",简称 74 式地炮 0.5 米测距机。

1975 年,学院提高 100 毫米高速滑膛炮初速、多普勒效应无线电引信的命中问题等 4 项科研项目研究获得成功。

1976 年 7 月 12 日,经学院申请,第五机械工业部批准学院成立非电量测量和火炸药工艺研究室二个科研机构,以利于推动兵器工业生产和科学研究的发展。

1977 年 6 月 15—17 日,学院召开"工业学大庆表彰先进大会",表彰 1976 年度先进集体和先进个人,共有 25 个集体和 60 名个人受到表彰。党委授予"科八二"分队"顽强攻坚的科研分队"称号,授予子母弹分队"勇于创新的科研分队"称号,授予地炮指挥仪科研分队"一心为战备的科研分队"称号;授予韦全德、徐树襄、梁子娟、单玉兰、徐美荣、张月林、裴广禄、董师颜、叶周长、侯延久、徐振相、崔敏芳、焦常山、朱明友、张炳钊、邓子琼等同志为学院劳动模范称号;授予田益民、许世瀚、吴树山、陈桂芬为优秀学员称号。会议的召开,极大地激发了学院科研人员的工作热情。

二、条件保障建设

1970 年 11 月,学院拟规划建设火炸药综合实验室,并为此向五机部申请建设经费 7.5 万元。1971 年 8 月,学院收回出借的南炮场用地,开始规划建设火炸药实验场。1972 年 5 月 20 日,南炮场火炸药综合实验室正式开工建设,规划建筑面积 1250 平方米,至 1975 年,火药、炸药综合实验室基本建成,实验室建筑总面积 1200 平方米,实验室又称火药、炸药分厂。

1972 年 9 月 15 日,五机部批复同意学院购置"弹道测试站"建筑用房及设备,以满足科研工作需要。12 月 10 日,学院正式与南京军区签署协议,接收距汤山镇北 1.5 千米,汤山至龙潭公路东侧的南京军区炮兵弹道测试站。弹道测试站计有房屋 16 栋,建筑面积 1281 平方米,占地面积 6.66 万平方米,以及附属设备及道路全部移交学校。学校按照原造价的 60% 付给南京军区经费 14.4 万元。1974 年,弹道测试站正式交付,学院命名为"汤山试验场"。

1973 年 5 月 10 日,院革教字〔1973〕第 23 号文件报五机部教科组,学院研究建设内弹道、外弹道、射击公算、夜视仪器、无线电引信、电子测量技术、火炮、固体火箭、炸药、指挥仪 10 个研究室,设置编制人员 237 人,其中教员 186 人,实验员 43 人,工人 8 人,作为学院开展科学研究工作的组织和骨干力量。

1974 年 3 月 5 日,学院根据风洞科研工作实际需要,向五机部提出扩建申请,获得了五机部的批准,五机部明确指出:"学院风洞扩建,作为部里的风洞实验中心,由学院代管,每年任务由部里下达。"

1974 年 6 月 17 日晚,南京地区遭遇强风暴雨,学院遭受严重灾害,电话、广播线路全部中断,全院停电达 3 天,吹倒树木 2.5 万棵,围墙倒塌 315 米,此外还有房屋受损、不少仪器设备受潮。为解决孝陵卫地区和学院的水患,1976 年 2 月 9 日—3 月 3 日,学院组织 1700 多人,和孝陵卫镇居民、紫金山公社社员一道,共同开挖了"友谊河",共挖 2.5 万多土方,共有 16 个单位 336 人受到表扬。

第四节　恢复整顿,拨乱反正

"文化大革命"十年动乱,林彪、江青反革命集团严重破坏了国家安定团结政治局面和国民经济发展,使我党在思想建设、组织建设等方面都受到了严重损害。1976 年 10 月"四人帮"反革命集团被粉碎后,党中央号召全党和全国人民团结一致,揭发、批判"四人帮"反革命集团的罪行,平反冤假错案,在政治上、组织上拨乱反正,推动各项事业的整顿和发展。

一、开展"揭、批、查"运动

根据中央的统一要求和部署,在江苏省委领导下,学院从 1976 年 11 月开始,分为 3 个阶段,广泛开展了"揭、批、查"运动,运动至 1978 年 7 月结束。

在这一运动中,学院广大教职员工愤怒揭发了"四人帮"残酷打击迫害干部、党员和群众的严重罪行,批判了"四人帮"在教育领域推行的错误路线,澄清了他们炮制的"老干部就是民主派、民主派就是走资派""全面专政论""唯生产力论""文艺黑线论"以及否定教育战线十七年的伟大成绩的"两个估计"等谬论。

通过这一运动,被"四人帮"搞乱了的路线是非基本得到了澄清,打击了资产阶级派性,无政府主义、歪风邪气受到批判,教学秩序、生活秩序逐步恢复,各项工作加快了步伐。在"揭、批、查"运动中,特别是在清查过程中,由于受到当时"两个凡是"思想的影响,也发生了一些"左"的错误做法。

二、平反冤假错案

1977年,邓小平多次提出准确地掌握和运用毛泽东思想的体系,坚持群众路线和实事求是,指出了"两个凡是"的错误,为全党拨乱反正、平反冤假错案指明了方向。

在平反冤假错案过程中,学院党委冲破重重阻力,进行政治上和组织上的拨乱反正。对在"文化大革命"中进行"清队""整党""一打三反"受到审查的333人,在清查"5·16"运动中被诬陷为"5·16"分子的292人,被怀疑是"5·16"分子的535人,在大会上公开宣布给予彻底平反。

在平反工作中,学院一方面在政治上、思想上否定了"两个估计",把知识分子看作是工人阶级的一部分,另一方面,逐步落实知识分子政策,并对长期分居两地,以及子女入学入托、住房有困难的知识分子优先落实政策,同时恢复了科技人员的技术职称。

在平反冤假错案工作中,绝大多数受迫害的同志,以党和人民的利益为重,不计较个人恩怨,讲党性、讲团结、顾大局、向前看。

三、解放思想绘制新蓝图

1977年8月,在党的十一次全国代表大会前后,党中央在思想上、理论上进行了大规模的拨乱反正,统一全党、全军和全国人民的思想。1978年,通过关于真理标准问题的讨论,以及对"两个凡是"的批判,特别是通过党的十一届三中全会精神的学习,全院同志在思想上、政治上重新确立了马克思主义实事求是的思想路线,大力解放思想谋发展。

1977年9月,教育部在北京召开全国高等学校招生工作会议,决定恢复已经停止了十余年的全国高等院校招生考试,全面恢复招收应届高中毕业生,以统一考试、择优录取的方式选拔人才上大学。1977级的全国统一考试于1977年12月进行,1978年3月入学,共录取本科学生556名。1978级的全国统一考试于1978年7月20日—7月22日进行,于当年秋季正常入学,共录取研究生55名,本科生1163名,专科生99名。1977年10月,学院恢复了基础课部,撤销专业委员会,同时成立了兵器制造系(五系)。

1978年2月,党中央提出揭批"四人帮"要同恢复被破坏的国民经济结合起来进行,要加快教育事业的发展,学院党委决定成立学院发展规划编制小组,该小组由领导、专家和群众组成,经过五个多月的调查研究,制定了《1978—1985年学院教育发展纲要》,提出从1978年开始,学院既招本科生,又招研究生,到1985年学院规模发展为拥有6000名学生,设有26个专业,在建设教学、科研两个中心以及师资队伍建设等方面,提出了工作指标和要求,整个规划预计投入3000万元。1978年12月18日,国家计委、国防工办下发〔1978〕办字490号文,同意学院1978—1985年的教育发展规划,学院积极贯彻落实快出人才、多出成果的工作要求,由此展开了大规模的建设。

1978 年 2 月 17 日,国务院批准教育部关于恢复和办好全国重点高等学校的报告,华东工程学院被列为国家重点院校。

1978 年 5 月,经江苏省和第五机械工业部批准,西北工业大学航炮、航弹专业邬显达、罗学勋等 22 名教师调入学院一系火炮专业工作。1978 年 8 月,经国务院、中央军委批准,学院赵子立、张耀先等 57 名教师调往合肥炮兵技术学院。

1978 年 3 月 18 日,全国科学大会在北京召开。这次大会是党中央在粉碎"四人帮"之后,国家百废待兴之时召开的一次重要会议,也是中国科技发展史上一次具有里程碑意义的大会。会上,邓小平同志阐述了科学技术在社会发展中的地位和作用,明确指出"科学技术是生产力","四个现代化,关键是科学技术的现代化",从而澄清了束缚我国科学技术发展的一些理论是非问题。由于学院一批老师十多年如一日地心系国防建设,不惧风险,在逆境中坚守,潜心科研,积累了丰硕的科研成果,学院在此次全国科学大会上获奖高达 16 项,获奖数量居全国高校第二,为学校进一步发展奠定了坚实基础。

1978 年全国科学大会之后,学院逐步确立了既是教学中心、又是科研中心的办学目标,自此,学院教学、科研等各方面工作开始迈入全面发展的新阶段。根据五机部精神,学院从 1978 年 11 月 1 日起,启用"华东工程学院"印章,废止"华东工程学院革命委员会"印章。

第四章 改革开放后新的发展时期
（1978—1993 年）

"文革"结束后，华东工程学院教学秩序、生活秩序逐步恢复，各项规章制度不断建立、健全，教学、科研和其他各项工作加快了建设发展的步伐。

1979 年 6 月，结合贯彻落实全国教育工作会议精神和《全国重点高等学校暂行工作条例（试行草案）》要求，党委常委会研究决定，对学院内部管理体制进行调整：撤销 1966 年转制地方院校后一直沿用的教务部、政治部、院务部三大部建制。在党委系统，设立党委办公室、组织部、宣传部、保卫部、统战部、人武部、马列主义教研室，以及群团组织工会、团委等；各系、基础课部，生产处、总务处等设立党总支。在行政管理系统，设立院长办公室、人事处、教务处、科研处、生产物资处、总务处、基建处、图书馆、工厂、附属中小学办公室等。新的组织机构建立后，党委办公室与院长办公室合署办公。1980 年 3 月，学院又成立了学生工作部。学生工作部和团委合署，两块牌子，一套人马。1980 年 5 月，根据教育部、财政部有关要求，学院财务科从院办公室分离出来，单独组建财务处。

1982 年 5 月 4 日，经第五届全国人民代表大会常务委员会第二十三次会议审议通过，第五机械工业部更名为兵器工业部。1984 年 7 月，经兵器工业部批准，学院更名为华东工学院。

1986 年 12 月，第六届全国人大常委会第十八次会议决定，撤销机械工业部和兵器工业部，设立国家机械工业委员会。1988 年 8 月，经国务院批准，国家机械工业委员会与电子工业部合并，成立机械电子工业部和中国北方工业（集团）总公司，中国北方工业（集团）总公司隶属于机械电子工业部，负责兵器工业的管理工作。1990 年 1 月，经国务院、中央军委批准，在中国北方工业（集团）总公司的基础上，成立中国兵器工业总公司，负责行使兵器工业的行业管理职能。

根据国家机构调整变化，学校隶属关系也由第五机械工业部、兵器工业部、国家机械工业委员会、机械电子工业部，变更为中国兵器工业总公司。

第一节 专业建设与本科教育

党的十一届三中全会召开后，教学、科研逐步成为学院的中心工作。继 1963 年、

1972 年第一、第二次教学工作会议之后,学院分别于 1980 年、1983 年召开了第三、第四次教学工作会议,1988 年 6 月又召开了教育工作会议,进一步统一了思想认识,对学院新时期的专业调整改造、师资队伍建设等教育教学工作作出规划,提出了工作目标和总体要求。

一、专业调整

重新恢复高考后,中国高等教育在改革中不断向前推进。为适应经济社会发展对专业人才的需求,学院开始对相关专业进行恢复、调整或重新设置。对于一些已经明显不适应时代社会发展需要的老旧专业予以削减,并新增了一批学科专业。

1979 年底召开的学院第四次党代会指出:"要根据兵器工业现代化的需要,改造老专业和建设新专业,这是关系到学院的发展方向,牵动全局的根本性问题。"

一方面,学院军工专业基础条件好,有较强的教学和科研能力,形成了一定的特色和优势;另一方面,也存在一定的局限性,学院一度处于军工保密的封闭系统内,与社会接触和交流很少,限制了学院更好地为经济社会建设发展服务。

为了改变这种状况,在专业建设上,既要保持军工特色,发挥、发展军工专业的技术优势,更好地为国防现代化服务,又要下大工夫向通用领域延伸,拓宽专业面向,建立新的专业,构建多种教育层次,满足经济社会对更多类型、更多层次等多样化的人才需求。因此,调整、改造老旧传统专业,建设、发展新专业势在必行。

(一)第一次专业调整

1976 年,"文革"结束时,学院教学单位只有 1966 年转制地方院校时的 4 个系:炮兵兵器系、火箭弹药系、火药炸药系、电子仪器系,专业也基本没有改变,几乎仍为单一的军工专业。1977 年 10 月,学院重新恢复成立了基础课部,同时成立了兵器制造系(五系)。

1977 年底国家组织了"文革"结束后的首次高考,1978 年 3 月和 9 月,1977 级、1978 级两届共 1796 名同学进入学校开始大学生活。

1978 级学院招生的本科专业有火炮设计与制造、火箭发射装置设计与制造、内弹道、轻武器设计与制造、火箭弹设计与制造、炮弹设计与制造、触发引信设计与制造、非触发引信设计与制造、火药设计与制造、炸药设计与制造、火工品设计与制造、军用光学设计与制造、指挥仪设计与制造、夜视仪器设计与制造、雷达设计与制造、计算机设计与制造(硬件)、计算机设计与制造(软件)、随动系统、兵器制造工艺及设备、金属材料及热处理,以及英语(进修班)、物理(师资班)、无线电技术(师资班)等。

1979 年 11 月,电子计算机教研室(405 教研室)、计算机机房从四系划出,独立组建计算机科学与工程系(六系),设置计算机硬件教研室(601 教研室)、计算机软件教研室(602 教研室)及计算站等 3 个单位,负责计算机硬件、计算机软件两个专业的教学工作。

根据国防工办 1979 年专业调整会议精神，1980 年 4 月 4 日，学院召开了第三次教学工作会议，着重研究教学体制和专业调整问题。会议确定学科专业调整的思路是，院、系的体制不作大的变动，只对部分专业作出调整。根据会议精神，这次调整的结果：

一系随动系统专业、四系指挥仪专业并入六系，六系更名为计算机与自动控制系，设计算机硬件、计算机软件和自动控制 3 个专业。

二系非接触引信专业与基础课部的无线电教研室调整到四系，四系更名为电子工程与光电技术系，设电子技术、雷达信号处理、无线电引信、夜视、工程光学 5 个专业。

五系更名为机械制造工艺系，机械制造工艺与设备专业改为机械制造工艺及设备自动化专业。基础课部机械原理与机械零件、机械制图两个教研室调整到五系。

与此同时，学院积极申请新建环境工程、电子技术、微波技术、应用数学和应用力学等专业。1980 年，环境工程、微波技术专业获批，并开始招生；1981 年无线电技术开始招生。

1980 年 2 月，五机部决定，在学院建立企业领导干部进修系（干部培训系，七系），1981 年该系更名为管理工程系。

第三次教学工作会议及其之后的教学体制和专业调整，使学院专业设置朝着拓宽专业口径、增强专业适应性，推进军民结合和改造专业结构，发展经管、人文学科的方向迈出了重要一步。

"文革"结束后，学院弹道专家鲍廷钰、浦发等几位老教授联名给中央领导同志写信，阐述了弹道学的重要性，希望成立弹道研究所，得到中央领导的重视。1981 年 4 月，五机部批复同意建立弹道研究所。弹道研究所为系（八系，工程热物理与飞行力学系）所合一的教学、科研机构，由一系内弹道教研室，二系外弹道教研室、气动力研究室组成，负责内弹道专业和外弹道专业的教学，首任所长为鲍廷钰教授。弹道研究所的成立，标志着中国的弹道研究开启了新的征程。系所合一的体制也开创了学院教学、科研有机结合的新模式。

（二）规范专业名称

1966 年，学院转制地方院校后，各专业名称一直采用对内按照兵器分类命名，对外按照学科分类命名的方式。既是为了在学院内部教育管理的便利，也是为了对外保密工作的需要。随着改革开放进一步深入，这种对专业的命名和管理方式愈加不顺，也不适应专业建设与发展：一是专业名称、名目繁多，不仅外人很难弄准，学院内部也经常混淆，为了分清专业需要另备对内、对外专业名称对照表；二是招生广告上的专业名称很吸引人，入学后的专业名称闻之吓人，造成学生有意见，较长时间专业思想不稳定；三是在满足兵器行业要求毕业生专业名称对口的同时，地方单位、民用单位对兵器专业毕业生，往往以专业不对口为理由拒绝接收，造成部分毕业生分配困难。

在改革开放后，我国高等学校沿用的仍是 1963 年 9 月 24 日《高等学校通用专业目录》和《高等学校绝密、机密专业目录》。新的历史时期,国家教育事业管理权限下沉、管理相对宽松,学科专业设置存在一定的随意性和盲目性。随着高等教育事业的迅猛发展,高校的学科专业设置及名称均需要统一规划。学院在专业调整过程中,曾多次报请上级主管部门,对专业名称进行调整,以适应学院自身以及行业和社会对专业建设发展的要求。

从 1982 年开始,教育部组织修订本科各学科的专业目录,以适应新的形势要求和规范学科专业的科学发展。

1985 年 4 月 25 日,教育部下发了《高等工业学校工科本科专业名称整理调整方案》(以下简称《方案》),这次专业名称调整,"主要是为了解决专业划分过细,拓宽专业业务范围",除了一些专业名称的调整外,还涉及一些专业的合并及分设。文件要求"从 1985 年秋季起,各校原设专业招生时的名称即应按照这次批准的整理调整的方案"。《方案》中,华东工学院涉及调整专业名称的专业共 23 个,如表 4.1.1 所示。

表 4.1.1　1985 年根据教育部方案学院涉及调整的专业名称

序号	专业类别	专业编号	调整后的专业名称	学院原设专业名称
1	工科	0401	金属材料与热处理	金属材料及热处理
2	工科	0501	机械制造工艺与设备	机械制造工艺、设备及自动化
3	工科	0602	光学仪器	光学工程/工程光学
4	工科	0901	无线电技术	电子技术
5	工科	0902	电子工程	雷达
6	工科	0910	计算机及应用	电子计算机
7	工科	0911	计算机软件	计算机软件
8	工科	0912	自动控制	自动控制
9	工科	1401	环境工程	环境工程
10	军工	军 0201	弹药与战斗部工程	炮弹
11	军工	军 0202	火箭弹	火箭弹
12	军工	军 0205	火工与烟火技术	火工品
13	军工	军 0206	引信技术	机电引信
14	军工	军 0207	近感引信及检测技术	无线电引信
15	军工	军 0208	火炮	火炮
16	军工	军 0209	自动武器	自动武器
17	军工	军 0211	火箭导弹发射技术与设备	火箭发射装置
18	军工	军 0501	固体推进剂	火药
19	军工	军 0502	炸药及有机化工	炸药
20	军工	军 0801	光电成像技术	夜视技术
21	军工	军 1006	内弹道	内弹道

序号	专业类别	专业编号	调整后的专业名称	学院原设专业名称
22	军工	军1007	外弹道	外弹道
23	工科	试31	系统工程	火力控制系统工程

(三)第二次专业调整

1985年《中共中央关于教育体制改革的决定》中明确指出,要"重视国民经济和社会发展急需的短线、薄弱专业","扶持新兴和边缘学科的成长"。1985年前后,对国防军工院校来说,既面临国家以经济建设为中心,新技术革命和经济体制改革的新形势,又要面对国家和行业"保军转民",军工专业需求变化的迫切要求。

学校研究后认为,作为一所国防军工院校,必须尽快适应形势任务发展变化,调整、改造传统军工专业,增设新的专业。在调整改造中既要保持和发展军工专业传统优势,坚定不移坚持"强大国防,繁荣祖国"的办学的初心和使命,又要通过调整改造改变各专业自成体系,以及环境封闭、相对孤立、随意扩张等阻碍专业健康快速发展的倾向,通过开办新的专业,扩大服务面向,更好地为国民经济和社会发展服务。

在这一思想指导下,学院进一步加快传统专业改造和新专业建设步伐,推进多类型、多层次的新的专业体系建设。

1985年5月,经教育部批准,学院新建环境监测、仪表及测试系统、机械设计及制造、机械制造电子控制与检测、工业会计、工业统计、科技情报工程7个专业。

1985年5月4日,学院召开教学工作会议,根据教育部批复的专业设置调整情况进行学习动员。副院长邱凤昌就学院专业设置的演变,专业设置面临的形势与问题,专业调整改造和新建原则,调整、改造、新建专业的方案等4个方面内容作了报告。

这次会议,在以下几方面形成了共识,拉开了学院又一次专业调整的大幕,学院提出:

在专业设置上,既要保持军工特色,发挥、发展军工专业的技术优势,更好地为国防现代化服务,又要面向新的世界性的技术革命的挑战,根据国内经济体制改革和四个现代化建设需要,下大工夫拓宽专业面,建立新的专业和多层次教育体系,扩大服务面向和范围。为此,学院按照兵工系统保军转民的方针,加快改造老专业,建设新专业。

一是建立以工为主,理工结合,工管结合,兼有财、文、政的综合性专业结构。为此,增设应用数学、工程力学等应用理科专业,并为增设人文、管理工程、社会科学方面的专业积极创造条件。

二是发展新兴学科、边缘学科和前沿学科,并逐步推出这些学科专业或以这些学科为主干的工程技术、技术科学专业。

三是改造和建设老专业。按照保军转民方针的要求,对现有军工专业逐步实行军民结合、亦军亦民的建设发展政策,培养军民两用人才。

学院军工专业调整、改造的指导思想是在继续贯彻"加强基础、培养能力、增强适应性"的前提下,保持军工特色的同时,适应不断变化的要求,合理地拓宽专业面,扩大服务面向,增强应变能力,在改造专业内涵上下工夫。调整、改造的基本原则如下:

(1)充分注意军事战略转变的动态及军工企业转民的发展变化,研究其对军工人才培养在数量及质量上的影响,做到合理地拓宽专业面及有针对性地扩大服务面向。

(2)遵循教育的基本规律,特别是军工人才培养及成长规律。对凡有需求量的军工专业,坚持做到培养本科生不断线。

(3)对于人才需求量较少的军工专业,寻找学科基础相同或基本相同,兵器工业部又有人才需求的通用专业与其并存。

(4)遵循科技发展的多学科综合的规律,尽可能保持学院常规兵器专业及教学内容的配套,促进学院在保持军工特色和优势的过程中不断提高。

(5)改进思想政治工作和政治理论教育,改进体育教学和群团活动。在继续贯彻加强基础、培养能力、增强适应性的前提下,适当提高教学起点,不断更新教学内容,改革教学方法,全面提高培养人才的德智体素质。

学院还制定了火炮等 13 个军工专业具体的调整、改造方案。

按照这次关于新专业的设置、老专业的调整、改造方案,学院朝着构建新专业结构体系的方向稳步推进。

1985 年 4 月,电子工程与光电技术系(四系)分建为电子工程系(四系)和光电技术系(九系);计算机与自动控制系(六系)分建为计算机科学与工程系(六系)和自动控制系(十系)。

1986 年 1 月,学院在基础课部基础上建设成立应用数学系(十一系)、应用力学系(十二系)、应用物理系(十三系)、科技外语系(十四系),同时新成立了社会科学系(十五系)。

社会科学系为全校本专科生和研究生开设马克思主义基础理论课、思想政治教育课和人文与社会科学选修课,同时举办面向兵器工业部所属单位干部的思想政治教育、行政管理干部专修班,以及面向社会统招高考生的公共关系与文秘、工商行政管理等专科。

1986 年 2 月 14 日,兵器工业部批准学院增设 5 个本科专业:数学(师范)、热能工程(由原"内弹道"专业改建)、工程力学(由原"外弹道"专业改建)、工业统计(由原筹建专业改为正式专业)、工业会计(由原筹建专业改为正式专业)。至此,学院本科专业增至 33 个。

1987 年 2 月,学院划归国家机械工业委员会管理。1987 年 7 月,全国高等工业学校机电、兵工类专业教学指导委员会成立,教学指导委员会负责对高校的专业建设、人才培养、教材编写和教学工作予以业务指导。同时设立的"枪炮""弹药、引信""弹道"3 个专业教学指导委员会，华东工学院作为主任委员单位，分别由张月林、魏惠之、李鸿志任主任委员。

在加快传统专业改造的同时，学院努力面向行业和社会挖掘办学潜力，继续寻找新的专业生长点，有计划、有步骤地适当增设新兴、边缘学科专业，应用理科和文科方面的有关专业。

1986年1月，基础科学部分建成应用数学系（十一系）、应用力学系（十二系）、应用物理系（十三系）、科技外语系（十四系）。1987年10月31日，学院决定撤销基础课部，所属十一系、十二系、十三系、十四系由学院直接领导，十二系的学生归工程热物理与飞行力学系（八系）统一管理。10月，教育部批准学院增设机械设计及制造专业，并在原火箭弹专业基础上进行改建。

1988年2月13日，经国家机械工业委员会批准，学院军工专业火工与烟火技术同时使用工业化学专业名称；固体推进剂同时使用化学工程专业名称。7月23日，根据国家机械委批复精神，学院成立二级学院化工学院，化工学院由化学工程系（三系）和民用爆破器材研究所合并组建成立，下设化学工程系、应用化学系、环境科学与工程系、化学系、民爆器材质量检测中心，设置化学工程、精细化工、工业化学、环境工程、环境监测、固体推进剂、炸药及有机化工、火工与烟火技术等专业，12月3日，化工学院召开成立大会。11月2日，经国家教委批准，学院增设工业外贸本科专业，由管理工程系工业外贸教研室负责教学组织。

1988年2月，学院在开展继续教育5年后，经原国家机械工业委员会教育局批准，在继续教育部基础上成立了成人教育学院。

经过调整、改造，至1988年，学院专业已从原来单一的军工本科专业，发展转变成三个为主的多类型、多层次的专业结构体系和办学格局。三个为主：以民用专业为主，军工专业的比重已下降到不足30%；以工科为主，增设了理、管、文等学科专业；以本科为主，增加了研究生、专科、成人高等教育等层次。

新专业结构体系的建立，以及专业内涵的调整，促进了教育质量的提高，增强了学院主动适应社会发展、经济建设和科技进步的能力。

（四）第三次专业调整

1988年6月，学院召开教育工作会议。这是曲作家担任学院党委书记、李鸿志担任学院院长后，学院加快和深化改革的一次重要会议。

会议由院长李鸿志主持，近两千名教职工参加了会议。会上，副院长葛锁网作了题为《深化教育改革，迎接人才竞争的挑战——关于1988级教育计划的几点说明》；宣传部部长兼学生工作处处长赵忠令、高教研究室金先明、研究生部主任张延教分别作了题为《加强和改进我院思想政治教育，为培养四化建设人才服务》《关于正确运用竞争机制，加强科学管理,提高教师教与学的积极性的若干意见》《改进和加强研究生工作,进一步提高研究生培养质量》的发言。

全院教职员工围绕教学计划修订、学生培养、竞争机制等问题进行了热烈、认真的研讨。

6月11日,教育工作会议闭幕式上,院长李鸿志作了总结报告。报告归纳了经过广泛讨论形成的共识,一是必须转变思想,树立为社会需求培养人才的观念;二是必须下大决心进行专业改造,扭转专业面太窄的状况;三是研究生要从研究型转向应用型;四是必须克服只注重智育教育不注重德育与体育等全面教育,只强调知识传授,忽略能力培养的倾向,树立全面育人的思想观念;五是必须把培养人作为学院最主要任务,加强本科教育。

这次会议还通过了《华东工学院总体教育计划》《机械工程类教学计划》《化学工程类教学计划》《电子工程类教学计划》4个文件。

在这次本专科专业教育计划大幅度的调整中,13个军工专业调整合并为机械、化工、光电、电子、力学5个大类十几个宽口径本科专业,使军工专业由一个学科相近的通用专业覆盖或采用双专业名称,专业名称也逐步向国家教委颁布的目录靠拢。

1988年新生开始按照大类制定的教学计划组织教学;1989年开始,按机械类、机电类、化工类、环境类、电子工程类、材料类、计算机类、经济类、工业外贸类、热能工程类、仪器仪表类、信息工程类、力学与土木类、自动控制类、应用数理力学类、电气工程类等大类招生(表4.1.2)。

表4.1.2　1988年本科专业设置(大类)

序号	大类专业名称	包含现有专业名称	可以拓宽的专业方向
1	机械工程类专业	机械设计与制造 机械制造工艺与设备 汽车与拖拉机(待批) 火炮 自动武器 弹药与战斗部工程	汽车工程 化工设备与机械 起重运输与工程机械
2	机电工程类专业	机械制造电子控制与检测 仪表与测试系统 引信技术	电子精密机械 时间计控技术及仪器 精密仪器
3	热能工程类专业	热能工程 内弹道	
4	材料科学与工程类专业	金属材料与热处理	材料科学 复合材料

续表

序号	大类专业名称	包含现有专业名称	可以拓宽的专业方向
5	化学工程类专业	化学工程 固体推进剂 炸药及有机化工	高分子化工 精细化工
6	应用化学类专业	工业化学 火工与烟火技术	
7	环境科学与工程类专业	环境工程 环境监测	生物化工 环境规划与管理
8	电子工程类专业	电子工程 无线电技术 近感引信及检测技术	电磁场与微波技术 生物医学工程与仪器 信息工程 图像传输与处理
9	计算机科学与工程类专业	计算机及应用 计算机软件	计算机通信
10	光电技术类专业	光电成像技术	
11	仪器仪表类专业	光学仪器 工业自动化仪表（待批）	
12	自动控制类专业	自动控制 系统工程	生产过程自动化 管理信息系统
13	信息工程类专业	科技情报工程	
14	经贸类专业	会计学 统计学 工业外贸（待批）	市场营销 审计学 数量经济学
15	应用数理、力学类专业	数学（师范） 工程力学（流体）、外弹道	应用数学 应用物理
16	力学与土木工程类专业	工程力学（固体）	工业与民用建筑工程
17	科技外语类专业		
18	社会科学与工程类专业	行政管理学（待批）	政治学
19	电气工程类专业		电气技术

1988 年后，为更加主动适应经济建设、社会发展、科技进步对人才培养的要求，适应毕业生分配制度改革新形势，学院在继续发挥、发展军工技术优势的同时，积极地向新的学科、专业领域开拓。在给上级部门"关于我院专业建设意见的报告"中指出："我院军工专业面临着我国国防战略思想转入和平建军时期，对军工人才的需求量大大减少而质量和水平则要求更高的形势；我院民用专业，一部分是从军工专业生长和转化成的，一部分则是根据社会需求建立的，它们建立的时间不长、实践不多，大都没有形成自己的特色和优势。"因此，扩大专业口径，巩固、充实新专业成为一个时期学院专业建设的重要任务。

经过前后十多年的调整、改造和新建,学院专业结构发生很大改变,至 1992 年初,民用专业已占全部本科专业的 67.6%,军工专业占 32.4%,从"文革"前单一色的军工专业,初步发展形成了"以民为主,军民结合;以工为主,理、工、文、经、管、法、教相结合的专业结构体系"。

至 1993 年 7 月,学院共有 36 个全日制本(专)科专业、70 多个专业方向。1994 年开始,本科招生又回归到按照专业招生,共有本科专业 48 个(表 4.1.3),其中通用学科专业 40 个,兵器类专业(原军工专业)合并成 8 个。

表 4.1.3　1994 年学院设置专业情况

序号	学院(二级单位)、系	本科专业(48 个)
1	机械学院	火炮与自动武器,机械设计与制造,弹药工程,引信技术,火箭武器,汽车与拖拉机,机械电子工程,检测技术及仪器仪表
2	化工学院	化学工程,火炸药,火工与烟火技术,环境工程,环境监测,高分子化工,精细化工,材料化学
3	电子工程与光电技术学院	电子工程,应用电子技术,光电子技术,光学技术与光电仪器,检测技术及仪器仪表,引信技术
4	信息自动化与制造工程学院	工业设计,机械电子工程,机械制造工艺与设备,计算机及应用,计算机软件,自动控制,系统工程,工业自动化、电气技术
5	经济管理学院	会计学,统计学,工业外贸(设第二学位),管理工程,市场营销,科技信息
6	动力工程学院	弹道工程,热能工程,电力系统及其自动化
7	理学院	数学,工程力学(固体)
8	人文学院	社会工作,思想政治教育,人力资源管理
9	外语系	英语
10	材料科学与工程系	焊接工艺及设备,金属材料及热处理

1978 年学院在校本专科生规模仅 2388 人(另有研究生 55 人),到 1993 年 11 月本专科生达到 7414 人,各类学生达 11000 多人(含研究生及夜大、函大等继续教育学生)。办学层次也从以本科生为主,发展到涵盖博士研究生、硕士研究生、专科生和夜大、函大等继续教育各类学生,如表 4.1.4 所示。

表 4.1.4　1977—1994 年学院本、专科生数据统计

年度	本科生			专科生		
	招生	毕业	在校	招生	毕业	在校
1977(级)	556	483	1397			
1978(级)	1064	160	2289	99		99
1979	722		3006			99
1980	631	672	2958			99

年度	本科生			专科生		
	招生	毕业	在校	招生	毕业	在校
1981	658		3590		98	0
1982	825	1594	2833			
1983	1013	707	3117	104		104
1984	1213	621	3702	173		277
1985	1314	648	4348	497	104	670
1986	1316	790	4836	176	170	684
1987	1445	1041	5259	110	496	306
1988	1531	1155	5522	118	198	235
1989	1263	1241	5522	206	119	329
1990	1325	1302	5512	192	122	398
1991	1329	1409	5408	141	151	398
1992	1423	1447	5260	592	173	901
1993	1692	1139	5782	850	119	1632

二、修订人才培养计划方案，加快教学改革

随着改革开放不断深入，社会发展对人才的需求不仅体现在数量的增长上，更体现在质量上，体现在不同层次和不同规格上。这对学院办学提出了新的更高的要求。

在1979年底至1980年初召开的学院第四次党代会上，党委书记明朗在报告中提出："加强基础课教学，是提高教学质量的根本一环，这是一条规律。""要在教学计划、教学大纲中，研究科学安排各种比例关系，重点保证学好基础课。要在若干年内着重培养补充基础课教师。要提倡正副教授上基础课，专业教师要担任基础课或专业基础课的教学任务。课堂教学是教学的主要形式，这也是办学的一个规律。要研究教学方法；抓教师的备课、试讲。"

与此同时，上级主管部门也多次下发关于加强教学工作、提高教学质量的文件，1982年，兵器工业部印发《关于尽量安排骨干教师承担教学任务加强教学第一线提高教学质量的通知》；1983年，兵器部印发《关于进一步做好加强教学第一线工作提高教学质量的通知》；1988年，机电部印发《关于深化教育改革，努力提高教育质量和办学水平的意见》。

为适应国家和社会发展对人才要求的不断变化，在办学规模扩大的同时，为了确保教学质量，在1978—1990年初的十多年里，学院持续不断进行教育培养计划方案的调整改革，以不断适应社会对专业人才的政治、业务素质的需要。在教育教学和人才培养方案上，强化对人才素质的基本要求，加强学科基础课程，改善知识和能力结构，增强学生学习的灵活性和毕业后对工作的适应性。

1981 年学院制定实施的教育培养方案主要包括:一是修订 1981 级教学计划,包括①适当减少课内教学时数。课内教学总时数控制在 2700 学时以内,以增加自学时间,培养学生自学能力,发挥学生的学习积极性和主动性。②保证生产实习环节。各专业教学计划均应安排 6～10 周的工厂生产实习。一般分院内和院外两次进行。在院内实习工厂(或试验场)安排 3～5 周,按机、电、光、化等基础工艺组织生产实习。③改革考试办法。改变区分考试、考查课,逐门课复习和考试的办法。实行所有课程都按学期进行考试,不再区分考试、考查课,15 周以后结束的课程在期末集中考试。④试行学分制的班级,采用四级分制评记课程成绩。二是制定了"在教学工作中加强对学生能力培养的试点方案"。方案在二系 1980 级弹丸和引信专业学生中进行以"发展学生智力,培养学生能力"为目的的试点。主要内容包括,减少课内授课时数,除体育、政治、外语及实践性教学环节外,各门课程的课堂讲授时间按原计划压缩 20% 左右(周学时从原来的 20～22 降低到 16～18),以增加学生的自学时间;改进教学方法,改进各课程之间的衔接配合,改进学习方法等。三是制定了"学分制试行方案",在三系新入学的 1981 级学生中进行试点。通过试点,学院制定了《学分制教学管理工作细则(试行)》,在 1985 级入学后开始全面实行学分制。四是制定《培养优秀拔尖学生实行办法》,培养措施包括建立优秀拔尖学员档案、配备指导教师或指导教师小组、因材施教制定个人学习计划、加强科研能力和实际技能训练、提高外语水平、实施更加灵活的教学管理制度、创造更好的学习条件等。

经过几年的试点及完善,这项从以传授知识为主向以培养学生能力为主的改革持续推进。形成的主要做法包括:

一是减少讲课学时,增加自学时间。除政治理论课和体育课外,其他课程都在不降低要求的前提下,把理论教学课内时数减少 10%～20%,用以增加学生自学时间。各专业普遍减少课内 200 学时左右,在增加管理课、情报检索课的情况下,四年课内总学时从原来的 2700～2800 学时,降为 2500～2600 学时,开设选修课 200 多门,为学生能力的培养提供了更多的教学资源和时间空间。

二是强化实践环节。1984 级开始,对实验技能培养,科研方法训练,解决工程实际问题的能力提出了具体要求,并把它们贯穿到 8 个学期的全过程。对高年级学生,根据专业特点,增加设计性实验、研究性实验;加强计算机训练,低年级学习算法语言,非计算机专业的学生要掌握两种以上语言,并能熟练上机操作;开展学生第二课堂活动,组织学生参加教师的科研课题,参加科技服务、社会实践等。

三是改革考试方法。鼓励教师采用口试,提倡开卷考试,学生写出有深入见解的论文可以代替考试,并给优良成绩。

四是加强外语教学。把基础外语集中安排在前 3 个学期,第 4～7 学期,安排外语《阅读训练》,以提高学生学以致用的能力。

五是开办"1984 级培养能力试点班"。1984 年 9 月,学院根据 1983 年教学工作会议关于在教学工作中加强对学生能力培养的精神,决定从一、二、五系机械类专业中选拔 30~40 名优秀学生组成一个试点班(试点班代号为 84 – 001),在培养学生能力方面进一步探索。

1985 年 8 月,中共中央印发《中共中央关于改革学校思想品德和政治理论课教学的通知》(中发〔1985〕18 号),要求要在大学生中进行以中国革命史为中心的历史教育,进行马克思主义基本理论的教育,进行中国社会主义建设和改革的理论、政策和实际知识的教育。1986 年 3 月,国家教育委员会制定了《关于在高等学校进一步贯彻 <中共中央关于改革学校思想品德和政治理论课教学的通知 > 的意见》,就高等学校政治理论课教学改革作出部署。

1987 年 10 月党的第十三次全国代表大会和 1988 年 1 月召开的全国高等教育工作会议,都对新形势下高等学校坚持社会主义办学方向,把德育放在首位,培养社会主义建设者和接班人提出了新目标、新要求。

1988 年 6 月 3—11 日学院召开了教育工作会议。会上,分管教学工作的副院长葛锁网作专题报告《深化教育改革,迎接人才竞争的挑战——1988 级教育计划的几点说明》,葛锁网在报告中对改革开放以来学院教学改革工作进行了总结和回顾,就 1988 年教学计划的全面修订进行了说明。

1988 年修订的教学计划围绕贯彻"教育必须为社会主义建设服务,面向现代化、面向世界、面向未来,使受教育者在德育、智育、体育几方面都得到发展,成为有理想、有道德、有文化、有纪律,符合社会主义建设实际需要的人才"的要求,为了实现新时期社会对学生在政治思想、品德等方面的要求,在德育课的课程设置上作了较大的改革。除马克思主义理论课外,将思想品德课改成《大学生思想修养》《人生哲理》《职业道德》三门课,同时增加了《法律基础》课,这些课程均作为必修课计入学分。另外,还将《形势与政策》课也作为必修课以讲座的形式开出,每月一次不计学分。但提出具体考评要求,达不到要求者不得毕业;再增设了一些心理学、人文社会科学的课程。

按照 1988 年修订的教育计划,全院的专业按学科归并为十大类,每类的专业都用前三年或三年多的时间打好公共的学科基础,最后一年,设置专业课及专业方向课,课程内容为联系实际的工程对象。军工兵器专业开始向军民相通、亦军亦民方向过渡,大大地改善了学生的知识和能力结构,拓宽了专业面向和服务范围。

经过持续地,较大、较全面的培养方案和教学计划的修订,调整了各类课程时数的比例,思想政治教育以及德育教育课时有所加强。在保证必要的公共课和基础课时数的前提下,突出并落实了学生能力的培养,加强了学科基础,改善了学生的知识和能力结构,增强了学习的灵活性和毕业后对工作的适应性,更好地满足了社会对专业人才的政治、业务素质需要。

在几次修订过程中,学院坚持试点先行。从 1981 年开始,连续在 1980 级、1984 级和 1987 级中,组织开办教学改革试点班。修订的同时,利用招生制度、奖学金制度、学分制、毕业生就业制度等改革,加强培养工作,试行主辅修、双学位,优化学生的知识结构,建立富有弹性和竞争的学习激励机制,培养复合型人才。符合 1991 年 10 月院长李鸿志在校二届三次教代会上指出的"本科生以设计、制造、运行、工程应用研究与开发为主,完成工程师(或会计师等)的基本训练,改革教学方法,强化基础理论及技术基础课的教学,拓宽专业面,改善实践教学环境的条件,增强工程实践能力,培养具有比较坚实的理论基础和合理的知识能力结构,有较强的适应能力,德智体全面发展的人才"。

三、建立评估、奖励制度

1981 年起,学院在每年的评选、表彰活动中,除评选先进集体、先进工作(生产)者外,还开展先进教师和优秀授课教师的评选表彰活动。

为推进教学改革深入开展,1985 年,学院制定印发了"教学改革成果奖评定试行办法",设立"教学改革成果奖",以鼓励广大教师在教育思想、教学内容和课程体系、教学方法、考试方法、教学环节、优秀学生培养和开展课外科技活动、学风建设等方面探索创新和改革。1978—1990 年期间,教职工发表教学研究和改革论文达到 1007 篇。

原国家教育委员会(以下简称国家教委)1988 年 10 月下发文件,开始进行全国普通高等学校优秀教学成果奖的评选,这次评选、奖励活动也是新中国成立以来的第一次。经过推荐、评审,学院金惠娟老师主持的"微型机原理及应用课程的教学改革"项目获得国家教学成果奖。此后,全国优秀教学成果奖每四年评选一次,1993 年,学院大学物理教研室许三南老师主持的"全面加强教学建设,提高工科物理教学质量"项目再获全国普通高等学校优秀教学成果奖二等奖。

1988 年学院开始设立"优秀教学质量奖",鼓励和支持广大教师认真做好教学工作,坚守教学一线,为人师表,教书育人,严谨踏实、精益求精,积极改革、勇于创新,不断提高教学水平和教学质量。院"优秀教学质量奖"每两年(双年)评选一次。

在首届评选中,学院 60 余名教师荣获优秀教学质量奖。1988 年 9 月 10 日,学院隆重召开表彰大会,对获得江苏省普通高校 1986—1987 年度优秀教学质量奖的金惠娟等 11 人,获得校级优秀教学质量奖的叶有培等 53 人予以表彰,并颁发奖金。

江苏省从 1987 年开始设立普通高校优秀教学质量奖,在首届评选中,学院金惠娟获得一等奖,张维权获得二等奖,张世琪等 9 人获得三等奖。其后,每两年评选一次。1991 年 4 月,学院再有 8 个项目获得省高校 1990 年度优秀教学质量奖。

在各项教学活动中,学院十分重视青年教师教学质量和水平的提高。1988 年,学院开始检查和考核培养青年教师过"教学关"的工作。成立了专门的专家评估小组,听取各系培训青年教师过"教学关"情况的工作汇报,并进行定性评议、定量分析,在投票表决基础上,对各系工作情况评选出一、二、三等,学院下发文件正式公布。评估小组还同时评选出孙海波、王晓鸣等 31 位成长比较快的青年教师,评选赵国志、张维权、藏国才、莫仲卿、马景亮、陈明一、侯杰 7 人为"对指导青年教师尽心尽责的指导教师"。

在评选"优秀授课教师""教学改革成果奖"时,专门面向青年教师,开展了"优秀授课青年教师""青年教师教学改革成果奖"的评选。1989 年开始,学院又面向 35 岁以下,任职教师 4~6 年的年轻教师开展"青年教师教学进步奖"的评选。每年评选一次,与学院"优秀教学质量奖"(双年)和"教学改革成果奖"(单年)的评选同时进行。

结合专业评估等活动,学院采取多种措施,推进专业和课程建设。1986 年 5 月,在期中教学检查时,同时进行教育评估试点工作。这次评估包括对计算机及应用专业的评估试点、对机械制造工艺及设备专业的综合评估、对高等数学课程教学质量的评估等。

1988 年 7 月,学院成立了课程建设指导委员会,1988 年下半年开始对学院课程建设情况开展评估工作。1989 年 5 月,学院制定印发了《华东工学院课程的扶持与奖励试行办法》,决定设立课程建设基金,以推动课程建设,提高课程质量和水平,扶持和激励重点课程的建设与发展。

1991 年 12 月,学院首次接收了江苏省教育委员会对体育课程的评估,学院被授予"江苏省普通高校体育课程评估优秀单位"称号。

1987 年 9 月,学院开展了 1978—1986 年优秀教材评选奖励活动,共评选优秀教材 97 种,其中一等奖 14 种,二等奖 33 种,三等奖 50 种。这次评选对于提高学院教材编写质量、活跃教材编写氛围,鼓励教师编写出更多更好的教材,促进学院教材长期健康发展发挥了重要作用。

为形成尊师重教良好氛围,学院每年都会结合庆祝五一劳动节或教师节,隆重举行表彰先进大会,对获得学院及以上荣誉的劳动模范、先进工作者、优秀教师,以及获得优秀教学成果、优秀主讲教师称号、青年教师进步奖、优秀教学质量奖、教学改革成果奖、优秀课程、优秀教材等奖项的先进集体和个人予以表彰。

评选奖励制度进一步激发了广大教师大胆尝试,积极探索,更新教学内容,改革教学方法,提高教学质量的积极性。

四、学科竞赛和学生科技活动

为了促进文化知识的学习,营造浓厚学习氛围,改革开放后,学院开始组织举办一系列文化知识竞赛活动。

1978 年,首次面向 1977 级(1976 级学员可自愿报名,经批准后参赛)举办改革开放后的学院第一次学习竞赛——数学竞赛。在各系预赛基础上,学院于 1978 年 12 月组织了决赛。

　　1984 年,学院面向 1984 级本科生举办首次物理竞赛。1986 年,开始举办英语竞赛等。

　　为推进竞赛活动科学化、制度化、规范化发展,1986 年 7 月,学院制定印发了《华东工学院学生学科竞赛试行办法》,对竞赛项目、时间安排、参赛组织、评分奖励等作出了明确规定。

　　1985 年,学院组织参加江苏省首届非物理专业大学生物理竞赛取得佳绩,至 1993 年的五届竞赛中,学院获得了 4 次第一、一次第二的好成绩,如表 4.1.5 所示。

表 4.1.5　学院在江苏省非物理专业大学生物理竞赛中获奖情况

届次	年度	获奖情况	说明
第一届	1985 年	二等奖 3 名; 三等奖 8 人	52 人参赛,平均分高出省均分 12.8 分
第二届	1987 年	一等奖 1 名(包揽唯一一项); 二等奖 4 名; 三等奖 12 名	占总获奖人数 21.8%
第三届	1989 年		75 人参赛,27 人获奖,获奖率 36%。全省平均分第一,全省获奖人数第一
第四届	1991 年		
第五届	1993 年	一等奖 3 个(包揽); 二等奖 5 名; 三等奖 27 名	学院共 35 人获奖,占设奖数的 50%

　　每年面向不同年级举办数学、物理、英语竞赛,1989 年开始,学院又陆续组织开展了力学竞赛、化学竞赛、电路竞赛等。

　　1988 年 5 月,学院举办首届大学生科技竞赛表彰大会及发明成果展览。共收到论文 80 多篇,小发明、小制作 50 多件。经专家遴选,《高效液相色谱在火炸药分析分离上的应用》等 15 篇论文获优秀论文奖,9 件作品分别获得优秀发明成果一、二、三等奖。发明产品具有实用性强、结构简单的特点,很适合中小型企业生产。

　　1988 年下半年,学院团委又组织开展了"新颖学术思想"论文评选的活动。经过活动组委会、评委会评选,86 -612 班王胤、李辉源《音乐编辑器》和研 87 -4 班钟汉贵《测量血液红细胞可变形的傅里叶成像技术》两篇论文获得一等奖,另有两篇论文获得二等奖、10 篇论文获得三等奖。

　　1991 年 12 月,学院举办首届华工"创新杯"学生课外学术科技作品竞赛,竞赛包括社科、数理化、电子仪表及自动化、计算机四大类的新颖学术思想论文报告会以及科技制作发明竞赛两项内容,共有 107 篇论文和 92 项作品参赛。第四届新颖学术思想论文报告会同时举行,经过初选,有 101 篇论文,内容涉及军事、电子、社会科学等,分别参加了社会科学、数理化等分会场的专题报告会。

1989 年,由共青团中央、中国科协、教育部、全国学联等联合主办的全国性的大学生课外学术科技作品竞赛——"挑战杯"竞赛开始举行。1991 年,学院首次派出代表队参加了在杭州举行的全国第二届"挑战杯"大学生课外学术科技作品竞赛,6 件参赛作品(含两篇论文)全部获奖,其中二等奖 2 项,三等奖 1 项,鼓励奖 2 项,团体总分名列全国第八,获奖等级和名次均列江苏各参赛高校之首。

五、教学管理规章制度和教学秩序建设

学院在抓紧制定完善教学计划、教学大纲、实施计划的同时,逐步推进计算机辅助教学管理系统和教学信息库的不断完善,教学统计和分析工作逐步规范。每个学期开展三次教学检查,坚持和完善各级领导听课、查课制度。从 1981 年开始探索实施学生评教制度。

20 世纪 80 年代中后期,在商品经济大潮以及西方资产阶级自由化思想影响下,高校内新的"读书无用论"泛起,部分学生存在着学习目的不明确,积极性不高,考试舞弊,混文凭现象;作风散漫,有所谓"九三学社(舍)"之称,少数沉迷于跳舞打牌;以及违反校纪,打架斗殴等现象。学风松弛直接影响到教学质量和精神文明建设。

1985 年下半年,学院集中开展了一次"整顿学风和教学、生活秩序"的教育活动。要求要严格执行学籍管理条例和各项教学规章制度;狠抓考试纪律、课堂纪律,治理教学环境,整顿教学秩序。坚持学籍处理严而有格,活而有度。助学金要同学习成绩挂钩。在学生中推进竞赛、评优、推免等制度的正面导向。

对有关教学、生活纪律还作出了明确要求:在课堂纪律方面,要求"上课时,班长叫'起立',师生互相致意后就座上课";教室内不准赤膊,不得穿背心等;下午要按时自习,晚上要按时熄灯,宿舍设卫生值日员;食堂要依次排队购买饭菜;住校学生离校外宿必须请假;除周末、节假日,不得组织舞会和大型文娱活动等。

为将相关规定和要求落实到位,学院还制定了有关保障措施,包括:坚持上课点名制度,小班上课固定位置,大班尽量固定;年级主任主动沟通任课教师,及时综合统计出勤情况,作出处理;学生食堂开饭时间,恢复机关干部值班,学生会组织学生值班;恢复作息信号制度;严格控制机动车进入教学区;对整顿效果,各系及时组织讲评,最后学院统一讲评。

经过连续几个月的整顿,学院教学、生活秩序有了明显好转,取得了初步成效。

六、教学研究

(1)创办《教学研究》。学院根据《全国教育学会第二次筹备会议纪要》精神,经过认真筹备,1981 年 5 月,由学院教务处编辑发行的内部刊物《教学研究》出版创刊号。至

1984年7月,《教学研究》已不定期出版11期,为广大教师及时交流教学实践经验、体会和教学研究成果,促进教学研究工作走向深入,切实提高教育质量和教学管理水平搭建了平台。

(2)1983年,学院首次对1981—1982年间发表在《教学研究》上的论文开展评奖活动,王璆、周世长的《精心课堂设计,平衡教学关系》、王立信的《既要上手快,又要后劲足——浅谈工科大学生的能力培养》获得一等奖,同时评出二等奖13篇,三等奖22篇。成立群众性学术团体教学研究学会。学院教学研究学会于1981年12月20日召开成立大会,会议通过了学会《章程》。根据《章程》,教育研究协会是在党委领导下的群众性的学术组织,其任务是团结和组织全院教职工从学院实际出发,研究和探索教学客观规律,提高教学质量和教学管理水平,为培养高质量国防科技人才服务。

成立大会还同时举行了首届学术报告会。张清泰的报告《无线电引信专业的改造》围绕传统专业改造,王璆的报告《精心课堂设计,平衡教学关系》围绕如何上好基础课,李国荣围绕任课教师怎样做好学生思想政治工作,王立信的报告《既要上手快,又要后劲足》围绕工科大学生能力培养、刘荣海围绕如何上好专业课等,开展了广泛交流研讨。

七、教学条件保障建设

"文革"十年,学院实验室基本上没有新建、扩建,实验人员不仅没有得到补充,反而逐年减少,全院1/3多的实验室只有一两个实验员。实验室仪器、设备的维修、维护也极其困难。"文革"结束后,随着教学工作逐步走上正轨,学生实验条件也必须加快建设,尽快改变极不适应的状况。

学院首先加快了对基础课实验室的调整、配套建设步伐,投资逐年增长,1976年时仅为18.7万元,1980年达到36.9万元。同时引进了部分国内外先进仪器设备,实验室实验条件和面貌逐步改善。至1981年6月,学院已有实验室40个(12个基础实验室,28个专业实验室),实验室面积28202平方米。建立了一支包括116名实验技术人员在内的具有一定技术水平的实验技术队伍,能够开出教学实验445项,基本上保证了全院24个专业的教学实验需要。

1981年8月,学院召开了实验室工作会议。总结了学院实验室建设取得的成绩和经验,分析了存在的问题和不足,研究制定了《实验室一般规则》《中心实验室工作暂行规定》《仪器设备器材维护、保管和使用制度》等一系列关于实验室建设的规章制度,对未来学院实验室建设的目标任务进行了统筹规划。

为改善基础实验室条件,学院购置更新了一大批实验仪器设备。1981年后,首先对物理、化学、力学、电学等主要基础实验室进行了重点投资,使其实验环境条件得到较大改善。

1983 年 12 月教育部《关于加强领导和加速高等学校实验室建设的意见》颁布后,学院实验室建设步伐进一步加快。"六五"期间,学院实验仪器设备总共投资达到 2517.8 万元。

学院基本建设投资逐年加速,新建了第二教学楼(210 栋)、图书馆(220 栋)、主楼(200 栋)、第二运动场、体育馆等教学、实验设施,基本建成适应学院教学、科研所需要的实验平台,实验条件得到较大改善。一些实验室和实验项目达到国内高校领先水平。至1990 年,学院共有实验室、研究室 82 个,靶场 1 个,其中基础实验室 5 个,技术基础实验室 15 个,科研实验室 11 个,专业实验室 45 个。共有各类仪器设备达到 21634 台(套),总价值 7318 万元,其中 5 万元以上大型、精密、贵重仪器设备 115 台套。长年稳定工作在实验室,具有高、中、初级专业技术职务的人员 550 余人。

经过几年持续不断努力,学院已基本建成能满足教学、科研需要的实验手段。1987年开出实验课 139 门,实验总人时数达 298007;1988 年开出实验课 145 门,总人时数达329385;1989 年开出实验课 170 门,总人时数达 327635。

20 世纪 90 年代初,面对科学技术的迅猛发展,高校实验室的任务和手段也发生了深刻的变化,对实验室建设、管理也提出了新的更高的要求。为了适应现代实验室建设管理需要,1990 年 6 月,学院成立了实验室建设指导委员会,作为学院实验室建设的权威性的咨询组织,以及时对全院实验室建设加强宏观规划和指导。

1987 年 6 月,华东工学院新图书馆(现致知楼)建成,时任国防部部长张爱萍上将为新馆题词。学院新图书馆启用后,图书资料建设也得到快速发展。图书馆新馆建筑面积达到 12792 平方米,设置了计算机房、视听资料、检索复印等现代化设施。1989 年,图书馆馆藏中外文图书已达到 100 多万册,期刊、资料 30 余万册件。

从 1978—1990 年,学院共编写出版教材 1194 种,不仅解决了学院自身教学需要,也一定程度满足了社会需要。学院每两年开展一次优秀教材评选,促进了教材编写质量的提高。

八、专科生教育

为满足社会多层次的人才需求,1978 年,学院首次招收三年制专科生 99 人。1981 年7 月,98 名同学顺利毕业,并全部落实工作单位。

在首届专科生毕业两年后,1983 年学院再次开始招收专科生。除 1985 年招生 497人外,1983—1991 年每年招生人数均在 100~200 人左右。1992 年后招生人数迅猛增加,1992 年、1993 年招生人数分别达到 592 人和 850 人,1993 年在校专科生人数达到1632 人。

专科生学制包括两年制和三年制。招生专业涵盖机械设计与制造、汽车、机械制造工艺及设备、机械制造电子控制及检测、模具设计及制造、化学工程、应用化学、电子工程、光学仪器、计算机及应用、计算机软件、自动控制、电气工程、电气自动化、工业自动化仪表、管理工程、工业会计、市场营销、工商行政管理、思想政治工作 20 个通用专业。

在专科生招生培养中,学院还多次以定向班、(干部)专修班等形式为政府机关和地方定向培养所需要的专门专业技术人才。

第二节　科学研究与学术活动

从 1978 年被列为全国重点院校,特别是 1978 年 3 月全国科学大会后,学院对科研工作地位和作用的认识上升到一个新高度,及时提出了既是教育中心,又是科研中心的建设发展目标,并在实际工作中逐步把科研工作和教学工作并列为学院两大中心工作,不断推进体制、机制改革,健全和完善促进教学、科研和各项事业发展的政策措施,学院科研工作与教学工作同步发展,在实现两个中心建设目标的进程中取得了显著成效,成为全国重要的军工科研基地之一。

一、教学、科研两个中心建设目标的提出

1977 年 7 月,邓小平在听取教育部工作汇报后,作出了具有历史性意义的指示:"要抓一批重点大学,重点大学既是办教育的中心,又是办科研的中心。"1978 年 3 月召开的全国科学大会,是中国科技发展史上一次具有里程碑意义的盛会,"科学技术是生产力","知识分子"已经是工人阶级自己的一部分","四个现代化,关键是科学技术的现代化"等观念深入人心,科学技术的重要性被重新认识,地位被重新确立。

学院科研工作具有良好的传统和优势。在新的形势和新的历史条件下,学院党委对科研工作在学院各项工作中的定位,以及对学院建设发展的促进作用,进行了认真研究分析,逐步确立了科研在学院长远建设发展中的中心地位。

1978 年初,按照学院党委常委会决定,学院成立了由党委常委、革委会副主任林天木负责,领导、专家、群众结合的规划小组,负责制定学院教育科研的长远发展规划(1978—2000 年)。

经过半年多的工作,华东工程学院革命委员会印发了《1978—1985 年华东工程学院教育发展规划纲要(草案)》,《规划纲要(草案)》在分析学院的性质和定位时指出"实现四个现代化,关键在于科学技术现代化。科学技术现代化,又在于科学技术人才的培养,基础在教育。我院担负着培养国防科技人才的重任,又是国防科学技术研究的一个重要方面军。多出人才,快出成果,对加速我国的国防现代化具有重大意义"。

1979 年 12 月 24 日—1980 年 1 月 3 日召开的第四次党代会,是粉碎"四人帮"之后学院召开的第一次党代会。会议在分析了学院面临的形势和任务后指出:"实现四个现代

化,是我国今后相当长一个时期最大的政治、压倒一切的中心。我们是一个学校,实现工作重点转移,理所当然地就是要转到以教学为中心上面来。我们是一个重点高等院校,还要努力办成科研的中心。按照高教六十条的精神,形成教学、科研两个中心,以教学为主,是适合我院情况的。"

第四次党代会后,学院建设两个中心的目标更加明确。教学、科研两个中心建设目标不断体现和落实在学院发展规划和工作计划中。

1984 年 7 月,学院召开第五次党代会,会议总结了上届党代会以来的工作经验,讨论了学院近期工作和愿景规划,提出了学院近七年总的设想。指出,要坚持科研与教学结合,发挥学院综合性强系统性强,能协同作战的优势,建立跨系跨学科的科研中心。要求要进一步发动群众,教师既要搞教学,又要搞科研。

1985 年,院党委对学院教育事业发展规划进行修订,制定了学院"教育事业发展十年规划(1985—1995)"。根据这个规划,"在未来的十多年时间里,要在着重提高质量的同时,加快数量的发展;要按照保军转民的方针,积极开展科学研究,实现'两个中心'的要求","到 1990 年,把我院建成理工管结合,以工为主,保军转民,具有特色,学科门类较为齐全,结构更为合理的教学、科研中心,成为一所有水平,有特色,有影响的全国重点国防院校"。

1988 年 6 月召开的华东工学院第六次党代会,提出的学院今后四年的发展总目标:"发挥军工优势,努力向通用科技领域拓宽,在民用专业的某些方向要创造条件,形成优势,把我院建成以工为主,理工结合,机、电、光、化相互配套,理、工、文、经、管相互渗透,结构合理的综合性理工大学,建成教学和科研两个中心的国家重点院校。"

1991 年 1 月制定的《华东工学院 1991—1995 发展规划》("八五"规划)中,在"第一部分 指导思想"中提出"贯彻治理整顿、深化改革的方针,稳定办学规模,调整学科、专业结构和运行机制,改善办学条件,提高教育质量和科学研究水平,真正建成教学、科研两个中心"。在"第三部分 具体任务及保证措施"中提出"通过科学研究及时吸收当代最新科研成果,以适应经济建设、国防建设和社会发展的需要及科技进步的趋势,形成教学、科研相互促进的运转机制,建成教学、科研两个中心"。

二、科研实验条件和科研队伍建设

随着学院教学、科研两个中心的确立,20 世纪 80 年代,学院科研机构和平台、科研实验条件等得到快速发展。

1981 年 3 月,经兵器工业部批准,华东工程学院弹道研究所建立。1982 年 10 月,经兵器部批准,学院民用爆破器材研究室建立。1985 年 4 月,民爆室扩建为民爆器材研究所,对外名称为"兵器工业部民用爆破器材研究所"。1984 年 11 月,经兵器部批准,学院计算机应用研究所成立。1985 年 1 月,由三系和核工业部 903 所联合组建的应用化学研究所成立。1986 年 10 月,成立学院机器人技术研究中心。1987 年 5 月,经兵器部批准,学院兵器系统分析研究室成立。

1988 年,经江苏省、原机电部等批准,学院先后成立地炮 – 火箭研究所、弹药研究所、近感技术研究所、C^3I 系统研究所、近代光学研究所、稀土科学研究所、机器人研究所、计算机集成制造研究所、软科学研究所、光电技术研究所 10 个研究所。

除一批挂靠在学院的全国和地方性专业学术组织外,一批学院内部学术组织也相继成立。1985 年 5 月 26 日,学院思维科学研究会成立大会暨首次学术讨论会召开。1986 年 11 月 6 日,华东工学院仪器仪表学会成立大会暨首届学术报告会召开。同时,学院软科学研究会、留学教工联谊会成立。1987 年 5 月 29 日,院青年学者协会成立大会召开。1988 年 4 月 20 日,学院科学技术协会经院务会议批准成立,并于 7 月 2 日召开了首次代表大会。

为了加强对科学研究工作的组织领导,1991 年 5 月,经兵器工业总公司批准(兵教〔1991〕21 号),学院成立科学研究院,统筹协调各研究所,发挥学院多学科综合科研优势,提高了承担高新型和大型科研项目的能力。

经过持续不断投入建设,学院科研实验条件具有较大改善,建成了 MV – 8000 高档小型计算机为主的计算中心,汤山靶场试验基地,以 3 号、4 号风洞为主的空气动力学试验中心等。此外还建设了一批具有特色的专项研究的试验设备和模拟实验室。

学院拥有了高速摄影机、脉冲 X 光摄影仪、振动信号处理和模拟分析系统、高分辨电子显微镜、核磁共振仪、X 射线衍射仪、外弹道测速雷达、气相液相色谱仪、红外探测仪、各种型号的瞬态记录仪和磁带机等。

除一大批较为先进的数据采集和信号分析处理系统外,微型计算机在日常科研工作中也得以迅速普及和应用,对于提高科研工作效率,加快科研工作进程发挥了积极作用。

1984 年 12 月 1 日,学院弹道研究所研制的风洞测、控、处自动化系统顺利通过了技术鉴定。该系统在国内同量级风洞中达到了先进水平。1985 年 10 月 20 日,时任国家科委主任宋健等一行 6 人来校视察,了解弹道研究所的重大发明——序列脉冲激光瞬态全息摄影仪研制情况。

1990 年,学院开始组织国防科技国家重点实验室的申报及评审工作,经过近一年的准备和努力,1990 年 11 月,顺利通过专家评审,弹道实验室成为学院第一所国防科技重点实验室(试运行),同时获得 1193 万元的建设投资,使学院实验室建设开始走上高水平发展之路。除弹道国防科技重点实验室外,学院还争取到 FMS(柔性制造系统技术)国防科技重点实验室在学院的建设发展。"八五"期间,学院购置各种仪器设备 1632 台套,总经费 2071.5 万元。军品科技有所拓宽,民品科技全面上轨。

随着学院科研项目的增多,科研任务的加重和科研工作的广泛开展,一支以中年教师为骨干的科研队伍迅速成长壮大起来,至 1988 年,科研编制人数达到 500 人左右。在光学、激光、火工品、内外弹道、力学、控制、测试技术等科研领域涌现出一批学术带头人，他们具有较高的学术造诣，熟悉领域内国内、国际发展动态；长期的科研工作实践使他们养成了严谨的科学态度，和团结协作的高尚风格，具有较强的科研组织和领导才能；他们拥有强烈的事业心，对国防现代化建设具有强烈的紧迫感和责任感，成为保证学院科研快速发展的重要力量。

"八五"军品预研计划是我国自主研制军品的第一个五年计划，1991年"八五"计划刚开始海湾战争就爆发了。美国在海湾战争中使用了大量的新式武器，如远程精确打击武器、精确制导武器、侦察预警机、反导武器、信息化武器等，原国防科工委根据未来战争对武器发展的需求，及时调整了"八五"计划，向制导武器倾斜，向高新技术倾斜，成立了新概念武器技术专业组。学院多次召开专家研讨会，统一思想认识，对学院军品技术进行了梳理，归纳为发射与远程打击技术、高威力多用途弹药与战斗部技术、高能火炸药与火工品技术、目标探测识别与信息处理技术、简易制导与反导技术、高新武器技术、军民两用技术7大技术群，为学院军品技术发展奠定了良好的基础。

三、科研管理

1979年，学院恢复科研处，负责管理全院的科研计划、经费、成果、学术交流、情报研究和学报出版等工作。1992年，科研处更名为科学技术处，统一管理全院科研、技术贸易活动。

（1）改革科研管理办法。从1984年下半年开始，学院在科研管理方面推行了科研人员编制随科研任务浮动、有偿合同制和基金申请制形式相结合的项目承包制、科研人员有组织地自由结合、经费使用权下放到项目组等一系列改革举措。

（2）设立科研发展基金。为加速学院科研步伐，同时为争取高层次科研基金打好基础，1988年，学院设立了科研发展基金（含青年科研基金），主要面向从事基础科学研究的教师、青年科技工作者、各种横向联合研究会的教师，以及研究新技术、高技术的教师，用于支持开展有深远影响和应用前景的基础研究、应用性基础研究、新技术、交叉技术的预先研究。

为鼓励青年教师积极参与到科研工作中来，基金还优先支持35岁以下的青年科技工作者，自拟科研项目，开展主题新颖和有独创性的课题，效果良好。

（3）开展科研成果表彰奖励。1986年12月25日，1986年度科研工作和成果授奖大会召开。会议对1986年科研工作进行了总结，研讨了1987年科研工作计划。与此同时，对1985—1986年度学院科研成果进行了集中授奖。对获得国家发明奖、国家科技进步奖、全国发明展览会金银奖以及江苏省科技进步奖等各个获奖项目颁发了奖章、奖牌、奖状和荣誉证书。

（4）开展获奖学术论文评选活动。1988年初，经作者本人申请、室系两级评议，院统一评定，共评出1987年度获奖学术论文一等奖3篇、二等奖21篇、论文奖89篇。参评论文大多数是发表于国内及国际学术刊物以及国际、国内的学术会议上,一定程度上反映了学院的学术水平和学术面貌。通过评选,调动了广大教师参与学术研究的积极性,促进了学术论文的发表。

四、科研项目数和科研经费

1978 年之前,学院每年科研项目 20 项左右,科研经费约 100 万元,到 1988 年,科研项目数达到 421 项,科研经费达到 1089 万元。科研项目数和科研经费,均已处于全国高校先进行列,如表 4.2.1 所示。

表 4.2.1　1978—1993 年科研项目、科研经费统计表

年度	1978 年之前	1978—1982	1983	1984	1985	1986	1987	1988	1989	1990	1991	1992	1993
项目数(项/年)	20	60	97	114	136	237	283	421	463	397	73		
经费数(万元/年)	100	200	309	419	738	729	874	1089	1537	1757	2000		5733

与此同时,学院还组织较大力量申请"863"高技术、国家自然科学基金,以及"火炬计划""兰光计划"等高层次课题和高(新)技术项目。1988 年 9 月,化学工程系汪信博士获得霍英东教育基金会首批颁发的金质奖章,并获得该基金会青年教师基金资助。

学院在科研工作中,注意把基础理论研究、应用技术研究和产品开发研究结合起来;把承担国家计划任务和广泛开展对外协作结合起来。至 1990 年,学院在研的科研项目中,应用基础理论研究项目约占 40%,测试技术和方法研究占 21%,产品及工艺研究约占 23%。

五、科研成果

在 1978 年 3 月召开的全国科学大会上,学院八二科研分队作为先进集体受到表彰,16 项重大科学技术成果荣获全国科学大会奖状,如表 4.2.2 所示。

表 4.2.2　1978 年全国科学大会学院获奖的 16 项科技成果

完成的(合作完成的)成果名称	完成单位(或个人)
旋压药形罩及其对低速旋转破甲弹的威力补偿效应的研究	弹丸教研室、八二科研分队、金工金相教研室
营八二毫米无坐力炮及火箭增程破甲弹	八二科研分队、院工厂
弹道参数测量计算机	无线电教研室、计算机教研室、内弹道教研室
炮口制退器及炮口冲击波场的研究	火炮教研室炮口制退器科研组
Y4C－1 型四线超动态应变仪	轻兵器教研室
双基推进剂嵌入轴向金属丝的研究	火药教研室
DM－1 型 122 榴弹炮兵营射击指挥仪	指挥仪教研室
LTY－80 型棱镜透镜干涉仪	军用光学仪器教研室、光学分厂、物理教研室
JQ－200 型激光全息干涉仪	物理教研室

完成的（合作完成的）成果名称	完成单位（或个人）
72 式 85 毫米高射炮	
74 式全自动双管 37 毫米高射机关炮	
62 毫米单兵火箭空炸钢珠弹	三系 342 科研组、军用光学仪器教研室
《步兵自动武器和弹药设计手册》	轻兵器教研室
152 毫米加榴炮榴弹无线电引信	非触发引信教研室
梯恩梯碱性废水综合利用工艺	炸药教研室
二硝基重氮酚还原母液循环使用及废水综合利用	火工品教研室

1978 年 5 月 11 日，江苏省召开省科学大会，会上，学院八二科研分队、101 教研室、403 教研室作为先进集体受到表彰，鲍廷钰的"特种武器内弹道学"等 22 项优秀科学技术成果荣获江苏省科学大会奖状。

科学大会的召开，进一步激发了学院师生投入科学研究，加快科技创新的干劲和热情。1978 年后，随着建设科研中心目标的确立，学院科研速度进一步加快，科研工作呈现一派欣欣向荣的局面。

1983—1986 年的 4 年间，学院就有 17 项科研成果获得包括国家发明奖、国家科技进步奖、全国发明展览会奖等在内的国家级奖励或批准专利。如表 4.2.3 所示。

表 4.2.3　1978—1990 年学院科研成果获奖统计表

年度	获奖数（项目数）	国家级						科技大会奖	省部级							科技大会奖
		发明奖			科技进步奖				科技进步奖					技改奖		
		二等	三等	四等	一等	二等	三等		特等	一等	二等	三等	四等	一等	二等	
1978	39(39)							16								23
1979	9(9)											4	5			
1980	13(13)									1	3	7	2			
1981	4(4)											2	1	1		
1982	8(7)										3	2		1	2	
1983	7(7)	2									1		4			
1984	14(13)									1	2	3	7	1		
1985	36(34)					3	7				3	11	11	1		
1986	36(29)								3	20	3	9	1			
1987	26(26)				1	1	1		1		8	11	3			
1988	12(12)	1			1						2	5	2	1		
1989	17(17)		1								5	7	4			
1990		1	2		2	2			5	10	20	5				
总计	268(252)	4	3	2	6	10	16	1	9	55	96	59	8	3		23

1987年为学院自1978年全国科学大会后,科技成果获得高层次奖励数和获得专利数最多的一年。全年通过技术鉴定或评审的科研成果有39项,获得省级以上奖励的优秀成果有32项,申请专利29项,批准专利15项。获奖项目包括国家级科技进步奖3项(其中,一等奖1项、二等奖1项、三等奖1项),省级和委级科技进步奖22项(其中,特等奖1项、一等奖1项、二等奖7项、三等奖10项、四等奖3项),第十五届日内瓦国际发明与新技术展览会奖3项(其中,银牌奖2项、铜牌奖1项),第三届全国发明展览会奖4项(其中,银牌奖3项、铜牌奖1项)。

在通过鉴定或评审的39项科研成果中,属国内外首创或达到国际水平的有10项,属国内首创或达到国内先进水平的有25项。在获奖的32项成果中,属国内外首创或达到国际水平的有11项;属国内首创或达到国内先进水平的有11项。获奖项目中还有1项为决策科学化和管理现代化而进行创造性研究的软科学成果,这也是学院软科学项目首次获奖。

从1978—1992年,学院共获得省部级以上奖项258项,其中包括1978年全国科学大会奖16项,其他国家级奖励25项。如表4.2.4所示。

表4.2.4　1983—1992年学院获得国家级科技奖励统计表

年度	成果名称	完成单位	奖项	奖励等级	主要完成人员
1992	尿素法制造奥克托金新工艺	化院[1]	国家级科技进步奖	二等	张熙和(1)[2]、魏远洋(7)
1992	专用项目	八系	国家发明奖	二等	潘婷、张炳钊
1991	专用项目	物理系	国家发明奖	二等	贺安之、阎大鹏、倪晓武、陆建、张杰
1991	专用项目	二系	国家发明奖	三等	路景芝等集体发明
1991	专用项目	四系	国家发明奖	三等	李兴国、许建中、张清泰、钱元庆陶玉明
1991	专用项目	八系	国家发明奖	三等	李鸿志、杜其学、刘殿金、朗明君郭建国
1991	专用项目	一系	国家发明奖	三等	曹千贵(4)
1990	专用项目	一系	国家级科技进步奖	二等	唐治
1990	专用项目	一系	国家级科技进步奖	二等	朱明武、王昌明、梁人杰、李永新、柳光辽、吴祥海、石晓晶
1990	专用项目	九系	国家级科技进步奖	三等	张保民、刘世才、魏殿修、周旭辉、李影辉、陈德炎、徐宗和、李元灯、张懋辉、刘玉凤、何祖源、赵星、孔得人、周建励

---

① 化院全称为化工学院。
② 数字为获奖顺序。

续表

年度	成果名称	完成单位	奖项	奖励等级	主要完成人员
1990	彩色金相技术	五系	国家级科技进步奖	三等	张永秀(2)、周柏森(4)
1990	专用项目	化院	国家发明奖	三等	吉法祥、李长林、刘庆荣、徐复铭
1990	专用项目	化院	国家发明奖	四等	李伟民等集体发明
1990	专用项目	物理系	国家发明奖	四等	陈贤隆、徐肖琪、丁彩云
1989	专用项目	一系	国家发明奖	四等	王宗支、袁雨耕等
1988	专用项目	八系	国家级科技进步奖	一等	张振铎等
1988	专用项目	化院	国家发明奖	三等	刘自汤
1987	专用项目	化院475厂	国家级科技进步奖	一等	赵宝昌、董文爱等
1987	专用项目	四系	国家级科技进步奖	二等	张新波等
1987	专用项目	弹道所	国家级科技进步奖	三等	浦发、薛晓中、程予生等
1985	专用项目	化院	国家级科技进步奖	二等	迟书义、汤明钧、杨权中等
1985	专用项目	化院	国家级科技进步奖	二等	高跃林、范钦文、陈嘉琨等
1985	专用项目	弹道所	国家级科技进步奖	二等	鲍廷钰
1985	专用项目	一系	国家级科技进步奖	三等	朱明武、王昌明、柳光辽等
1985	专用项目	化院	国家级科技进步奖	三等	吕春绪、胡刚、惠君明等
1985	专用项目	四系	国家级科技进步奖	三等	吴继光、何国栋、陈立民等
1985	专用项目	九系	国家级科技进步奖	三等	张保民、田德润、魏殿修等
1985	专用项目	四系5124厂	国家级科技进步奖	三等	朱庆乃
1985	专用项目	弹道所	国家级科技进步奖	三等	李鸿志、季儒彦、刘殿金等
1985	专用项目	六系6107厂	国家级科技进步奖	三等	朱瑞康等
1983	专用项目	化院	国家发明奖	三等	李凤生、陈舒林
1983	专用项目	化院	国家发明奖	三等	陈舒林、李凤生

1980年,全院教职工发表学术论文228篇,其中有4篇在国际学术刊物(会议)发表,到1988年,发表论文数达到594篇,发表在国际学术刊物(会议)的达到73篇,如表4.2.5所示。

表4.2.5 1980—1989年发表论文统计表

年度	1980	1981	1982	1983	1984	1985	1986	1987	1988	1989
发表总数	228	269	411	563	451	635	464	655	594	557
国际学术刊物(会议)发表	4	7	5	8	16	11	10	34	73	70
国内学术刊物(会议)发表	224	262	406	555	435	624	454	621	521	487

在科研成果中,多项成果成为国内第一,填补了国内空白,达到、接近或相当于国际水平,不仅为兵器工业和国防建设作出了重要贡献,也为地方经济社会发展作出了重要成绩,为学院争得了荣誉。

1981 年,学院协助某厂研究的某轻机枪冷热平均弹着点偏移问题和研制的火工药剂,均获得国务院国防工办重大技术改进四等奖;学院研究的 MCS - O52 微型计算机系统和 HQ - 1 全息照相试验台,分别获五机部技术改进成果一等奖和二等奖。

1982 年,研制成功的内弹道测速雷达已生产 6 台并投入使用,填补了我国测定膛内弹丸速度方面的空白,具有国内先进水平。1982 年与上海南汇化工厂合作,经过一年多的艰苦努力,对甲苯二胺催化加氢关键技术进行了开发研究,终于研制成功甲苯二胺催化加氢技术,填补了我国相关研究的空白。

1983 年 9 月,学院陈进榜等与工厂合作,在南京、上海有关单位的大力协助下,研制成功我国第一台口径为 150 毫米的棱镜透镜干涉仪。该仪器的质量达到了国外同类型产品的水准,它的研制成功,填补了我国高精度、大型光学仪器生产的空白。第一台样机在国家计量科学研究院投入使用,作为国家基准仪器。

1983 年 10 月,李凤生和陈舒林合作完成的"双基推进剂嵌入长金属丝技术"和"金属丝涂层及制备工艺",分别获得国家发明三等奖。这是学院首次获得国家发明奖。

1984 年 9 月,王其祥等人研制成功序列脉冲激光瞬态全息摄影仪。与当时国内外同类型产品相比,序列脉冲激光瞬态全息摄影仪在能量相干长度、脉冲分离及分幅等主要技术指标上均更为优越,且结构紧凑、性能稳定、体积小、重量轻,整机仅 60 千克,不到美国产的 1/13。该成果的问世使我国的激光技术研究从起步较晚的学术阶段一下跃居世界最前沿,引起了国内外同行的瞩目。在 1989 年举行的首届中国专利奖评审中,该成果从全国 3 万多件发明专利项目中脱颖而出,以全票摘得我国专利发明创造的最高科技奖励——中国专利发明创造金奖。

1986 年 10 月 20 日,贺安之等发明的瞬态流场高速多幅干涉仪在第二届全国发明展览会上获金奖。这是南京地区参展的 29 个项目中唯一获得金奖的项目。学院 5 项参展项目中另有两项获得银奖。

赵宝昌领衔的课题组研制的硝铵胍火药继 1983 年获得国防科工委重大科技成果一等奖,1986 年获得国家机械委科技进步奖一等奖后,1987 年硝铵胍三基发射药又获得国家科技进步奖一等奖。这也是学院获得的第一个国家科技进步奖一等奖。

1987 年 4 月 9 日,第十五届日内瓦国际发明与新技术展览会发布了发明者获奖名单,并举行了授奖仪式。学院参展的 3 个项目全部获奖。其中吴杉楠等发明的高效干粉泡沫灭火弹以及吉法祥等发明的新型充气式水上个人救生装置获得大会银奖,王宗支等发明的保险式气枪获得大会铜奖。这也是学院首次获得国际发明展览会奖。

1987 年 10 月,由学院机器人研究室承担研制的我国第一台实用防爆型机器人——QYR 防爆机器人通过了国家机械委的技术鉴定,这个机器人在防爆性、经济实用性等方面均达到国内先进水平。标志着我国研制的机器人已经开始逐渐从科研单位走向生产第一线。

1988 年 1 月，由学院机器人研究室与南京微分电机厂合作研制的 HW-PJ-1 型工业喷漆机器人通过了南京市组织的技术鉴定，这是我国第一台经济型喷漆机器人，具备工业喷漆作业所必需的功能。

王泽山主持研发的过期火炸药再利用技术项目在 1993 年度国家科技奖励大会上获得国家科技进步奖一等奖。

20 世纪 80 年代，学院在传统优势工科不断取得成果的同时，在经济管理学科的科研活动中也不断取得较大突破。章渭基等人制定的不合格品率的计量抽样检查程序及图表被国家标准局国标〔1986〕193 号函定为国家标准，编号为 GB 637886，该标准自 1987 年 5 月 1 日起实行。

在科研工作中，学院老师以国防建设和国家重大科技需要为己任，发扬哈军工传统和献身精神，保质保量，出色完成了各项科研任务。

唐治等与湖南某厂合作研制成功新一代的迫击炮，全炮质量、射程、射弹散布、炮身等各项指标全部符合要求。这次研制成的新一代迫击炮，前后经历 15 次不同的试验，其中包括国家靶场试验等，该炮与国外同类型炮相比较，如和法国的 MO-60-63 炮及芬兰的太普勒炮相比，重量轻、射程远，射弹散布方面不相上下。新式迫击炮在 1984 年湖南省国防科学技术工业委员会（以下简称科工委）国庆 35 周年科研成果表彰大会上，荣获一等奖。1987 年还是中越边境军事冲突持续的时期。作为我国著名的迫击炮专家，1987 年 3 月和 1988 年 1 月，唐治两次进入老山前线，为前线部队设计并研制出了 PP89 式 60 毫米迫击炮。唐治在前线现场开设培训班，为战士义务授课，使大批战士在较短时间内掌握了该炮的使用要领，为前线战场培训出了一支精锐的部队。返回学院后，唐治还举办多场报告会，介绍老山前线的最新情况，通过宣读前线战士的书信，描述老山战士吃压缩干粮、喝雨水、溪水，住石缝和猫耳洞，遭受蚊虫叮咬等日常生活，展示老山战士为保卫祖国安宁而英勇战斗的感人事迹，使广大师生受到了深刻的爱国主义、英雄主义的教育。

1985 年 3 月，学院接受了研制新式礼炮的任务，为此专门成立了礼炮弹研制小组。1986 年 5 月，该项目通过了国家有关部门的技术鉴定。新式礼炮具有能够充分利用能量，污染性小，声音浑厚，性能稳定等特点，在 1986 年 10 月 13 日，我国举行的一次重要外事接待中，首次使用这种新式礼炮。

六、科技服务

学院历来重视科技成果的应用和开发。1992 年 1 月，曲作家同志在学院第七次党代会上的报告中指出，"我们的科技在为兵器工业服务的前提下，要坚持全方位、多渠道地为社会主义现代化建设服务。要发挥军工特色，狠抓民品开发和生产，努力开发高新技术，增强科研实力"；在 1988 年 6 月召开的学院第六次党代会上，曲作家在党委工作报告中指出,"坚持为经济建设服务,上挂行业,背靠大企业集团,面向全国的方针,有选择地进行外部联合,尤其是搞好外向型产品窗口","我们注意把科研方向引向直接为经济建设服务的主战场"。

在"经济建设必须依靠科学技术,科学技术必须面向经济建设","军民结合、平战结合","保军转民"等一系列方针政策指引下,学院发挥科技和人才优势,积极面向国民经济主战场,主动开展科技支持和服务,取得了较大成绩。

1979年12月,学院HQ-1型全息照相实验台鉴定会召开,这是国内首次向高等院校供应的价格便宜的全息实验仪器。

聚能爆破切割技术,可对金属、非金属等物体进行切割,并能对水下切割对象的肋骨部分实施有效切割,且对其他部分无破坏作用。继对"佛山号"工程解体打捞、在南海排除大型残留石油隔水管中应用获得圆满成功后,1981年6月9日,学院使用聚能爆破切割技术,成功实现聚能爆破,协助"渤海二号"沉船解体打捞,使沉垫顺利浮出海面。这也是我国非电导爆系统用于深水起爆首次成功,标志着我国进入了这一技术领域的国际先进行列。

学院研制成功的塑料导爆管非电起爆系统,更新了原导爆索类产品,填补了我国爆破器材的一项空白,性能达到国外同类产品水平。批量生产后,被广泛应用于军、民爆破作业,具有技术先进、经济合理、用途广泛、安全可靠等特点,受到广大使用单位的欢迎。

1985—1988年承建的上海港1号煤码头大型自动化控制工程,其先进的技术和装备水平,可与外国同类工程媲美,得到建设单位的赞扬,为学院赢得了荣誉。

为扬子乙烯热电厂研制的输煤线计算机集散控制系统,把自动化引入了输煤线,使输煤系统的管理发生了重大变革,确保输煤线安全可靠地运行,同时减轻了工人的劳动强度,使管理人员从十几人减少至几个人,提高了劳动生产率。

在1985年召开的全国首届科技成果交流会上,学院被授予贡献奖和成交优胜奖,并在兵器工业部召开的总结大会上,获得了一等成果奖和风格奖。为支援延安老区经济建设,学院将5项科技成果无偿转让给延安地区。为了尽快落实无偿转让技术成果事宜,学院还派出王泽山、葛文琪、崔有信等组成的技术专家组赴延安地区进行实地考察,落实技术成果转让的内容、方式和步骤,无偿转让科技项目也扩大到了食品添加剂、TNT炸药等9项。为了使工人们尽快掌握工艺流程、操作技术和分析技能,推进技术转让工作尽快落地,为老区长远发展积聚人才,学院还专门面向延安新华化工厂等单位开办技术培训班,经过3个多月的学习,11人顺利完成了学习培训任务,院党委副书记何可人亲自为每人颁发结业证书。王泽山等人无偿支援老区技术成果,得到了习仲勋等党和国家领导人的批示和高度赞赏,中央电视台,《光明日报》《解放军报》等均予以了报道。习仲勋批示,"是一件大好事,延安地委一定要把工作做好"。经过两年多的努力,学院无偿援建的高氯酸钾项目于1987年4月试车生产一次成功。

1984年5月,学院成立了科技服务部,统筹协调学院对外科技服务和协作。1988年,学院成立科技开发处。

科技服务的形式,从单项成果转让、协作,发展到联合开发、合资经营、项目承包;从单位与单位之间的合作,发展到地区、行业间的长期合作;从已有军工技术的推广应用,发展到吸收消化、开发创新;从单个接收进修、代培、举办各类短训班,发展到有计划地长期代培、联合办学;从单纯用行政办法、无偿转让,发展到有偿转让、运用市场机制进行调节,进而发展到各种公司、中心的建立,开辟了多形式的技术市场。

科技服务的范围,先是在江苏南京、盐城、连云港、无锡等市县,进而在湖南醴陵、浙江等十多个市县建立了长期、广泛、全面的合作关系。

建立教学、科研、生产联合体。通过建立华工淮安车辆厂、江宁陶吴火工品厂、江宁营房水处理剂厂、靖江第二阀门厂等,较好地实现人才技术和管理的转移。与湖南醴陵联合成立华工醴陵烟花研究所、与四川903所联合成立应用化学研究所等,共同研究开发新产品。

在科技成果的推广应用上,通过签订配方推广协议等,实现技术上的产销结合,加快了技术商品化的速度,扩大了技术转移的规模。

此外,还通过开展业务代培、举办各类短训班、大专班等,实现了智力交流和服务。

“建立科技开发、生产、经营贸易一体化的管理体制,形成专门队伍,创建院、系两级支柱型高技术产业,创造较高的经济效益”,曾经是学院规划的科技产业发展方向和目标。

七、学术活动

1977年10月,学院学报编审委员会成立,《华东工程学院学报》创刊出版,成为学院师生发表最新科研成果论文,开展学术交流的重要窗口。1981年6月,经上级批准,《华东工程学院学报》开始面向国内公开发行。1984年创办了弹道学专业刊物《弹道学刊》(1989年1月更名为《弹道学报》);1988年10月,《华东工学院学报(哲学社会科学版)》出版,为学院加强哲学、社会科学、人文科学研究,加强党的思想理论和社会主义精神文明建设提供了又一重要平台。

学院积极开展高等教育研究,1981年,学院创办了教学研究刊物《高教研究》,是国内最早创办的该类刊物之一;1985年创办了以发表兵工高教研究论文为主的《兵工高等教育研究》和大型文摘期刊《高教文摘》,并承担多项国家和江苏省教育科学规划课题的研究,还承担中国高等教育学会及江苏省高等教育学会多项研究课题,促进了高等教育研究工作的开展。

在此前后,学院相继成立了机器人学会、计算机科学研讨会、应用数学研究会、青年学者协会、留学教工联谊会、TAS(真理、艺术、技术)研讨会、思维科学研究会、三论(系统论、信息论、控制论)研究会等一系列学术团体,设立了星期五学术研讨会等学术交流平台。大批专家、学者、教授的加入,增强了这些团体的学术性,活跃了学院学术氛围,提高了相关学科的科研水平。

1977 年,学院开始举办科学(学术)报告会。在 1977 年 7 月 4—12 日举行的 1977 年科学报告会开幕式上,学院党委书记周伯藩作了"树雄心、立壮志、勇攀科学技术高峰,向世界先进水平进军"的讲话。这次报告会分为 5 个会场,共举行了 20 场报告会,50 余个专题报告,有 167 篇论文在会上进行了学术交流。1980 年 10 月 15 日,学院召开庆祝建院 20 周年大会,作为庆祝建院 20 周年活动的重要组成部分,学院举行了第二届学术报告会,共有 233 篇论文在会上交流。

在 1981 年 10 月 26 日—12 月 3 日举行的年度科学报告会上,收到学术论文 280 多篇,其中选出 187 篇作为会议交流报告。1983 年科学报告会论文达到 369 篇,1985 年达到 402 篇。1990 年,在哈军工分建、炮兵工程学院成立 30 周年之际,学院隆重举行庆祝院庆 30 周年教书育人报告会,同时在各院系分别举行了学术报告会,论文数达到 671 篇,如表 4.2.6 和表 4.2.7 所示。

表 4.2.6　1977—1993 年学院科学报告会论文统计

年份	1977	1980	1981	1982	1983	1984	1985	1990	1991	1992	1993
论文篇数	167	234	195	220	369	54(微机专场)	402	671			

表 4.2.7　1990 年学院 30 周年院庆科学报告会分会场论文情况统计

分会场名称	宣读论文（篇）	分会场名称	宣读论文（篇）
一系分会场	39	应用物理系分会场	31
二系分会场	41	科技外语系分会场	28
化院分会场	33	社会科学系分会场	30
四系分会场	44	体育部分会场	11
五系分会场	21	医院分会场	17
六系分会场	32	图书馆分会场	15
七系分会场	41	基建分会场	13
八系分会场	36	教学管理分会场	25
九系分会场	31	机关科研管理分会场	26
十系分会场	30	机关其他管理	20
应用数学系分会场	33	思想政治工作分会场	42
应用力学系分会场	14		

除举行综合性的科学报告会外,学院以及各分院、系,机关、学术团体也会举行专题报告会,如 1984 年微机专场报告会、体育部体育科学报告会,1987 年学院青年学者报告会,1991 年应用数学系数学科学报告会,基建处工程质量专题论文报告会,1994 年图书馆首届图书情报科学报告会等。

从 1982 年开始,学院还开展科学报告会优秀论文的评选活动。在 1982 年的评选中,在报告会 220 多篇论文中,院学术委员会分成 4 个评选小组对经过同行评议、专家推荐、各系(部、所)学术委员会审议后提出的 53 篇论文进行了认真审议、评选,最终,王璆、高小彬《关于 Lebesgue 常数的一个性质》等 28 篇论文被评为优秀论文。

1988 年 10 月 25—28 日,国际弹道学术交流会第一次在学院举办。国际弹道学术交流会一般每 3 年举办两次,之前均由美国、西德、法国等西方国家发起并主办,中国一直没能参加。这次会议也是首次在中国举行。

第三节　研究生教育与学科建设

改革开放后,学院研究生教育经历了从起步到快速发展阶段,学院研究生教育培养体系逐步建立和完善。

研究生教育也推进了学院学科专业建设和发展。基于学科组织的二级学院管理体制初步建立,学科覆盖面不断拓宽,以进入国家重点学科建设行列为标志的重点学科建设迈出新步伐。

一、构建研究生教育体系

军事工程学院时期,炮兵工程系(二系)1955 年就开始了研究生教育,1960 年分建后中断。学院研究生教育 1978 年重新起步。

1978 年,中国实行改革和对外开放政策以后,立即恢复了招收培养研究生制度。当年 9 月,学院招收的首届 55 名硕士研究生入学。其后,1979 年招了 7 名、1980 年招收了 5 名硕士研究生。

学院研究生招生、培养和日常管理工作在起步初期由院教务处负责。

1980 年,学院在教务处设立师资研究生科,负责师资培养和研究生教育。1981 年 2 月,师资培养工作归属院人事处后,原师资研究生科调整为研究生科。

首届招收的 55 名研究生,除有 4 人先后赴美国、英国、加拿大等攻读学位外,其余 51 人分布在全院 13 个专业,由 52 名指导老师负责指导,指导方式大都采用指导小组的形式,少数为导师制。

1978 级研究生的学制为 3 年。大致分两个阶段:前两年为课程学习阶段,第三年进入专业学习和毕业论文的撰写。

研究生班成立了党支部和团小组,1980 年 2 月七系成立后属七系党总支领导。

1981 年 10 月,全院组织 16 个答辩委员会对 51 名硕士研究生进行了论文答辩,51 名同学全部通过答辩,顺利毕业。1982 年 3 月,院学位评定委员会设立 5 个学位评定分委员会,制定了《学位授予工作细则》,集中对每个毕业研究生的学位申请进行逐一审查。

经投票决定,对其中 41 名研究生授予硕士学位(包括 3 名向有权单位申请学位),占全部毕业研究生的 80.4%。对暂时没有授予学位的同学,在一年内完成论文的重新修改后,再予重新组织答辩。

首届研究生顺利毕业后,为及时总结研究生培养经验,促进研究生培养质量和管理水平进一步提高,1982 年 9 月,学院召开了改革开放以来第一次研究生工作会议。会议总结了 5 年来学院研究生培养经验,传达、学习了教育部、兵器工业部有关会议精神,通报了 1978 级研究生毕业和学位授予情况,讨论了研究生培养方案、研究生专业点建设、研究生管理体制改革等问题。冯缵刚副院长作了大会总结,在总结中,冯缵刚指出,1978年以来,学院研究生培养工作已经取得了一些实践经验,但总的来说还刚刚开始,工作基础还比较薄弱。除继续加强组织领导外,关键是要加强导师队伍建设,培养一支以导师为核心的学术梯队。冯缵刚还就研究生培养方案的制订、加强研究生思想教育和管理、研究生招生等问题提出意见和要求。

至 1983 年,学院在校研究生已接近 200 人。为适应研究生教育培养的需要,1983 年 10月,经兵器工业部教育局批准,学院成立研究生部,建立了研究生部党总支委员会。研究生部下设部办公室、招生培养办公室、教育班,统筹学院研究生的招生、培养、教育、管理、分配等工作,学院研究生教育管理体制逐步健全,学院、部、系到教研室的管理机制日趋完善。

研究生部成立后,学院研究生教育进入了一个较快发展阶段,1985 年、1986 年各类研究生录取总数均在 240 人以上;1987 年,在校研究生总数达到 690 人。

为改善办学条件,学院于 1984 年建成了两栋可供 800 名研究生住宿的宿舍楼。

1988 年学院招收博士研究生 27 人,硕士研究生 203 人。1988 年之后,随着国家治理整顿方针政策的实施,研究生教育进入调整发展规模、巩固和提高办学质量的时期。学院研究生规模进入一个相对稳定的发展时期,如表 4.3.1 所示。

表 4.3.1 1978—1992 年学院研究生招生、毕业、在校情况

年度	在校研究生总数	博士生			硕士生		
		招生	毕业	在校	招生	毕业	在校
1978	55				55		55
1979	62				7		62
1980	67				5		67
1981	63					51	63
1982	97	1		1	96	63	96
1983	183	1		2	86		181
1984	259			2	121	44	257
1985	455	19		21	233	50	434
1986	617	11	1	31	234	80	586
1987	690	17	1	47	199	143	643
1988	678	27	10	62	203	228	616

续表

年度	在校研究生总数	博士生			硕士生		
		招生	毕业	在校	招生	毕业	在校
1989	651	24	7	79	171	210	572
1990	625	19	18	67	188	195	558
1991	601	16	25	55	187	190	546
1992	631	27	20	62	194	171	569

二、研究生培养

1979 年后，初期入学的几届研究生，由于学历、经历的不同和基础理论水平的差异，在入学后，学院对他们进一步加强基础和科研能力训练，强化了 16 门以上基础课和专业课的学习。

1982 年，学院对研究生培养方案进行改革开放以来的第一次全面修订。在总结前几年研究生教育实践经验的基础上，编制了研究生课程目录和 350 余门研究生课程的教学大纲，制定了研究生教学组织、学籍管理、成绩考核等规章制度。1983 年开始，学院对照教育部《研究生外国语学习和考试的规定》，将研究生外语学习分为语言基础、阅读、听说写作 3 门课，并将外语教学课时增加到三学期 216 学时。在专业课程设置上，根据现代科学发展的特点和趋势，注意学科间的横向渗透和边缘学科的发展。大纲更加注重培养研究生自学能力，应用外语能力，科技情报检索、获取和应用能力，综合运用所学基础理论分析、解决问题的能力，科学实验能力和计算机应用能力，论文写作与表达能力，组织管理与社会活动能力等。

1985 年 6 月，学院召开第二次研究生工作会议，提出根据研究生招生专业扩大的情况，学院各级领导"要树立新的人才观，将研究生培养成为'又红又专'的社会主义建设者"；全体导师"要不断探索研究生教育工作的规律，积极多开新课、开小学分课，不断提高教学质量"。

根据新的形势和学院第二次研究生工作会议精神，1986 年，学院再次组织对研究生课程目录进行修订，研究生课程的教学大纲扩展到了 650 余门。外语教学时间由三学期改为两个学期，由大班上课改为小班上课，对硕士生进行分级教学，为研究生提供了 3 次学位考试机会。

在主动面向社会、面向企业，不断扩宽研究生知识面，增强研究生实际工作能力的同时，学院重视加强研究生思想政治教育。在研究生部团委和研究生会的统一组织下，成立了研究生科协、英语俱乐部、周末俱乐部、桥牌协会、集邮协会、书法协会、研究生合唱团等研究生社团，创办了《研究生学术论坛》《研究生通讯》等刊物，培养锻炼了研究生能力，丰富了研究生的业余文化生活。

为适应工矿企业、工程建设单位对高级专门人才的需求,1986年起,学院开始培养工程型硕士生的试点;1989年,扩大了工程型硕士生培养试点规模,并制定了各学科点工程型硕士生培养方案。

1993年2月,学院召开学位和研究生教育工作会议。这是学院在面临扩大招收自筹经费研究生规模、改善研究生待遇的新形势下,在学院提出要"上档次,上水平,发展研究生规模,进入211工程,成立研究生院"的关键时刻召开的一次重要会议。

经过十多年的建设发展,学院研究生教育工作取得了优秀成果,芮筱亭(1983级硕士、1989级博士)、李应红(1986级硕士)、陈志杰(1986级硕士)、韩珺礼(1991级硕士、1993级博士)等一批优秀毕业生在之后各自学术专业领域均做出了突出成就。1984年12月,学院向教育部等上级部门提交了《关于呈请在我院办研究生院的报告》开始争取建立研究生院的工作。1993年12月,经兵器工业总公司备案,学院研究生院(筹)成立。

三、学位授权点与学科建设发展

1980年2月12日,中华人民共和国第五届全国人民代表大会常务委员会第十三次会议审议通过了《中华人民共和国学位条例》,并于1981年1月1日起施行。1981年2月24日,国务院学位委员会颁布了《关于审定学位授予单位的原则和办法》;5月20日,国务院又批准了《中华人民共和国学位条例暂行实施办法》,制定了学士、硕士、博士三级学位的学术标准,中国学位制度从此建立。

1981年5月20日,学院向兵器工业部提交了关于建立学位评定委员会的报告,12月28日,得到兵器工业部学位委员会批准,学院学位委员会正式成立,沈正功教授任首任主任。与此同时,学院制定建立了《学位授予工作条例》和《答辩工作细则》等工作制度。

(一)学位授权点

1981年11月3日,国务院学位委员会批准了我国首批授予硕士学位单位及其学科、专业,硕士学位授予单位358个,硕士学位的学科、专业点3185个。学院通信与电子系统等12个学科获硕士学位授予权。11月25日,国务院学位委员会批准了我国首批授予博士学位单位及其学科、专业和博士生指导教师名单,这次批准的首批博士学位授予单位共151个,博士学位授予单位的学科、专业点812个,可以指导博士研究生的导师1155人。学院弹道学、含能材料、火炮与自动武器3个学科为首批博士学位授予专业;浦发、鲍廷钰、肖学忠、张宇建、于道文5位教授为博士生指导教师。

至1993年底,国务院学位委员会共进行了5批博士学位和硕士学位授权点的审核,并批准博士生导师。第五次审核批准后,学院共有博士授权点14个,博士生导师44个,硕士授权点35个。之后,博士生导师增列开始由学校自行审定,如表4.3.2所示。

表 4.3.2　1981—1993 年学院博士学位授权学科与硕士学位授权学科变化情况

时间	变化情况	获批博士学位授权学科、获批博导			获批硕士学位授权学科
		数量	学科名称	博导	数量	学科名称、专业

时间	变化情况	数量	学科名称	博导	数量	学科名称、专业
1981 年 11 月	国务院学位委员会批准了我国首批授予博士学位单位及其学科、专业和博士生指导教师名单。学院有 3 个学科获博士学位授予权；12 个学科获硕士学位授予权；有 5 名教授被批准为博士生指导教师	3	火炮与自动武器 含能材料 弹道学	5 人：于道文、肖学忠、张宇建、鲍廷钰、浦发	12	物理化学（含化学物理） 通信与电子系统 信号、电路与系统 电磁场与微波技术 自动控制理论及应用 固体火箭发动机及推进剂 火炮与自动武器 炮弹、火箭弹及导弹战斗部 引信技术 含能材料 弹道学 军事技术运筹学
1984 年 1 月 13 日	国务院学位委员会第二批批准，学院李鸿志为博士生指导教师；兵器结构与制造工程、兵器系统工程、军用光学 3 个学科为硕士学位授权学科、专业	3	火炮与自动武器 含能材料 弹道学	6 人：于道文、李鸿志、肖学忠、张宇建、鲍廷钰、浦发	15	物理化学（含化学物理） 通信与电子系统 信号、电路与系统 电磁场与微波技术 自动控制理论及应用 固体火箭发动机及推进剂 火炮与自动武器 炮弹、火箭弹及导弹战斗部 引信技术 含能材料 弹道学 军事技术运筹学 兵器结构与制造工程 兵器系统工程 军用光学
1986 年 7 月 28 日	国务院学位委员会第三批批准，学院炮弹、火箭弹及导弹战斗部，引信技术，军用光学，兵器火力控制系统 4 个学科为博士学位授权学科；陆家鹏、张月林、王泽山、李福平、陈舒林、汤明钧、金志明、徐明友、魏惠之、陈庆生、陶纯堪、冯缵刚 12 人为博士生指导教师；固体力学，流体力学，振动、冲击、噪声，计算机应用，火箭、导弹发射技术，火工、烟火技术，爆炸力学，光电技术，兵器火力控制系统 9 个学科为硕士学位授权学科、专业	7	火炮与自动武器 含能材料 弹道学 炮弹、火箭弹及导弹战斗部 引信技术 军用光学 兵器火力控制系统	18 人：于道文、李鸿志、陆家鹏、张月林、肖学忠、张宇建、王泽山、李福平、陈舒林、汤明钧、鲍廷钰、浦发、金志明、徐明友、魏惠之、陈庆生、陶纯堪、冯缵刚	24	物理化学（含化学物理） 通信与电子系统 信号、电路与系统 电磁场与微波技术 自动控制理论及应用 固体火箭发动机及推进剂 火炮与自动武器 炮弹、火箭弹及导弹战斗部 引信技术 含能材料 弹道学 军事技术运筹学 兵器结构与制造工程 兵器系统工程 军用光学 固体力学 流体力学 振动、冲击、噪声 计算机应用 火箭、导弹发射技术 火工、烟火技术 爆炸力学 光电技术 兵器火力控制系统

续表

| 时间 | 变化情况 | 获批博士学位授权学科、获批博导 | | | 获批硕士学位授权学科 |
		数量	学科名称	博导	数量	学科名称、专业
1990 年 10 月	国务院学位委员会第四批批准,学院兵器系统工程,火箭、导弹发射技术,火工、烟火技术 3 个学科为博士学位授权学科;朱明武、郭锡福、赵有守、张清泰、张保民、郭治、黄治同、张福祥、戴实之、刘国岁、方大纲 11 人为博士生指导教师;测试计量技术及仪器、应用化学、环境化工、金属材料及热处理、模式识别与智能控制、兵器安全技术 6 个学科为硕士学位授权学科专业,原兵器结构与制造工程调整分成机械制造和机械学两个学科专业,原信号、电路与系统调整分成电路与系统和信号与信息处理两个学科、专业。 同时,固体火箭发动机及推进剂学科专业更名为火箭发动机;炮弹、火箭弹及导弹战斗部学科专业更名为弹药战斗部工程;爆炸力学学科专业更名为爆炸理论及应用;光电技术学科专业更名为物理电子学与光电子学;兵器火力控制系统学科专业更名为火力控制系统	10	火炮与自动武器 含能材料 弹道学 弹药战斗部工程 引信技术 军用光学 火力控制系统 兵器系统工程 火箭、导弹发射技术 火工、烟火技术	29 人: 于道文、李鸿志、陆家鹏、张月林、朱明武、肖学忠、张宇建、王泽山、李福平、陈舒林、汤明钧、鲍廷钰、浦发、金志明、徐明友、郭锡福、魏惠之、赵有守、陈庆生、张清泰、陶纯堪、张保民、冯缵刚、郭治、黄治同、张福祥、戴实之、刘国岁(通信与电子系统为系无权学科,挂靠西安电子科技大学)、方大纲(电磁场与微波技术为系无权学科,挂靠电子科技大学)	32	物理化学 通信与电子系统 电磁场与微波技术 自动控制理论及应用 火箭发动机 火炮与自动武器 弹药战斗部工程 引信技术 含能材料 弹道学 军事技术运筹学 兵器系统工程 军用光学 固体力学 流体力学 振动、冲击、噪声 计算机应用 火箭、导弹发射技术 火工、烟火技术 爆炸理论及应用 物理电子学与光电子学 ☆火力控制系统 测试计量技术及仪器 应用化学 环境化工 金属材料及热处理 模式识别与智能控制 兵器安全技术 机械制造 机械学 电路与系统 信号与信息处理
1993 年 12 月	国务院学位办第五批批准,测试计量技术及仪器、爆炸理论及应用、通信与电子系统、模式识别与智能控制 4 个学科为博士学位授权学科;高分子材料、科技信息、工程热物理 3 个学科为硕士学位授权学科;邱光申、赖百坛、李兴国、赵宝昌、汪信、刘家骢、汤明钧(转点)、王俊德、王执铨、杨成梧、汤瑞峰、周彦煌、闾大鹏、杨静宇、贺安之、陈进榜 16 人为博士生导师	14	火炮与自动武器 含能材料 弹道学 弹药战斗部工程 引信技术 军用光学 火力控制系统 兵器系统工程 火箭、导弹发射技术 火工、烟火技术	44 人: 于道文、肖学忠、张宇建、鲍廷钰、浦发、李鸿志、陆家鹏、张月林、王泽山、李福平、陈舒林、汤明钧、金志明、徐明友、魏惠之、陈庆生、陶纯堪、冯赞刚、朱明武、	35	物理化学 通信与电子系统 电磁场与微波技术 自动控制理论及应用 火箭发动机 火炮与自动武器 弹药战斗部工程 引信技术 含能材料 弹道学 军事技术运筹学 兵器系统工程 军用光学 固体力学 流体力学 振动、冲击、噪声

续表

时间	变化情况	获批博士学位授权学科、获批博导			获批硕士学位授权学科
		数量	学科名称	博导	数量	学科名称、专业
1993年12月		14	测试计量技术及仪器 爆炸理论及应用 通信与电子系统 模式识别与智能控制	郭锡福、赵有守、张清泰、张保民、郭治、黄治同、张福祥、戴实之、刘国岁、汪信、赵宝昌、汤瑞峰、周彦煌、李兴国、赖百坛、贺安之、陈进榜、杨成梧、王执铨、丘光申、王俊德、闫大鹏、杨静宇、刘家骢、方大纲（电磁场与微波技术为系无权学科，挂靠电子科技大学）	35	计算机应用 火箭、导弹发射技术 火工、烟火技术 爆炸理论及应用 物理电子学与光电子学 火力控制系统 测试计量技术及仪器 应用化学 环境化工 金属材料及热处理 模式识别与智能控制 兵器安全技术 机械制造 机械学 电路与系统 信号与信息处理 高分子材料 科技信息 工程热物理

（二）重点学科建设

1985年5月，中共中央发布的《中共中央关于教育体制改革的决定》就提出，"要根据同行评议，择优扶植的原则，有计划地建设一批重点学科"。

1987年8月，国家教育委员会发出通知，为贯彻《中共中央关于教育体制改革的决定》精神，决定在高等学校中评选国家重点学科。同年，原国家机械工业委员会根据国家教育委员会通知中提出的，中央各部委可根据需要和可能条件确定和扶植一些部门一级的重点学科的精神，也发出通知评选委级重点学科。

学院博士学位授权学科申报国家重点学科的工作于当年1987年9—10月进行。经国家教育委员会组织的通信评选、专家小组审核、国家教委审核批准，学院火炮与自动武器、弹道学两个学科被评为国家重点学科。这是国家首次开展国家重点学科的评选。

1987年12月—1988年1月，学院还进行了委级重点学科的申报工作。经院内专家评估，院学科建设指导委员会汇总、审核上报，机械工业委员会组织专家通信评审，批准学院火炮与自动武器，炮弹、火箭弹与导弹战斗部（1990年更名为弹药战斗部工程），引信技术，含能材料，军用光学，弹道学，兵器火力控制系统（1990年更名为火力控制系统),固体火箭发动机及推进剂(1990 年更名为火箭发动机),信号、电路与系统(含通信与电子系统。1990 年分为信号与信息处理和电路与系统两个学科)10 个学科被评为部(委)重点学科。1990 年,学院再有兵器系统工程、火箭导弹发射技术、火工烟火技术学科被评为机械电子工业部重点学科,学院部委级重点学科达到 13 个。1993 年,爆炸理论及应用、测试计量技术及仪器、模式识别与智能控制、通信与电子系统等学科被兵器工业总公司评为重点学科,学院部委级重点学科达到 17 个。

1991 年,国家提出"211"工程建设规划。1993 年,"211"工程正式启动。学院将争取进入"211"工程的过程,作为"上水平、上质量、上效益的过程,是把学校真正建设成为社会主义一流理工大学的最切实的步骤"。通过争取进入"211"工程,及之后"211"工程实施的前后 20 多年建设,对学院整体办学水平,特别是学科建设水平起到极大促进作用。

四、建立二级学院管理体制

1979 年 12 月,根据教育部《全国重点高等学校暂行工作条例(试行草案)》要求,学院成立了学术委员会。学术委员会的主要任务:审议重点学科、专业建设发展规划和师资建设发展规划并提出建议;受院长委托代表学院与国内外学术团体进行学术交流;对院内重大学术问题进行决策咨询等。1990 年 5 月,学院在学术委员会下设立学科建设小组。

1979 年,学院撤销三大部管理体制,建立起面向现代高等教育的管理体制和运行机制。至 1987 年底,学院已拥有 15 个专业系,为把学院办成一所理工管结合、以工为主、具有特色、系所结合、互相促进,机电光化数理文管门类齐全,军民结合、结构合理的重点大学,开始有了一个良好基础。

1988 年 7 月 23 日,原国家机械工业委员会批复同意学院成立化工学院。化工学院的成立拉开了学院向以学科为龙头的二级学院管理体制改革的序幕。

——1991 年 8 月 31 日,以管理工程系为基础成立经济管理学院。

——1992 年 7 月 16 日,由机械制造系(五系)、计算机科学与技术系(六系)、自动控制系(十系)组建成立信息自动化与制造工程学院。

——1992 年 10 月 15 日,电子工程系和光电技术系合并组建成立电子工程与光电技术学院。

——1993 年 2 月 15 日,机械工程一系与机械工程二系合并组建成立机械学院。3 月 13 日,召开机械学院成立大会。

——1993 年 2 月 24 日,成立理学院。学院由应用数学系、应用物理系、应用力学系组成。

——1993 年 3 月 19 日,由弹道研究所、八系和弹道国防重点实验室组建成立动力工程学院。4月27日,举行动力工程学院成立大会。

——1994年6月4日,撤销社会科学系,成立人文学院。

至1994年下半年,学院已经建立了8个二级学院,以及科技外语系、材料科学与工程系等2个系,基于学科组织的二级学院管理体制初步建立,构建起以工为主,理、工、文、经、管、法、教相结合的专业结构体系。

第四节　师资队伍建设

实现建设发展目标,教师队伍是根本。在提高认识的基础上,学院采取切实措施,努力增加教师数量,改善师资结构,提高队伍素质和水平;同时推进人事分配制度改革,进一步调动教师积极性、创造性。

一、加强师资队伍建设

改革开放之初,学院教学、科研面临的一个重要形势,就是教师数量不足的问题。1978年4月,学院在给第五机械工业部和江苏省教育局的报告中,分析了学院师资队伍紧缺的严峻形势:"按照学生与教师的比例为3∶1计算,我院在1980年前需要教师1000人,外加科研比例20%,则需1200人,我院现有教师954人,按规划尚缺246人。增设兵器制造工艺与设备、金相热处理、计算机硬件、计算机软件等专业,也需要补充教师,合计需补教师493名","我院'文化大革命'前有实验员176人,现有110人。为此需补教辅人员50名"。另外,"根据部里指示,我院校办工厂规模为工人600人,现只有334人,缺266人;大型设备维护、保养人员需要117人;服务性质工人需增加94人。三项共需补充477人"。教师、教辅、工人三项累计需要补充人员达到1000余人。另外,学院"基础课教学任务占总教学任务的2/3",而"我院教师的构成是基础课教师,现占全院教师总数1/3,专业教师占全院教师2/3,与教学任务形成倒比例"。

1978年初,学院在制定年度工作要点时,把"加快师资队伍建设,提高教育质量",作为"加快学院建设速度"的首要任务,认为"加快师资队伍建设,是当务之急","必须争时间,加快师资队伍建设"。

因此,尽快补充师资力量,弥补师资人员严重不足的问题,成为改革开放之初,学院一个时期内的重要任务。

在严格的计划经济体制下,学院积极和上级部门沟通,力争得到支持,尽可能地通过分配高校毕业生、外调等途径补充学院急需的师资力量。

1977年4月,徐兆民等39名学院应届毕业生留院工作,按照"根据需要,统筹安排,重点配备,学用一致,专业专用"的原则,34人直接分配到教研室担任教员。

1978 年 8 月,根据五机部、三机部决定,西北工业大学航炮一般弹专业 19 名教师调入学院。该专业原是哈军工航空兵器专业,后因院校体制变动,1970 年被划归第三机械工业部所属西北工业大学。该专业调归学院后,充实了学院火炮专业的师资力量。

1977—1979 年间,学院先后举办了英语、德语、日语、法语等语种的快班、脱产学习 8 个月的高级班、英语普及班、英语中级班等,参加学习教师达 700 多人次。举办青年教师基础理论进修班,学制一年多,62 人离职参加学习。对其他青年教师,学院采取在职进修的办法,让他们和 1977 级、1978 级学员一起,跟班听课,着重学习数理化基础知识。此外,学院还先后举办了数学师资班、政治理论师资班、物理师资班、助教进修班(硕士学位)、计算机算法语言进修班、俄语复习提高班、线性代数进修班、现代控制理论学习班、弹丸强度有限元短训班等十多个不同内容、不同进度、不同形式的学习班,参加学习的教师达 1000 人次以上。

进入 20 世纪 80 年代后,分配到学院工作的青年教职工人数得到较快增长。1982 年,21 名研究生、100 多名 1977 级、1978 级毕业生(包括师资班本科生)进校,充实到教学一线。1982—1986 年间补充新教师总数就达到 500 多人。

经过十多年发展,学院教师队伍有了较快增长,教职工总数由 1976 年的 2243 人,增加到 1993 年的 3812 人,专任教师由 1976 年的 851 人,增加到 1993 年的 1540 人。

在规模扩大的同时,学院也在采取一系列措施,加速提高师资队伍水平,助力广大教师促进知识更新,完善知识结构。1980 年初召开的学院第四次党代会明确提出:"要依靠教师办学,培养高水平的教师队伍。"

为了尽快提高师资队伍水平,1980 年前后,学院先后举办了青年教师基础理论进修班、算法语言培训班及英语、德语、法语进修班、俄语提高班等,全院 700 多名教师先后参加。通过进修,有效地提高了教师的基础理论水平、计算机和外语应用水平,较快缩小了教师在知识结构上的时代差距。特别是通过外语培训,为各教研室、研究室的教师出国深造、参加国际学术交流创造了条件。

1983 年召开的学院第四次教学工作会议,对加快师资队伍建设提出了新的目标和要求:

(1)争取在几年内,学院的数学、物理、化学、力学、电学五大学科和各专业主干学科,以及决定专业发展的主要分支学科都能够形成学术梯队,其中一批副教授能够达到教授水平,讲师达到副教授水平。

(2)中年教师进修提高的主要方向是改善知识结构和能力结构,提高科研水平。要结合教学、科研任务,通过在职进修、参加讨论班、读书班,缺什么、补什么。学院也将根据专业和教研室学科发展的需要,有计划地安排一些教师离职深造。教师自身要明确学科方向,参加学术梯队;扩大知识领域,改善知识结构;积极承担科研任务,改善能力结构。

（3）精心培养青年教师。要求大学本科毕业生从毕业之日起，在 5 年内先过教学关、基础理论关、外语关。要求硕士研究生从毕业之日起，在 5 年内除过好教学关、外语关外，还要过好实验关，参加科研任务。

（4）提高实验技术人员水平。在实验技术人员中，急需充实和大力培养高级技术人员，精密贵重仪器维修人员，配备大型设备操作人员。培养提高实验技术人员的方式主要是参加短期培训。

根据这次教学工作会议精神和要求，学院教师队伍建设的力度不断加强。至 1985 年，学院已确定学术带头人及研究生导师 59 人，建立起学科 17 个，其中重点学科 12 个，新兴学科 5 个，组建学科梯队 36 个。

1978 年，学院仅有正副教授等高级职称人员 32 人，1990 年正副教授等高级职称人员已达到 713 人，一大批学术骨干逐步成为各专业和学术梯队的带头人。

二、青年教师培养

（一）重视青年教师工作

在新教师不断补充的同时，学院党委认识到，青年教师的培养，是一项具有战略意义的任务。青年教师的培养，要从一进校就开始。1983 年 1 月，学院印发了《关于做好新教师培养工作的通知》，提出了"关于新教师培养工作的几点意见"。意见针对本科毕业和研究生毕业的新进校青年教师分别提出了 4～6 年的发展目标和任务要求。还就新教师的培养方法、新教师培养工作管理等作出了具体规定。

学院多次召开专题会议，听取青年教职工意见和建议，分析青年教职工队伍状况，研究加强青年教职工队伍建设的对策和措施，帮助青年教职工排忧解难。

青年教职工的加入，一方面及时缓解了学院教学、科研、管理等对年轻人员的迫切需求，也有利于人才梯队的长期建设和发展，但人员增加，也使本已紧张的办学和生活条件更加困难，由于生活设施不能及时跟上，反映的一些工作和生活问题没有得到妥善解决，引起部分青年教职工的不满。针对这些问题，学院领导十分重视，在 1986 年国庆前后，对部分系青年教工反映的情况进行了调查，查找了青年教工工作的不足之处，提出了改进的措施和思路，及时召开青年教工座谈会，进一步听取意见，对青年教工在生活、工作上的困难和要求作出回复。学院决定，短期内先对现单身宿舍进行整修，换装日光灯、换装门锁、修盖自行车棚、修盥洗间、加修浴室等，并争取尽快动工修建青年单身宿舍楼。

截至 1990 年初，学院教师队伍不足的问题已经基本解决，但新的问题随之出现。

1990 年，学院教学、科研一线教师达到 1488 人，其中 35 岁以下青年教师 641 人，50 岁以上教师 534 人。未来十年，学院达到退休年龄的教师有 500 多人，且大多是具有高级职称的学科学术带头人和研究生导师,学术梯队年龄断层现象非常明显。因此,加速青年教师培养,"使他们尽快地在'又红又专'的道路上成长起来,已经成为我们面临的刻不容缓的大事"。

为此,学院于1989年12月28—30日,1990年3月8日连续召开青年教师工作会议。会议总结了学院青年教师队伍建设的经验,分析了存在的问题;对青年教师(35周岁以下)进行了基本情况评估;研究制定加强青年教师培养工作的政策措施。

会上,院长李鸿志作了"立足当前,放眼未来,抓好青年教师队伍建设"的工作报告;党委副书记、副院长周炳秋作了"面向21世纪,加强青年教师队伍建设"的总结报告。会议认为,青年教师的培养是学院师资队伍建设中具有战略意义的大事;青年教师的政治素质和业务水平,直接关系到学院教学质量和学术水平,也关系到人才培养质量和教育事业长远发展。

在28日的开幕会上,物理系主任贺安之、105教研室副主任王宗支、304教研室主任侯克复介绍了本单位做好青年教师工作的经验,数学系教师莫仲卿介绍了指导青年教师的成功经验,青年教师王凤云介绍了自己的成长过程与体会。

会议研讨了《华东工学院教师工作规范》《关于加强青年教师培养工作的几点意见》《关于加强青年教师思想政治工作的意见》《华东工学院青年教师考核暂行办法》《青年教师教学进步奖评选实施办法》等11个文件。通过讨论,统一了思想,形成了共识,明确了举措,强化了责任。提出下一步将围绕做好引进、教育、培养和使用工作,引入竞争机制,鼓励青年教师奋发向上,实行倾斜政策,解决青年教师后顾之忧等,通过把好"引进关""教育关""使用关",以及政策激励,精心培养,力争"用较短的时间弥补'断层',建设起一支结构合理的师资队伍,为我院教学、科研再上一个新台阶打下坚实的基础"。

(二)健全培养和激励政策

(1)定向分类。1983年时,学院有青年教师193名,其中1962—1965年级的大学毕业生66名,1972—1976年级的大学毕业生127名。他们中,一部分基础扎实,有实际工作能力,在教学、科研上有发展前途。而另一部分受十年动乱影响,基础理论水平比较薄弱,继续承担教学、科研工作有较大压力。

1983年暑假后,学院结合青年教师不同情况,分类分流,合理安排每个教师不同的发展方向。定向调整后,继续留在教师岗位的64人,占33%;到实验室作教辅工作的69人,占36%;充实到院系机关及附属单位的60人,占31%。

(2)在职进修。为做好青年教师的培养,学院采取多种渠道、多种方式,促进青年教师进修提高。1985年1月,学院制定了《关于青年教师在职学位进修的暂行规定》,鼓励具有大学本科毕业或同等学历的青年教师达到硕士研究生的水平,并取得相应学位。

（3）过教学关。学院成立专家评估小组，通过结合期中教学检查等形式，对各系开展培训、推进青年教师过教学关工作情况进行专门评估；评选进步较快的青年教师；开展以老带新活动，评选对青年教师尽心尽责的指导教师等。

（4）设立基金。学院从 1988 年开始每年拿出 20 万元，设立青年科学基金，鼓励青年教师独立开展科研工作，两年多的时间里，就有 90 多名青年教师先后获得资助。学院还实行第二课题组长制度，对于在以中老年教师担任课题组长的项目里，要求必须有一名青年教师担任第二课题组长，把青年教师推上第一线，助力青年教师迅速提高业务水平和实践能力。

经过培育和政策扶持，1991—1995 年，学院科技队伍逐渐壮大，一批中青年学术学科带头人和骨干教师迅速成长、开始脱颖而出，其中 11 人获得国家自然科学基金资助，5 人获霍英东基金研究类奖，7 人获国防科工委行业预研基金项目资助。还有多人次荣获光华科技基金会奖、何梁何利基金奖等，入选教育部跨世纪优秀人才计划、人事部百千万人才工程，以及江苏省"333"工程、青蓝工程等，成为学院教学、科研的中坚力量。

（5）建立破格晋升等激励制度。在青年教师工作会议基础上，1990 年 6 月，学院印发了《青年教师培养工作的暂行规定》。《暂行规定》对青年教师的培养范围、培养原则、培养要求、培养方式等作出了规定和要求。

为鼓励和促进青年教师的成长，使优秀的青年教师尽快脱颖而出，学院决定建立破格晋升制度。在评定高级专业技术职务时，划拨一定的指标，专供青年教师申报，比素质、赛贡献、公平竞争。

1990 年 6 月，经学院教师、科研高级职务评审会审定，王昌明、王风云、赵平亚、钱焕延、宋明、蒋勇、刘克、王中原 8 名成绩卓著的青年教师被分别破格提升为副教授、副研究员，他们平均年龄为 31.7 岁，年龄最小者 27 岁。1991 年 11 月，学院制定印发了《关于青年教师破格评聘教师高级职务试行条例》，从制度上为青年教师破格晋升、发展进步提供了保障。

在教学方面，在评选"优秀授课青年教师""青年教师教学改革成果奖"的基础上，学院又设立青年教师进步奖，重点奖励政治思想好、教学效果好、安心本职工作的青年教师。每年评选一次。

1992 年底，学院根据兵器工业总公司和江苏省有关精神，在全院青年教师中开展了中青年后备学科带头人和青年骨干教师的选拔，共选出中青年后备学科带头人 21 人，青年骨干教师 54 名（包括 6 名青年管理骨干）。从 1993 年元月开始，对中青年后备学科带头人在入选期内给予每月 40 元的生活补贴，对青年骨干教师在入选期内给予 20 元的生活补贴。

学院对两类人员实行滚动式动态管理，每两年一个周期，形成竞争与激励机制。

（6）岗前培训和社会实践锻炼。1988 年开始，学院对青年教师开展岗前培训。首届培训班期间,31 名青年教师通过两个多月的学习培训,学习了教育学、心理学和教学法等方面的基本知识,圆满完成了学习任务。学习培训的结业成绩还归入个人档案,作为青年教师考核聘任的条件之一。

1990 年起,学院开始将新进校的青年教师实行岗前培训和社会实践制度、导师制度、授课审批制度结合起来。

1990 年 9 月,学院制定印发了《关于加强青年教师社会实践锻炼的实施意见(试行)》,要求"1985 年及其之后毕业,年龄在 35 周岁以下进入大学(或研究生阶段)学习前未参加过社会实际工作或生产实践锻炼的青年教师、实验技术人员和青年管理干部",均要参加社会实践锻炼。内容包括两个环节:由入校教育、政治思想理论教育、教育理论学习等环节构成的约 1 个月时间的岗前培训,以及参加社会调查、工厂实际生产劳动、科研活动、建校劳动等构成的 5 个月左右的社会实践活动。

当年即组织首批 34 名青年教师赴江阴钢绳厂进行了 3 个多月的社会实践活动,对改革中的苏南模式社会主义农村的现状进行了实地考察。

从 1990 年 10 月—1992 年 6 月,学院先后组织 3 批共 89 名青年教师(含青年管理干部 11 人)到江阴、泰州工厂参与社会实践锻炼,青年教师从博士、硕士到本科,平均年龄为 25.4 岁,最大的 29 岁,最小的 21 岁。1992 年 9 月 18 日,学院 7 名新入校的青年教师开始赴河南济源进行为期一年的社会实践。出发之前,学院院长李鸿志、副书记赵忠令为全体队员送行并寄语鼓励。其后几年,学院又陆续派出多批次青年教师赴济源等地进行社会实践锻炼。通过实践锻炼,使广大青年教师增长了才干,取得了思想、工作双丰收。

(7)重视思想政治教育。学院通过多种形式加强中青年教师的思想政治建设,帮助中青年骨干教师逐步提高用马克思主义立场、观点、方法分析认识问题的能力。

1990 年,学院利用暑期,举办了首期中青年骨干教师思想政治学习班。学习时间从 7 月 10 日开始,至 7 月 25 日结束,历时 15 天。学习内容以《社会主义若干问题学习纲要》为教材,举办了"国际形势与时代""反和平演变""社会主义道路""党的领导""党的基本路线""改革开放中的若干经济问题""国际经济发展与中青年知识分子使命""辩证法与科学研究""科学家的奉献精神"等专题学习。形式上既有专题报告、研讨交流,也有社会调查。

在这个期间,学院也举办多期这样的学习班。通过学习教育,及时引导青年教师用马克思主义辩证法去看待历史的发展和国家在发展阶段中存在的各种社会问题,更加坚定拥护和支持中国共产党的领导,更加坚定走中国社会主义道路的信念,更加坚定自觉地坚持党的基本路线、坚持一个中心两个基本点。学院开展了"提高教学业务和职业道德素质,争做一名教书育人的优秀教师"竞赛活动、"教书育人心得体会"研讨会。为发挥青年自身作用,将青年教职工有效组织起来,1987 年 5 月,学院成立了青年学者协会。为活跃青年教师业余生活,组织举办各种球类、桥牌比赛,举行歌咏、舞蹈比赛,节假日音乐会、舞会等。

（8）改善青年教职工生活条件。青年教职工住房问题一直是学院党委关心、关注的重点。1988年之前,学院单身教职工进校后一般安排居住在教学区的234栋、235栋,东村131栋,中村108栋、109栋等宿舍,1987年新进校的教职工一度安排在学生宿舍的一舍和四舍居住,每间宿舍居住4~6人,条件相当困难。为了缓解单身青年教职工住房矛盾,1988年6月,学院开工建设了3栋单元式单身教职工宿舍（112栋、113栋、114栋）。这项工程曾列入学院1988—1991年发展规划中为师生所办十件实事之一。宿舍楼采用单元式设计,每个单元可以安排8人住宿。1989年5月竣工,投入使用后,改善了近300名青年单身教职工的住宿条件,一定程度缓解了单身教职工住房紧张的状况。此外,学院还在单身教职工宿舍楼建立开水房,购买电视机,配备公用煤气包,安装闭路电视等。每年还单独安排一定进人指标,用于解决青年教师两地分居困难。

三、涌现一批先进典型

改革开放后,学院继承和发扬军事院校时期的优良传统,在教学、科研工作中涌现出一批优秀典型,如全国优秀教育工作者李鸿志,全国教育系统劳动模范贺安之,全国有突出贡献的中青年专家赵宝昌,全国优秀教师金惠娟、张保民,南京市劳动模范孙汝荣等（表4.4.1）,他们热爱本职工作,勇于探索创新,为学院事业发展和中国社会主义现代化事业作出了重要贡献。学院一系101教研室教师、党支部书记欧阳洪武,是学院优秀教师的典型代表。

表4.4.1 1978—1993年获得省部级以上劳动模范（先进工作者、优秀教师）人员

姓名	荣誉称号	授予时间	颁授单位
汪信	全国优秀教师	1991年12月	国家教育委员会、人事部
	省优秀教育工作者	1989年	江苏省
宋文煜	省优秀教育工作者	1991年12月	江苏省教育委员会、江苏省人事厅
王凤云	省先进工作者	1991年4月	江苏省教育厅
贺安之	全国教育系统劳动模范	1989年9月	国家教育委员会、劳动人事部、全国总工会
	部级先进工作者	1989年	机械电子工业部
张玉生	全国教育系统劳动模范	1989年9月	国家教育委员会、劳动人事部、全国总工会
	部级先进工作者	1989年	机械电子工业部
李鸿志	全国优秀教育工作者	1989年9月	国家教育委员会、劳动人事部、全国总工会
	省先进工作者	1980年	江苏省教育厅
王崇艺	全国优秀教育工作者	1989年9月	国家教育委员会、劳动人事部、全国总工会
张保民	全国优秀教师	1989年9月	国家教育委员会、劳动人事部、全国总工会

续表

姓名	荣誉称号	授予时间	颁授单位
金惠娟	全国优秀教师	1989 年 9 月	国家教育委员会、劳动人事部、全国总工会
范德银	全国优秀教师	1989 年 9 月	国家教育委员会、劳动人事部、全国总工会
忻将英	全国优秀教师	1989 年 9 月	国家教育委员会、劳动人事部、全国总工会
张月林	省优秀教育工作者	1989 年	江苏省教育厅
邓子琼	省优秀教育工作者	1989 年	江苏省教育厅
杨泰敏	省优秀教育工作者	1989 年	江苏省教育厅
张宇建	省优秀教育工作者	1989 年	江苏省教育厅
赵忠令	省优秀教育工作者	1989 年	江苏省教育厅
徐建儒	省优秀教育工作者	1989 年	江苏省教育厅

欧阳洪武 1954 年进入军事工程学院炮兵工程系炮兵兵器专业学习,曾荣立三等功两次,获得优秀学员称号一次。1958 年毕业参加工作后,多次被评为五好教员并受到嘉奖,1980 年 4 月被评为学院先进工作者。欧阳洪武长期勤勤恳恳,埋头苦干。特别是党的十一届三中全会后,为培养"又红又专"的国防工业现代化技术人才,他竭尽全力投入教学和科研工作。他把电子计算机技术应用于兵器研究,经常加班加点,废寝忘食,忘我劳动,寒暑假期几乎全部在电子计算机房里度过。欧阳洪武生活俭朴,作风正派,在荣誉、地位、待遇面前,在调资、评职称、分配住房等问题上总是先人后己,将机会让给同事。由于劳累过度,欧阳洪武不幸于 1981 年 3 月 23 日因脑溢血抢救无效逝世。学院党委追授他为"优秀共产党员"称号。

四、管理体制和人事分配制度改革

从 20 世纪 80 年代中期开始,学院管理体制和人事分配制度改革逐步拉开序幕。

(一)人事管理体制改革

1984 年 5 月,江苏省委、省政府批转了省委组织部、省人事局《关于全省党政机关实行岗位责任制的意见》,拉开了政府机关建立并实行岗位责任制的序幕;11 月,江苏省高等教育局制定印发了《关于对高校教师进行全面考核的意见》,推进高校加强对教师队伍的考核,并逐步走向正常化、制度化。

1984 年 9 月起,学院在马列主义教研室和 305 教研室,开始进行教师聘任制的试点。为全面建立各级各类人员的岗位责任制、考核制、奖惩制积累经验。

1984 年 12 月,学院制定印发了《关于建立岗位责任制和考核制的通知》,同时制定了《院系机关干部考核内容和考核方法》。文件要求,"院机关各部门和系直应在人员定编的基础上,制定各类人员的岗位责任制"。院系机关干部考核内容是,"以德才兼备为考核基本标准,以履行岗位责任制情况为主要依据,全面地考德、考能、考勤、考绩,以考绩为重点"。考核方法包括,平时考核与定期考核相结合,以平时考核为主,以领导考核为主,一级考一级;可用定性考核,也可用定量积分考核;考核时间为每月考核一次。

1985 年,学院对各单位开始实行人员定编管理。

(二)奖励和分配制度改革

1979 年,学院在派人到上海交通大学、华东师范大学、复旦大学等院校调研后,即开始探索学习借鉴兄弟院校做法,"从每年工厂生产等项目约 80 万元的收入中,拿出 20% ~25% 作为教职工的奖励基金",以改善教职工生活和调动教职工积极性。

1980 年,教育部、国家劳动总局、财政部印发了《高等学校建立学校基金和奖励制度试行办法》。1981 年 3 月,五机部也正式印发《关于部属高等学校及科研院、所今年实行奖励制度的通知》。按照五机部文件精神,"各高等学校和部科研院机关的奖金由部按季进行审批;院属各科研所的奖金,由部科研院审批"。

学院自 1980 年开始实行的是"月评月奖"的制度,即每月评议审定后报江苏省高教局审批后发放。五机部文件下发后,学院每个学期需要上报一次奖金预算额度,在经五机部批准后执行。

1981 年教育部颁布《高等学校教师工作量试行办法》后,1986 年国家教育委员会、财政部、劳动人事部印发了《关于高等学校教师校外兼课酬金和教学工作量超额酬金的规定》,学院按照文件精神,从 1982 年至 1985 年开始试行教师工作量奖金和超额酬金制度。1986 年,学院制定了《教师工作量实施细则(1986 年)》和《1986 年教师工作量奖金及超额酬金暂行规定》,首次对教师工作量包含内容、计算方法、教学质量评定方法,以及教材、教学法资料编写工作量,奖金、超额酬金发放标准和计算方法、发放办法等作出了明确规定。

1987 年 3 月,学院制定印发了《1987 年改革奖金发放的暂行规定》,要求奖励制度应在"定编、定员、奖励岗位责任制的基础上,明确各类人员的职责、任务、要求的条件下进行"。根据原核定各单位的编制人数,1987 年全年按人均 150 元发放。其中 50 元为基本奖,每人每月 5 元,按季发放(寒暑假期间不发);90 元为全年综合奖,每半年发放一次。综合奖的发放要"体现奖优罚劣、奖勤罚懒的原则,期末按平时完成任务、工作态度、遵守制度、出勤情况等进行考评、区分等级,等级结果要向群众公布"。另有 10 元作为院长奖励基金,奖励有突出贡献的单位和个人。

(三)职称评聘制度

1985 年之前,高校教师专业技术职务的评审权一直由省高教局统一掌握。为做好职称解冻的准备工作,1985 年初,学院成立了教师职称复查验收领导小组。对提升高级职称者开始进行外语考核的工作,并专门成立了由沈正功、于道文、肖学忠、冯缵刚、邱凤昌、王贵林等组成的职称评定外语考核指导小组,负责指导、审核各单位外语考核中的有关工作。

1986 年,中共中央、国务院转发《关于改革职称评定,实行专业技术职务聘任制度的报告》后,国务院发布了《关于实行专业技术职务聘任制度的规定》,中央职称改革工作领导小组转发了国家教育委员会《高等学校教师职务试行条例》《高等学校教师职务评审组织章程》。高校专业技术职务聘任制度正式开始实施,各项工作也在学院有计划、有步骤地全面铺开。

1986 年 8 月,国家教育委员会同意授予学院教师职务评审委员会副教授任职资格审定权。当年,江苏省教委首次下放教师高级职务学科评审权,1988 年又两次下放评审权。经过三次下放后,学院先后获得兵器、机械、力学、化学、无线电与通信、自控、仪器仪表等7 个学科的教授职务评审权;以及计算机、应用数学、应用物理、管理科学 4 个学科的副教授职务评审权,如表4.4.2 所示。

附表 4.4.2　1986 年、1988 年江苏省教委三次下放教师高级职务学科评审权情况

时间	学科	所含专业或教研室及研究室	评审权限
1986 年 9 月	兵器科学与技术	火炮与自动武器	教授
		炮弹、火箭弹及战斗部	
		固体火箭发动机	
	机械工程	引信技术(精密机械)	教授
		兵器结构及制造工程	
		机械制造	
	化学工程	含能材料	副教授
		火工与烟火技术	
		环境工程与监测	
		物理化学	
	流体力学	弹道学(飞行力学)	副教授
		空气动力学	
		爆炸力学	
	电子学与无线电	信息光学	副教授
		通信与电子系统	
		信号、电路与系统	
		电磁场与微波技术	
	自动控制	兵器火力控制	副教授
		工业自动化	

续表

时间	学科	所含专业或教研室及研究室	评审权限
1988 年 6 月	化学工程与工业化学	化学工程	教授
		工业化学	
		环境工程	
		环境监测	
	力学	工程力学	教授
		固体力学	
		流体力学	
	自动控制	自控理论及应用	教授
		系统工程	
	仪器仪表	光学仪器	教授
		光电技术	
		测试计量技术及仪器	
	计算机科学与技术	计算机应用	副教授
		计算机软件	
	应用数学	应用数学	副教授
	管理科学与工程	工业统计	副教授
		科技情报	
	应用物理	应用物理	副教授
1988 年 12 月	电子学与通信	电子技术应用	教授
		电子工程	
		无线电技术	
		模拟与数字电路	
		微波	
		毫米波、光波	
		近感引信与控制	

随着专业技术职务评聘工作转入正常化,1989 年 7 月,学院专门成立了专业技术职务职称办公室,挂靠在人事处。院职称改革领导小组也更名为专业技术职务职称工作领导小组。

职称评聘工作实施后,特别是职称评审权下放后,学院在教师职称职务评聘方面拥有了更大的自主权,对于促进学院学科专业布局调整,科学引导教师发展,促进学科专业质量水平提升等方面发挥了重要作用。

经过几年的努力,学院师资队伍的人员结构、职务结构等方面逐步趋于合理。已形成一支结构合理、水平较高的学术梯队。

第五节 继续教育

改革开放后,根据国家关于高等教育"两条腿走路"的方针,学院适应经济社会发展对各层次人才的要求,大力开展继续教育,丰富多层次办学体系,在为社会培养各种专门人才、提高受教育者素质的同时,扩大了学院的社会影响力,也为改善学院办学条件作出了贡献。

一、成人教育的起步和发展

改革开放后,为适应我国国民经济发展的需要和更多人希望接受高等教育的迫切要求,尽快提高全民族的科学文化水平,高等教育提出了"两条腿走路"的方针,即在办好全日制大学外,还应根据自己学校情况积极举办函授教育和夜大学,以尽快扩大高等教育事业的规模,改变我国教育发展与经济发展不相适应的情况,加速培养"四化"建设需要的各种专门人才,同时促进教育事业更快、更大的发展。

1980 年 9 月,国务院印发了《国务院批转教育部关于大力发展高等学校函授教育和夜大学的意见》(国发〔1980〕228 号)。《意见》针对函授教育和夜大学在"文革"期间受到干扰破坏,一度全部停顿的状况,提出了"高等学校举办函授教育和夜大学的工作,应当采取积极恢复、大力发展的方针","凡有条件的高等学校,要分期分批地把函授教育和夜大学工作开展起来。到 1985 年全国高等学校举办的函授教育和夜大学本科、专科在校学生总数,要达到相当于全日制高等学校在校学生人数三分之一以上"。

在此背景下,1981 年 6 月,兵器工业部批准学院开设夜大学的申请,设立机械工程专业大学专科,学制 4 年,规模 320 人,招生对象为在职职工,每年招生人数列入国家计划。10 月,择优录取的来自南京市各厂矿企事业单位的首届机械工程专业 41 名同学正式入校开学。1982 年夜大学又增加了电子技术专业大学专科。

经过几年办学实践,学院夜大学取得较快发展,招生质量也越来越好。1984 年底,学院向上级部门提出了增设夜大学本科的请示。1985 年 4 月,学院夜大学本科获得教育部批准,被列入教育部公布的第四次审定的举办函授部和夜大学高等学校名单。

学院夜大学先后开设的本科专业(学制 5 年)有无线电技术、机制工艺与设备、计算机及应用;另有机制工艺与设备、无线电技术两个专科升本科师资班(学制 2.5 年)。

开设的夜大学专科专业:4 年制有机制工艺与设备、电子技术、仪表与测试系统,3 年制有工业会计、工业造型设计等。

1983 年 9 月,学院向上级部门提出了开办函授教育的申请,1984 年 2 月获得教育部批准。初期,学院函授教育主要面向兵器工业部所属企业职工,设机械制造工艺及设备、电子技术两个专业,招生规模 200 人左右。在学制上实行两段制模式:第一阶段为 4 年,开设基础课和技术基础课,对基本理论、基本知识和基本技能进行系统训练,通过学习,考试合格后发给大学专科毕业证书;其中成绩优秀的,继续学完第二阶段的课程,第二阶段为2年,开设一些加宽加深专业知识和技能的课程,获得工程师的基本训练,通过学习,考试及格,发给大学本科毕业证书。学习单科的函授生,考试合格,发给单科成绩证明。

至1987年底,学院函授教育已在江苏、河南、四川、湖南、陕西、吉林、江西、安徽8个省建立17个函授站,进入函授大学学习学生1200多人。

1988年3月,国家教委批准学院举办函授教育本科、函授普通班和专业证书教育。其后,学院陆续开办的函授教育本科专业(学制5年)有机械设计与制造、图书科技情报、自动控制、机制工艺与设备等,另有机制工艺与设备、无线电技术两个专科升本科师资班(学制2.5年)。

开设的函授教育专科专业:4年制有机械制造工艺与设备、金属材料及热处理、应用化学,3年制有工业会计、行政管理等;函授普通专科班专业:3年制有环境保护与监测、机电一体化、工业外贸、城镇建设、食品检测、模具设计与制造,2年制有工业会计等。

1986年9月,学院举办的首届高等教育自学考试班举行开学典礼。首届自学班为经济管理专业,共录取学生100多人。

1991年11月,受机械电子工业部委托开办的机电部高教管理专科升本科班举行开学典礼,这是机电部举办的第一个可以授予学士学位的成人教育高等教育管理班。

1992年6月,成人教育学院联合南京市委组织部,举办企业管理干部培训班,培训班面向南京市及区、县文教、财贸、工交、城建等系统机关各部门领导和乡镇企业的厂长、经理,共800多人。培训班教学内容包括领导艺术、生产管理、劳动管理、质量管理,以及国外企业管理先进经验介绍等,如表4.5.1所示。

表4.5.1 成人教育各类办学形式开办年份

序号	办学形式	年份
1	兵器工业技术领导干部进修班和电大普通专科班	1980
2	夜大学(专科)	1981
3	干部专修科,国家指定为总会计师培训试点单位	1983
4	函授教育(专科)	1984
5	夜大学(本科)和夜大普通专科班	1985
6	高等教育自学考试辅导班	1986
7	机电部部属企业党委书记培训班	1987
8	函授教育(本科),函授普通班和专业证书教育	1988
9	定为江苏省机电工程专业高等教育自学考试主考学校	1989
10	南京市企业管理干部培训班	1992
11	计划外委培自费大专学生	1992

　　在改革开放新形势下,为适应各地经济发展对人才的需求,1992 年,学院在江苏、山东、河南、湖南、新疆等省和自治区还招收计划外委培自费大专学生 800 余人。

　　从 1980 年起,学院先后开展的成人教育办学形式有电视大学、函授大学、夜大学、夜大普通班、函授普通大专班、自学考试辅导班、大专起点本科班、教师进修班、干部专修班等学历教育,厂长班、党委书记班、总会计师班、领导干部班、岗位证书、专业证书等岗位培训,外语进修、工业外贸、双学位、新技术应用等继续工程教育。共开设机械、电子、化工、管理等 20 多个专业,微机应用、环保工程等 30 余种短训班,如表 4.5.2 所示。

表 4.5.2　成人教育专业设置表

教育类型		学层历次	专业	学制	招生对象
学历教育	函授教育	本科	机械设计与制造	五年	在职职工
			图书科技情报		
			自动控制		
			机制工艺及设备		
		专科升本科师资班	机制工艺及设备	二年半	在职教师及教育行政干部
			无线电技术		
		专科	机制工艺及设备	四年	在职职工
			金属材料热处理		
			应用化学		
			工业会计	三年	
			行政管理		
		普通大专班	环境保护与监测	三年	应届高中毕业生
			机电一体化		
			工业外贸		
			城镇建设		
			食品检测		
			模具设计与制造		
			工业会计	二年	
	夜大学	本科	无线电技术	五年	在职职工
			机制工艺及设备		
			计算机及应用		
		专科升本科师资班	无线电技术	二年半	在职教师及教育行政干部
			机制工艺及设备		
		专科	机制工艺及设备	四年	在职职工
			电子技术		
			仪表与测试系统		
			工业会计	三年	
			工业造型设计		

教育类型	学层历次	专业	学制	招生对象
学历教育	干部专修科	质量管理	二年	在职干部
	专科	行政管理		
		货务管理		
		安全管理		
	自学考试	专科与本科同时开考	机械工程		江苏籍公民或外省籍公民在江苏一年以上者
	双学位班	相当研究生	工业外贸	二年	具有本科学历的在职职工
非学历教育	专业证书教育	大专水平证明	安全工程	脱产或半脱产学习800小时50学分	具有高中文化程度的在职职工与干部
			工业外贸		
			化工机械		
			化学工程		
			仪表自动化		
			经济管理		
			工业统计		
			橡胶制造		
			工业会计		
			模具设计与制造		
			乡镇企业管理		
			行政管理		
			技术检验		
	继续工程教育		按需商定	脱产或业余	岗位科技工作人员
	岗位培训		按需商定	脱产或业余	岗位从业人员
	新技术培训		按需商定	按需要定时间	面向社会

1993 年，学校当年函授招生 2115 人（其中本科 127 人，专科 1988 人），在校生规模 4349 人（其中本科 191 人，专科 4158 人）；夜大学招生 225 人（其中本科 64 人，专科 161 人），在校生规模 403 人（其中本科 127 人，专科 276 人），如表 4.5.3 所示。

表 4.5.3 1980—1993 年成人教育学生情况统计

年度	夜大生			函授生			普通大专班			继续教育		
	招生	毕业	在校	招生	毕业	在校	招生	毕业	在校	招生	毕业	在校
1980							47					
1981	41		41									
1982	64		104				67					
1983	100		200				64					

续表

年度	夜大生			函授生			普通大专班			继续教育		
	招生	毕业	在校	招生	毕业	在校	招生	毕业	在校	招生	毕业	在校
1984	100		285	220		220	34					
1985	79	25	327	832		1054						
1986	125	55	481	142	63	1080						
1987	20	88	407	145		1121	197					
1988	228	190	421	1468	221	2216	695			52		
1989	161		582	1531	470	3277	583			614		
1990	143	281	412	1485	859	3503	155			661		
1991	112	131	393	1130	1116	3517						
1992	98	163	310	955	873	3599						
1993	225	83	403	2115	468	4349						

二、构建继续教育体系

成人教育工作最初是由教务处负责招生和管理,在教务处下设立夜大函大科。学院成人教育工作的教学组织一度分散在继续教育部(学院)、管理工程系、社会科学系,以及其他部系。继续教育部(学院)负责夜大、函大、电大、短训与岗位培训、继续工程教育、师资培训等工作;管理工程系负责厂长、三总师干修班;社会科学系负责政治理论、思想工作、书记干修班;其他部系不定期举办短训班。

1986 年 1 月,学院成立继续教育部,统筹继续教育学生的招生和管理。1988 年 2 月,经原国家机械工业委员会批准,学院成立成人教育学院,4 月,成人教育学院党总支成立。成人教育学院内设函授部、继续教育部、夜大部、青年大专部、院办公室、综合教研室等。

1990 年,成人教育学院内部管理体制进一步完善。在原有教务部、学管部、电教部基础上,组建成立了办公室、政工科、总务科等,原学管部更名为培训部,学院教学、行政、总务管理体系基本形成。

为进一步深化改革和发展继续教育,提高继续教育质量,拓宽继续教育渠道,为经济建设和社会发展服务,1992 年 6 月,华东工学院继续教育指导委员会成立,指导委员会作为一个咨询、指导机构,成员来自省、市有关厅局部委主管成人教育的领导。

(一)制度保障体系

开办成人教育以来,学院不断完善各类人员岗位职责和考试制度、考勤制度、财务制度等各项教育管理规章制度,为成人教育的健康、快速发展提供保障。

对于设立的校外成人教育分院、办学点、函授站，双方均要签订合作协议，明确组织领导，双方的权利、义务和责任。设立分院，还要建立院务委员会，制定院务委员会工作条例。在成人教育培养中，首先严格落实和执行国家，以及地方、行业关于招收、教育、管理的各项制度、规定。同时结合学院自身实际，制定完善关于招生、毕业，以及成人高等教育学士学位授予等工作细则。

学历性教育均须经过国家统考入学，学完教学计划规定的全部课程，且考试合格并通过毕业论文或毕业设计答辩者，才能发给国家承认学历的毕业证书；非学历性的专业或岗位培训，必须进修完规定的课程，经考试成绩合格者，才能发给结业证书或成绩单。

（二）条件保障体系

学院成人教育坚持灵活多样、讲求实效的办学原则，采取多规格、多层次的办学形式，既有院内开班，又有院外设点；既有学院独办，又有与委托或相关单位联办；既有全脱产的又有半脱产、不脱产的；既有学历性教育，又有专业岗位培训或进修；既有长达 5 年的学制，也有短到 2 年或数月的。此外，还招收部分高考落榜生、往届生、资格生、预备生。多种办学形式，满足了不同背景、不同层次、不同条件成人教育的需要。

函授教育自开办至 20 世纪 90 年代初，陆续在北京、河南、湖南、湖北、河北、四川等省市设立函授站 11 个；在江苏各市、县设立函授站 25 个；在南京市建立了扬子石化、南京汽车集团、南京钢铁集团、南京有线电厂（734 厂）、市职工业余大学、鼓楼区教育中心、省劳动局培训中心、中山函授站 8 个办学点。

在校内办学点，成人教育享有与普通教育同样的办学环境。为了改善在校学生的教学、生活环境，成教学院还筹措经费，建立了独立的教学培训楼和学生宿舍楼。

（三）质量保障体系

在成人教育发展过程中，学院非常重视成教师资队伍建设。由于成教学员大多来自生产一线，他们具有较丰富的生产实际经验，提出的生产实践问题多、教学难度大、对教学人员要求高，教师必须具有广博的知识面和丰富的实际经验才能搞好教学，才能促进成教质量的提高。为此，为了确保教育质量，锻造成教品牌，学院选派了一批业务活动能力强、素质好、事业心强的干部、教师组成成人教育队伍。至 1988 年成人教育学院成立时，全院参与成人教育工作的教师近 300 人，其中高级职称、中级职称教师占 85%。

为了确保成教质量和水平，学院针对不同班级，制定不同的教学计划，为成人教育提供了与普通本专科教育相同的教学条件。自编了适合成人教育的基础教材、专业教材、音像教材，教材深度适中，适合成人教育特点；不断建立和完善教师教案、各课程学科的试题库。学院教学手段完善,教学管理认真负责。函授教育各函授站的辅导老师,每期都要集中进行集体备课并定期召开站长会议,统一教学管理的步调和水平。

在成人教育发展过程中,学院坚持快中求稳、质量第一。学员从入学到毕业,始终把好、把严"入学关""考试关""毕业关"严格学籍管理。在教学过程中,根据成人特点,在教学内容上力求一个"实"字,教学方法上寻求一个"活"字,教学进度上力求一个"细"字,在教书育人上力求一个"严"字。通过教学全过程,培养学员分析问题、解决问题的能力。学员的毕业设计选题均是结合具体的工作和生产实际,他们在回到单位后,能够很快将学到的知识与工作生产实际相结合,及时帮助解决工作实际中遇到的困难和问题,受到用人单位的好评。

第六节　对外交流合作

改革开放后,一批国内著名专家、学者,如钱伟长、任新民、唐敖庆等来院讲学和开展学术交流,受聘学院荣誉教授或兼职教授。学院与国外高校、科研院所之间的学术交流活动也逐步活跃起来,高级美国科学家奖获得者陈景仁、诺贝尔奖获得者李远哲、质量管理专家田口玄一等来院讲学访问。

1979 年 8 月,经国务院工办和国防科工委批准,学院正式对外国学者开放,从此学院建设发展进入了一个新的历史进程。

一、开辟对外交流合作渠道

学院对外开放首先面临的困难是对外交流合作的渠道不畅,由于兵器学科专业涉及保密原因,长期以来学院与外界处于封闭状态,与国外高校几乎没有任何联系。学院采取了下列措施开辟对外交流合作渠道:一是利用院内沈正功、肖学忠、鲍廷钰等一批老教授海外校友和朋友的关系,由老教授出面邀请海外杰出华裔学者来学院访问讲学,同时请他们推荐学院青年教师、研究生到其所在学校进修或攻读学位;二是利用留学回国教师邀请境外学者来校讲学、合作研究;三是通过组团出访与国外高校、研究机构和企业建立合作关系;四是通过举办国际学术会议扩大学院在国内外学术领域的影响,推动对外交流合作。

1980 年 6 月 18 日,受学院老教授邀请,国际著名工程力学专家,美国工程院院士,美国加州大学伯克利分校教授徐皆苏来校讲授"非线性振动相关问题"。5 年后,徐皆苏再次来学院讲学并向学院赠送图书资料。在 1981—1992 年期间,老教授邀请的来学院讲学的海外杰出华裔学者还包括:美国印第安大学何宏达、江孝思,爱荷华大学陈景仁,伊利诺大学厄巴纳 - 香槟分校陈惠开、周文隆,美国诺福克大学魏民,美国芝加哥大学倪英伟，美国阿冈国家实验室李天瑞等。除讲学外，他们还推荐学院的教师或研究生到其所在大学进修或攻读学位，帮助学院联系与其所在大学建立校际合作关系。

1981 年，学院首批出国进修学习的教师尤国钊学成回国。次年，方大纲、邓子琼、温敬铨、洪友诚、曹光忠回国，他们怀揣留学报国梦想，在国外刻苦学习，如期回国后投身于学院教学、科研工作，为后期出国留学的教师树立了榜样。1981—1992 年，学院国家公费派遣出国留学教师的回国率接近 100%。他们在做好教学、科研本职工作外，积极与国外联系，邀请美国哥伦比亚大学周昌、密西根大学考夫曼（H. Kaufman）、德国慕尼黑工业大学斯莫克、加拿大滑铁卢大学周雍、加拿大麦吉尔大学李克山、意大利罗马大学德马伊奥、日本大阪大学南茂夫和中村胜吾等一大批国际知名教授来学院讲学，开展学术交流。

学院派代表团出访境外高校，开辟对外交流合作渠道始于 1985 年，至 1993 年，学院先后派出 8 个代表团，由院领导带队分别赴美国、德国、日本、俄罗斯、法国及香港地区的数十所高校、研究机构和企业访问考察，签署校际合作协议，如表 4.6.1 所示。

表 4.6.1　1985—1993 年学院组团出访情况

序号	时间	出访情况
1	1985 年 3 月	访问美国伊利诺大学厄巴纳 - 香槟分校、普度大学、爱荷华大学，与伊利诺大学厄巴纳 - 香槟分校和爱荷华大学签署校际合作协议。
2	1985 年 4 月	访问德国汉堡国防大学、德国联邦高等军事学院、弗朗霍夫协会（Fraunhofer）火炸药研究所、马赫瞬态力学研究所等研究机构。
3	1990 年 11 月	访问日本东京大学工学部、中央大学工学部、日本化药阿格照公司和卡亚库公司，并与东京大学工学部、中央大学工学部签署校际合作协议，与东京大学工学部、日本化药阿格照公司签署联合开展"危险品运输安全评估"实验研究协议。
4	1991 年 6 月	访问苏联科学院、苏联敖德萨工学院，与敖德萨工学院签署校际合作协议。代表团成员均为学院一线教师，在苏联访问期间举办了多场学术报告会。
5	1991 年 10 月	访问香港理工学院和香港城市理工学院，与香港城市理工学院签署合作协议，筹备启动 6 个科研合作项目。次年，学院与香港理工学院签署校际合作协议。
6	1992 年 3 月	访问法国巴黎第二大学、鲁昂电气工程师学院等单位并与上述两所学校签署校际合作协议。
7	1993 年 6 月	访问俄罗斯新西伯利亚流体力学研究所，与该所就"终点效应和爆炸加工技术"科研合作签署协议。
8	1993 年 10 月	访问美国加州大学洛杉矶分校、华盛顿大学和密苏里堪萨斯大学。

为把学院对外交流合作推向新高度，在 1987 年外事工作会议上，学院首次提出了每年至少召开一次国际学术会议的目标任务，经过学院教师和相关部门的共同努力，1988—1993 年，学院相继召开 6 个国际学术会议，吸引了一大批国内外学者来校开展学术交流，提高了学院在国内外的知名度和学术地位。

1988 年 10 月 25—28 日,学院首次成功主办国际弹道学术会议,来自美国、法国、德国、瑞典等西方国家 34 位学者出席了会议,会议的召开打破了长期以来西方国家在国际弹道学术界对中国的封锁。

1989 年 9 月 29—30 日,学院和日本东京大学工学部共同主办中日安全工学学术研讨会。

1989 年 10 月 26—28 日,学院和香港中文大学共同主办东南亚地区国际企业年会。

1991 年 9 月 18—20 日,学院主办信息技术与先进制造系统国际研讨会。

1992 年 6 月 7—29 日,学院和台湾成功大学共同承办国际微波与通信会议。

1993 年 10 月 8—10 日,学院和 202 所共同主办国际火炮技术研讨会。

二、交流合作促进学院事业发展

随着交流合作的深入发展,来学院访问交流的境外人员除数量大幅增加外,其结构也发生了改变。改革开放初期,来学院的境外人员数量少,且主要是短期讲学交流的专家。随着对外交流合作渠道的打开,来学院长期任教、讲学、合作科研以及安装维修进口仪器设备的人员逐年增加。1979—1993 年,来校的境外人员达 1240 人次,其中,来学院讲学、合作研究的境外专家学者 318 人,来校长期任教的外籍语言专家或教师 75 人,来校访问、出席国际会议、洽谈合作、安装维修设备仪器的境外人员 847 人(部分来学院参加国际学术会议的外籍人员未统计在内)。在学院与境外高校、科研院所及企业签署的合作协议的框架下,形式多样的交流合作蓬勃开展,有力推动了学院教育、科研事业的发展。

(一)提高人才培养质量

1979 年 9 月 26 日,应学院邀请,自动控制领域国际著名专家、加拿大多伦多大学教授旺汉姆(W. M. Wonham)来学院讲学,这是改革开放以来第一位来学院讲学的外国学者。

1981 年,学院首次聘请外籍语言教师为学院出国预备班教授英语,开启了聘请外籍教师来院担任长期教学工作的历史。1981—1993 年,学院先后聘请了 64 名外籍语言专家、教师为出国预备人员、研究生、外语专业本科生和管理系外贸专业学生教授英语、德语、日语。

1981 年,一系、八系两次邀请美国爱荷华大学陈景仁教授来学院为研究生讲授湍流模型研究课程。随后,学院合作教师在现有的流体力学课程中充实讲学内容并整理出版成研究生教材。1985 年,陈景仁在学院设立研究生奖学金,这是改革开放后首个由海外学者在学院设立的奖学金。

1985 年,新组建不久的管理工程系邀请国际著名统计学家、美国加州大学伯克利分校教授李卡姆(Lucient Le Cam)讲授可靠性工程－不完全数据分析。管理工程系教师将讲座内容整理后列为工业统计专业教学课程。同年,管理工程系还邀请日本著名质量管理专家田口玄一来学院讲授质量管理四大技术——线内质量管理、线外质量管理、计测管理和正交实验,在此基础上编写了《三次设计》新教材,并为原兵器部所属企业举办了5期短训班,培训了350名质量管理人员。这次由学院主导引进的"田口方法",是改革开放后我国从国外引进的第一个质量管理方法,在我国兵器行业中的应用一直持续到20世纪90年代中期。"田口方法"的引进,不仅极大地提升了学院管理工程学科的水平,也奠定了学院在质量管理领域全国领先的地位。

1988年,管理工程系与香港中文大学商学院合作,举办4期高层次管理干部培训班,为江苏省计经委、机械设备总公司培训管理干部。香港中文大学商学院先后安排15位教师来学院给培训班学员授课。随后管理工程系在培训班教学基础上编写了教材4本,开设专业课10门。

(二)促进科研工作开展

1983年5月,学院与美国普度大学合作举办核磁共振波谱学讲习班,讲习班历时3周,美国普度大学教授格列茨纳担任主讲,国内拥有核磁共振设备的高校、科研单位均派员前来参加,通过讲习班学习,国内科研人员使用核磁共振设备的水平得到极大提高。

1985年5月,学院与比利时SRC公司签署协议,合作举办GC－45火炮系统设计理论讲习班,按照协议内容,SRC公司安排30多位兵器专家为来自国内兵器设计单位和企业的科技人员授课,内容涉及现代兵器总论、内弹道总论及两相流概论、火炮反后坐装置设计等16个专题。通过讲座,学员对西方兵器设计理论方法、计算机理论模型及其应用、武器系统的研究试验方法等有了系统的了解,掌握了现代火炮系统的设计方法,为我国在火炮设计领域追赶国际先进水平赢得了时间。讲习班结束后,学院教师通过综合比较、分析兵器设计传统理论与西方现代理论,凝炼出一套适合我国实际的科学的设计理论方法,编写了国内比较完整的弹丸气动力计算、修正的质点弹道、靶道实验数据处理、六个自由度的弹道、射表编制与射弹散布计算6个计算机程序。

1985年,管理工程系邀请日本著名抽样检查专家、茨城大学教授大前义茨和飞天勉来学院讲学指导科研工作,解决了管理工程系科研工作中遇到的难题,顺利完成了《不合格率的计量抽样检查程序及图表》国家标准的制定,该标准顺利通过全国统计方法应用标准化技术委员会验收,并在国内企业生产过程中得到应用。

1990年4月,意大利撒丁岛政府代表团来学院洽谈购买手抛式灭火弹及合作研发航空灭火弹事宜。根据和意大利西有公司签署的协议,学院向意大利出口8000枚手抛式灭火弹。

1991 年 1 月,日本东京大学工学部教授吉田忠雄率日本化药的研究人员来学院开展合作研究工作,中日科研人员顺利完成由联合国安全运输委员会下达的实验研究项目——危险品运输安全评估。同年,化工学院与日本 BIO 株式会社合作完成新型食品添加剂的研制工作,并用此添加剂生产 9.5 吨除臭蒜片出口日本。

(三)加快实验室建设

进入 20 世纪 80 年代后,学院争取资金和拨款,先后从日本、美国、丹麦、英国、法国等国家引进了 MV/8000 计算机系统、信号分析处理系统及模拟分析系统、多普勒雷达系统、高速摄影机及胶片分析处理系统、X 射线衍射仪、核磁共振仪、高分辨率电子显微镜、红外发射吸收光谱仪等十多台高精尖仪器设备,这些仪器设备在学院教学、科研,以及完成外协任务中发挥了重要作用。在仪器设备引进的同时,学院还通过利用操作人员现场技术培训、派出到国外进行技术培训等"请进来、走出去"方式,学习国外先进理论和技术,提高教师和实验人员技术水平,密切与国外厂家、同行专家的学术联系,促进相关技术的合作交流。

(四)重启外国留学生教育

发展留学生教育是学院外事工作的一项重要工作,它有利于与国外高校在教育、科技和文化等多层面开展交流与合作。学院在办学历史上培养了数百名越南留学生,1973 年后中断。1986 年,学院首次接受来自西方国家的留学生来院学习,开启了学院开展外国留学生教育工作的新篇章。

1986 年 5 月 31 日,首批来自美国伊利诺大学厄巴纳 - 香槟分校的 10 名交换学生来学院学习汉语并在学院工厂实习 2 个月。1989 年后受政治风波影响,该交换生计划被迫中断。

1990 年 11 月 27 日,澳大利亚维多利亚高等学院 4 名交换学生来学院学习汉语。该交换计划持续到 1992 年结束。

1992 年 3 月 2 日,法国鲁昂电气工程师学院 6 名学生来学院计算机系开展一个学期的课题研究工作,这是改革开放后首次接收来学院专业学习的外国留学生。

(五)丰富学院科技书刊资料

通过境外专家来院讲学,学院还获得大量技术资料和科技书刊。据不完全统计,至 1987 年底,学院累计接受外国专家捐赠科技书刊 1400 余册,计算机程序 14 个,学术论文和技术资料 100 余篇。

1981 年,美国加州大学伯克利分校徐皆苏教授来院讲学,回到美国后将其多年收藏的应用数学、应用力学杂志原版合订本 1100 余册寄赠给学院,价值 1 万多美元。

1982年，美国印第安纳大学教授何宏达来院讲学，向学院赠送科技书籍30余册。

1984年，美国伊利诺伊大学厄巴纳－香槟分校教授周文隆来院讲学，向学院赠送大量资料，回到美国后，又两次托人为学院带来其最新研究论文和计算机程序。

（六）管理工作成绩突出

1988年，国家外专局和机电工业部选择在学院开展聘用外国专家目标管理和效益评估试点工作，随后，聘用外国专家目标管理和效益评估工作在全国高校中推广实行。学院聘用外国专家工作获得国家外专局和机电部嘉奖。

1992年，学院获得兵器工业总公司"引进国外智力先进单位"称号，同年，学院被国家外专局授予"全国引进国外智力先进单位"，并作为先进单位应邀在全国引进国外智力工作大会上介绍经验。

1993年，学院被江苏省教委授予"引进国外智力先进单位"称号。

三、多渠道加快走出去步伐

派出教师出国留学、参加各类学术活动是学院对外交流合作的一项重要工作，它关系教师教学、科研水平的提升，是学院发展大局。面对国家公费派出名额不足、青年教师迫切需要提高自身业务能力和学历水平的现状，自1985年起，学院开始采取国家公派和单位公派并举的方针，通过国内外专家推荐、校际交换、个人申请国外学校奖学金等方式，选派了一大批优秀青年教师赴国外高校攻读研究生学位或进修学习。此外，学院还制定政策利用有限的外事经费支持教师出国参加国际学术会议。为帮助教师过外语关，为出国留学做好准备，从1978年开始，学院开始组织外语培训，先后举办了十几期脱产、半脱产或业余外语培训班，有计划地组织教师进修学习，语种也由最初的英语扩展到英、法、日、德、俄5个语种。除在院内开办英语培训班外，学院还选派部分教师到北京、上海、大连、广州等地少数语种培训班学习，进行外语强化学习和训练。

1979年，学院首次利用国家公派出国名额派出4名教师分别到英国帝国理工学院、布里斯托大学、曼切斯特大学和美国德雷塞尔大学进修或攻读博士学位。对外交流合作初期，学院派出教师、研究生出国以访问进修和攻读学位为主，随着交流合作的深入，一些学术水平高的优秀教师开始走出国门，应邀到国（境）外高校讲学或开展合作研究。1986年，方大纲应邀赴加拿大拉瓦尔大学讲学；1987年，林吉文应邀赴意大利罗马大学开展合作研究。随后，学院教师出国讲学、合作研究的人数逐年增加。经过相关部门的共同努力，学院派出工作取得了骄人的成绩，1979—1993年，学院教师、研究生出国（境）达到589人次，其中，进修118人，攻读博士学位68人、讲学、合作研究102人次，出席国际学术会议83人次，考察访问、培训218人次，分布在美国、加拿大、英国、法国、德国、意大利、瑞典、澳大利亚、日本、苏联以及香港地区，如表4.6.2所示。

表 4.6.2　1979—1993 年学院对外交流合作情况统计

年度	出国(境)攻读学位/进修人数	出国(境)讲学、合作研究人数	出国(境)出席国际会议人数	出国(境)考察、访问/培训人数	聘请境外专家/外籍教师人数	境外人员来访/维修设备人数	与境外机构签署合作协议个数
1979	4				1		
1980	8				1		
1981	3			3	7		
1982	9			1	2		
1983	8		1	15	6		
1984	12		6	9	17		
1985	24		6	12	44	133	2
1986	36	1	4	18	38	43	2
1987	29	2	8	12	28	105	2
1988	15	6	10	20	32	98	5
1989	8	19 *	8	18	25	67	4
1990	9	6	11	19	27	43	8
1991	9	16	3	8	43	133	5
1992	10	20	15	42	66	169	9
1993	2	32	11	41	56	56	5
总计	186	102	83	218	393	847	42

注：* 其中 15 人赴伊拉克、肯尼承包工程。

留学回国人员在学院教学、科研和实验室建设方面发挥了巨大的作用。据不完全统计,在 1986 年上半年学成回国的 26 名教师中,共开出新课 43 门(其中有部分课程是国内首次开出),编写教材 26 种,承担部委下达的科研项目 20 个,撰写学术论文 100 多篇,指导研究生 53 名,改造实验室 10 个,至 1992 年 26 人中 19 人取得教授、副教授资格,6 人担任系、所一级领导职务。

四、条件与保障建设

对外开放初期,学院在院办公室设置专人负责外事工作,为方便与国内涉外部门和兄弟单位的工作联系,院办公室同时使用"华东工程学院外事办公室印章"。留学生派出工作由教务处负责。

随着对外交流活动逐年增多,1984 年 10 月,学院决定外事办公室单列为处级机构,负责全院外事管理工作。学院专职外事工作人员也作了相应补充,院、系两级,都明确有专门的领导和人员负责分管外事工作。与此同时,学院建立和完善外事工作规章制度,制定下发了《华东工程学院聘请外国专家工作管理规定》《华东工程学院因公出国管理规定》等文件。

1987年8月，建设初期定义为外国专家招待所的紫麓宾馆落成，经院长办公会议研究决定，自1988年7月1日起宾馆划归外事办公室管理。学院还为外事工作配置了专车，接待条件得到较大改善。

1987年11月9—13日，学院召开了对外开放以来第一次外事工作会议。会议贯彻全国留学生工作会议和全国外国文教专家工作会议精神，总结了学院对外开放以来外事工作取得的成绩和经验，研究制定了"七五"计划后3年学院外事工作目标和任务。副院长邱凤昌作了题为"稳定发展，加强管理，保证质量，提高效益，努力开创我院外事工作新局面"的工作报告，并在会议结束时作总结报告。"与会同志一致认为，外事工作是学院工作的一个重要组成部分，对学院改革开放搞活起到了推动作用。"邱凤昌在总结报告中，对改革开放以来学院外事工作的经验进行了归纳总结：一是外事工作是学院的全局性工作，需要全院同志和各机关密切配合，协同一致才能做好；二是外事工作最重要的基础是搞好院内工作，只有教学、科研等出成果、上水平才能从根本上促进外事工作打开新局面；三是外事工作要牢牢把握为学院发展服务的方向，只有把握住这个方向，外事工作才能取得效益，向前发展；四是外事工作要在开放中不断改革，在改革中不断深化。在谈到今后工作任务时，邱凤昌认为，"六五"期间，学院主要是派出留学、请进讲学，属于初级阶段；在"七五"期间，除继续做好派出请进工作外，要重点做好合作科研、联合培养博士生、合作办学、开展校际交流，以及召开国际会议等工作，使对外交流合作向更深层次推进。会议还对《华东工学院聘请外国专家工作细则》《华东工学院公派出国留学工作细则》《华东工学院教师出国参加国际学术会议实施细则》等学院外事工作的4个细则（讨论稿）进行了深入细致的讨论。根据会议提出的意见和建议进行修改完善后，学院制定印发了这4个细则。

1989年，学院再次召开外事工作会议，传达学习中央对国际形势的分析和对外工作方针政策，部署学院外事工作，推进尽快恢复学院对外交流合作工作。

1990年2月，学院外事工作领导小组成立，院长李鸿志任组长。小组的成立，对统筹规划学院外事工作，推进外事工作科学、健康、快速发展起到重要推动作用。

1992年9月27日，经江苏省经贸委批准学院取得科技产品进出口经营权，学院科技贸易公司正式成立，原外办负责相关工作的3名工作人员调离去科技贸易公司。

第七节　党的建设，思想政治工作和文化建设

党的十一届三中全会，从根本上冲破了长期"左"倾错误的严重束缚，重新确立了马克思主义实事求是的思想路线、政治路线和组织路线，开始了我们党历史上具有深远意义的伟大转折。学院党的建设、思想政治工作也迎来了全新的发展局面。

1979 年 7 月,经中央同意,中央组织部批复,明朗同志任华东工程学院党委书记、院长、霍宗岳、杜石生、李仲麟同志任党委副书记、副院长;林连章、李子寿同志任副院长。1980 年 5 月,经中央组织部批准,沈正功、冯缵刚同志任学院副院长。

1981 年 1 月,五机部转发中央组织部文件,任命李仲麟同志为华东工程学院院长,王德臣同志为副院长,免去明朗同志院长职务。

一、党委重视,战略引领学院建设发展

改革开放至 1992 年,学院先后召开了第四至第七次党代会。四次会议,站在学院不同的发展节点上,总结过去工作的成绩和经验,研究谋划学院未来发展目标和任务,从战略高度引领学院长远发展。

学院纪律检查工作在炮兵工程学院组建时就已经开始。1961 年 1 月 3 日,经炮兵党委批准,学院成立临时党委监察委员会。"文革"期间,学院党的纪律检查工作一度停止。1979 年 7 月,根据新形势下党的纪律检查工作的要求和实际,学院恢复成立纪律检查委员会。1983 年 7 月,开始设置专职纪委副书记和纪委委员;9 月 17 日,按照上级要求,设置独立的纪检工作机构——纪律检查委员会办公室。

(一)第四次党代会

1979 年 12 月 24 日—1980 年 1 月 3 日召开的学院第四次党代会,是在粉碎"四人帮"之后,全党工作重点转移到社会主义经济建设上来的伟大历史转折时期召开的。对于及时总结与林彪、"四人帮"阴谋集团作斗争的经验教训,加强党的领导和党的建设,端正认识、同心同德,实现学院工作重点的转移,按照教学规律办事,提高教育质量,动员全院人员为提高教学、科研质量,培养"又红又专"的国防工业现代化高级技术人才而奋斗具有重要的意义。

党委书记明朗同志代表上届党委作了题为"团结起来,加快我院工作着重点转移,为培养又红又专的国防现代化高级人才而奋斗"的工作报告。报告深刻剖析了林彪、"四人帮"对学院的破坏和影响,总结、回顾了粉碎"四人帮"以来学院工作情况,分析了学院面临的形势,提出了今后建设发展的任务:"党的十一届三中全会决定把全党的工作重点转移到四个现代化建设上来,这是一个战略性的转变。实现四个现代化,是我国今后相当长一个时期最大的政治、压倒一切的中心。我们是一个学校,实现工作重点转移,理所当然地就是要转到以教学为中心上面来。我们是一个重点高等院校,还要努力办成科研的中心。按照高教六十条的精神,形成教学、科研两个中心,以教学为主,是适合我院情况的。"会议号召,"动员全院人员为提高教学、科研质量,为培养'又红又专'的国防工业现代化高级技术人才而奋斗,力争把我院建设成为名副其实的全国重点大学"。

出席会议的代表 269 人,列席会议的处以上干部 45 人。会议选举王忠祥、王德臣、冯

缵刚、刘东友、朱明友、许哨子、阮泽安、孙灿文、李仲麟、迟书义、杜石生、邹积芳、苏永庆、余敬益、杨鼎石、明朗、林革、林连章、周有智、宫善、姜培桂、胡宝善、晨雷、潘承泮、霍宗岳24人为第四届党委委员。

四届全委一次会议选举明朗为党委书记,霍宗岳、李仲麟、杜石生为副书记,明朗、霍宗岳、李仲麟、杜石生、林连章、林革、冯缵刚为党委常委。

会议同时选举产生了由13人组成的学院纪律检查委员会,选举霍宗岳为纪委书记,杜石生、林革为纪委副书记。

(二)第五次党代会

1984年7月2—4日召开的学院第五次党代会,是在把学院工作重点转移到教学、科研工作上,贯彻实事求是思想路线,高标准、严要求开展整党,加快改革步伐,推进两个中心建设,努力开创学院工作新局面形势下召开的。

党委书记汪寅宾同志代表上届党委作了工作报告,何可人同志代表上届纪委作了工作报告。会议回顾了过去四年的工作,对正在开展的整党提出了要求。初步确定了学院到1995年发展为万人大学的总目标,以及学院近7年的奋斗目标:“到1990年,把学院办成一所理、工、管结合,以工为主,具有特色,系所结合,相互促进,机、电、光、化、数、理、文、管门类齐全,军民结合,结构合理的高水平全国重点国防工业院校。”

出席会议的正式代表285人,机关处以上干部等列席了会议。会议选举王泽山、王克冲、王德臣、冯缵刚、曲作家、何可人、邱凤昌、汪寅宾、严世泽、邹积芳、陈英娟、陈源泉、李芳洁、李国荣、迟书义、陆洪新、季晋辉、周新力、周炳秋、赵忠令、钱焕延、翟学文、潘承泮23人为第五届党委委员。

五届一次全委会选举汪寅宾为党委书记,王德臣、何可人为副书记,王德臣、冯缵刚、何可人、邱凤昌、汪寅宾、邹积芳、周炳秋为党委常委。

会议同时选举产生了由13人组成的院纪律检查委员会,选举何可人为纪委书记,邹积芳为纪委副书记。

(三)第六次党代会

1988年6月27—29日召开的学院第六次党代会,是在国家经济发展向外向型转变,传统兵器工业向军民融合转变,要求高等教育要适应商品经济发展,解放思想,引进竞争机制,实施分层次发展的形势下召开的。

会上,党委书记曲作家同志代表第五届党委作了题为“加快和深化改革,为把我院建成适应社会主义建设需要的第一流大学而奋斗”的工作报告。报告总结了过去4年的工作,分析了学院面临的形势,提出了“把我院建设成为社会主义一流大学”的奋斗目标,以及之后4年学院发展的总目标:“发挥军工优势,努力向通用科技领域拓宽,在民用专业的某些方向要创造条件,形成优势,把我院建成以工为主,理工结合,机、电、光、化相互配套,理、工、文、经、管相互渗透,结构合理的综合性理工大学,建成教学和科研两个中心的国家重点院校。"

第六次党代会确定的目标任务,也贯彻落实在随后制定的学院《1988—1991 年发展规划》中,规划提出学院办学水平上要"发挥军工科技优势,努力促进军工科技向通用领域拓展,重点发展有一定基础、能上水平的新兴学科和边缘学科;进一步加强基础,积蓄力量,为今后创办理科、文科专业准备条件;促进经济管理学科的发展,把学院建成以工为主,理工结合,军民结合,机、电、光、化相互配套,理、工、文、经、管相互渗透,结构合理的综合性理工大学"。

出席会议的正式代表 331 名。第六次党代会选举邓子琼、包凤才、朱云、华洪兴、曲作家、何可人、迟书义、邱凤昌、李国荣、李鸿志、邹积芳、陈英娟、林根华、周炳秋、金惠娟、姜建中、赵忠令、欧祥元、栗炜、葛锁网、翟睦君 21 人为第六届党委委员。

六届一次全委会选举曲作家为党委书记,何可人、周炳秋为副书记,曲作家、何可人、李鸿志、邹积芳、周炳秋、赵忠令、葛锁网为党委常委。

会议同时选举产生了由 11 人组成的纪律检查委员会,选举邹积芳为纪委书记,陆洪新为纪委副书记。

(四)第七次党代会

1992 年 1 月 12—14 日召开的学院第七次党代会,是在经历国际国内形势的重大变化,经济体制改革不断深化,国家提出"211"工程计划,高等教育迎来新一轮变革,学院面临重大发展机遇与挑战的形势下召开的。

会上,党委书记曲作家同志代表上届党委作了题为"迎接两个挑战,为在本世纪末把我院建设成为社会主义的一流理工大学而继续奋斗"的工作报告。邹积芳代表上届纪委作工作报告;院长李鸿志就学院"八五规划和十年目标"作专题讲话。

党委工作报告回顾总结了过去 3 年多以来的主要工作,在全面、客观地分析了学院面临的外部环境和内部现状后,提出了学院的发展目标:"到 2000 年,把我院办成宣传和捍卫马列主义、毛泽东思想的坚强阵地,坚持四项基本原则、反对资产阶级自由化、反对和平演变、维护安定团结的坚强堡垒,培养社会主义事业的建设者和接班人的重要园地;办成以工为主、理工结合、军民结合,理、经、文、管等学科配套的社会主义一流理工大学。"为实现这一目标,报告还提出了"八五""九五"期间分两步走的发展战略。

出席会议的正式代表 256 名。会议选举于继武、华洪兴、朱崇荫、许学成、汤瑞峰、曲作家、李国荣、李鸿志、苏志明、邹积芳、陆继懋、金惠娟、周炳秋、张延教、姜建中、赵忠令、赵宝昌、柳光辽、栗炜、郭治、付清基 21 人为第七届党委委员。

七届一次全委会选举曲作家为党委书记,李国荣、赵忠令为党委副书记,曲作家、李国荣、李鸿志、苏志明、邹积芳、周炳秋、赵忠令为党委常委。

会议同时选举产生了由 11 人组成的纪律检查委员会,选举邹积芳为纪委书记,林根华为纪委副书记。

二、领导班子和干部队伍建设

党的十一届三中全会召开后,全党上下逐步摆脱了长期以来"左"的思想的影响和束缚,贯彻实事求是思想路线,进行思想上的拨乱反正,实现了安定团结的政治局面。

(一)思想上的拨乱反正

十一届三中全会召开后,学院党委认真组织广大党员干部传达学习会议精神,集中学习十一届六中全会通过的《关于建国以来若干历史问题的决议》,学习十二大报告、新党章和《邓小平文选》。通过学习,开展了思想领域两条战线的斗争,着重在党员、干部中清除"左"的影响,把思想统一到党的十一届三中全会以来的路线方针政策上来,坚持四项基本原则,实现了拨乱反正。

学院党委把干部教育作为重点,至 1984 年 7 月,学院举办各种专题干部轮训班 22 期,轮训科以上干部 823 人次,干部学习也带动了面上学习活动的开展;党委还坚持每半年检查一次执行《关于党内政治生活的若干准则》的情况,坚持定期在全院上党课的制度,严格党的生活,从行动上保证十一届三中全会以来路线方针政策的贯彻执行。在党的重要会议上,把解决派性作为重要内容,对长期争论不休的几个重大问题,作出明确结论,对派性倾向旗帜鲜明地予以批评、反对和制止,巩固和发展了学院安定团结的政治局面。

(二)干部队伍建设

党的十一届三中全会以后,党提出了实现干部队伍革命化、年轻化、知识化、专业化的战略方针,随后写入了 1982 年 9 月党的十二大审议通过的新的《中国共产党章程》。

由于历史的原因,在改革开放之初,学院干部队伍面临年龄趋于老化,文化水平偏低,青黄不接等状况。"四化"标准提出后,学院党委注意在院和系的领导班子中充实知识分子,1980 年后,沈正功、冯缵刚、王德臣等被任命为学院领导。1981 年 9 月,根据中央组织部、中共教育部党组 1980 年 12 月 27 日《关于高等学校领导干部管理工作的通知》精神,学院党委任命鲍廷钰为一系主任、许哨子为二系主任、肖学忠为三系主任、朱逸农为四系主任、于道文为基础课部部长等;1982 年弹道研究所成立后,又任命鲍廷钰为弹道研究所所长、浦发为弹道研究所副所长,使优秀知识分子的影响和作用得到发挥。在干部调整中,学院还把一批德才兼备、年富力强的中青年干部和知识分子,调整提拔到科以上的各级领导岗位上来。

1983 年 4 月,兵器工业部转发中宣部文件,任命冯缵刚为华东工程学院院长。王德臣为党委副书记,免去副院长职务,何可人为党委副书记,汪寅宾、邱凤昌为副院长。12 月,再次发文任命汪寅宾为学院党委书记,免去副院长职务。

在 1983 年调整后,学院干部队伍的年龄结构和知识结构都得到了改善,院、系干部的平均年龄从 56.4 岁,下降到 49.5 岁,60 岁以上的同志全部离开了领导岗位;342 名知识分子干部被提拔到领导岗位上,院、系干部的文化程度,从大专以上只占 37.4%,上升到 59.6%。在干部调整过程中,既解放思想,大胆提拔,又反复考核,慎重选择,保证了干部队伍的纯洁性。

与此同时,学院党委重视做好调整下来的老干部的安排工作。1983 年调整后,学院已有 46 位老同志离休,学院按照党的政策,在照顾他们安度晚年的前提下,继续请他们做一些力所能及的工作,继续为党的事业发挥余热。

在此基础上,学院党委按照干部队伍"四化"方针,进一步推进干部制度改革,在干部选拔任用上,逐步实行了能上能下、民主推荐制度,在管理使用上,实现民主考评制度和任期目标责任制,增强用人制度的民主性和透明度。院系两级干部的平均年龄进一步下降,文化程度进一步提高,至 1988 年 6 月,大专以上程度干部占比由四年前的 59.6%,上升到 81.6%。

（三）开展整党

1983 年 10 月,党的十二届二中全会通过了《中共中央关于整党的决定》,决定从同年冬季开始全面整党。这次整党的主要任务有四项,即统一思想、整顿作风、加强纪律、纯洁组织。10 月 21 日,中央整党指导委员会(以下简称中指委)发出第一号通知,标志着整党拉开序幕。

根据中央整党决定和中指委、江苏省委的部署,学院参加了第二期整党,从 1984 年 4 月开始,至 1985 年 5 月结束。共分 4 个阶段进行,即学习整党文件、个人对照检查、集中整改、组织处理和党员登记。

学院党委把学习文件贯穿到整党全过程,始终强调领导骨干层层带头,对照检查,起表率作用;始终坚持以思想教育为主,上下之间、党内外之间开展广泛的谈心活动,摈弃以往政治运动中"左"的整人的错误做法;坚持在调查研究基础上,制定符合实际的措施,做到有的放矢;坚持高标准、严要求,注重实际效果。

这次整党,进一步消除了"左"的影响,"消除了派性残余",增强了团结,统一了思想认识,增强了同党中央在政治上保持一致的自觉性;使广大党员受到了一次比较系统的党的基本知识教育、党员标准教育、实事求是的教育和党的十一届三中全会以来路线、方针、政策的教育,增强了为共产主义理想而奋斗的信念,提高了思想政治素质和理论水平;促进了教学、科研、管理工作发展和学院改革不断深入。

按照部署要求,在整党中严格掌握政策,全面核查了"三种人"。按照边整边改的精神,解决了一些存在的问题。

整党之后,党的思想建设和党员教育培训工作不断加强。1986年3月,学院成立业余党校,并举办了第一期以1985年以来入党的教职工党员为主要对象的学习培训活动。

(四)发挥党组织的政治核心作用

1988年1月,国家机械工业委员会任命曲作家为华东工学院党委书记,李鸿志为华东工学院院长,周炳秋(兼)、葛锁网为副院长。

党的领导是办好社会主义大学的根本保证;抓好各级领导班子建设,是办好社会主义大学的关键。

在领导班子建设中,学院党委始终把思想建设放在首位。为提高领导干部的马列主义理论水平和政治素质,党委坚持院、系两级中心组理论学习制度,在学习中强调理论联系实际,注重实效。同时,认真办好党校,举办中层干部学习班等,对党员干部进行脱产轮训,在进行系统的理论教育的同时,组织大家去工厂、农村实地调查,接受现实教育,使广大干部在复杂形势面前站稳脚跟,明辨是非,经受住考验。

1978年4月,全国教育工作会议召开后,教育部对1961年9月制定的《教育部直属高等学校暂行工作条例(草案)》(高教60条)进行修订,形成了新的《全国重点高等学校暂行工作条例(试行草案)》,规定"今后高等学校实行党委领导下的校长分工负责制",在"系一级实行党总支领导下的系主任分工负责制"。

按照这一精神,1988年之前,学院一直实行党委领导下的院长负责制。1988年初全国高等教育工作会议后,根据会议精神和要求,各校陆续创造条件向院(校)长负责制过渡。学院在第六次党代会会上作出创造条件向院长负责制过渡的决定,并作了这方面的准备工作。1989年全国高校党建工作会议后,根据上级精神,停止了过渡。

在学院领导班子建设中,坚持民主集中制原则,发挥领导班子整体功能。凡涉及办学方向的重大决策都提请全委会讨论,统一思想,科学决策。1988年,院党委制定了《常委议事规则》,规定凡学院重大问题,应一律经过科学论证,并经常委会集体讨论决定。平时学院党政密切配合,经常就学院重大问题事先碰头,交换意见;领导班子成员也注意把自己的工作情况及时向其他成员通报。会议上,涉及决策决定时,充分发扬民主,避免个人说了算。遇有意见不一致时,在不影响工作的前提下暂缓决策,经充分酝酿后再讨论决定。在工作过程中,党政领导分工不分家,做到在职责上分、目标上合,工作上分、思想上合,任务上分、步调上合,党政同心,保证了学院各项工作的顺利进行。学院领导班子被评为1990年机电部直属企事业单位优秀领导班子。

学院党委坚持把党风建设作为领导班子建设的重要内容。坚持每年两次领导班子民主生活会,督促院、系两级领导过好双重组织生活,自觉接受党员监督和相互监督。1986 年,制定印发了《关于建立党政党员领导干部抓党风责任制的通知》,1990 年,明确建立《华东工学院行政领导干部廉政责任制》,1991 年再次印发《关于认真贯彻〈党员领导干部抓党风责任制〉的通知》。

在加强基层领导班子建设上,学院党委首先明确党总支和党支部在系、室的政治核心地位,规定系党总支书记、副书记和党支部书记分别是系、室的领导人,是系务会议、室务会议的成员,参与本单位重大问题的决策;其次,明文规定了党支部书记的任职条件,选举前需经党委对支书候选人审核把关;最后,坚持中层干部每年一次的考核制度,制定了任用中层干部及选拔后备干部的程序和条件。这些措施对于保证学院建立一支坚强、实干、让党组织放心的干部队伍起到了好的作用。

三、大学生思想政治工作和精神文明建设

1978 年后,随着改革开放的逐步深入,人们传统的思想观念、价值理念受到不同程度的冲击,新旧观念严重撞击;各种深层次的经济、社会问题也逐渐显露出来,加之西方资产阶级自由化思想的侵入和影响,各种社会思潮泛起,新时期的思想政治工作面临严峻挑战。

各种社会现象和思想观念不可避免地对高校大学生的思想意识产生重要影响,对如何做好新时期大学生的思想政治工作也提出了新的更高的要求。

(一)建立和完善学生思想政治工作体制机制

改革开放后,学院党委根据形势任务发展要求,结合学院学生工作的特点,逐步建立和完善了学生工作的体制机制。

学院前身为军队学院,一直具有开展思想政治工作的优良传统,建立了一套具有军队院校特色的思想政治工作体系。1966 年转制地方院校后,遇到十年“文化大革命”,虽然受到左倾错误思潮的影响,但这种体制没有进行根本的改变。

1979 年后,学院撤销三大部管理体制,建立了组织部、宣传部等党委工作部门,党建、思政等各项工作有了更加明确的职责分工,逐步确立了思想政治工作在党委领导下,党政工团齐抓共管的领导体制和工作机制,面向新形势下的大学生思想政治工作的体制机制也逐步建立起来。

1980 年 4 月,学院成立直属院党委领导的学生工作部,与团委一套人马、两块牌子,开展对学生的教育工作。明确一位党委常委、副院长主管学生工作,同时将原来的政治教研室调整为马列主义教研室。逐步在各系建立了团委,配备了专职团干部。

1984 年 12 月学生工作部撤销,学生思想教育工作由宣传部负责,文化、社团由团委负责。

1988 年 4 月,学院再次成立学生工作处(学生工作部),统筹学生的教育管理、招生就

业等工作,并与宣传部一起开展对大学生的思想政治教育工作。

在学生管理体制上,至改革开放初期,学院还一直沿袭部队院校时期的教育班制度,即按照年级将学生编为教育班。集体转业前和转业后,教育班设正副主任、正副政治指导员,分工协作,对学生的政治思想工作、行政管理工作全面负责。

教育班制度一直是学院的优良传统和组织优势。1981 年 6 月,学院统一任命了 6 个系及基础课部各个年级的教育班主任、指导员、副主任等 50 人。其后,又逐步建立了教学班班主任制度,即在教学班里配备兼职班主任。

1983 年开始,为与全国各院校体制保持一致,学院将教育班干部改称为年级辅导员。1985 年又改称为年级主任,恢复年级主任管理体制。1985 年 9 月 8 日,学院制定了《年级主任工作职责(暂行)》,提出:"年级,是管理学生的基层机构,科级单位。年级主任对本年级学生的思想政治工作及教学、行政管理工作全面负责。"同时规定"年级主任在系主任和党总支领导下工作,并在思想政治工作上接受院党委宣传部的指导"。文件规定了年级主任的九项职责任务。根据工作需要增加学生工作干部编制,原则上各系各年级配备一位年级主任,较大的系还设立专职团委书记。

1983 年 12 月 20—24 日召开的院学生思想政治工作会议,是学院历史上一次十分重要的会议。院党委副书记何可人在会议开幕式上作了主题报告,学院全体教师参加了 24 日的闭幕大会。

何可人在报告中回顾了 1979 年以来学生思想政治工作的成绩,分析了新形势下面临的问题和挑战,提出要从三个方面,"坚定信心,努力开创学生思想政治工作新局面":一是建设一支德才兼备的学生政工干部队伍;二是全体教师要做好教书育人的工作;三是发挥党团组织作用,开设"第二课堂"。

报告强调,"学生思想政治工作,是大学教育的一个重要组成部分,是一个十分重要而光荣的岗位"。报告明确指出,"教育班和教研室一样,是科室一级的行政机构。年级辅导员就是这一级的领导干部,主要担负学生的思想政治工作,还要兼做一些教学行政工作。因此,他们在政治上应按科级干部待遇"。从 1983 年开始,教育班干部改称年级辅导员,"把这支队伍归入德育教师行列,成为我院师资队伍的一部分,列入教师编制。德育教师和其他专业教师一样,享受同样的物质待遇"。这次会议在政策上,首次明确了教育班和教育班干部的性质和待遇。

为稳定这支队伍,支持他们长远发展,学院将他们归入德育教师行列,作为教师队伍的一部分,赋予他们上思想教育课的任务,落实科级待遇。为提高理论和业务水平,学院有计划地对他们开展培训,选送部分干部攻读思想政治工作第二学位,或开展在职进修,培训考核成绩,计入个人业务档案。

从 1985 年下学期起,实行专职辅导员和兼职辅导员相结合的管理体制。除专职年级主任队伍外,学院还建立了一支兼职年级主任队伍,他们一边学习,一边从事学生工作,减轻了专职年级主任的事务负担,成为专职队伍的主要后备力量之一。

1990年,中共中央办公厅、国务院办公厅转发了《企业思想政治工作人员专业职务试行条例》(中办发〔1990〕8号),其后,兵器工业总公司也制定印发了《关于事业单位思想政治工作人员专业职务评定工作有关事项的通知》。1992年10月,学院启动开始全院思想政治工作人员专业职务评定工作,在印发的通知中强调"思想政治工作是一门专业与科学",明确思想政治工作人员专业职务是职称评审的一个系列。通过评聘"提高我院思想政治工作人员的政治素质和业务水平,稳定思想政治工作人员队伍,以适应新时期改革开放的需要"。这次评定,在职务设置上,包括政工员、助理政工师、政工师、高级政工师等。政工系列职称评定体现了党中央对加强思想政治工作的重视,也充分体现了新时期思想政治工作队伍的重要性,客观上也一定程度解决了思想政治工作队伍的长远发展问题。

与此同时,学院思想政治工作的组织、制度,如思想政治工作的计划、检查、总结制度,院、系思想政治工作例会制度,院、系领导干部和党员联系群众制度等,也在不断建立、健全。1986年,学院成立了思想政治工作研究会,设立了思想政治工作基金;1991年9月,院党建研究会成立。1993年4月,学院思想政治工作研究会与党建研究会合并为校党建和思想政治工作研究会。研究会为学院党建和思想政治工作的学习提高、沟通交流、创新发展搭建了重要平台。

(二)探索建立学生思政工作有效途径

学院党委始终重视大学生的思想政治教育工作,不断结合形势任务要求,结合学生特点和学院实际,探索开展大学生思想政治工作的有效方法和途径。

1981—1983年间,学院两次召开学生思想政治工作会议,传达学习上级会议精神和中央文件精神,总结近年来学生思想政治工作成绩,交流基层学生工作经验。会议着重分析了当前学生的思想状况,提出了加强学生思想政治工作的措施。

1981年学生思想政治工作会议,提出要发动全院职工,特别是教师做学生的思想政治工作;专职教育班干部作为教师队伍的一部分,要在物质待遇上与教师一视同仁;要加强党委对学生工作的领导,每3个月常委要专门研究、安排一次学生工作会议等,对促进建立健全加强学生思想政治工作的体制、机制和制度发挥了重要作用。

1983年学生思想政治工作会议,总结了上次会议以来学院思想政治工作一些行之有效的好经验、好制度,对学院学生的思想状况进行了深刻分析,特别结合1979级的毕业分配情况剖析了学院学生思政工作的基本经验和教训。会议提出充分认识加强学生思想政治工作的紧迫性和重要性,强调"我们应该永远把坚定正确的政治方向放在第一位,在这个问题上,我们不能有任何动摇"。政治上的要求决不能弄成软指标,要落实在具体实际中,"从招生到毕业分配,在培养的各个环节上,都必须严格地掌握政治标准"。

在学生思想政治教育上,学院党委首先重视建立和完善政治理论课教育教学体系,发挥专业教学的主渠道作用。

学生思想政治课程最初主要由马列主义教研室承担,1981年,开设共产主义思想品德课。1983年成立德育研究室后,形成了对学生进行思想教育的3条主渠道:马列主义理论课、思想品德课和现实思想教育(形势政策课)。学院不断加强和改进党史、哲学、政治经济学3门课和共产主义品德教育课的教育教学,试行蹲班定级制度,不断改进教学方法,提高授课质量和教学效果。

1988年4月,学院组建成立思想政治教育研究室和教研室,负责全院师生的思想政治教育工作。教研室开设"人生哲理""思想修养"等课程。同时,学院还把原教学计划,修改为包括形势政策教育、党团活动、开展"第二课堂"等多方面内容,综合德智体为一体的教育计划。

1. 开展创"三好"学生及"文明礼貌月"等活动

持续开展评选先进班级、先进团支部、"三好"学生、优秀学生干部活动,树立正面典型,弘扬正气新风。

1979年后,学院在加强对学生马列主义理论课的教育和现实思想教育的同时,在学生中开展了"思想好、学习好、身体好"的"三好"学生活动,并将这一活动持续进行了下来。

1981年3月,学院党委下发《关于开展文明礼貌活动的通知》。将开展"创三好"与开展"学雷锋,树新风""五讲四美文明礼貌月""社会实践周"等活动有机结合,促进良好校风建设。

1982年9月,党的十二大召开后,在"五讲四美"基础上,增加了"三热爱"的教育内容。学院党委将持久开展以"五讲四美三热爱"①为内容的"文明礼貌月"活动,作为贯彻十二大精神,加强社会主义精神文明建设的一项重要活动。

2. 加强制度建设,促进德智体全面发展

(1)建立综合测评等制度。1982年在全院学生中试行品德考评制度,建立综合测评制度,把学生在校的德、智、体等表现,按照一定权重,采取科学计量的方法,折合成一定的分数,对一个单位的学生表现予以排序,排序结果与学生评优、评定奖学金及毕业分配有机结合在一起,促进学生德、智、体全面发展。同时调整教育计划,从时间上保证德育教育和劳动教育。同时开设的马列主义理论课、思想品德课、形势政策课,对帮助学生树立共产主义理想、坚持四项基本原则,为"四化"建设发奋学习,有着重要

---

① "五讲四美三热爱"即讲文明、讲礼貌、讲卫生、讲秩序、讲道德;心灵美、语言美、行为美、环境美;热爱祖国、热爱社会主义、热爱中国共产党。

意义。

（2）恢复早锻炼制度。从 1984 年秋季学期开始，学院恢复早操制度，全院学生统一出早操。恢复伊始，学院体育部门、各系领导、教育班干部都很重视，进行了具体组织，提出了明确要求，并亲自督促检查，严格考勤，定期讲评，公布到操情况。学院也以正式文件的方式，坚持进行"早锻炼情况通报"，将早锻炼情况与体育成绩挂钩，对出操较好的单位进行表扬，对无故连续缺勤的学生进行通报和处理。早操出勤率一度保持较高水平。

（3）实施学生军事训练制度。学院从 1983 级开始，组织学生开展军事训练。1983 级军训于 1984 年 2 月 16—26 日进行，学院邀请了中国人民解放军 83123 部队 47 名军官战士来校施训。此后，学生军训成为学生入学教育和素质教育的一门必修课被列入教学计划，对于传承学院文化和精神，强化培养学生服务国家、献身国防的品格和意识起到重要作用。

（4）实施公寓化管理。从 1989 级新生入学开始，实行公寓化管理，建立统一、规范的学生生活秩序。学院统一购置全套卧室和洗漱、就餐用具，聘请离退休干部担任管理员。公寓化管理多次得到兄弟院校的好评，省、市媒体上多次作了专门报道。

（5）建立奖学金制度。在助学金使用上打破"大锅饭"，建立奖学金制度。

其他方面，学院还制定了《学生行政处分条例》，完善学籍管理制度，整顿教风，推进学风建设。建立了大学生心理健康咨询服务中心，为大学生开展心理健康知识的普及、教育，开展心理咨询与心理治疗，及时帮助学生排解心理健康问题等。

3. 开展"三自"教育及社会实践活动

20 世纪 80 年代中期，针对少数学生学习纪律松弛的现象，学院发挥团学组织作用，推进自我教育、自我管理、自我服务的"三自"活动，吸纳学生兼职食堂副主任、图书馆义务馆员、宿舍管理员等。对图书馆的部分管理、教学楼及环境维护、宿舍区卫生等服务性工作，面向学生开展"勤工助学"活动。寓四项基本原则教育于"三自"与群众性活动之中。

积极开展丰富多彩的"第二课堂"，推进大学生社会实践活动，有目的地引导和组织学生参加各种有意义的科技、文体、公益活动，举办"峥嵘岁月电影回顾周""大学生不文明行为点滴展览"等，把学生精力纳入到德智体全面发展的轨道，促使学生自己开展积极的思想斗争，自觉抵制资产阶级思想的侵蚀，努力把自己培养成"四有"[①]人才。

1985 年，学院团委组织"时代与我们"系列主题演讲活动。15 场演讲活动，围绕"大学生的形象、责任"等专题，同学们谈改革、谈人才、谈大学生的责任感、谈国际关系，把大学生的理想与祖国的富强联系起来，使学生感受到理想教育不是空洞的，谈理想确实有

---

① "四有"即有理想、有道德、有文化、有纪律。

着丰富的现实意义。

4. 树立榜样和标杆，开展向英雄人物学习活动

1982 年，结合江苏省"三比两学"，在学院开展"三优一学"活动。通过进一步开展学习雷锋、赵春娥、罗健夫、蒋筑英、朱伯儒、张海迪等英雄人物，形成学先进、赶先进的热潮。对毕业班学生，举办思想交流会，向英雄模范人物学习，开展为母校作贡献活动。培养宣传去边疆工作的典型等，强化毕业生服从分配的思想准备。

1985 年 4 月，来自老山前线的 3 位战斗英雄来到学院，为全院近千名师生作了一场精彩的报告，使大家深受教育，并在全院产生了强烈反响。

1986 年初，针对学生中兴起播放老山前线战况录音带热潮的情况，学院团委、学生会因势利导，组织开展"学英雄、树理想、为国防献青春"系列教育活动。其后，学院还组织了 7 名学生和 3 名青年干部代表团到云南前线慰问战士。代表团把学院师生 5000 多件录音磁带、字画、书信、包了桂圆和枣子的红包等送到前线，表达了全院师生的崇高敬意。代表团成为唯一亲自将慰问品送到战士手中的代表团，是唯一到过最前沿阵地的代表团，又是唯一被授予中国人民解放军荣誉战士称号的代表团。代表团返回后，学院及时组织慰问情况的汇报和宣讲，使更多同学受到了教育，表示将以前线战士为榜样，到艰苦的三线工厂去，把自己的青春奉献给祖国国防事业。

5. 重视学生党员发展工作

20 世纪 80 年代初，学院贯彻执行中央关于党员发展的精神和要求，坚持"积极培养，慎重发展"方针，加强对发展对象的培养教育和考察工作。1983 年学院发展学生党员（含本科生、研究生，下同）36 名。

在《中共中央关于整党的决定》中提出，"在整党中和整党后，要注重吸收愿为社会主义、共产主义献身的优秀知识分子入党……当前要较多地注重在各行各业中的知识分子和高等院校、中专的学生中吸收党员"。同时，中央组织部也在《关于加强在大学生中发展党员工作的意见》中提出了"低年级班有党员、高年级班有党小组、年级建立党支部"的要求。此后，学院大学生党员的发展速度明显加快。1984 年全院发展党员 151 人，1985年发展学生党员 257 名，1986 年发展学生党员 281 人。

1987 年，学院党委提出了"保证质量，改善结构"的党员发展指导思想。1987 年发展学生党员本科生 234 人，研究生 24 人；1988 年发展学生党员本科生 153 人，研究生 32 人。

1989 年后，在党员发展上，学院党委按照中央精神和要求，贯彻执行"坚持标准、保证质量，改善结构，慎重发展"的方针，把好培养教育关、党员条件关、手续和程序关，把保证质量放在第一位，同时强调发展党员工作的计划性，成熟一个发展一个。一是在确定为培养对象后，一定要有一年的培养考察时间；二是发展对象必须参加党章学习小组和党校的学习，并取得合格成绩；三是必须经过团支部的推荐；四是将一贯表现和一时表现、

主观努力和客观结果辩证地区分和统一;五是把对积极分子的面上教育和重点培养相结合;六是发展党员要呈正态分布,即一年级注重培养发展,二年级要有一定数量,三年级要加快速度,四年级要慎重发展;七是毕业班发展更要严格把关。1990 年全院发展学生党员 47 人,1991 年至 1992 年 10 月共发展学生党员 304 人。

(三)维护校园安全稳定

20 世纪 80 年代,在改革开放力度骤然加大,商品经济思想猛烈冲击下,国门大开,国外各种资产阶级自由化思想大量涌入,学院和整个社会一样,"党内外思想都比较活跃,各种思潮都有不同程度的表现,特别是在青年和学生中反映较多。干部群众中大量的思想认识问题,是改革和四化建设的复杂性、艰巨性在人们头脑中的一种必然反映"。

在取得一定成绩的同时,思想政治战线一度也存在着软弱涣散的现象:有的学生分不清社会主义和资本主义的本质区别,对社会主义产生怀疑,甚至不满;有的学生在坚持"又红又专"方向,坚持四项基本原则等根本问题上产生了动摇,对政治课不感兴趣,对政治漠不关心;有的学生学习没有目的,生活缺乏信仰,精神空虚;十年内乱和无政府主义影响未彻底清除,存在自由化倾向和无组织无纪律现象;生活上铺张浪费、讲究吃穿,花钱大手大脚;少数学生个人主义思想作祟,一味追求实现自我价值,将个人利益与国家和人民的需要相对立。面对思想政治工作的新形势、新要求,既要看到高校思想政治教育取得的成绩和优势,更需要迅速应对形势发展要求,坚持正确政治方向,增强工作的针对性、有效性,维护安定团结的政治局面。

1986 年,原国家教委作出《关于加强高等学校思想政治工作的决定》。1986 年 9 月25 日,党的十三届六中全会通过《中共中央关于社会主义精神文明建设指导方针的决议》,《决议》指出,精神文明建设包括思想道德建设和教育科学文化建设两个方面,培养"四有"新人,提高整个中华民族的思想道德素质和科学文化素质是根本任务。

1987 年 5 月 29 日,中共中央发出《关于改进和加强高等学校思想政治工作的决定》,提出了在改革开放条件下改进和加强高等学校思想政治工作的指导方针与措施。学院党委及时在全院组织学习中央 1987 年一号文件和四号文件,组织中央文件的传达学习和宣讲工作,通过宣讲学习,澄清思想、提高觉悟、统一认识,澄清根本政治原则和政治方向等重大问题,明确坚持四项基本原则的重要性,认识资产阶级自由化思潮的危害性,增强学生明辨是非的能力。学院继续抓好形势政策教育、法制教育、毕业分配教育,严格生活管理制度等。让学生更多了解党的十一届三中全会以来的路线、方针、政策,了解改革、开放的形势,了解我国经济形势、建设成就和面临的困难,引导学生正确地分析形势,树立全面、发展的观点,增强法治观念和公民意识,正确看待和处理国家、社会和个人的关系,自觉维护安定团结的政治局面。

20 世纪 80 年代末 90 年代初,苏联解体、东欧剧变。由于国际上反共反社会主义的敌对势力的支持和煽动,以及国际大气候和国内小气候的影响,1989 年春夏之交,部分高校内部局势变动,学院在组织干部和党员教师认真学习党的十三届四中、五中全会精神基础上,组织了近 600 名党员、教师、干部深入学生,与他们共同学习、共同讨论。通过反思教育,大部分师生员工弄清了动乱真相,认清了这场斗争的实质,稳定了学院局势。

1990 年后,学院又根据中央和上级部署,针对师生存在的深层次思想问题,认真组织学习《社会主义若干问题学习纲要》、十三届七中全会精神和江泽民同志《在庆祝中国共产党成立七十周年大会上的讲话》等。通过广泛深入的思想政治工作,使广大师生思想面貌发生了可喜变化,提高了识别和抵制资产阶级自由化思想的能力,增强了走社会主义道路的信心,主动要求参加党校、团校学习的学生越来越多,至 1992 年 11 月,要求入党、递交入党申请书的学生有 1200 多人。1991 年夏天,我国发生特大洪涝灾害,在学校同样遭受水灾、全力抗洪的同时,学院还派出陈魁先、王毓秀、贺启环、王连军 4 位专家赴武进、金坛、溧阳等地,杨权中、汤德符等赴苏北高邮等地协助抗洪救灾,全院师生还两次向江苏灾区捐款近 10 万元,展现了良好的精神风貌。

学院党委在广泛征求意见,反复研究的基础上,通过了《关于加强和改进我院思想政治工作的决议》;1991 年,又制定了《关于加强教育工作的决议》,再次明确确立学院的根本任务是培养社会主义事业的建设者和接班人,教育是学院的经常性中心工作的指导思想,改善和加强对教育的管理,不断增加对教育的投入。1992 年初,学院党委又制定印发了《华东工学院 1991—1995 年党的建设和思想政治工作纲要》。

四、加强和改善教师队伍党的建设与思想政治工作

(一)加强教研室党支部建设

为加强教研室党支部领导班子建设,1979 年下半年开始,学院将之前教研室党支部的领导作用,调整为保证作用,教研室党支部书记由专职改为兼职。在配置党支部书记时,选择那些党性好、思想好、作风正派、联系群众、以身作则,愿意为党做工作,热心服务职工群众,具有一定业务水平和政策水平的同志来担任。在支部领导班子调整时,不作大换班,确保支部工作的连续性。

明确党支部的工作职责。支部书记与教研室主任,既有分工,又有协作,互相支持、互相配合,防止分工分家和"两张皮"。对行政工作中的一些重大问题,采取由教研室主任召开联席会议的形式,共同研究协商。对思想政治工作方面一些较重大问题,召开支委扩大会议,教研室主任参加,共同研究解决。

贯彻落实教育部关于"双肩挑"教师的有关政策规定,为兼职党支部书记创造必要的工作条件。在职称晋升上,侧重考察他们的思想政治表现、政策水平、组织领导能力和工

作成效,把他们党政工作情况,列入教师业务考核内容,计入考核档案。

1982 年 5 月,学院专门召开教研室党支部书记工作会议,专题研究如何加强和改善教研室党支部建设和教师思想政治工作等问题。

(二)明确教师教书育人工作任务

改革开放后,学院重新恢复了对教师教书育人的传统和要求。教师既要为学生传授知识,进行智力发展和能力培养,同时还要在教书的过程中,做一些思想政治工作:明确要求教师要通过教书,进行组织纪律教育,培养学生勤奋严谨的学风和良好的道德品质;通过教书,进行革命理想和人生观教育,培养学生正确的开拓、进取的奋斗精神;通过教书,进行辩证唯物主义观点的教育,培养学生正确的思维方法和实事求是的科学态度。

1981 年 11 月 26 日,学院召开教书育人座谈会,十多位教师结合自己在教学实践中的做法,谈了作好学生思想政治工作的体会。会议还围绕进一步加强学生思想政治工作提出了意见和建议。

为将教书育人职责落到实处,取得实效,切实发挥教师教书育人的作用,学院明确教师教书育人的职责,把其中管教、管学、管思想的工作情况作为考核晋升专业技术职务的依据之一;在每个学年,组织评选"教书育人先进教师""教书育人先进教研室",进行大会表彰和广泛宣传;有计划安排一部分教师兼任学生班的班主任,既抓学生的学习指导,也抓思想教育,并在一、二年级的班级里,均设立班主任。

(三)改进教师思想政治工作

学院把教师思想政治工作的重点落实在增强教师的荣誉感、成就感、自豪感,尊重教师的劳动、地位和作用上,开展"为人师表"活动。要求教师热爱党、热爱祖国、热爱教育事业,全心全意为人民服务;勤奋学习、精通业务,有强烈的事业心;全面贯彻党的教育方针,既教书又育人;大公无私、品德高尚,作风正派、严于律己,言传身教、堪为人师;具有尊重事实、坚持真理的科学气节。

针对教师工作的特点,学院把思想政治工作做到教学、科研中,做到各家各户去。对刻苦钻研业务技术,在教学和科研中作出贡献的教师广为宣传,大力表彰,形成一年一次总结评比表彰先进的制度;与教师谈工作、谈思想,从政治上关心他们的进步,工作上改善条件,生活上努力帮助解决困难,把温暖送到教师家中去,送到教师心坎上。

(四)加强机关作风建设

1989 年 12 月,学院开展对机关工作秩序的整顿,包括不得迟到、早退;不得在办公时间下棋、打牌或办私人事务,不得擅自离开岗位等,进一步推进机关作风建设。

五、群团工作

(一)工会工作

1980年11月28日—12月4日,经过一年多的筹备,学院召开了首次工会会员代表大会,选举产生了华东工程学院第一届工会委员会:宋立顺为主席,陈源泉、任国栋、邱长富为副主席,宋立顺、陈源泉、任国栋、邱长富、赵汝应、吴春江、陈辅芝、孟宪义、徐振翔、张玉生、邵志坚、臧国才、严伟民、崔有信、赵洪发、季晋辉、姚国兰、周炳秋、李志广为委员。1981年2月23日,中共江苏省委科学教育部批复同意宋立顺任院工会主席。从此,工会组织在为维护教职工合法权益,团结、凝聚教职工发挥工人阶级主力军作用,为学院建设发展建功立业方面发挥了重要作用。

1984年,为筹备召开第二次工会会员代表大会,2月13日,校工会印发《关于改选我院各级工会组织的具体意见》,鉴于学院各级领导班子的调整和人员调动,各级工会组织不健全的情况,要求于3—4月间从下至上地改选学院各级工会组织,部门工会改选时,同时选举产生出席学院工会代表大会的代表,文件同时对各单位代表名额进行了分配。

5月24日,学院工会印发《批准张耀增等23位同志为部门工会正、副主席的通知》,公布批复的各部门工会选举产生的正副主席名单。5月,学院召开了第二次工会会员代表大会,选举产生了第二届工会委员会。这次会议还发出了深入开展"教书育人,为人师表"活动的倡议书,会议之后通过组织教职工参观"陶行知先生纪念馆",请陶行知教育思想研究会专家作报告等形式,使大家受到一次为人师表的生动教育,推动了"教书育人、管理育人、服务育人"活动的深入开展。

1988年11月和1993年11月,学院工会又分别召开了第三次、第四次工会会员代表大会。工会积极履行"维护、建设、参与、教育"四项职能,在维护教职工合法权益、民主管理、文体活动、生活福利方面办了许多实事,取得了显著成绩。

1985年9月,学院工会首次在学院医院设立20个床位的教职工疗养点,开设疗养病区。疗养病房除配有医护人员外,还设置有文娱活动室等,每年组织安排10期教职工的疗休养,每期疗养时间为4周。1992年3月,为进一步改善教职工疗休养条件,学院将院内疗养调整为院外疗养,在汤山八三医院设立疗养点。汤山八三医院设置固定疗养床位12个,每年安排12批教职工疗休养,每批时间为两周。疗养项目除健身、文体活动外,还安排胸片、心电图、B超等体检项目。

1986年1月15日,学院人民调解委员会成立;1987年12月20日,成立学院劳动争议调解委员会。

1987年教师节之际,经过一年左右建设的建筑面积为400平方米的教工俱乐部建成开放,为教职工业余文化活动开展提供了重要场所。1990年5月,经江苏省教育工会检查验收,学院工会被授予合格教工之家荣誉称号。

1988 年 1 月 23 日,学院女工工作委员会成立,余霞鑫、张英杰、张惠剑为副主任。

1993 年 4 月 24—29 日,中国教育工会第四次全国代表大会在北京召开,学校化工学院青年教师、江苏省劳动模范王风云作为正式代表参加了会议,受到党和国家领导人的接见。

1986 年以来,工会组织开展工会工作先进个人和先进集体的评选,促进了教学、科研、生产等项工作的开展。

（二）团委工作

团委工作最早开始于炮兵工程学院时期。1963 年 5 月 3—5 日,学院召开第一次团员代表大会,成立了共青团工作委员会。

1977 年 6 月 28 日,华东工程学院召开第二次团代会,选举产生了团委第二届委员会,王乃岩为团委书记,王永顺为副书记,田益民、桂道敏为兼职副书记。

1982 年 4 月、1984 年 5 月、1987 年 4 月、1990 年 5 月,学院分别召开了第三次、第四次、第五次、第六次团代会。共青团工作在院党委的高度重视和领导下,坚持正确政治方向,带领广大团员、青年、学生在思想政治工作、为祖国繁荣富强勤奋学习和工作、创"三好"、校园文化建设、社会实践、"第二课堂"和指导学生会、研究生会、学生科协等群众组织开展工作等方面,作出了积极的贡献,曾多次受到院、省和团中央、中宣部,国家教委的表彰。院团委组织开展的大学生基础文明教育、大学生赴老山前线慰问学习活动、社会实践活动和校园文化活动等,均在院内和社会上产生了较大的反响,取得了明显的社会效益。

1993 年 12 月 15 日,团委由副处级升为正处级单位。

六、教职工代表大会制度与民主管理

为适应学院改革发展形势,调动全院教职工的积极性,发扬民主、群策群力,1985 年学院决定建立教职工代表大会制度。2 月 1 日,院党委印发了《关于召开院首届教职工代表大会问题》,成立了大会筹备组,院党委副书记何可人任组长。

1985 年 4 月 10—13 日,学院首届教职工代表大会召开。会议听取和审议了冯缵刚院长的工作报告;选举产生了学院分房委员会;讨论通过调解委员会;推选了工会干部。党委副书记何可人致开幕词,党委书记汪寅宾作会议总结。会议还听取了姜培桂所作的提案报告,审定了向离退休老同志的致敬信。

其后,学院又分别于 1988 年 11 月、1993 年 11 月与工代会同时召开了第二次、第三次教职工代表大会。

1988 年 11 月 12—30 日学院第二次教职工代表大会与第三次工会代表大会同时举

行。会议听取审议了李鸿志院长工作报告,审议批准了学院工会委员会和工会经费审查委员会工作报告;听取了学院分房委员会工作报告,讨论通过了《华东工学院教职工代表大会暂行细则》《煤气、液化气灶具管理、调配和使用暂行规定》,表决通过了教代会民主管理、生活福利、提案工作和住房分配等委员会名单,选举产生了学院工会第三届委员会和经费审查委员会。根据二届一次教代会审议结果,学校印发《关于颁布〈华东工学院教职工代表大会暂行细则〉的决定》。

1993年11月18—20日,学校第三次教职工代表大会与第四次工会会员代表大会同时举行。会议听取并审议了李鸿志校长题为《贯彻纲要,深化改革,抓住机遇、加快发展,面向二十一世纪,创建社会主义一流理工大学》的工作报告,听取审议了工会工作报告,审议了工会经费审查委员会工作报告。20日,大会选举产生了第四届工会委员会、工会经费审查委员会,教代会分房委员会和福利委员会。

教职工代表大会制度对于促进教职工参与学院民主政治建设,维护教职工合法权益,推进学校民主管理和民主监督发挥了重要作用。

七、文化建设与校庆活动

改革开放之后,伴随着多种学生社团的兴起,校园文化活动变得丰富多彩起来,学院文化建设重新起步。

(一)确立团结、献身、求是、创新八字校风

在改革开放新形势下,在发扬光荣传统的基础上,提出符合学院特点和要求的校风,已经成为学院十分迫切的重要任务。

1984年2月29日,在经过多次讨论基础上,学院在院报发布了校风:团结、献身、求是、创新。八字校风,是以毛泽东同志为哈军工颁发的训词为指导,集中广大师生的智慧和意愿总结提炼出来的。

团结,就是要全院上下同党中央在政治上保持一致,就是要团结友爱、密切协作,发扬尊师爱生的传统作风。只有全院团结一致,努力奋斗,发挥集体优势,才有希望在短时间内把学院的各项工作搞上去,赶上国内具有先进水平的重点院校。

献身,就是全院同志都要有献身精神,要为党的事业献身,为国防教育事业献身。干部、教师、工人、学生,都要牢固树立献身国防的思想,为国防建设争做贡献,都要为兵器工业的现代化埋头苦干、刻苦学习,努力钻研、勇攀科学技术高峰。

求是,就是要实事求是。实事求是是毛泽东思想的精髓,是学院一切工作必须遵守的原则。若没有实事求是的精神,没有严肃认真的作风,没有严谨的治学态度,要想取得科研成果和培养出高水平的人才是不可能的。

创新,这是时代的要求。为在20世纪实现国防现代化的宏伟目标,国防工业的生产

和科研都要发生历史性的转变,对人才也提出了新的要求。学院师生应该破除保守思想,提倡创新精神,大胆改革,勇于探索,活跃学术空气,培养出开发型的人才,在教学、科研上作出创造性的成果。

曲作家书记在学院第六次党代会上的工作报告中指出,"'团结、献身、求是、创新'的校风反映了全院师生员工的精神风貌。校风建设是社会主义精神文明建设的重要内容,它对每个人的思想、品质和行动规范起着潜移默化的促进作用。我们抓学院管理,首先要抓好校风建设"。

(二)文化建设活动

1980 年 9 月,华东工程学院院报正式创刊发行,在发布学院重大政策决策、展示学院建设发展成就的同时,也成为学院文化建设的重要平台。

多种学生社团的兴起,为学生多方面潜能和特长发挥、发展提供了舞台。1978 年 11 月 5 日,《华工青年》壁报创刊,这是由学院团委、学生会主办的一份学生报纸;1980 年 11 月,学院团委、学生会成立大学生文工团,下设合唱队、舞蹈队、曲艺队和小乐队;1983 年冬,院大学生科技协会成立;1984 年 3 月被誉为"华工的歌莺"学生广播台正式开播;1985 年 11 月《华工团讯》创刊;1987 年 11 月,学院电视台开播,这也是全国首家高校电视台。1992 年,经原广播电影电视部批准正式成立高校第一家有线电视台。1993 年,成立了全国首家大学生电视台,在全国起到了示范和引领的作用。

1988 年 4 月大学生活动中心正式成立,有活动面积约 500 平方米,下设美工组、音乐组、服务组、宣传组和活动组等工作小组,成为全院学生开展多种文化活动的场所。

1987 年 4 月,学院举办"峥嵘岁月电影回顾周"。作为革命传统教育的活动之一,活动期间,展映了自鸦片战争至建国初期中国革命史实的 13 部电影,同时开展了电影观后感讨论和影评活动,开展了电影主题歌曲大家唱和歌咏比赛活动,并邀请李默然等艺术家与师生见面、座谈。

1987 年 12 月,学院举办首届艺术节——"我爱华工"文化艺术节。艺术节以"革命传统、文明校风、振奋精神、爱我华工"为主题,通过艺术节,"宣传党的十三大提出的路线、方针、政策及十一届三中全会以来学院的改革成就;检阅近几年来校园文化建设情况,树立文明校风,促进'四有'人才成长和精神文明建设"。从 12 月 5 日开幕式至 12 月 10 日闭幕式期间,先后举办了电影、戏剧表演、纪念"12·9"运动文艺演出、歌咏比赛、书画联展、音乐欣赏会、诗歌讲座、演讲比赛等各类丰富多彩的文化艺术活动。这届艺术节成为建院以来"规模最大、内容最丰富、反响最强烈"的校园文化艺术活动。

从第一届开始,此后学院每年举办一次艺术节,时间均在下半年的 12 月份前后。从 1988 年第二届开始,艺术节加入了科技元素,名称也调整为"科技文化艺术节",活动内容上,融合了科技竞赛、知识竞赛、小发明小制作竞赛等。艺术节活动的举办,丰富了师生文化生活,浓厚了校园文化氛围,提升了师生文化素养,促进了学院精神文明建设。

1989年5月,学院大学生艺术团成立。此后,艺术团一直成为学院文化艺术建设的骨干,在学院文化建设中发挥重要的引领和示范作用。

1989年11月,校文化艺术委员会成立,此后,艺术节均以校文化艺术委员会的名义举办,宣传部、工会、团委等单位具体组织承办。

随着学院建设步伐的加快,新建筑、新景点不断涌现,学院师生也不再满足于以一、二、三的传统习惯命名方式,希望能予校园建筑更有文化内涵、更加美好的名字。1991年底,结合第五届文化艺术节的举办,学院办公室、院报编辑部联合举办了"首批校园建筑景点有奖征名"活动,活动得到广大师生的积极参与和支持。在广泛征集的基础上,1993年10月,学校公布了研究确定的校园景物命名方案。

学校历来重视校歌在社会主义精神文明建设和大学文化建设中的重要作用,改革开放后,学校曾于1983年、1988年、1990年多次征集校歌,先后创作了《啊,华工!》《我们的华工朝气蓬勃》《华东工学院之歌》《歌唱华工》等歌曲,致力于创作一首内涵丰富、特色鲜明,能够深受师生欢迎,传之久远的代表性歌曲。

（三）校庆活动

1960年,军事工程学院炮兵工程系与武昌高级军械技术学校合并,成立炮兵工程学院。后于1966年集体转业,更名为华东工程学院。转业伊始,就遇到长达十年之久的"文化大革命"。其间,学院就没有再组织任何形式的院庆活动。直至1980年,炮兵工程学院组建20周年,学院才开始组织第一次的院庆活动。1985年、1990年又先后举行了学院建院25周年、30周年庆祝活动。

1.20周年(1980年)

这是炮兵工程学院组建以来第一次组织院庆活动,也是改革开放后的第一次院庆。以炮兵工程学院组建算起,至1980年已走过20周年。

这次院庆的主要活动是学术报告会。10月15日,学院组织了"建院二十周年学术报告会开幕式",副院长李仲麟在开幕式上讲话,回顾了学院举办学术报告会的历程。五机部教育局领导、江苏省高教局领导,以及石家庄高级军械学校领导参加了开幕式并讲话。会议还宣读了国务院国防工办、第五机械工业部给学院发来的贺信。

报告会安排了多个分会场,集中在10月15—21日进行。

院庆期间组织了教学、科研、生产以及后勤建设成果展览。10月15—21日,展览在大礼堂举行,充分反映了粉碎"四人帮"后,学院恢复与发展的成果。

2.25周年(1985年)

1985年7月,在25周年院庆前夕,学院根据兵器工业部关于编写院史的指示,于下半年开始启动了院史的编写工作,成立了由院长李仲麟任主编的院史编写小组。1986年

4月完成初稿,12月,《华东工程学院院史(1960—1985)》正式印刷出版,成为学院建院以来的第一本院史。

1985年10月,在院庆25周年期间,科研处根据近年的重大科研成果、学术论文,汇编出版了《科技成果选编》《学术论文目录汇编》《学报论文摘要汇编》《国际联机情报检索》,创办了《科技信息》专刊。

3.30周年(1990年)

1990年,是"院庆37周年,武高、军工二系合院30周年"。这次院庆,无论在规模、组织和影响上都是史无前例的。

为了组织好这次院庆,1989年12月,学院成立了以副院长邱凤昌为主任,副院长李国荣、院办副主任蒋金怀为副主任的院庆筹备委员会,并在筹委会下设立了筹委会办公室、展览会筹备组、年鉴编辑组、电视片编导组、宣传教育组5个机构。1990年初,还开始了30周年院庆纪念章方案的征集工作。4月,《华东工学院报》再就《院庆专刊》面向教职员工进行稿件征集。

这次院庆以1960年10月8日,炮兵工程学院第六期开学和第一期毕业典礼作为学院历史的开端,确定10月8日为院庆日。

1990年九十月间,第11届亚运会在北京举行。为此,1990年上半年,学院全院上下组织开展了以"迎亚运、迎国庆、迎校庆"为主题的"三迎"活动,并于国庆前夕,在紫霞湖南、北湖之间的步行堤上修建了驼峰桥——三迎桥。在9月10—10月10日间,举行了为期一个月的校庆宣传月,其间,举办了包括亚运长跑比赛和亚运火炬交接仪式、校庆会徽纪念章征集作品展示、校庆电视片首映式、校园歌曲创作演唱比赛、三迎桥剪裁及游船下水仪式、团体操和军训方队表演、综合文艺晚会、党团员义务劳动、编印宣传材料《华工在崛起》、院史座谈、科学报告会、教书育人报告会等活动。

院庆前夕,张爱萍等上级领导为学院建院30周年题词。

10月8日,学院在大操场隆重举行院庆30周年庆祝大会。兵器工业总公司、江苏省等上级单位领导出席了庆祝大会。

11月30日,还举行了《华东工学院年鉴(1990)》首发仪式。这是学院成立后编撰的第一部年鉴。此后,学院每年都组织年鉴的编撰。

第八节　办学条件改善和后勤保障工作

改革开放后,学院千方百计改善办学条件的同时,师生生活条件改善的步伐也在加快。20世纪80年代至90年代初,教职工生活福利主要体现在办好食堂、幼儿园、中小学、医院等方面。1988年之后,特别是在20世纪90年代,开始推进后勤服务社会化过程后,学院努力为教职工解决管道煤气和液化气、电话、电视入网、电力增容等问题,进一步改善了教职工生活条件。

一、基本建设和办学条件改善

改革开放后,为适应教育事业进一步发展的需要,尽快改变学院基础设施落后局面,学院提出了改扩建的工程计划,并于 1979 年获国家计划委员会、国务院国家工业办公室、第五机械部的批复同意。按照计划,学院从 1978—1985 年,扩建各种用房 17 万多平方米,即由当时的 20 多万平方米增至近 40 万平方米,总投资 3385 万元。

1979 年前后,学院在建或竣工的基本建设项目包括化工实验楼(362 栋)(混合 4 层,4700 平方米)、第一教学楼(371 栋)(混合 4 层,5300 平方米),以及学生宿舍(231、232、241、242 栋)(混合 4 层,6000 平方米),学生食堂(252 栋)(原二、三食堂,混合 1 层,3600 平方米)等。

进入 20 世纪 80 年代后,学院基建投资逐年增大。1983 年投资额为 1982 年的 2 倍多,完成并竣工交付电基础实验楼(380 栋)、电子计算机楼(369 栋)、七系教学与办公楼新楼(247 栋)、女生宿舍(246 栋)等,建筑面积 2 万多平方米。电子计算机楼投入使用后成为兵器工业部在华东地区的计算中心。

1984 年投资额又比 1983 年增长 20%,新建项目 20 多个,其中以图书馆(现致知楼)、综合实验大楼(现致远楼)、中心实验楼(弹道研究所主要建筑之一)、风雨操场等四大建筑为主要标志。现列举这个时期的主要建设成果如下。

(1)图书馆(220 栋):1983 年 12 月破土动工,1987 年 6 月竣工交付。建筑面积 12792 平方米,四层框架结构,预制钢筋混凝土桩基,其中书库为 7 层混凝土升板结构。图书馆位于院区中心位置,毗邻学生宿舍,与第二教学楼遥相对应。

(2)中心实验楼(372 栋):为弹道研究所的主要建筑,建筑面积 8240 平方米,南楼为 5 层砖混机构,北楼为 6 层框架结构,东西向连廊为 1～2 层。该楼以科研为主,教学为辅,设计包括内、外弹道研究实验室、仪器设备维修站、办公室、学术报告厅等。1983 年开始建设,1985 年 8 月建成投入使用,较好地改善了弹道研究的科研和教学环境。

(3)风雨操场(体育馆)(233、234、235、243 栋):由 4 个单体组成,包括主馆(现风味美食餐厅位置)、训练馆一、训练馆二,均为一层排架结构,附属用房为 2 层混合结构,建筑面积 3800 平方米。1985 年 11 月开工建设,1988 年 7 月竣工。建成使用后,较好地改善了学院日常体育教学条件,并一度作为第三届全国大学生运动会的比赛场地。

(4)综合实验大楼(200 栋):按照设计,集中机械、电子、机械制造工艺、光电技术、自动控制 5 个系 9 个专业的实验室,总建筑面积 2 万余平方米,地面以上 12 层,局部 14 层,附设 1500 平方米的地下室,可提供 400 间左右大小不等的实验室、工作间、控制室等用房。1985 年设计概算建筑安装工程总投资 1400 万元,1987 年下半年开始桩基施工,1992 年 10 月竣工交付,1993 年初正式投入使用,成为学院的标志性建筑。

大楼北面的中心广场,面积达 1.3 万平方米,草坪绿地,花坛雕塑,水池喷泉辉映成趣,成为学院举行重大活动和教职工休闲的又一重要场地。第二教学楼(210 栋)。1986年 9 月,第二教学楼竣工并投入使用。第二教学楼建筑面积 14300m²,可同时容纳 5800余名学生的课堂教学。

综合实验大楼与矗立左右的第二教学楼、图书馆组成"品"字形建筑群,三座建筑外观造型庄重、协调,奠定了学院的基本建筑格局和建筑风格。

建成后的大楼极大地改善了学院教学科研人员和学生的工作、学习条件。

(5)化学楼(363 栋):建筑面积 6000 平方米,1985 年竣工并投入使用。

(6)民爆楼(360 栋):学院民爆研究室承担着全国民用爆破器材的检测任务,是原兵器工业部对全国民用爆破器材归口管理和为有关民爆器材生产的批准权限出具标准测试数据的检测机构。尽快完成民爆研究室建设,以尽快开展对全国民爆器材的检测工作曾是一段时间内上级部门的迫切要求。

民爆中心楼建筑面积总计 3063 平方米,其中民爆检测中心理化测试楼 2763 平方米,为 4 层混合结构(门厅为 5 层),巷道实验室 300 平方米。为加快建设工程进度,民爆理化测试楼采用已完成的烟火药剂性能测试楼设计方案,节约了设计时间,1984 年开工建设,1986 年 1 月竣工交付使用。

(7)烟火药剂研究室(384 栋):该楼为烟火药剂性能测试楼,用于开展烟火和特种效应药剂的基础研究。主体为一栋混合结构 4 层楼的烟火药剂性能测试楼,建筑面积 2763平方米。1986 年 9 月正式开工建设,1988 年 6 月竣工验收。

(8)紫麓宾馆(58 栋):为改善外籍专家接待环境,1984 年,上级部门批准学院建设外籍教师宿舍楼(外招楼)建设项目,该楼主要供来院讲学、授课、学术交流的外籍专家、教师住宿,主体建筑 2599 平方米,共有客房 24 套,包括单间房 16 套,两间套房 4 套,三间套房 4 套。1985 年 12 月破土动工,1987 年 7 月竣工交付,并命名为紫麓宾馆。

(9)学生宿舍。1984 年,建成学生宿舍(245 栋 A 甲、246 栋 B 乙)7700 平方米;1985年,建成研究生宿舍(230、240 栋)8576 平方米;1986—1987 年,又建成学生宿舍(236、244栋)7700 平方米。

二、教职工住房

住房是学院最重要的民生问题。军队院校时期,干部学员的住房均是由学院统一调配。转制地方院校至 1993 年之前,我国住房制度仍然实行的是实物分配制,职工住房由单位统一分配。

学院地处南京东郊,教职工绝大多数居住在校区内。尽管校园占地面积较大,但由于历史原因,学院教职工住房历史欠账较多。改革开放后,教职工改善住房条件的要求越来越强烈,学院建设发展也迫切需要为广大师生营造更加舒适、幸福的居住和生活环境。

学院克服各种困难,想方设法,努力加快教职工住房改善的步伐。

1979 年,根据改扩建计划,学院启动新建职工住宅(混合 5 层)8175 平方米。至 1982 年,学院完成了二号路 119～125 栋共 7 栋教职工住宅的建设,建筑面积 2.01 万平方米。

1982 年后,学院又陆续启动了三号路西侧 529～536 栋,541、542 栋,537、538 栋以及 154 栋等住宅建设,建筑面积达 3.6 万平方米左右。

1990 年,学院开始探索尝试集资建教职工宿舍的办法,单套建筑面积为 65 平方米和 53 平方米两种。开始时,规定"凡属学院编制序列内各单位均可申报参加集资,不受理职工个人集资,集资房产归学院所有,集资单位享受住房分配权"。这是学院为缓解教职工住房拥挤而探索实施的一项改革措施。作为学院 1990 年要全力办成的 5 件实事之一,至 1990 年底,有 36 套(539 栋)建筑面积 2290 平方米的集资住房竣工交付到教职工手里,新住户原有住房的"接龙",进一步促进了更多教职工住房条件的改善。

改变过去住宅建设单独依靠国家投资状况,利用院内有关单位的资金集资建房,是加快学院住宅建设,缓解住房难的一种尝试。继 539 栋竣工交付后,1991 年 7 月,540 栋也竣工交付到职工手里。

进入"八五"期间,学院规划建设 500 套教工住宅。1991 年底,总计 240 套,建筑面积 1.75 万平方米的竹园小区开工建设(564 栋、565 栋、569 栋、570 栋)。1993 年,随着南京市"拟在 1995 年前解决人均居住面积在 4 平方米以下的困难户住房"政策的发布与实施,学院经过多方筹集资金,并经上级有关部门批准,7 栋 264 套建设面积达 1.8 万平方米的解困房开工建设。

1993 年初,国家教委印发《关于加快解决高等学校教职工住房问题的若干意见》,为贯彻落实文件精神,学院加快了校内集资建房的速度,1993 年即开始启动了原 80 户西侧 120 套、东村 36 套住房的集资建房工作。

在学院采取多种形式努力改善教职工住房条件的同时,国家住房制度改革也在加快推进。

1991 年 6 月,国务院印发《关于继续积极稳妥地进行城镇住房制度改革的通知》(国发〔1991〕30 号),拉开了我国住房制度改革的序幕。按照《通知》精神,要求合理调整现有公有住房租金,有计划有步骤地提高到成本租金;出售公有住房,凡按市场价购买的公房,购房后拥有全部产权;实行新房新制度;推行国家、集体、个人三方共同投资住房建设体制等。10 月 17 日,国务院住房制度改革领导小组提出《关于全面推进城镇住房制度改革的意见》,总目标是:按照社会主义有计划商品经济的要求,从改革公房低租金制度着手,将现行公房的实物福利分配制度逐步转变为货币工资分配制度,由住户通过商品交换(买房或租房),取得住房的所有权或使用权,使住房这种特殊商品进入消费品市场,实现住房资金投入产出的良性循环。《意见》的实施标志着我国城镇住房制度改革已经进入全面推进和配套改革的新阶段。

1991 年 11 月,江苏省发布了《江苏省城镇住房制度改革实施意见》。

1993 年 6 月,为推进住房商品化,筹集建房资金,加快教职工住宅建设,学院根据《南京市优惠出售公有住房办法》《华东工学院优惠出售公有住房规定》等,开始对校内已租住的 5 层楼以上单元式住房进行出售,同时对拟于 1993 年、1994 年交付使用的东村 78 套住房进行预售。

三、其他生活服务

改革开放后的十多年,学院的生活设施有了大幅度的更新和增加,食堂、浴室、开水房均系新建、扩建或改建;医院、幼儿园等用房也得到了相应改善;部分道路进行了翻新和扩建;一些公用设施如公共厕所、公用自行车棚都有所增加。在 1987 年教师节来临之际,学院教职工活动中心建成投入使用,它为丰富教职工业余文化生活,促进学院社会主义精神文明建设发挥了重要作用。

(一)膳食

改革开放后,随着市场经济的发展,学院教职工生活条件有了较大改善,但由于学院地处城郊,商业网点少、品种花样少,教职工日常生活,特别是副食品供应还是感觉很不方便。为了改善职工生活,学院在膳食和生活服务上主动作工作:开办馒头房,每天早、晚供应两次,而且品种较多,价格比市场上便宜;开设小吃部,常年提供各种菜品、酒水和面点等服务,方便学生、教职工和外来人员;食堂不定期组织食品货源供应,全院 6 个食堂,在完成自身餐饮服务任务后,将多余货源供应给教职工;开展服务月活动,在服务月期间,小吃部和食堂向教职工供应在市场上不太容易买到的生熟食品 20 多种,受到教职工的欢迎。

1983 年,在服务社与粮站(现艺文馆位置)旁新建菜场、学生文化用品、书店、邮局、银行、照相等服务网点。此后,又先后在一号路、三号路增设了服务网点,供应面点、卤菜蔬菜和紧俏副食品,1989 年又引进工农贸市场,方便了广大教职工。为了解决单身教工喝水难的问题,在迎接院庆 30 周车之前,又在职工食堂新建一个开水房,为单身教工提供了方便。

(二)附属学校与幼儿园

1960 年,炮兵工程学院成立后,即建立有子弟小学。1962 年,子弟小学随学院迁址南京。1971 年,开设初中班,1974 年开设高中班,并组建附属中学。

1975 年学院设立附校工作部,统筹对小学和中学的领导。1987 年附校工作部改建为附属总校。附校设立的宗旨,始终围绕解决教职工子女就读、升学问题。

至1990年,学院幼儿园有幼儿600余名,不仅保证了职工子女入托入园,而且还招收了部分第三代,为解除职工的后顾之忧作出了努力。1988年、1989年幼儿园连续两年被南京市评为十佳幼儿园。

（三）医疗卫生

学院医院的前身是炮兵工程学院卫生处。1966年4月,学院转制地方院校后,更名为华东工程学院医院。

建院初期,医院基本上相当于卫生所、医务室。1972年建立中医科、中药房,1985年建立预防保健科,1986年建立诊断科,同时扩大了有关科室。医院诊疗条件也在不断改善,1966年建立X光室,随后又增设心电图室,1980年增加了B超,1982年又增设了胃镜室等。1984年底,学院医院病房扩建工程竣工。

截至1992年12月,学院医院占地面积1.7万平方米,建筑面积达到4570平方米,开放床位110张,设有内科病区、外科病区、传染病区和偏瘫康复病区,配备X光、B超、心电图、纤维胃镜、心电监护仪等设备,有医务、管理人员118人,其中卫技人员99人,成为一所科室齐全的小型综合性医院。1985年后,医院连年被评为南京市文明医院。

1992年,学院又开工新建了1000平方米的病房楼和100平方米放射科。

（四）电话通信

1988年之前,学院只有电话400台,此后逐步扩至600台、800台。

1989年开始集资建电话。1990年10月9日,学院隆重举行新电话总机开通剪彩仪式。新的电话总机采用HJ906型纵横制交换器,装机容量1600台,可拓展容量至2400台。首期工程1200台于当年4月启动建设,1991年10月前安装完毕,1992年底,已达到2400台。这批通信设施采用学院投资、各单位少量集资的办法解决了150多万元的资金问题。新的通信系统的开通,进一步解决了学院通信难的问题,提高了办事效率,对学院教学、科研等工作开展起重要推动作用。

（五）燃气

20世纪70年代末,南京市开始煤气供应后,学院多次主动联系市有关部门,争取对学院教职工的煤气供应,努力增加供气罐数。同时,为方便教职工和孝陵卫周边数千户用户换煤气,经与市煤气公司协商,并经市消防大队批准,于1978年在学院北围墙边投资新建了煤气站用房约300平方米,占地1216平方米,极大方便了学院教职工。

20世纪80年代后期,为进一步解除教职工烧饭做菜的后顾之忧,学院投资300余万元铺设了煤气管道,至1990年,全院已有1558户住户安装和使用了管道煤气,加上已有的 1300 户液化气灶具,基本上改变了教职工烧煤又累又脏的状况。

(六)绿化、美化

在各项事业发展的同时,学院重视绿化、美化和净化工作。至 20 世纪 90 年代初,全院已有各种树木 20 余万株,到处绿树成荫、四季常青、鲜花争妍,绿化覆盖率达到 71.4%,1987 年被南京市授予绿化合格单位。在绿化的基础上,着重加强了美化和净化工作,新建中心花园——冶苑,建有花坛、草坪、水榭、曲桥、长廊、凉亭,以及紫麓宾馆、科学会堂、老干部活动室、幼儿园、民爆楼、计算机房、附属总校和服务社附近的美化点和小花园,使整个校园面貌有了较大幅度的改善。

(七)家属和子女就业

改革开放后至 20 世纪 80 年代初,学院还想方设法,帮助教职工解决家属、子女的待业、就业问题。

为解决学院家属就业问题,1966 年学院转制地方后,先后成立生产队、五七劳动连等。1976 年后,成立家属五七工厂,设有车工、钳工、无线电、光学、翻砂 5 个车间,以及缝纫、装订等服务。1979 年 5 月,经南京市国防工办同意,五七工厂上升为集体所有制企业,更名为南京光电仪器厂,180 名职工也全部上升为市属集体所有制正式职工。

1976 年后,原来的知识青年下乡形势出现多重变化,学院家属中待业青年增多。据统计,从 1978 年到 1982 年 10 月,有待业青年 204 名,为解决这部分待业青年的就业问题,学院组成集体所有制的待业知青劳动服务队,到学院所属各工厂、分厂、农场等单位参加生产劳动。1982 年 9 月,学院成立了劳动服务公司,统筹这部分待业青年的组织管理,组织开展就业前的技术培训,开办缝纫加工、相片冲洗、打字复印、印刷等项目,或开展教学、生产辅助性劳动,妥善解决了一个特殊时期内职工家属中的待业青年问题。

四、总务、后勤的社会化改革

在改革开放的环境和形势下,学院总务后勤改革也在逐步推进。

1979 年,学院首先在食堂按照企业化半企业化的管理办法,即按照食堂的营业额提取管理费的办法实行经济责任承包,改变了过去单一的行政管理办法,开始把"包"字引进了学院,拉开了学院总务后勤改革的序幕。

1985 年起,学院将原来单一的食堂承包进一步扩大,将承包制和责任制引入后勤管理中,对膳食、车辆管理、维修等采取以科为单位实行全承包的形式,对学生宿舍、教室等采取水电节支专项和定量承包或称部分承包的形式,对医院、幼儿园、行政管理等经费补贴单位采取责任承包的形式。

1988 年，根据全国高校总务后勤改革的模式和经验，开始实行包括全院水电在内的更大范围内的承包——总务处全处承包。学院把有关总务后勤范围内的业务开支和人员经费，采取定额拨给总务处，由总务处控制使用，超支不补，节余留用或提奖。

在高校后勤社会化改革的大环境下，承包制和责任制的实施，使广大总务后勤干部职工思想观念和精神面貌发生了巨大变化，也有效促进了后勤服务质量的改善和服务水平的提高。

在后勤管理、服务中，涌现了一批先进典型，多次获得全国和省、市、部表扬表彰，如1980 年江苏省先进工作者、总务处车管科驾驶员张业美，1985 年江苏省先进教育工作者、1989 年全国优秀教育工作者王崇艺，1989 年全国优秀教师忻将英，1989 年江苏省高校后勤先进工作者余振启、机电部高校后勤先进工作者梁克慧等，学院以及后勤部分科室还获得各层次、多项集体荣誉。

第五章　加快推进国内一流大学建设
（1993—2012 年）

　　1993 年 2 月,党中央、国务院颁布了《中国教育改革和发展纲要》,深刻总结了十一届三中全会之后教育改革和发展的经验,阐明了我国教育新的战略目标和指导方针。同年,开始启动"211"工程项目;1998 年 5 月,党中央宣布"为了实现现代化,我国要有若干所具有世界先进水平的一流大学","985"工程建设启动;2003 年教育部发布《2003—2007 年教育振兴行动计划》;2010 年国务院颁布《国家中长期教育改革和发展规划纲要(2010—2020 年)》,高等教育改革和发展进入了新的历史时期。

　　从 1993 年至 2012 年的近 20 年里,学校广大师生员工面对新的形势和任务要求,以前所未有的昂扬精神,抢抓机遇、深化改革、开拓进取、奋发有为,为把南京理工大学建设成为国内一流,国际知名的特色高水平研究型大学而不懈奋斗。

第一节　"211"工程与学科建设

　　1993—2012 年,是学校以学科建设为龙头,优化学科布局结构,强化学科优势特色,增强办学实力和核心竞争力,办学水平全面提升的时期。通过"211"工程建设,学校在国家及省部级重点学科建设、学位授权点及博士后流动站增设、"985"优势学科创新平台建设等方面取得重大进展,奠定了世界一流大学和一流学科建设的基础。

　　"211"工程是我国为了迎接世界新技术革命的挑战,面向 21 世纪,集中中央和地方各方面的力量,分期分批地重点建设 100 所左右的高等学校和一批重点学科、专业,到 2000 年左右在教育质量、科学研究、管理水平及办学效益等方面有较大提高,在教育改革方面有明显进展,力争在 21 世纪初有一批高等学校和学科、专业接近或达到国际一流大学水平的建设工程。"211"工程是新中国成立以来国家在高等教育领域正式立项进行的规模最大的重点建设工程,是国家"八五"期间提出的高等教育发展工程,也是高等教育事业的系统改革工程。1993 年 7 月,国家教委发出《关于重点建设一批高等学校和重点学科点的若干意见》,决定设置"211"工程重点建设项目,1994 年 5 月开始启动部门预审。

一、学校"211"工程建设的申报

1991年,国家开始提出"211"工程建设规划。1992年10月,学校即正式向兵器工业总公司提交"关于将我院列入国家教育'211'工程的报告"(院字〔1992〕139号),开始争取进入"211"工程建设序列的工作。

1993年8月28日,学校召开中层干部会议。校长李鸿志同志传达了兵器工业总公司院校工作会议精神,并对学校争取进入"211"工程进行了动员部署。会议还就《中国教育改革和发展纲要》进行了学习和研讨,《纲要》明确规定:"90年代,高等教育要适应加快改革、开放和现代化建设的需要,积极探索发展的新路子,使规模有较大发展,结构更加合理,质量和效益明显提高。""211"工程建设是一项复杂的系统工程,是重点建设高等学校而不是确定重点大学,学校虽有希望进入"211"工程,但还面临许多诸如人才断层等严峻考验,需要全校师生共同奋斗。

1993年9月,学校成立"211"工程办公室,主任为宋文煜,副主任为王裕民、迟泽英、戴德禄,明确了办公室任务,具体实施"211"工程的申报等相关工作,争取早日通过主管部门预审。1994年12月,学校根据定位和任务重新调整了办公室组成人员,主任为宋文煜,副主任为刘丽华,成员有迟泽英、梁克慧、姚琦、赵敏。

为了全面准确把握"211"工程建设任务和方向,使学校申报和迎审工作做到有的放矢,1994年10月24日,学校邀请国务院学位办主任兼"211"工程办公室主任王忠烈等来学校参观、考察和指导。

1994年11月,学校先后召开了多次"211"工程论证工作会议。校长李鸿志同志就涉及学校整体建设与发展的学科建设、师资建设、教学和人才培养、科研和校办产业、基本建设、对外交流与合作以及内部体制改革等方面,要求分管领导就分管内容反复论证。相关部门对其目标、规划、措施分头召集有关人员和专家进行研讨,拟出基本框架,形成整体建设论证报告初稿,做好预审启动前的基础准备工作。

1994年12月9日,国家教育委员会(以下简称教委)"211"工程办公室下文《关于同意兵器工业总公司对南京理工大学开展"211"工程部门预审工作的通知》(教重办〔1994〕21号),同意兵器工业总公司对南京理工大学开展"211"工程重点建设的部门预审工作。

学校获得国家教委批准开展"211"工程预审,全校师生欢欣鼓舞,人心振奋。学校号召每一个教职员工都要肩负起学校未来发展的重任,把当前工作与长远工作结合起来考虑,以学校改革和发展大业为重,振奋精神,继续发扬艰苦奋斗的光荣传统,真抓实干,确保"211"工程预审通过,为实现学校新的腾飞而奋斗。

二、通过"211"工程部门预审

1995年4月24—26日,以王越院士为组长,郭桂荣、戴冠中、马福球、王大珩、任新民、孙钟秀、刘余善、辛毅、吴锡军、钱七虎、曹德生、傅恒志等组成的中国兵器工业总公司专家组,开展了对南京理工大学的"211"工程部门预审工作。

4 月 24 日上午,预审会开幕式在学校科技会堂举行。出席开幕式的领导有江苏省委副书记兼南京市委书记顾浩,江苏省人大常委会副主任吴锡军,江苏省人大常委会副主任、南京大学校长曲钦岳院士,江苏省教委主任袁相碗,江苏省高校工作委员会书记陈万年,江苏省教委"211"工程办公室主任舒光平,国家教委"211"工程办公室副主任吴镇柔,国防科工委科技部一局副局长韩延林,中国兵器工业总公司副总经理张维民等。兵器工业总公司教育局局长刘余善主持开幕式,张维民、陈万年、韩延林、吴镇柔等分别在开幕式上讲话。

开幕式上,预审专家观看了学校为迎接"211"工程预审制作的电视专题片《日出峰峦》。校长李鸿志同志代表学校向专家领导们作了《南京理工大学"211"工程建设总体规划》的汇报。

24 日下午,专家组一行开始对学校进行实地考察。先后参观考察了学校校史展览馆、新教学楼(现致真楼)、主楼(现致远楼)、图书馆(现致知楼)、大学生公寓、体育馆、学生食堂、计算中心、机电总厂、物理实验室和大学物理教研室等,听取了各主管部门负责人的讲解。专家组一行还来到校办公大楼校领导办公室参观考察了学校办公自动化管理信息系统,校领导当场作了操作演示。当晚,专家领导们在校中心广场,观看了大型彩色喷泉和激光投影表演,在大礼堂观看了校大学生艺术团和附小、幼儿园等单位演出的文艺节目,演出充分展现了南京理工大学校园文化风采。

重点学科建设是"211"工程建设的核心,是体现教学、科研水平的重要标志。25 日全天和 26 日上午,预审专家组一行考察了学校拟重点建设的 7 个国家级重点学科,听取了各学院负责人和各学科学术带头人张月林、陆家鹏、张福祥、王儒策、赵宝昌、王俊德、杨静宇、黄志同、张保民、贺安之、陶纯堪、恽小华、是湘全、汤瑞峰、李鸿志等的汇报,了解了各学科整体情况和成就、优势特色及发展目标规划,观看了各学科的专题录像片,参观考察了部分设备仪器的操作演示等。

4 月 26 日下午,中国兵器工业总公司南京理工大学"211"工程预审会闭幕式在学校科技会堂隆重举行。

闭幕式第一阶段由预审专家组副组长、国防科技大学校长郭桂蓉主持会议,专家组组长、王越院士宣读专家组评审意见,专家组一致认为南京理工大学坚持社会主义办学方向,为国防尤其是兵器工业现代化和国民经济建设做出了重要贡献。学校领导班子团结务实,开拓进取,积极探索适应社会主义市场经济条件下办学模式,在高等教育改革方面取得了可喜的成绩。内部管理体制改革成效明显,管理水平较高,学校具有较强的科学研究实力,成绩显著,取得了一批重要的研究成果。建立了一支整体素质较高、结构基本合理、相对稳定的师资队伍。对外交流与合作取得了积极的进展。办学条件及基础设施较好。学校素有重视党建和思想政治工作的传统，形成了"团结、献身、求是、创新"的优良校风。学校的凝聚力较强，师生员工有良好的精神面貌，校园环境整洁、文明，是一所发展速度快、潜力大、教学质量较高、办学效益较好的高等学校，为不断形成教育和科技两个中心创造了有力条件，具备了进入国内一流理工大学行列的整体水平和综合实力，可按照国家"211"工程的标准和目标进行重点建设。

闭幕式第二阶段由中国兵器工业总公司教育局局长刘余善主持，中国兵器工业总公司军工总监曹德生代表中国兵器工业总公司和南京理工大学全体师生员工向专家组全体成员致以崇高的敬意和诚挚的感谢。国家教委"211"工程办公室副主任吴镇柔讲话，对南京理工大学顺利通过"211"工程部门预审表示热烈祝贺。

在闭幕式举行之前，学校还隆重举行了与南京大学联合办学协议签字仪式。南京大学校长和南京理工大学校长分别代表双方学校在联合办学协议书上签字，双方表示要通过联合办学共同完成建设"211"工程的目标，为国民经济发展作出更大贡献。

"211"工程部门预审的通过，标志着学校进入了首批"211"工程建设行列。

三、"211"工程启动实施与"九五"期间建设

（一）"211"工程启动实施

"211"工程是学校开启高水平、一流大学建设的重要开端。预审通过后，学校即着手进行建设立项的申报工作。1998年学校正式启动"211"工程重点学科建设。

学校"211"工程重点学科建设的指导思想：在学校统一领导下，实行"'211'工程法人组"逐级负责，各重点学科分步启动，有序展开，建设资金高度集中，按子项目逐项完成，为学科后续建设任务的扩展打好基础，争取到2000年各学科均初具规模。

建设立项的审定原则：一是选项启动的学科由学校组织专家组根据有利于全校"211"工程建设的进展和2000年"211"工程重点学科评估的原则论证确定；二是先期启动的子项目是学科建设中基础性、关键性、公用性和扩展性强的、相对完整的子系统或大型设备，以便为该学科的后续建设和全面发展打好基础；三是先期启动的子项目应能做到当年建设、当年完成、当年实现其在学科中的局部功能，投入使用，收到实效，为当前科学研究和人才培养作出贡献；四是先期启动的子项目将选择学科队伍整齐、技术储备雄厚、操作论证（含设备论证）充分、自筹资金到位的部分，力求"211"工程重点学科的首期建设项目优质完成。

学校成立了以李鸿志为组长、吕春绪为副组长的"211"工程重点学科领导小组，以杨肇嘉为组长的"211"工程重点学科建设论证顾问小组。

1998年5月15日，学校召开了"211"工程重点学科建设动员会，校长李鸿志同志主持会议，副校长吕春绪、各重点学科负责人和部分骨干成员、部分顾问专家及研究生部、

实验设备处、科研处、财务处领导参加会议。此次会议的召开标志着学校"211"工程的 5 个学科群的建设经过预审、可研论证等环节后,进入正式立项建设阶段。

按照"211"工程建设规划,学校在"九五"期间将重点建设弹道学与发射技术,火炮、自动武器与弹药工程,军用能源材料技术与工程,军用电子光学信息工程与技术,兵器控制科学与工程 5 个重点学科。

1998 年 6 月 24 日,国家发展计划委员会以计社会〔1998〕1208 号行文中国兵器工业总公司,对《南京理工大学"211"工程建设项目可行性研究报告》作出正式批复:根据国务院批准的《"211"工程总体建设规划》,同意南京理工大学作为"211"工程项目院校,在"九五"期间进行建设。

批复提出了南京理工大学"211"工程的总体建设目标,进一步明确了"211"工程建设的主要内容。其中,重点学科建设的批复意见是:以重点学科建设为核心,重点建设弹道学与发射技术、火炮、自动武器与弹药工程、军工能源材料技术与工程、军用电子光学信息工程与技术、兵器控制科学与工程 5 个学科建设项目,使其成为我国高水平博士、硕士人才培养和承担国家重大科研任务的重要基地。

(二)学校"211"工程"九五"期间建设项目接受中期检查

1999 年 11 月 8—9 日,由国防科工委人教司魏志敏处长、综合计划司刘建玲副处长、财务司卢克南副处长、江苏省教委施星国副处长以及南京大学王峦井研究员、南京理工大学杨肇嘉、方大纲、汤瑞峰、黄文良 4 位教授组成的专家检查组对学校"211"工程建设情况进行了中期检查。在反馈意见中,检查组认为,南京理工大学"211"工程建设工作切实做到了"思想认识、规划计划、财务经费、工作措施、目的效益和学校总体发展"6 个到位,进展情况较为顺利,取得了很好的成效,可望取得一批标志性成果,总体建设能够达到预定目标,部分内容有望超过预定目标,同时对学校"211"工程建设中存在的问题有清醒的认识和切实可行的解决措施。

(三)"211"工程"九五"期间建设项目通过国家验收

2001 年 6 月 18—19 日,根据国家计委和"211"工程部际协调小组办公室的要求,受国防科工委委托,以王越院士为组长,谢光选院士、刘盛纲院士、傅恒志院士、赫冀成教授、窦文华教授、王义遒教授、费伦教授和吕斯骅教授为成员组成的专家组,对学校"九五"期间"211"工程建设项目进行了检查和验收。国家"211"工程办公室,国防科工委有关领导等组成驻校工作组,对验收工作进行指导。

专家组听取了校长徐复铭同志关于"九五"期间"211"工程建设情况的汇报和国防科工委审计室的审计意见,审阅了项目建设的有关材料,实地考察了重点学科、教学实验基地、公共服务体系建设项目以及部分基础设施建设项目,检查了仪器设备购置与使用情况,分别召开了部分学科带头人和中青年骨干教师座谈会。经专家组成员认真评议,认为南京理工大学"九五"期间"211"工程建设工作成效显著,一致同意通过验收。

专家组认为,学校自1998年6月经国家计委批准立项进行"211"工程重点建设以来,学校领导高度重视,全校教职工努力拼搏,高质量地全面完成了国家下达的"九五"期间"211"工程各项建设任务,取得了"低温度系数发射药装药技术及其制造工艺""特种超细粉体制备技术"等一批具有较大影响力的标志性成果。学校学科水平和办学实力有较大提高,各项工作取得快速发展,实现了预期目标。

其中,学校以弹道学与发射技术等5个重点学科建设为龙头,充分发挥在国内常规兵器部分领域的优势地位和作用,瞄准现代高科技战争的需要,围绕兵器的精确打击、智能化、远程和超远程等领域开展科学研究,进一步强化了学科群的军工特色,带动了一批交叉和新兴学科的发展,拓宽了学科覆盖面和服务范围,学科结构明显优化,部分学科进入国内先进行列,其标志性成果在国民经济建设、国防建设中产生了较好的经济效益和社会效益。

专家组同时希望学校进一步加强相关学科和基础学科建设,促进学科的交叉与协调发展;进一步重视对学科梯队特别是高层次拔尖人才培养的投入。鉴于经过长期建设形成的军工特色和优势,专家组建议国家在"211"工程"十五"期间的建设上继续加大对南京理工大学的投资力度,使其早日实现总体建设目标,培养出更多更好的人才,为国防建设和国民经济建设作出更大贡献。

四、以"211"工程建设为契机,优化学科布局,强化学科优势特色

(一)科学谋划学科布局,实施学科优化战略

2000年,经过一年多的工作,学校编制论证了"十五"学科发展规划。在此基础上,第八次申报学科点的工作中,学校经过充分准备和积极申报,最后取得新增4个一级学科博士点、12个二级学科博士点和17个硕士点的成绩,学科结构进一步优化。

2001年召开的学校第九次党代会,提出"建设一流大学,核心是要有一流的学科体系"。为此,面向国防科技工业和国民经济建设,进一步调整和优化学科结构,按照"寓军于民,能军能民"的要求,优先发展信息、材料、生物等21世纪的支柱学科;发挥多学科配套优势,改造传统学科,鼓励学科交叉、渗透和联合,培育新的学科生长点,形成一个基础理论研究与国防、工程应用相互支撑、相互促进的学科布局。

2007年召开的学校第十次党代会,提出实施"学科优化战略"。学校以建设高水平学科为重点,发挥既有优势,着力调整优化学科专业布局。用高新技术改造和提升传统军工学科,大力加强通用学科、基础学科和新兴交叉学科建设,重点建设学科专业特区,形成以基础理论和前沿技术研究为支撑,国防与通用学科相互促进,综合配套、协调发展

的学科专业体系。

2011 年 4 月 12 日，学校召开"十二五"学科建设工作会议。校长王晓锋同志在会上作了题为《打造高峰、培育拓展，争取"十二五"学科水平跨越式发展》的报告。报告从重点学科建设入手，解读国家及江苏省学科建设有关政策，分析学校学科建设的当前形势，阐述学校"十二五"学科建设目标和重要思路：一是要紧跟国际学术前沿，精心打造学科高峰；二是要围绕"三化"（工业化、信息化和国防现代化）发展需求，培育塑造新的特色学科；三是面向关键技术和科学问题，创新学科建设和组织的机制体制。

为保障学校"十二五"规划提出的将兵器科学与技术、光学工程、控制科学与工程、材料科学与工程、化学工程与技术、电子科学与技术 6 个一级学科建成国家重点学科的目标，学校启动"国家重点学科冲刺计划"，为此，制定并下发了《关于做好"国家重点学科冲刺计划"制定工作的通知》。

通知明确，为切实做好"国家重点学科冲刺计划"的制定、实施工作，学校成立"国家重点学科冲刺期建设工作组"，由副校长钱林方任组长，校长助理韦志辉任副组长，各相关部门、学院和重点实验室的主要领导为成员。各相关学院成立由学院主要领导为组长的"学科工作组"。

通知要求，每个学科由相关学院组织分别填报《国家重点学科冲刺计划表》，明确本学科于 2011 年、2012 年两年时间里，在学科研究方向、队伍建设、重大科研项目及成果培育、重大人才培养成果培育、学术交流、平台和支撑条件 5 个方面的任务和拟达到的指标。指标和任务应对照国家重点学科申报要求，并分析其他相关高校同类学科（二级学科国家重点学科或国家重点学科培育点）现有水平，要能体现出竞争优势，确保完成上述任务，能够使得现有一级学科国家重点学科"保点"成功，现有二级学科国家重点学科成功晋级为一级学科国家重点学科。

通知同时规定，自 2011 年 3 月开始，每个月定期召开工作组例会，建立检查制度，由学科工作组、责任部门汇报任务和指标的完成情况，学校及时进行协调并明确下一步工作方案。

2011 年 5 月，学校启动实施"新特色学科培育塑造计划"，发出《关于开展"新特色学科培育塑造计划"论证工作的通知》。

新特色学科培育塑造计划的提出，是为落实学校十届八次党委全委会报告精神，即"十二五"期间，学校要在机械工程、信息与通信工程、动力工程及工程热物理、环境科学与工程、生物工程等学科，有选择地采用学科特区的建设模式，从政策、资源配置与投入等方面给予倾斜，建成国内高水平的学科方向，成为学校新特色的标志。

通知要求，各相关学院应成立专门工作组，认真研究、分析国家（行业、区域）重大发展需求和学科领域的发展趋势，充分解放思想，不能拘泥于学校现有方向和基础，以"高层次人才引进"为核心思路，以"5 年之内打造成国内一流水平"为目标牵引，开展方向和计划的论证工作。

各相关学院邀请校内外知名专家学者，组织召开系列报告会和论证会，论证提出了新特色学科发展方向建议，经校学术委员会评议、学科专业建设领导小组审议，形成了《南京理工大学新特色学科发展方向论证报告》。学校 2011 年第 21 次校长办公会决定，同意高端装备与微纳制造技术、现代通信技术、新能源与能源高效利用技术、环境保护技术和生物工程列入新特色学科进行立项建设。

2012 年 1 月，学校"新特色学科培育塑造计划"立项实施。计划分两期进行：第一期为 2012—2013 年，第二期为 2014—2015 年。从 2012 年起，学校每年对推进情况进行小结，对计划实行中期总结、考核。通知强调，新特色学科对学校发展意义重大，关系到学校未来的核心竞争力。新特色学科的发展按照竞争导向、择优扶持原则，把握好建设进度，各有关单位要做好队伍建设、科研项目和实验条件保障等相关配套措施。

（二）学科专业结构优化调整

2010 年 7 月，学校下发《关于对学科专业结构进行优化调整的通知》，根据学校 2010 年第十七次党委常委会研究决定，对学校学科专业结构进行优化调整，其主要内容包括：

一是以化工学院的环境科学与工程一级学科、生物化工二级学科和生物工程、环境工程、辐射防护与环境工程 3 个专业为基础，新组建环境与生物工程学院。

二是以机械工程学院的设计艺术学二级学科和工业设计、艺术设计 2 个专业，人文与社会科学学院的传播学二级学科和广播电视新闻学专业为基础，新组建设计艺术与传媒学院。

三是以现动力工程学院、材料科学与工程系、外语系为基础，分别拓展成立能源与动力工程学院、材料科学与工程学院、外国语学院。

四是将现动力工程学院的电气工程学科、电气工程及其自动化专业整合到自动化学院，将自动化学院电路与系统二级学科、电子信息工程专业整合到电子工程与光电技术学院，将机械工程学院的交通运输工程学科和交通工程专业调整到自动化学院。

2010 年 9 月，学校研究制定并印发了《南京理工大学学科专业结构优化调整实施方案》。《方案》首先确定了学科专业结构优化调整的原则，主要包括：一是实现学校学科专业结构调整的平稳过渡，首先保障相关学科和专业的教学工作顺利实施；二是有利于相关学科专业发展，促进学科专业之间的有机结合，达到调整目的；三是有利于人才队伍和教学科研条件等办学资源的整合，围绕重点和交叉学科方向，汇聚学科团队，构建上规模、上水平的实验平台；四是扶持和加强新学院的建设，在人才引进、条件建设和经费等方面予以重点支持。同时，方案围绕机构、人事、资产、学生、教学、科研、财务管理等方面，详细规定了调整的内容、范围、实施的具体步骤，2010 年年底，相关调整工作全部到位。

五、加强组织实施,规范项目管理

(一)加强组织领导,科学论证学科建设规划项目

学校高度重视"211"国家重点建设工程。为加强对"211"工程建设的领导,成立了相关领导小组,统筹协调开展"211"工程各项工作。《关于调整"211"工程领导小组和"211"工程办公室的通知》《关于成立南京理工大学"十五"期间"211"工程领导小组的通知》等有关文件,都显现出在开展"211"工程申报建设中,学校组织有关部门认真研究,周密部署、广泛动员、群策群力,全方位听取"211"工程建设规划方面的意见和建议。

为了做好建设项目专家的审核论证工作,2007年3月17—18日,学校召开专家评审会,邀请了清华大学、浙江大学、南京大学等高校的40位知名学者,分5个学科组对学校"十一五"学科建设发展论证报告进行评审,提出了专家意见。

项目论证中强调统筹规划,突出特色。注重统筹"211"工程重点学科建设项目与"211"工程其他建设项目之间的关系,统筹"211"工程重点学科建设与全校学科整体建设规划之间的关系,注重"985"国家优势学科创新平台建设、国防特色学科建设等其他重点、重大项目的有机衔接,合理确定建设目标和任务。

切实做好"211"工程学科建设中的申报论证、部门预审、建设实施、进度检查、效益评估、总结验收等各个工作环节。开展了"211"工程一期、"十五"期间"211"工程建设项目可行性论证,"十五"期间"211"工程建设项目总结,"十一五"期间"211"工程建设方案预研究,"十一五"学科建设项目实施方案编制及校内审批等工作,严格把握"211"工程学科建设的工作节奏。

(二)规范项目管理,为学科建设提供制度保障

为规范学校"211"工程建设工作,学校十分重视相关管理制度建设,先后研究制定了一系列文件。2003年11月印发的《南京理工大学"211"工程建设项目管理办法》,在此基础上,学校又陆续制定实施了《关于加强"211"工程、"本科教学优秀评建"二期建设仪器设备采购招投标工作的通知》《"211"工程重点学科建设项目中专项建设经费的使用规定》等。2011年,为配合江苏省重点学科建设,制定了《南京理工大学江苏省优势学科建设工程专项资金使用管理办法》。建设项目管理办法中,进一步明确了在学校"211"工程建设领导小组的统一领导下,"十五"期间"211"工程建设相关部门的工作职责,其中,发展规划处负责"211"工程总体建设规划的论证、综合协调,负责上级机关对学校"211"工程的评审和验收的组织协调工作;对研究生院暨"211"工程办公室、财务处、实验室与设备管理处、基建规划处、审计法规处、人事处、信息档案中心等部门的工作职责也作了明确规定;明确了各重点学科、现代教育技术中心、图书馆等单位工作内容,对建设项目论

证、设备采购和经费使用提出了 10 条具体规范要求,并决定启用"'211'工程建设项目管理信息系统",进一步提高"211"工程建设项目管理效率。

六、"211"工程二期、三期建设

(一)"十五"期间"211"工程建设(二期)

2002 年 10 月,《南京理工大学"十五""211"工程建设项目可行性研究报告》先后通过了国家有关部委的审批,并经国家发改委批复后正式启动建设。"211"工程"十五"期间重点学科建设项目包括:电子与光学信息工程、化学材料及兵器能源技术、信息控制科学及其在武器系统中的应用、兵器发射理论及应用、机电工程及其相关兵器技术 5 个学科群。

2006 年 6 月 20—22 日,以北京理工大学王越院士为组长,由朵英贤院士、陈丙珍院士、刘盛纲院士、徐玉如院士、闻邦椿院士、顾伟康教授、王友明研究员等组成的专家组对学校"十五"期间"211"工程建设项目进行了检查和验收。专家组认为,南京理工大学全面完成了建设任务,在师资建设、学科建设、科研水平、办学实力以及教育教学改革和人才培养等方面取得了突出成绩,一致同意通过验收。

(二)"十一五"期间"211"工程建设(三期)

1. 科学编制"211"工程三期建设项目规划

2008 年 2 月,教育部、国家发改委、财政部三部委联合制定了《高等教育"211"工程三期建设总体方案》(发改社会〔2008〕462 号),要求相关部门和地区认真贯彻落实,切实抓好"211"工程建设工作,保证"211"工程三期建设的质量和效益。2008 年 5 月,明确提出"211"工程三期建设规划总体要求,对建设项目设计原则、建设资金安排,以及建设项目论证、申报、评审和审批等环节作出具体规定和要求。国防科技工业局也发出《关于做好"211"工程三期建设有关工作的通知》(局人函〔2008〕88 号),要求所属各高校要高度重视,组织有关部门认真研究,周密部署,认真组织好相关申报和论证工作。

按照上级部署和要求,学校及时研究和制定了《关于做好学校"211"工程建设项目规划编制及论证工作的通知》,对学校"211"工程三期建设重点学科规划论证提出要求:各重点学科建设项目要科学凝炼研究方向,既要突出现有的优势和特色,又要适当考虑新兴、交叉领域和方向,力争异峰突起,出奇制胜。研究方向的确定必须充分体现有选择地追求卓越的原则,在资源有限的情况下集中优势力量、确保通过重点建设能够在高水平科研成果、高层次人才队伍建设和人才培养等方面实现重点突破,解决国家、国防和地方的重大需求,接近或达到国际先进水平。

2010 年 9 月,根据工业和信息化部《关于对部属高校"211"工程三期重点学科建设项目进行梳理排查的通知》要求,学校对各项目的执行情况进行了梳理排查,形成了《南京理工大学"211"工程三期学科建设项目梳理排查报告》并上报工业和信息化部。

2. 顺利通过"211"工程三期建设项目国家验收

2012 年 3 月 17 日,按照"211"工程部际协调小组办公室和工信部的总体部署,学校举行"211"工程三期建设项目验收会。由南京邮电大学黄维院士、华东理工大学袁渭康院士、天津大学郁道银教授、装甲兵工程学院杨宏伟教授、上海交通大学席裕庚教授、东南大学王志功教授、华东理工大学刘昌胜教授、南京农业大学董维春教授、东南大学孙岳明教授和解放军理工大学王明洋教授 10 位知名学者组成的验收专家组,对学校"211"工程三期建设项目进行了验收。

在听取学校汇报后,专家分 3 个组对学校"211"工程三期建设 8 个子项目进行逐一检查验收,听取各子项目建设情况汇报,实地考察项目建成的实验室。验收组形成了总体验收意见,认为学校高度重视"211"工程三期建设工作,高质量地全面完成了重点学科建设、队伍建设和创新人才培养计划的各项任务,取得了一批具有较大学术影响和社会效益的标志性成果,学校的学科水平和办学实力明显提高,达到了预期建设目标,成效显著,达到了国家验收的各项标准,同意通过验收。

七、"211"工程助力重点学科建设

"211"工程实施以来,学校紧密围绕国家战略需求,积极拓展前沿、主流学科方向,有针对性地开展学科建设,注重成效,形成了一批标志性成果,学校学科建设水平、实力和影响力得到全面提升。2011 年 3 月,ESI 数据库排名显示,学校材料科学学科进入 ESI 国际排名前 1%。这是学校继工程学、化学学科后,第 3 个进入 ESI 国际前 1% 排名的学科。

"优势学科创新平台"是国家继"985"工程后,为满足建设创新型国家对高层次人才培养和科技发展的要求,充分发挥部分学校学科综合优势,设立的又一项高等教育重点建设工程,其建设方式采用"985"工程大学科技创新平台建设模式,与"985"工程建设统筹衔接,同期执行,同步实施。2011 年 6 月,学校接教育部、财政部通知,正式编制上报优势学科创新平台建设方案和项目预算,标志着学校继进入"211"工程建设序列后再次获得重大突破,正式跻身"国家优势学科创新平台"重点建设高校。根据相关要求,学校结合"十二五"及中长期发展规划和目标,申报了"现代攻防与先进装备技术优势学科创新平台"项目,并围绕学科建设、创新人才培养、学术领军人物和创新团队、提高自主创新能力和改革措施等五项重点建设任务,组织编制上报了建设方案和项目预算。

(一)国家重点学科

国家重点学科是国家根据发展战略与重大需求,择优确定并重点建设的培养创新人

才、开展科学研究的重要基地,在高等教育学科体系中居于骨干和引领地位。继 1988 年首次国家重点学科评选后,2001—2002 年国家开展了第二次重点学科评选工作。2002 年 1 月,教育部教研函字〔2002〕2 号公布了第二次国家重点学科评审结果,全国高等学校中共评选出 964 个重点学科。南京理工大学的材料学、模式识别与智能系统、应用化学、兵器发射理论与技术和火炮、自动武器与弹药工程 5 个学科,被批准为国家级重点学科。

国家重点学科经过 1993—2012 年近 20 年的建设,其教学、科研条件得到了明显改善,学术水平、培养高层次人才和承担国家重大任务的能力得到了显著提高。面对世界科技革命的严峻挑战和世界范围内日益激烈的人才竞争,为适应建设创新型国家的战略部署需要,2006 年教育部出台了《关于加强国家重点学科建设的意见》和《国家重点学科建设与管理暂行办法》,提出在"服务国家目标,提高建设效益,完善制度机制,建设一流学科"指导思想下,对国家重点学科结构进行调整。调整的重点是在按二级学科设置的基础上,增设一级学科国家重点学科。一级学科国家重点学科的建设要突出综合优势和整体水平,促进学科交叉、融合和新兴学科的生长。二级学科国家重点学科的建设要突出特色和优势,在重点方向上取得突破。

以此为指导,2006 年教育部组织开展了第三次国家重点学科评选工作。2007 年 8 月,教育部教研函〔2007〕4 号文件公布了评审结果。本次共评选出全国高校 286 个一级学科重点学科,677 个二级学科重点学科,217 个国家重点(培育)学科。南京理工大学在本次国家重点学科评审中实现了新突破:共有 2 个一级学科、4 个二级学科被列为国家重点学科。其中,一级学科国家重点学科为兵器科学与技术(含 4 个二级学科)、光学工程(含 1 个二级学科);二级学科国家重点学科为模式识别与智能系统、材料学、应用化学、电磁场与微波技术。

至此,南京理工大学国家重点学科覆盖 9 个二级学科,在江苏高校和委属高校中分别居第 4 和第 5 位。学校通过"211"工程建设,国家重点学科数量大幅度增长,学科结构进一步改善,学校的学科总体水平和实力获得重大提升,如表 5.1.1 所示。

表 5.1.1　1993—2012 年学校国家重点学科入选情况

公布时间	国家重点学科名称	评选时间
1987 年	火炮与自动武器 弹道学	1986—1987 年 国家教委〔1988〕教研字 014 号
2002 年	材料学 模式识别与智能系统 应用化学 兵器发射理论与技术 火炮、自动武器与弹药工程	2001—2002 年 教育部教研函字〔2002〕2 号

续表

公布时间	国家重点学科名称		评选时间
	一级学科	二级学科	
2007 年	兵器科学与技术	含 4 个二级学科 武器系统与运用工程 兵器发射理论与技术 火炮、自动武器与弹药工程 军事化学与烟火技术	2006 年 教育部教研函〔2007〕4 号
	光学工程		
		材料学 电磁场与微波技术 应用化学 模式识别与智能系统	

(二)部委级重点学科

从 1987 年,原国家机械工业委员会开展部委级重点学科评选以来,至 1993 年,学校有部委级重点学科 17 个。

1993 年 9 月,兵器工业总公司印发了《关于加快兵工院校改革和发展的意见》。根据《意见》兵器工业总公司提出的对重点学科要"按照学科建设规划,定期进行检查、评估"的精神,对部委级重点学科开展了检查、评估。

1995 年 11 月 8—10 日,兵器工业总公司重点学科检查组对学校兵器系统工程、火工烟火技术博士点和电路与系统硕士点进行了检查和评估。检查组对两个博士点在学科建设方面取得的成绩表示满意,对兵器系统工程学科点在学术梯队建设及取得的成果、对火工烟火技术学科点取得的高水平科研成果给予了赞扬。至此,学校 17 个部级重点学科已全部接受一轮检查和评估。

1995 年学校通过兵器工业总公司"211"工程部门预审后,重点学科建设被纳入到学校"211"工程总体建设方案中。

1998 年,学校电磁场与微波技术、固体力学、物理电子学、环境工程、热能工程、应用数学、车辆工程 7 个学科被评为兵器工业总公司重点学科,学校部级重点学科达到 24 个,如表 5.1.2 所示。

表 5.1.2　"八五"至"九五"期间学校部委级重点学科

时间(时期)	部委级重点学科增加情况	部委级重点学科名单
1993 年	1993 年,共有部委级重点学科 13 个	火炮与自动武器 弹道学 弹药战斗部工程 引信技术 含能材料

时间（时期）	部委级重点学科增加情况	部委级重点学科名单
1993 年	1993 年,共有部委级重点学科 13 个	军用光学 火力控制系统 火箭发动机 信号与信息处理 电路与系统 兵器系统工程 火箭导弹发射技术 火工烟火技术等学科
"八五"时期 （1991—1995 年）	1993 年,新增兵器工业总公司重点学科 4 个,总计 17 个	爆炸理论及应用 测试计量技术及仪器 模式识别与智能控制 通信与电子系统
"九五"时期 （1996—2000 年）	1998 年,新增兵器工业总公司重点学科 7 个 （兵教〔1998〕29 号）,总计 24 个	电磁场与微波技术 固体力学 物理电子学 环境工程 热能工程 应用数学 车辆工程

1999 年 3 月,学校归属国防科工委后,继续积极加强重点学科的申报和建设工作。21 世纪伊始,即开始"十五"期间各级重点学科的申报工作。2002 年,学校 5 个学科被批准为国家重点学科的同时,另有 10 个学科被批准为国防科工委重点学科。

2008 年 6 月,工业和信息化部挂牌成立后,学校根据国家国防科技工业局确定的学校"十一五"国防特色学科专业点及专项投资资金控制额度,将学校 20 个国防特色学科整合成 10 个国防特色学科专业建设子项目,组织编制并向工业和信息化部上报,通过了国防科技工业局军工项目审核中心组织的专家评估,学校 12 个学科被批准为国防特色学科。与此同时,根据《南京理工大学"十一五"学科建设方案》,学校组织编制并向工业和信息化部上报了"十一五"学科优势创新平台建设项目,并通过了组织的专家评估,如表 5.1.3 所示。

表 5.1.3 "十一五"期间学校新增国防特色学科

序号	国防特色学科名称	备注
1	兵器发射理论与技术	国防重点骨干学科
2	材料学	
3	模式识别与智能系统	国防重点主干学科
4	火炮、自动武器与弹药工程	
5	光学工程	
6	武器系统与运用工程	

续表

序号	国防特色学科名称	备注
7	电磁场与微波技术	国防重点支撑性基础学科
8	环境工程	
9	应用化学	
10	纳米材料及微米科学与技术	国防重点新兴交叉边缘学科
11	全频谱目标探测与信息处理	
12	辐射防护及环境保护	国防重点紧缺学科

(三)江苏省重点学科

1994 年,江苏省在全国率先启动省级重点学科建设,投入专项经费,重点建设了 91 个省级重点学科,对首批 42 个国家重点学科进行了配套资助。学校含能材料、军用光学、测试计量技术及仪器 3 个学科作为江苏省重点学科,火炮与自动武器和弹道学作为国家级重点学科得到了配套资助。

"十五"期间,江苏省大力推进高校重点学科建设,除继续支持 89 个国家重点学科外,还评选出 11 个江苏省重中之重学科、101 个省重点学科、34 个省重点建设学科。根据苏教研〔2002〕6 号文件公布,南京理工大学共 6 个学科被列为省重点学科,分别是材料科学与技术、机械电子工程、光学工程、通信与信息系统、控制理论与控制工程、计算机应用技术,其中材料科学与技术为"十五"江苏省重中之重学科。

"十一五"期间,江苏省重点学科建设又推出新举措,除正常的省重点学科外,增加了国家重点学科培育建设点学科和申报单位自筹经费省重点学科。根据苏教研〔2006〕4 号文件公布,南京理工大学共有机械电子工程、光学工程、纳米材料及相关技术、工程热物理、通信与信息系统、控制理论与控制工程和计算机应用技术 7 个学科被列为省重点学科,其中:光学工程为国家重点学科培育建设点,纳米材料及相关技术、工程热物理为学校自筹经费省重点学科。结合国家重点学科评选方式的改革,江苏省教育厅于 2008 年 6 月和 2009 年 10 月分两次发函,确认学校材料科学与工程、控制科学与工程 2 个学科被列为一级学科江苏省重点学科和江苏省国家重点学科培育建设点。

"十二五"期间,江苏省重点学科建设再出新的内容,除正常的一级学科江苏省重点学科外,增加了一级学科江苏省重点(培育)学科。2011 年 9 月,根据苏教研〔2011〕14 号文件公布结果,南京理工大学共有力学、电子科学与技术、信息与通信工程、计算机科学与技术、化学工程与技术 5 个一级学科列为江苏省重点学科,另有动力工程及工程热物理为一级学科江苏省重点培育学科。

同时,江苏省政府启动实施了"高校优势学科建设工程"建设项目。根据苏教研

〔2011〕6号文件公布结果，南京理工大学兵器科学与技术、光学工程和控制科学与工程3个一级学科被列为"高校优势学科建设工程"一期项目立项建设学科。

2012年初，江苏省教育厅印发了《关于公布新增一级学科"十二五"省重点学科名单的通知》（苏教研〔2012〕2号），共有62个学科被遴选为新增一级学科"十二五"江苏省重点学科，学校"软件工程"入选，如表5.1.4所示。

表5.1.4　1993—2012年江苏省重点学科入选情况

时间	省重点学科名称	批准文号、时间	备注
"九五" （1996—2000年）	含能材料 军用光学 测试计量技术及仪器	苏教科〔1996〕16号 1994年8月31日	江苏省对2个国家重点学科（火炮与自动武器、弹道学）给予经费支持
"十五" （2001—2005年）	材料科学与技术 机械电子工程 光学工程 通信与信息系统 控制理论与控制技术 计算机应用技术	苏教研〔2002〕6号 2002年4月5日	6个江苏省重点学科中，材料科学与技术为"十五"省重中之重学科
"十一五" （2006—2010年）	机械电子工程 光学工程★ 纳米材料及相关技术△ 工程热物理△ 通信与信息系统 控制理论与控制工程 计算机应用技术	苏教研〔2006〕4号 2006年7月21日	"十一五"期间江苏省重点学科，其中：标注"★"为国家重点学科培育建设点；标注"△"为申报单位自筹经费省重点学科
	材料科学与工程 控制科学与工程	苏教研〔2008〕4号 2008年6月27日	省一级学科重点学科
	材料科学与工程 控制科学与工程	苏教研〔2009〕13号 2009年10月27日	省一级学科国家重点学科培育建设点
"十二五" （2011—2015年）	力学 电子科学与技术 信息与通信工程 计算机科学与技术 化学工程与技术	苏教研〔2011〕14号 2011年11月19日	"十二五"期间一级学科省重点学科
	动力工程及工程热物理		"十二五"期间一级学科省重点（培育）学科
	兵器科学与技术 光学工程 控制科学与工程	苏政办发〔2011〕6号 2011年1月25日	江苏高校优势学科建设工程一期立项建设项目
	软件工程	苏教研〔2012〕2号 2012年2月29日	

第二节　探索创新办学模式,加快推进学校发展

20世纪90年代初,邓小平南方谈话和中国共产党第十四次代表大会的召开,标志着中国改革开放和社会主义建设事业进入了一个新阶段。随着社会主义市场经济体制的建立,国家实施对高校分层次办学的方针,"211"工程立项建设启动,给学校带来了机遇和挑战。学校加快建设,努力争取进入立项建设的100所第一层次高校行列。为此,学校及时面向行业需要和经济社会对科学技术、人才培养新的要求,立足自身办学实际和人才培养定位,开展广泛的社会联系和合作,增强学校办学实力,扩大学校社会影响力。

一、确立学校发展思路,准确定位、抓住机遇、快速发展

学校第七次党代会提出的奋斗目标是:到2000年,把学校办成以工为主,理工结合、军民结合,理、经、文、管等学科配套的社会主义一流理工大学。院长李鸿志同志在任期报告中明确提出分两步走,即利用"八五"计划和"九五"计划前后十年,实现学校的奋斗目标。在细化制定学校两个五年发展规划时,必须正确处理好"十二个关系":①"教育、科技"同其他各项工作的关系;②教育和科技的关系;③德育和智育的关系;④教和学的关系;⑤严格管理和思想教育的关系;⑥理论教学和实践教学的关系;⑦规模和质量、水平的关系;⑧学科建设与其他工作的关系;⑨基础研究,应用研究和科技研究及面向主战场和开发生产的关系;⑩事业单位财务、科技财务和企业财务的关系;⑪学院发展和教职工生活的关系;⑫物质激励与精神激励的关系。鲜明提出"以学科为龙头、科研为先导"和"突出教育中心地位"的办学方针。号召全校教职员工抓住机遇,凝心聚力,实现"211"工程立项建设和研究生院成功申办,努力向建成教学、科研两个中心的学校迈进。

(一)学校更名为南京理工大学

根据国发〔1986〕108号关于《普通高等学校设置暂行条例》文件精神,学校从1987年开始就向上级主管部委请示更改学校校名。结合学校发展现状和所处地理位置,分别提出3种方案:一是华东工业大学(院字〔1987〕6号),二是华东理工大学(院字〔1988〕29号、院字〔1990〕83号、院字〔1991〕44号),三是南京理工大学(院字〔1988〕13号、院字〔1988〕133号)。学校多次向主管部委和国家教委申请更改校名,并按照一流大学的要求,不断推进内部管理改革,强化学科特色,提高教学和科研水平,形成了与大学办学相适应的基本框架。

1993年3月6日,兵器工业总公司以兵教〔1993〕22号文件转发了国家教委2月26日《关于同意华东工学院更改校名的通知》。《通知》指出:"为适应华东工学院进一步发

展的需要,便于对外交流,鉴于该院在人才培养的层次、学科涉及面、师资力量的水平,以及学校的规模等方面均已基本符合国务院颁布的《普通高等学校设置暂行条例》中有关'大学'的规定,经全国高等学校设置评议委员会认真评议,并经我委研究,同意华东工学院更名为南京理工大学。"

此次更名既是对学校改革发展的肯定,也进一步促进了学校各方面的建设与发展。自1993年4月1日起,学校启用"南京理工大学"印章。1998年9月,在学校45周年校庆之际,时任中共中央总书记、国家主席和中央军委主席的江泽民同志为学校题写了校名。

(二)学校隶属关系变革

学校在1993—2012年建设发展期间,始终发扬哈军工精神和我军光荣传统,坚持为国防、军工服务的方向和办学特色不动摇。1993年学校更名为南京理工大学时,隶属中国兵器工业总公司。

1998年3月,国家机构改革,将原国防科工委改组为总装备部,另成立国防科工委。将原国防科工委管理国防工业的职能、国家计委国防司的职能、各军工总公司承担的政府职能,统归新组建的国防科学技术工业委员会管理。在国家机构改革面前,学校面临着由中央部委管理还是下放江苏省管理为主的选择。学校党委研究决定:立足国防、面向未来、统一认识,一致同意争取学校归属新组建的国防科工委管理。1998年11月,学校专门向中国兵器工业总公司报告,阐明了学校军工背景,办学规模、水平和综合实力,在我国国防工业的建设和发展中已具有不可替代的地位和作用,国家国防建设离不开南京理工大学,南京理工大学的生存和发展与国家国防事业密不可分,坚决要求学校纳入国防科工委管理。

1998年下半年,国务院转发了由教育部、国家经贸委、国家计委、财政部调整撤并部门所属学校管理体制的实施意见(国办发〔1998〕103号),提出了对原隶属机械工业部等九部委93所普通高等学校管理体制进行了调整的意见:国家部委保留2所、与地方共建中央为主10所、与地方共建地方为主81所。

1999年3月,国务院印发《国务院办公厅转发教育部等部门关于调整五个军工总公司所属学校管理体制实施意见的通知》,对军工院校进行改革。对原中国船舶工业总公司、中国兵器工业总公司、中国航空工业总公司、中国航天工业总公司、中国核工业总公司5个军工总公司所属的25所普通高等学校、34所成人高等学校、98所中等专业学校、232所技工学校的管理体制进行调整。其中"25所普通高校原则上实行中央与地方共建,对北京航空航天大学、西北工业大学、南京航空航天大学、哈尔滨工业大学、北京理工大学、南京理工大学、哈尔滨工程大学7所学校,在实施共建中与其他学校有所区别,为国防科工委所属学校,日常管理以地方为主,重大事项以国防科工委管理为主"。至此,学校正式归属国防科工委管理。

2002 年 8 月 26 日,原国防科工委和江苏省人民政府在南京签署协议,共同重点建设南京理工大学。国防科工委主任刘积斌、江苏省省长季允石分别代表国防科工委和江苏省人民政府签署了共建协议。根据协议,"十五"期间,除学校的正常经费安排外,国防科工委向学校投入重点建设经费 2.2 亿元。在 2003—2005 年 3 年内,江苏省向学校投入 0.6 亿元,并在重点学科、重点实验室建设方面给予支持。

2008 年 6 月 29 日,工业和信息化部正式挂牌,标志着这个在原发改委、国防科工委、信息产业部和国信办等机构基础上组建的大部委整合告一段落,并投入正式运行。南京理工大学与其他 6 所原国防科工委管理的高校归属工业和信息化部。工业和信息化部是在国家"走新型工业化道路"的新形势下应运而生的,比国防科工委的职责有了更多的拓展,涵盖了国防科技工业、信息产业、软件产业、核心电子元器件、烟草业等。学校归属工业和信息化部,面对着更广阔的发展空间和更广泛的资源,既是一次新的挑战,更是学校建设发展的一个重大机遇。

二、主动服务地方和社会,深化合作领域,推进共同发展

学校经过几次隶属关系的变革,利用地处南京和江苏的区域优势,主动加强与政府、社会等各方面的联系,深化合作领域,扩大服务面向,推动共同发展。第一,积极融入地方,主动服务江苏"两个率先"战略,为江苏省培养和输送了一大批优秀人才。第二,在国内高校中较早地成立由多家政府机构和企事业单位组成的董事会,40 多家董事单位在学校设立奖教奖学基金;第三,与江苏省外经贸委从联办国际商学院,到江苏省外贸学校、外贸职工大学两校整体并入学校;第四,为南京军区培养国防生,成立国防生学院;第五,与江苏省知识产权局合作创建知识产权学院;第六,加强联合办学,开办南京理工大学紫金学院和南京理工大学泰州科技学院,为地方输送专门人才。

(一)成立学校董事会

1994 年 4 月 26 日,学校召开了董事会成立暨第一次会议。董事会由中国兵器工业总公司、扬子石化公司、中国北方工业公司、中国江南航天工业集团公司、香港力胜国际集团有限公司、贵州省政府、南通市政府、宁波市经委和南京理工大学等 23 个企业、政府、高校、研究所组成董事单位,董事会每届任期 4 年。董事会由兵器工业总公司副总经理于桂臣任首任董事长,校长李鸿志任常务副董事长,党委书记曲作家任副董事长,赵忠令、苏志明、郑振乐三位副校长任董事。校董事会是学校与各行业、各领域实行产、学、研紧密结合的实体,对学校的发展规划、专业设置、人才培养、招生分配、科研课题及科技开发等工作进行研究和指导。

1995 年 5 月 5 日,学校召开第二次董事会会议,兵器工业总公司及江苏、浙江、贵州、

海南等省的近 30 个企事业单位和政府部门的董事、领导出席了会议。与会领导表示，将在资金和科技合作的项目上采取措施，支持学校实施"九五"和"211"工程长远目标建设。

1995 年 9 月，学校制定《南京理工大学董事会基金奖评定办法》，其中规定：各董事单位在学校设立的董事基金主要用于嘉奖德、智、体全面发展的优秀学生和优秀教师，鼓励他们刻苦学习、钻研创新、勤奋工作。董事会基金奖包括宁甬人才基金奖、北方奖学金、北方化学教育基金奖、长安人才基金奖、西南兵工教育基金奖、南京燕兴教育基金奖、香港力胜国际集团教育基金奖、陕西机械电器研究所教育基金奖、陕西青华机电研究所教育基金奖 9 种。

1997 年 12 月，根据学校《关于"九七年南京理工大学董事会基金奖"颁奖决定》，确定周淑阁等 22 位教师、熊刚等 80 位学生获得南京理工大学董事会基金奖。1998 年 1 月和 2000 年 1 月分别召开了第三次和第四次董事会，与会董事出席了董事基金奖颁奖仪式，并就学校长远发展战略、密切校企产学研合作等问题进行了深入热烈的交流和研讨。1999 年，根据《关于公布南京理工大学董事会第四次基金奖评审结果的通知》，确定钱林方等 48 名教师、徐胜元等 75 位学生获得南京理工大学董事会基金奖。2003 年 9 月，学校董事会举行换届会议，26 位董事及董事单位代表出席了会议。新一届董事会由 37 家成员单位组成，校长徐复铭当选为新一届南京理工大学董事会董事长。学校第六次董事会基金奖颁奖大会同时举行，根据《南京理工大学关于公布 2001 至 2003 年度董事会基金奖评选结果的通知》，黄寅生等 26 位教师和董涛等 115 位学生获得董事会基金奖。2005 年，根据《关于公布 2003 至 2005 年度董事会基金奖评选结果的通知》，确定段齐骏等 25 名教师获得"董事会基金奖奖教金"，邱玲等 41 位学生获得"董事会基金奖奖学金"。

2005 年 11 月，学校出台了《南京理工大学董事会基金奖优秀学科（专业）带头人、后备学科带头人奖评定办法》，由南京新城市商业置业有限公司在学校设立奖项，每两年评选一次。2005 年 12 月，开展了首次评选，周长省、陶纯堪、杨静宇、王执铨、徐建成（精品课程负责人）5 人获得新城市优秀学科（专业）带头人奖，徐强、孔德仁、居学海、盛卫星、朱正萱、张小兵、章定国、沈中华 8 人获得新城市后备学科带头人奖。

2005 年，新城市商业置业有限公司在学校设立了"新城市教育基金奖"，该基金是由朱献国校友每年出资 50 万元，专门用于奖励优秀贫困新生。该奖项延续至今。

学校董事会自成立后，除了设立专项奖教金和奖学金之外，对学校建设和发展、加强产学研合作等工作都起到了积极的促进作用。

（二）成立教育发展基金会

南京理工大学教育发展基金会是经江苏省民政厅批准，于 2006 年注册成立的非营利性社会组织，独立法人单位。作为非公募基金会，成立的目的是致力于加强学校与社会各界的联系和合作,为学校的建设和发展筹集资金,奖励、资助学校师生,提高教育质量和学术水平,推动学校教育事业的蓬勃发展。社会各界的所有捐赠都用于改善教学设施,包括建筑物、仪器设备、图书资料;奖励优秀学生,奖励优秀教师,资助困难学生;资助基础研究、教学研究和著作出版;资助教师出国深造以及参加国际学术合作和国际学术会议等。同时,对指定用途捐赠,按捐赠者的愿望和意见定向使用。

2007年9月21日上午,学校召开了南京理工大学教育发展基金会成立大会暨首届理事会第一会议。会上汇报了基金会注册、成立情况,宣布了理事名单并作了理事遴选过程说明、章程(草案)起草过程说明。全体理事审议并表决通过了《南京理工大学教育发展基金会章程》。会上选举产生了基金会首届理事会理事长、副理事长和秘书长,理事长是王晓锋。

2009年1月5日,根据《关于成立教育发展基金会办公室和董事会办公室的通知》,学校成立教育发展基金会办公室和董事会办公室(简称"两会办公室"),两会办公室合署办公。撤销学校办公室战略合作科,保留校友工作办公室牌子。

南京理工大学教育发展基金会成立以后,广泛联络社会各界,加强沟通与合作,搭建学校与社会联系沟通的桥梁。"举八方之善,兴教育伟业",基金会得到了海内外机构、慈善团体、国内外企业、友好人士及广大校友们的热心捐赠和支持,为师生成长进步奉献了爱心,助力了学校发展建设。

(三)成立校友会

2002年11月,经江苏省民政厅批准,南京理工大学校友会作为独立的社会团体正式成立。2003年3月30日,成立大会在艺文馆举行,学校在南京地区的部分校友和全国各地校友会负责人近百人出席了大会。省民政厅陶礼仁副厅长、省委教育工委葛高林书记、校友南京工程学院党委赵忠令书记、南京体育学院华洪兴院长,以及学校党委书记郑亚、校长徐复铭等参加了会议。

校友会以"加强校友服务,扩大学校影响,促进学校发展"为宗旨,通过为返校校友提供服务,举办主题活动,加强校友宣传,拜访各地校友分会及校友,组织开展"走访南理工人—国防行"大学生暑期社会实践活动,邀请杰出校友返校作报告,密切校友联系,增强校友的向心力和凝聚力。同时积极参与哈军工校友会的活动。

截至2012年12月,学校已先后成立厦门、山西、北京、上海、浙江、深圳、湖北、陕西、河北、南京、安徽,以及底特律、纽约等校友会。

(四)江苏省外贸学校、外贸职工大学两校并入

江苏省外经贸委下属的江苏外贸学校和江苏省外贸职工大学与学校毗邻,具有较好的办学条件和专业特色。1995年,学校开始与"两校"联合办学,创建了南京理工大学国

际商学院。之后 3 年,双方以人才培养为纽带,不断加强交流合作,由松散型、非实体性联合办学逐步向紧密型、实体性办学发展。

1999 年 3 月,为贯彻中央关于高等教育体制改革的精神,适应江苏外经贸事业对高层次人才的培养需要,根据江苏省人民政府《省政府关于同意将省外贸职工大学和省外贸学校并入南京理工大学的批复》(苏政复〔1999〕31 号),江苏省外经贸委所属的江苏外贸学校、江苏省外贸职工大学成建制整体并入学校。学校领导李鸿志、苏志明,省外经贸委副主任徐燕及学校有关部处领导、两校干部教师参加了并入大会。

江苏外贸学校、江苏省外贸职工大学并入学校后,与成人教育学院共同组建高等职业技术学院及新的经济管理学院,由学校与省外经贸委联合成立董事会,对该院办学的相关问题进行协调、监督和指导。在这种新机制下,高等职业技术学院按照新的办学模式和思路,立足办学、面向市场,不断增强自身实力,成为相对独立的办学实体,为地方经济建设,特别是江苏外经贸事业发展培养更多实用型、创业型人才。

(五)成立南京理工大学紫金学院、南京理工大学泰州科技学院

为顺应 21 世纪高等教育改革发展形势和需要,探索适应社会主义市场经济体制的新的办学模式,更好融入和服务地方经济社会发展,2000 年前后,学校先后建立了紫金学院和泰州科技学院。

1. 南京理工大学紫金学院

中国兵器工业总公司 1998 年 12 月发文"关于同意成立南京理工大学民办学院的通知"(兵教规〔1998〕42 号),学校以此批文为依据,向江苏省教育委员会申报举办南京理工大学公有民办紫金学院,请示中明确了公有民办紫金学院的办学指导思想、办学地点和师资来源、办学资金来源、办学体制、办学规模与专业等。1999 年 2 月,江苏省发文"关于同意举办公有民办南京理工大学紫金学院的批复"(苏教计〔1999〕39 号),同意学校举办公有民办紫金学院。批复同时明确:一是公有民办紫金学院属学校二级学院,属公有性质,引入民办机制,由学校统一管理,校区应相对独立。二是公有民办紫金学院以培养本科层次的学生为主,专业设置应满足江苏省经济建设和社会发展之急需,全部面向全省招生。收费项目、收费标准、招生录取统一按江苏省有关规定办理。三是公有民办紫金学院所需办学资金由学校自筹,实行独立核算。确需统筹利用现有办学资源时,需明晰产权关系,并采取切实有效的措施,确保国有资产保值增值。现有办学资源统筹利用部分可实行有偿使用。四是民办紫金学院不得以营利为目的,不得利用该学院资源从事非教育性、经营性的活动,其办学收入必须用于教育的发展。在学院存续期间,有关投资方不得转移和抽回对该学院的投资。学院停办或撤销时,应根据有关法律法规进行资产清算。五是公有民办紫金学院的合作各方的责权利和义务及有关事项需通过契约加以明确,有关各方应认真履行协议。六是要求学校遵守有关教育法律法规,切实加强对公

有民办紫金学院的领导和管理,制定专门章程,建立健全教学管理、学生管理、资产和财务管理等各方面的规章制度,确保办学条件,高度重视和加强师资队伍建设,对试点过程中出现的有关问题妥善处理并及时报告。

公有民办紫金学院利用校本部资源举办 3 年。从 1999 年首次开始招生,连续招收计算机、英语、法学、电子信息工程、通信工程、市场营销等专业共 1170 名本科生,且生源质量好,历年的录取分数线均列居江苏省公有民办学院第一位。

为解决公有民办学院"三独立"(校区独立、财务核算独立、教学管理独立)等问题,学校研究决定将紫金学院移址建立新校区。2002 年,学校致函国防科工委"关于南京理工大学紫金学院发展与建设的请示",国防科工委于 2002 年 7 月批复同意学校关于紫金学院发展与建设的实施方案。

紫金学院发展与建设方案包括:一是在江苏省、南京市重点建设的亚东大学城(仙林大学城)购置 500 ~ 1000 亩土地(可争取省政府优惠政策支持),按在校生 3000 ~ 4000 人左右的办学规模建设独立的紫金学院新院区;二是对紫金学院新院区的土地购置和教学、实验、生活等办学条件设施的建设,拟引进社会力量投资;三是迁址新建后,紫金学院作为南京理工大学下设的公有民办二级学院,由学校与投资方共同组建的董事会领导,实行董事会领导下的院长负责制,院长由南京理工大学推荐;四是紫金学院以培养全日制本科层次的应用人才为主,根据社会需求确定专业的设置和申报招生计划,招生规模为 800 ~ 1000 人/年,招生计划由国防科工委在学校"十五"计划核定的 4000 人/年的本科招生规模之外,另行下达,招生录取批次、收费标准按江苏省的有关规定执行。

同年,学校开始启动紫金学院新院区的建设,10 月 20 日,学校与中国·大森鞋业有限公司等 3 家民营企业签订协议,由 3 家民营企业在 3 年内投资 2 亿元,在仙林大学城兴建紫金学院 600 亩左右的新校区,将紫金学院整体搬迁。新校区于 2003 年 9 月在仙林大学城落成。同时组建公有民办紫金学院董事会,按新模式开始办学。

2004 年 5 月,经教育部批准,紫金学院变更为独立学院。2012 年起,紫金学院独立颁发学位。

2. 南京理工大学泰州科技学院

2003 年 3 月,江苏省教育厅提议学校以新的机制、新的模式帮助江苏省 13 个省辖市中唯一没有本科层次高等院校的地级市泰州市发展本科高等教育。6 月中旬,泰州市政府领导专程来到学校,正式提出了依托南京理工大学在泰州市建立本科层次高等院校的愿望。学校经认真研究后认为,按照"立足国防,服务地方"的办学定位,在泰州办学是实施委省共建的一个新的结合点,应该予以支持。同时,明确了在泰州办学以不影响校本部的建设发展为前提、不投入任何经费的原则。2003 年 7 月,学校就拟在泰州办学一事向国防科工委领导和人教司作了专门汇报,国防科工委领导原则同意学校响应江苏省要求在泰州办学,提出了"积极支持、规范筹划"的指导性意见。

按照国防科工委领导的指示意见和教育部《关于规范并加强普通高校以新机制和新模式试办独立学院管理的若干意见》（教发〔2003〕8 号）的规定要求，学校与江苏省教育厅、泰州市政府积极联系和沟通，开展在泰州办学的前期相关工作。经过多轮洽谈和反复磋商，2003 年 12 月 28 日，学校徐复铭校长与泰州市政府签署了《南京理工大学、泰州市人民政府关于合作建立南京理工大学泰州科技学院的协议》。

根据协议，学校与泰州市人民政府共同建立以工科为特色的本科层次独立学院——南京理工大学泰州科技学院。该学院具有独立校区，独立组织教学、独立财务核算、独立招生、独立法人、独立颁发学历证书。

泰州市政府负责南京理工大学泰州科技学院基本建设投资和办学初期正常运转经费的筹集，负责建设和提供学院按国家有关规定和办学目标规模所需的各项办学条件和设施，并全面达到学院的规划建设目标。南京理工大学对学院的教学管理负责，并保证办学质量，具体负责对南京理工大学泰州科技学院学科专业、人才培养、师资队伍等建设规划、方案的审定和把关，帮助建立并不断完善学院教学水平的监测、评估体系。

南京理工大学泰州科技学院占地 1003 亩，自 2004 年开始招收本科学生，招生专业和规模根据办学条件、师资力量情况研究确定。根据教育部有关独立学院办学的规定，南京理工大学泰州科技学院的招生计划由江苏省纳入了地方年度招生计划。

2004 年 7 月 20 日，南京理工大学泰州科技学院成立大会召开。

南京理工大学泰州科技学院的成立在江苏高等教育发展史上具有里程碑式的意义，寓意着江苏高等教育布局更趋合理，"教育之乡"被赋予新的内涵，泰州经济、社会发展也在本科层次高等教育的推动下，实现全面、协调、可持续发展。南京理工大学在为江苏省地方尤其是泰州市高等教育作出贡献的同时，也实现了"立足国防、服务地方"的办学目标，扩大了与江苏省教育发展与经济建设的紧密衔接，对深化学校教育改革和发展有着深远意义。

三、实施"一提三优"工程（一期），提升学校办学水平

2006 年 9 月，国防科工委在《国防科技工业教育"十一五"规划》中提出委属高校实施"办学水平提升工程、党建创优工程、本科教育优秀工程、研究生教育优秀工程"，即"一提三优"工程。国防科工委下发了《关于所属高校"一提三优"工程的实施意见》（科工人〔2006〕765 号），提出了"一提三优"工程的指导思想、基本原则、目标和要求，以及办学水平提升工程评价方案、高校党建工作评价方案、研究生教育工作评价方案，明确了四项评估通过并达到优秀的截止时间。强调本科教学工作评估以教育部本科教学工作水平评估为依据，国防科工委不再制定评价方案。

学校经过精心安排和认真准备，分别于 2007 年 10 月完成了本科教育优秀工程评估，于 2009 年 11 月完成了研究生教育优秀工程评估，于 2010 年 5 月完成了党建创优工程评

估。2010 年 12 月,通过了工业和信息化部部属高校办学水平提升工程评估,并获得优秀成绩。经全校师生的共同努力,学校以优异成绩通过了各项工程的评估。在"一提三优"工程建设与迎评工作中,学校坚持将建设与迎评与完成"十一五"规划目标任务、落实学校第十次党代会提出的发展战略等结合起来,创新理念、统筹谋划、扎实推进。学校办学能力、办学水平和综合影响力得到了稳步提升。

(一)学校"办学水平提升工程"评估的准备

办学水平提升工程评估是在本科教学优秀工程、研究生教育优秀工程和党建创优工程的基础上,对学校整体工作的全面评价。评估采用学校自评和专家集中评审的方式。

学校认真学习了工信部办学水平提升工程评估方案,制定了《迎接工业和信息化部"办学水平提升工程"评估工作方案》,明确了总体要求、工作原则、组织领导、工作步骤,并对办学水平提升工程指标体系进行了任务分解。学校各相关部门各司其职,按时完成任务,并在此基础上,认真总结学校实施办学水平提升工程以来各项工作,完成了自评报告,做好迎接专家集中评审的各项准备。专家评审由工信部统一组织,集中在北京举行,分为部属高校领导汇报自评情况、回答专家提问、专家讨论评审意见等环节。

(二)接受工业和信息化部组织的"办学水平提升工程"评估

2010 年 12 月 1—3 日,工业和信息化部在北京友谊宾馆召开部属高校办学水平提升工程评估报告会。开幕式后,部属 7 所高校校长向评估专家组做大会汇报。

开幕式由人教司副司长尹卫军主持。工信部人教司领导、评估专家组组长顾秉林院士先后在大会开幕式上发表讲话。学校党委书记陈根甫、校长王晓锋,学校领导刘刚、钱林方、尹群、陈岩松、廖文和,校长助理吴晓蓓、席占稳以及学校相关部门负责人参加了报告会。

工业和信息化部人教司领导对本次部属高校办学水平提升工程评估工作的意义、评估指标和具体工作情况做了介绍,代表部党组对部属高校实施"一提三优"工程以来所取得的显著成绩做了高度评价,并强调部党组对本次评估工作的高度重视,要求正确认识、正确对待此次评估工作。此次评估旨在按照全国教育会议和教育规划纲要的要求,围绕高等教育质量和高校办学水平这一主题,总结交流"十一五"期间"一提三优"工程实施情况和办学治校的成绩经验,研究探讨有特色、高水平大学建设的新思路和新举措。

校长王晓锋同志代表南京理工大学向大会作了题为《构建"立体兵工",服务"三化",建设特色高水平研究型大学》的报告。报告分 8 个方面具体汇报了学校办学水平提升工程建设的主要做法和成效,强调了学校实施"立体兵工"发展方略的办学特色,简要总结了实施"一提三优"工程的主要经验和体会。报告最后指出,"十一五"以来开展的"一提三优"工程实施工作使学校办学能力、办学水平和综合影响力都得到了稳步提升,在今后的工作中,学校将认真贯彻落实全国教育工作会议精神和《国家中长期教育改革和发展规划纲要(2010—2020年)》的要求,继续以实施"十二五"规划和"一提三优"工程(二期)为主线,真抓实干,开拓创新,在加快建设特色高水平研究型大学征途中阔步前进。

本次评估专家组由中国科学院、中国工程院、国内著名高校及教育研究机构知名专家组成。评估会持续三天,12月2日进行7所高校答辩,12月3日进行评审意见讨论,专家组认为,"十一五"期间,南京理工大学以实施"一提三优"工程为抓手,全面提升办学水平和质量为目标,坚定不移实施"立体兵工"发展方略,不断加大改革创新力度,全力拓展办学和服务领域,努力强化办学特色,全面提升了学校的核心竞争力,加快了特色高水平研究型大学建设的进程。

学校参加工业和信息化部办学水平提升工程评估得分为932.56分,达到优秀标准。

第三节　研究生教育

1993年开始,学校把扩大研究生规模、成立研究生院作为重点工作之一。结合实施"211"工程建设,学校不断加大研究生招生规模和教育教学改革,研究生学位点数不断取得新突破,研究生规模和培养质量迈上新台阶。

一、大力发展研究生教育作为强校之路

1993年2月23日,学院召开学位和研究生教育工作会议。会上,研究生部通报了学校发展研究生教育和加强学科建设的设想和措施。院长李鸿志、党委书记曲作家也分别在会上讲话,提出学校要上层次、上水平,要进入"211"工程,要成立研究生院,关键是发展研究生教育。学校应抓住当下时机,下大力气,超常规发展。

1997年4月召开的学校第八次党代会,再次明确提出要"强化并积极推进高层次人才培养,使学校成为国家和兵器行业培养各类多层次高级专门人才和外国留学生的重要基地之一"。

2001年4月召开的学校第九次党代会,郑亚同志的报告在描绘新世纪学校建设发展目标时指出,要树立"本科教育是立校之本,研究生教育是强校之路"的思想,提出要"大力发展研究生教育,提升办学层次,逐步向研究型大学迈进"。校长徐复铭同志在关于"十五"规划说明的报告中,再次指出:"要坚持走内涵发展为主的道路,大力发展研究生教育。要以研究生院建设为契机,瞄准国内外研究生教育的先进水平,加快学校研究生教育改革的步伐,以适应研究生招生规模扩大的需要,建成一个开放式的、能够满足经济建设所需高水平人才的研究生培养体系。"

二、学位授权点建设

1993年之前，国家已经组织过四批博士、硕士学位授权审核，学校已获授权博士点10个、硕士点32个。

此后，1993年、1996年、1998年、2000年、2003年、2006年、2011年，国家又进行了7次博士、硕士学位授权点的审核。截至2012年底，学校已有博士学位二级学科授权点49个，分布在18个一级学科；硕士学位二级学科授权点116个，分布在38个一级学科。

(一)国家第五批博士、硕士学位授权审核

1993年4—5月，国务院学位委员会陆续发出通知，全面部署第五批博士、硕士学位授权点的申报和审核工作。12月10—11日，国务院学位委员会第12次会议审议通过了第五批学位授权审核结果。

与此同时，试行"开展由省级学位委员会组织审批硕士点的试点工作，由地方部门或学位授予单位根据规定组织审核、批准"，学位授予单位可以自行审核招收培养博士研究生计划，遴选确定博士研究生导师。

在此次学位授权审核中，学校测试计量技术及仪器、爆炸理论及应用、通信与电子系统、模式识别与智能控制4个学科获批博士学位授权学科；高分子材料、科技情报、工程热物理3个学科获批硕士学位授权学科；汪信、赵宝昌、汤瑞峰、周彦煌、李兴国、赖百坛、贺安之、陈进榜、杨成梧、王执铨、丘光申、王俊德、闫大鹏、杨静宇16人获批博士生导师资格。

(二)国家第六批博士、硕士学位授权审核

1996年4月29—30日，国务院学位委员会在北京召开第十四次会议，审批第六批博士、硕士学位授予学科专业名单。在此次学位授权审核中，学校计算机应用、兵器安全技术2个学科获批博士学位授权学科；焊接、精细化工、光学仪器、机电控制及其自动化、商业经济、管理工程6个学科为硕士学位授权学科。经江苏省学位委员会批准，学校军事技术运筹学硕士点调整为应用数学，振动、冲击、噪声硕士点调整为汽车设计与制造。

(三)国家第七批博士、硕士学位授权审核

1997年4月，国务院学位委员会第十五次会议审批了《授予博士、硕士和培养研究生的学科、专业目录》，这也是第3版博士、硕士学位学科专业目录。1998年6月，国务院学位委员会第16次会议审批了新增学位授权单位及授权点名单。

在第七次学科专业审核中，学校火力控制系统博士点调整为自动控制理论及应用，兵器安全技术博士点调整为管理科学与工程。新增兵器科学与技术、管理科学与工程、

光学工程 3 个一级学科博士学科、专业,新增机械制造及其自动化博士点。同时根据 1998 年 7 月 15 日《关于公布江苏省学位委员会审批增列、调整第七批硕士学位授权结果的通知》,学校新增会计学、热能工程 2 个硕士点;火力控制系统硕士点调整为自动控制理论及应用,兵器安全技术硕士点调整为马克思主义理论与思想政治教育。

第七次学科专业评审后,国务院学位委员会下发根据新专业目录(第三版)对应调整后的博士、硕士学位授权学科、专业名单。根据新专业目录,爆炸理论及应用更名为工程力学,含能材料、高分子材料、金属材料及热处理统一为材料学,军用光学更名为光学工程,兵器系统工程更名为系统工程,计算机应用更名为计算机应用技术,火工烟火技术、应用化学统一为应用化学,火箭导弹发射技术、弹道学统一为兵器发射理论与技术,火炮与自动武器、弹药战斗部工程更名为火炮、自动武器与弹药工程,引信技术、机电控制及其自动化统一为机械电子工程,科技情报更名为情报学,商业经济更名为产业经济学,机械学更名为机械设计及理论,汽车设计制造更名为车辆工程,焊接更名为材料加工工程,火箭发动机更名为航空宇航推进理论与工程等。

(四)国家第八批博士、硕士学位授权审核

1999 年 5 月,国务院学位委员会第十七次会议较大幅度扩大了按一级学科审核学位授权的学科范围,对博士学位授权一级学科点的审核增加答辩环节,扩大了省级学位委员会和部分学位授予单位自审硕士点的试点范围。2000 年 12 月,国务院学位委员会第十八次会议批准了《第八批博士和硕士学位授权学科、专业名单》。

学校在此次学位授权审核中,新增机械工程、材料科学与工程、控制科学与工程、化学工程与技术 4 个一级学科博士点,新增电磁场与微波技术、环境工程 2 个博士点。

2000 年 12 月 7 日,国务院学位办批准学校第一次自行评审硕士点共 9 个(学位办〔2000〕89 号《关于自行审批增列硕士点备案名单的复函》):国际贸易学,劳动经济学,高等教育学,运筹学与控制论,凝聚态物理,精密仪器及机械,计算机软件与理论,结构工程,供热、供燃气、通风及空调工程。同时,将硕士点流体力学调整为设计艺术学。

根据 2000 年 11 月 17 日江苏省学位委员会下发的《关于批准增列、调整硕士学位授权点的通知》(苏学位字〔2000〕33 号),学校新增生物医学工程硕士点。

(五)国家第九批博士、硕士学位授权审核

2003 年 7 月,国务院学位委员会第二十次会议通过了第九批博士学位授权学科、专业名单。学校在此次学位授权审核中,增列的一级学科博士学位授权学科 2 个:仪器科学与技术、信息与通信工程;二级学科博士学位授权学科 4 个:工程热物理、物理电子学、信号与信息处理、精密仪器及机械。

2003 年 9 月 1 日,国务院学位办印发《关于自行审批增列硕士点备案名单的复函》

(学位办〔2003〕93号),学校第二次自行评审硕士点共26个:科学技术哲学、金融学、民商法学、社会学、英语语言文学、基础数学、计算数学、等离子体物理、光学、有机化学、高分子化学与物理、一般力学与力学基础、流体力学、制冷及低温工程、化工过程机械、电力电子与电力传动、微电子学与固体电子学、计算机系统结构、安全技术及工程、交通信息工程及控制、载运工具运用工程、飞行器设计、人机与环境工程、环境科学、企业管理、行政管理。

(六)国家第十批博士、硕士学位授权审核

2005年1月,国务院学位委员会第二十一次会议审议通过了《关于进行第十次博士、硕士学位授权审核工作的意见》,审议通过了《关于开展对博士、硕士学位授权点定期评估的几点意见》,对1998年(含1998年)以前获得学位授予权的学科进行评估。

2006年1月,国务院学位委员会第二十二次会议审议通过了《第十批博士和硕士学位授权学科、专业名单》。在此次学位授权审核中,学校力学、电子科学与技术2个学科获得博士学位一级学科授权;思想政治教育、航空宇航推进理论与工程2个学科获得博士学位授权;应用经济学、物理学、化学、动力工程及工程热物理、电气工程、计算机科学与技术、交通运输工程、航空宇航科学与技术、工商管理、图书馆、情报与档案管理10个学科获得硕士学位一级学科授权;体育教育训练学、外国语言学及应用语言学、传播学、概率论与数理统计4个学科获得硕士学位授权。

(七)国家第十一批博士、硕士学位授权审核

2008年1月,国务院学位委员会第二十五次会议审议并原则上通过了《博士、硕士学位授权审核办法改革方案》,决定进一步扩大学位授予单位在授权审核工作中的自主权,进一步拓宽学位授权审核的学科专业口径,学位授权一般按一级学科进行申报和审核。

2011年2月,国务院学位委员会第二十八次会议审议通过了《2010年新增博士、硕士学位授权一级学科点名单》。与此同时,国务院学位委员会、教育部颁布了新修订的《学位授予和人才培养学科目录》,这也是学位制度实施后的第四版博士、硕士学位学科专业目录。目录分为学科门类和一级学科,取消了二级学科建制。

在此次学位授权审核中,学校增列博士学位授权一级学科4个:数学、计算机科学与技术、环境科学与工程、管理科学与工程;硕士学位授权一级学科3个:数学、土木工程、环境科学与工程。

三、研究生教育培养

1993年12月,经兵器工业总公司同意,学校成立南京理工大学研究生院(筹)。这是1983年12月成立研究生部后,学校在新形势下,为适应研究生教育发展需要,在研究生

教育管理上作出的又一重大举措。

开始筹建研究生院后,学校一直参照国家有关研究生院设置、评估的标准进行条件建设。1997年11月,学校党委决定,撤销研究生部党总支,成立党委研究生工作部。1999年,研究生部获全国首届学位与研究生教育管理工作先进集体。

至2000年,学校已有7个一级学科博士学位授权点,29个二级学科博士学位授权点分布在13个一级学科、2个学科门类中,54个二级学科硕士点分布在27个一级学科、7个学科门类中,并设有8个博士后流动站。学校除培养博士、硕士研究生以外,还有MBA、EMBA、在职人员以同等学力申请博士（或硕士）学位和工程硕士学位授予权。在校研究生数已经超过1500名（其中博士生近400名）,工程硕士近600名,硕士研究生课程进修班学员近千名,总数已超过3000人。

由于学校的研究生培养工作成绩突出,经教育部批准,学校于2000年9月起试办研究生院,试办期为3年。学校试办研究生院期间取得了突出成绩,2004年5月26日,教育部批准学校正式建立研究生院。学校成为经教育部批准设立研究生院的56所高校之一。研究生院的设立,是学校建设和发展史上具有里程碑意义的事件,标志着学校学科建设与研究生教育工作又迈上了一个新台阶,促进了学校研究生教育在更高起点上快速发展。

1993年以来,学校坚持稳定本科生规模,发展研究生教育。研究生院成立后,学校研究生培养规模继续稳步增加。硕士生招生规模从1993年的221人发展到2012年的2343人;博士生招生规模从1993年的27人发展到2012年的372人,如表5.3.1所示。

表5.3.1 南京理工大学1993—2012年硕士研究生、博士研究生招生人数

年份	硕士研究生	博士研究生
1993	221	27
1994	205	51
1995	269	53
1996	332	74
1997	375	78
1998	409	101
1999	758	121
2000	660	160
2001	949	213
2002	1210	251
2003	1678	325
2004	1872	337
2005	2003	337
2006	1968	337

续表

年份	硕士研究生	博士研究生
2007	1941	327
2008	2067	354
2009	2169	330
2010	2631	360
2011	2596	367
2012	2343	372

(一)"八五"期间,健全研究生培养、教育和管理体制机制

"八五"期间,学校改革研究生教育和管理体制,调整和修订研究生培养方案,精选授课内容,推进研究生论文开题评审、进度督查、论文抽样外审等一系列规范化的管理制度。研究生培养、教育和管理体制逐步健全。

1993 年,学校在保证质量的前提下,扩大了硕士研究生招生规模,成为学校自 1978 年恢复研究生招生以来招收硕士生最多的一年,也是在连续稳定递增形势下增招幅度最大的一年。

为扩大博士研究生招生规模,加速高层次专门人才培养,1994 年 11 月 10 日,经中国兵器工业总公司教育局批准,学校开始试行优秀应届本科毕业生通过免试推荐直接攻读博士学位制度,直接攻博的学习年限为 4 年,学生入学后享受博士生待遇。当年,电光学院 920401 班学生、学校"三好学生标兵"李展,经过批准,成为学校首位直接攻读博士学位的本科生。由于博士生招生政策的调整,学校开始采取博士生副导师制,首次申报批准了 42 名副导师。

"八五"期间,学校积极深化研究生教育改革,面向国民经济建设主战场,适应社会主义市场经济形势发展的需要,积极主动地与大企业集团合作,采取灵活的办学方式,积极招收、培养工程型定向硕士生,还与乡镇企业经济发展迅速的无锡等地举办试点班,探索多方位、多渠道办研究生教育的途径。

同时,加强与国内外兄弟高校交流合作,推进研究生的联合培养。学校"模式识别与智能控制"学科与法国卢昂电气工程学院合作,联合培养法国硕士生,有 7 名法国留学生在学校完成学位论文撰写并通过论文答辩;管理科学与工程学科与法国第二巴黎大学开始联合培养 3 名工商管理博士研究生的合作。

(二)"九五"期间,学科点布局、层次和水平再次提升

"九五"期间,学校博士点覆盖的一级学科从 5 个增长到 13 个,博士学科点从 16 个增长到 29 个,硕士点从 35 个增长到 54 个。这些成果是在国务院学位委员会 1998 年调

整学科目录工作中,大幅度压缩学科点目录的情况下取得的。

与此同时,学校改革研究生教育和管理体制,调整和修订研究生培养方案,精选授课内容,推进研究生论文开题评审、进度督查、论文抽样外审等一系列管理制度的规范化。

1997 年,在研究生招生工作中,学校加强宣传,报考 1998 年硕士生的学生总数达到 1600 人。学校录取新生也比上年度有了较大幅度的增长,当年共录取硕士生 299 名,博士生 81 名。

1996 年,学校被国务院学位办批准为"按工程领域培养工程硕士试点单位",成为全国工程硕士专业学位最早试点的 7 所院校之一,构建起在职工程硕士和全日制硕士学位研究生的培养体系。至 2000 年,学校共招收 4 届工程硕士 868 名。2011 年,获"全国工程硕士研究生教育创新院校"称号。

（三）"十五"期间,提高研究生创新能力和实践能力

学校第九次党代会上提出:"十五"期间,要"以提高研究生创新能力和实践能力为目标,继续修订完善硕士、博士研究生规范化培养方案、质量评估指标体系及实施方案,全面提高研究生特别是博士生的培养质量"。

"十五"期间,学校以试办研究生院为契机,瞄准国内外研究生教育的先进水平,加快研究生教育改革的步伐,以适应研究生招生规模扩大的需要,努力建设开放式的、能够满足经济建设所需高水平人才的研究生培养体系。

学校以提高研究生创新能力和实践能力为目标,继续修订完善硕士、博士研究生规范化培养方案、质量评估指标体系及实施方案,全面提高研究生特别是博士生的培养质量。2004 年,学校成为国防科技工业研究生教育创新基地,建有信息探测与处理、智能控制与传动、网络通信与嵌入式系统 3 个创新平台实验室和智能机器人、含能材料与功能材料 2 个主题实验室。2005 年,成为教育部研究生数理创新中心。学校还与企业合作建有 79 个研究生工作站,建有包括兵器、船舶、航天、电子、石化等行业在内的多个长期稳定的校外实习基地。

1999 年,教育部研究生办公室启动全国百篇优秀博士学位论文评选活动,每年在全国范围内评选优秀博士学位论文 100 篇。2001 年 7 月,2001 年度全国百篇优秀博士学位论文评选揭晓,学校有两篇博士学位论文入选,一举实现了学校在此项评选中"零"的突破。入选的两篇博士学位论文分别是陈兆旭博士的《四唑衍生物及其金属配合物结构和性能的量子化学研究》和姚卫博士的《相位场干涉层析的理论与方法研究》,他们的指导老师分别是肖鹤鸣教授和贺安之教授。2002 年 10 月,杨成梧教授指导的徐胜元博士的学位论文《广义不确定系统的鲁棒控制》,被教育部、国务院学位委员会批准为全国百篇优秀博士学位论文。

2001 年,学校新一轮博士生、硕士生培养方案全面实施,构建了学校新的研究生培养

体系。试办研究生院后,学校决定投资 1000 万进行研究生院建设,加强研究生培养,积极开展"产、学、研"研究生培养基地建设,利用大中型企业、科研院所、高新技术科技园区等资源,联合培养研究生,与苏州市政府、同创集团、电子科技集团十四所等单位签订了合作协议。2004 年,学校与英国考文垂大学首次开展在工程领域硕士学位研究生层次的合作培养。

"十五"期间,学校在研究生教育培养中始终以质量为中心,按照提高效率、追求特色、分类培养、因材施教的原则,进一步深化研究生培养模式改革。2002 年,学校率先在华东地区高校中试行两年制硕士生培养,旨在加快学制上与国际接轨的步伐,但试行的过程中,存在培养质量下滑的趋势,2008 年,经学校研究决定,研究生培养学制又恢复到两年半。在研究生学位课程考试上,实行"末尾淘汰制",即考试成绩排列在后 5% 的学生一律视为该学位课程考试不通过,必须补考或重修。该制度的施行,强化了每位在读研究生的危机感,激发其主动学习的热情。在教学改革上,提倡课堂讲授研讨式、案例式教学相结合的方式,选派本学科优秀的教师以大课的形式进行授课,并用统一考试的办法来检验教学质量。在研究生实践环节上,进行开放式实验室建设,强化研究生实验能力、动手能力、创新能力的培养。在学位论文阶段,从开题报告、论文中期检查和论文答辩三个环节严把论文质量关,保证研究生学位论文的顺利完成。

在适度扩大研究生教育规模的同时,学校调整培养方式,实现了向研究型与应用型并重的转变,研究生教育的水平和质量稳步提升。研究生发表的被 SCI 收录的学术论文连续几年占全校总数的 50% 以上,研究生就业率均保持在 96% 以上。

质量是研究生教育的生命线。多年来,学校建立完善了《南京理工大学研究生教学管理规定》等一系列规章制度,规范各教学环节的要求,实现对教学过程、教学质量的全面管理。围绕提高研究生学位论文质量采取了一系列有效举措:一是强化学位论文全过程管理;二是构建由学校、教育行政部门、行业部门、学术组织和社会机构参与的学位论文质量评价体系(简称"五位一体"学位论文质量评价体系)。

学校积极探索多样化研究生培养模式,实现研究型与应用型培养并重,促进专业学位和学术学位人才培养的协调发展。系统整合培养方案,推进产学研合作,完善校企合作"三段式"应用型硕士培养模式。

(四)"十一五"期间,实施研究生教育优秀工程

2006 年 9 月,国防科工委提出在委属高校中实施包括"研究生教育优秀工程"在内的"一提三优"工程。2007 年 7 月,学校下发了《南京理工大学关于启动研究生教育优秀工程的通知》,明确在学校"一提三优"工程领导小组的领导下,组建研究生教育优秀工程建设协调工作组,研究生教育优秀工程分为 10 个子项目进行建设。根据学校总体安排,决定 2007 年先行启动优秀拔尖人才培养、研究生精品课程、研究生教育管理工作(信息管

理系统）3 个子项目的建设,研究生院在与各学院(系)协商的基础上,制定建设实施方案并投入实施。

经过近两年的努力,学校研究生教育质量和水平在原有基础上有了很大的提高,对标研究生教育评估指标体系,自评达到了优秀标准,准备接受工信部对学校研究生教育优秀工程的评估。

2009 年 11 月 30 日—12 月 3 日,工业和信息化部组织了以匡镜明教授为组长的专家组对学校研究生教育优秀工程进行评估。

专家组成员:工业和信息化部所属高校研究生教育优秀工程评估专家组组长、国务院学科评议组成员、北京理工大学原校长匡镜明教授,副组长、中国工程院院士、北京航空航天大学李椿萱教授。专家组成员还有中国工程院院士、西北工业大学徐德民教授,长春理工大学原校长姜会林教授,哈尔滨工业大学原副校长刘家琦教授,国务院学科评议组成员、北京理工大学长江学者特聘教授黄风雷,北京航空航天大学长江学者特聘教授蔡国飙,哈尔滨工业大学长江学者特聘教授于达仁,国务院学科评议组成员、西北工业大学潘泉教授。

校长王晓锋同志向评估专家组作了题为《质量为本、创新为先,扎实推进高水平研究生教育》的报告。报告指出,学校自 1978 年恢复招收研究生以来,累计授予硕士学位15848 人、博士学位 1507 人,目前学校各类在校研究生 6325 人。2000 年试办研究生院,标志着办学进入一个新的历史阶段,跨上一个新台阶。学校研究生教育理念是,以本科教育为立校之基,以研究生教育为强校之本,狠抓"四个坚持":一是坚持以学科建设为龙头,软硬件并举,为研究生提供成长平台;二是坚持以科学研究为动力,科研与教学结合,使研究生成为知识的传承者和创造者;三是坚持以激发创新意识为主的培养机制,宽严相济,形成严谨的学风、良好的学术操守和宽松的学术氛围;四是坚持以培养质量为生命线,教育改革与制度建设统筹,培养适应国家战略需求的拔尖创新人才。经过几十年的实践,学校在导师队伍建设、学科建设、培养体系、管理模式、培养条件等方面都取得了长足的发展。学校发挥国防特色学科优势,形成了富有特色的研究生教育体系,取得了明显的成效:近两年,在江苏省学位论文抽查中,学校博士学位论文优良率分别为 83.3%、88.1%,没有不合格。近 3 年毕业的 630 名博士发表并被几大检索系统收录的论文为2011 篇,其中被 SCI 收录 391 篇。理工科人均 3.3 篇,人均 SCI 收录论文 0.71 篇。2001年以来,学校有 3 篇论文入选全国百篇优秀博士论文;近 5 年内有 4 篇获得全国百篇优秀博士论文提名。2006—2008 年,共有 142 人申请发明专利,占同期博士毕业生总数的22.5%;获得专利授权 57 人,占同期博士毕业生总数 9%。5 名博士生获得国家级科技成果奖,其中有 2 名获国家技术发明奖,3 名获国家科技进步奖;55 名获省部级成果奖。学校开展研究生教育 31 年来,为国家培养了 17000 余名高级人才。他们绝大多数在全国各地各行各业发挥着重要的作用,尤其在国防科技战线取得了辉煌的成就。在国庆 60 周年大阅兵中,有 24 个方队的武器装备是学校培养的研究生参与研发的,他们担任着这些武器系统的总设计师或副总设计师。在飞行队列中也有一个装备的总设计师是学校毕业生。

在校期间,评估专家组经过走访听课、座谈交流、现场考察、审阅材料等评估程序后认为:学校办学指导思想明确,定位准确,教育理念先进,发展规划科学合理,实施有效。学校充分发挥了机械、电子、光学、化学等多学科综合优势,不断扩大兵器学科的内涵,形成了以陆为主,陆、海、空、磁协调发展的"立体兵工"特色学科体系。实施研究生教育优秀工程 3 年多来,在学科建设、导师队伍、研究生学术环境、教育教学管理等方面取得了长足的进展。在长期的办学过程中,学校研究生教育形成了"献身国防、自主创新"和"三严一励"培养的特色,得到社会高度认可,研究生培养质量稳步提高。

2010 年 2 月,工业和信息化部正式下文《关于公布部属高校研究生教育优秀工程评估结果的通知》(工信部人〔2010〕72 号),对部属 7 所高校研究生教育优秀工程评估结果进行公布。学校以 618.02 分的优异成绩通过评估,其中现场考查分为 552.8 分(满分 570 分),博士学位论文抽查分数为 65.22 分(满分 80 分)。

2010 年 5 月,教育部批准包括学校在内的 7 所高校和 6 所工程研究院开展"高等学校和工程研究院所联合培养博士研究生"的试点工作,教育部为此向学校增加了 8 个博士生招生指标。同年 6 月,学校与中国工程物理研究院签署了《中国工程物理研究院与南京理工大学联合培养博士研究生协议》。

学校从"十五"开始实施优秀博士生培养工程,培养对象 120 名左右。优秀博士培养工作为带动和提高博士培养整体水平发挥了积极的促进作用。"十一五"期间学校获得 5 篇全国优秀博士学位论文提名奖及 27 篇江苏省优秀博士学位论文(表 5.3.2)。学生创新实践能力不断提高,在各类国际国内竞赛中共取得包括特等奖、一等奖在内的奖励 720 项。进入"十二五",学校进一步采取措施,加大对优秀博士生的培养力度。2012 年,学校制定了《南京理工大学优秀博士生培养工作实施办法》,遴选了新一批优秀博士培养对象;推荐评选国家优秀博士学位论文 3 篇,新增江苏省优秀博士论文 4 篇。2012 年录取博士生 372 名,硕士生 2343 名,来自"985"和"211"高校的博硕士生比例分别达到 87.9%和 50.02%。

表 5.3.2 全国百篇优秀博士学位论文入选情况

年份	博士姓名	指导教师	论文题目	获奖等级
2001	陈兆旭	肖鹤鸣	四唑衍生物及其金属配合物结构和性能的量子化学研究	优秀论文
2001	姚 卫	贺安之	相位场干涉层析的理论与方法研究	优秀论文
2002	徐胜元	杨成梧	广义不确定系统的鲁棒控制	优秀论文
2005	杨 健	杨静宇	线性投影分析的理论与算法及其在特征抽取中的应用研究	提名
2006	李 燕	王俊德	分析化学在时空上的延伸	提名

续表

年份	博士姓名	指导教师	论文题目	获奖等级
2009	许晓娟	肖鹤鸣	有机笼状高能量密度材料（HEDM）的分子设计和配方设计初探	提名
2009	丁大志	陈如山	复杂电磁问题的快速分析和软件实现	提名
2010	邱玲	肖鹤鸣	氮杂环硝胺类高能量密度材料（HEDM）的分子设计	提名
2010	芮平亮	陈如山	电磁散射分析中的快速迭代求解技术	提名
2011	王昊	方大纲	微带天线的研究	提名
2012	徐超	汪信	基于石墨烯材料的制备及其性能的研究	提名
2012	杨习贝	杨静宇	不完备信息系统中粗糙集理论研究	提名

四、博士后科研流动站工作

博士后科研流动站是指在高等学校或科研院所的某个一级学科范围内，经批准设立的可以招收博士后研究人员的组织。1985 年，我国开始实行博士后制度。学校也积极进行了相关建设。

学校 1990 年开始建立博士后流动工作站。1991 年 6 月 29 日，人事部、全国博士后管委会发布《批准北京大学等 91 个单位新设博士后流动站的通知》（人专发〔1991〕11 号），经全国博士后管委会第 12 次全体会议批准，确定在全国 91 个高等学校和科研机构（其中 63 个是新设站单位）新增设博士后流动站 117 个，其中兵器科学与技术成为学校设立的第一个博士后流动站。

1995 年 2 月 14 日，根据人事部、全国博士后管委会发布的《关于批准在全国九十九个单位设立博士后流动站的通知》（人专发〔1995〕15 号），学校新增仪器仪表、自动控制两个博士后流动站。

1999 年 2 月，经专家组核议评审，人事部、全国博士后管委会研究决定并公布了《关于在全国设立 787 个博士后科研流动站的通知》。根据通知精神，学校增设材料科学与工程、光学工程、化学工程与技术、机械工程、力学 5 个博士后科研流动站。同时，确认和审定的博士后科研流动站为：兵器科学与技术、控制科学与工程、仪器科学与技术 3 个。至此，学校博士后流动站实现了新的突破，总数达到 8 个。

2001 年 3 月 26 日，人事部、全国博士后管委会联合发布《关于在全国设立 149 个博士后科研流动站的通知》，批准学校设立信息与通信工程学科博士后科研流动站。

2003 年 10 月，人事部、全国博士后管委会发布《关于新设 434 个博士后科研流动站的通知》，批准学校设立电子科学与技术、计算机科学与技术 2 个一流学科博士后科研流动站。

2009 年 10 月，根据《关于批准新设大连理工大学哲学等 332 个博士后科研流动站的通知》，学校航空宇航科学与技术获批新设博士后科研流动站。

2012 年 9 月,根据人力资源和社会保障部、全国博士后管委会联合发布的《关于新设增设和确认博士后科研流动站的通知》,学校获准新设环境科学与工程博士后科研流动站。至此,学校博士后科研流动站总数达到 14 个,如表 5.3.3 所示。

表 5.3.3　1991—2012 年学校增设博士后科研流动站情况

设立时间	博士后流动站名称	批准文号	备注
1991 年 6 月	兵器科学与技术	人专发〔1991〕11 号	总数 1 个
1995 年 2 月	仪器仪表 自动控制	人专发〔1995〕15 号	新增 2 个,全校总数 3 个
1999 年 2 月	材料科学与工程 光学工程 化学工程与技术 机械工程 力学	人发〔1999〕10 号	新增设 5 个
	兵器科学与技术 控制科学与工程 仪器科学与技术		确认和审定 3 个,全校总数 8 个
2001 年 3 月	信息与通信工程	人发〔2001〕28 号	新增 1 个,全校总数 9 个
2003 年 10 月	电子科学与技术 计算机科学与技术	国人部发〔2003〕38 号	新增 2 个,全校总数 11 个
2007 年 9 月	管理科学与工程		新增 1 个,全校总数 12 个
2009 年 10 月	航空宇航科学与技术	人社部发〔2009〕107 号	新增 1 个,全校总数 13 个
2012 年 9 月	环境科学与工程	人社部发〔2012〕48 号	新增 1 个,全校总数 14 个

学校高度重视博士后工作,将其作为提升科学研究能力、加强师资队伍建设及增进学术交流的重要渠道。为建设好博士后流动站,2006 年 10 月 24 日,学校印发《关于博士后流动站管理工作职责调整的通知》,将由研究生院承担的博士后流动站管理工作职责划转到人事处。根据经济发展形势和国家政策调整,学校制定了《南京理工大学关于调整博士后待遇及有关政策的通知》,及时修订了《南京理工大学博士后管理办法》,为博士后提供了良好的政策支持和生活保障,不断规范博士后进站考察、中期考核、出站答辩等各个环节,严把质量关。在博士后公寓、子女入园入托、配偶异地补助等方面,为博士后提供优厚的待遇,解决博士后人员后顾之忧。通过积极宣传和政策保障,学校博士后规模日益扩大,对提升学校科研实力和加强师资队伍建设起到了积极的作用。

1990 年,学校兵器科学与技术博士后流动站设立之后,蔡正理、武晓松、曹义华、徐诚 4 位博士成为首批进站工作的人员。

1995 年 10 月,人事部和全国博士后管委会在北京举行庆祝中国实行博士后制度 10 周年大会,同时举行全国博士后科技成果展览会、学术报告会等。学校博士后陈明、王晓慧出席了庆祝大会及有关活动,受到李岚清等中央领导的接见。

为推进科技兴省,1998年,江苏省政府拨出200万元科技经费用于资助攻克高新技术产业难题的博士后,学校从事"工业机器人的开发与应用——搬运机器人"课题研究的博士后陈进成为学校首位获得该项资助的人员。1999年9月,江苏省博士后工作会议在学校召开。

"九五"期间,学校博士后工作获得很大发展,在站博士后人数从1995年底的9人增长到2000年的40人,出站总人数从1995年底的6人增长到2000年的54人,其中2000年招收博士后21人。

2005年12月27日,江苏省人民政府作出《关于表彰优秀博士后和博士后管理工作先进单位先进个人的决定》,学校居学海被授予"江苏省优秀博士后"称号,成为全省获得该项荣誉的十位博士后之一。学校同时荣获江苏省博士后管理工作先进单位称号。

2010年3月12日,人力资源和社会保障部印发了《关于开展博士后科研流动站工作站评估工作的通知》(人社部函〔2010〕55号),就开展博士后科研流动站、工作站评估工作作出部署,提出相关要求。为做好迎评工作,4月14日,学校制定印发了《关于做好2010年博士后流动站迎评工作的通知》,就学校此次参评范围、评估内容、时间安排等明确规定和要求。

2010年11月28日,全国博士后工作会议在北京召开。人力资源和社会保障部通报了第三次博士后科研流动站综合评估结果:全国现有2146个博士后科研流动站,935个流动站参加了本次评估,148个流动站被评为优秀。学校力学、机械工程、光学工程、仪器科学与技术、材料科学与工程、电子科学与技术、信息与通信工程、控制科学与工程、计算机科学与技术、化学工程与技术、兵器科与技术11个参评的博士后科研流动站通过综合评估。其中,兵器科学与技术博士后科研流动站被评为全国优秀博士后科研流动站,学校也受到表彰。此后,人力资源和社会保障部每5年组织开展一次评估。

2012年9月,根据人力资源和社会保障部、全国博士后管委会联合发出的《关于新设增设和确认博士后科研流动站的通知》,学校获准新设环境科学与工程博士后科研流动站。

截至2012年,学校博士后科研流动站总数达到14个,累计招收549人,覆盖了14个一级学科博士点。

第四节　本科生教育

建设一流大学,根本任务是要培养出高素质创新型人才。学校牢固树立教育教学中心地位,全面推进素质教育,鼓励学生个性发展。对本科学生实行学分制,建立高素质创新型人才的培养模式和管理方式;加快教学内容的更新和课程体系改革;加强教材、实验室、实践基地、创新基地和素质教育基地等基础建设,全面提高教育教学质量和各层次人才培养质量。

一、人才培养定位和方案

1993—2012 年期间,学校分别于 1996 年、2001 年、2004 年和 2011 年召开了 4 次教育教学会议,每次会议都围绕认清形势、转变观念、明确理念,全面推进教育教学改革,大力提高教育教学质量。逐步确立了学校本科层次人才培养的目标是立足精英教育,培养基础宽厚,知识、能力、素质协调发展的高级专门人才,造就一大批具有国际视野,求真务实,能开拓创新、引领发展的工程精英和社会中坚。

"八五"期间,学校采取切实措施,提高人才培养质量。加强本科专业的调整和课程建设,改革教学方法,重视实践环节和能力培养;改革教学管理制度,从 1996 级开始,本科教学全面实行完全学分制,推行主辅修制,优化学生的知识结构;努力增加教学投入,强化教材及实验室建设。通过一系列改革措施,增强了广大教师的责任感,调动了学生的学习积极性,促进了培养质量的提高。

在"九五"规划中,学校明确提出,要把人才培养质量视为学校立足社会、立足市场、立足未来的生命线,全面提高办学质量,成为培养国民经济尤其是国防科学技术发展所急需的"高质量、高层次、高素质"人才的重要基地。"九五"期间,学校以本科教学优秀学校评价为契机,进一步强化教育的中心地位,教育质量稳步提高。1998 年学校全面启动本科教学优秀学校评建工作后,在课程建设、实验室建设以及转变教学思想、体现办学特色和教学改革等方面均取得了明显成效。

2001 年 4 月,学校召开第九次党代会,明确学校"十五"期间改革发展的指导思想和基本思路,提出到"十五"末期,把学校建设成为培养高素质创新型人才的育人中心,遵循"加强基础,拓宽专业,注重素质,突出能力"的人才培养思路,全面提高人才培养质量,使之成为适应 21 世纪国防科技工业、国民经济和社会发展需要的应用型、复合型和创造型人才。"十五"期间,学校多渠道增加教学投入,完善教学条件,加强教学、实验和教学管理各个环节的建设。

"十一五"期间,学校全面贯彻党的教育方针,坚持以人才培养为根本,按照建设"国内一流、国际知名,开放式、国际化的高水平研究型大学"三步走的既定战略,坚定不移实施"英才培养战略",以培育英才和各领域领军人物为重点,改革人才培养模式,建立优秀拔尖创新人才培养机制,致力于培养德、智、体、美全面发展,知识、能力、素质协调统一,具有"宽厚、复合、开放、创新"特征的高素质优秀人才,为国防现代化和社会经济发展输送更多合格建设者和可靠接班人。

"十二五"期间,学校巩固人才培养的中心地位,按照"优化结构、加强建设、深化改革、提高质量、突出特色"的总体思路,立足精英教育,实施"本科教学质量与教学改革工程",完善毕业生就业服务体系和创业教育体系,培养具有国际视野,能开拓创新、引领发展的工程精英和社会中坚，面向经济社会发展和"三化"建设重大需求，造就一批工程科学家、研究型工程师和杰出管理者。

围绕提高教育教学质量，着力抓本科教育质量，2001年、2005年和2009年学校3次修订人才培养计划，强化素质教育，突出学生实践和创新能力培养，人才培养质量稳步提高。

（一）本科人才培养计划（2001年版）

学校2001年版本科人才培养方案的主要特点：一是按照"宽专业、厚基础、高素质"的基本原则，根据"淡化专业、分类培养、拓宽基础、强化实践、因材施教"的基本要求，制定适合学分制要求的培养计划。二是要从21世纪人才所需的知识、能力、素质要求出发，在保持各自专业特色的基础上，按照教育部1998年公布的本科专业培养的基本目标和基本要求重新审定，合理调整整体的课程设置，改变课程内容陈旧、重复分割的状况，避免"重复设课、因人设课"和"因无人不设课"的倾向，教学内容强调"少、精、新"。三是按专业大类制订宽口径的人才培养计划，构建专业大类学科基础课平台，适当设置专业基础课，柔性设置专业选修课。四是加大"两课"（即马克思主义理论课和思想政治教育课）改革力度，改革教学方式，实行课内、课外学时相结合，加强社会实践环节，使学生在实践和探索中掌握一定的马克思主义基本理论、观点和方法。五是加强实践教学，进一步拓宽提高实践能力的思路，强化学生创新意识的培养，认真研究，统筹安排，明确要求，建立完善的实践教学体系。六是教学要求相同的课程大纲，不同的教学单位可根据统一大纲组织教学。

课程设置与学分分配。课程按模块设置，分为通识教育基础课（学时占43%）、学科基础课（学时占32%）、专业选修课（学时占9%）、学科选修课（学时占9%）、公共选修课和文化素质选修课（学时占7%）、集中实践性教学环节（学时占18%）等，各部分课程设置原则、功能、作用各不相同。理工科专业培养计划的总学分数一般控制在170学分，文科、经管类专业培养计划的总学分数一般控制在160学分。

（二）本科人才培养计划（2005年版）

2005年版本科人才培养方案的主要特点：一是推进全面素质教育，注重学生创新精神、实践能力的培养，促使学生智力因素和非智力因素协调发展。按照"宽专业、厚基础、重能力、高素质"的基本原则构建和完善创新人才培养方案，突出专业办学特色，合理调整课程设置，把拓宽专业口径与灵活设置专业方向有机结合，以增强大学生的适应能力和就业针对性。二是依据社会需求、自身办学历史和现有条件，科学合理地确定专业的人才培养目标和培养规格，并在培养计划中明确体现。三是全校按专业大类制定宽口径的人才培养计划，科学合理构建专业大类的学科基础课平台，柔性设置专业方向选修课及学科前沿选修课程。四是加强实践教学,大力推进和深化实践教学改革,建立完善的实践教学课程体系。五是提高学生的综合素质,加强学生实践能力的培养,充分调动学生学习的主动性、积极性,将"第二课堂"纳入人才培养方案。六是稳步推进学分制,加强选修课建设,力争开出更多更好的、符合学生兴趣爱好的、符合社会经济建设需要的高质量选修课程。继续推进选课制和选师制,完善分层次教学模式。七是推进教学方法和考核方法的改革。积极推进研究性教学、案例教学等教学方法和合作式学习方式,从 2005级开始,每个专业必须至少开设一门由教授主讲的研讨式课程。加快应用现代教育技术推进教学手段改革,不断提升教学水平。积极推进考试方法的改革,根据课程的性质探索多样化的考核方式。八是进一步加强和改进思想政治理论课教学,加强思想政治理论课的课程建设,完善课程体系,改革教学方式,实行课内、课外学时相结合,加强社会实践环节。九是加强大学外语教学,着力培养和提高学生外语综合应用能力,继续推行课程分级教学,改革大学英语的教学模式,发挥教师主导作用,培养学生自主学习能力,切实提高学生的英语综合应用能力,特别是听说能力、国际交流与合作能力。

课程设置与学分分配。课程按模块设置,分为通识教育基础课、学科基础课、专业课(专业方向必修课和选修课)、学科选修、公共选修课、集中实践性教学环节等,各部分课程的设置原则、功能、作用各不相同。理工科专业培养计划的总学分数一般控制在 170学分,第一课堂须修满 166 学分;经管类专业培养计划的总学分数一般在 165 学分,第一课堂须修满 161 学分;人文类专业培养计划的总学分数一般在 160 学分,第一课堂须修满156 学分。全校学生第二课堂须修满 4 学分。

(三)本科人才培养计划(2009 年版)

2009 年版本科人才培养方案的主要特点:一是通过"通识教育 + 学科教育 + 专业教育",构建人文基础、科学基础、工程技术基础以及基本技能等有机结合的大基础教育,培养和提高学生的综合素质和能力。鼓励学院探索实施前 1 ~ 2 年按大类培养,3 ~ 4 年进行宽口径专业教育的模式,实现宽专业、厚基础的培养目标。二是在加强基础教育的同时注重学生的个性发展,为学生自主选择教学进程、自主选择学习目标、自主选择课程和自主选择专业创造条件,努力为每个学生创造成才的机会。坚持因材施教的基本原则,在提出专业教育基本要求的前提下,通过实行课程分层次教学、选课制、"第二课堂"活动,以及设置专业方向和选修课等,为各类学生发展创造条件。三是切实加强学生实践、创新能力的培养。完善并优化实践教学体系,科学合理地安排有利于培养学生综合能力、创新意识、个性发展的实践训练环节,鼓励学生参加社会实践活动,引导学生深入社会,增长才干和增强社会责任感。四是把培养学生的实践能力落实到各个教学环节,重视课程教学方式的改革,适当调整和压缩讲授学时,精讲多练,加强教学指导,通过实验、实习、实操、综合作业、课程设计等课内教学环节,创造"研究性教学"和"探究性学习"的氛围,培养学生自主学习能力及运用理论知识分析、解决实际问题的能力。五是课程设置要反映本学科、专业的基本理论、基本知识及最新改革和研究成果，要注意本科教育和研究生教育的关系，科学地处理好不同培养层次课程之间的衔接。不仅要按照经济、社会和科技文化发展的要求更新教学内容，更要根据专业培养目标，合理调整总体的课程设置，进行课程的重组和整合，改革并优化选修课程的设置，扩大选修课的种类与数量，提高选修课的质量。

课程设置与学分分配。课程按模块设置，分为通识教育课程、学科教育课程、专业教育课程等。各部分课程的设置原则、功能、作用各不相同。工科专业培养计划的总学分数一般控制在180学分以内；理科专业培养计划的总学分数一般控制在176学分以内；经管类专业培养计划的总学分数一般控制在170学分以内；人文类专业培养计划的总学分数一般控制在166学分以内。

（四）本科专业设置

2012年本科专业设置如表5.4.1所示。

表5.4.1　本科专业设置一览（2012年）

序号	专业大类	专业名称
1	经济学类	经济学
2	金融学类	金融学
3	经济与贸易类	国际经济与贸易（第二学位）
4		国际经济与贸易
5	法学类	知识产权（第二学位）
6		法学
7	社会学类	社会工作
8	外国语言文学类	英语
9		日语
10	新闻传播学类	广播电视学
11	数学类	信息与计算科学
12		数学与应用数学
13	物理学类	应用物理学
14	化学类	应用化学
15	统计学类	应用统计学
16	力学类	工程力学
17	机械类	机械工程
18		机械设计制造及其自动化
19		材料成型及控制工程
20		工业设计
21		车辆工程

续表

序号	专业大类	专业名称
22	仪器类	测控技术与仪器
23	材料类	材料科学与工程
24		材料物理
25		材料化学
26		高分子材料与工程
27		纳米材料与技术
28	能源动力类	能源与动力工程
29		新能源科学与工程
30	电气类	电气工程及其自动化
31		智能电网信息工程
32	电子信息类	电子信息工程
33		电子科学与技术
34		通信工程
35		微电子科学与工程
36		光电信息科学与工程
37	自动化类	自动化
38		轨道交通信号与控制
39	计算机类	计算机科学与技术
40		软件工程
41		网络工程
42	土木类	土木工程
43		建筑环境与能源应用工程
44	化工与制药类	化学工程与工艺
45		制药工程
46	航空航天类	飞行器设计与工程
47	兵器类	武器系统与工程
48		武器系统发射工程
49		探测制导与控制技术
50		弹药工程与爆炸技术
51		特种能源工程与烟火技术
52		装甲车辆工程
53		信息对抗技术
54	核工程类	辐射防护与核安全
55	环境科学与工程类	环境工程
56	安全科学与工程类	安全工程

序号	专业大类	专业名称
57	生物工程类	生物工程
58	管理科学与工程类	信息管理与信息系统
59		工商管理
60		市场营销
61	工商管理类	市场营销(第二学位)
62		会计学
63		财务管理
64		人力资源－管理
65	公共管理类	公共事业管理
66	工业工程类	工业工程
67	电子商务类	电子商务
68		视觉传达设计
69	设计学类	环境设计
70		产品设计

二、人才培养模式的探索创新

学校深化人才培养模式改革,构建多元化培养体系:以教育实验学院建设为抓手,深化拔尖创新人才培养模式改革,培养工程科学家;以卓越工程师教育培养计划为抓手,建立本研贯通的培养计划,培养工程精英;以中法工程师学院建设为抓手,培养国际化工程英才;以知识产权学院建设为抓手,培养理工文融合的应用型文科人才;实施"教育国际化推进计划",实现师生国际化交流的双向互动,促进人才培养全过程融入国际教育体系。

(一)拔尖创新人才培养

1991年,学校为鼓励吸引数理基础好的学生立志理科专业学习,更有效地培养基础扎实、能力强的工程型理科人才,经院长办公会决定,对理科专业的招生及管理工作做了特别规定,在招生、分配、读研、颁发奖学金等方面都给予政策倾斜,具体专业包含应用数学系的数学专业、应用力学系的工程力学专业(固体)、工程热物理及飞行力学系的工程力学(流体)专业。

1993年,为培养更多理科基础扎实的工科专业学生,学校又依托理学院开办了面向计算机软件、自动控制、机械电子工程、机械设计及制造、建筑设计等专业的基础强化班(培优班),强化班招生从1993级持续到1997级,由理学院承担教学管理与学生管理工作。

1999 年,为更好地协调教学管理工作,学校制定了《南京理工大学培优班实施方案(试行)》,从 1999 级开始,面向机械、电气信息类专业选拔优秀学生组建新模式校级培优班,由教务处直接负责教学管理工作。培优班学生前两年独立组班进行基础课教学,第三学年起分流至相应专业学习,并在导师指导下进行专业课程学习和参与科研训练。学校组织专家小组按照"宽专业、厚基础、重能力、高素质"的原则为培优班学生制定专门的培养计划。聘请学术水平高、教学经验丰富、工作认真负责的优秀教师承担培优班的教学工作;对培优班学生分阶段、多方位实行导师制。学生在不同的学习阶段、不同的层面均可与教师建立较为密切的师生关系,使学生在导师指导下,全面适应大学生活,较好地完成课程学习和科研训练等教学环节。并在记录成绩、评定奖学金、推荐免试研究生、借阅图书等各方面都对培优班学生给予优惠政策,学校还划拨专项经费支持培优班工作。在组建选拔上,1999 级培优班学生是在入校第一学期结束后综合学生高考成绩、期末考试成绩及其他条件选拔出来的。此后为配合招生工作,2000—2003 级培优班是在一入校就组班。分析这几届培优班的学习效果,发现按 1999 级的方式在第一学期结束后选拔的学生更适应培优班学习,从 2004 级开始直到 2009 级培优班都是在第一学期课程结束后,以第一学期学习成绩作为重要参考来选拔学生组班。

2010 年 4 月,学校制定《拔尖创新人才培养方案》(优才计划),优化了校培优班、本硕连读等政策,修订提出新的实验班人才培养计划,并按照新模式组建实验班,积极探索本研贯通的拔尖创新人才培养。拔尖创新人才培养方案开始全面实施。实验班分机械工程、电气工程、材料化工 3 个类别,学生从全校 2010 级理工科学生中择优选拔。其中赋予学生学习自主权的多项举措在全国高校中都属创新。根据该方案,选拔优秀学生设立的校级实验班实行"2 + X"学习模式:学生前 2 年研习基础课程,从第 3 年开始,经过学生和导师共同协商,由学生根据兴趣确定未来的专业方向和学习课程,也可以由学校送到国内外著名大学去学习相关课程。同年 10 月,按照"2 + X"学习模式举办的首届校级实验班开班。

另外,电子工程与光电技术学院、计算机科学与工程学院、材料科学与工程学院等,分别根据本院特色组建了学院优秀生培养班,形成了校院两级优秀生培养模式。

新模式培养了大批优秀人才,学生在各类竞赛中取得优异成绩,免试研究生率基本稳定在 70% 左右。

为吸引优秀学生报考学校,同时为学校研究生教育输送优秀生源,探索新的人才途径,学校于 2002 年制定了《南京理工大学本硕连读实施办法》,在具有博士学位授予权的重点学科、部分基础学科及个别生源较好的学科招收本硕连读学生。该办法实施到 2006 年,随着江苏省高考招生志愿填报和录取方式的变化而停止。

(二)工程精英人才培养

学校以教育部"卓越工程师教育培养计划"为引领,以校企联合、双导师为保障,聚焦学用合一,跨行业合作,与12家国家级工程实践教育中心联合推动实施"卓越工程师教育培养计划",着力搭建工程实践平台,培养实践能力强的工程人才;聚焦中外会通,跨国界合作,建设中法工程师学院,培养国际化工程师;培养工程科学家、复合型工程师、国际工程师和应用型工程师,构建了"一体四翼""工程精英"培养体系。

"卓越工程师教育培养计划"采用"2+2"培养模式:前2年,学生在原专业学习;2年后,选拔进入试点班,接受校企联合培养。通过校企共建工程实践教育中心,校企双导师共同指导专业理论学习与工程实践训练,落实企业培养实践环节。

2011年10月19日,经教育部批准,学校入选第二批"卓越工程师教育培养计划"。武器系统与发射工程、特种能源工程与烟火技术、探测制导与控制技术4个专业成为学校首批实施"卓越工程师教育培养计划"试点专业。2012年,学校武器系统与发射工程、探测制导与控制技术、特种能源工程与烟火技术、武器系统与工程、电子与通信工程、兵器工程6个专业获批进入江苏省"卓越工程师(软件类)教育培养计划";2013年,根据《关于公布卓越工程师教育培养计划第三批学科专业名单的通知》(教高厅函[2013]38号),学校应用化学、机械工程、高分子材料与工程、电气工程及其自动化、电子信息工程、电子科学与技术、计算机科学与技术、软件工程、环境工程9个本科专业入选"卓越工程师教育培养计划第三批学科专业名单",实现了卓越计划对学校工科学院的全覆盖。

2011年1月13日,南京理工大学中法工程师学院筹备办事处揭牌成立。根据《教育部关于同意设立南京理工大学中法工程师学院的函》(教外办学函[2015]39号),经学校2015年5月28日第9次党委常委会会议研究决定,成立南京理工大学中法工程师学院,为学校教学科研机构。该学院由南京理工大学与法国梅斯国立工程学院合作举办,在中国境内按照法国工程师职衔委员会CTI认证标准进行高等精英工程师人才培养,从2015年9月开始正式招生。

(三)复合型人才培养

学校聚焦理、工、文交融,跨领域合作,组建部委共建的知识产权学院,培养复合型工程师。2005年7月,学校与江苏省知识产权局合作共建的南京理工大学知识产权学院正式成立。这也是江苏省第一家知识产权学院。知识产权学院的成立,既是学校办学模式的改革,也是学校服务社会经济发展领域的拓宽。2007年,学校增设知识产权专业第二学士学位,同等条件下优先录取第一专业为工科类的考生。同时,学校从2009年开始在知识产权、公共事业管理、市场营销、英语、计算机科学与技术5个专业以社会需求为导向重构专业课程体系,面向全校学生开展副修双学位培养工作,培养复合型人才。2013年9月工业和信息化部、江苏省人民政府、国家知识产权局在北京正式签署共建南京理工大学知识产权学院协议,是全国第一个由三家省部级单位共建的知识产权学院。

开展对外经济贸易研修班,增设工业外贸第二学士学位专业。20世纪80年代初,我国已经进入改革开放新时期。为满足蓬勃兴起的军品对外贸易发展需求,兵器工业部决定在华东工学院七系(南京理工大学经济管理学院前身)设立工业外贸第二学士学位点,负责培养我国兵器工业的新一代对外贸易人才。

1985 年,根据原兵器工业部《关于在华东工学院开办对外经济贸易研修班通知》(兵工干字(85)第 0016 号),学校举办对外经济贸易研修班,提高外贸人员的素质,以适应兵器工业对外贸易事业发展的需要。研修班的培养目标与学习内容,实际上是按照第二学士学位的要求拟定的。研修班的毕业生,在部内享受双学士学位的待遇,该班受用人部门的欢迎与好评。1985 年第一届两年制的第二学位班开办,学员共计 27 名,从隶属兵器工业部的六所院校(北京工业学院(今北京理工大学)、华东工程学院(今南京理工大学)、沈阳工业学院(今沈阳理工大学)、长春光学精密机械学院(今长春理工大学)、西安工业学院(今西安工业大学)及太原机械学院(今中北大学)),通过考试选拔产生。根据当时的分配计划,27 名学员中除两名留校任教外,其余 25 名学员毕业后分别赴中国北方工业公司北京总公司以及大连、天津、上海、厦门、广州、深圳、湛江分公司和重庆及北京的兵工企业,从事相关军品的对外贸易工作。

1985 年创办的第一届工业外贸第二学士学位班有着里程碑式的意义。它不仅使南京理工大学成为改革开放后我国最早开展国际贸易专业学历教育的工科院校之一,也为1988 年学校开设工业外贸(今国际经济与贸易)专业打下了基础,创造了条件,同时也为后续第二学士学位班的举办提供了标杆和榜样。第一届学员在走上工作岗位后,大部分均作出了突出业绩,成为单位的领导或业务骨干,为促进我国兵器工业对外贸易发展发挥了巨大作用。七系工业外贸专业 87 届(1985 年 9 月—1987 年 7 月),即第一届学员 27人具体名单如下:李海东、张永庆、林建杰、杜进、张国清、张秀杰、于水、张勤、蔡学农、陈沛、植玉林、徐梅、郑勋哲、王钺、闫志军、王皓、支晋、兰星明、王德海、王安平、宋风春、姚中沃、沈泽军、金致中、张东、张力丰、郭岩。张国清是其中的杰出代表。

1986 年,南京理工大学工业外贸第二学士学位点停止招生一年,1987 年恢复招生,1996 年开始分国际金融班和国际贸易班两个班。1997 年是为北方工业公司培养委培人才的最后一年。2015 年招收最后一届,2017 年,最后一届第二学士学位班学生毕业,南京理工大学国际经济与贸易第二学士学位点完成了历史使命。

(四)国防生教育

南京理工大学始终坚守将国防素质教育摆在人才培养工作的突出位置。

1999 年 11 月,学校响应军队在地方大学培养国防生的政策,与南京军区签约培养国防生。南京军区在学校设立后备军官选拔培训工作办公室,专人负责选拔、招生和教育管理工作。2000 年,学校在首批自愿报名的 300 多人中,从 1998 级选拔了 34 名、从 1999级选拔了 44 名国防生。2001 年,南京军区依托南京理工大学培养国防生列入招生计划,在武器系统与工程 6 个专业招收 100 人。此后，学校一直高度重视国防生的培养工作，率先将 13 门军政课程纳入教学计划，建立的国防生培养创新实验区被评为国家级创新实验区及江苏省五个重中之重课题，在军队内外引起较大反响。同时，学校围绕"育人为本，确保质量，完善机制，形成特色"的工作目标，努力向更高标准地推进国防生培养工作的方向迈进。2007 年 12 月 5 日，学校党委研究决定成立国防生学院，与人民武装部合署。12 月 28 日，国防生学院挂牌成立。2012 年，"国防生培养模式创新实验区的改革与实践"项目获江苏省教学成果奖一等奖。从 2001 年至 2014 年，学校共选拔、招收国防生 1153 人。

（五）领导干部专修班

2000 年，为深入贯彻国务院、中央军委《关于建立依托普通高等教育培养军队干部制度的决定》精神，充分发挥学校教育资源优势，加快培养新型军事人才群体步伐，开始了与南京军区的精诚合作，举办"南京理工大学南京军区领导干部专修班"，从南京军区师团级干部中选拔，脱产学习，定位在培养"指技合一"的部队领导干部高级人才，根据教育部的批复，从 2001 年开始招生，截至 2004 年 12 月 31 日，共举办 3 期专修班，近 120 名学员，都已圆满完成了学业，投入到军事斗争第一线。根据《关于为军队干部开办专科起点本科班的批复》（教学司[2002]40 号），完成教学计划规定的课程达到毕业要求的，由南京理工大学颁发普通高等教育专科起点本科班毕业证书，并依照规定程序申报学历证书注册和备案。

三、重视招生工作，不断提高生源质量

1993—2012 年期间学校招生规模如表 5.4.2 所示。

表 5.4.2　南京理工大学 1993—2012 年本科生招生人数

招生年份	招生人数
1993	1692
1994	1840
1995	2100
1996	2388
1997	2664
1998	2857
1999	3817
2000	3876
2001	3809
2002	3800

续表

招生年份	招生人数
2003	4000
2004	4300
2005	3996
2006	3691
2007	3481
2008	3655
2009	3830
2010	3850
2011	3950
2012	4010

1992 年,学校成立了招生指导委员会,首批来自全国各省市自治区 46 所重点中学的校长担任委员,采取多项措施鼓励和吸引优秀学生报考学校。学校每年召开招生指导委员会会议,对当年为学校招生工作作出较大贡献的中学进行奖励,同时表彰优秀学生。优秀考生(高考成绩总分超出各省重点线原始分 50 分,标准分 70 分以上)进入学校后,学校为他们的成长成才创造一切有利条件。1997 年,优秀学生数达到 1993 年的 10 倍以上,为培养优秀人才奠定了良好的基础。

1997 年起,学校本专科全面实行"并轨"招生改革,当年面向全国 27 个省(市)招生 2850 人,其中本科生 2664 人,专科生 186 人,第一志愿录取率为 97.4%,应届高中毕业生占 96.5%。

1998 年开始,学校试行全国分省、江苏省分市承包到学院(系),由学院(系)具体负责包干区域内的招生宣传及录取等工作的招生体制改革,通过深入细致、扎实有效的招生宣传工作,彰显学校办学特色,吸引优秀考生报考。当年优秀生即达到 501 人,占招生计划的 17.9%,学校生源质量再上一个新台阶。

1999 年,教育部《面向 21 世纪教育振兴行动计划》发布后,学校每年招生数量增加并保持在 3900 人左右。在校生总数达 30000 余人。

2001 年,江苏省在积极推进高考内容改革的同时,鼓励有条件的高校实行自主录取改革,允许东南大学、南京理工大学和南京航空航天大学 3 所高校在全国率先试行自主录取。2001 年 7 月 20 日,经教育部批准,学校率先获得自主招生试点权。为此,学校制定自主招生政策:一是,招收"二志愿"考生。第一志愿报考清华大学、北京大学未被录取,同时高考成绩超过江苏省本一控制线 80 分,第二志愿报考本校的,优先录取。二是,考生若在高中阶段获得全国奥赛一、二、三等奖,或获得全国联赛江苏赛区一等奖,或经招生专家委员会认可的其他全国性重大比赛获奖的或有特殊才能的考生,第一志愿报考本校,高考成绩达到江苏省本科第一批控制线的,优先录取。

学校认真贯彻上级有关招生政策，以选拔素质全面的优秀考生为目的，以健全制度为基础，以有效监督为保障，加强组织领导，狠抓过程管理，确保平安、阳光招生。面对高考改革带来的新挑战，学校整合拓展招生宣传渠道，构建招生部门主导、多部门协同联动的系统宣传体系，以招生队伍建设为抓手，以中学生源基地内涵建设为主线，以"三个一工程"（每个学院拍摄一部专业宣传视频、每个学院推荐至少一名教授组建教授报告团、每个学院开放一个实验室供中学师生参观）为保障，落细落实"走出去、请进来"的工作要求，推进招生宣传日常化、基地化、立体化，确保生源质量渐进提升。

通过不断调整招生政策和加大宣传力度，学校生源质量逐步提高。2012 年，学校在 24 个省（自治区、直辖市）的录取均分超过当地重点控制线 50 分，江苏省生源质量稳中有升，录取最低分数理科 375 分，文科 361 分，分别在江苏省排名 5671 名和 2985 名。

四、课程建设

1993—2012 年期间，学校遵循高等教育发展规律和人才成长规律，科学合理确定人才培养目标，不断优化人才培养方案和课程体系，构建人文基础、科学基础、工程技术基础以及基本技能等有机结合的基础教育，通过"通识教育＋学科教育＋专业教育"的课程体系培养学生的综合素质和能力。

课程是实现培养计划的基本单元。根据课程建设的具体情况，学校在"九五"期间投入 4300 万元开展本科一期建设，将学校 1000 余门课程分为校级重点、院（系）级重点和一般课程 3 个层次进行建设。建设后，课程大纲、课程实施计划等"软件"逐步规范，必修课程使用多媒体技术授课的比例有了较大提高。2000 年，学校通过课程建设，逐步做到教学计划、课程目录、实验项目的"三统一"。按照精品课程的建设要求，学校 2001 年开启本科教学二期建设，重点立项建设了 126 门课程（课群），制定了《南京理工大学本科精品课程建设工程实施方案》《南京理工大学精品课程评审标准》，拟定了网络课程上网标准，开发了 21 门网络课程。除此之外，向全校师生开放了引进的 30 门网络课程、网络教学平台及课程资源库，为教师网上备课、答疑和学生网上学习提供了资源。2002 年，学校又制定了《南京理工大学课程（群）负责人岗位职责》，设置学校重点建设的课程（群）负责人重点岗位，进一步规范课程管理。通过对课程的规范化建设和管理，学校的课程建设水平和质量得到明显提高，在 2002 年度江苏省优秀课程、优秀课群的评选中，学校获得一类优秀课程 7 门，二类优秀课程 4 门，优秀课群 2 个，获奖层次和数量在全省名列前茅。

2003 年，学校以精品课程为龙头，带动课程建设，大力推进教改研究，培育优秀教学成果，进一步推动了课程建设水平和教学质量的提高。2003 年起制定并实施了《南京理工大学本科精品课程建设工程实施方案》《南京理工大学精品课程评审标准》，按照主要基础课群、主要基础课程、部分专业课程三个层次重点立项建设 126 门精品课程（群），同时组织了 10 门基础较好的主干课程申报国家级精品课程,其中《控制工程基础》和《概率与统计》两门课通过省教育厅遴选上报教育部评审。"十五"期间,学校共建成国家级精品课程 2 门、江苏省精品课程和优秀课程 18 门、优秀课群 4 个。

截至 2012 年,学校共有国家级精品课程 10 门(表 5.4.3),其中 6 门获批国家精品资源共享课,建有教育部精品视频公开课 4 门、江苏省精品课程 30 门、江苏省优秀课程群 4 个(表 5.4.4)。

表 5.4.3　国家和省部级精品课程、精品资源共享课、视频公开课

国家精品课程及精品资源共享课			
序号	课程名称	获批国家精品课程时间	获批国家精品资源共享课时间
1	控制工程基础	2004 年	2013 年
2	工程制图	2005 年	
3	火炮设计理论	2006 年	2013 年
4	化工原理	2006 年	2013 年
5	概率与统计	2006 年	2013 年
6	弹药学	2007 年	
7	大学物理实验	2007 年	
8	数字逻辑电路	2008 年	
9	电路	2010 年	2013 年
10	固体火箭发动机气体动力学	2010 年	2013 年
教育部视频公开课			
序号	课程名称	获批教育部视频公开课时间	
1	舞动的中国龙—龙文化与当代中国舞龙运动	2012 年	
2	材料与文明	2012 年	
3	中国烟火技术的发展与创新	2012 年	
4	武器装备概论	2012 年	

表 5.4.4　江苏省精品课程、优秀课程

序号	课程名称	获得时间
江苏省精品课程		
1	控制工程基础	2004 年
2	大学体育	2004 年
3	化工原理	2004 年
4	工程制图	2004 年

续表

序号	课程名称	获得时间
5	机械制造基础	2006 年
6	数字逻辑电路	2006 年
7	新材料概论	2006 年
8	概率与统计	2006 年
9	产品设计	2006 年
10	弹药学	2006 年
11	自动控制系统	2006 年
12	产品设计	2008 年
13	信号与系统	2008 年
14	计算机组成原理	2008 年
15	微机原理及应用	2008 年
16	高等数学	2008 年
17	大学物理	2008 年
18	材料力学	2008 年
19	大学英语	2008 年
20	金工实习	2008 年
21	测试技术	2010 年
22	火箭弹设计理论	2010 年
23	固体火箭发动机气体动力学	2010 年
24	有机化学	2010 年
25	模拟电路与数字电路	2010 年
26	数据结构	2010 年
27	电路	2010 年
28	理论力学	2010 年
29	毛泽东思想和中国特色社会主义理论体系概论	2010 年
30	机械原理（双语）	2010 年
江苏省优秀课程群		
1	自动控制课群	2002 年
2	会计学课群	2002 年
3	电子学课程群	2004 年
4	产品设计课程群	2004 年

五、实践教学

1993—2012 年期间,学校重视学生实践能力和创新精神的培养,加强实践教学平台建设,深化实践教学改革。构建了"基础实验 – 综合实践 – 创新训练"3 个层次本科生实践教学体系。在培养方案中进一步提高了实践教学环节所占比例,工科专业实践教学环节累计学时占总学时的比例为 45% ~55%;其他专业实践教学环节累计学时占总学时的比例不少于 30%。引导学生在夯实专业知识的同时,积极参加学术科技活动、创新创业活动、社会实践和文体活动。学生省部级以上重要竞赛获奖人次年均增长 36.83%,专利申请与授权人次年均增长 92.31%。

2008 年 9 月,学校成为第二批国家大学生创新性实验计划学校。2012 年 7 月,学校获批建设 12 个国家级工程实践教育中心。

2012 年 9 月,学校 146 个创新创业项目入选 2012 年度第一批国家级大学生创新创业训练计划项目。

通过学校自建、与企业合作共建、社会捐赠等多种形式,学校在本科生教育中构建了基础实验中心、专业实验中心和综合类实验中心,还建立了大量的校外教学实践基地、创新活动平台、社会实践基地等实践教学环境。学生还通过社团活动、科技俱乐部等多种形式,实现实践能力的提升。

(一)校内实验室

学校按照资源共享、引领示范、提升水平、持续发展原则,以提升学生实践创新能力为宗旨,以深化实践教学改革为核心,建成一批特色鲜明的国家级、省(部)级实验教学与实践教育中心,推动学校实践教学改革与实验教学中心建设水平提升。

2012 年 8 月 17 日,教育部下发了《教育部关于批准北京大学环境与生态实验教学中心等 100 个"十二五"国家级实验教学示范中心的通知》(教高函〔2012〕13 号),学校工程创新综合实验中心(工程训练中心)成为"十二五"国家级实验教学示范中心建设点。该中心以兵器科学与技术、材料学、模式识别与智能系统、工业设计和工业工程等优势学科专业特色为基础,整合工程训练中心、相关学院优势学科专业、国内外知名企业等工程教育优质资源,打通教学科研实验室壁垒,构建功能集约、资源优化、开放充分、运作高效的实验教学中心。

截至 2012 年,学校有各类实验室 59 个,其中国家级实验教学示范中心 2 个,工业和信息化部高校实验教学示范中心 3 个,江苏省实验教学示范中心 17 个,如表 5.4.5 所示。

表 5.4.5 省部级以上实验教学示范中心

类别	序号	名称
国家级实验教学示范中心	1	化学化工实验教学中心
	2	工程创新综合实验中心

续表

类别	序号	名称
江苏省实验教学示范中心	1	武器系统与工程实验教学中心
	2	机械基础实验教学中心
	3	环境科学与工程实践教育中心
	4	基础化学实验教学中心
	5	电工电子实验教学中心
	6	光电工程实践教育中心
	7	计算机科学技术实验教学中心
	8	IT人才实训中心
	9	经济管理实验教学中心
	10	热能与动力工程实验教学中心
	11	艺术与设计实验教学中心
	12	自动化实验教学中心
	13	物理实验教学中心
	14	力学实验教学中心
	15	材料科学与工程实验教学中心
	16	纳米材料与技术工程中心
	17	工程训练中心
工业和信息化部实验教学示范中心	1	电气工程实验教学中心
	2	电子信息实验教学中心
	3	含能材料及其安全实验教学中心

(二)校外实践基地

截至2012年,学校建有12个国家级工程实践教育中心和包括兵器、船舶、航天、电子、石化等行业在内的200余个长期稳定的校级校外实习基地(表5.4.6),为顺利开展各专业校外实习实训搭建了良好的平台。

表5.4.6 国家级工程实践教育中心(截至2012年)

序号	名称
1	南京理工大学–安徽红星机电科技股份有限公司国家级工程实践教育中心
2	南京理工大学–北方特种能源集团有限公司西安庆华公司国家级工程实践教育中心
3	南京理工大学–国电南瑞科技股份有限公司国家级工程实践教育中心
4	南京理工大学–晋西工业集团有限责任公司国家级工程实践教育中心
5	南京理工大学–联创亚信科技(南京)有限公司国家级工程实践教育中心
6	南京理工大学–泸州北方化学工业有限公司国家级工程实践教育中心

续表

序号	名称
7	南京理工大学－内蒙古北方重工业集团有限公司国家级工程实践教育中心
8	南京理工大学－南京钢铁股份有限公司国家级工程实践教育中心
9	南京理工大学－南京中电熊猫液晶显示科技有限公司国家级工程实践教育中心
10	南京理工大学－豫西工业集团有限公司国家级工程实践教育中心
11	南京理工大学－中国石化集团南京化学工业有限公司国家级工程实践教育中心
12	南京理工大学－重庆红宇精密工业有限责任公司国家级工程实践教育中心

（三）科研训练

科研训练是本科生团队在导师指导下，自主完成研究课题立项、项目设计、项目实施、报告撰写和成果交流等工作的实践创新教学环节。学校科研训练教学工作重在促进科教融汇和产学合作，培养学生运用多学科知识分析和解决问题的能力，强化创新思维与创新意识。

2002年，学校制定了《关于本科生开展科研训练活动的暂行规定》，充分发挥学校学科和科研优势，选择一部分适合本科生参与的项目，作为学生的科研训练，并纳入教学计划，给学生记学分、指导教师记工作量。学校专门设立了大学生科研基金支持该项工作的开展。先从培优班开始试点，逐步面向所有专业的高年级优秀学生。同时，在校级中心实验室建设的基础上，投入300余万元，重点建设了电子设计、数学建模、物理实验、力学和机器人5个创新基地，引导学生开展科学研究，培养学生创新精神和实践能力。2008年，学校正式成为国家大学生创新性实验计划学校，开始面向本科生开展"科研训练"选修实践环节；2012年，学校启动实施了本科生科研训练"百千万"计划，"科研训练"成为必修环节，逐步形成了"国家级—江苏省级—校重点—校普通"4级项目组织管理体系：每年支持百余项重点科研训练项目，千余名教师参与指导。本科生科研训练校级项目2009年立项596项，2010年立项609项，2011年立项898项。三年共获批国家级项目90项，省级项目100项。2008—2012年期间共覆盖在校万名本科生科研训练。

（四）学科竞赛

学校积极组织大学生参加国内外各级各类高层次竞赛，培养学生的创新精神、实践动手能力、团结协作精神以及勇于争先、吃苦耐劳的优秀品质。这一时期，学校在各级各类有广泛影响力的学科竞赛中屡获佳绩。

1."挑战杯"大学生课外学术科技作品竞赛

"挑战杯"大学生课外学术科技作品竞赛是中国大学生最高层次的科技发明竞赛，具有示范性和权威性，被称为中国大学生学术科技"奥林匹克"。1993年11月，在上海交通大学举行的全国第三届"挑战杯"大学生课外学术科技作品竞赛中,理学院刘映江同学的论文《激光全息场再现图像的离子自动检测》获得一等奖,学校另获二、三等奖和鼓励奖共5项,团体总分名列全国第六名,获奖等级与名次位列江苏高校之首。1995年12月,在武汉大学举行的第四届"挑战杯"全国大学生课外学术科技作品竞赛中,学校送展的6项参赛作品全部获奖,其中,经管学院赵宏同学的社会调查报告《走出困境 再创辉煌——重庆军工企业走上发展之路的启示》获一等奖。学校取得本届"挑战杯"赛理工农医类院校团体总分第三的好成绩,捧获"优胜杯",再次名列江苏高校之首。通过组委会两轮投票,学校还以40票对39票的一票优势获得1997年第五届全国"挑战杯"的承办权。这是该项赛事的主办单位首次以申办、投票的方式决定承办高校。

1997年11月8—12日,由共青团中央等主办、南京理工大学承办的第五届"挑战杯"全国大学生课外学术科技作品竞赛在学校隆重举行。来校参赛的全国67所高校的近千名师生代表,带来优秀作品603件,回归祖国不久的香港特别行政区组织香港大学、香港中文大学、树仁学院等5所高校的代表队参赛,法国、沙特阿拉伯等国家也首次派出代表或组团参加竞赛活动,参赛规模为历届之最。学校不仅成功举办了赛事,同时6件参赛作品全部获奖,团体总分位居理工农医类院校第一名。至此,学校连续3届获得"优胜杯"。

2003年,学校获第八届"挑战杯"全国大学生课外学术科技竞赛高校优秀组织奖;2005年,学校获第九届"挑战杯"全国大学生课外学术科技作品竞赛二等奖1项、三等奖5项,同时获优秀组织奖;2007年,学校获全国第十届"挑战杯"最佳组织奖;2009年11月,学校5项作品获得第十一届"挑战杯"全国大学生课外学术科技作品竞赛奖项,一等奖1项,三等奖4项,其中论文《用于"动中通"的自主稳定跟踪系统》获得一等奖,团体总分名列第20位;2011年10月,学校电光学院参赛作品:"智能眼"——融合信息感知系统获得第十二届"挑战杯"全国大学生课外学术科技作品竞赛一等奖,学校获优秀组织奖。

2. 其他竞赛情况

在1994年举行的国际大学生数学模型竞赛中,学校首次派出了两个队共6名同学参加。1995年10月7—10日举行的第二届全国大学生电子设计竞赛中,学校首次派出了两个队共12名同学参加比赛,获二等奖一项。

2000年11月5日,第四届周培源大学生力学竞赛,学校首次组队参赛即创佳绩,获团体总分第六名。2009年6月,第七届全国周培源大学生力学竞赛(个人赛)中,学校获得3个全国特等奖(共5名学生)、4个全国一等奖(共15名学生)、4个全国二等奖,创造了该项赛事举办以来同一所高校获奖等级最高、获奖最多的历史纪录。2011年7月,在第八届全国周培源大学生力学竞赛(个人赛)中,学校学生以102分的高分获得全国第一名。

2011年4月,在美国国际大学生数学建模竞赛和跨学科建模竞赛中,学校12支参赛队伍表现优异,其中2个团队获得一等奖,4个团队获得二等奖。

2011 年 11 月,学校参加国际红点设计大赛取得了令人瞩目的成绩,设计艺术与传媒学院工业设计专业大三学生龚华超,以名为触板数字贴膜(Number Keypad Film for Touchpad)的新颖设计,摘得国际红点设计奖(Red Dot Design Award)最佳概念设计奖(best of the best),其成绩被中国中央电视台(CCTV)新闻报道。

2011 年,在全国大学生工程训练综合能力竞赛中,学校获全国总决赛第一名。2012 年,学校参加第二届全国大学生物理实验竞赛,共获得一等奖 1 项(基础 II 类,全国仅 4 个)、二等奖 1 项(综合类,全国仅 10 个)、三等奖 1 项(基础 I 类),是江苏省和工信部所有参赛高校中成绩最好的高校。

2012 年 5 月 24 日,第三届"蓝桥杯"全国软件专业人才设计与创业大赛总决赛中,学校共获得全国一等奖 7 项、二等奖 18 项、三等奖 5 项,总成绩及获奖总人数在参赛的百所 985 及 211 高校中位列第二名(第一名为东道主北京航空航天大学)。

2012 年 10 月,"高教社杯"全国大学生数学建模竞赛,学校成绩突出,共获得 2 个全国一等奖、5 个全国二等奖,成为学校在该项赛事上取得的最好成绩。学校一等奖获奖数在江苏省参赛高校中并列第一,在工业和信息化部 7 所高校中并列第一。

此外,学校在历年江苏省大学生数学竞赛、物理竞赛、大学生"物理及实验创新"科技作品竞赛、大学生力学创新制作竞赛等省级以上学科竞赛和设计大赛中成绩优异,获奖人数多次位列全省第一。

六、教材建设

学校坚持以优势学科为龙头,以品牌特色专业为主线,以课程建设为基础,以"定位精品,控制规模,鼓励创新"为指导思想,加强组织领导,设立课程与教材建设委员会,对教材建设实行校、院两级管理。学校加大投入力度,通过各级规划教材的建设,凸显特色、锤炼精品,构建具有学科优势特色、适应新形势下人才培养需要的高质量课程教材体系。制定《南京理工大学教材建设工作管理规定》等规章制度,不断规范和完善教材建设与管理工作。设立教材建设专项经费,加大对教材编写的经费支持力度,同时,对教材出版和教材获奖的作者进行奖励。教材编写出版数量与质量明显提升。

1993 年 12 月 3 日,学校召开首届教材工作研讨会,参加会议的有校教材建设委员会全体委员、各分院、系教学副院长、副主任以及教务员等。与会同志对学校的教材工作提出了许多建设性意见。

2001 年,学校相继出台了《南京理工大学"十五"期间(2001—2005)教材建设规划》《南京理工大学关于"十五"期间加强教材建设的若干措施》《南京理工大学关于本科专业教材选用的暂行规定》等文件。相关政策引导增强了教师广泛参与教材建设的热情。通过组织申报各层次教材规划,学校列入国家级"十五"重点建设规划教材 24 种,是"九五"期间入选数量的 4 倍,在国防科工委 7 所高校中名列第一,在江苏省高校中仅次于南京大学名列第二。学校列入国防科工委重点规划教材28种,在国防科工委7所高校中名列第三。

2011年11月,机械工程学院武晓松教授主编的《固体火箭发动机原理》、化工学院应宗荣副教授主编的《高分子材料成形工艺学》2部教材荣获2011年国家精品教材荣誉称号。本次全国共申报参评教材近3000部,评出国家精品教材276部。学校在"十一五"期间共有5部教材获国家精品教材荣誉称号。

2012年9月3日,教育部共评出"十二五"国家级规划教材1107种,学校8种教材入围,分别由机械工程学院钱林方教授、张合教授、李军教授,电子工程与光电技术学院蒋立平教授、顾继慧教授,化工学院汪信教授、钟秦教授,理学院李相银教授主编;另外两本教材作为系列教材之一入选,分别由电子工程与光电技术学院朱晓华教授、寇戈教授主编。

"十五"以来,学校公开出版教材382部,其中国家级、省部级规划教材80部,获得国家级精品教材5部,省部级精品教材23部,8部教材被列为"十二五"国家级规划教材。如表5.4.7和表5.4.8所示。

表5.4.7 国家级精品教材("十一五"以来)

序号	教材名称	主编	出版社	时间
1	汽车动力装置	常思勤	机械工业出版社	2007年
2	模拟电路与数字电路	寇戈	电子工业出版社	2009年
3	工程图形学	宗士增	北京理工大学出版社	2009年
4	高分子材料成形工艺学	应宗荣	高等教育出版社	2011年
5	固体火箭发动机原理	武晓松 陈军 王栋	兵器工业出版社	2011年

表5.4.8 "十二五"期间国家级规划教材

序号	教材名称	作者	出版社	时间
1	大学物理实验(2版)	李相银	高等教育出版社	2012
2	数字逻辑电路与系统设计	蒋立平	电子工业出版社	2012
3	微波技术	顾继慧	科学出版社	2012
4	火箭发射系统设计	李军	国防工业出版社	2012
5	火炮弹道学	钱林方	北京理工大学出版社	2012
6	引信机构学	张合	北京理工大学出版社	2012
7	化工原理	钟秦	国防工业出版社	2012
8	纳米材料化学	汪信	化学工业出版社	2012

七、质量监控

学校形成了较为完善的教学管理规章制度,在各个教学环节都制定了明确的质量标准,有力地推进了教学管理的制度化、规范化与科学化,同时采取多项措施,保证规章制度和质量标准的贯彻落实。借鉴"全面质量管理"理念,从组织体系、工作机制、信息反馈和奖惩机制等方面构建了完善的教学质量监控体系。

（一）制度保障

根据学校定位和人才培养目标,学校 2008 年制定了《教师本科教学工作规范》和《本科教学管理工作规范》及实施细则等一系列规章制度,制定了质量标准,规范各教学环节的要求;实施了教学检查制度、教学督导制度、学生评教制度、学生教学信息员制度、教学工作考核制度,实现了对教学全过程的质量管理。

（二）监控体系

1993 年以来,学校教学管理工作借鉴"全面质量管理"的理念,始终强调质量第一、全员参与、过程控制和不断改进。通过建立教学检查、教学督导、学生教学信息员、学生评教、教学工作评估、听课查课、教学工作考核以及青年教师讲课竞赛、教学奖励等制度,形成了完善的本科教学质量监控体系。

2001 年,学校提出了教学过程质量监控体系的总体方案,并将学生评教结果直接与教师见面,督促其改进和提高教学质量。

2011 年开始,学校建设"本科教学状态数据库与评估系统",构建了学校、学院、专业、课程层层递进的"多维教学质量评估体系",依据评估收集的"临床证据",形成"评估—反馈—改进"的长效机制,使质量管理成为持续推动人才培养质量提高的重要动力。通过开放教学状态数据库、发布本科教学质量报告、学院本科教学质量白皮书、专业发展潜力评估、课程教学目标达成度评价、大学生学习与发展跟踪调查报告等,推进质量信息流动共享。

八、教学改革成果

1993 年至 2012 年,学校积极开展教育教学研究与改革,在培养模式探索、实践教学建设、课程教学改革、教学管理等方面取得丰硕成果。围绕实现人才培养目标积极推进教学研究,获国家级教学成果奖 12 项。如表 5.4.9 所示。

表 5.4.9 高等教育国家级教学成果奖(1993—2012 年)

序号	时间	成果名称	主要完成人	获奖等级
1	1993	加强教学成果,提高工科物理教学质量	大学物理教研室集体	二等奖

序号	时间	成果名称	主要完成人	获奖等级
2	1997	《化工原理》课程计算机辅助教学（CAI）实践	杜炳华、钟秦、王婷如、周迟骏、王娟	二等奖
3	1997	《弹丸终点效应》教材	王儒策、赵国志、于骐、欧阳楚萍、翁佩英、高森烈	二等奖
4	1997	《现代内弹道学》教材	金志明、袁亚雄、翁春生、张小兵	二等奖
5	2001	"火药装置系列"教材建设（教材）	王泽山、徐复铭、张丽华、贺晓军	二等奖
6	2001	健康为本　重在健身——高校体育课程教学前探性改革与实践	王宗平、沈家聪、朱继华、林越楠、潘志军	二等奖
7	2005	立足国防，面向社会，创建自动化品牌专业	吴晓蓓、陈庆伟、郭毓、徐志良、王海梅	二等奖
8	2005	工业设计特色专业建设研究与实践	李亚军、张锡、姜武、段齐骏、曾山	二等奖
9	2005	深化分层次教学　全面提高大学教学教育质量	杨孝平、俞军、陈萍、许春根、王为群	二等奖
10	2005	构建多层次、多模式国防科技人才培养体系，为军工企业和部队输送急需高素质人才	汪信、袁军堂、梅锦春、李晓梅、陈仁平	二等奖
11	2009	我国高等教育自动化专业人才培养面临的新问题与对策研究及实践	吴澄、申功璋、田作华、萧德云、王雄、吴晓蓓、卓晴、戴先中	一等奖
12	2009	本科毕业设计论文《质量保证机制的研究与实践》	袁军堂、张永春、梅锦春、裴艳敏、崔骥	二等奖

2011 年 9 月 8 日，第六届全国高等学校教学名师奖正式揭晓，学校国家级教学团队名称、带头人、入选年份如表 5.4.10 所示。

表 5.4.10　国家级教学团队

序号	团队名称	带头人	年份/年
1	大学数学基础课群教学团队	杨孝平	2008
2	化学工程系列课程教学团队	钟秦	2008
3	武器系统与工程专业课程教学团队	钱林方	2009
4	自动控制课群教学团队	吴晓蓓	2009
5	工业设计教学团队	李亚军	2010

九、教育部本科教学工作水平评估

高等学校本科教学工作水平评估以《中华人民共和国高等教育法》为依据,贯彻"以评促改,以评促建,以评促管,评建结合,重在建设"的原则,旨在通过水平评估进一步加强国家对高等学校教学工作的宏观管理与指导,促使各级教育主管部门重视和支持高等学校的教学工作,促进学校自觉贯彻执行国家的教育方针,按照教育规律进一步明确办学指导思想、改善办学条件、加强教学基本建设、强化教学管理、深化教学改革、全面提高教学质量和办学效益。

2002 年 6 月,教育部发布了《普通高等学校本科教学工作水平评估方案》(教高司函〔2002〕152 号),方案明确了评估指标体系、评估指标等级标准及内涵、评估结论标准,以及评估方案的有关说明。2004 年 8 月,结合开展的本科教学工作水平评估的实践和研究,教育部下发了《普通高等学校本科教学工作水平评估方案(试行)》(教高厅〔2004〕21 号),对 2002 年本科教学工作水平评估方案进行了修订,特别强调"三个符合度",即学校确定的目标(学校的定位、人才培养目标)与社会要求、人才的全面发展和学校的实际情况符合程度;学校的实际工作状态与确定的目标符合程度;学校所培养的人才质量与自定目标符合程度。国防科工委转发方案的同时,要求所属高校按照指标体系自评自查,建立学校内部本科教学质量评价体系,进一步提高教学工作水平,不断提高本科教学质量,迎接教育部组织的本科教学水平评估。

1. 学校迎接本科教学工作水平评估的过程

1999 年 7 月,学校印发了《关于正式启动学校本科教学优秀学校评建工作的通知》,指出:本科教学优秀学校评建工作的开展,有利于确立教学工作在学校的中心地位,促进全校上下把更多的精力投入到教学工作上来。有利于进一步端正和明确办学指导思想。有利于重视本科教学工作,提高教学质量和办学效益。开展本科教学工作优秀评价,可以客观地评价学校教学改革状况,肯定成绩和经验,诊断存在的问题,从而加快学校改革进程,以适应 21 世纪我国经济建设和社会发展需要。学校号召全校师生积极行动起来,以强烈的主人翁意识和责任感,投身于学校的教学改革和教学建设之中,推动学校的教学工作跨上新台阶。

学校于 1998 年正式向教育部提出申请,拟在 2000 年接受国家"优秀教学工作学校"评价。为此,学校正式启动了本科教学优秀学校的评建工作。评建工作坚持"以评促建,以评促改,着力改革,重在建设"的方针,本着"严格要求,实事求是"的原则,对学校教学条件、办学水平、教学质量和办学效益进行整体评价和建设。评建分为 3 个阶段,第一阶段:院、系自评与建设阶段,时间为 1999 年 6 月—2000 年 7 月。第二阶段:迎接评价阶段,即 2000 年 7 月。根据教育部批复的评价时间,学校提前做好迎接评价的各项准备工作,以优良的校风、优美的校园环境、精心的组织安排,配合和迎接专家组的评价。第三阶段:整改阶段,国家教育部来校评价以后,根据教育部专家提出的评价意见,进一步进行整改和建设。学校还专门下发了《南京理工大学本科教学优秀学校评建工作领导小组及各工作组组成名单》《南京理工大学本科教学评建工作各小组工作职责》《南京理工大学本科教学优秀学校评建工作安排》《南京理工大学本科教学优秀学校评建工作任务分配表》等文件。

随着教育部《普通高等学校本科教学工作水平评估方案》的颁布,对照指标体系进行自查自评以后,本着"严格要求、实事求是"的原则,学校认为现有的办学实力和水平还有很大差距。

江苏省教育厅原计划安排学校于2003年上半年接受教育部的本科教学工作水平评估,但学校根据实际情况,考虑到学校迎评工作的时间节奏、现有基础设施、教学保障条件、专业建设工作立项实施情况等,还不具备接受评估的条件,于是呈文《关于对省教育厅安排学校迎接国家本科教学工作水平评估时间的回复》,提出将学校接受评估时间安排在2005年上半年。2003年11月,《教育部办公厅关于对全国592所普通高等学校进行本科教学工作水平评估的通知》(教高厅〔2003〕9号)下发,通知学校2006年接受本科教学工作水平评估。2004年10月,根据学校迎评创建工作的需要,考虑相关人员变动,学校决定对本科教学工作水平评估评建工作领导小组及工作机构进行调整。

针对教育部的时间安排,学校经研究,向国防科工委上报《南京理工大学关于调整迎接教育部普通高等学校本科教学工作水平评估时间安排的请示》,学校申请将接受评估的时间调整到2007年下半年,以确保评估结果为优秀,其原因如下:一是由于南京市市政建设规划的调整,近期施工建设的城市主干线之一的纬六路横跨学校教学实习中心,目前学校教学实习中心正处于搬迁过渡阶段。为了满足教学实习的需要,学校采取措施积极应对,并已选址新建面积为2万平方米的工程训练中心。根据有关部门对施工进度等方面要求,工程训练中心最早将于2007年初竣工使用。二是学校为了进一步加强实践教学,已经启动新的2万平方米化工实验大楼的建设,预计将于2006年底交付使用。三是从1999年起,学校实施了本科教学分三期建设的计划,目前第三期建设正在实施过程中,预计将于2007年上半年完成所有软、硬件建设项目。

自1999年开始,历时8年时间,学校先后实施了三期本科教学建设工程,学校办学指导思想进一步明确,本科教学工作的中心地位进一步突出,教学改革进一步深化,人才培养方案进一步优化,办学条件进一步改善,整体办学水平和质量有了很大的提高。

2. 接受教育部本科教学工作水平评估

2007年9月,学校收到《关于教育部专家组对清华大学等三十九所普通高等学校进行本科教学工作水平评估的通知》(教高评中心函〔2007〕28号),要求学校做好本科教学工作水平评估的准备。10月28日—11月2日,以陈忠贤为组长、王润孝为副组长的教育部专家组进驻学校,对学校进行了本科教学工作水平评估。

在评估汇报会上,校长王晓锋同志作了题为《彰显国防科技特色,培育一流创新人才》专题汇报,全面汇报了学校的概况,重点是近 8 年来实施本科教学建设工程的开展情况和取得的成效。评估期间,专家组认真审阅了学校本科教学工作水平评估自评报告及相关的支撑和背景材料;实地考察了教学楼、图书馆、体育场馆等主要教育公共设施和学生食堂、学生公寓等生活设施;考察了化学化工国家级教学试验示范中心和电工电子、物理、工程训练中心等江苏省基础课实验教学示范中心及国家重点实验室、教育部重点实验室,参观了校史及发展成就展、大学生科技创新活动成果展、大学生文化素质教育成果展;考察了大学生课外体育文化活动和 2 个校外实习基地;走访了机械工程学院等 13 个教学单位和学校办公室等 11 个主要职能部门和单位;分别召开了 8 个座谈会。专家组随机听课 41 门次,抽阅了学生毕业论文(设计)739 份,学生试卷 2345 份,对在校学生进行了大学化学、电工电子和大学英语等三项检测;调阅了部分教学大纲、课程大纲和教案等。

在全面考察基础上,专家组形成了对学校本科教学工作水平评估结论:学校顺利通过教育部的本科教学工作水平评估,且达到优秀的标准。

评估专家组总结肯定了学校的办学特色:南京理工大学在 50 多年的建设与发展历程中,始终以强大国防为己任,形成了"肩负国防使命,弘扬献身精神"的鲜明办学特色。这一精神已成为全校师生员工奋勇争先的不竭源泉和人格标识,推动了学校不断向高水平研究型大学迈进。学校积极探索实践教学改革,"以覆盖面广为指导,建设高质量的校内外实践教学基地;以参与面广为目标,开展有特色的课内外科技与社团活动;以严格管理为手段,确保实践教学的效果与质量",形成了实践教学"两广一严"的鲜明特色,毕业生理论基础扎实、实践能力强、作风朴实,为国家经济建设和国防事业发展做出了重要贡献。

评估专家组提出的希望与建议是:进一步加强以领军人才为主的高水平师资队伍建设,通过实施"卓越计划",促进师资队伍水平的全面提升。积极探索新形势下国防军工院校加强国际交流与合作的途径,提高国际化水平。建议国防科工委和江苏省人民政府进一步加大对学校建设的投入力度,推动建设高水平研究型大学的进程,为国防事业发展和国家、地方经济建设做出更大贡献。

学校高度重视专家组考察提出的希望和建议,制定了《南京理工大学本科教学工作水平评估整改方案》,通过一年的努力,进一步强化了本科教学的中心地位,在师资队伍建设、提升国际化水平、创新人才培养体系等方面取得了长足的进步,真正践行了"以评促建、以评促改、以评促管、评建结合、重在建设"的方针。

十、高等职业教育和继续教育

1999 年 3 月 31 日,南京理工大学高等职业技术学院成立。高等职业技术学院与成人教育学院为一套班子两块牌子。

校长李鸿志同志在高等职业技术学院成立大会上的讲话中强调,世纪之交,面对普通高等教育持续扩招、民办教育蓬勃兴起的新形势,成人教育、高等职业技术教育受到较大影响和冲击。高等职业教育是我国高等教育改革和发展的重要方向之一,学校高等职业教育学院的成立具有良好的外部环境和发展空间,但要办好高等职业教育还要弥补很多不足,要求学校、学院冷静、客观地面对,不能盲目高估自己的实力,面向市场开放办学,狠抓质量办出特色,处理好成教与普教关系。经过五年和更长时间的努力,打好基础,办成一所在国内有较高知名度的高等职业技术学院。

高等职业技术学院成立后,学院坚持改革,走以内涵发展为主的道路,着力调整学院规模、层次和结构,在办好专科的基础上,开始举办本科层次的高职;调整成人教育结构,逐步压缩专科规模,向本科、专升本倾斜,着力发展成人本科教育;开发远程教育,为构建江苏终身教育体系、形成学习化社会服务;继续教育向高层次方向发展,根据不同学科、专业和行业发展的趋势,加强专业技术人员大学后继续教育工作。

为拓展办学空间,成教高职学院制定了"高职做精,成教做强,继教做大"的发展思路。开始举办特色自学考试专业,2003年率先申办电子商务物流、电子信息工程、商务管理3个自学考试特色专业,2004年增加到11个,招收新生750人。特色自学考试为成教发展开辟了一条崭新的道路。

2004年,成教高职学院成为江苏省五家自学考试"专接本"试点学校之一,6个专业成为自考专接本专业。2007年,最后一届高职学生招生后,国家规定本科院校不再安排大专招生计划,2010年学校停办高职院。

2011年3月,现代远程教育项目正式启动建设,2012年底交付试用。

2012年,学校继续教育已经发展为成人教育、自学考试、继续教育三足鼎立的办学格局。成人教育校外站点达到29家,2012年录取学生3949人。高等教育自学考试自办助学招生专业达到18个,进校1191人,校外办学点303人,实际注册1494人。"专接本"招生1571人,在籍生达到2761人。成功举办自考"二学历"教育,首期招生28人。

第五节　学生教育管理工作

学生教育管理工作紧紧围绕"立德树人"根本任务,坚持"育人为本、德育为先"和"严管厚爱、求实争先"的工作理念,紧扣时代主题,健全优化体系,完善强化机制,着力提升质量,不断突出大学生思想政治教育的内涵发展。学校实施了以德育为核心的思想政治教育,以美育为核心的艺术与文化素质教育,以工程技术能力培养为核心的创新创业教育,以坚定社会主义信念、共产主义信仰为核心的"青马工程",建立了以严管厚爱为核心的服务管理体系,以保障学生的成长成才,为党和国家培养大批合格的社会主义事业建设者和可靠的接班人。

一、重视队伍建设,提高辅导员"三化"水平

学校一直重视学生思想政治工作一线队伍的建设,不断提高辅导员的"三化"水平,即工作能力的专业化,工作岗位的职业化,工作目标的专家化。

1999 年,学校党委印发了《关于加强学生教育管理干部队伍建设的若干意见》,其中指出:年级主任是学校专职学生教育管理干部,承担着德育教学和教育管理的双重职责,这支队伍的建设和发展,决定了人才培养目标的实现程度,作用不可替代。同年,印发了《南京理工大学年级主任任职考核实施办法》,实施办法明确规定年级主任任期满一年且考核合格、成绩突出者,可优先聘任为副科级年级主任,任期满 3 年且考核合格、成绩突出者,可优先聘任为正科级年级主任。

2003 年,学校明确提出:学生工作队伍要加强政治理论和业务学习,加强学生工作研究,提高政治思想素质和业务能力,进一步提高学校学生工作整体水平;转变教育观念,牢固树立以学生为中心的指导思想;积极适应学校岗位聘任的新要求,加强学生工作的规范化和制度化建设,完善学生教育管理制度和工作中的规章制度,建立规范的工作体系。组织辅导员参加省内外业务理论学习培训 20 多人次。

2005 年,学校对学生工作队伍建设提出了 5 个方面工作要求:严格遵守党风廉政建设的有关规章制度,树立为人师表的良好学生工作干部形象;认真执行学生工作干部例会学习培训制度,进一步提高自身的理论水平和工作能力;坚持以学生为中心,做到及时过问、及时管理、及时指导、及时关心学生;积极适应新形势、新任务、新要求,进一步加强学生工作的研究;充分利用学生信息管理系统等载体,创办年级学习工作论坛,加强学生工作干部相互学习和交流。

2008 年,学校制定实施《南京理工大学关于加强辅导员队伍建设的实施细则》,明确采取四项措施:一是加强学生工作考评,修订完善学生工作考评方案和考评指标体系;二是加强对年级学生工作的指导,进一步推进工作规范化建设,制定分年级学生工作大纲和《南京理工大学辅导员工作手册》,发放辅导员日常工作记录本;三是整合全校学生工作信息资源,做好学生工作信息的编辑;四是针对热点问题,组织课题组开展研究。

经学校 2009 年第二十二次和 2010 年第一次党委常委会议审定,出台了辅导员队伍建设"三年滚动计划",按照学校核定的辅导员编制数和"三年滚动计划"的指标,实施辅导员的选聘工作。

2012 年,学校按照以"打造专业化、职业化、专家化"的学生工作队伍为目标,实施了"队伍建设年"系列活动,开展"辅导员沙龙"活动、"辅导员读书交流"活动,组建辅导员科研团队,举办"展示职业风采 提升胜任能力"首届辅导员职业技能竞赛,出版了《高校辅导员的 21 项修炼》,编印了《辅导员工作导航》《学生教育管理工作制度汇编》《"为青

春喝彩"大学生先进事迹报告会汇编》。

二、坚持政治引领，完善思想教育体系

学校不断提高思想政治工作队伍理论素养和工作能力，教育引导青年学生树立和践行社会主义核心价值观，通过课内和课外相结合，理论和实践相结合，以各类主题教育为载体，教育引导青年学生坚定中国特色社会主义信念，坚定地听党话、跟党走。

（一）加强领导，把思想政治教育工作落实落细

1994年9月，学校明确提出下半年学生工作重点是认真学习贯彻《爱国主义实施纲要》《中共中央关于进一步加强和改进学校德育工作的若干意见》和校七届党代会第七次全委会决议精神，加强思想政治工作改革，大力开展爱国主义、社会主义、集体主义和爱校教育，加强班集体建设和学生骨干队伍培养。1996年，学校提出了学生工作六项主要任务，其中第一条就是在学生中大力开展爱国主义、社会主义和共产主义教育，积极培养高素质学生骨干，壮大学生党员队伍，并以此带动更多的学生讲学习、讲政治、讲正气。

为贯彻落实《中共中央关于加强和改进思想政治工作的若干意见》，2000年，学校对学生的教育工作提出明确要求，坚持德育首位，推进素质教育，切实提高大学生思想政治素质。引导学生树立科学的世界观、人生观、价值观。重点目标是按照学校关于开展本科优秀教学工作评建和校风创优评建的工作部署，全面推进学风建设。

2004年8月26日，中共中央、国务院发出《关于进一步加强和改进大学生思想政治教育的意见》（以下简称中央16号文件）。文件指出："以理想信念教育为核心，以爱国主义教育为重点，以思想道德建设为基础，以大学生全面发展为目标，培养德智体美全面发展的社会主义合格建设者和可靠接班人。"以中共中央、国务院名义下发加强和改进大学生思想政治教育的文件，在我们党和国家历史上还是第一次。中央16号文件明确把大学生思想政治教育作为事关国家前途和命运的战略工程。为贯彻落实中央16号文件精神，强化学生思想政治教育，2004年，学校首次提出，创建品牌教育活动，构建具有学校特色的学生思想教育格局；坚持以学生为中心，全面推行学导制，大力加强学生社团建设，促进学生自我教育、自我管理、自我服务。当年各院（系）申报的争创品牌活动和特色项目立项21项。2005年，学校学生工作要点明确提出，以落实中央16号文件精神为契机，进一步加强和改进学生思想政治教育，着眼引导学生提高思想政治素质为核心的全面素质，着力构建具有学校特色的学生思想政治教育体系和长效机制，着重增强思想政治教育的针对性、实效性和吸引力、感染力。

2010年6月12日，学校在科技会堂召开大学生思想政治教育工作会议。学校党委副书记马大庆系统回顾了五年来学校学生工作深化大学生思想政治教育所取得的成绩，提出了今后一段时期学校大学生思想政治教育工作的思路。同年8月，学校党委印发了

《关于进一步加强和改进大学生思想政治教育工作的实施意见》。按照中央 16 号文件精神,围绕学校的人才培养目标,牢固树立育人为本、德育为先的理念,大力推进大学生思想政治教育工作的科学化建设,着力建设一支高水平的大学生思想政治教育工作队伍,全面形成全员、全过程、全方位育人的工作格局,不断优化大学生健康成长、成才的环境,努力培养德智体美全面发展的中国特色社会主义事业合格建设者和可靠接班人。

(二)抓住重要节点,深入开展主题教育活动

坚持育人导向,突出价值引领。学校坚持抓住重大历史纪念日和重要时间节点等关键契机,深入开展主题教育活动。以理想信念教育为核心,以社会主义核心价值观为引领,在全体学生中深入持续开展形式多样的主题教育活动,推进教书育人、科研育人、实践育人、管理育人、服务育人、文化育人。

为了深化爱国爱校教育,1995 年学校组织举行了 95 届毕业生毕业宣誓仪式,作为主题教育活动,这在学校尚属首次。中央电视台、南京电视台、中国青年报、南京日报等 10 多家新闻单位对学校此次教育活动做了专题报道。

毕业宣誓誓词如下:我光荣地毕业于南京理工大学。我将牢记母校的培养,热爱母校,维护母校的声誉,认真履行公民义务,遵纪守法,弘扬正气,树文明新风,做四有新人,为母校增光添彩;我将牢记母校的教诲,崇尚科学、追求真理、艰苦奋斗、开拓进取,为中华民族的振兴与腾飞建功立业;我将牢记母校校风:"团结、献身、求是、创新",发扬光大母校的优良传统,热爱祖国,热爱人民,热爱党,将毕生的聪明才智贡献给伟大的社会主义祖国。

1997 年 9 月 27 日清晨,学校在中心广场隆重举行 1997 级学生入学宣誓仪式。校长李鸿志宣布仇国富等 7129 名学生获得南京理工大学学籍。全体 1997 级学生面对国旗,庄严宣誓。在此后的多年里,学生的入学和毕业宣誓成为对学生进行主题教育的规定动作。

南京理工大学学生入学宣誓誓词:我是光荣的南京理工大学学生,我自愿接受学校培养,遵循校训、刻苦磨炼、勤奋学习、完成学业;我自愿履行大学生行为准则,遵守纪律、举止文明、关心集体、诚实做人;我自愿承担大学生的历史使命,忠于祖国、热爱人民、崇尚科学、追求真理,为中华强盛和人类进步而奋斗。

抓住重大纪念日开展教育活动是学校的一贯理念和鲜明思想政治教育特色。1999 年 5 月 4 日,学校召开纪念"五四"运动 80 周年大会,校领导、各院(系)各部门领导及师生代表共 2000 余人参加了大会。

2008 年 5 月,学校登山协会第五任会长、电光学院徐颖同学作为珠峰火炬手参加珠峰火炬传递活动,达到 7028 米高度,登顶珠穆朗玛峰,让奥运圣火在"世界之巅"燃烧。

2008 年 8 月,第 29 届夏季奥林匹克运动会在北京举行,机械学院的何凌俊同学入选

闭幕式二胡演奏员，参加了闭幕式的演出。

2009年10月1日，学生在艺文馆多功能厅自发观看60周年国庆庆典及大阅兵电视转播。庆典开始前，参与155毫米自行火炮研制的郭锡福教授向同学们讲述了学校在国庆阅兵装备研制中的贡献。据统计，30个地面装备方队中，24个方队的武器装备有学校教师或校友参与研发，担任这些武器系统的总设计师或副总设计师，如 PLZ-05式155毫米自行加榴炮总设计师崔万善；PLL-05式120毫米轮式自行迫榴炮火力系统副总设计师王启明；两栖步兵战车武器系统副总设计师程刚；某远程火箭系统副总设计师高旸等。同时，在飞行队列中猎鹰L15教练机的总设计师是校友张弘。

学校明确提出，坚持"学校有主题，学院出品牌，年级抓常规"的工作模式。2008年6月，为树立、宣传先进典型，组织开展了主题为"我与祖国同行，祖国与世界同行"的"为青春喝彩"大学生报告会，特邀了学校衡浏桦、曹佳音、穆恒、徐颖4位学子与广大的同学分享他们不同凡响的大学生活经历和人生体会，用榜样鼓励广大青年学生成长成才。2011年开展"为党旗添彩、让青春闪亮"主题教育活动。围绕庆祝建党90周年和"创先争优"活动，分层次、分类、分阶段地开展形式多样地教育活动，教育引导学生"知党情、颂党恩、跟党走"。

2012年，学校首次实施特色教育活动申报立项制度，共有79个特色教育活动获得立项。同时，持续推进学风建设，实施"五查制度"（查早操、查课堂、查作业、查自习、查熄灯）和"三导制度"（辅导员、班导师、学导），学生课程不及格率和违纪率逐年下降。

（三）新世纪学生思想政治教育工作的品牌——"百时奉献"实践活动

学校能源与动力工程学院党委按照加强党员先进性教育的要求，自2003年初开始开展大学生党员"百时奉献"实践活动，要求每名大学生党员从自身做起，从身边做起，立足校园，走向社会，每年参加100小时以上的奉献活动。

2009年，学校党委下发《关于深入开展大学生党员"百时奉献"实践活动的通知》，明确提出开展大学生党员"百时奉献"实践活动，就是要增强广大学生的党性意识，激发奉献精神，引导他们积极投身各项社会志愿活动和工作中，并在其中受教育、长才干、做贡献，发挥模范带头作用；不断增强学生党支部的凝聚力和战斗力，影响和带动广大学生奋发向上，共同进步，建设优良校风、学风；积极创新大学生思想政治教育方式方法，贴近学生、贴近生活、贴近实际，增强时效性，打造学校学生思想政治教育品牌活动。实践活动的主要内容具体落实为学生党员工作"三个一"和学生党员活动"三个一"。学生党员工作"三个一"：每个学生党员联系指导一名入党积极分子；每个学生党员联系负责一个学生宿舍；每个学生党员联系帮扶一名学业困难学生。学生党员活动"三个一"：每年参加一系列的党员教育学习活动；每年参加一次社会实践活动；每学期至少参加一次校内外志愿奉献活动。

2009年10月22日,学校2009—2010学年大学生党员"百时奉献"实践活动启动仪式在艺文馆多功能厅举行,标志着这一活动在全校大学生党员中深入推进。大学生党员"百时奉献"实践活动作为新时期学校创新学生党建和思想政治教育工作的有效载体,广大学生党员积极投身社会志愿活动和志愿工作,服务同学,服务社会,展现出了青年大学生党员的良好精神风貌。该项活动曾获江苏省最佳党日活动一等奖、江苏省高校学生教育管理工作创新奖,被中国教育电视台等各级新闻媒体宣传报道,并在当年8月工业和信息化部组织的大学生学习实践科学发展观活动报告会上作了交流发言,受到好评。

2012年3月,学校印发《"青春闪亮南理工"大学生党员学雷锋百时奉献岗活动实施方案》。"百时奉献"岗分为"学生事务服务"和"学院主题服务周"两部分:学生事务服务主要为同学们提供了包括党员发展指导、学习生活类服务指导、毕业生就业服务指导、教务手续办理指导、各类证件补办指导、教室场地申请指导6大类32项服务,学生党员在奉献岗为广大同学提供服务指导。学校受邀专门录制大学生党员"百时奉献"实践活动讲座,供全国高校各级领导干部在线学习。学校还获得江苏省"身边的标杆前行的力量"主题教育活动一等奖。

三、开展国防教育,弘扬学校光荣传统

学校传承了中国人民解放军的优良传统,结合学校国防军工专业的特点,进一步发扬军工文化,形成了具有南京理工大学特色的国防教育体系。

1993年1月,人民武装部、军教室与体育部合并,成立军体部。2000年7月6日,撤销军体部,成立体育部,学生工作处(部)、人武部(军事教研室)合署。

学校的国防教育采取课内课外相结合的方式开展。第一课堂两门课:军事理论课和大学生军事训练课。2007年,军事理论课建成网络课程,同年被评为学校精品课程和江苏省优秀课程。进入21世纪后,按照学校的统一部署,军事教研室开设了《国旗法》《第二次世界大战史》《孙子兵法谋略艺术》《二战后局部战争史研究》《军事地形学与定向越野》《中国周边安全形势》6门军事方面的文化素质选修课。

学生军事训练课的承训军校是工程兵工程学院,军训拉练、打靶。军地高校合作的军训模式,以及持续共建活动,有利于巩固教学成果,强化育人效果。1993年,学校获江苏省全民国防教育委员会授予的"全民国防教育先进单位"称号;1995年,学校被南京市双拥办授予"军地共建文明院校先进单位"称号;1997年,学校再次被评为江苏省全民国防教育先进单位。

1999年9月28日,为庆祝建国50周年,江苏省大学生军训成果汇报大会在江苏省五台山体育中心举行。按照省军区司令部和省教育厅的安排,全省26所高校各派出120名新生组成一个方队参加军训汇报大会,南京理工大学除此之外还派出400人的军体拳表演、400人的刺杀操表演和100人的战术演练队伍,是全省唯一超1000人、动用56式

半自动步枪500支、全部四项汇报的高校。学生的汇报得到了大会领导和军官高度评价，学校获庆祝中华人民共和国成立50周年江苏省大学生军训成果汇报表演一等奖。

2001年11月，学校立足理论教学、深化军事技能训练、拓展第二课堂"三位一体"国防教育体系得到了江苏省教育厅、国家教育部认可，学校被评为"全国学生军事训练工作先进单位"。

2004年，省教育厅、省军区司令部决定举行庆祝中华人民共和国成立55周年江苏省大学生军训成果汇报大会，学校承担了同样的汇报任务，再次得到上级领导和兄弟高校的好评。学校获得庆祝中华人民共和国成立55周年江苏省大学生军训成果汇报大会优秀组织奖和庆祝中华人民共和国成立55周年江苏省大学生军训成果汇报大会阅兵方队一等奖；同年9月，学校第三次蝉联江苏省全民国防教育先进单位。

2006年，学校连续第四次获"江苏省全民国防教育先进单位"称号；2010年，学校荣获江苏省大学生军训工作先进单位；2011年，学校在全省在宁高校大学生军训成果汇报大会中获特别贡献奖，男子56式半自动步枪方队和刺杀操表演，分别获得前两名的好成绩；2012年，学校荣获江苏省大学生军训工作先进单位。

四、建设校园文化，形成协同育人合力

学校牢固树立文化育人的教育理念，大力弘扬在长期办学实践中形成的以"献身"为核心的南理工精神，通过加强精神文化、物质文化、行为文化三个层面建设，努力构建以"奉献、服务、互助"为特征的奉献文化体系，扎实推进社会主义核心价值体系融入校园文化建设全过程。

（一）艺术文化育人

20世纪90年代，学校每年都在12月举行大学生文化艺术节。从本科生、研究生，到广大教职员工（包括外籍教师）全参与，内容丰富多彩，包括综合文艺汇演，摄影图片展，书画美术展，视听音乐会，卡拉OK团体、个人双奖赛，优秀影视片展播，大学生辩论赛，诗歌朗诵会，校园风范赛等大型系列活动，盛况空前。大学生文化艺术节的举办，使广大师生员工开阔了视野，增长了见识，愉悦了身心，启迪了思维，丰富了校园文化生活，同时达到了寓教于乐的目的。

1994年3月，学校围绕"弘扬时代主旋律，以雷锋精神促进文明学风建设"主题，开展文明校风志愿行活动，主要包括尊敬师长、友爱同学、关心集体、礼貌待人、勤奋学习、服饰整洁、举止文明、爱护公物、勤俭节约、遵守秩序，学校还设立学雷锋志愿者服务队，为老干部退休教师和广大师生开展各项业务服务活动。

1995年12月，学校举办的第九届文化艺术节以团结、参与、奋进为主题，坚持宣传爱国主义思想，弘扬优秀民族文化，讴歌改革开放和社会主义现代化建设的巨大成就，引导

广大学生树立正确的理想信念,振奋民族精神,激发爱国热情,刻苦学习科学文化知识,为建设社会主义现代化事业建功立业。

2006 年,学校将大学文化建设作为年度工作重点,开展 4 个方面文化建设工作:凝炼学校文化和精神,建立一个鼓励创新、包容创新的文化氛围,进行学校整体形象设计,大力推进师德建设和学风建设。同年 11 月,学校组织申报的《凝炼国防教育文化特点,营造创新和谐育人氛围》荣获全国高校校园文化建设优秀成果一等奖。

2011 年 12 月,学校报送的《弘扬学校传统,打造奉献文化,有效开展大学生社会主义核心价值体系教育》,再次获全国高校校园文化建设优秀成果一等奖。

(二)实施典型育人

学校充分发挥学生各方面先进典型的示范引领作用,诸如优秀党员典型、优秀团员典型、三好学生典型、优秀学生干部典型、创业创新典型、志愿者典型、先进党支部典型等。

1995 年 10 月,学校机械学院 920171 班荣获"全国先进班集体标兵"荣誉称号。此次表彰的全国先进班集体标兵共有 10 个,机械学院 920171 班是江苏省唯一的一个标兵班。11 月 29 日,学校隆重召开全国先进班集体标兵表彰大会,副校长苏志明宣读了《南京理工大学对荣获"全国先进班集体标兵"的 920171 班的嘉奖令》和《南京理工大学关于开展向"全国先进班集体标兵"920171 班学习活动的通知》。

2009 年设立校长奖章,每年从本科生、研究生中评选不超过 10 名大学生先进人物作为学校的最高荣誉颁授校长奖章。2010—2012 年,学校每年举办学生表彰大会暨"青春托起中国梦"大学生报告会。开展本科生培养"先锋计划",研究生培养"经纬计划",着力培养一批素质全面、能力突出、个性鲜明的具有拔尖领军潜质的高素质复合型人才,形成了选树典型、培育典型、学习典型、争当典型,积极用先进事迹催生新的先进事迹,用先进典型推动新的先进典型的工作体系。学校涌现出工业和信息化部创新特等奖学金获得者许元刚,江苏省大学生年度人物章冲、龚华超、丁云广、谢卓,全国优秀共青团员张璐,全国大学生年度人物丁云广等一批先进典型。

(三)志愿者活动育人

1993 年底,共青团中央决定实施中国青年志愿者行动。1994 年南京理工大学青年志愿者协会成立。

2004 年 4 月 25 日,学校青年志愿者协会成立 10 周年庆祝活动暨第三届青年志愿者文化节隆重开幕。在 10 年的发展历程中,青年志愿者协会已成为一个组织健全、蓬勃向上的学生组织。协会下设机械工程学院等 12 个院系青年志愿者分会。

2005 年,学校选派 13 名志愿者赴西部地区和苏北服务;为第十届全运会(以下简称十运会)选派236名志愿者,两人荣获十运会杰出志愿者,24名同学荣获十运会优秀志愿者,3人荣获十运会志愿服务先进个人,学校荣获十运会志愿服务工作贡献奖。

2008年11月,校青年志愿者协会义务支教正式启动。青协在南京所街流动人口子弟学校举行了南京理工大学青年志愿者协会活动基地挂牌仪式,自此拉开了学校青协与所街流动人口子弟学校长期合作的序幕。

根据研究生的特点,学校组织研究生开展"博士服务团""重走复兴之路"和"一带一路"社会实践、优博培养对象"国防行"、研究生志愿服务队等多种形式的社会实践活动,组织研究生参加教育部"蓝火计划"博士生工作团,教育引导研究生在亲身参与中增强实践能力、树立家国情怀。

2008年汶川地震和雅安地震后,学校人文学院社会工作专业师生数年如一日地为四川地震灾区提供志愿服务。

2012年4月,江苏省青春在西部闪光——赴黔优秀青年志愿者事迹报告会上,学校优秀西部计划志愿者张文浩作报告;12月,江苏省教育厅号召全省大学生向学校助学成才典型、江苏省十佳青年志愿者、2011江苏省大学生年度人物蔡杨波学习。

(四)学术文化育人

研究生的思政教育重点是引导开展学术文化活动,进而提升研究生的学术品格、社会责任感、创新精神和实践能力。一是开展学术文化活动,加强科学精神教育,深入开展"科学道德与学风建设宣讲教育活动",按照全覆盖、制度化、重实效的原则,落实"三个一",实现宣讲教育在研究生中的全覆盖,即组织开展一场集中宣讲教育报告会,开展一次主题班会,导师与研究生开展一次主题谈话活动。加强学术文化建设,学校、学院、学生多层面开展形式多样的学术文化活动,通过请进来、走出去的方式,不断提高学术文化活动的质量与影响力。二是开展科创竞赛,按照学校主导、学院主体、学科协同的组织模式,组织动员研究生参加全国、省级、行业和学校各级各类竞赛活动。三是组织开展丰富多彩的校园文化活动,引领、激励、感染广大学生团结进取,积极向上,奋发有为,并着力打造研究生学术文化节"菁华节"、研究生体育文化节、研究生外语文化节三项品牌活动。

五、实施"青马工程",为党培育青年政治骨干

2007年4月,团中央发出通知,号召各地方团委实施"青马工程"。

2008年,学校将"青马工程"列入青年团的重点工作,明确指出,依托省委党校和学校党校两大平台,构建校内青年定期学习交流机制,加快青年工作干部队伍理论素养、工作能力的整体提升。加强和改进学生骨干队伍的培养方式,分层、分类、分阶段地加大对各类优秀学生的教育培训力度,选拔学院(系)主要团学干部利用暑期举办南京理工大学学生骨干高级培训班,开展集中理论学习,开展革命传统教育、生产劳动锻炼、专项社会

调查、参观考察活动、青年志愿服务等活动,全面提升青年学生骨干的综合素质。

2009年,学校团委提出以实施"青马工程"为龙头,推进"青马工程"系统化、科学化地培养社会主义事业的建设者和接班人。结合思想品德课教学、团校、理论学习型社团、党章学习小组、三级骨干培训体系等,引导当代青年学生成长为中国特色社会主义事业的合格建设者和可靠接班人。以"高举思想火炬,传承爱国精神,奉献青春力量,服务科学发展"为主题,培养具有时代精神的"四有新人"。帮助大学生和青年教职工,树立正确、积极、科学的核心价值观,自觉实践"四个坚定不移"的要求,为自身的健康成长打好坚实的理论根基。

2010年5月,学校"青马工程"建党对象理论知识一期、二期培训班开班。学校党委决定从当年起,把建党对象的教育培训工作与"青马工程"的实施结合起来,通过采取整合优化教学资源,统一选聘任课教师,统一组织课堂教学等措施,提高对建党对象教育培训的效果,同时将课程理论教学与交流讨论、参观调研、社会实践、结业考核等相结合,形成科学完善的培训体系。

随着"青马工程"不断向前推进,2011年,学校提出坚持"教师精干、学生精选、课程精编;强化培养方案、强调个性发展、强化导师培养;目标高远、思想高尚、品行高雅"的"精、强、高"基础上,将"创先争优"的目标和要求贯穿于"青马工程"的每一个环节,进一步完善校、院两级分层培养格局,严格规定学员的选拔标准与程序,强化培养过程管理,严把结业出口关。不断健全"推优"入党制度,提高"推优"的质量和数量,为党源源不断的输送新鲜血液。2012年进一步提出,坚持做精、做强、做高宗旨,创新"青马工程实施"模式,进一步形成党政高度重视、全校协同配合、各方广泛支持、学生积极参与的局面。

2012年3月16日,全省共青团系统来学校观摩"青马工程"实施情况,3月16日,全省高校"青年马克思主义者培养工程"示范观摩会在学校艺文馆举行。团省委领导出席并发表讲话,团省委、团市委、江苏72所高校团委近100人来学校观摩。

六、深化人文素质教育,提升学生文化修养

学校秉持"艺以赋质,文以载道"的文化素质教育理念,继承和弘扬中华民族优秀的历史文化传统,吸收人类文明发展的优秀成果,提高大学生的文化素质,把大学生的文化素质教育落在实处。

(一)素质教育机构沿革

学校一直十分重视大学生的文化素质教育。1999年3月24日,学生工作处(部)挂靠单位大学生心理咨询中心、勤工助学指导中心、德育教研室合并成立文化素质教育中心。

2001年4月12日,撤销学生工作处(部)文化素质教育中心,成立南京理工大学文化

素质教育办公室,为学工处内设机构。

2006年7月8日,学生工作处(部)的文化素质教育办公室更名为大学生活动中心管理办公室。2006年9月26日,成立校国家大学生文化素质教育基地建设领导小组,下设办公室,挂靠教务处。2007年9月14日,宣传部艺术教育中心、教务处国家大学生文化素质教育基地办公室,学生工作处(部)大学生活动中心管理办公室合并,成立文化艺术教育中心。

2008年1月10日,文化艺术教育中心更名为文化艺术素质教育中心。2011年2月28日,文化艺术素质教育中心更名为艺术与文化素质教育部。人文学院文化素质教育部整建制调整到艺术与文化素质教育部。

(二)文化素质教育的基本情况

1988年10月,学校成立了大学生艺术团,下设合唱团。大学生艺术团成立10年中,艺术团的学生成为校园文化活动的骨干,并在国家级、省级和市级艺术比赛中两次获国家级大奖,8次荣获省级一等奖,艺术团中22人在省级以上比赛中获奖。2000年学校被教育部评为"全国学校艺术教育先进单位"。

1999年6月,中共中央、国务院作出《关于深化教育改革全面推进素质教育的决定》,提出全面推进素质教育,将素质教育确定为我国教育改革和发展的长远方针;2000年6月,教育部印发《国家大学生文化素质教育基地建设的实施意见》;2004年2月,《2004—2007年教育振兴行动计划》提出实施"新世纪素质教育工程",注重以整体改革的方式推进素质教育。按照党和国家的教育思想和具体部署,截至2012年,学校累计开设文化素质教育课程140门,涵盖了文、史、哲、艺四大门类。2005年,学校在进行新一轮人才培养计划修订工作时,把人文类、艺术类、自然科学类、工程技术类的公共选修课列入通识教育基础课中,明确要求理工类学生必须选修人文类、艺术类公共选修课12学分;人文、经管类学生选艺术类、自然科学工程技术类公共选修课12学分。在改革课程体系的同时,学校把第二课堂纳入人才培养方案,要求学生必须获得第二课堂4个学分。人才培养模式的改革从根本上确立了文化素质教育的重要地位,促进了人才培养质量全面提高。

(三)建设国家大学生文化素质教育基地

学校大学生文化艺术素质教育不断取得重要成效。2006年4月,获批教育部国家大学生文化素质教育基地(以下简称基地)(教高厅函〔2006〕10号),开启了学校大学生文化素质教育的新阶段。

基地获批后,学校成立了南京理工大学国家大学生素质教育基地建设领导小组,下设教学工作组、校园文化工作组、社团建设工作组和办公室,制定了《南京理工大学国家大学生文化素质教育基地建设管理工作条例》,明确了各工作组的工作职责和今后学校国家大学生文化素质教育基地建设的目标任务,逐步形成了全面重视,各职能部门分工协作,齐抓共管的良好机制。

2008 年,学校调整成立南京理工大学文化艺术与素质教育委员会。委员会主任为党委书记和校长,副主任为分管副书记和分管教学副校长,委员会成员为宣传部、教务处、学工处、团委、人事处、科技处、学校办、财务处、后勤中心、人文学院、文化艺术素质教育中心的负责人,秘书单位为文化艺术素质教育中心。

2008 年 3 月,学校制定了文化艺术素质教育三年滚动发展计划,计划分析了形势,明确了发展目标和任务,制定了具体措施,落实了保障条件。此后又先后出台《南京理工大学文化素质教育课程管理规定(试行)》《大学生艺术团外聘教师管理办法》等 10 余项制度、规定和措施。

学校把提高文化素质教育教学质量纳入学校本科教学质量体系之中。

以"艺文讲坛""人文讲坛"为主要平台,直接与校外文化大家、艺术大师面对面;坚持每月举办两讲文化艺术类讲座,聘请著名导演、著名电影评论家等艺术理论家到学校与大学生面对面进行交流;聘请艺术教育顾问、兼职教授;2006—2011 年,来学校教学和指导艺术教育的名家大师有诗人食指(郭路生)等 50 多位。

基地依托充满个性与活力的学生社团和文艺团体,形成了一批品牌校园文化艺术活动。1989 年 12 月 17—20 日,学校举办首届校园十佳歌手大赛,出现了"万头攒动,应者云集"的场面。王玲玲、张戈、那荣富、章晓秋、于晓伟、周祥文、张勤、何晓艳、强冬梅、周征获得"十佳歌手"称号。从此以后,校园十佳歌手大赛成为学校的品牌文化,通过卡拉 OK 大赛、出版校园歌曲光碟、现场比赛晋级等多样形式一直延续下来。

到 2011 年,学生文艺社团学员保持在 350 人左右,器乐培训中心学员保持在 200 人左右。基地以第一课堂教学为主,面向全体学生开设艺术与文化素质课程;以第二课堂教学为辅,面向专业学生文艺社团开设文艺实践课程。先后出版《大学美育》《影视艺术欣赏》《大学生生涯辅导》《简明科学技术史》《体育与健康》等 9 部教材。

鼓励教师开展文化素质教育的实践研究。2008 年承担学校教改研究项目"学校艺术教育课程体系建设规范化研究";2009 年承担学校教改研究项目"文化素质教育课程体系建设的研究与实践"。

文化素质教育与国防教育相结合。发挥"兵器博物馆"教育基地作用,促进学生了解兵器发展的历史,普及军事知识,增强国防意识和爱国主义情怀。

"请进来"与"走出去"相结合。2005 年国家启动"高雅艺术进校园"项目后,先后请进中央歌剧院、中国国家话剧院等国内、省内十几家艺术团体演出了 40 多场。2006—2012 年,校大学生艺术团代表学校参加校外及社会重大演出近 30 场。

七、完善服务体系,解决学生实际困难

20 世纪 90 年代,学校组织各学院(系)、年级深入到学生中进行广泛而细致的学生生

活摸底调查,建立起特殊困难学生的"特困生档案",按其生活标准分为1、2、3类。定期检查这些学生的生活情况,采取了发放特困生困难补助、季节性补助、临时性补助、发放过冬棉衣毛衣、减免学杂费、开展勤工助学等多种形式对困难学生进行各种资助,到1995年,学校年度投入13.26万元用于特困生生活补助。

到1996年,学校基本形成了学生的保障服务机制:包括奖学金、贷学金、勤工助学基金、困难补助政策的使用,建立人身安全、医疗保险等方面的保障机制,以及对学生的就业指导、心理健康指导、勤工助学指导等服务体系。

2001年,学校明确提出要完善学生服务体系,以服务为途径和手段,建设好勤工助学、心理健康、奖、贷、困补等服务体系,深入做好学生的心理健康、文化生活等服务工作,满足学生健康成长成才需要。不断探索建立"精准资助"工作机制,确保国家资助政策100%全覆盖。学生资助工作坚持"资助育人"的工作理念,不断加强学生资助工作体系建设,将解决贫困大学生的思想问题和实际问题相结合,将引导学生、服务学生和教育学生相结合,为维护校园秩序稳定和促进贫困大学生的健康成长提供条件保障。

三大类学生奖助学金实现了在校学生的全覆盖,保障学生安心、健康、向上。一是国家类:国家奖学金,国家励志奖学金,国家助学金,国防科技奖学金,国家助学贷款,生源基地国家助学贷款,生活补助。二是学校类:优秀学生奖学金,家庭经济困难学生临时补助(2012年15485人次),新生全额奖学金,勤工助学(2012年1239人次),学费减免和代偿绿色通道(各类补助2012年231人次)。三是社会类(团体和个人):社会奖学金,社会助学金。同时,组织受助学生座谈会,开展社会公益活动,举行诚信教育系列活动总结表彰暨"励志之星"颁奖仪式等。

加强本科生学业支持体系建设,实施五大学业支持模式:校级学导"1对1"深度咨询;开展"名师辅导"讲座帮扶学困生;组织"学霸开讲"活动分享学习方法;开展"优良学风助我行"活动推进会;编印《大学生学习宝典》。

完善"教育为主、预防为先、协同助力、立体长效"的积极心理健康教育新体系。重视和加强研究生心理健康教育,认真落实《南京理工大学关于加强研究生心理健康教育的意见》,坚持教育为先、预防为主、队伍为要,提高心理育人质量和工作水平。构建心理健康四维网络体系:学校—学院—导师(辅导员)—学生心理委员。开展"一剧三活动":每年举办校园情景剧大赛;每年3月20日开展"3·20"专场心理健康教育活动;"5·25"现场宣传活动;开展班级心理日活动。

2012年,学校开通学生事务网上服务大厅,实现32项学生事务服务流程网上查询。构建"提升出国升学率和降低学业警示率"为核心的学业支持体系,落实"五查制度"和"三导制度"。

2012年,各学院系开展了2012级新生《学生手册》测试、学风建设推进会、"学风建设年"活动启动仪式、升旗仪式、科技文化节开幕式等形式多样、丰富多彩的教育活动。

在精细管理、精准服务的同时,提高了办事效率,方便学生,推动学风建设,营造良好的学习氛围。

八、强化就业服务,提升学生就业层次

学校在长期的办学过程中,重视培养学生扎实的理论基础,注重拓宽学生的知识面,增强学生的创造能力和适应能力。学生的培养质量得到了用人单位的好评,为学生就业奠定了基础。

20世纪90年代,随着改革的不断深化,毕业生的统招统分被逐步打破,市场配置人才资源成为趋势。国家就业体制改革目标是在政策指导下,多数学生在一定范围内自主择业。自主择业的具体含义是各级政府、高校推荐,用人单位和学生双向选择,从过去的行政指令分配变为政策指导、宏观调控、信息服务、推荐就业的办法。1993年毕业生就业在计划与市场多种就业形势并存的情况下,学校完成了1279名本科毕业生的就业安置工作,毕业生派遣一次到位率达99%。完成国家下达的重点保证计划500人,学校被评为兵器工业总公司1993年毕业分配先进单位。

1994年学校率先成立了毕业生就业指导中心,对毕业生开展就业教育、就业形势分析、就业政策咨询、就业心理测试、就业方法与技巧指导、就业信息收集与发布等。经过多年的努力,学校的毕业就业渠道畅通。为了适应就业市场的新形势,学校1999年在本科生教学计划中开设了一门必修课——就业指导,其内容包括国家的就业政策和择业技巧,使学生能理性而冷静地对待就业。

1998年,学校开通了南京理工大学就业热线网站。2002年,建立就业基地100多家,举办招聘活动211场。2003年,学校就业热线网站经过几次改版,功能更全、信息量更大、效率更高,一年的访问量超过20万人次。广泛收集就业信息,向1000多家用人单位寄发学校就业宣传材料,收集需求信息8000多条。在100多家大型企业和重点科研院所建立了就业基地,向国防系统输送920名毕业生,超额完成国防重点计划,就业率达99.3%。

2004年3月,学校毕业生职业辅导委员会成立,这在全国高校还是第一家,来自全国100多家重点企事业单位的领导及人力资源专家正式受聘为该委员会委员。此举构建起了高校与用人单位之间协调、沟通的渠道,拓宽了毕业生职业选择的范围,最终实现人才企业双赢的局面。当年下半年,学校成立了江苏省第一家由大学生组成的职业发展协会。

2005年,学校明确提出加强《大学生就业导论》课程建设工作,根据实际情况改进教学方式,调整教学内容,规范教学组织。试行《大学生职业辅导纲要》,积极推进就业指导工作的前移,开展关于职业和就业的教育,将学生的职业生涯规划工作逐步渗透至相关年级。对在校生推广职业测评工作,提高就业指导的个性化和针对性,帮助学生正确评

价自己确定合理的就业期望值,提高就业竞争力。

2009 年,学校全面贯彻落实科学发展观,构建就业工作新机制建设。一是加强就业工作队伍建设;二是提升毕业生的就业竞争力;三是加强就业市场建设与拓展;四是完善就业工作考评体系。毕业生就业工作实施了三项工程:一是实施"就业市场拓展工程",按地区分行业联系就业市场,采取"大客户"管理模式,加强与重点单位的日常交流与合作;二是实施"就业力提升工程",设立大学生就业创业教育中心,加强毕业生就业技能指导,开展模拟招聘大赛,邀请成功校友开展系列讲座等;三是实施"优质就业工程",组织公务员考试,推动本科生"国防推免"工作,推荐优秀本科生到重点科研院所攻读硕士研究生,主动占领行业人才的"制高点",加大优秀研究生的就业推荐力度,为国防系统等重点单位输送更多的博士生和优秀硕士生。

2011 年 5 月,学校举行就业工作联盟成立暨大学生职业辅导月启动仪式。此举标志着学校在探索大学生就业工作机制上迈出了创新步伐。学校 13 个学院结成四大就业工作联盟:机械动力材料联盟(由机械工程学院、能源与动力工程学院、材料科学与工程学院组成);信息产业联盟(由电子工程与光电技术学院、计算机科学与工程学院、自动化学院、理学院组成);化工环生联盟(由化学与化工学院、环境与生物工程学院组成);人文经管联盟(由经济管理院、人文与社会科学学院、外国语学院、艺术设计与传媒学院组成)。

2012 年,学校领导率队走访航天科技、航天科工、航空工业、兵器工业、兵器装备等集团公司。组织辅导员职业生涯咨询实践技能 CCT 培训;组织江苏省第七届大学生职业规划大赛南京赛区本科组复赛;举办南京理工大学信息产业联盟首届专场招聘会;开展首届"名企 Open day"活动;文科联盟模拟招聘大赛;第九届"国防行""名企行"大学生暑期社会实践活动等,为学生提供广泛多样的就业机会,不断提升毕业生的就业能力。2007—2012 年本科毕业生初次就业率如表 5.5.1 所示。

多年来,学校学生就业工作重点实施了"品牌毕业生计划""企业战略合作计划""高端就业平台计划""卓越就业辅导团队计划""优质就业服务计划"五大工作计划,形成了学校人才培养的规模、结构、质量和效益相互促进、协调发展的良性态势,就业工作实现了"六个一流":一流的就业指导环境,一流的人才培养模式,一流的大学生创业创新教育平台,一流的就业服务体系,一流的人才输送机制,一流的就业工作业绩。形成了三大特色:确立三个导向,建立"招生培养就业"联动机制;创建"一体两翼三平台"的创业教育工作体系;建立"学校主导、学院主体、学科联盟"的就业工作新机制。

据国家统计局民调中心的调查,学校人才培养整体质量满意度,在入围全国就业 50 强的 25 所部属学校中,位列全国第一。

2012 年 5 月,学校被评为"2011—2012 年度全国毕业生就业典型经验高校"。7 月,学校机械工程学院被国务院授予"全国就业工作先进单位"称号,全国仅 6 所高校受此表彰。

表 5.5.1　2007—2012 年度学校本科毕业生初次就业率统计

年度	2007	2008	2009	2010	2011	2012
占比%	93.20	93.42	92.23	95.39	96.40	95.53

九、推进创业教育,培养创新创业人才

学校持续不懈地努力推进大学生创业工作,通过加强领导、完善机制、整合资源、搭建平台,基本实现了创业活动的主体化、培训的科学化、实践的基地化、资助的项目化、教育的网络化和激励的多元化,凝炼出"学业为本、创业立身"的校园创业文化。2000 年 9 月 10 日,学校首届"龙域杯"大学生创业计划大赛成功举行,涌现出永康水溶性珍珠粉和易斯特遥控玩具等一批优秀成果。开幕式结束之后举行了创业者论坛活动。

2005 年,学校明确提出,充分发挥江苏省创业培训基地的作用,依托学校部分学科专业的优势,对工作人员和学生开展职业技能培训和职业资格认证工作。

2009 年,学校获"江苏省创业教育示范校"称号。2012 年 11 月,江苏省教育厅专家组来校对大学生创业教育示范校建设工作进行检查,检查后一致认为,学校认真贯彻江苏省大学生创业教育示范校建设的各项要求,扎实推进各项工作,领导重视、机构健全、保障到位,教学和实践体系完备,构建了"三位一体"的创业实践基地,涌现出一批创业成功典型,形成了良好的社会辐射效应,较好地发挥了示范引领作用。专家组认为学校创业教育工作目标明确,特色鲜明,探索出了一条可持续发展的创业教育模式,为江苏大学生创业教育示范校建设乃至创业教育工作的开展提供了一个很好的模式,值得在全省推广。

2010 年,学校提出以江苏省创业教育示范校建设为契机,完善学校大学生就业创业教育体系,加强创业教育课程体系建设,成立大学生创业孵化基地,加强创业,师资培训和创业教育条件建设,创造较好的创业教育环境。

2011 年 4 月,学校成立南京理工大学大学生创业教育指导委员会。成员单位有教务处、科技处、研工部、学工处、团委、工程训练中心、资产公司、外联部、经管院。学校大学生创业教育指导委员会明确了各单位的职责分工,资产公司负责大学生创业园的规划与建设工作,利用国家级科技园的科技创新平台,为大学生创业团队(者)创业提供场所、设施、项目和技术支持,推动成果转化;积极争取社会资源,对外推荐学生创业项目,为创业学生争取社会支持。经管院负责创业教育课程的教学与开发,创业教育调查研究,开展创业教育师资队伍建设和创业教育咨询指导。创业指导委员会每学期召开一次会议,总结上一阶段大学生创业教育工作开展情况,协调解决相关问题,研究部署下一阶段工作。

2011 年 4 月 12 日,学校成立创业教育学院,挂靠经济管理学院,负责创业教育学院的日常管理工作。学校进一步加强江苏省创业教育示范校建设,完善大学生创业教育指

导体系,加强学校创业教育工作的组织领导,依托经济管理学院,加强大学生创业指导课程体系建设,依托工程训练中心和大学科技园,建立大学生创业孵化基地,加强创业师资培训和创业教育条件建设,创造良好的创业教育环境。在各学院开展创业教育示范项目建设,探索创业教育,培育创业典型的方法和途径,各学院还制定了建设实施方案:成立精英创业实践社;开发创业教育系列课程;举办大学生创新创业论坛;举行大学生创业设计暨沙盘模拟经营大赛;开办"创业企业家经管学子"系列讲座。

学校全面推进创新创业教育与人才培养深度融合,深化创业教育机制改革,增强创业教育工作实效,形成了以创新创业精神培养为主体、以教学和实践体系为两翼、重点打造孵化器 - 加速器 - 转化器三大创业平台的"一体两翼三平台"创业教育模式;构建了多平台建设促学科交叉、多层次培养促能力提升、多渠道激励促创新活力的"三多三促"大学生创新能力提升体系;开创了精心培育、精确选拔、精准指导、强力扶持的"三精一扶"创业助推机制,成效显著、成果丰硕。

2012 年 7 月,学校大学生创业团队在第四届"创业姑苏"青年精英创业大赛上,从来自世界各地的 543 个团队中脱颖而出,获得第一名的好成绩,并获 30 万元创业基金。

第六节　科学研究和科技服务

20 世纪 90 年代,在以教学为中心的同时,学校持续加大科研中心建设,初步形成了教学、科研两个中心齐头并进,开放型、多层次、军民结合,纵向、横向协调发展的良好格局。

1996 年 9 月 18—19 日,学校召开科技工作会议,会议的主要任务是结合我国科技发展的形势,回顾和总结"八五"工作经验,提出学校"九五"科技工作的发展思路和规划,通过调整各项科技政策,进一步深化科技改革,使学校科技工作再上一个新台阶。会议听取了科技处对学校"八五"科技工作的情况介绍。主管科技工作的副校长吕春绪回顾了学校"八五"科技工作的进展,分析了科研工作面临的形势,提出了科技工作"九五"奋斗目标。校长李鸿志作了总结讲话,提出了明确的要求。会议讨论并形成了《科研经费管理办法(暂行)》等 13 个文件。

进入 21 世纪,学校科技工作坚持"拓宽科研领域,加强平台建设;强化基础研究,解决关键技术;推进成果转化,强化产学研合作,全面增强可持续发展能力"的方针,提出并实施了"科技创新战略"。面向国家科技发展战略和国防军工武器装备加快发展的需求,为国铸利器。组织开展各类军工科研活动,逐步形成集陆、海、空、天、信于一体的"立体兵工"国防科研新格局。适时调整科研政策,强化基础研究、应用基础研究和高新技术研究,解决关键技术,探索军民融合发展,推进科技成果的孵化和转化,服务地方经济。瞄准打造高水平科研创新合作平台,全面增强可持续发展能力,培育一批特色鲜明的通用科研技术平台。

"八五"期间学校科技总经费2.68亿元,"九五"期间学校科技总经费5.31亿元,1998年学校科技经费首次超亿元。进入21世纪,学校科研经费快速增长,"十五"期间总经费达到16.8亿元。2012年,学校科技活动经费达到10.78亿元。

一、面向国防军事装备发展重大需求,勇担使命,为国铸利器

学校面向国防军事装备发展重大需求,勇担使命,承担了国防科技重大专项,国防"863""973""995"工程等一大批高水平重大科研任务。

1993年以后,学校结合国内外军事装备形势,重点在国防科技领域进行了大量的探索和实践,尤其是进入新世纪后,学校在保持和增强陆军装备研究特色和实力的同时,面向"大国防"积极拓展科研领域,承接海军、空军、火箭军(二炮)、民用航天等项目数大幅提高。围绕兵器与装备、电子与信息、化工与材料三大优势学科群,形成了具有鲜明特色的八大国防优势领域。

(一)发射与推进技术领域

学校从事火炮、轻武器、火箭与导弹发射、火箭发动机与增程、弹道技术等方向的科学研究,拥有弹道国防科技重点实验室、先进发射工业与信息化部协同创新中心等一批高水平科研平台。在基础理论研究和关键技术攻关方面拥有雄厚的科研实力,研究水平处于国内领先。学校是国内火炮、自动武器领域科研和装备研制任务的主要承担单位,取得了一大批重大理论和创新研究成果,获国家级奖励多项。作为总师单位主持研制了具有国际先进水平的陆军主战车载火炮装备,作为技术首席主持了战略发射技术等一批重大基础研究项目。

(二)高效毁伤领域

学校是我国战斗部含能材料、火炸药、特种化学能源、火工烟火技术及工艺研究的重要基地,拥有特种能源材料教育部重点实验室、发射药及装药技术研究所等一批高水平科研平台,拥有以王泽山院士为带头人的国防创新团队,取得了一批世界级科研成果,先后获得国家级奖励3项,其中低温度系数装药及其加工工艺技术成果获得1996年度国家技术发明一等奖。

(三)智能弹药领域

学校是国内弹药技术的核心研究单位之一,拥有智能弹药技术国防重点学科实验室、教育部智能弹药系统理论与关键技术学科创新引智基地、国家弹药技术工程中心,具有雄厚的科研实力,在智能弹药设计理论与方法、智能探测与炸点精确控制、智能毁伤技

术等多个研究方向上一直处于领先地位,在灵巧、智能弹药方面取得了丰富的研究成果,拥有多项具有自主知识产权的核心技术。学校牵头承担了一大批国内重大、重点国防基础研究、国防"973"、型号和演示验证等高层次科研项目。

(四)制导与控制领域

学校主要在毫米波制导、激光制导、微机电系统(MEMS)惯性器件、目标特征提取和目标识别等方向上开展一系列制导与控制研究,拥有近程高速目标探测技术国防重点学科实验室、电磁仿真与射频感知工信部重点实验室、高维信息智能感知与系统教育部重点实验室等科研平台。获得国家级奖励和国家授权发明专利多项。

(五)材料与工艺领域

学校拥有国家特种超细粉体工程技术研究中心、材料评价与设计教育部工程研究中心、金属纳米材料与技术联合实验室、格莱特纳米研究所、江苏省高端制造装备技术工程实验室等科研平台,在凝固技术与新材料、金属材料与加工、纳米材料结构和性能调控、焊接材料、军用难加工材料与复合材料等方向取得了丰富的研究成果,先后获得国家级奖励多项。自主研发的特种超细粉体制备技术解决了制约我国导弹技术发展的瓶颈问题,率先在国内成功研发了相应技术及设备原理样机;宽中厚板卷生产关键技术等 3 项成果解决了钢铁冶金生产难题,取得重大经济和社会效益,获江苏省科技进步奖 3 项;高性能耐腐蚀稀土永磁材料实现产业化,获江苏省科学技术一等奖;新型合金材料受控非平衡凝固技术及应用取得原创性成果,获教育部技术发明一等奖;中大口径 XX 熔敷焊技术等一系列先进焊接成果已成功应用于各型末敏弹、破片弹和主战坦克装备生产线上。

(六)军用光电子领域

学校在军用电子与光电子领域研究发展迅速,尤其是在军用可见光成像技术、红外与夜视成像技术、激光成像雷达技术等方向,拥有近程高速目标探测技术国防重点学科实验室、江苏省光谱成像与智能感知重点实验室等科研平台,获得国家级奖励多项,其中纳米流体能量传递机理研究成果荣获 2010 年度国家自然科学二等奖。研制的大口径×××干涉仪,成功打破国外技术封锁,是国内第一台具有全部自主知识产权的大口径光电成像设备;研制的×××超小型激光成像雷达,成功地在末敏弹复合敏感器中得到应用,填补了国内空白。研制的系列超小型成像激光雷达,实现了从单线到多线对地快速扫描成像,在末端敏感系统中得到了系列化成功应用,填补了国内空白。

(七)军用地面机器人领域

学校自"八五"以来一直致力于地面无人车辆和微小型平台的项目研究,主要围绕复杂环境的感知计算和建模、自主控制、任务载荷的协同控制等方向进行群体攻关。拥有高维信息智能感知与系统教育部重点实验室、社会安全信息感知与系统工信部重点实验室、社会安全图像视频与理解省部级重点实验室等科研平台。作为总师单位主持研制了我国第一型军用机器人×××型地面侦查攻击机器人,该装备交付部队后在多次行动中发挥了巨大的作用,在地面无人平台领域实现了从实验室向战场的跨越。

(八)新概念武器领域

学校大力开拓新概念武器系统发展,在电热、电磁发射技术、激光发射关键技术等方向上已形成技术优势。拥有瞬态物理国家重点实验室等科研平台、协同创新中心、先进固体激光工业和信息化部重点实验室等科研平台。在国内率先开展了以近程防空为背景的轨道炮武器系统以及化学炮研究,多项关键技术已取得重要进展,为后续的工程化奠定了基础;组织力量对激光发射关键技术进行探索,经过长期潜心攻关,在光纤激光器、合束、随动等方面已形成了技术优势。

在各个领域方向上,学校积极参与各类国防型号的研制,为国铸利器。2004 年 3 月 18 日,电光学院微小型探测中心李兴国教授课题组设计并与兵器 304 厂联合开发的×××杀爆弹毫米波引信型号项目,通过了总装备部的方案评审。

1999 年 10 月 9 日上午,中共中央政治局常委、国务院副总理李岚清在科技部部长朱丽兰、国务院副秘书长徐荣凯、教育部副部长吕福源、江苏省委副书记等有关领导的陪同下来到学校视察了江苏省超细粉体工程技术研究中心。校长李鸿志院士、党委书记徐复铭教授及超细粉体中心主任李凤生教授陪同李岚清副总理一行参观。李副总理一行参观了中心样品展示室、与英国马尔文公司联合建立的测试实验室、中试生产线等。超细粉体中心主任兼研究所所长李凤生教授向李岚清副总理汇报了粉体中心概况及产品研究、开发、推广应用以及与国外合作情况。

2004 年 12 月 17 日,由学校国家特种超细粉体工程中心研制成功、国营 245 厂实现中期测试的一新型推进剂研究成果通过了国防科工委技术鉴定。该项目攻克了国内外尚未解决的诸多技术难题,取得了一系列创新成果,获得了多项国家级、省部级科技成果奖与专利技术。

2005 年 5 月 17 日下午,中共中央政治局委员、中央军事委员会副主席、中华人民共和国中央军事委员会副主席、国务委员兼国防部部长曹刚川上将率军委、总装备部、南京军区的领导一行 30 余人来学校视察指导工作,参观了兵器教学楼、弹道国防科技重点实验室等。在听取徐复铭校长的汇报时,曹刚川上将对学校的发展和科研工作给予了高度的关注,不时询问一些项目的具体进展情况,介绍国外相关领域的最新发展动态,勉励科技工作者发扬"两弹一星"精神,努力攻关,尽快解决关键技术,为新军事变革作出积极贡献。

2009年5月11日,兵器工业集团公司科技部等单位组织设计定型审查会,审查组一致同意学校承研的某型号车载榴弹炮通过外贸设计定型审查。该型号由学校钱林方教授担任总设计师,是近年来火炮行业唯一一个由高校担任总师单位的项目,项目研究团队成功实现了型号组织结构和研发技术路线的创新。

2010年11月18日,王泽山院士、栗保明教授分别主持的科研项目在北方重工集团专门进行了项目综合试验,结果表明两个项目均取得重大突破。试验结束后,原总装备部陆装科订部雷红雨副部长对项目所取得的成果给予了高度肯定,表示原总装备部将继续关注并予以支持。中国兵器工业集团共成立了3个科研创新团队,王泽山院士和栗保明教授分别主持的团队为其中的两个。

学校通过承担国防项目研究,打造了一批国防科技创新团队。2009年1月,根据《国防科工局关于确定第二批国防科技创新团队的决定》(科工人〔2008〕1080号),周长省、钱林方、张合、沈瑞琪等教授和芮筱亭研究员为带头人的5个学术团队入选第二批国防科技创新团队。

1993年至2012年,学校获得国防科技重大专项4项,国防"973"技术首席项目7项,"863"项目X项,"995"工程等型号项目36项,演示验证项目6项,探索研究项目9项,背景项目3项,其他预研项目600余项,国防科工局各类科研项目131项。学校在武器装备前沿技术探索、关键技术攻关等方面取得了丰硕的成果,为武器装备建设提供了重要支撑。2007年5月,被中组部、人事部、国防科学技术工业委员会、原总政治部、原总装备部等国家部委授予高技术武器装备发展建设工程突出贡献奖;2011年11月,被中国人民解放军原总装备部授予"装备预研先进集体"称号。

二、加强基础研究、应用基础研究和人文社会科学研究

根据国家发展战略,学校科技工作积极在军转民方向进行拓展。积极开展面向通用领域、社会科学的科技合作。

(一)国家自然科学基金、重大专项等申报情况

国家自然科学基金设立于20世纪80年代。作为我国支持基础研究的主渠道之一,学校一直重视国家自然科学基金项目申报工作,但在2000年以前,每年立项数均在个位数徘徊,2003年开始,学校获批国家自然基金项目数和经费数有了突破(图5.6.1和图5.6.2)。2000—2012年,学校共获批国家自然科学基金项目494项,资助经费17905万元,其中,国家杰出青年基金项目6项,重点项目8项。自国家重大专项设立以来,学校在高档数控机床与基础制造技术、新一代移动通信、水体污染控制与治理等方向上共承担专项任务19项,其中牵头负责课题5项,参与课题14项。

2012年10月23日,学校在科技会堂召开了2013年度国家自然科学基金申报动员

大会。会上通报了学校 2012 年国家自然科学基金工作所取得的成绩：学校 2012 年国家自然科学基金申请立项工作取得较大突破，申请总数达 531 项，首次突破 500 项大关；119 个项目获批立项，立项数首次过百，立项数同比增长 25.3%，立项率 21.4%，超全国平均资助率；获批资助总经费达 6430.2 万元，同比增长 69.6%；在数理学部、化学学部、工程材料学部立项数有明显增长，增长率均在 60% 以上；获批国家杰出青年科学基金项目 3 项；获批重点项目 2 项。机械工程学院、化学与化工学院、电子工程与光学技术学院、理学院、计算机科学与工程学院的基金立项数继续保持良好势头，环境与生物工程学院申请立项率达到 40.7%，人文学院实现了国家自然科学基金立项数零的突破。

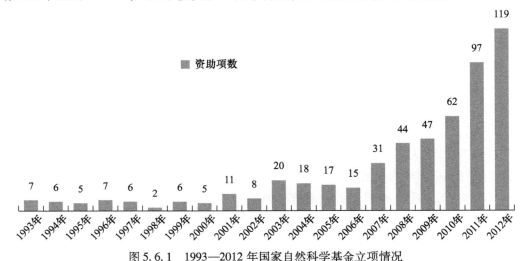

图 5.6.1　1993—2012 年国家自然科学基金立项情况

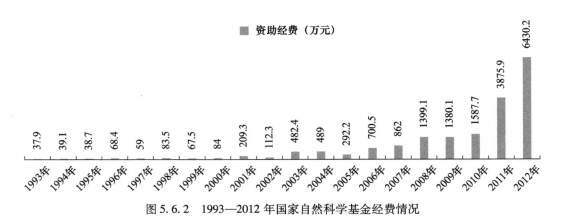

图 5.6.2　1993—2012 年国家自然科学基金经费情况

(二)应用基础研究

1. 开展民用爆破技术合作

1994 年 12 月 4 日，由学校爆破工程公司承担施工的中国水泥厂中外合资日产 2000

吨技改工程的基础爆破获得成功。2001 年 3 月 26 日,学校化工学院民用爆破器材检测实验室受江西省公安厅委托,对江西某特大爆炸案爆炸物进行了技术分析,确定了爆炸案中炸药的成分和破坏能力,为此次特大爆炸案的顺利结案提供了关键性的技术支持。

2. 通用路面智能检测车技术

2002 年 8 月 10 日,杨静宇教授带领的课题组研制的国内首辆路面智能检测车通过鉴定,该成果为国内公路建设与养护提供了智能化的高技术检测设备,是一项重要的创新性科技成果,其主要技术性能已达到国际先进水平。

3. 微流体数字化技术

中国科学技术协会会刊《科技导报》2005 年第二期遴选出"2004 年度中国重大科学、技术与工程进展",学校章维一、侯丽雅教授研究的"微流体数字化技术"项目被列入其中。这是江苏省唯一入选项目。

4. 能源、信息与先进制造技术

2007 年 1 月,国家高技术研究发展计划("863"计划)2006 年度专题课题评审结果揭晓,学校机械工程学院常思勤教授的"内燃——直线发电集成动力系统"、计算机学院金忠教授的"基于认知机理的模式识别理论与关键技术研究"、刘传才教授的"涡流的吸附机理及其在爬壁机器人中的应用研究"3 项专题课题获得立项。此 3 项专题分别涉及先进能源、信息与先进制造技术领域,具有较强的探索性。

5. 金属加工技术

2011 年 9 月,学校材料科学与工程学院王经涛教授"有色金属加工中变形升温再结晶研究"获批教育部科学技术研究重大项目立项,成为学校首个获批该类项目的课题。该项目在如何提高金属加工效率、降低生产能耗等方面开展研究。

（三）人文社会科学研究

"十一五"期间,学校国家社科基金项目申请数、立项数持续增长,共立项 16 项,2011年首次获批 1 项重点项目;国家软科学一般项目取得突破,2010—2012 年共获批 2 项。2011 年 6 月,在高等院校转载总排名中,学校综合指数进入全国高等院校前 5% 阵营,排名为 84 名,位于理工科院校前列。

2011 年 11 月 20 日,江苏省决策咨询研究基地成立大会在西康宾馆召开。学校经济管理学院江苏产业集群研究基地和人文与社会科学学院江苏服务型政府研究基地通过专家评审。其中,江苏产业集群研究基地作为首批建设的研究基地在成立大会上正式授牌。这是学校首次获批江苏省哲社研究基地。

三、多措并举,高起点打造产学研合作平台

学校注重打造各层次科研合作平台,积极创新科研合作模式,从国家层面到军工行

业,再到各类地方企业,立足高起点,开展大量的科研合作。加强学校国家大学科技园、工程中心等的建设,支撑学校科研向更高层次发展。积极探索产学研合作创新模式,派遣"青年教师博士团"、组建"教授服务支撑团"、推动学院与区县"结对子"、校企共建技术转移合作平台、校地共建校外"科技与人才综合载体"等,取得了显著的成果。

(一)创新模式

1. 与军工行业联合开展多方面的科研合作

2002年4月26日,中国兵器工业集团公司－南京理工大学北方压制武器研发中心成立,该中心由中国兵器工业集团公司和南京理工大学共同组建。新成立的北方压制武器研制中心位于黑龙江省齐齐哈尔市,主要发展高新技术火炮、弹药等。

2007年4月16日,学校与中国航空工业第一集团公司签署战略合作协议。4月18日,与中国兵器装备集团公司签署产学研合作协议。2010年6月18日,学校与内蒙古北方重工业集团有限公司签署合作协议。11月8日,"南京理工大学－中国航天科工集团公司科技项目对接洽谈会"在学术交流中心举行。学校科技人员与航天科工集团代表进行了广泛的交流和洽谈,双方现场签订合作意向10项。2011年4月,学校与航天8358所签订了战略合作协议,专业研究领域与学校电子工程与光学科技学院的学科专业完全吻合。

2. 与地方、企业建立各种科研合作平台

1998年7月14—15日,学校与齐鲁石化公司签订了《南京理工大学与齐鲁石化公司全面合作协议书》。7月28日,学校与春兰集团签署全面合作协议书。2007年5月17日,学校与无锡市委签订南京理工大学－无锡(国家)工业设计园产学研合作等4项协议。5月18日,学校与张家港市政府签订全面战略合作协议。2009年11月21日,学校与江阴经济开发区签署全面战略合作协议。2011年4月26日,学校与镇江市政府签署《人才引进培养与产学研合作协议》。5月27日,学校与江苏法尔胜泓昇集团有限公司签署全面战略合作协议,双方在科研开发、人才培养、文化建设、项目投资等各方面形成长期战略合作关系,将学校建成法尔胜的人才库、项目库和智囊团,将法尔胜打造成学校的实习基地、孵化基地和产业基地。9月27日,学校与泰州市人民政府签署共建"科技创新、技术转移与高层次人才培养泰州基地"协议。10月11日,学校与南京高新技术产业开发区签署全面战略合作协议。

2012年4月15日,由南京市检察院倡议发起的南京市知识产权保护战略联盟在徐庄软件园正式成立,南京理工大学成为联盟首批成员单位。4月26日,江苏省公安厅社会公共安全重点实验室成立暨揭牌仪式在科技会堂举行。该重点实验室由江苏省公安厅、南京理工大学以及江苏清大维森科技有限公司三方共同建设,三方联合成立实验室管委会,采用创新的体制机制,针对社会公共安全的重大需求,有针对性地组织研发以及产业化推进工作。6月21日上午,学校与南京市栖霞区签署战略合作协议,协议内容包括与栖霞区合作共建南京理工大学国家大学科技园栖霞分园，重点在电子与光电技术、新材料技术等领域开展研发、科技成果转化与产业化、人才引进与培养工作，服务栖霞区产业转型升级。10月29日，学校与张家港市共建南京理工大学张家港工程技术研究院合作协议签署。该研究院紧紧围绕张家港市战略新兴产业和主导产业，突出国家重大专项关键技术的开发与集成、公共服务平台建设、专业技术咨询、科技成果转化以及人才培养优化等方面的合作。12月23日，第六届中国产学研合作创新大会在江苏常州召开，大会表彰了获得2012年度中国产学研合作创新与促进奖的单位和个人。学校常熟研究院获全国高校校外产学研基地中唯一的中国产学研合作创新示范基地授牌。

3. 创新产学研机制和模式

2011年11月，学校下发《南京理工大学鼓励师生依托产学研基地创新创业的暂行规定》，提出将教师在产学研基地的创业经历作为工作量考核的一项指标，成为校内职称晋升、干部聘任、岗位聘任的依据；创业教师在产学研基地申报科研项目和经费、科研成果专利申报等，和校内老师享受"同等待遇"。此政策在南京高校中还属首家。新规定鼓励师生员工依托产学研基地进行科技成果推广转化、创办学科型公司。学院（系）或其科技人员的技术成果（专利、非专利技术、计算机软件等）作价入股或增资扩股，且课题组成员可直接持股，占比最高可达70%。

（二）合作活动

2001年8月10日，学校被国家知识产权局和国家经贸委确定为首批高校专利工作试点单位。通过努力，学校专利申请量和授权量均位居全国高校前列，其中国防专利申请量和授权量均位居全国第一。2011年8月，学校连云港研究院成功获批"2011年度省产学研联合创新资金重大创新载体（苏北集聚）项目"。

2012年9月21日，由教育部科技发展中心主办，清华大学、锐捷网络协办的互联网应用创新开放平台联盟启动大会上，学校成为首批应用示范基地，并获选成为华东地区唯一的常务理事单位。2012年10月15日，中国工程物理研究院化工材料研究所——南京理工大学微纳含能器件联合实验室建设合作协议签字暨揭牌仪式在学校举行。

（三）国家大学科技园建设

1. 创建过程

2000年4月，经学校研究决定，启动筹建南京理工大学科技园工作。2001年4月，经南京市科学技术委员会批准，由南京理工大学和南京市白下区人民政府共同创办的南京理工大学科技园正式成立。2002年2月，经江苏省科技厅和教育厅批准，同意南京理工大学科技园为江苏省大学科技园。2002年5月，大学科技园创新园和服务园1.8万平方米用房及环境出新改造工程全面竣工、验收并投入使用。2002年6月，以南京理工科技园股份有限公司为代表的一批高科技孵化器开始入驻园区创新与创业。

2002 年 7 月,经国家科技部和教育部批准,同意启动建设南京理工大学国家大学科技园。2002 年 8 月,校、区双方共同规划了由校园、创新园、服务园和创业园四园合一构成的南京理工大学国家大学科技园。

2003 年 2 月,南京市人民政府批准学校国家大学科技园设立南京高科技专利创业园研发基地,同年 6 月,其被国家知识产权局批准为全国首家依托大学科技园创办的国家专利产业化试点基地。

2003 年 7 月,南京理工大学科技园通过国家科技部、教育部专家组的评估和验收。同年 10 月,国家科技部、教育部正式授予"南京理工大学国家大学科技园"铭牌。

2. 办园理念与成效

为更好地贯彻国家科技部和教育部提出的努力把国家大学科技园办成"大学教学和科研工作联系社会的桥梁、孵化高新技术企业的基地、培养创新创业人才的学校、创新要素资源汇聚结合的中心"的目标要求,结合学校与白下区的实际情况,校、区双方签订了"关于共建南京理工大学科技园战略合作协议书",明确了"紧紧依托南京理工大学学科、科技和人才优势,积极争取各级政府和社会力量的大力支持,走开放式办园之路,加速高校优势资源与社会优质资源的有效整合,更好地释放高校作为科技创新源头的巨大潜能,促进高新技术成果向现实生产力转化,提升区域经济发展的地位与实力"的办园思路,为不断提高科技与经济发展中的质量与效益奠定了良好的基础。

为了加快建设有特色的南京理工大学国家大学科技园,校、区双方及时出台了优惠的大学科技园政策。入园企业除享受国家、省、市政策外,校、区双方还给予其优惠政策扶持,如股权分享、相关税收等政策。校园、创新园、服务园和创业园四园合一的国家大学科技园,各园的功能依次是高科技研发、高科技孵化、高科技服务和高科技产业化。为适应园区建设与发展的需要,科技园一期建设工程已完成高科技研发、孵化与服务用房1.8 万平方米,高科技商务用房 3.4 万平方米,职教与创新创业人才培训用房 3.8 万平方米,并专门为园区配套了工商、银行、餐饮、超市和大学科技园综合服务中心等服务设施,为入园企业提供优质、高效的服务。

大学科技园为高校整合校内外创新要素资源,加快科技二次开发与成果转化产生了重要作用。学校运用该平台,先后与海澜集团、贵州久联集团、无锡威孚集团、扬子江药业集团等一批著名的高科技企业合作,不断拓宽产学研合作的渠道,创新了产学研合作的机制。

(四)工程中心

1992 年,原国家计委正式启动实施"国家工程研究中心"计划,并颁布《国家工程研究中心管理办法》,明确工程中心是一种新型的科研开发实体,是沟通科技和产业之间的

"桥梁"和"通道"。

学校工程中心建设稳步推进。除药物中间体工程技术研究中心、国家特种超细粉体工程技术研究中心、材料评价与设计教育部工程中心等一批国家级和省部级工程中心立项建设外,学校还独立或合作建设了工业设计工程中心等一批校级工程中心,为申报更高层次的工程中心做好储备和准备。

2005年11月,学校召开重点实验室及工程中心规划专题研讨会,会议结合学校学科特点与科研优势,研讨谋划学校"十一五"期间重点实验室和工程中心的发展规划。2011年4月,学校再次专题召开重点实验室、工程中心建设研讨会,总结工程中心建设经验,谋划未来发展。学校把科研平台建设作为科技工作的核心任务,早谋划、早培育,重视科研平台的体制与机制建设,彻底改变之前重申报、轻建设的状态。通过建设好现有科研平台,发挥优势,积极争取新的高层次科研平台,全面提升学校科学研究水平和社会服务的能力(表5.6.1)。

表5.6.1 国家、省部级工程中心

序号	国家、省部级工程中心名称	批准单位	批准时间/年
1	国家民用爆破器材质量监督检验测试中心	国家技术监督局	1989
2	国家微多蛋白素技术研究推广中心	国家科技部	1996
3	中国兵器工业弹药技术研究开发中心	兵器部	1998
4	国家特种超细粉体工程技术研究中心	国家科技部	2002
5	材料评价与设计教育部工程中心	教育部	2006
6	化工污染与控制教育部工程中心	教育部	2007
7	特种作业装备教育部工程中心	教育部	2009
8	国防科技工业民爆制备工艺技术研究应用中心	科工委	2008
9	药物中间体工程技术研究中心	江苏省科技厅	2000
10	江苏省轨道交通电气牵引仿真设计公共技术服务中心	江苏省科技厅	2008

(五)技术转移中心

学校自2009年成立技术转移中心后,连续获得江苏省、南京市的专项资金支持。2011年,技术转移中心升级成为国家技术转移示范机构,同年荣获2011年中国产学研合作促进奖。其中,膨化硝铵炸药是学校首创的新型粉状硝铵炸药,已在全国近百家企业推广转让120多次,建成生产线68条,生产能力达80多万吨,年产值40多亿元。

2003年5月2日,张保民、陈钱教授负责研制开发的"非典"防治的最新科技成果——红外热成像人群体温实时检测系统在南京市中央门汽车站出口处安装投入使用,对车站密集人群的体温进行检测。6月4日,江苏省科技厅设立的2个"抗非"科研攻关项目经过3轮专家论证,十几家单位竞争,最终都被学校大学科技园获得,一项是传染病房专用空调净化系统研制与标准研究,另一项是具有可移动数字化 X 光射线成像机。

2006 年 4 月 14 日,学校首个军转民技术开发专项"塑料导爆管雷管及其延期体项目"通过国防科工委评审验收。8 月 28 日起,由学校科技贸易公司自主研发生产的智能防伪投币机正式在南昌公交 2 路、5 路、204 路公交车上使用。

2008 年 12 月 26 日,陈钱教授组织研制的国内首个激光探测汽车主动防碰撞智能安全系统通过省教育厅组织的专家鉴定,完成了样机研制和道路行驶试验。

2009 年 4 月,杨静宇教授与唐振民教授课题组研制的车辆主动安全技术,正式通过省教育厅主持的鉴定。该技术主要利用车内、车外两个普通的摄像头和嵌入式计算系统来帮助驾驶员实现危险预警。系统通过摄像头获取的行车道和前方车辆图像数据,进行汽车偏道与碰撞危险数据分析,从而判定汽车是不是处于安全驾驶状态,并对非正常驾驶发出报警。

2012 年,材料科学与工程学院刘和义博士通过创新获得的第三代技术成果"氧化锆纤维超高温隔热材料制备技术"在南京市溧水区实现产业化,项目总投资 3000 万元,达到年产 100 吨氧化锆纤维及其制品的规模化生产能力。

四、平台与条件保障建设

(一)开展国防科研保密资格认证

2006 年 12 月 14—15 日,由国家保密局、国防科工委联合成立的保密资格认证审查专家组对学校进行了保密资格审查认证预审。2007 年 4 月 27—28 日,国家保密资格审查认证专家组对学校进行了保密资格认证现场审查。专家组由来自国家保密局、原总装备部、国防科工委的 9 位专家组成。专家组通过听取工作汇报、审查相关文件资料、与有关人员进行谈话、组织保密知识考试、现场查看等方式,对学校保密工作进行了全面检查。专家们一致认为,南京理工大学符合通过国家一级保密资格审查认证的标准。2012 年 9 月 26—27 日,国家军工保密资格认证现场审查组一行 8 人再次对学校进行保密资格认证现场审查。刘建平组长代表审查组宣读了总评意见:经研究,学校符合保密资格审查标准,同意报国家军工保密资格认证委批准为一级保密资格单位。

(二)取得国防武器装备科研生产许可证等系列国防科研资质

2006 年 11 月 12 日,学校科研生产质量管理体系一次性通过中国新时代认证中心审核组的现场审核。2008 年 3 月 15—17 日,学校顺利通过国防科工委武器装备科研生产许可现场审查。5 月 22 日,学校取得武器装备科研生产许可证。2009 年 9 月,南京军事代表局转发了原总装备部批复文件,正式明确学校已具备装备承制单位资格,并注册编入了《中国人民解放军装备承制单位名录》。2010 年 5 月 31 日—6 月 4 日,海军装备部组织对学校进行了海军装备承制单位质量管理体系审查,审核组一致认为学校具备承担海军产品的设计、开发和服务等质量保证能力。7 月 20 日,总装备部南京军事代表局来校举行了"装备承制单位资格"授牌仪式。

(三)平台建设

学校获批建设的第一个国家级重点实验室是弹道国防科技重点实验室(瞬态物理国家重点实验室)。该实验室于 1991 年 4 月由原国防科工委批准立项建设,1994 年 11 月通过国家验收,1995 年 5 月正式投入运行。实验室由弹道靶道、专用弹道靶道和数据处理中心等部分组成,配备了 600 余套具有世界先进水平的关键仪器设备和计算机系统,实现了控制、测量和数据处理采集的集中化和自动化,具备常规兵器弹道系统综合研究的良好条件和环境。重点实验室拥有一支专业基础扎实、学科配套、科研经验丰富、经历长期协作、结构合理的老中青结合的精干科研队伍。通过建设和发展,逐渐形成了包括超高速发射动力学、飞行动力学、化学动力学以及流体力学、爆炸力学、现代损伤力学、制导与控制、等离子物理、工程热物理、高仿真技术、瞬态测试技术等基础理论、应用基础研究和信息技术交叉的新型学科和研究体系。

1993 年 6 月,柔性制造系统技术国家级重点实验室(南京分部)成立,该实验室是学校与五十五所(长春)、五十八所 3 家单位合作,共同建设的实验室,学校主要负责制造技术的新概念、新思想、新方法的研究及系统设计理论与方法的研究,并负责培养该领域的高层次人才。

2007 年 3 月,学校软化学与功能材料教育部重点实验室通过验收,汪信教授担任重点实验室主任,南京工业大学欧阳平凯院士任学术委员会主任。该实验室是学校首个获批运行的教育部重点实验室。

2011 年 8 月,学校申报的江苏省光谱成像与智能感知重点实验室获批立项,成为学校首个江苏省高技术重点实验室。

2012 年 1 月,教育部公布了 2011 年度立项建设的教育部重点实验室名单,学校申报的"高维信息智能感知与系统"教育部重点实验室获批立项,成为学校第二个教育部重点实验室。

2012 年 8 月 17 日上午,江苏省社会安全图像与视频理解重点实验室建设计划方案通过专家论证,成为学校获批的第二个江苏省重点实验室。如表 5.6.2 所示。

表 5.6.2　国家与省部级重点实验室建设情况

序号	重点实验室名称	批准单位	批准时间
1	瞬态物理国家重点实验室/弹道国防科技重点实验室	原国防科工委	1991 年
2	智能弹药技术国防重点学科实验室	原国防科工委	2007 年
3	近程高速目标探测技术国防重点学科实验室	原国防科工委	2007 年

续表

序号	重点实验室名称	批准单位	批准时间
4	软化学与功能材料教育部重点实验室	教育部	2007 年
5	高维信息智能感知与系统教育部重点实验室	教育部	2011 年
6	化工污染控制与资源化江苏省高校重点实验室	省教育厅	2010 年
7	江苏省光谱成像与智能感知重点实验室	省科技厅	2011 年
8	江苏省社会安全图像与视频理解重点实验室	省科技厅	2012 年

(四)条件建设与保障

1. 加大国防科研条件保障建设

1993—2012 年,学校获批各类科研条件建设项目 13 项,建设经费 5.5 亿元。这些建设项目的建成和投入使用,对于开展国家高层次项目研究起到了关键支撑作用,提升了学校服务国防的综合能力。学校在汤山军工试验中心累计投入超过 5 亿元,该中心已成为国内高校试验条件齐全、实验规模较大的科研试验基地。

2. 科技情报工作

1995 年 2 月 28 日,在江苏省发展科技咨询产业试点工作会议上,学校信息中心、国有资产管理研究中心、软科学研究所同时被评为首批信誉机构。2011 年 1 月,学校通过资格审查,成为第五批教育部部级科技查新工作站,自此,学校同时拥有国家发明奖国防专用项目查新、江苏省科技项目查新、教育部部级科技查新的工作站。

1996 年 12 月 1 日,经原兵器工业总公司批准,由学校信息中心牵头负责《汉英兵工词典》编纂工作,2004 年 10 月,国内首部《汉英兵器科技大词典》问世。该词典共收录 90000 余个词条,内容涵盖了兵器科学技术、生产制造、兵器试验及相关外贸出口、情报图书等领域。

五、科技成果

跨入新世纪,学校积极开展科技活动,在科技项目、论文和专利方面,取得了国家、省部层面的突破性进展,获得了各种奖励,涌现出大量的优秀成果。

(一)奖励

1993—2012 年,学校共获得各类科技奖励 888 项,其中国家级科技奖励 40 项,包括国家技术发明一等奖 1 项,国家科技进步奖一等奖 3 项,国家自然科学二等奖 2 项;省部级科技奖励 623 项。"十一五"期间学校共获得国家级科技奖励 11 项,获得江苏省政府"'十一五'重大科技成果奖励成绩显著高等学校"表彰。如表 5.6.3 所示。

表 5.6.3　1993—2012 年国家级奖励情况

序号	年度	成果名称	奖励名称	奖励等级	主要完成人
1	1993	专用项目	国家发明奖	三等	谭兴良、徐万和、孔德仁、廖振强
2	1993	专用项目	国家级科技进步奖	三等	柯金友、孙思诚
3	1993	专用项目	国家级科技进步奖	三等	李鸿志、崔东明、管雪元、何正求、郭建国、刘殿金
4	1993	专用项目	国家级科技进步奖	二等	陈进榜、刘良读、宋德真、金国佑
5	1993	专用项目	国家级科技进步奖	二等	李奉昌
6	1993	专用项目	国家级科技进步奖	一等	王泽山、潘仁明、朱立明、谢文心、周志高、刘兴国、杨忠义、刘庆荣、陈振潮、徐复铭、胡国胜、何卫东、李凤生、周伟良、孙金华、方志杰、叶志成
7	1995	专用项目	国家发明奖	三等	孙荣康、吕春绪、惠君明、陆明
8	1995	专用项目	国家科技进步奖	三等	
9	1995	专用项目	国家科技进步奖	三等	袁亚雄、邹瑞荣、翁春生、宋明、黄新华
10	1995	专用项目	国家科技进步奖	二等	陈进榜、宋德真、朱日宏、陈道炯、贾元庆
11	1995	专用项目	国家科技进步奖	二等	汤鹏飞、沈书翔、郭治、华国进、李振山、陶化成、孔照东、周歧海、王瑞生
12	1996	沈阳鼓风机厂计算机集成制造系统（SB－CIMS）	国家科技进步奖	二等	杨静宇
13	1996	专用项目	国家发明奖	一等	王泽山、刘庆荣、杨忠义、朱立明 陈振潮、何卫东
14	1997	专用项目	国家发明奖	二等	潘功配、朱长江、董晓、丁芸、王昭群、陈士高
15	1998	专用项目	国家发明奖	三等	王泽山、杨淑文、徐复铭、张玉珍、陈振潮、刘得磊
16	1998	专用项目	国家科技进步奖	三等	陈进榜、陈磊、金国佑、朱日宏、王青
17	1998	专用项目	国家科技进步奖	二等	吕春绪、刘祖亮、惠君明、苏洪文、陆明、夏发洪、陈云天、周家树、王依林、刘延书、胡炳成、叶志文、曹洁明、叶国煌
18	1999	专用项目	国家科技进步奖	三等	常文森、杨静宇、陆际联、顾伟康、张钹
19	1999	专用项目	国家科技进步奖	二等	陈素菊、赵锦生、郑龙彦、赵有守、张涛、田宏、李澄俊、舒伸良、李杰

续表

序号	年度	成果名称	奖励名称	奖励等级	主要完成人
20	1999	专用项目	国家科技进步奖	一等	李凤生、宋洪昌、刘宏英、叶明泉、韩爱军、李春俊、邓国栋、余大桂、白华萍、陈舒林
21	2000	专用项目	国家科技进步奖	二等	郭英智
22	2002	专用项目	国家科技进步奖	一等	苏哲子、沈书翔、杨卓、王世显、郭志强、刘贵明、付梦印、陆祥璇、丁树奎、武瑞文、王玉林、郭锡福、岳峰、李颖、刘锦春
23	2003	专用项目	国家科技进步奖	二等	陶纯堪、高万荣、杨晓春
24	2005	专用项目	国家科技进步奖	二等	周长省、侯远龙
25	2005	专用项目	国家科技进步奖	二等	芮筱亭、徐明友、王国平、牟来峰
26	2005	几种无机纳米材料的制备及应用研究	国家科技进步奖	二等	汪信、陆路德、杨绪杰、刘孝恒、王晓慧、李丹、朱俊武、卑凤利、吴汾、施丽萍
27	2006	专用项目	国家技术发明奖	二等	恽小华、孙琳琳、楚然、李大勇、蔡士良、谢国平
28	2006	微波/毫米波芯片及多芯片组件关键技术研究与应用	国家科技进步奖	二等	恽小华、孙琳琳、楚然、蔡士良、胡震亚、兰峰、姚崇斌、阮晓刚、叶时琴、廖佳
29	2007	专用项目	国家科技进步奖	二等	张河、陈荷娟、李豪杰、黄晓毛、丁立波、程翔、周晓东、江小华、聂伟荣、朱继南
30	2008	专用项目	国家科技进步奖	二等	王晓鸣、赵国志、黄正祥、顾晓辉
31	2008	红外成像电子学关键技术研究及其应用	国家科技进步奖	二等	陈钱、顾国华、柏连发、钱惟贤、屈惠明、王利平、于雪莲、路东明、隋修宝、何伟基
32	2009	专用项目	国家技术发明奖	二等	李凤生、刘宏英、阎斌、郭效德、姜炜、邓国栋
33	2009	专用项目	国家技术发明奖	二等	芮筱亭、王国平、负来峰、陆毓琪、杨富锋、顾金良
34	2009	特征抽取理论与算法研究	国家自然科学奖	二等	杨静宇、杨健、金忠、洪子泉
35	2010	专用项目	国家科技进步奖	二等	芮筱亭、王国平、戎保、杨富峰、杨帆
36	2010	钴酸镧等高性能超细氧化物催化剂的制备和应用技术	国家科技进步奖	二等	汪信、刘孝恒、朱俊武、姚超、杨绪杰、陆路德、纪俊玲、颜永庆、宗建平、王联合、姜恩周

续表

序号	年度	成果名称	奖励名称	奖励等级	主要完成人
37	2010	纳米流体能量传递机理研究	国家自然科学奖	二等	宣益民、李强
38	2011	专用项目	国家技术发明奖	二等	王克鸿、戚九民、余进、马金海、徐越兰、顾民乐
39	2011	专用项目	国家技术发明奖	二等	芮筱亭、王国平、负来峰、陈涛、刘怡昕、杨富锋
40	2012	专用项目	国家技术发明奖	二等	李凤生、郭效德、姜炜、刘宏英、邓国栋、顾志明

（二）论文

1994—2012 年，学校论文产出数量与质量逐年稳步增长，共发表论文 36452 篇，被 SCI 和 EI 收录论文数分别为 3651 篇和 6631 篇。如图 5.6.3 所示。

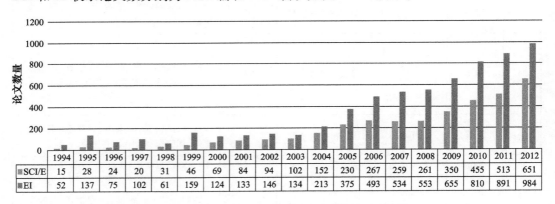

	1994	1995	1996	1997	1998	1999	2000	2001	2002	2003	2004	2005	2006	2007	2008	2009	2010	2011	2012
SCI/E	15	28	24	20	31	46	69	84	94	102	152	230	267	259	261	350	455	513	651
EI	52	137	75	102	61	159	124	133	146	134	213	375	493	534	553	655	810	891	984

图 5.6.3　南京理工大学 1994—2012 年高水平论文数量

其中，环境与生物工程学院张建法教授发现光周期的变化能诱导肝脏脂肪代谢基因节律性表达的生物学现象，其系列研究成果论文分别发表在 *Nature*，*JBC*，*Endocrinology*，*J Lipid Res*，*Am J Pathol* 等国际主流刊物上。计算机学院杨健教授的论文 *Two-Dimensional PCA：a New Approach to Face Representation and Recognition* 在 SCI 他引 600 余次。2005 年度《中国科技论文统计》研究报告显示，学校科技论文收录数量进入中国高校前 50 名。

（三）专利

1993 年以来，学校专利申请、授权数量与质量快速增长。如图 5.6.4 所示。

1995 年 4 月，中国专利局在全国开展了"中国专利十年先进单位评选"活动，共评选

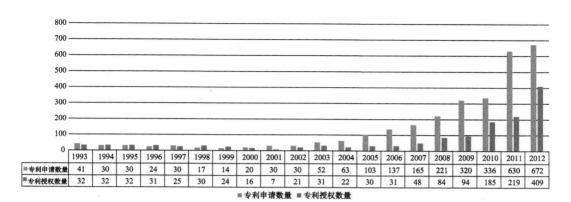

	1993	1994	1995	1996	1997	1998	1999	2000	2001	2002	2003	2004	2005	2006	2007	2008	2009	2010	2011	2012
专利申请数量	41	30	30	24	30	17	14	20	30	30	52	63	103	137	165	221	320	336	630	672
专利授权数量	32	32	32	31	25	30	24	16	7	21	31	22	30	31	48	84	94	185	219	409

■专利申请数量 ■专利授权数量

图 5.6.4 1993—2012 年学校专利申请数量与授权数量

出先进企业、高等院校、科研院所、专利法律服务机构等 100 个。学校被评为"全国专利工作先进单位"。

学校还先后获得全国专利工作先进高校、全国专利工作试点示范高校、国家专利产业化试点基地和国防科技工业知识产权推进工程先进单位等多个荣誉称号,也是江苏唯一连续 4 次获得"江苏省十大专利金奖"和连续 5 次获得"十大专利发明人"称号的高校。1999 年,学校一发明专利——《轻质微孔硝酸铵混合物及其制法》获得中国专利金奖。2004 年 3 月 6 日,国家人事部、国家知识产权局授予学校知识产权管理办公室"全国专利系统先进集体"荣誉称号。2011 年 11 月 8 日,国家知识产权局和世界知识产权组织在南京举行第十三届中国专利奖颁奖大会,学校化工学院发明的《在聚乙二醇体系中低温制取纳米二氧化钛晶体的方法》专利技术获《第十三届中国专利优秀奖》,该发明专利还作为主要成果之一获得国家科技进步二等奖。

第七节 师资队伍建设

步入"211"工程国家重点建设项目以后,学校围绕国家发展重大战略需求,在师资队伍建设方面,坚持"以人为本",以学科建设为龙头,以高层次人才和创新学术团队建设为重点,以改革创新为动力,推进"人才强校"核心发展战略,促进师资队伍建设与发展。

一、师资队伍建设目标与措施

经过"八五"(1991—1995 年)期间的努力,学校虽已经形成了一支结构相对合理的师资队伍,并拥有一批在军工领域及某些领域有一定地位的高水平教授,但总体来看,学校在国际上有很高知名度、在国内能成为某个领域权威专家的杰出人才数量较少,中青年拔尖人才脱颖而出的不多。1993 年底,学校有教职工 3812 人,其中教授等正高级职称人员为 166 人,副高级职称人员 672 人,中级技术职称人员 1198 人。

1."九五"期间师资队伍建设

学校"九五"规划中师资队伍的奋斗目标是建设起一支政治业务素质好,结构合理,富有创业精神的师资队伍。"九五"末,教师中研究生学历的比例提高到 80%;学校力争达到部级骨干教师 100 人,校级骨干教师 100 人,学科带头人 100 人,博士生导师队伍 80人;建立 50 个国内具有较高水平的学术梯队;建立一支 100 人上大课的优秀教师队伍。

学校"九五"规划中还指出:进一步落实《教师法》,以培养、造就年轻学科带头人为重点,搞好师资队伍建设。一是建立结构合理的学科梯队,调整学科梯队结构,配备好学科学术带头人;二是稳定中青年骨干教师队伍,完善学校的青年科学基金、青年基金、青年出版基金制度,并花大力气解决教职工的住房问题。

1995 年 2 月,学校推出评聘"100 名优秀主讲教师"的新举措,并以此为导向,倡导教师教书育人,改进教学方法,提高责任心,提高授课质量。"优秀主讲教师"评聘采取滚动式,首批评聘的 10 位优秀主讲教师分别是:尹群、顾敦和、李相银、俞占鸿、秦林祥、许品芳、洪友诚、莫仲卿、沈家瑶、张殿坤。此后,该评聘工作成为学校一项常规性工作。1996年 3 月,蒋治平、宋俊玲等 48 人受聘为学校第二批"优秀主讲教师";1997 年评聘了黄锦安、皮德富等 74 人;1998 年评聘了杜炳华、周淑阁等 75 人;1999 年评聘了寇戈、赵雪琴等56 人;2000 年评聘了谈乐斌、段齐骏等 63 人。从 1995 年首次评聘开始至 2000 年,学校共评聘优秀主讲教师 273 人次,优秀主讲教师的每月津贴也由最初的 50 元提高到了 100元。优秀主讲教师已经成为一支在学校教学上起中坚骨干和示范作用的教学队伍,带动了学校整体教学水平的提高和教学队伍的发展。

"九五"期间,学校通过建立并逐步完善"引进 – 选拔 – 培养 – 成长为学术骨干、带头人"的培养模式,促使优秀的中青年教师迅速成长。170 多人在职攻读博士学位,70 多人在职攻读硕士学位,通过国家公派、单位公派等方式选派 100 多名优秀教师出国进修或攻读学位。1998 年 12 月,学校印发了《关于下发人才引进优惠政策的通知》,分别对引进学科带头人、博士研究生在住房、安家费、科研补贴、家属安排等方面出台了相关优惠政策。经过五年富有成效的工作,学校教师结构进一步趋于合理。截至 2000 年底,学校拥有专任教师 1039 人,教授 181 人,具有博士学位教师 157 人,40 岁以下教师占教师人数的 52% 以上;学校拥有 2 名工程院院士、130 名博导,国家有突出贡献专家 9 人,"长江学者奖励计划"1 人,"高等学校优秀教师"1 人,"教育部跨世纪人才"2 人,国家"百千万人才"3 人。

2."十五"期间师资队伍建设

"十五"期间,学校通过实施师资队伍建设"立本三年计划",修改人才引进工作实施办法、人才引进优惠政策等措施,大力推进人才培养和引进,加强学术团队、教学团队建设,建立和完善教师(尤其是青年教师)培养体系,注重引才与引智并举,优化人事分配和聘用政策,鼓励优秀人才脱颖而出,提升了师资队伍整体水平和能力。

2001 年,学校下发《南京理工大学引进国内外优秀人才的暂行规定》《南京理工大学人才引进优惠政策》。2003 年修订并再次出台了《南京理工大学人才引进暂行规定》《南京理工大学人才引进优惠政策》,2004 年 11 月出台《南京理工大学关于进一步加强人才引进工作的实施意见》,进一步规范了学校人才引进工作,加大了人才引进优惠政策的力度。

2004 年 1 月,学校以党委、行政 1 号文的形式下发了《南京理工大学师资队伍建设立本三年计划》,吹响了南理工新世纪师资队伍建设的号角,"面对激烈的竞争态势,学校必须倾注超常规的精力,采取超常规的措施,不惜超常规的代价,实现师资队伍建设跨越式发展。"学校决心利用三年(2004—2006 年)时间,加大师资队伍建设的力度,有效缓解和解决师资队伍建设中存在的突出问题。

根据学校定位和发展需求,立本 3 年计划建设的目标包括:

(1)师资队伍规模。教师队伍(含教学、教学和科研并重教师)规模在三年后达到1500 人左右,占教职工总数的 50% 以上,在基本教育规模人员编制中,占在编人员的50% 以上;专职科研人员达到 350 人左右,比例约为教师队伍的 20% 。

(2)结构和素质。职务结构:进一步改善职务结构比例,使正高、副高、中级、初级及以下比例为 2.0∶3.5∶3.5∶1.0,其中高级职务占教师数控制在 55% 左右。学历结构:提高教师学历层次,使教师队伍中硕士以上学历的比例达到 80% 以上,其中具有博士学位人数比例达到 30% 以上。年龄结构:改善年龄结构,教授平均年龄降到 48 岁,副教授平均年龄降到 40 岁。学缘结构:进一步完善学缘结构,在校外完成某一级学历(学位)教育或在校内完成其他学科学历(学位)教育的教师占 70% 。

(3)学术梯队和骨干教师队伍建设

根据学校"十五"建设规划,重点建设 50 支左右在国内本领域处于领先水平的学科梯队(学术方向),使之成为培养高层次人才和承担高科技重点项目的核心力量。

选拔培养 30 名左右具有国内领先水平、在国际上有一定知名度的优秀学科带头人,吸引和遴选出在国防科技工业和国民经济建设中起独特作用、具有国内外领先水平的科技英才 20 名左右。

建设一支 100 名左右学历层次高、结构合理、具有较强创造性的后备学科带头人队伍。

选拔培养 200 名左右优秀教学科研骨干,其中遴选 10 名长期从事教学工作,教学水平高、教学效果好的教学名师。

为了实现以上目标,"立本三年计划"中确定了"四个优先"的原则:学科优先、优者优先、创新优先、效率优先。明确了七条建设措施,在学科梯队建设、师德师风建设、师资引进力度、师资培训、教师岗位管理模式和深化分配制度改革等方面均提出了具体办法。

在条件保障方面,重点在教师实验室和办公室、住房、学术软环境等方面加大投入。分项目预算总额为 7617.33 万元,其中用于解决购房补贴为 4147.8 万元。

学校师资队伍建设"立本三年计划"主要解决了学校在"十五"期间教师队伍数量短缺的突出矛盾,提高了教师队伍的素质和能力,改善了生师比,为学校人才队伍的进一步发展奠定了良好基础。"十五"期间,学校共引进384名教学科研人员,其中2名院士、79名高级职称、165名博士教师。

"十五"末,在职教职工3028人中教学科研人员1598人,专任教师1335人,高级职称1048人,博士生导师187人,教辅人员380人,行政管理人员490人,教师与折合标准生的比例为1:18.4。如表5.7.1所示。

表5.7.1 "九五"末和"十五"末师资结构情况一览表

时期	学历/人		年龄结构/岁			学缘结构
	博士	硕士	正高级	副高级	中级	外校学历
"九五"末	161	538	52.4	44	34	52.4%
"十五"末	377(28.2%)	1119(70%)	49.5	41.1	33.3	70%

3. "十一五"期间师资队伍建设

"十一五"期间,学校通过实施师资队伍建设"卓越计划",大力推进高层次领军人才培养和引进,加强学术团队、教学团队建设,建立和完善教师尤其是青年教师培养体系,注重引才与引智并举,优化人事分配和聘用政策,鼓励优秀人才脱颖而出,提升了师资队伍整体水平和能力。

2007年12月25—26日,学校举行人才及外事工作会议,主要审议师资队伍建设"卓越计划",研讨高层次人才队伍建设措施。会议结束以后,2008年1月,学校以党委、行政1号文件的形式下发了《南京理工大学师资队伍建设"卓越计划"实施意见》。这也是学校推进人才强校战略,完成师资队伍建设"立本三年计划"后的又一个新时期人才建设计划。

"卓越计划"的目标是到"十一五"末,学校拥有以院士、长江学者特聘教授为代表的国内外知名的高层次学科带头人及国家级教学名师10~15名,国内知名的高水平学术带头人30名,100名左右以"新世纪优秀人才"为代表的思维活跃、创新能力强、发展潜力大的高层次后备人才队伍,8~10个创新学术团队入选国家级和省部级创新团队,专任教师中具有博士学位比例达到60%,35岁以下青年教师中具有博士学位的比例达到80%。

师资队伍建设"卓越计划"主要包括高层次领军人才引进与培养计划、创新学术团队培育计划、教学名师和教学团队培育计划、百名优秀教师培养计划、青年教师国际化发展计划、国内外智力引进计划、教师队伍博士化计划七个具体的实施计划。

与"立本三年计划"相比,"卓越计划"在观念上开始由注重数量向质量转变,突出高层次领军人才队伍建设和创新学术团队建设,突出多元化人才培养体系的构建与完善,突出推进教师队伍国际化发展,突出人才引进、培养的机制制度创新。

为了高层次人才的引进,学校开始实施"卓越计划""紫金学者"特聘教授制度。特聘教授在聘期内除享受正常的工资、住房、保险、福利待遇外,还享受"卓越计划""紫金学者"特聘教授岗位津贴,分别为 10 万元、8 万元和 6 万元。此外,学校还提供 20～50 万元经费用于特聘教授的团队建设;可根据需要建立以特聘教授为负责人的学术机构;在学科规划以及科技创新平台建设时优先满足特聘教授需要。

同时,学校还设立专项经费 2000 万元鼓励团队建设。给予团队带头人适当的人权和财权,并给予奖励或配套经费。

为了鼓励更多的青年教师脱颖而出,学校实施"百名优秀教师培养计划",入选教师除了能够获得 5～8 万元的资助,学校还给予每年 5000 元补贴;优先支持开展海外合作研究、出国留学;优先推荐高层次人才工程或高层次基金资助。学校实施"教学名师和教学团队培育计划",对获得南京理工大学教学名师的教师,提供专项经费 3～5 万元资助和5000 元奖励;为教学名师申报教学成果奖励和精品课程提供条件保障,并对名师队伍配备、学术交流方面给予有力支持。

推进教师国际化发展,提升学校知名度,也是"卓越计划"实施的具体目标。为此,实施"青年教师国际化发展计划",3 年内每年选派 50 名左右优秀教师赴国外高水平大学留学、研修;每年选派 20 名左右骨干教师和管理人员赴海外进行短期培训。对于"百名优秀教师培养计划"入选者和"青年学者基金"获得者,要求在资助期内必须安排一次半年以上的海外留学;对于学校重点建设的学科和专业领域,必须选拔一定数量教师出国留学。自 2010 年起,学校 40 岁以下青年教师在晋升正高级专业技术职务时,半年以上的留学经历成为必备条件。

4."十二五"期间师资队伍建设,启动"卓越计划"二期

通过实施"卓越计划",学校高层次人才状况有了一定改善,但按照学校建设发展目标要求,学校在学术大师、高层次领军人才、高水平创新团队等方面数量还是偏少,促使高层次人才汇聚,高水平学术团队形成、青年才俊脱颖而出的体制性和制度也没有完全形成。因此,高层次领军人才和创新学术团队建设成为学校下一阶段人才队伍建设的重中之重,如图 5.7.1 所示。

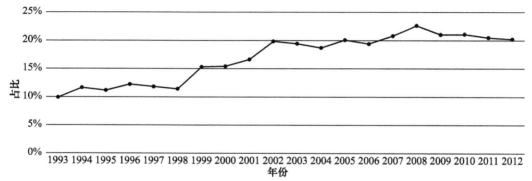

图 5.7.1　专任教师中正高职称人数占比

2011 年,学校在全面总结实施师资队伍建设"卓越计划"一期的基础上,启动实施了"卓越计划"二期建设。"卓越计划"二期的目标是以学科建设为龙头,以创新学术团队建设为抓手,以高层次人才培养为核心,推动学校师资队伍水平的全面提升,确保学校"十二五"以及今后更长一段时间的又好又快发展。

2012 年 5 月,学校专门成立人才工作办公室(院士工作办公室),负责师资队伍建设"卓越计划"的实施、评估和考核,以及其他高层次人才的引进、管理、服务等工作。

2012 年 6 月 18 日,学校召开人才工作会议,标志着"卓越计划"(二期)的正式实施。会议推出了一系列人才工作的政策和管理制度,包括《南京理工大学师资队伍建设"卓越计划"(二期)实施办法》《南京理工大学人才引进工作实施办法》《南京理工大学人才引进优惠政策》。提出 8 项人才队伍建设的重要举措:一是落实人才战略规划,统领人才工作全局;二是加大投入力度,创新人才引进机制;三是设立人才特区,破除人才发展障碍;四是坚持"大师+团队"模式,促进团队建设;五是关注青年教师发展,重视人才资源积累;六是设立专职科研岗位,创新人才聘用模式;七是设立国际顾问教授制度,推进教师国际化发展;八是适应现代大学制度要求,完善人才工作体制机制等。制定了"'紫金学者'引进和支持""'紫金之星'引进和培养""教学名师和教学团队培育""创新学术团队培育和巩固""教师国际化发展""国际顾问教授"6 个项目的实施细则。

截至 2012 年底,学校拥有中国工程院院士 2 人,双聘院士 4 人,外国院士 3 人,中组部"千人计划"学者 9 人,长江学者特聘教授 6 人、讲座教授 3 人,国家级教学名师 3 人,"国家特支计划"教学名师 1 人,"国家杰出青年科学基金"获得者 7 人,"国家优秀青年科学基金"获得者 1 人、国家级有突出贡献中青年专家 2 人,省部级有突出贡献中青年专家 10 人,"新世纪百千万人才工程"10 人,"新世纪优秀人才支持计划"25 人,国防科技工业"511 人才工程"20 人,国务院政府特殊津贴获得者 38 人,江苏特聘教授 4 人,江苏省"双创人才"4 人,江苏省"333 高层次人才培养工程"85 人,江苏省高校"青蓝工程"93 人,江苏省"教学名师"10 人,"六大人才高峰"高层次人才项目资助 45 人,"长江学者奖励计划"创新团队 2 个,国防科技创新团队 7 个,江苏省创新团队 1 个,江苏省高等学校优秀科技创新团队 3 个,江苏省高校"青蓝工程"创新团队 5 个。如图 5.7.2 所示。

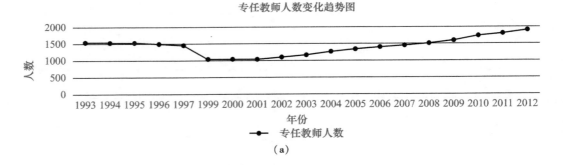

（a）

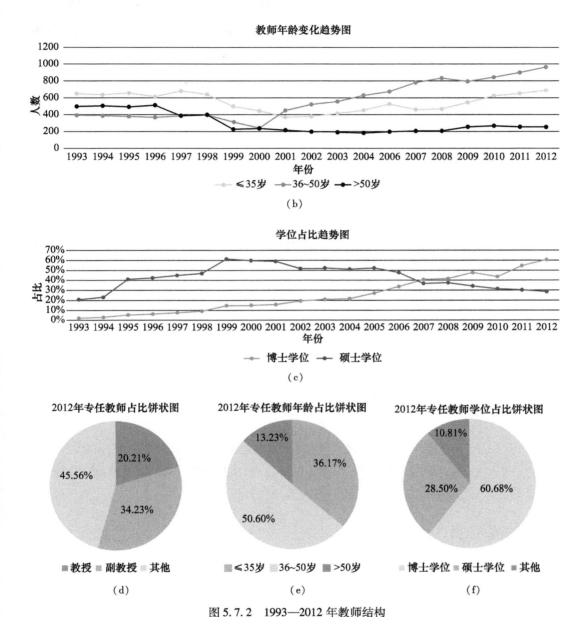

图 5.7.2　1993—2012 年教师结构

二、岗位聘任与岗位津贴制度

学校岗位津贴制度新方案的实施起步于 2000 年。根据国防科工委《关于委属高校内部分配制度改革的指导意见》等指示精神，为实现一流大学的建设目标，努力建设一支具有一流水平的教师队伍和与之协调发展的其他专业队伍及党政管理干部队伍，建立健全"按劳取酬、优劳优酬"的分配体系，强化竞争机制和激励机制，进一步激发学科带头人和骨干教师的积极性和创造力，加强中、青年拔尖人才的稳定、培养和引进，经国防科工委批准，学校决定实施岗位聘任和岗位津贴制度，并制定了《南京理工大学岗位聘任和岗位津贴制度实施方案（试行）》。2000年11月22日，学校出台相关政策全面试行岗位聘任与岗位津贴制度。根据不同的工作性质、职责、任务，在教学、科研、教学辅助和管理等方面，将岗位分成校聘关键岗位、重点岗位和一般岗位三个层次，共分为十二个等级。最高级别为十一级，津贴标准为50000元/年，最低为基础级，标准为3000元/年。2001年1月9日，学校在科技会堂召开校聘关键岗位教师聘任大会，标志着学校首轮"岗位设置与岗位聘任"工作开始全面实施。

在总结第一轮岗位聘任和岗位津贴制度实施方案经验的基础上，2002年学校启动实施了《南京理工大学第二轮岗位聘任和岗位津贴制度实施方案（试行）》。2003年3月开始实施了《南京理工大学第三轮岗位聘任与岗位津贴实施方案》，该方案与前两轮方案相比，年经费总额增加了200万元（当年本科生和研究生在校人数增加，编制数相应地增加），在管理人员岗位津贴方面，管理重心下移，各分院系在津贴总额范围内对学院机关党政人员可自行评定。

从2000—2005年，学校先后实施了五轮岗位聘任和岗位津贴制度。2005年第一次党委常委会研究通过了《南京理工大学第五轮岗位津贴与岗位聘任实施方案》，此方案按照优化结构、按需设岗、择优聘任、责酬一致、严格考核的思路，建立基础津贴与业绩津贴相结合、体现学校特点的具有激励功能的分配机制，使岗位津贴的标准与学校的办学效益相联系，与受聘人员的工作业绩相联系，逐步建立起强化岗位、以岗定酬、薪酬能高能低的机制。岗位分为教师岗位、党政管理岗位、教学辅助岗位。教师岗位分为关键岗位1级、2级共2级，重点岗位3级、4级、5级共3级，一般岗位6级、7级、8级、9级、10级、11级、12级共7级。学校对各级岗位数进行宏观控制和管理。

三、高层次人才队伍

（一）两院院士

院士在科学技术领域有系统的创造性成就，是某一领域内的资深专家，是我国科技人才的最高荣誉。高校具有院士的数量，在一定程度上体现了一个学校师资队伍和学科建设的水平，是学校高层次人才队伍建设的重点。

1994年，时任学校校长的李鸿志教授当选为中国工程院首批院士，成为学校历史上的第一位院士。1999年，王泽山教授当选中国工程院院士。截至2012年，除了两位全职院士之外，学校在不同时期还聘任了5位院士，分别是陈国良院士、刘怡昕院士、苏哲子院士、崔向群院士、杨绍卿院士，如表5.7.2所示。

表 5.7.2　院士名单

中国工程院院士名单		
姓名	学术领域	当选时间/年
李鸿志	超高速发射理论与技术工业爆炸灾害力学	1994
王泽山	火药及装药技术	1999
陈国良	金属材料	1999
刘怡昕	武器系统与运用及指挥自动化	2003
苏哲子	火炮武器系统	2005
杨绍卿	火炮、自动武器与弹药工程	2011
中国科学院院士名单		
姓名	学术领域	当选时间/年
崔向群	光学工程	2009

(二)长江学者奖励计划

1998 年 8 月,国家教育部和李嘉诚基金会共同启动实施了长江学者奖励计划。长江学者奖励计划特聘教授是长江学者奖励计划的一个重要组成部分,旨在重点支持优秀拔尖人才,加速高校中青年学科带头人队伍建设,同时促进高校打破职务终身制。"特聘教授"将获得国家每年 10 万元的岗位津贴,同时学校继续提供其工资、福利待遇。教育部规定"特聘教授"岗位要面向国内外公开招聘,入选者需带领本学科在其前沿领域达到国内领先水平,进而赶超或保持国际先进水平。

学校积极组织重点优势学科的学术带头人申报长江学者奖励计划。1998 年 11 月,教育部确定在全国 63 所高校的 148 个学科设置第一批特聘教授岗位。学校应用化学学科榜上有名。截至 2012 年,学校共有 9 位教师获得"长江学者"称号,如表 5.7.3 所示。

表 5.7.3　长江学者特聘教授、讲座教授

姓名	学术领域	岗位	聘任时间/年
王中原	兵器发射理论与技术	特聘教授	2000
陈钱	光电技术	特聘教授	2002
黄捷	控制科学与工程	特聘教授	2002
徐胜元	控制理论与控制工程	特聘教授	2008
陈如山	电磁场与微波技术	特聘教授	2008
王明洋	火炮、自动武器与弹药工程	特聘教授	2012
冯刚	控制理论与控制工程	讲座教授	2009
陈本美	控制科学与工程	讲座教授	2010
何永昌	控制理论与控制工程	讲座教授	2012

(三)国家杰出青年科学基金获得者

国家杰出青年科学基金1994年由国务院批准设立。该基金支持在基础研究方面已取得突出成绩的青年学者自主选择研究方向开展创新研究,促进青年科学技术人才的成长,吸引海外人才,培养和造就一批进入世界科技前沿的优秀学术带头人。截至2012年,学校共有7位优秀青年学者获得该项基金,如表5.7.4所示。

表5.7.4 "国家杰出青年科学基金"获得者

姓名	学术领域	聘任时间/年
陈如山	电磁场与微波技术	2003
徐胜元	控制科学与控制工程	2006
王明洋	火炮、自动武器与弹药工程	2008
杨健	模式识别与智能系统	2011
李强	热能工程	2012
赵永好	材料学	2012
车文荃	电磁场与微波技术	2012

(四)国务院特殊津贴

国务院政府特殊津贴是中华人民共和国国务院对于高层次专业技术人才和高技能人才的一种奖励制度。获得者被称为享受国务院特殊津贴专家。

1990年,党中央、国务院决定,给做出突出贡献的专家、学者、技术人员发放政府特殊津贴。这是党中央、国务院为加强和改进党的知识分子工作,关心和爱护广大专业技术人员而采取的一项重大举措。这对于进一步营造"尊重知识、尊重人才"的良好社会环境,加强高层次专业技术人才队伍建设发挥了重要作用。学校1991—2012年获批国务院政府特殊津贴人员名单如下:

1990年:沈正功;1991年:贺安之、方大纲、邓子琼、汤明钧、朱明武、冯缵刚、施容华、张保民、杨静宇、李鸿志;1992年:汪信、王泽山、王昌明、王凤云、倪晓武、陈舒林、刘国岁、张清泰、迟书义、王俊德、陶纯堪、郭治、赵有守、徐明友、刘家骢、赵国志、孙锦涛、唐治、魏惠之、陈庆生、于骐、张熙和、张新波、杜汉卿、沈守范、张世琪、章渭基、金志明、潘承泮、王良国、曹光中、迟泽英、王儒策、高耀林、金惠娟、潘婷、魏殿修、刘世才、许学成、曲作家、郑振乐、赵泽全、戴实之、熊守智、欧阳楚萍、徐建儒、郭锡福、范钦文、刘自锡、吉法祥、朱鹤荣、肖恩蓉、章再诒、董文爱、李光纬、王宗支、杨成梧、张福祥、汤瑞峰、吕春绪、李兴国、薛晓中、闫大鹏、刘克、王缪;1993年:邬树人、是湘全、周彦煌、潘功配、刘殿金、肖鹤鸣、刘凤玉、陈嘉琨、吴慧中、王玉章、高乃同、刘荣海、徐振相、朱鹤松、刘智川、李伟民、查宏振、袁雨耕、王普法、郭预权、尤国钏、柳光辽、梁人杰、李国荣、谭天德、吴意生、吴继光、王来裕、顾敦和、曹贵桐、齐连宝、张先萌、姚宗义、林根华、罗必凯、曾向秋、潘道姚、张永秀、周柏森、张振铎、孙荣康、孙名振、丘光申、曹千贵、朱瑞康、邱沛蓉、俞明熊、谢文心、佟佑庭、刘光烈、郑学塘、张玉振、何正求、洪嘉祥、杜其学、高森烈、季宗德、刘庆荣、胡雅君、林桂卿、杨忠义、徐复铭、惠君明、何秀英、吴树森、吴幼成、张炳钊、施祖康、赵润贵、许厚谦、吴军基、崔东明、魏运洋、李凤生、王中原、侯民生、许哨子;1994 年:赖百坛、陈运生、王执铨;1995 年:殷仁龙、高树滋;1996 年:苏志明、丁则胜、尹群、王雨时;1997 年:袁亚雄、杜柄华;1998 年:徐学华、芮筱亭;1999 年:韩之俊、刘祖亮、马大为;2000 年:胡维礼、陆建、周长省、廖文和;2001 年:钟秦;2002 年:钱林方、王宗平、宋洪昌;2004 年:付梦印;2006 年:陈钱、宣益民;2008 年:杨孝平;2010 年:张合、王晓鸣、杨健、黄明、王明洋(2012 年引进)、肖忠良(2016 年引进);2012 年:王晓锋、吴晓蓓、徐胜元、陈如山、朱日宏、李强、张建法、袁俊。

(五)其他各类人才工程

1. 国家教委跨世纪优秀人才培养计划、教育部新世纪优秀人才支持计划

1995 年 3 月,国家教委跨世纪优秀人才计划名单公布,理学院 39 岁的倪晓武教授入选 1994 年度国家教委跨世纪优秀人才计划,并荣获专项基金资助,成为学校首位进入该计划的教师。

2004 年,教育部开始实施新世纪优秀人才支持计划,入选者资助期限为 3 年,资助经费自然科学类为每人 50 万元,人文社会科学类为每人 20 万元。该计划为期 10 年,2014年起不再实施。

截至 2012 年,学校先后有 25 位教师入选上述两项人才计划如表 5.7.5 所示。

表 5.7.5 入选教育部两项人才计划人员名单

姓名	学术领域	入选时间/年
倪晓武	光学工程	1994
陈钱	光学工程	2000
翁春生	工程力学	2001
陆建	测试计量技术及仪器	2002
徐胜元	自动控制	2004
张小兵	兵器发射理论与技术	2004
刘金强	材料学	2005
栗保明	兵器发射理论与技术	2005
杨森	材料学	2005
王明洋	火炮、自动武器与弹药工程	2005
张建法	生物化学与分子生物学	2006
李强	工程热物理	2007

续表

姓名	学术领域	入选时间/年
沈中华	激光超声	2007
杨健	模式识别与机器智能	2008
唐万春	电磁场与微波技术	2008
王国平	兵器发射理论与技术	2010
赵永好	材料学	2011
朱俊武	材料学	2011
汪俊松	药物化学	2011
唐卫华	应用化学	2012
郝青丽	无机化学	2012
钱惟贤	光学工程	2012
丁大志	电磁场与微波技术	2012
唐金辉	计算机应用技术	2012
阚二军	化学物理	2012

2. 国家人事部百千万人才工程

百千万人才工程是根据国家科技发展规划和经济社会发展需要制定的，旨在加强中国跨世纪优秀青年人才培养的一项重大人才专项，1994年7月由国家人事部提出，1995年底由人事部、科技部、教育部、财政部、原国家计委、中国科协、国家自然科学基金委员会7个部门联合在全国范围内组织实施。

截至2012年，学校共10位教师入选百千万人才工程，如表5.7.6所示。

表5.7.6 新世纪百千万人才工程国家级人选名单

姓名	学术领域	入选时间/年
王中原	兵器发射理论与技术	2000
朱日宏	光学工程	2000
陈钱	光电技术	2004
周长省	火箭总体及发动机技术	2004
廖文和	数字化设计制造、生物医学工程、制造业信息化	2006
王明洋	火炮、自动武器与弹药工程	2006
徐胜元	控制理论与控制工程	2007
张建法	化学工程与技术	2009
李强	动力工程及工程热物理	2009
陈如山	电子科学与技术	2009

3. 国防科技工业"511人才工程"

2000年9月，国防科工委下发《关于印发国防科技工业"511人才工程"实施方案的通知》(科工人字〔2000〕616 号)。实施国防科技工业"511 人才工程",旨在努力建设一支专业配套、结构合理、素质精良的国防科技工业人才队伍,为国防科技工业的改革和发展提供坚实的人才保证。

从 2002 年至 2006 年,学校共有 20 位老师分三批次入选国防科技工业"511 人才工程",如表 5.7.7 所示。

表 5.7.7 国防科技工业"511 人才工程"入选名单

姓名	学术领域	时间/年	类别
王晓锋	高等教育管理	2006	高级管理人才
韦志辉	高等教育管理	2006	高级管理人才
汪信	纳米结构化学	2002	学术技术带头人
吴晓蓓	控制理论及其应用	2002	学术技术带头人
周长省	火箭总体及发动机技术	2002	学术技术带头人
王昌明	特种发射技术及测控技术	2002	学术技术带头人
陈钱	光电探测与图像工程	2002	学术技术带头人
王雨时	引信技术	2002	学术技术带头人
马大为	兵器发射理论与技术	2004	学术技术带头人
唐振民	模式识别与智能技术	2004	学术技术带头人
王晓鸣	弹药工程	2004	学术技术带头人
吴文	探测、制导与控制	2004	学术技术带头人
薄煜明	自动控制	2004	学术技术带头人
钱林方	火炮武器总体设计	2006	学术技术带头人
武晓松	航空宇航推进	2006	学术技术带头人
沈瑞琪	火工烟火技术	2006	学术技术带头人
朱晓华	电子信息工程	2006	学术技术带头人
陈庆伟	控制理论与控制技术	2006	学术技术带头人
芮筱亭	兵器发射理论与技术	2006	学术技术带头人
栗保明	兵器发射理论与技术	2006	学术技术带头人

4. 江苏省"青蓝工程"与"333 工程"

截至到 2012 年,学校入选江苏省高等学校"青蓝工程"共 93 人,其中中青年学术带头人 41 人,优秀青年骨干教师 52 人。入选江苏省"333 工程":第一期(1997—2000 年)共 38 人,第一层次 2 人,第二层次 7 人,第三层次 29 人;第二期(2001—2005 年)共 38 人,第一层次 1 人,第二层次 10 人,第三层次 27 人;第三期(2006—2010 年)共 55 人,第一层次 2 人,第二层次 10 人,第三层次 43 人;第四期(2011—2015 年)共 42 人,第一层次 1 人,第二层次 12 人,第三层次 29 人。

四、教师受表彰情况

学校广大教师在教育教学工作中做出了很大的贡献,部分教师成绩突出,先后获得国家和部、省授予的多种荣誉称号和奖励。

（一）"973"首席科学家

学校"973"首席科学家有王泽山、王晓锋、宣益民、芮筱亭、马大为、栗保明。

（二）国家级有突出贡献中青年专家

学校国家级有突出贡献中青年专家如表5.7.8所示。

表5.7.8　国家级有突出贡献中青年专家

姓名	学术领域	受聘时间/年
李鸿志	兵器发射理论与技术	1986
李凤生	材料学	1996

（三）江苏省有突出贡献中青年专家

学校江苏省有突出贡献中青年专家如表5.7.9所示。

表5.7.9　江苏省有突出贡献中青年专家

姓名	学术领域	受聘时间/年
钱林方	结构分析与设计	2001
王宗平	体育	2002
芮筱亭	兵器发射理论与技术	2004
廖文和	数字化设计制造、生物医学工程、制造业信息化	2006
王连军	环境工程	2010

（四）国防科技工业有突出贡献中青年专家

学校国防科技工业有突出贡献中青年专家如表5.7.10所示。

表5.7.10　国防科技工业有突出贡献中青年专家

姓名	学术领域	受聘时间/年
汪信	纳米结构化学	2000
王雨时	引信技术	2002
周长省	火箭总体及发动机技术	2004

续表

姓名	学术领域	受聘时间/年
王昌明	特种发射技术及测控技术	2006
陈钱	光电技术	2006

(五)国家级教学名师、江苏省教学名师奖获得者

学校国家级教学名师、江苏省教学名师如表 5.7.11 所示。

表 5.7.11　国家级教学名师、江苏省教学名师奖获得者

姓名	学术领域	时间/年	获奖项目
杨孝平	数学	2005	江苏省高等学校教学名师奖(2005)
		2007	第三届全国高等学校教学名师奖(2007)
钟秦	化学工程与工艺	2007	江苏省高等学校教学名师(2007)
		2008	第四届全国高等学校教学名师(2008)
		2012	"国家特殊支持计划"教学名师(2012)
吴晓蓓	控制科学与工程	2008	江苏省高等学校教学名师(2008)
		2011	第六届全国高等学校教学名师(2011)
黄锦安	电路理论	2003	江苏省高等学校教学名师
李相银	物理学	2003	江苏省高等学校教学名师
王建新	电子科学与技术	2006	江苏省高等学校教学名师
李亚军	艺术学	2007	江苏省高等学校教学名师
张相炎	火炮设计	2008	江苏省高等学校教学名师
蒋立平	电子科学与技术	2009	江苏省高等学校教学名师
袁军堂	机械制造	2011	江苏省高等学校教学名师

第八节　国际及港澳台交流与合作

20 世纪 90 年代,学校通过与国外合作培训人才、合作科研、主办承办国际会议等多种形式,千方百计开辟对外合作与交流的途径,提升合作层次。进入 21 世纪后,学校通过联合培养学生、建立联合实验室、举办高水平国际会议等,不断提高人才培养、科学研究国际化水平。

一、学校对外交流合作概述

1993—2012 年,学校根据总体建设发展需要制定了对外交流合作"四个提升"的战略

目标:加强国际科研合作,提升学科的国际竞争力;加强教师国际交流,提升师资队伍国际化水平;加强优质教育资源引进,提升国际化人才培养质量;加强对外开放办学,提升留学生教育规模与层次。

围绕上述战略目标,学校对外交流合作主要开展了以下几方面工作。

1. 优化、规范对外交流工作体制机制,以教师为主体,促进学院的对外交流工作

1993年,为满足学校进一步对外开放的需要,经学校办公会批准,原学校外事办公室更名为国际交流与合作处。1998年,为便于开展与港、澳、台高校的交流合作,学校决定设立"南京理工大学港澳台事务办公室",港、澳、台事务办公室与国际交流与合作处合署办公。1999年,学校批准设立国际交流学院,挂靠在国际交流与合作处,负责学校与英国中英格兰大学开展合作培养本科生项目管理的工作。2003年,随着中英合作办学项目招生规模的扩大,学校撤销挂靠的国际交流学院,成立独立设置的国际教育学院。

学校分别于1993年、1998年、2002年、2009年召开了外事工作会议。在1998年召开的学校外事工作会议上,讨论修订了9个学校外事工作文件。针对长期以来学院(系)对外交流工作发展不平衡的现状,2009年召开的外事工作会议,明确提出了学校对外交流合作工作应将管理重心下移,学院(系)应该成为对外交流工作的平台,教师是主体,院(系)领导将拥有更多对外交流经费的支配权。国际交流合作处应集中精力做好学校对外交流工作的整体规划和计划编制工作,做好对院(系)对外交流工作的指导、服务、监督、考核与激励工作。会议还讨论修订了《南京理工大学国际合作交流工作指导意见》《南京理工大学关于院(系)国际交流工作考核指标体系》《南京理工大学国际交流经费管理办法》。这些体制机制的优化促进了学校对外交流工作的健康发展。

2. 深入开展引进国外智力工作,加快国际科研合作平台和学科引智创新基地建设

1993—2012年,学校获得国家外国专家局资助引智经费3880多万元,聘请了1326名长短期境外专家来校讲学或合作科研。学校一些科研攻关项目,如燃料空气炸药、红外探测武器、毫米波近感技术、微波与电磁场技术、军用机器人、军用目标特性、金属板爆炸复合技术、卫星遥感技术、真空等离子体薄膜制备技术等,通过邀请外国专家开展技术咨询和科研合作,均取得了技术性突破,提高了学校的科研实力。期间,对俄罗斯技术引进方面,学校取得了一批重要技术成果,受到国家外专局的表彰。进入21世纪,按照教育部和国家外专局的要求,学校深入开展引进国外智力工作,先后成立了包括格莱特纳米技术研究所在内的6个国际科研合作平台、1个国家学科创新引智基地。这些国际科研合作平台的建设极大地提高了学校的科研实力和学科水平。

3. 加大资金投入、改革管理,通过出国学习交流提高学校干部、教师的国际化水平

1993—2012年,学校在积极争取教育部资助出国名额的同时加大学校经费投入,共派出2893名教师赴海外留学、讲学、合作科研、出席国际学术会议、考察或培训。1995年,教育部出台了《改革国家公费出国留学选拔管理办法的方案》,公派出国留学政策调

整为"个人申请、专家评议、平等竞争、择优录取、签约派出、违约赔偿"。根据教育部指示,学校从1997年起开始实施公派出国留学新政策,学校公派出国留学人员回国率接近百分之百,在教师队伍中具有出国留学经历的教师比例明显提高。

1993年、1994年学校连续两年获得"江苏省外国专家工作先进单位"。2012年,学校获得"江苏省教育国际合作交流先进学校"称号。

4. 拓展渠道,开展多层次、宽领域的教育交流与合作

学校通过"请进来,走出去",开辟对外交流合作渠道,与海外知名大学、研究机构建立合作关系,开展多层次、宽领域的交流合作。1993—2012年,学校先后接待海外知名高校校际代表团76个,学校组团出访52次,签署各类合作协议158个。

二、深化引智,加快建设国际科研合作平台

学校深入开展引进国外智力工作,努力打造国际科研合作平台,建立国际联合实验室、技术中心、国家重点学科创新引智基地。

1998年1月23日,南京理工大学与挪威太诺集团签署技术合作暨奖学金设立协议。太诺集团与学校在民爆器材开发与应用、工程爆破领域进行技术合作,并在化工学院设立奖学金。

1998年10月16日,学校联合东南大学与英国华威大学、中英格兰大学签署《中英南京制造技术示范中心成立谅解备忘录》。该中心是继北京、天津之后成立的以提高中国汽车制造工业水平为目标的第三个示范中心。

2000年9月28日,学校与日本SMC株式会社联合建立南京SMC技术中心,这是学校第一个国际化的产学研合作机构。该中心的主要职能是对大学本科生、研究生进行气动及机电一体化技术的训练。日本SMC株式会社是世界最大的气动元件跨国制造公司,类似的机构在全国还有3家,分别设立在清华大学、北京理工大学和哈尔滨工业大学。该中心设在制造学院,中心主任为李小宁教授。

2001年5月8日,学校与美国微芯公司"单片机联合实验室"在电光学院应用电子技术系正式挂牌成立。

2004年12月18日,香港生产力促进局总裁杨国强博士与徐复铭校长签署协议:共建香港生产力促进局、南京理工大学科技开发及技术转移支援中心。这是香港生产力促进局与国内高校首次科技合作。根据协议,香港生产力促进局将在学校设立专项基金,每年100万元用于支持学校在机械、电子、化工、信息、材料、环境保护等优势学科领域技术研发、科技成果转移、市场开发等工作,学校每年向香港生产力促进局提供不少于10项的最新科技成果供挑选。

2009年5月22日,学校与德国轨道交通技术研究院(有限责任公司)共同组建中德轨道交通研究院正式签署合作协议。该研究院的德国专家多次来南京与学校科研人员

一起参与南京地铁建设论证工作。

2011年3月,学校应邀加入中俄工科大学联盟(ASRTU)并出席在深圳举行的成立大会。中俄工科大学联盟是在高等教育国际交流日趋活跃并逐渐深入的背景下,由哈尔滨工业大学与俄罗斯莫斯科鲍曼国立技术大学联合发起成立。联盟成员有30所高校,中俄双方各15所,中方成员除工业和信息化部所属7所高校外,还有东南大学、天津大学、华中科技大学、同济大学、西安交通大学、浙江大学、香港科技大学。联盟的重点工作包括:召开能源领域的高水平中俄研讨会、举办大学生创新平台大赛、开展科技合作及建立联合实验室等。

2011年4月25日,学校与美国参数技术公司(PTC)举行共建数字化产品创新设计平台签约仪式。美国参数技术公司向学校捐赠500个Creo Elements/Pro许可证、200个Windchill许可证以及200个Mathcad许可证,其所捐赠的软件和维护的商业价值约1000万美元。

2012年9月28日,中国－白俄罗斯"真空等离子体技术"国际联合实验室揭牌仪式在学术交流中心进行。校长王晓锋和白俄罗斯戈梅利国立大学校长罗加乔夫·亚历山大共同为实验室揭牌。来自中国、白俄罗斯两国的科研人员借助于联合实验室科研平台开展真空等离子体薄膜相关领域的研究工作。

2012年10月17日,教育部和国家外专局批准学校立项建设"高维智能感知信息与系统学科创新引智基地"。根据项目要求,学校将从海外大学排名前100名的大学中聘请10位知名教授,包括1位学术大师,学校配备10名学科学术骨干,在相关学科领域开展具有国际前沿水平的研究工作。这是学校首个国家重点学科创新引智基地,标志着学校重点学科引进国外智力工作达到了一个新高度。

2012年12月18日,由学校与法国里尔第一大学共同组建的中法自动化与信号处理国际联合实验室揭牌仪式在学校举行,学校副校长廖文和、法国里尔第一大学副校长François Olivier Seyset和法国驻上海总领馆科技参赞出席了揭牌仪式。

三、加强组织交流,提升师资队伍国际化水平

学校教育的国际化程度,取决于拥有一支具有国际视野和国际交往能力的师资队伍。为了打造这样一支国际化师资队伍,1993—2012年,学校利用引智经费,聘请了182位外籍语言教师来校长期承担语言教学工作。学校还利用教育部公派留学经费和学校自筹经费先后派出675名教师出国留学、讲学或合作科研,派出711名教师出国参加国际学术会议,派出1507名教师、管理人员出国出境考察或培训。此外,学校积极主办或承办国际学术会议,为教师搭建国际学术交流的平台。伴随人才聘用的国际化举措,截至2012年学校具有海外留学背景的教师达500余人。

1993—2012年,多名教授在国际高水平学术会议上担任主席、受聘为外籍院士、被授

予 IEEE FELLOW 荣誉称号、担任国际学术期刊编委等。倪欧琪教授 1993 年 7 月当选国际经济合作组织自反应物质与有机过氧化物专业委员会委员。刘大斌教授 2001 年 5 月当选国际经济合作组织火炸药火工烟火专业委员会委员。刘国岁教授 2001 年 11 月被国际电气与电子工程师协会(IEEE)正式吸收为会士,成为我国雷达界当选该协会会士的第一人。方大纲教授 2002 年 12 月当选国际电气与电子工程师协会(IEEE)会士。陆路德教授 2003 年 3 月当选为白俄罗斯国家工程院外籍院士。徐森教授 2009 年 6 月当选国际经济合作组织火炸药火工烟火专业委员会委员。朱运田教授当选 2010 年度美国材料学会会士、2012 年度美国物理学会会士。

为提高学校教师和管理人员的国际化水平,学校除选派教师赴国外留学、讲学、合作研究外,还利用专项资金,有针对性地组织安排教师和管理干部赴海外知名大学培训学习。1994 年,为培养军工学科后备带头人,学校选派王雷等 9 位青年教师赴长春俄语培训基地学习,随后被派往俄罗斯莫斯科鲍曼国立技术大学、波罗的海国立技术大学、门捷列夫化工大学及俄罗斯科学院进修学习或攻读博士学位。2003 年 9 月,学校安排吴晓蓓等 9 名一线教师赴新加坡南洋理工大学进行教学培训。同年 11 月,学校安排谭俊杰等 9 名一线教师赴日本大阪府立大学等高校进行教学培训。2004 年 10 月,学校安排陆建教授等 13 名一线教师赴韩国考察教育教学工作。

2008 年 7 月,学校正式下发关于《向俄罗斯及独联体国家军工院校选派教师、研究生工作的通知》;2009—2010 年,学校每年选派 10 名青年教师,15 名研究生赴俄罗斯或独联体国家军工院校进修或攻读学位。2012 年 8 月,为提高教师英语授课能力,学校选派 20 名教师赴美国加州州立大学北岭分校进行为期 5 个月的集中培训。

四、引进优质教育资源,培养国际化创新人才

围绕培养国际化创新人才的战略目标,学校对外交流合作工作主要围绕以下几个方面展开。

一是通过开展引进国外智力工作,聘请海外学术大师和知名学者来校面向学生举办学术讲座,吸纳研究生参与国际合作科研,开阔学生的国际视野,让学生了解学科的国际学术前沿,掌握科学研究方法。1993—2012 年,学校先后邀请了包括诺贝尔奖得主在内的不同学科领域的 1326 位专家来校讲学、合作研究。二是培训强化学生的外语能力。1993—2012 年,学校共聘请了 182 名外籍语言教师为学生开设语言课程和专业课程,让学生熟练掌握外语工具,流畅地用外语进行学术交流。为了激励学生提高外语交流能力,经过积极争取,2012 年 6 月学校与英国文化教育协会合作设立了雅思考点,成为全国为数不多的雅思考点之一。三是利用国家公派出国渠道和校际交流渠道选派学生赴境外大学留学、选修课程或进行短期学习交流。四是引进国外优质教育资源,通过与国外高校学分互认、学位互授、举办中外合作办学项目等形式培养国际化人才。五是通过举

办国际学术会议、国际赛事、文艺演出、文化交流周等活动,在校园营造国际化氛围,让学生了解国外文化、国际规则,提高学生国际竞争力。

(一)邀请海外学术大师授课

2003 年 9 月 19 日,1984 年图灵奖获得者、PASCAL 语言的创立者、瑞士苏黎世理工学院尼古拉斯·沃斯(Niklaus Wirth)教授来校为学校师生举行讲座。2007 年 3 月 17 日,2001 年诺贝尔化学奖得主,日本名古屋大学教授野依良治来校为师生举行学术讲座,讲座题目为"不对称催化:科学与机遇"。野依良治被学校授予名誉博士仪式同期举行。2008 年 9 月 8 日—16 日,韩国著名经济学家、韩国银行货币政策委员会委员、原韩国高丽大学研究生院院长、黄义珏教授为经济管理学院 08 级金融学、产业经济学、国际贸易学专业研究生讲授了宏观经济学和货币理论 2 门课程。此后,他在 2009 年、2010 年连续两年利用两周时间为经管院学生上课。2008 年 10 月 12 日,德国慕尼黑工业大学第一副校长、孟丽秋教授应邀来校为学生演讲,演讲题目为"如何在外国文化中寻找自己的人生坐标"。孟丽秋是慕尼黑工业大学的首位华裔副校长,1998 年在德国慕尼黑工业大学任航空摄影测量和地图学研究所所长,2006 年起兼任土木工程及测量学院副院长。2012 年 5 月 23 日,诺贝尔化学奖获得者、美国科学院外籍院士阿龙·切哈诺沃(Aaron Ciechanover)博士来学校为学生演讲。2012 年 7 月 10 日,美国国家工程院院士、香港中文大学工程学院院长、佐治亚理工学院董事汪正平(C. P. Wong)教授应邀来学校为师生作报告,报告题目为"用于电子、光电及微电子机械系统封装的纳米材料"。汪正平成功研制的新型材料,为半导体封装技术带来革命性影响,对业界贡献巨大,被国际誉为"现代半导体封装技术之父"。2012 年,学校聘任原美国圣母大学 Steven Baard Skaar 教授长期来计算机学院为研究生开设机器人技术课程并指导研究生研究工作。

(二)选派优秀学生出国学习交流

2002 年,学校首次安排 19 名学生赴韩国亚洲大学、日本福冈大学开展为期 2 周学习交流活动,学校组织出国交流学生报告会,在学生中间反响热烈。2004 年,学校增加赴韩国亚洲大学选修课程项目,10 名经管院学生赴韩国学习半年,学校承认学生在国外所修学分。此后这种学习交流活动逐步增多,并扩展到美国、瑞典、德国、俄罗斯以及中国台湾、香港地区共 12 所大学,学习交流的最长时间为 1 年。2005 年,学生出国学习交流活动扩展至研究生。学校安排 4 名博士研究生赴法国鲁昂电气工程师学院进行学术交流。2006 年,研究生学术交流活动扩展到法国阿雷斯高等矿业工程师学院,4 名博士研究生赴该校进行为期 2 个月的研究工作。2009 年,学校 16 名学生赴台湾地区中国文化大学、台北科技大学和东华大学选修课程,时间为半年。2010 年,国家留学基金委"国家建设高水平大学公派研究生项目"开始在学校实施,截至 2012 年共有 144 名研究生获得国家奖学金赴境外一流大学,师从一流导师攻读博士学位或进修学习。2010 年,学校设立专项资金,支持在读博士研究生赴境外知名大学开展学术交流活动,截至 2012 年共派出 95 名博士研究生赴境外高校开展论文课题研究工作,65 名博士研究生赴境外出席国际学术会议,7 名研究生分别赴法国阿雷斯高等矿业工程师学院和日本福冈工业大学攻读双硕士学位。

(三)与境外大学合作培养人才

1994 年 9 月 16 日,在国家教委和法国外交部的支持下,学校与法国巴黎第二大学、法国巴黎商学院合作举办的中法工商管理硕士(MBA)班正式开班,首批 22 名学生进入该班学习。中法 MBA 班学制 2.5 年,全部在国内培养,来自三所学校的教师承担全部课程教学,毕业时由法国巴黎第二大学颁发工商管理硕士学位。1995 年 1 月 26 日,国家教委发布《中外合作办学暂行规定》。同年,学校中法 MBA 项目被国家教委正式列为中法两国政府教育合作项目,该年度招收学生 20 名。1995 年 3 月 28 日,法国驻华大使携夫人来校视察中法办学情况,并与 MBA 班师生座谈。1997 年 4 月 21 日,学校举行中法 MBA 班毕业典礼仪式,两校领导为毕业学生颁发学位证书。由于办学经费原因,在培养完两届学生后,该项目被迫中断。

1998 年 6 月 23 日,经过一年的准备工作,学校与英国中英格兰大学合作举办的本科层次办学项目通过中英双方专家评估,两校正式签署合作办学协议。1999 年 7 月 20 日,江苏省教育委员会正式批准学校与英国中英格兰大学开展合作培养工学学士项目,该项目采取 2+2 培养模式。2003 年 10 月,学校与英国考文垂大学联合培养研究生项目获江苏省教育厅批准,同年,项目开始招收学生。2006 年 9 月,根据学校与澳大利亚皇家墨尔本理工大学签署以学分互认、学位互授形式联合培养计算机专业本科生协议,学校首次招收 60 名高考录取新生进入项目学习(该项目只招收一届学生)。2008 年 7 月 5 日,根据学校与法国高等矿业工程师学院联盟签署的联合培养工程师协议,首批选拔合格的 6 名学生启程赴法国高校攻读法国工程师文凭。2008 年 11 月,学校与澳大利亚国立大学签署合作协议:学校正常招生录取的计算机技术专业学生完成 2 年学习后,符合澳大利亚国立大学入学条件即可进入澳大利亚国立大学完成后两年的学习,4 年学习期满、成绩合格的学生将分别获得学校和澳大利亚国立大学的学士学位。2010 年 4 月,首批 10 名计算机技术专业的学生在校完成 2 年学习后进入澳大利亚国立大学工程和计算机科学学院学习。

2010 年 10 月,学校与德国慕尼黑工业大学联合培养硕士研究生项目在学校常熟研究生分院正式启动,首批 30 名学生进入项目学习,研究生部分课程由来自慕尼黑工业大学的教授承担。2011 年 4 月 16 日,学校与美国卡内基梅隆大学合作举办机器人硕士研究生联合培养项目获得国家教育部正式批准。2011 年 9 月 22 日,由学校与美国卡内基梅隆大学机器人研究所联合培养"模式识别与智能系统和机器人技术"专业硕士研究生项目举行开班仪式,首批6位同学进入该班学习。

2012年7月,学校与英国考文垂大学合作举办的工业设计专业本科教育项目获得了教育部批准。学校设计艺术与传媒学院与英国考文垂大学艺术设计学院合作,以"3+1"的培养模式,培养工业设计专业人才:前3年学生在学校接受专业基础和理论学习,英方教师来校承担1/3课程,第4年赴英国考文垂大学接受专业实践强化,完成4年学业的学生可同时获得南京理工大学毕业证书、学位证书和英国考文垂大学的学位证书。

2012年3月15日,国家留学基金管理委员会公布了2012年"优秀本科生国际交流资助项目",共批准资助82个学校226个项目,南京理工大学有4个项目入选,分别是"南京理工大学与澳大利亚国立大学优秀本科生国际交流项目""南京理工大学与美国代顿大学优秀本科生国际交流项目""南京理工大学与瑞典卡尔斯塔德大学优秀本科生国际交流项目""南京理工大学与德国慕尼黑工业大学优秀本科生国际交流项目"。根据选派办法,经审批合格的学生将获国家留学基金委资助往返国际旅费和境外留学期间的生活费。2012年,学校22名学生被国家留学基金委公派至俄罗斯莫斯科国立鲍曼技术大学攻读博士学位。

(四)举办国际学术会议

1993—2012年,学校主办或承办国际学术会议51个,其中具有较高学术水平或在国内外具有较大影响的会议有:1993年10月26—28日,1993国际火炮技术研讨会(这是学校于1988年成功举办国际弹道学术会议后,与202所合作在军工学科敏感领域主办的又一届国际学术会议),来自11个国家和地区的100余位代表出席会议。2001年10月18—20日,第一届国际民用爆破器材学术研讨会由国家民用爆破器材协会与学校共同主办,是我国在该领域首次举办的国际学术会议,时任国防科工委副主任张维民担任会议主席,出席会议的100余名代表中21位来自国外。2004年12月6—9日,第八届国际控制、自动化、机器人和视觉会议由学校和新加坡南洋理工大学合作举办,在昆明召开,来自国内外310余位代表出席了会议,校长徐复铭和南洋理工大学校长徐冠林到会致辞,会议期间两校签署了校际合作协议。国际机械工程与力学会议由学校与其他5所国际著名高校主办,自2005年开始,每2年一届,截至2013年已成功举办5届,1~3届钱林方教授担任大会主席;4~5届王晓锋教授担任大会主席。2005年10月11—14日,第六届先进金属间化合物与金属材料国际会议由学校主办,在江苏扬州召开,中国工程院院士师昌绪担任会议名誉主席,中国工程院院士陈国良、中国工程院外籍院士、美国工程院院士刘锦川、中国科学院院士、中国科学院金属研究所卢柯所长、中国工程院院士、中南大学黄伯云校长、美国康奈尔大学塞斯(S. Sass)教授及学校陈光教授担任会议联合主席,来自国内外的160余位代表出席会议。2006年5月30日—6月1日,国际经合组织不稳定物质专家组年会在学校召开,化工学院刘大斌教授、倪欧琪教授作为专家组成员出席会议。2008 年 8 月 5—8 日,2008 国际体育科学与体育工程联合学术会议由学校和南京师范大学、南京体育学院共同承办,是配合国家举办奥运盛会而开展的一个重大学术活动,300 余位国内外学者出席大会。2011 年 3 月 21—25 日,第 5 届剧烈塑性变形纳米材料国际会议在学校召开,来自 30 多个国家的 300 多位代表出席会议,王经涛教授担任会议主席。

2010 年 5 月 17—21 日,学校和中国兵工学会成功在北京友谊宾馆召开第 25 届国际弹道会议。该会议是世界公认的常规武器研究领域最高水平、最具影响力的学术交流盛会。经过学校相关人员多年不懈地努力,中国成功地获得该届会议的举办权。王中原教授担任本届会议的执行主席,出席会议的国内外代表约 300 余人,学校动力学院陈新虹博士的论文获得"周培基青年作者奖"。会议期间,国际弹道学会举行董事会成立会,王中原当选为 9 名董事成员之一。2006 年,学校钱林方副校长,王中原、张小兵、黄正祥 3 位教授,博士刘宁等出席了在美国召开的第 26 届国际弹道会议,会议出版了论文集,并经专家评审选出了其中的 22 篇在美国著名期刊 *Journal of Applied Mechanics* 出版,其中学校有 4 篇论文入选。会议改选了国际弹道学会理事会,王中原获得连任,同时国际弹道学会首次设置了大学会员单位,学校成为首批 2 个大学会员之一,这对提升学校在国际弹道界的影响力具有重要的意义。

五、开放办学,提升留学生培养水平

学校具有培养外国留学生的悠久历史,从 20 世纪 50 年代起至 70 年代初,学校培养了大批越南军事留学生。改革开放后,学校培养外国留学生经历了 3 个阶段:第一阶段(1986—1992 年),来校外国留学生以学习汉语为主,且规模较小;第二阶段(1993—2002年),来校短期学习交流的留学生数大量增加,并开始有部分来校留学生接受专业学习,主要是在学校教师的指导下开展论文课题研究工作;第三阶段(2002—2012 年),学校开始大量招收学历留学生。1999 年,学校成立南京理工大学国际交流学院,2003 年更名为国际教育学院,主要负责外国留学生、港澳台侨生及学校非学历中英预科项目的招生、培养和管理工作。

学校重视留学生的培养,留学生规模增长迅速,来自各个国家和地区的留学生,不仅有本科生、硕博研究生,还有汉语进修生,基本上覆盖学校所有专业。1993—2012 年,学校共培养留学生 785 名,其中学历留学生 316 人、来校选修课程留学生 196 人、来校短期访学的留学生 273 人。2002—2012 年,学校招收培养了来自越南、韩国、沙特阿拉伯、埃及、缅甸、老挝、美国等 37 个国家和地区的来华留学生。

在 1998 年学校召开的外事工作会议上,把积极发展外国留学生教育列为对外交流的一项重要工作,并强调要着力扩大学历留学生和来校选修课程留学生的规模。通过招生宣传和指定国外招生代理,特别是通过接待越南政府、高校代表团的来访以及学校代表团的出访,扩大了学校在越南的影响力。从 2002 年起,有大量越南学生申请来学校留学。2005 年之前,留学生以韩国、美国等国家的校际交换生和自费生为主,并逐步恢复来华留学生学历生的培养。2005 年之后,学校受越南教育培训部和越南黎贵敦技术大学委托,完成百余名越南留学生培养任务;受中国北方工业公司和工信部委托,完成了数十名军事留学生培养任务;2007 年,学校恢复中国政府奖学金培养单位资格,开始承担中国政府奖学金生的培养任务。

为给留学生提供良好的学习生活环境,2004 年,学校出资装修 45 间宿舍作为留学生宿舍,在第二教学楼装修 4 间教室作为留学生专用教室;2007 年,学校出资装修第 109 栋宿舍楼 48 个房间,作为外籍教师和短期留学生宿舍。

2012 年,在校长期留学生达 264 人,来自 32 个国家和地区,其中本科生 139 人,硕博研究生 38 人,如表 5.8.1 所示。

表 5.8.1　2012 年外国留学生及港澳台侨生情况

情况统计	总人数	普通进修生	本科生	硕士生	博士生
招生数	180	125	37	14	4
招收长期生	180	125	37	14	4
毕业生数	162	125	32	3	2
在校生	264	87	139	27	11

第九节　办学条件建设及后勤保障

1993—2012 年,经过了"八五""九五""十五""十一五""十二五"共 5 个五年计划的建设,学校办学条件发生了翻天覆地的变化。无论是教学楼、实验楼、公共设施、后勤服务设施,还是教职工住宅、学生宿舍,都有了很大改善。后勤社会化改革稳步推进,后勤管理体制和运行机制日益完善,后勤管理能力和服务保障水平不断提升,制约学校快速发展的"瓶颈"得到了极大缓解。基本办学条件的改善和后勤保障能力的提升,为学校建设发展提供了有力支撑,大幅度提高了广大师生的幸福感、获得感和安全感。

一、基本建设工作

1978 年以来,截至 1992 年底,学校扩建设计项目累计完成投资 6815.06 万元,竣工建筑面积 145663 平方米。

(一)"八五"期间基建项目建设情况

1993 年 7 月 24 日,学校向兵器工业总公司提交了"关于学校扩建工程完成情况及调整'八五'建设规划的请示"。该请示是在兵器工业总公司要求对学校 1979 年以来扩建项目完成情况、存在问题进行清理的基础上,提出"八五"基建的调整计划。

1993 年 3 月,历时 5 年建设的学校综合实验大楼(200 栋)正式竣工并交付使用。大楼总建筑面积 20020 平方米,附设 1500 平方米的地下室。大楼主体 12 层,局部 14 层。如表 5.9.1 所示。

"八五"期间后两年基建的主要目标是:一是增加仪器设备的投入,基础及专业教学仪器设备的补充、更新,使教学、科研水平上一个台阶;二是改善教职工的住房条件,逐步解决教职员工的后顾之忧,通过国家、单位、个人都分担一点的原则解决建房资金问题;三是加强和完善学校的各项基础设施配套建设,增强办学后劲,包括水、电、汽、气、道路、通信、排洪、环卫等设施建设;四是适当增加办学条件的配套服务设施,如补充增建实习车间、学生宿舍、学生食堂等。

1995 年 10 月 23 日,由兵器工业总公司建设局、教育局、民爆局、档案馆和省国防科工办组成的联合验收委员会对学校"六五"至"八五"基本建设项目进行了竣工验收。竣工验收委员会在听取和审查了关于学校弹道研究所、烟火药剂性能测试楼、民爆研究所和自筹工程项目的汇报,查阅了有关文件资料并现场检查后,一致同意学校扩建等项目竣工验收,颁发了建设项目竣工验收合格证书。其中包括弹道研究所(投资 440.7 万元,建筑面积 8280 平方米)、烟火研究室(投资 154.15 万元,建筑面积 2763 平方米)、民爆二期工程(投资 120 万元,建筑面积 623 平方米,建设地点在陶吴镇);弹道国防重点实验室1994 年 7 月竣工,建筑面积为 4576.5 平方米。

1995 年 8 月—1996 年 8 月,学校陆续竣工了研究生楼 A 栋(建筑面积 4872.3 平方米)、B 栋(建筑面积 6285 平方米),研究生教学楼(建筑面积 2650 平方米)和第十四学生宿舍延长部分(建筑面积 1130 平方米),9#弹丸楼(建筑面积 2450 平方米)。

表 5.9.1　"八五"竣工各类校舍情况一览表

项目名称	建筑面积/平方米	总投资/万元	资金来源		开工时间	竣工时间	备注
			国拨/万元	自筹/万元			
综合实验楼(200－1 栋、200－2 栋)	20022	1100	1100	0	1987 年 10 月	1993 年 3 月	—
弹道研究所(392 栋)	8280	440.7	440.7	0	1984 年 4 月	1985 年 12 月	1995 年验收
烟火实验室	2763	154.15	154.1	0	1986 年 11 月	1987 年 11 月	1995 年验收
民爆二期工程	623	120	120	0	1992 年 11 月	1995 年 1 月	—
弹道国防重点实验室	4576.5	580	580	0	1993 年 3 月	1994 年 7 月	—

(二)"九五"期间基建项目建设情况

"九五"期间,学校的投资建设任务主要是突出学校六大学科群和教学科研基地工程建设,加速改善教职员工的学习、工作和生活条件。建成"十一"大中心和校园信息网,更新全校 50%的教学科研仪器设备,增加图书馆藏书量和多媒体现代信息化系统,建成教职工住宅和宿舍 34400 平方米,学生宿舍 26500 平方米,使教学、生活用房达到或超过国家教委生均面积标准。如表 5.9.2 所示。

表 5.9.2 "九五"竣工各类校舍情况一览表

项目名称	建筑面积/平方米	总投资/万元	资金来源		开工时间	竣工时间
			国拨/万元	自筹/万元		
高职院食堂	2500	400	0	400	2000 年 12 月	2001 年 8 月
幼儿园(719 栋、720 栋、721 栋)	2740	350	0	350	2000 年 12 月	2001 年 9 月
学生公寓Ⅱ	28000	4000	0	4000	2000 年 12 月	2001 年 8 月
老年活动中心(43 栋)	1738	200	0	200	2000 年 12 月	2001 年 7 月
机械学院实验用房(383 栋)	1000	150	0	150	2000 年 12 月	2001 年 7 月
第二运动场	33000	500	500	0	1999 年 11 月	2001 年 8 月
经管人文楼(79 栋)	6930	700	500(国债)	200	2000 年 7 月	2001 年 5 月
大学生活动中心装修(96 栋)	5715	917	500(国债)	417	1999 年 11 月	2001 年 6 月
华园宾馆(547 栋)	5150	980	0	980	1996 年	1997 年 11 月
火药装药实验楼(351 栋)	2395	147	147	0	1996 年 12 月	1997 年 12 月
第三教学楼(309 栋)	10642.6	2459	1800	659	1997 年 9 月	1999 年 9 月
三号门综合楼(545 栋)	7892	1066	0	1066	1998 年 8 月	1999 年 10 月

(三)"十五"期间基建项目建设情况

2001 年 8 月,国防科工委下达了《关于南京理工大学教育事业"十五"计划的批复》。以学术交流中心、第四教学楼、基础教学实验楼、兵器教学楼、机械工程实验楼、体育场馆扩建、基础设施改造 7 大基础建设项目启动为标志,南京理工大学"十五"建设计划正式开始实施。如表 5.9.3 所示。

"十五"期间,学校基本建设项目包括六大重点建设项目在内共计十余个基本建设项目,建设总规模超过 27 万平方米,几乎相当于此前 3 个五年计划的总和。"十五"基建项目的全面完成,使学校整体面貌发生了巨变,办学条件也得到了极大的改善。

表 5.9.3 "十五"竣工各类校舍情况一览表

项目名称	建筑面积/平方米	总投资/万元	资金来源		开工时间	竣工时间
			国拨/万元	自筹/万元		
学术交流中心(101 栋)	8935	5508	0	5508	2002 年 5 月	2003 年 9 月

续表

项目名称	建筑面积/平方米	总投资/万元	资金来源		开工时间	竣工时间
			国拨/万元	自筹/万元		
基础教学实验楼(379 栋)	20055	3700	2000 1700 (国债)	0	2002 年 5 月	2003 年 8 月
机械工程实验楼(381 栋)	11014	2265	2000	265	2002 年 10 月	2004 年 4 月
化工实验楼(364 栋)	27025.3	5900	3200	2700	2005 年 12 月	2006 年
第四教学楼(308 栋)	50172	11500	9000	2500	2002 年 12 月	2004 年 8 月
兵器教学楼(310 栋)	11909	2650	0	2650	2002 年 10 月	2004 年 8 月
模式识别与智能系统工程中心	2745.32	620	0	620	2005 年 7 月	2006 年
第一运动场改造	4200	1500	0	1500	2002 年 9 月	2003 年 9 月
第一学生食堂(303 栋)	11000	2600	0	2600	2002 年 1 月	2003 年 5 月
基础设施改造	1303	5244	2000	3244	2002 年 5 月	2004 年 10 月
"十五"一期住宅	28000	3221	0	3211	2001 年 5 月	2001 年 12 月
"十五"二期住宅	64315	6071	0	6071	2002 年 11 月	2004 年 1 月
"十五"二期住宅	11719	1500	0	1416	2005 年 2 月	2006 年
"十五"三期住宅	23000	2950	0	2760	2005 年 2 月	2006 年

(四)"十一五"期间基建项目建设情况

"十一五"期间,学校坚持"立足现校区,积极向周边拓展办学空间"的发展方略,突出以服务师生为中心,协调校区的功能组织布局,完善公用和基础设施,改善和优化办学环境,展现自然和人文景观,重点建设教学、科研和生活 3 个条件保障平台,形成学生生活、教学科研 2 个功能新区,扩大和补充学科、实验用房面积,缓解学生住宿紧张状况,美化校园环境,实现办学条件的显著改善,尽快达到国家规定指标,使学校教学、科研与生活条件适应总体发展的要求。

2007 年 9 月 11 日,学生生活南区一期工程、化工学院楼和工程训练中心 3 项工程竣工典礼在学生生活南区举行。学生生活南区一期工程规划总建筑面积约 12 万平方米,由 8 栋十三层的学生公寓和 1 栋学生食堂以及其他生活配套设施组成。其中,已建成的一期工程为 3 栋学生公寓和学生食堂,总建筑面积 52744 平方米,可供 3300 多名学生入住。工程训练中心总建筑面积 20061 平方米,由 A、B、C 三栋楼组成,是国内规模最大、环境最优美的教学实习基地之一。化工实验楼总建筑面积为 27025 平方米,是集院系办公、本科生实验教学、科研为一体的实验大楼。

（五）"十二五"期间基建项目建设情况

"十二五"是学校实现"建设特色高水平研究型大学"发展目标的攻坚阶段,为实现该目标,学校不断优化固定资产投资建设规划,加大基本建设力度,全力实现基本办学条件达标。

"十二五"期间,学校基本建设项目共11项(不含在汤山军工试验中心为S、T、Z、安改等配套建设的4个项目),总投资95380.6万元,建筑面积248447平方米,是学校建校以来建设规模最大的五年。其中,"十一五"期间结转项目3项,总投资24145万元,建筑面积76695平方米,主要包括:综合实验教学楼一期、医院综合楼、兵器技术创新中心等项目。"十二五"立项项目8项,总投资71235.6万元,建筑面积207320平方米,主要包括:研究生宿舍一期、综合实验教学楼二期、学生生活区南区三期、校园基础设施改造、研究生食堂、体育中心、图书馆、第二运动场改造等项目。如表5.9.4所示。

学校"十二五"期间还实施了老校办楼(现公务学院、马克思主义学院楼)、老理学院楼(现外国语学院楼)、钱学森学院楼、老图书馆楼(现保卫处、体育部、双创学院、网安学院楼)等一大批房屋及基础设施维修改造,以及学生生活南区新建运动场等项目,极大地改善了师生的生活学习条件,为学校发展了提供了坚实基础。

表5.9.4 "十一五""十二五"竣工各类校舍情况一览表

项目名称	建筑面积/平方米	总投资/万元	国拨/万元	自筹/万元	开工时间	竣工时间
化工实验楼(347栋)	27025.3	5900	3200	2700	2005年12月	2007年
教学实验中心	2100	5300	3600	1700	2006年3月	2007年
综合实验教学楼一期(412栋)	47000	14000	11000	3000	2008年10月	2011年
综合实验教学楼二期(413栋)	47356	14000	14000	0	2011年2月	2013年
学生生活区一期(614栋、615栋、616栋)	52744	14800	0	14800	2005年12月	2007年
学生生活区二期(611栋、612栋、613栋)	42926	11970	11000	970	2007年12月	2009年
学生生活区三期(617栋、618栋)	27429	9119	9119	0	2011年12月	2013年
工程训练中心(385栋)	20061	5342	3600	1742	2006年3月	2007年
综合实验楼及配套工程	11239	13159	13019	140	2006年12月	2008年
医院综合楼(90栋)	11600	3890	3200	690	2009年10月	2011年
兵器技术创新中心	17006	6239	5000	1239	2010年11月	2011年
行政办公楼扩建(财务处办公楼)(99栋)	2170	650	500	150	2009年6月	2010年
研究生宿舍一期	12792	3572	3572	0	2010年12月	2011年
体育中心(91栋)	19300	13536	13536	0	2010年12月	2016年
图书馆(307栋)	45000	19535	19535	00	2010年12月	2016年
第二运动场改造	3960	1800	1800	0	2011年6月	2012年

续表

项目名称	建筑面积/平方米	总投资/万元	资金来源		开工时间	竣工时间
			国拨/万元	自筹/万元		
研究生食堂(48 栋)	12169	5213	5213	0	2011 年 10 月	2013 年
科技园综合楼	8974	886	0	886	2009 年 6 月	2011 年

二、教职工住宅和学生宿舍建设情况

(一)教职工住宅建设情况

1993 年 3 月 26 日,《南京理工大学关于学校校园的界定和加快住宅商品化的请示》反映了学校教职工住宅当时的困境。学校有户口住户 2837 户,其中有厨房和卫生间的成套住户(含在教学区的 40 户)共 1842 户,成套率 64%,这些成套住户中离退休人员使用的有 578 户,占该类住房的 31%;而各种非住宅型用房作住宅使用的非成套住房有 995 户,这些房屋年代久远(20 世纪 40 年代的有 741 户,20 世纪 50 年代的有 464 户),不堪维修,但为了使用又不得不进行维修,且在这类住户中,南京市房改办称为"人均居住面积在 4 平方米以下居住困难户"的有 236 户,占该类住房的 23%;还有 150 对领结婚证等待住房的青年教工。由此可见,住房难是学校发展的一个突出难点和热点。

1993 年,学校开始加快住宅商品化进程,主动请示兵器工业总公司将学校校园进行规划设计,划出教学区(友谊河以南)、住宅区(二号路转盘东西路以北)和文化服务区(教学区和住宅区之间)。学校下大决心缓解住房难的问题,稳定教职工队伍尤其是中青年教职工队伍,通过集资建房、新建房商品化和有较长使用价值旧房商品化三条途径筹集资金,加速学校住宅建设。

1. 解困房建设

学校抓住南京市解决人均居住面积在 4 平方米以下的困难户住房的机会,请示兵器工业总公司,利用校内东北侧家属区内自有土地建设解困房 20748 平方米,共计 312 户。得到批准后,学校于 1995 年 6 月完成解困房建设,即学校的 149 栋、165 栋、166 栋、171 栋、172 栋、180 栋、181 栋,摇号解决了一批无房或未达到人均 4 平方米的教职工住房问题。

2. 集资建房

学校集资建房的总体思路是:在国家和地方政府住房制度改革的有关政策框架内,从学校实际情况出发,坚持国家、集体、个人相结合解决住房困难的基本原则,采用个人出资、学校投资、单位集资、校外资助等多方筹集资金途径;合理布局、节约用地,有计划、分地域新建住宅,力争 2000 年前实现家属区无平房;国家投资向一线教师倾斜;改革以往集资建房的办法,实现集资建房与售房相结合,逐步把住房建设、分配、出售、管理和维修服务多种功能统一起来,使住房建设和住房物业管理走向良性循环。

1993 年,学校启动集资建房工作,第一批集资建房的建设地点分别在 80 户西侧 120 套、东村 36 套。经费来源是各单位发展基金、奖励基金、福利基金、科技开发、科研项目结余经费,包括外单位提供的资助与捐赠。第二批集资房 169 栋、170 栋于 1996 年 2 月竣工。

"九五"时期集资住宅建设情况如下:1998 年 8 月至年底("九五"一期),住宅 150 栋、151 栋、152 栋、153 栋、162 栋、163 栋、167 栋、168 栋陆续竣工,共 168 套,总建筑面积为 25797.11 平方米。"九五"二期集资建房地点在三号路以西、80 户以北、120 户以南区域,共 6 栋 204 套,即 570 栋、571 栋、572 栋、573 栋、574 栋、575 栋,总建筑面积为 17033 平方米,1999 年 10 月竣工。2000 年 7 月("九五"三期)住宅 511 栋、512 栋、513 栋、514 栋、515 栋、516 栋(建筑面积 14940 平方米)和 175 栋、182 栋(建筑面积 6357.4 平方米)竣工,共计 256 套。

集资建房是学校的一项创举,通过各方筹集资金,解决了教职工的住房困难,使学校成为南京地区较好解决教师住房难题的高校之一。

3. 筒子楼改造

学校的筒子楼改造建设工作是对国家有关文件精神的贯彻落实,也为筒子楼住户提供了一次改善居住条件的机遇。1998 年 7 月 13 日,《国务院办公厅转发教育部等部门关于加快普通高等学校筒子楼改造改善青年教师住房条件意见的通知》发布,提出"要在 2000 年以前,完成普通高等学校筒子楼改造工程,以改善青年教师住房条件",将此项措施作为"实施'科教兴国'战略,为青年教师办的一件大事、实事"。

学校决定对 109 栋、110 栋和 111 栋筒子楼进行改造。1999 年 9 月底,首批青年教师公寓投入使用。这批公寓是学校根据国家筒子楼改造的有关政策兴建的,包括 109 栋、110 栋及 111 栋共 144 套,总建筑面积为 8744.4 平方米,首批有 96 户迁入新居。青年教师公寓以解决青年教师住房问题为主,采用租赁办法,期限最长为 5 年。

4. 学校"十五"期间住房建设和住房调配工作

为进一步改善教职工住房,特别是高层次人才住房条件,学校"十五"期间分期建设约 10 万平方米集资住宅。其中"十五"一期集资住宅约 32310 平方米,共 235 套,户型有五种。同时购买钟山花园城博雅居商品住房约 26000 平方米,共 200 套,户型有六种。"十五"二期集资住宅 52569 平方米,共 372 套,户型有三种。"十五"三期集资建房约 11975 平方米,共 246 套,户型有两种,为多层、架空砖混结构楼房。学校代购钟山花园城山水居、陶然居高层住宅 504 套,户型两种。

1)"十五"期间住宅出售、调配情况

2002 年 6 月 12 日,校第五届教代会第二次主席团(扩大)会议审议通过了《南京理工大学"十五"一期住宅售房实施方案》。2006 年 8 月 24 日,学校党委常委会专门研讨在职职工住房调配问题,决定提供校内外 700 余套新房,用以改善教师住房条件。2009 年 1

月 6 日,学校"十五"三期住宅售后腾空房第一批选房工作顺利结束,按照房改政策,这些住宅向教职工出售。本期腾空房第一批有 238 位教师选取了房号。

2)住宅一小区住房置换工作顺利实施

结合学校统一规划,学校决定将住宅一小区住户置换到钟山花园城和校内其他小区,将住宅一小区用于学生宿舍区。根据《关于住宅一小区住房置换实施方案》,学校置换房源有 289 套(钟山花园城 89 套,校内住宅小区 210 套)。2008 年 9 月,住宅一小区住房置换工作顺利实施,共有 124 户参加置换排队申请,49 户置换了校内住房,44 户置换了校外钟山花园城二期住房,校内外共置换 93 套住房。

(二)学生宿舍建设情况(1993—2012 年)

1993—2012 年学生宿舍建设情况如表 5.9.5 所示。

表 5.9.5　1993—2012 年学生宿舍建设情况

学生宿舍序号	建筑面积/平方米	竣工时间	结构层数	提供的宿舍房间数
十一舍(238 栋)	3692	1993 年 8 月	6 层	99
十二舍(237 栋)	3983.19	1994 年 8 月	混合、6 层	86
十三舍(237 - 1 栋)	3060	1997 年 8 月	混合、4 层	92
十四舍	1130	1996 年 8 月	混合、6 层	80
十五舍(239 栋)	6400	2000 年 7 月	混合、6 层	227
十六舍 B(280 栋)、C(278 栋)	20250	2000 年 7 月	各 6 层	262
十七舍 A(271 栋)、B(269 栋)			4 层、6 层	167
二十舍(300 栋、301 栋、302 栋)	13974	2001 年 8 月	3 栋各 6 层	413
二十三舍 A(274 栋)、B(272 栋)	14130	2001 年 8 月	各 6 层	209
二十四舍 A(263 栋)、B(261 栋)	9622	2001 年 7 月	4 层	191
二十五舍(251 栋)	5274	2002 年 8 月	6 层	158
高层学生公寓(一) (26 舍(614 栋)、27 舍(615 栋)、28 舍(616 栋))	53000	2007 年 9 月	混合、13 层	26 舍 309 间 27 舍 314 间 28 舍 467 间
高层学生公寓(二) (29 舍(611 栋)、30 舍(612 栋)、31 舍(613 栋))	42976	2009 年 8 月	混合、13 层	29 舍 342 间 30 舍 312 间 31 舍 312 间
研究生宿舍 A (108 栋)	6607.41	2011 年 9 月	6 层	174
研究生宿舍 B(82 栋)	6262.07	2011 年 9 月	6 层	164

三、校区拓展工作

(一)置换南京农业大学"牌楼地块"扩大校区方案搁浅

2001 年 7 月,学校与南京农业大学友好协商,提出土地置换的方案,即南京理工大学在栖霞区购置 250 亩土地置换学校南区相邻的南京农业大学 130 亩土地("牌楼地块"),作为南京理工大学南区学生宿舍和教学、生活设施建设。"牌楼地块"东、西、北三面紧邻南京理工大学南区,南边为光华路,该地块的地形、土质作为南京农业大学教学试验用地越来越不适宜,但毗邻南京理工大学学生生活区,完全符合南京理工大学公寓和生活设施等建设用地要求。两校多次协商,本着互利的原则,南京农业大学同意将"牌楼地块"划拨土地使用权,另行征用"东湖地块"(位于栖霞区的一块农业用地)作为农业教学试验用地。同时,南京理工大学按照国有土地划拨程序,向国家申请将"牌楼地块"划拨给南京理工大学使用,作为学生公寓及生活设施的建设用地,并按照协商支付土地补偿费。同年 9 月 26 日,两校签订了《南京农业大学、南京理工大学置换教学用地意向协议书》。

协议签订以后,南京理工大学向南京市政府相关部门办理了相关手续,取得了《建设用地规划许可证》,于 2002 年 3 月 4 日在《意向协议书》的基础上,与南京农业大学正式签订了《土地置换协议书》。两校于 2002 年 9 月之前,都在积极推进各自土地置换的相关工作,但同年 10 月,南京农业大学突然通知,拒绝继续履行协议,所有工作均因此中止。由于南京农业大学拒绝置换"牌楼地块",使得南京理工大学获得"牌楼地块"使用权、建设学生公寓等目标全部落空,打乱了学校办学计划和步骤,并给学校造成了巨大损失。虽经南京理工大学等多方努力,但此次土地置换方案由于没有南京农业大学的配合,最后只能搁浅,学校重新研究新的校区拓展方案。

(二)立足本校区向周边拓展方案

学校与南京农业大学置换土地方案搁浅后,学校办学条件滞后、学生住宿条件矛盾突出,办公、实验和科研用房紧缺等问题没有得到解决。随着高等教育新一轮的大发展,学校一致认为南理工现有校区面积已明显不适宜学校的发展,应该扩大校区面积,拓展办学空间。这是推动学校立足国防,面向地方和国民经济主战场,实现学校可持续发展的重大举措。2003 年 7 月,学校九届六次全委(扩大)会议一致通过决议,尽快征地建设新校区。

经学校向上级主管部门申报,2003 年 8 月 26 日《国防科工委关于南京理工大学征地问题的批复》(科工计〔2003〕701 号)同意学校征用新校区建设。学校经研究提出三个方案:一是征用 2500 亩土地,建设南京理工大学仙林新校区;二是征用 2600 亩土地,建设南京理工大学江宁校区;三是立足本校区,向周边拓展。2003 年 9 月,由于国家土地政策做出了重大调整,同时学校有相当一部分干部、教师也以不同的方式表达了对于学校征地建设新校区的疑虑。基于外部形势的变化和学校内部的呼声,学校党委决定暂缓即将启动的新校区建设申报立项工作,在新的条件下重新审视在仙林大学城征地建设新校区的问题。学校党委、行政经研究后认为,新校区建设是关系学校长远发展、关系师生员工切身利益的重大问题,学校的决策必须慎之又慎,应充分体现科学化、民主化。因此,学校于 11 月初专门成立了校区空间拓展方案论证工作组,通过一个月的调研、考察和研究、测算,形成了关于校区空间拓展多个方案的论证报告,并向全校干部、教师作了介绍和说明,并邀请学校的院士、博导、教授、中青年骨干教师、中层领导干部、离退休老同志召开了多个座谈会,听取各方面对校区空间拓展方案的意见。学校还组织开展了关于校区拓展方案的抽样问卷调查,统计结果表明,同意采取"立足现校区、积极向周边拓展空间"的干部、教师占多数,这也反映和代表了教职工群体的主流想法。

在此基础上,2004 年 1 月,学校召开九届七次党委全委会,对校区空间拓展方案问题再次进行了专题研究。会议经充分讨论后形成一致意见:根据当前外部形势和学校客观实际,应立足现校区,在合理规划和充分利用现有土地、空间资源的同时,积极向周边拓展空间。

(三)汤山试验场建设与拓展

汤山试验场所在地属于汤山青林村管辖地域,大棘堰、蜈蚣山东、南、北麓环抱,是理想的既适用又安全的试验场地。1972 年学校签署接收南京军区汤山弹道试验站协议,协商购置土地 66600 平方米,建筑物面积 1281 平方米,从此学校有了固定的试验靶场。随后,又购置汤山镇土地,建设 500 米试验靶道,改建弹药库、弹药装配室、试验准备测试室、机加工室、内弹道试验专用靶道,购置了油压机、电子扫描显微镜、1000 千伏高压脉冲光仪,建设了旋转破甲试验台、200 米试验靶道。1974—1983 年,学院分期分批征用土地,试验场占地面积达到 158 亩。根据兵器工业部[82]兵工教字第 166 号批复,学院制定了《华东工程学院汤山试验场改造规划(1982—1986)》,到 1986 年建成生活区、试验准备区、试验区三个区,一次能够承担 60 名师生的科研试验和教学实习。经过多次扩地,汤山靶场占地面积达到 209 亩,北、西、东三面环山,南面为开阔地带,北面为一东西走向山间谷地,为目标毁伤与战斗部威力动态、静态模拟试验研究提供了有利场地条件,提升了学校军工科研的研制能力。

截至 2003 年,试验场占地面积 209 亩,有试验区、危险品暂存区和试验及生活配套区三个区。随着学校国防科研和教学工作的发展,试验中心的硬件设施此时已经跟不上发展的需要。学校于 2003 年向国防科工委提出《关于军工试验中心征地扩建项目可行性研究报告的请示》。2003 年 7 月,国防科工委以委计函(2003)278 号复函学校,原则上同意学校开展汤山试验场征地扩建项目前期工作。2005 年 11 月,学校与江宁区汤山镇人民政府签署协议,新征土地 450 亩,占地面积达到 659 亩。

2004 年 1 月 13 日至 14 日上午、17 日上午,学校召开九届七次全委会,会议决定,放弃购地建立新校区的计划,立足现校区并积极向周边扩展。这是在高校纷纷圈地建设新校区的潮流中,学校根据实际情况做出的抉择,也是继学校党委九届六次会议形成的仙林大学城征地建设新校区决议后,经过广泛调研,提出选址仙林、江宁建设新校区和立足现校区拓展空间向三个校区扩展方案,组织全校范围的论证说明会和调研会以及问卷调查,经过多次讨论,形成的九届七次全委会决议。

立足现校区并积极向周边扩展的校区建设方案确定后,依托汤山靶场向周边拓展成为了学校主要努力的方向。学校积极与江宁区政府、汤山镇政府洽谈,同年 12 月 3 日,学校与江宁区汤山镇人民政府签署征地协议,这标志着学校在汤山征地工作取得了阶段性成果,也意味着校区拓展工作迈出了坚实的一步。

学校在汤山靶场向南购买土地 450 亩,与原汤山靶场土地连片,面积达扩大到了 659 亩,并将汤山靶场更名为汤山军工试验中心,规划了动态(射击)试验区、静爆区、研究区、生活服务区。汤山军工试验中心为学校军工科研,尤其是涉爆科研项目,提供了试验场地,本部实验室的爆炸品当量大大降低,控制在 20 克以内,提升了本部的本质安全;本部小靶场改换功能,释放出土地空间,用于实验室建设。

2008 年 9 月,学校下发《军工试验中心管理体制和运行机制方案》。10 月,军工试验中心正式揭牌,承担学校汤山试验场建设和管理工作。2009 年第八次校长办公会审议通过《汤山科研试验中心总体规划》,对军工试验中心采用分区布置的原则,由北向南布置了四个区域:动态试验区、危险品研制区、实验研究区和实验辅助区。

经过学校持续不断的艰苦努力,科研保障条件建设项目申报与争取工作取得了较大的进展,截止 2012 年,学校获批科研保障条件建设项目 12 项,建设经费 5.5 亿元,这些项目的建设,改善了研究条件,对于学校开展国家高层次项目研究起到了关键支撑作用,也弥补了学校条件建设经费的紧缺,使汤山军工试验中心以项目带动建设得以实施。试验中心已成为国内高校试验条件齐全、实验规模较大的科研试验基地。

为进一步提升办学条件,扩大办学空间,2017 年 1 月,学校与江宁区政府、汤山街道分别签订协议,在紧邻汤山军工实验中心南侧购置土地。学校新购土地约 214 亩,学校汤山校区面积达到 873 亩。

(四)置换南京农业大学部分"牌楼版块"土地建学生生活南区运动场

学校经过"十一五"规划建设,学生生活南区宿舍和相关生活设施已经到位,入住学生近 10000 人。由于学生生活南区和主校区间相对独立,学生运动场所不能与主校区共享,急需在南区整体布局中考虑运动场建设。由于南京农业大学"牌楼地块"紧邻南京理工大学学生宿舍区,适宜建设运动场地,而属于南京理工大学的南靶场位于学生生活南区的南侧,不适合建设运动场,于是两校协商各用 36.6 亩土地进行置换。2012 年 5 月,学校与南京农业大学置换了牌楼部分土地(36.6 亩),用于学生南区运动场建设。

四、公共服务设施

(一)学校图书馆接受省教委评估检查

1993 年 4 月 12—13 日,江苏省教委普通高校图书馆评估组对学校图书馆进行了评估检查。评估组认为,学校图书馆的办馆条件在江苏是一流的,办馆水平在江苏是上乘的。1993 年接受评估检查时,学校图书馆文献累计总量 953250 册,其中中文书刊 728686 册,外文书刊 195529 册,此外,馆内还存有音像资料、微缩资料等文献资料。

(二)学校档案管理达到国家一级标准

1995 年 12 月 12—13 日,学校档案馆顺利通过了兵器工业总公司档案管理考评定级验收组对学校档案管理申报国家二级标准进行的检查验收。学校也成为江苏省高校首家档案管理达到国家二级标准的院校。1996 年 5 月 22 日,档案馆被兵器工业总公司评为"兵器工业档案工作先进单位"。1998 年 11 月 23 日—24 日,兵器工业总公司档案馆会同江苏省等单位组成联合认定组,对学校档案工作进行了全面考核评议。认定组同意学校为国家一级档案管理单位,1999 年国家档案局批准学校档案馆为"科技事业单位档案管理国家一级"。

(三)校园网开始接受入网申请

1997 年 4 月底,学校校园网络调度完毕,并开始接受入网申请。2000 年 3 月 29 日,学校校园网千兆光缆出口开通,cernet 与 chinanet 互联速率升至 155M,南京到北京的信道带宽也升至 155M,这在很大程度上改善了校园网速度较慢的问题。

现代教育技术中心于 1996 年 11 月成立,负责学校计算机辅助教学和网络信息化建设工作,下设计算中心、网络中心和多媒体教育中心。计算中心于 1987 年在原计算机系计算站的基础上正式成立,拥有各类计算机、工作站和服务器 800 多台,并建立了网络专用机房和高性能计算机机房,为全校各类教学上机提供了良好的条件。网络中心于 1996 年 4 月正式成立,具体负责学校校园网的规划、建设和系统维护管理等。校园网采用千兆以太网技术,出口速率为 1000Mb/s,光纤主干节点覆盖全校所有院系、研究所、行政管理等部门单位。多媒体教育中心于 1999 年 4 月在原电教中心和 CAI 研究室的基础上正式成立,具体负责全校所有教室各类常规电教设备的维护与管理、多功能教室各类软硬系统的维护管理、多媒体双向教学系统的运行与系统维护管理、对外科研和教学等方面的摄影工作、CAI 和现代教育技术的研究及各类多媒体课件的研制工作等。

2012 年 4 月 23 日,学校与南京市市民卡公司正式签约,标志着校园一卡通系统建设全面启动。同年 5 月正式进入招标阶段,年底完成项目 I 期建设。

（四）兵器教学楼布展

2005 年 4 月 12 日,学校兵器教学楼开始搬迁、布展。兵器教学楼珍藏了自第一次世界大战以来世界多个国家不同历史时期的各类现代兵器装备,囊括了火炮类、轻武器类、弹药类、引信类和光学器材类等门类 6000 余件珍贵的藏品,是国内高校唯一的种类齐全、数量众多、专业性强的兵器陈列场馆。

2009 年,兵器博物馆成为工信部部属高校中首批 22 个"国防科技工业军工文化教育基地"之一。2009 年 12 月,被中国科协命名为"国家级科普教育基地"。

（五）防汛保障

1991 年,学院遭受了百年不遇的特大洪涝灾害,从 6 月上旬至 8 月上旬,南京地区连降暴雨、大暴雨,学院先后 3 次（6 月 14 日、7 月 10—11 日、8 月 7 日）遭到洪水袭击,大片院区浸泡在水中,受灾面积达 380 余亩,近十一万平方米的房屋进水,淹水最深处达 1.4 米。由于洪水来势猛,未遭水淹的部位也存有大量积水。全院师生员工在学院正确领导下,不畏艰险,连续作战、团结奋斗。要排除积水,总务处的水泵已全部用上,但还不够,防汛指挥部通知将 202 教研室和保卫部水泵调出使用,两单位都能主动积极配合,迅速行动。此次抗洪救灾涌现了一批不畏艰险,顽强拼搏的师生、员工,学院也组织力量抢搬物资或用水泵抽水保障电力,保护财产,力争将损失降低到最小。经过全院师生的共同努力,终于夺得了抗洪救灾的胜利,把特大洪涝灾害造成的损失降低到最低限度。

20 世纪 90 年代以来,为应对每年汛期的来临,学校不断提高保障措施,力争降低损失,通过水泵建设、车辆服务、水电服务、膳食保障、防汛物资调配（铁锹、竹筐、抬杠、麻包、草袋等）等措施,全力做好防汛工作。

（六）医院

1993 年 5 月 10 日,南京石城风湿类疾病医院在校医院正式挂牌。这是江苏省首家风湿类疾病医院,也是首家专科病医院。

1995 年 10 月 31 日,南京市等级医院评审委员会对学校医院进行了验收评审。评审团对学校医院的基础管理、制度建设、质量管理、医德医风建设等方面给予了较高的评价。

1996 年 9 月 26 日,校医院被南京市卫生主管部门组织的医院定级定等专家组确认为一级甲等医院。

1996 年 12 月 24 日,学校与南京市鼓楼医院签定合作协议,鼓楼医院成为南京理工大学定点外诊医院。

五、社会化改革

(一)后勤社会化改革

20 世纪末,高等教育事业迎来了规模扩张的重要时期,而高校后勤原有的保障能力和服务水平已成为高等教育事业快速发展的主要制约因素和"瓶颈"之一。学校也存在同样的矛盾,因此学校党委自 1998 年开始系统谋划和推动后勤社会化改革工作,于 1999 年成立总务管理处,组建后勤集团公司并按《中华人民共和国公司法》模拟运营,初步形成甲乙方管理模式。从此,学校后勤社会化改革工作拉开了序幕。

为贯彻落实国务院办公厅转发的教育部、国家计委、财政部、建设部、人民银行、税务总局六个部门《关于进一步加快高等学校后勤社会化改革的意见》(国办发〔2000〕1 号),经过大量论证调研,结合实际情况,学校于 2001 年 6 月制订出台了《南京理工大学后勤社会化改革总体实施方案》(简称《方案》)。《方案》明确了学校后勤社会化改革的指导思想和"总体规划、分步推进"的原则,以理顺后勤管理服务经营体制、激活后勤运行机制为主线,以强化后勤管理、提高后勤服务质量水平为重点,以构建保障有力、运转高效的新型后勤服务保障体系为目标,确定了分三步走的改革步骤,积极稳步地推进改革。自此学校后勤社会化改革工作全面启动。

截至 2002 年底,学校完成了后勤集团的组建和后勤经营服务人员成建制地从学校行政管理系统中的规范分离,并首家通过了江苏省教育厅组织的后勤社会化改革规范分离达标验收,实现了后勤集团平稳、健康发展。建立了新的后勤甲乙方管理服务经营体制和运行机制,在学校连续扩大招生规模的情况下,为学校的快速发展和各项改革的顺利推进,提供了强有力的后勤保障。

2008 年初,学校将总务管理处和后勤集团合并,组建后勤管理服务中心。新组建的后勤管理服务中心集后勤管理、服务、经营于一体,既有甲方的管理监督职能,又有乙方的服务经营功能,初步形成了大后勤管理服务保障体系。

(二)附属中小学划转情况

根据国家经贸委、国家教委、劳动部、财政部、卫生部经国贸企[1995]184 号文件及玄武区教委办公会和南京理工大学校长办公会的精神,经双方协商,1999 年 10 月学校与玄武区教育委员会(玄武区教育局)签订《南京理工大学附属中学移交协议》,将南京理工大学附属中学移交南京市玄武区人民政府,与紫金山中学合并,校名为南京市南京理工大学附属中学。学校用地 22.5 亩无偿划转给接收方,建筑物、构筑物、教学设施无偿划转给接收方,继续用于教学。62 名教师由玄武区人事局和教委接收。协议还明确了经费补贴和人员待遇等问题。

南京理工大学附属小学于 20 世纪 70 年代初建立，承担了南京理工大学教职工子女及周边部分单位职工子女、孝陵卫地区部分居民子女的小学教育任务，为地方政府分担了部分责任，为义务教育事业做出了积极贡献。2005 年，玄武区新建的长江路小学长巷分校落成开学，而南京理工大学附属小学面临生源严重不足的问题，继续办学十分困难，学校经慎重研究，拟停止附属小学招生。随着高校后勤社会化改革步伐的加快，大型企事业单位分离办社会职能工作逐步推进，作为高校办社会职能典型产物的自办附属小学，成为了历史。2007 年 5 月，学校与玄武区教育局签订《南京理工大学附属小学移交协议》，7 月停止招生，9 月撤消附属小学办学资格，施教区（孝陵卫 200 号）划入长江路小学长巷分校施教区。2011 年 1 月 7 日，经学校校长办公会同意，南京市长江路小学长巷分校更名为南京理工大学实验小学。

六、后勤工作获得的荣誉

1995 年 4 月 19 日，学校在江苏省教委、绿化委组织开展的创建花园式校园活动中，六项指标的综合考核、验收均达到标准，被批准成为全省首批高等院校花园式校园。1996 年 3 月 26 日，学校获评全国绿化先进单位，成为江苏省高校中唯一获此殊荣的单位。

2006 年 3 月 31 日，在全国绿化表彰动员大会上，学校被授予全国绿化模范单位荣誉称号。

2010 年 3 月，学校获得江苏省高校文明食堂先进单位和文明宿舍先进单位的"双文明"称号。

第十节　党的建设、思想政治工作与文化建设

1993—2012 年，学校党委坚持社会主义办学方向，全面加强党对学校各项事业的领导，切实履行管党治党、办学治校的主体责任，充分发扬民主，认真谋划学校长远发展战略，不断加强党的思想建设、组织建设和作风建设。按照党在不同时期的要求，持续开展党内学习教育活动，实施党建创优工程，提高学生思想政治教育成效，建设文明和谐校园。

一、坚持党的领导，不断加强党的建设

（一）坚持党对学校各项事业的领导

1993—2012 年，学校召开了第八次、第九次、第十次党代会。这三次党代会都是在我国改革开放、经济建设和社会发展的不同时期召开的，每次党代会都结合高等教育发展的不同形势和背景，提出了学校不同阶段的奋斗目标任务。虽然奋斗目标提法有所不

同,但坚持党对学校的领导,坚定社会主义办学方向和党的教育方针始终没有动摇。

1. 第八次党代会

1997 年 4 月 27 日—29 日,中国共产党南京理工大学第八次代表大会隆重举行。出席党代会的有十个代表团共 257 名正式代表,于广云等 31 名同志组成大会主席团。江苏省教育工委副书记秦晓山、组织处副处长赵晓群同志到会祝贺。开幕式上,学校还收到了兵器工业总公司教育局发来的贺电。

徐复铭同志代表校第七届党委作了题为"坚定信心、同心同德、深化改革、开拓进取,为实现学校'九五'建设目标而努力奋斗"的工作报告。郑亚同志代表上届纪委作了题为"努力做好纪检工作,为学校改革、发展、稳定服务"的工作报告。李鸿志同志代表上届党委作了"关于学校'九五'规划和精神文明建设'九五'规划纲要的说明"的报告。

此次会议提出"九五"奋斗目标:到 2000 年,办学体制有新的转变,教育改革取得明显成效,学科专业结构得到进一步优化,科学研究继续保持良好的发展势头,产业开发初步形成规模特色,办学条件明显改善,反映学校整体实力和水平的主要可比指标位居国内理工科院校的先进水平,为在 21 世纪初把学校建设成为社会主义一流多科性理工大学奠定坚实的基础。

大会选举产生了新一届党委委员 21 名和纪委委员 11 名,如下:

党委委员:于广云、于本友、王孟春、王晓锋、尹群、吕春绪、孙海波、苏志明、李相银、李鸿志、杨善志、杨静宇、邱勇夫、宋文煜、张友良、周彦煌、郑亚、姜建中、徐学华、徐复铭、崔连昌。党委常委:吕春绪、苏志明、李鸿志、杨善志、宋文煜、郑亚、徐复铭。党委书记:徐复铭;党委副书记:苏志明、郑亚。

纪委委员:马大庆、王健、王裕民、韦志辉、李茜、肖诗林、林根华、欧祥元、罗香莲、郑亚、葛万年。纪委书记:郑亚;纪委副书记:林根华。

2. 第九次党代会

2001 年 4 月 25 日—27 日,中国共产党南京理工大学第九次代表大会隆重举行。郑亚同志代表第八届党委作了题为"努力开创新世纪南京理工大学建设与发展的新局面"工作报告,认真总结了第八次党代会以来学校工作的成绩、经验和不足,客观分析了学校在新世纪面临的形势、机遇与挑战,确定了学校"十五"建设的总体目标和基本思路。马大庆同志代表上届纪委作了题为"标本兼治,真抓实干,使我校纪检监察工作再上新台阶"的工作报告。徐复铭同志代表上届党委作了"振奋精神,真抓实干,开拓创新,团结奋斗,全面落实学校'十五'计划,为学校在新世纪持续快速发展开好局起好步"的报告。

此次会议提出"十五"发展目标:经过"十五"发展,把南京理工大学建设成为培养高素质创新型人才的育人中心,应用基础及重大关键技术的研究开发中心,为国防和经济建设提供成果转化、决策咨询的服务中心;成为坚持党的基本路线和教育方针,建设社会主义精神文明的重要阵地;办学条件明显改善,办学质量明显提高,综合实力及可持续发展能力明显增强；以工为主，理、工、文、经、管、法、教协调发展；国防特色鲜明，知识创新和技术创新优势突出，国内一流，并具有一定国际影响的社会主义多科性理工大学。

学校 2010 年远景目标：在"十五"的基础上，再经过五年的建设，学校教育、科技、社会服务三个中心更加巩固，规模、结构、效益有机统一，质量、层次、水平广受认同，部分学科群点的科学研究、人才培养达到世界一流水平，多数学科专业国内领先，逐步成为支撑国防科技工业发展和国民经济建设不可或缺的重要力量，国际知名度不断提高，为把南京理工大学逐步建设成一所国内一流、国际知名的研究型大学奠定基础。

大会选举产生了新一届党委委员 23 名和纪委委员 9 名，如下：

党委委员：于广云、于本友、马大庆、尹群、王孟春、王晓锋、韦志辉、江鸿、刘丽华、吕春绪、孙海波、汪信、宋文煜、李相银、张春福、杨善志、郑亚、俞安平、宣益民、宫载春、徐复铭、钱林方、崔东明。党委常委：马大庆、王晓锋、刘丽华、汪信、宋文煜、杨善志、郑亚、宣益民、徐复铭。党委书记：郑亚；党委副书记：宋文煜、王晓锋。

纪委委员：于院生、马大庆、王健、李茜、吴金山、周光华、柯玉贞、赵雪琴、葛万年。纪委书记：马大庆；纪委副书记：吴金山。

3. 第十次党代会

2007 年 7 月 2—4 日，中国共产党南京理工大学第十次代表大会隆重举行。大会的主题：创新、发展、和谐。国防科工委党组成员、中纪委驻国防科工委纪检组郭炎炎组长与江苏省张九汉副省长出席开幕式并发表了讲话。

陈根甫同志作了题为"凝心聚力创新思路开创南京理工大学发展的新阶段"的党委工作报告。

会议提出学校要瞄准高水平研究型大学的建设目标，实施包括学科优化、英才培养、科技创新、人才强校、拓展开放、整合集成在内的六大战略，经过 5 年左右的努力，取得新突破。

大会选举产生了新一届党委委员 23 名和纪委委员 8 名，如下：

党委委员：于院生、马大庆、尹群、王连军、王晓锋、韦志辉、刘中、刘刚、朱日宏、江鸿、宋文煜、李相银、张春福、李春宏、陈岩松、陈根甫、周长省、宣益民、宫载春、项银康、席占稳、袁军堂、钱林方、薄煜明。党委常委：马大庆、尹群、王晓锋、刘刚、宋文煜、陈根甫、宣益民、项银康、钱林方。党委书记：陈根甫；党委副书记：王晓锋、马大庆。

纪委委员：张荣生、李茜、汪拥政、周学铁、柯玉贞、项银康、陶应勇、龚建龙。纪委书记：项银康；纪委副书记：李茜。

（二）加强党的组织建设

1. 加强学院（系）基层组织建设

1995 年，学校将基层党建思想政治工作纳入学院目标管理体系，开始引入量化管理手段,建立基层党组织考核评估指标体系和目标责任制,不断完善基层党组织工作各项制度。对基层党建工作和全体党员实行目标管理,做好党员发展、党员干部培训、民主评议党员和争先创优等工作。制定并实施学院党政联席会议制度,按照《南京理工大学党的基层组织工作暂行办法》等制度,优化基层党组织设置,落实基层党委委员联系支部工作,推进院(系)党组织和党支部工作制度化和规范化建设。按照中央《关于推进学习型党组织建设的意见》精神,在全校开展创建学习型党组织活动,强化两级中心组、学习研讨班、党校培训班学习培训。

2. 开展基层党组织和党员创先争优活动

党的十七大部署以改革创新精神加强和改进党的建设,明确提出要开展两项活动:一是在全党开展深入学习实践科学发展观活动,二是在党的基层组织和党员中深入开展创先争优活动。学习实践活动是集中性主题教育活动,创先争优活动是推动基层党组织和党员立足本职发挥先锋模范作用的经常性工作。这两项活动紧密衔接、相互促进。

2010年7月,学校党委制定印发《关于在全校基层党组织和党员中深入开展创先争优活动的实施方案》,以创建先进基层党组织、争当优秀共产党员为主题的创先争优活动在学校全面启动。学校党委按照推动科学发展、建设和谐校园的主题,在"围绕'十二五'目标、加快发展中创先争优;在关注民生、服务师生中创先争优;在弘扬典型、树立标杆中创先争优"。经过动员部署、组织学习,全面实施、扎实推进,深化提高、全面争创,典型示范、总结提高等4个阶段,2012年11月学校召开创先争优活动总结大会,学校党委荣获"江苏省高校先进基层党组织"荣誉称号。

3. 高度重视学生党组织建设

2000年以来,在学生党建工作中,学校坚持把党支部建在班上,以"低年级有党员,高年级有党支部"作为组织建设重要目标之一。

把支部建在班上,这是相对于把支部建在学生公寓、学生社团而言的。把党支部建在班上,有利于党团工作的开展。"低年级有党员"的目标已经实现,"高年级有党支部"这一目标的难点与重点是挑选优秀的支部书记。让学生担任班级支部书记,涉及选拔、培训、指导等方面,学校组织部和学院(系)党委紧密配合,加强对学生支部书记的培养和能力提高。

4. 全面实施党员目标管理

1997年3月,学校党委组织部研究制定了《学校1997年基层党组织、党员目标管理工作的实施意见》(以下简称《实施意见》)提出,要进一步完善党总支(含分党委、工委、直属党支部,下同)和党支部目标管理工作,并在总结党员目标管理工作试点经验的基础上,全面实施党员目标管理。

《实施意见》明确了制定党总支和基层党支部制定工作目标的指导思想,主要内容是:总支、支部的主要工作目标,要围绕党建、思想政治教育及本单位的中心工作,主要由以下 5 个方面组成。一是保证监督党和国家的方针、政策及学校各项决定在本单位的贯彻执行；二是开展党建和思想政治工作；三是围绕实现本单位 1997 年的教学、科研目标开展的有关重点工作；四是对干部的教育和管理工作；五是加强领导群众组织工作和探索有关新工作。

《实施意见》同时对党总支、党支部目标管理工作的方法、步骤作出了详细安排。

首次提出党员目标管理工作，目的是把党员个人实际工作与党支部的工作目标结合起来，把党的组织管理与党员的自我约束结合起来，融党员的教育管理与检查监督为一体，有利于党支部工作的加强和党支部战斗堡垒作用的发挥，有利于党员素质的提高和党员先锋模范作用的发挥，有利于将党的工作落到实处，促进学校各项事业的发展。强调凡学校正式党员且在岗工作的均应参加党员目标管理。对党员的目标管理以党支部为单位进行，并明确了实施党员目标管理的方法、步骤。签订党支部建设目标、党员目标管理责任书。实施党总支、党支部、党员目标管理，有利于促进工作的科学化、规范化。《实施意见》要求各单位在实施过程中，要十分注重结合实际进行布置、落实、检查、考核、总结，在提高效果上下功夫，不断总结经验，共同把目标管理工作推向前进。

（三）加强干部队伍建设

1. 学校领导班子自身建设

学校党委高度重视自身建设，根据新时期新任务和高等教育改革发展的新要求，以创建学习好、作风好、纪律好、业绩好的"四好领导班子"为主线，坚持不懈地抓班子的思想、组织、作风、制度和党风廉政建设，充分发挥党委的领导核心作用。

坚持每学期召开党委全委会，充分发挥党委全委会议大事、决大事的作用，坚持校领导联系院（系）和校领导现场办公等制度，领导班子的整体素质和把握方向、驾驭全局、依法治校的能力不断提高。

学校改革和完善了两级中心组学习制度，坚持领导班子成员先学一步，努力做到学深学透。党委重视领导班子成员的政治和业务培训工作，提高领导班子成员的政治素养和理论水平，每年都选送班子成员参加教育部、国防科工委、江苏省举办的领导干部专题培训班。

2. 首次制定干部队伍建设五年规划

学校党委高度重视干部队伍建设，积极推进干部人事制度改革，认真贯彻执行《党政领导干部选拔任用工作条例》，根据学校事业发展的需要，不断健全干部工作规章制度，使干部队伍的整体素质稳步提高，结构得到改善，中层领导班子得到加强。2007 年 12 月，党委组织部研究制定了《南京理工大学干部队伍建设"十一五"规划》（以下简称《规划》），这是学校首次对干部队伍建设进行五年规划。

《规划》明确坚持党管人才、党管干部的原则，以思想政治建设为重点，以能力建设为目标,以作风建设为抓手,以制度建设为保障,积极推进和深化干部人事制度改革,进一步健全"能上能下、能进能出、公开选拔、竞争上岗、以任为主、任聘结合"的干部选拔任用制度,不断完善干部教育培训、考核评价、监督管理机制,实现干部工作的科学化、民主化、制度化,努力建设一支素质高、能力强、业务精、作风正,结构合理、群众信任,适应学校改革发展要求的干部队伍,为实现学校战略发展目标提供有力的组织保证。

《规划》提出了干部队伍建设的主要目标:①干部选拔任用制度科学化;②干部队伍结构层次合理化;③干部队伍教育培训经常化;④干部队伍轮岗交流制度化。

《规划》围绕以上目标,制定的主要措施有:①积极稳妥推进干部人事制度改革,坚持和完善中层干部民主推荐,通过调整领导班子,不断优化领导干部队伍结构,采取公开选拔、竞争上岗等方式,扩大干部选拔的范围,逐步建立正常的干部竞争和更新机制,继续推行非选举产生的党政领导干部聘任制等。②实施"领导干部能力水平提升工程",包括提高理论素养、拓展世界眼光、加强轮岗交流和挂职锻炼等。③加强廉政教育和作风建设。完善反腐倡廉教育培训制度,按照《中共中央关于加强和改进党的作风建设的决定》中"八个坚持、八个反对"的基本要求,从严要求干部。④加强后备干部队伍建设。做好后备干部的民主推荐,建立后备干部库,及早地、全面地做好培养工作,加强系统的理论培训,通过"下派""上挂"及岗位轮换等多种方式,进行艰苦岗位和关键岗位的锻炼。

(四)切实加强和改进大学生思想政治教育

1993—2012 年是处于世纪之交的 20 年,中国改革开放不断走向深入,社会主义市场经济体制不断完善,社会发展日新月异。学校始终坚持社会主义办学方向,坚持立德树人根本任务,按照党的十四大、十五大、十六大、十七大、十八大部署和要求,继承和发扬"哈军工"优良传统,不断加强和改进大学生思想政治教育,在党团建设、"两课"教改、干部培养、队伍建设、思想政治工作进网络、研究实践等方面取得了较好的成绩。

1. 成立了党建思政工作研究会

学校党委十分重视党建和思想政治工作理论建设。1993 年 5 月 30 日,学校召开党建和思想政治工作研讨会。校党委副书记赵忠令作了题为"抓住机遇,改进工作,为把学校建成社会主义一流理工大学而奋斗"的讲话。会议决定将原华东工学院党建工作研究会和原华东工学院思想政治工作研究会合并为南京理工大学党建和思想政治工作研究会。会议选举了新的理事会成员,并通过了新的研究会章程。

党建和思想政治工作研究会设立专项课题,学校党委拨出专款,引导广大党员干部加强对党的建设和思想政治工作的理论研究,并将这一工作引入常态化。

学校党委重视学生党组织的理论建设,构建理论学习型学生社团。1998 年 5 月 4 日,学校大学生邓小平理论学习经验交流会召开,来自各学院、系的学生代表畅谈了学习邓小平理论的深刻体会和感受。同时,会议宣布校大学生邓小平理论研究会的成立。

2. 学校党委通过加强"两课"建设工作的决议

1998年6月10日,中宣部、教育部发布《关于普通高等学校"两课"课程设置的规定及其实施工作的意见》(教社科〔1998〕6号),对普通高等学校马克思主义理论课和思想品德课(简称"两课")的课程设置及有关实施工作提出意见。要求从1999年秋季入学新生开始,高校全面实施"两课"课程设置新方案,即在本科生开设马克思主义哲学原理、毛泽东思想概论、邓小平理论概论、法律基础、思想道德修养、形势与政策,文科另加设当代世界经济与政治等课程。

1999年7月8日—9日,中共南京理工大学八届四次全委(扩大)会召开,会议通过了《中共南京理工大学八届四次全委会关于大力加强精神文明建设,深入开展文明单位创建活动的决议》和《中共南京理工大学八届四次全委会关于加强"两课"建设工作的决议》。根据决议,学校加大"两课"课程建设经费力度,确保"两课"必需的教学保障。

3. 积极推动"三个代表"重要思想新"三进"工作

2001年9月,学校下发《关于认真做好学习贯彻江泽民同志"七一"讲话和"三个代表"重要思想工作的通知》。通知要求,认真做好"三个代表"重要思想的"三进"(进课堂、进教材、进头脑)工作,用"三个代表"重要思想教育和武装青年学生。充分发挥"两课"教学作为面向大学生开展马克思主义理论和思想教育的主渠道和主阵地作用。

学校成立了"三个代表"重要思想"三进"工作领导小组,并要求各院(系)从巩固党的执政地位和培养社会主义建设者与接班人的政治高度,把"三个代表"重要思想"三进"工作作为教育教学工作的头等大事来抓。

2003年5月,学校再次强调,要加强对青年学生的理论武装工作,"两课"教育要根据教育部新大纲,结合中央编印的《"三个代表"重要思想学习纲要》,系统讲授"三个代表"重要思想,积极开拓"三进"工作的新途径。共青团、党校要组织力量、发挥自身优势,开展各具特色的学习教育活动。

2003年8月18—19日,学校利用暑假,组织"两课"教师集中学习"三个代表"重要思想。"两课"教师是推进学习贯彻"三个代表"重要思想新高潮的骨干力量,组织"两课"教师先学一步、学深一步,为进一步推进学校"三个代表"重要思想"三进"工作做好准备。组织集中学习,也是作为一次集中备课的过程。通过集中培训学习,进一步明确学校"三个代表"重要思想"三进"工作的思路、方式和措施,做到学以致用、用以促学、学用相长,努力使学校"三个代表"重要思想"三进"工作取得新成效。"两课"教师包括人文学院、经济管理学院承担"两课"教学的教师;负责学生思想道德教育的各学院(系)副书记、年级主任。

2002年7月1日,学校大学生"三个代表"重要思想研究会成立,2008年11月28日更名为大学生中国特色社会主义理论研究会,组成人员为新生中的党员,旨在通过学习、研究毛泽东思想、邓小平理论和"三个代表"重要思想,进一步提高学生党员的思想理论素质,保持和增强党的先进性,在学生中发挥党员的先锋模范作用。研究会的宗旨是"让高品质生辉"。研究会是学校"培养青年马克思主义者工程"的重要组成部分,在学生的各项学生工作中发挥出了积极的作用。

4. 制定实施《进一步加强和改进大学生思想政治教育工作的实施意见》

2010 年 8 月,为深入贯彻落实全国加强和改进大学生思想政治教育工作座谈会精神,坚持以人为本、德育为先,不断提升学校大学生思想政治教育工作的科学化水平,增强育人实效,学校研究制定了《关于进一步加强和改进大学生思想政治教育工作的实施意见》(以下简称《实施意见》)。

《实施意见》明确了新形势下学校大学生思想政治教育工作的总体目标,成立"大学生思想政治教育工作领导小组"统筹协调相关工作,努力形成科学管用的领导体制和工作机制。

《实施意见》明确进一步加强和改进大学生思想政治教育工作的主要内容:不断改进思想政治理论课教育教学,更好地发挥主渠道的作用;继续深化大学生日常思想政治教育,努力增强针对性和亲和力感染力;进一步加强学生党团组织建设,发挥大学生在思想政治教育中的主体作用;努力提高学生管理与服务工作水平,在有效解决学生成长发展实际问题过程中增强育人实效;优化育人环境,营造大学生健康成长的良好氛围;大力加强队伍建设,进一步提高大学生思想政治教育工作者的水平和能力;加强科学研究,不断增强大学生思想政治教育工作的理论研究水平和创新能力。同时要做好人员保障、经费保障和场地保障,确保大学生思想政治教育工作的顺利开展。

5. 制定进一步深化科学发展观和社会主义核心价值体系"三进"工作实施方案

根据中宣部、教育部关于进一步深化科学发展观和社会主义核心价值体系"进教材、进课堂、进头脑"工作(简称"三进"工作)的有关要求,2010 年学校党委制定了《南京理工大学进一步深化科学发展观和社会主义核心价体系"三进"工作实施方案》,明确了"三进"工作的指导思想和工作目标:深入推进学校中国特色社会主义理论体系和社会主义核心价值体系"三进"工作,使党的科学理论走进广大学生中间、融入学生心灵深处,做到"系统进教材,生动进课堂,扎实进头脑",形成系统的"三进"工作机制,帮助广大学生更好地把握科学发展观和社会主义核心价值体系的精神实质、基本内涵和重大意义,促进大学生的全面成长成才,为中国特色社会主义事业培养合格建设者和可靠接班人。

该方案制定了具体措施,以提高"三进"工作成效:一是要坚持主阵地,发挥课堂教学的主渠道作用;二是合理设置实践环节,实现"知行合一"。在学时分配、教材编写、教学组织与实施等方面,通过详细安排、统编教材、做好衔接、集体备课、改进教学方式,从而提升课堂教学效果。同时,以专职为主,兼职为辅,专兼结合方式,加强"三进"课程师资队伍建设,健全与完善思想政治理论课教师社会实践和学习考察制度,加强思想政治教育博士点建设,积极发挥学科建设在推进"三进"工作中的引领作用。学校设立专项经费对"三进"工作给予支持。

(五)狠抓党风廉政建设

学校注重系统预防,实施协调联动,不断推进具有自身特色的惩防体系建设;健全完善责任制体系、大宣教体系、大监督体系,逐步建立了反腐倡廉预防工作体系,从源头上预防腐败;配套建立"上下联动、部门联动、党内外联动、校内外联动、纪检监察干部联动"的工作机制,形成了纪检监察工作合力,为学校的发展提供了有力保障。

1. 召开全校党风廉政建设干部大会和警示教育大会

学校党委坚持每年召开一次全校党风廉政建设干部大会,全体校领导、学校科以上干部参加,学校党委书记、校长、纪委书记分别讲话。会上大家一起学习上级有关加强党风廉政建设和反腐败会议精神和领导讲话,从不同角度,强调加强党风廉政建设的紧迫性和必要性,以及开展党风廉政建设的目的、意义、措施,就学校党风廉政建设和反腐败斗争的工作重点和一些案件查处的情况进行通报。会上,学校领导与各单位党政领导当场签订党风廉政建设责任书。

警示教育大会提高了广大党员干部对党风廉政建设和反腐败工作的认识,通过发生在校外或身边的一些违法违纪案例进行警示教育,促进了党风廉政建设工作在思想、领导、组织、制度、责任方面的落实,更好地服务于学校的改革、发展和稳定。

2. 健全干部教育管理制度,完善党风廉政建设机制

学校党委根据正反两方面的实践和体会,认识到要真正维护党风廉政建设的良好局面,牢固构筑反腐倡廉的防线,必须健全和完善干部教育管理的各项制度。

按照中纪委会议的精神和要求,学校党委积极探索和改进党管干部的方式和方法,有针对性地加强组织、制度、作风建设,强化监察审计工作,实行了领导干部任期制、交流制、考察预告制、公示制、试用期制等任职制度,建立了领导干部回复制度、谈话制度、诫勉制度、个人重大事项报告制度、任期经济责任审计制度等廉政监督制度,完善了领导、防范、约束、评价、监督的管理约束机制。这些制度措施的落实有效地强化了对各级干部的教育管理,构成了学校廉政建设和反腐倡廉工作的保障体系。

结合对单位和干部的考核,学校党委为各单位领导班子和领导干部建立了廉政档案,制定了《南京理工大学处级领导班子和领导干部廉政档案管理办法》。

学校先后研究制定了《南京理工大学关于落实党风廉政建设责任制实施意见》(1999年)、《南京理工大学党风廉政建设责任制的考核和责任追究实施办法》(2001年、2008年)、《南京理工大学党风廉政建设责任制实施办法》(2011年)等规范性文件,成立了党风廉政建设责任制领导小组,强化了监督和责任追究,将领导班子和领导干部的党风廉政建设落到实处。

二、开展学习教育活动,持续加强党的思想作风建设

(一)学习邓小平理论

1992 年邓小平同志视察南方的重要谈话和党的十四大,开创了我国改革开放和现代化建设的新阶段。十四大确立了邓小平同志建设有中国特色社会主义理论在全党的指导地位,提出用这一理论武装全党,宣告坚持党的基本路线一百年不动摇。1993 年 11 月 2 日,《邓小平文选》(第三卷)出版。同日,中共中央作出《关于学习〈邓小平文选〉第三卷的决定》。中央举行学习《邓小平文选》(第三卷)学习报告会,江泽民总书记在会上发表了题为《用邓小平同志建设有中国特色社会主义理论武装全党》的讲话,要求全党认真学习和研究邓小平理论;中央多次举办高级干部学习邓小平理论研讨班,推动全党的学习。1995 年 5 月,中共中央印发《邓小平同志建设有中国特色社会主义理论学习纲要》,对进一步深入学习邓小平理论作出部署。1997 年,党的十五大把邓小平理论作为党的指导思想写进了党章,并强调指出,在当代中国,只有邓小平理论而没有别的理论能够解决社会主义的前途和命运问题。

学校党委高度重视,结合学校实际,把组织广大师生员工认真学习和坚持邓小平理论作为思想政治工作的首要任务,认真部署和精心组织,把学习邓小平理论贯穿于学校思想政治教育的全过程,贯穿于学校改革与发展的全过程。1994 年 1 月 23—26 日,学校举办全体中层干部研读《邓小平文选》(第三卷)学习班。

1994 年 10 月 8 日,学校党委召开全校党员大会。党委书记曲作家在会上传达了中共中央十四届四中全会文件。会议要求全校党员干部认真学习《关于加强党的建设几个重大问题的决定》,并把十四大提出的用建设有中国特色社会主义理论武装全党的任务认真落到实处。此后,邓小平理论的学习教育活动进入常态化,得到深入持久的开展。

(二)开展"三讲"教育活动

1996 年,党的十四届六中全会作出决定,对县处级以上领导干部进行一次以讲学习、讲政治、讲正气为主要内容的党性党风教育。这次为期 3 年的教育活动,发扬了延安整风运动的精神,采取自上而下,分期分批进行,采取党内的批评和自我批评相结合的方式,使全党同志,尤其使领导干部受到了一次深刻的党性党风教育。

1999 年 11 月 12 日起,学校在汤山干部培训基地举办 3 期中层领导干部"三讲"教育学习班,对全校中层领导干部全部轮训一遍。

2000 年 3 月,学校成立"三讲"教育工作领导小组,设立"三讲"教育办公室,领导与实施学校"三讲"教育工作。学校党委印发了《南京理工大学"三讲"教育实施方案》并召开了"三讲"教育动员大会,标志着校、院(系)两级领导班子、领导干部"三讲"教育工作

全面展开。国防科工委"三讲"教育巡视组第四组在组长孙忠慧同志率领下来学校指导"三讲"教育工作，并参加了学校的动员大会。

学校"三讲"教育工作分"思想发动，学习提高""自我剖析，听取意见""交流思想，开展批评""认真整改，巩固成果"4个阶段进行，历时两个半月。

2000年6月，学校召开"三讲"教育总结大会，标志着为期两个半月的"三讲"教育工作圆满结束。党委书记郑亚从"三讲"教育的基本情况、主要收获、整改工作进展情况、几点体会和今后工作思路四个方面作了总结报告，认为"三讲"教育集中解决了学校党委存在的一些突出矛盾和问题，提出学校党委要继续发扬"三讲"精神，把南京理工大学建设成为培养国防科技工业和国民经济建设所需优秀人才的摇篮，为国防科技工业和国民经济发展做出新的更大贡献。

2000年11月30日，学校在第三教学楼召开"三讲"教育回头看活动动员大会。12月19日，学校"三讲"教育"回头看"总结大会在第三教学楼召开。党委书记郑亚代表学校党委总结。"回头看"期间，校级领导班子进行了封闭式集中学习，开展了谈心与交流，并写出了不少于3000字的个人整改小结。

2001年1月19日，国防科工委党组对委属高校"三讲"教育检查的情况进行了通报，通报指出：南京理工大学91项整改措施已基本完成，个别项目还要进一步推进和完善。

（三）学习"三个代表"重要思想

2000年2月25日，江泽民同志在广东考察工作听取省委工作汇报时明确提出"三个代表"要求，指出："我们党所以赢得人民的拥护，是因为我们党在革命、建设、改革的各个历史时期，总是代表着中国先进生产力的发展要求，代表着中国先进文化的前进方向，代表着中国最广大人民的根本利益，并通过制定正确的路线方针政策，为实现国家和人民的根本利益而不懈奋斗。"5月14日，江泽民在上海主持召开江苏、浙江、上海党建工作座谈会时进一步指出，始终做到"三个代表"，是我们党的立党之本、执政之基、力量之源。

2000年6月，学校转发中共江苏省委《关于认真学习贯彻江泽民同志"三个代表"重要思想的通知》，要求充分认识"三个代表"思想的重大深远意义，高度重视、精心组织好"三个代表"重要思想的学习教育。2000年10月学校在汤山干部培训基地举办了为期4天的"三个代表"重要思想学习班。

1. 组织学习江泽民"七一"讲话和"三个代表"重要思想

2001年9—10月，根据中央和国防科工委党组、江苏省委的指示精神，举办了三期中层领导干部江泽民"七一"讲话和"三个代表"重要思想学习班。三期学习班共有128人参加了学习，占全部中层领导干部的93%。学习班具有四个方面特色：一是在校外"封闭"办学，能够排除日常工作干扰，集中时间、集中精力，学习效果良好，得到广大学员一致好评。二是得到校党委的高度重视和大力支持。三期学习班都由郑亚书记做学习动员,校级领导分别参加了三期学习班的学习、讨论,有力地保证了学习班的圆满成功。三是大家学习非常认真。绝大多数同志妥善安排好工作,克服家庭困难,坚持学习不请假。四是发扬理论联系实际的优良学风。大家按照动员报告中提出的要求,一方面认真学习文件,吃透精神,另一方面理论联系实际,思考如何按"三个代表"要求做好实际工作。

2. 全校兴起学习贯彻"三个代表"重要思想新高潮

2003年5月,中共中央印发《中共中央关于在全党兴起学习贯彻"三个代表"重要思想新高潮的通知》(以下简称《通知》),中央宣传部组织编写了《"三个代表"重要思想学习纲要》。根据中央要求,学校党委提出要在全校兴起学习贯彻"三个代表"重要思想新高潮,在校内有重点分层次推进"三个代表"重要思想的学习贯彻,持续保持学习贯彻"三个代表"重要思想的热度、广度和深度,引导广大干部和群众不断增强学习贯彻"三个代表"重要思想的自觉性和坚定性,把师生员工的思想统一到"三个代表"重要思想上来,把智慧和力量凝聚到学校的改革发展实际上来。

《通知》要求,各级党委中心组要把《"三个代表"重要思想学习纲要》作为重要辅助教材,认真研读十六大报告和党章,认真研读江泽民同志的原著,既从整体上把握"三个代表"重要思想,又分专题、分条目从各个领域、各个方面深入学习和领会。要抓好教职工党员的学习工作。各基层党组织要组织好党员学习《"三个代表"重要思想学习纲要》,通过学习,将广大教职工的智慧和力量凝聚到学校的改革发展实际上来。要加强对青年学生的理论武装工作,"两课"教育要根据教育部新大纲,结合《"三个代表"重要思想学习纲要》系统讲授"三个代表"重要思想,积极开拓"三进"工作的新途径。共青团、党校要组织力量,发挥自身优势,开展各具特色的学习教育活动。

3. 开展党员保持先进性教育活动

2005年8月25日,学校保持共产党员先进性教育活动动员大会召开,标志着学校先进性教育活动正式全面展开。随后,江苏省委副书记任彦申来校为全校党员作了保持共产党员先进性教育活动专题辅导报告。8月18日,由扬州大学党委副书记葛建枢担任组长的省委党员先进性教育活动第十四督导组一行4人进驻学校。8月28日,学校邀请优秀共产党员、科技兴农标兵、扬州大学薛元龙副教授来校作了题为"无怨无悔十八年"的先进事迹报告。

2005年12月7日,学校召开保持共产党员先进性教育活动总结暨表彰大会,宣告历时3个多月的教育活动画上了一个圆满的句号。在教育活动期间,学校举办各类专题报告会86场,理论辅导报告72场,专题党课39场,组织形势报告会18场,先进事迹报告会28场。12月2日进行的师生员工满意度测评结果显示,学校师生对党员先进性教育活动满意度达到100%。在12月7日的总结大会上,江苏省委第十四督导组召集人王军同志对学校的先进性教育作出的评价是"达到了预期目的,取得了显著成效"。党委书记郑亚在总结报告中归纳的主要收获有4个方面:①加强学校领导班子自身建设,在提高执政能力和领导水平上取得了实效;②全体党员的政治素质有了明显提高,增强了党员队伍的战斗力;③基层党组织工作规范化建设取得了新进展,创造力、凝聚力、战斗力得到了进一步提高;④建立长效机制,在促进各项工作的开展上取得了实效。

2005 年 12 月 12 日,江苏省教育厅召开在宁高校保持共产党员先进性教育活动经验交流会,校党委书记郑亚代表学校在会上介绍了学校开展先进性教育活动的经验。全省共有四所高校应邀在会上介绍经验。

(四)学习实践科学发展观活动

2008 年 9 月 14 日,中共中央印发《关于在全党开展深入学习实践科学发展观活动的意见》。2008 年 9 月—2010 年 2 月,全党分批开展了这一活动。

1. 开展学习十七大、学习新党章,贯彻落实科学发展观主题教育活动

2008 年 6 月,学校党委发出《关于开展"学习十七大、学习新党章,贯彻落实科学发展观"主题教育活动的通知》,通过广泛开展主题教育活动,使各级党组织和广大党员准确领会党的十七大精神,充分认识党章修改的重大意义,深刻理解科学发展观的科学内涵、精神实质和根本要求,用党在新时期的新思想、新观点、新理论武装头脑,指导行动,推动工作,从而真正把广大党员的思想和行动统一到党的十七大精神和新党章上来,把智慧和力量凝聚到实现学校科学发展的各项任务上来。围绕主题教育活动,在全校开展系列教育实践活动,主要包括:开展学习型党支部创建活动、创建"最佳党日"活动、开展"学习领会新党章、贯彻落实新党章"活动、开展"为学校又好又快发展建言献策"征文活动,各分党委(工委、党总支、直属党支部)在积极落实学校安排的主题教育活动的同时,结合本单位或部门实际,研究制定出针对性强、行之有效的主题教育活动计划并认真组织实施。

在此基础上,2008 年 10 月在全校党员中举办了"学习十七大、学习新党章,贯彻落实科学发展观"党的知识竞赛活动。党的知识竞赛分书面答卷和组队竞赛活动两阶段。通过党的知识竞赛活动,促进和巩固了学习教育活动的成效。

2. 开展深入学习实践科学发展观活动

2009 年 3 月,学校成立了南京理工大学深入学习实践科学发展观活动领导小组,由党委书记陈根甫、校长王晓锋任领导小组组长,马大庆同志任副组长,领导小组成员由杨善志、宋文煜、宣益民、刘刚、项银康、汪信、钱林方、尹群、孙海波组成。领导小组下设办公室。

学校学习实践活动从 2009 年 3 月上旬开始,8 月底结束,历时 5 个多月。全校 23 个二级党委,349 个党支部(教职工党支部 145 个、离退休党支部 27 个、学生党支部 177个),正式关系在校的 8581 名共产党员参加了这次学习实践活动,主要活动的参与范围还扩大到了非党员师生员工。学习实践活动分为 3 个阶段:

(1)学习调研阶段。学校党委召开了 5 次理论中心组(扩大)学习,校领导作学习辅

导报告 24 次,深入基层调研 72 次,形成了 13 份调研报告。全校共举办了 185 次学习辅导报告,209 场调研成果交流会和解放思想大讨论。

(2)分析检查阶段。学校采取点、线、面结合的方式,广泛收集了各级党组织,广大党员及师生员工、离退休老同志、民主党派代表对校领导班子学习实践科学发展观等方面的意见和建议,召开了校领导班子专题民主生活会,全校 47 个中层领导班子也按要求召开了专题民主生活会。

(3)整改落实阶段。根据领导班子分析检查报告,学校组织机关各部门和各院(系),按照"四明确一承诺"的要求,研究确定了 9 个方面 32 个大项 80 个子项目的学校整改落实方案,并以学科专业优化调整和校院(系)两级管理体制改革为切入点,明确了解决突出问题、推进学校科学发展见实效为首要抓手。

3. 召开学习实践科学发展观活动总结大会

2009 年 8 月 27 日,学校按要求召开了学习实践活动总结暨满意度测评大会。学校领导进行了总结发言,认为这次学习实践活动,上级领导重视、前期准备动员充分、学习调研深入、分析检查认真、整改落实扎实,做到了当前和长远发展"两促进"、教学科研和学习实践活动"两不误"。总结起来,可归纳为"三个新",即在坚持学校科学发展上形成了新认识、在促进学校科学发展上推出了新举措、在践行科学发展观上呈现了新局面。

部属高校深入学习实践科学发展观活动指导检查组第十四指导检查工作组组长焦文俊发表讲话,他指出:在学校党委的有力领导下,南京理工大学的学习实践活动扎实、健康、有序;学习实践活动求真、务实、成效显著;他希望学校要巩固和扩大学习实践活动成果,努力构建学校科学发展的长效机制。满意度测评中对活动评价满意和比较满意的比例高达 99.06% 。

4. 学校学习实践科学发展观活动引起媒体广泛关注

学校学习实践科学发展观活动影响广泛。4 月 8 日,中央电视台《新闻联播》播出了对学校师生谈科学发展观的采访;8 月 4 日,中国教育电视台专题报道了学校学生党员"百时奉献,快乐成长"学习实践科学发展观的活动情况。人民网中央学习实践活动领导小组主办的《学习与实践》专题网站刊登了学校学习实践活动 5 篇稿件,《人民日报》《光明日报》《中国教育报》《中国青年报》《科技日报》等重要媒体 12 次报道了学校的学习实践活动,工信部学习实践活动专题网站刊登了学校 40 余篇稿件。

三、实施"一提三优"党建创优工程

2006 年 9 月,国防科工委印发《国防科工委关于所属高校"一提三优"工程的实施意见》(以下简称《实施意见》)。《实施意见》对党建创优工程提出的目标和要求是:把握正确办学方向,全面加强委属高校党建和思想政治工作,推进委属高校党委工作的科学化、制度化和规范化,为促进国防科技工业高等教育事业的改革与发展提供坚强的组织保证。2010年底前,委属高校要通过国防科工委组织的党建工作评估并达到优秀标准。围绕党建创优工程,实施意见专门制定了《国防科工委所属高校党建工作评价方案(试行)》。

(一)学校制定党建创优工程实施方案并启动建设

2007年1月,根据国防科工委文件精神,结合本校实际,学校研究制定了《南京理工大学"一提三优"工程实施方案》,其中包括"党建创优工程实施方案"。

党建创优工程实施方案着眼于进一步强化党委的领导核心地位,推进党委工作科学化、制度化和规范化,增强党组织的创造力、凝聚力和战斗力,提高学校党的工作整体水平,全面推进学校改革与发展。对标落实国防科工委党建创优工程提出的目标、要求和优秀评价标准,明确了学校实施党建创优工程的指导思想,提出了10项建设目标和5个方面的建设内容,主要包括:加强党的思想建设;加强党的组织建设;加强党的作风建设;加强人才队伍建设;加强校园文化建设。

2010年3月16日,学校举行"三项迎评迎检工作"动员布置会。会上,党委书记陈根甫要求:"全校上下要力争'评'有所获,'检'有所得,'改'有所成,使学校党建工作达到发扬成绩、弥补不足,更上一层楼的目的。"工信部于2010年5—6月对7所部属高校"党建创优工程""学习实践活动整改落实后续工作"和"贯彻落实第十八次全国高校党的建设工作会议精神"三项党建工作进行了评估和检查。

(二)工信部专家组来校检查评估党建创优工程实施情况

2010年5月27—28日,工业和信息化部组织专家对学校学习实践科学发展观活动后续工作和党建创优工程建设进行评估。

5月27日上午,学校在科技会堂举行了学习实践科学发展观活动后续工作和党建创优工程建设汇报会。会议由工信部检查评估专家组组长焦文俊主持,工信部人教司副司长尹卫军等领导以及检查评估组全体专家、学校全体校领导、校长助理、两委委员和各部门、各院(系)主要负责同志参加了会议。

此次评估专家组组长由北京理工大学原党委书记、部属高校学习实践活动第十四指导检查组组长焦文俊同志担任,评估专家组副组长由南京大学原党委书记韩星臣同志担任,专家组成员还有:北京邮电大学原党委书记王德宠,东南大学原党委副书记杨树林,北京科技大学原党委副书记陈世禄,北京市党建研究所所长、党建研究会秘书长刘道福,东华理工大学纪委书记徐鸿。汇报会前,专家一行查阅了学校党建工作的各项材料。

汇报会上,学校党委书记陈根甫同志向莅临学校的领导和检查评估专家做了"求真务实抓党建 凝心聚力谋发展"的主题报告。报告阐明了学校在党建工作上的指导思想、基本原则和工作思路,并详细汇报了学校党建工作概况、党建创优工程建设情况、党建特色项目、学习实践活动整改落实反馈工作情况等。

会上,焦文俊组长强调,南京理工大学在工信部学习实践活动满意度的测评中,位列工信部七所高校的首位,充分体现了南理工党委对用科学发展观指导学校各项工作的成效。焦文俊表示,希望通过此次检查评估帮助南理工查找不足,进一步提升办学水平、推动学校各项工作又好又快发展。

汇报结束后,专家组成员与校领导在学术交流中心第一会议室进行交流座谈。专家组成员对学校党建特色工作等问题询问了相关校领导。党委书记陈根甫、校长王晓锋及学校其他与会领导认真回答了专家组成员的提问,并听取了专家组成员对学校学习实践活动整改落实后续工作和党建创优工程的意见和建议。

5 月 28 日下午,工信部深入学习实践科学发展观活动整改落实后续工作暨党建创优工程检查评估专家组在学校学术交流中心第一会议室召开反馈意见会。专家组组长、北京理工大学原党委书记焦文俊代表专家组通报了对学校检查评估的反馈意见。

专家组通过听取校领导汇报、与学校党务工作者的深入交流、查阅相关支撑材料、召开座谈会、实地考察、听课等环节和步骤,对学校深入学习实践科学发展观活动整改落实后续工作以及党建创优工程工作有了较为深入和全面的了解,给出总体意见是:学校办学特色明显,重视学习实践活动整改落实后续工作,高质量地完成了党建创优工程,取得了很多成绩。专家们建议,要统筹规划、责任到人,兑现整改落实方案中的承诺,确保学习实践活动取得实效;要认真学习十七届四中全会和第十八次全国高校党建工作会议精神,加强基层党组织建设,创新工作内容与方法,增强党组织的凝聚力和战斗力。

四、加强精神文明建设,构建文明和谐校园

(一)开展丰富多彩的文化活动

1. 制定实施精神文明建设规划纲要

1996 年 10 月,党的十四届六中全会作出《关于加强社会主义精神文明建设若干重要问题的决议》。加强社会主义精神文明建设成为一项重大战略任务,切实把精神文明建设提到更加突出的地位,已经成为全党和全国各族人民极其关注的大事。

1997 年 4 月,学校第八次党代会审议通过了《南京理工大学社会主义精神文明建设"九五"规划纲要》(以下简称《纲要》)。

《纲要》提出"九五"期间学校精神文明建设的奋斗目标:经过五年的努力,"师生员工的思想道德和文化素质明显提高","文化生活质量明显提高","学校文明程度明显提高",保持省级文明单位称号,争创省级文明高校和省级校风优秀学校,精神文明建设处于全省高校先进行列。

《纲要》将提高思想道德素质与道德水准作为精神文明建设的核心;将加强校风及校

园文化建设,组织群众性精神文明创建活动作为提高师生员工道德文化素质的重要举措。

根据中央和上级文件精神,20世纪90年代以来,学校陆续制定了《德育大纲》《学生德育考评办法》等一系列规定,建立和完善了大学生"两课"教育制度。在教职工中广泛开展"三育人"活动;通过多种形式对学生进行马列主义理论和思想品德教育;开展军训和国防知识教育,增强学生国防观念和组织纪律观念;开展主旋律鲜明、形式多样、生动活泼的文体活动和社会实践活动。

2. 探索和推进艺术与文化相融的教育实践活动

2003年,学校筹建大学生艺术教育中心,通过定编、定岗、定责,组建一支高水平和高素质的文化艺术管理、教育队伍,加强大学生的艺术教育、提高艺术修养和全面素质、繁荣校园文化生活。以校园文化艺术节和"周末校园文化艺术系列活动"为品牌开展有较大参与面的学生文化艺术活动,寓教育于文化活动中。

2006年学校被批准为"国家文化素质教育基地"。2007年,学校正式组建文化艺术素质教育中心,作为一个独立的教学机构,统筹学校的艺术与文化素质教育。在实践中,学校逐步探索形成了学校独特的艺术与文化相融的教育模式,并取得了丰硕成果。大学生艺术团排练的节目在江苏省各届大学生艺术展演活动中的获奖数目及层次均处于江苏省高校前列。

2005年国家启动"高雅艺术进校园"项目后,学校更是借助学术交流中心演出大厅和艺文馆等设施良好的演出场馆,主动与各级演艺团体联系,先后请进来中央歌剧院、中国国家话剧院、前线歌舞团、江苏省交响乐团、江苏演艺集团爱之旅合唱团、江苏省京剧院、广州交响乐团、南京市话剧院、南京市越剧团等十几家艺术团体共演出了20多场次。

2008年3月28日,孙友田、王盛、冯亦同、方政、徐明德等20多位南京当代著名诗人走进学校参加以"迎接春天"与"和平"为主题的诗会友采风活动。这样的活动逐步演变为每年一度的"五月诗会",拓展了校园文化活动的内容。

3. 二月兰和平文化节

二月兰是草本植物,花开紫色,日本人称为紫金草,春天在紫金山南麓田间地头或树林间成片开放。每年的3月中下旬,学校十亩水杉林中,就会出现二月兰盛开的美丽景观。千余株水杉也正吐露出动人的嫩绿,每天都会有学校师生徜徉其中,还会有大量校外游客流连、拍摄,成为南京市民必看的春天著名景观。

2006年的3月26日,这片水杉林迎来了一批特殊的客人——日本"紫金草"合唱团一行150余人。"紫金草"合唱团是日本倡导和平的反战人士组建的民间合唱团体,为了表示对日军侵华历史的深刻反省,加强中日友好,"紫金草"合唱团自2000年起,每年都自费来南京、北京等地演出、交流。"不忘历史、面向未来"是"紫金草"合唱团的团训,紫金草,也就是我们所称的二月兰,已经成为象征和平的使者,也被称为"和平之花"。

学校地处"紫金草故事"的发源地——紫金山南麓,"紫金草"合唱团连续多年来到校园,与大学生们开展和平为主题的交流文化活动,合作演出,共唱《紫金草的故事》。故事发生在 1939 年春天,曾经到过南京的日军军医山口诚太郎随部队又来到这座刚刚经历了大屠杀的城市。以往的繁华已被战火摧毁,到处是坍塌的城墙、废墟和白骨,看到的一切让他惊诧和不安。而当他在紫金山下看到了一片繁茂的紫色野花时,他震撼于这种野花旺盛的生命力,并开始反省战争。不久他就被军队革职,遣回日本。回国前,他在紫金山下采集了那种紫花的 12 粒花种。第二年的春天,山口家的院子里居然开满紫色小花。他并不知道这种以前在日本没有的野花的名字,就给它取名紫金草。此后 20 多年,怀着对战争的反省与对和平的期盼,他每年都将采集的花种装满麻袋,乘上火车,一路抛出火车窗外,期望紫金草开遍日本。日本作词家大门高子女士被紫金草的故事深深地感动,据此她创作了合唱组曲《紫金草的故事》,并组建了"紫金草"合唱团。

学校为打造以和平为主题的校园文化,将盛开二月兰的水杉林正式命名为"和平园"。"和平园"镌刻在位于水杉林东北角的一块高达 2 米的太湖石上,由将军书法家马殿荣先生手书。"和平的春天"校园文化系列活动成为了学校大学文化建设的品牌活动。每年的春天,学校宣传部牵头策划以"弘扬和平文化,构建和谐校园"为主题的系列文化艺术活动,举办学校的"开放日",成为和平文化研究、宣传展示学校、塑造师生和平理念的重要平台。

在每年二月兰和平文化节开启的学校"和平的春天"校园文化系列活动,成为学校对外宣传的一张靓丽文化名片。这项系列活动包括和平友好交流、和平文化研究与大学文化建设三个部分。和平友好交流的主要活动包括学校大学生与日本友人同唱一首歌,在"和平园"一起拍照留念等。和平文化研究以举办和平学系列讲座的形式来推动学校和平学研究与和平学科的建设。大学和平文化建设以"和平园"为环境载体,举办"二月兰"校园风光主题摄影赛、大学生艺术展演等活动。三个层面的活动互为补充,提升大学校园文化的品位,增加活动的学术性与传承性。

(二)推进大学文化建设

1. 凝炼办学理念

2003 年,建校五十周年之际,在总结 50 年办学经验的基础上,经过全校上下多轮研究讨论,凝炼出了学校的办学理念:"以人为本、厚德博学",重新诠释了"团结、献身、求是、创新"校风的内涵和时代意义。

"以人为本",即"以教师为本,以学生为中心"。以教师为本,就是充分依靠教师这一办学的主体,充分发挥广大教师在教学、科研等工作中的主导作用,注重激发其积极性和创造性,使学校充满生机和活力;以学生为中心,就是坚持以培养人才作为学校的根本任务,从有利于学生的成长成才出发,关注和致力于学生的全面发展。回顾学校 50 年历程,从哈军工创建之初诚揽八方英才,到多年来重视师资队伍建设,重视教学和学生工作的传统,学校在办学工作中始终贯穿着"以人为本"的思想。

"厚德博学"是学校办学、为人、育人的准则和目标。厚德,就是以高尚的道德和品行作为学校的立校之本、育人之基、为人之道,培养和锤炼优良品德是造就人才、成就事业的基础。博学,就是以传承和创造知识作为大学的特征和使命。大学师生唯有追求博大精深、博采众长,坚持学无止境、创新不殆,才能以更多的知识与技术创新成果来贡献国家、服务社会,从而实现理想、完成使命。厚德博学与学校长期以来提倡的"德才兼备、知行合一、全面发展"是一脉相承的。

对校风"团结、献身、求是、创新"新的诠释是:"团结"是包容,是协作,是团队合作的凝聚力量;"献身"是奉献,是追求,是执着进取的精神境界;"求是"是探索,是求真,是理性务实的科学素养;"创新"是超越,是创造,是成就进步的不竭源泉。

学校在继承"哈军工"优良传统的基础上,发扬"两弹一星"和载人航天精神,把国防文化与学生思想政治教育紧密结合,弘扬爱国主义旋律,深化社会主义教育,增强学生的集体主义观念,培养学生的民族精神和立志献身我国国防事业的使命感和强烈责任感,形成了具有南京理工大学特色的大学文化。

2. 文化建设三年计划(2011—2013 年)

2011 年 5 月,学校出台《南京理工大学文化建设三年计划(2011—2013)》。该计划结合贯彻实施学校党建思政和文化建设"十二五"规划,以 60 周年校庆为契机,重点以精神文化、形象文化、行为文化和环境文化为载体,建设内容丰富、格调高雅、特色鲜明、开放包容的大学文化。经过三年的努力,在 60 周年校庆前夕,主要取得了如下大学文化成果:

1)精神文化建设方面

提炼确定了校训:进德修业、志道鼎新。

"进德修业"语出《周易·乾》:"子曰:君子进德修业,忠信,所以进德也,修辞立其诚,所以居业也。""进德",意为存养德性、增进德行,体现学校崇尚"立德树人""育人为本""以德为先",将提高师生道德修养作为立身治世的前提与目标。"修业",意为修习学业、成就事业,体现学校办学育人的规格与境界,即教师诲人不倦,勤业精业乐业;学生孜孜以求,创新创业创优。

"志道鼎新",取意"探究道理,创造新知"。"志道"语出《论语·述而》:"志于道、据于德、依于仁、游于艺",蕴涵着探寻事物的本质规律、追求科学真理之意,强调要勉励师生把"道"作为孜孜以求的志向。鼎,树立之意,语出《周易·杂卦》:"革,去故也,鼎,取新也"。鼎新,引申为发现与创造新思维、新知识。

从哈军工创建至今,学校始终以与生俱来的使命感和责任感践行"献身国防、维护和平、繁荣祖国"的崇高志向,严谨治学、勇于赶超、自主创新,形成了以"献身"精神为核心的优良品行,已经成为中国现代兵器技术的人才摇篮和国防科技创新的重要基地,为我国国防现代化和经济社会发展做出了重要贡献。面对建设创新型国家、走新型工业化道路等国家发展战略,广大师生只有继续坚持修身立德、专注事业、探求新知、超越创新,才能同修共进、攻坚克难、勇立潮头,不断培育拔尖人才、成就盛德大业。

创作普及了校歌:《使命》。这首气势恢宏的歌曲由多位南理工领导老师共同创作歌词,并由著名音乐家、作曲家吴小平教授谱曲。

2)形象文化建设方面

重新设计了学校校徽(图5.10.1):

校徽用与二月兰花色相似的紫金色设计,校徽内圆中包括镌刻有"团结、献身、求是、创新"校风的二道门,建校时间"1953"字样,以及代表军工文化的盾牌、和平文化的橄榄枝、学术殿堂的书卷、放飞梦想的翅膀等形象;内圆与外圆之间,上方为规定字体的"南京理工大学"校名,下方为规定字体的"南京理工大学"英文大写。

图5.10.1　校徽

制作了校庆专题片:《矢志长歌》。

3)环境文化建设

兵器博物馆重新布展。兵器博物馆馆藏有众多现代兵器装备,是国内高校唯一的种类齐全、专业性强的兵器博物馆。它涵盖了自第一次世界大战以来世界多个国家不同历史时期的各类现代兵器装备,分为火炮展厅、枪展厅和弹箭展厅。兵器博物馆采取中心展厅加回廊的整体构型,采用挑空大堂、玻璃穹顶设计。天气晴朗时,明媚的阳光穿过穹顶洒在中心展厅里大大小小的火炮上,光照条件极佳。中心展厅为半圆形,圆心位置是一辆参加过1999年国庆阅兵的89式120毫米自行反坦克炮、一具59式57毫米高炮射击指挥仪和一枚C611反舰导弹。大部分圆弧部位布置了大大小小的高炮,炮口指向圆心,另外一小部分是火箭炮展区。各种压制火炮、老式地炮、航炮和火箭筒布置在回廊两侧。

校史展览馆重新布展。南京理工大学校史展览馆设在学校兵器教学楼三楼,建筑面积为2895平方米,布展面积约为2500平方米。著名校友、中国科学院院士、百岁老人任新民为校史展览馆题写了馆名。校史展览馆由序厅、主展厅、人物专题厅三个部分组成。序厅展示内容由学校精神文化和规划建设沙盘组成;主展厅内容由军事工程学院、炮兵工程学院、华东工程学院、华东工学院和南京理工大学五个时期的重大事件和取得成果组成;人物专题厅由孔从洲、任新民和杰出校友三个专题厅组成。重新布展的校史展览馆具有三个特色:一是永久保留了南京理工大学创建者和诸位先贤们珍贵的历史资料;二是详细展示了南京理工大学的历史根源、发展轨迹和未来规划;三是运用现代电子技术,注重表现形式的新颖和参观效果的统一。实体校史馆建成后,领先于全国高校实现了三维实景网上校史馆,让校友或社会各界人士在网上就可以参观校史馆。

五、群团工作和民主政治建设

1. 完善科学民主决策机制

学校党委不断修订和完善领导决策机制，提升科学民主决策水平，坚持和贯彻党委领导下的校长负责制，大力支持和配合校长依法独立行使行政指挥权。学校党委坚持按照民主集中制原则讨论和决定学校建设发展的重大问题。在定期的中心组学习中，专题安排学习党的民主集中制的有关原则和制度，并进行专题讨论，使党委班子和每个成员进一步熟悉和掌握了民主集中制的基本理论和基本原则，提高了对坚持和完善民主集中制重要性和必要性的认识，增强了贯彻民主集中制的自觉性。

学校在召开党委全委会、常委会、校长办公会时，严格按照重新修订的党委全委会、常委会和校长办公会议事规则研究和决策问题。2001 年在这些制度的基础上，制定并下发了《中共南京理工大学委员会关于坚持和健全民主集中制的若干规定》文件，对民主集中制的学习教育、坚持集体领导和个人分工负责相结合的制度、健全监督机制、严格遵守民主集中制的各项制度等方面都做了明确的要求和规定，进一步把民主集中制建设落到了实处。

学校多次荣获"江苏省文明学校""江苏省文明单位""江苏省高等学校先进基层党组织"等一系列荣誉称号。

2. 强化教代会和工代会的地位和作用

教职工代表大会制度是学校民主政治建设的重要组成部分。学校充分发挥教职工代表大会民主参与、民主管理与民主监督作用，积极推进依法治校、民主治校。1993—2012 年，学校召开了第三届至第七届教代会。教代会的召开，落实了党全心全意依靠工人阶级指导方针，保障教职工依法行使民主权利，加强和推进基层民主建设，进一步改革完善学校管理体制。

工会是团结和凝聚广大教职工的群众组织，反映职工意见诉求，维护职工合法权益、活跃职工文化生活是工会的重要职能。1993—2012 年，学校召开了第四届至第六届工代会，先后担任学校工会主席的有傅清基、于本友（第四届），于本友（第五届），马大庆、尹群、王贵农（第六届）。

2009 年工会倡导成立了"教职工爱心互助基金"，增强教职员工抵御大病风险的能力。坚持党建带工建，以创建"模范教职工之家""工人先锋号""巾帼文明岗"为载体，不断推进群众性创先争优活动的开展，涌现出了一批在教育教学、科研创新、管理服务等方面做出突出成绩的先进集体和创新团队。

在 2005 年开展的保持共产党员先进性教育活动中，学校宣传和表彰了成绩卓著的王泽山院士、身患重病仍在一线奉献的郭治教授、淡泊名利的周长省教授、教书育人的典范王执铨教授等先进典型。以先进典型教育和引导教师树正气,以模范人物的事迹鼓舞教师创一流业绩。

2006年9月14日,江苏省委宣传部、江苏省教育厅在学校举行了江苏省先进工作者、学校机械学院周长省教授先进事迹介绍会,全国20多家新闻媒体到会采访,并相继刊发了周长省教授的先进事迹。学校党委号召全校师生员工向周长省同志学习,并采取多种形式宣传周长省同志先进事迹,在全校掀起了学习周长省先进事迹的热潮。2010年5月周长省教授当选全国先进工作者。

2007年,学校开展了向全国教学名师——杨孝平教授和全国学习型优秀班组——毕业生就业办公室学习的活动。

2011年3月,外国语学院大学英语教学部被中华全国妇女联合会授予全国"巾帼文明岗"称号。2011年4月,图书馆工会被中华全国总工会授予全国"模范职工小家"荣誉称号。

3. 积极发挥统战群体和离退休老同志作用

统战群体和离退休老同志都是参与学校民主管理的重要力量,在1993—2012年学校建设发展过程中,他们充分发挥各自优势,为学校改革发展做出了重要贡献。

截至2012年底,学校有中国国民党革命委员会、民主同盟、民主建国会、民主促进会、致公党、九三学社六个民主党派基层组织,民主党派成员总人数150余人。2011年11月学校成立无党派知识分子联谊会,共有会员44人。统战成员中有全国人大代表1人、省人大常委1人;省政协常委1人、委员4人、区政协委员4人;民建中央委员1人、致公党中央委员1人、江苏省委驻会副主委1人。民主党派和无党派人士中有16人担任处级领导职务。这些民主党派人员都是学校政治协商、参政议政的主要骨干,是学校民主管理的重要力量。

学校创造条件、搭建平台,充分调动离退休教职工的积极性,经常听取他们的意见和建议,为学校的发展出谋划策。成立了关心下一代工作委员会,在学生和青年教师中开展形势报告、谈心交流、学习指导等活动。学校校园生活区和教学区共处一个空间,离退休老同志大部分都生活在校园内或附近。学校非常关心离退休教职工日常活动及生活待遇,成立了老年大学、体协、艺术团等多个活动组织,通过开展丰富多彩的活动,极大地提高了他们晚年生活的幸福感。

2012年5月11日,在宁高校关工委成立20周年庆祝活动在学校举行,中国关工委主任顾秀莲、江苏省人大常委会副主任张艳、江苏省关工委主任曹鸿鸣等领导出席。此前,学校举办了关工委成立20周年纪念活动,编印了《纪念画册》和《文件汇编》,中国关工委主任顾秀莲、教育部关工委主任田淑兰和省关工委领导分别题词。

学校先后被授予国防科工委"离退休工作先进集体"、教育部"全国教育系统关心下一代先进集体"、江苏省"全省老干部工作先进单位"、老干部局"先进老干部活动室"、

"江苏省老龄工作先进集体"等多项荣誉称号。

六、校庆活动

1993—2013年,学校先后组织了5次有影响的校庆活动,分别是1993年、1998年、2003年、2008年和2013年。通过校庆充分展示了学校的实力和风采,提升了学校的知名度和影响力,振奋了师生员工的精神面貌,动员一切力量促进和支持学校的建设发展。

(一)40周年校庆(1993年)

1993年是哈尔滨军事工程学院创建40周年,纪念哈军工创建40周年暨校庆大会于10月17日在大操场举行。学校老首长老领导刘居英、李懋之、张衍、张文峰、廖成美、李仲麟、林胜国、祝榆生、任新民,以及南京军区、江苏省、部机关领导等参加了庆祝大会,观看了新生军训表演。庆典期间,来宾还参观了校图书馆(致知楼)、实验主楼(致远楼)、轻武器陈列室、射击试验中心、校史展和科技成果展等。晚上,在主楼广场举行了综合文艺晚会。

这次校庆是学校历届老领导亲临学校最多、最集中的一次盛会。40周年校庆期间,学校还制作了介绍校容校貌的画册(中、英文版),对校史展览馆进行了全面改版和重新布展。

(二)45周年校庆(1998年)

1998年5月14日,学校召开45周年校庆动员暨工作布置会。根据学校"五年一小庆、十年一大庆"的基本原则,确定45周年校庆在"气氛上要热烈、形式上要简朴"的筹备工作思路,努力实现沟通感情、宣传学校、争取支持3个目标。

学校成立45周年校庆筹备协调工作组,下设总体协调组、宣传组、联络组、学术活动组、参观协调组、通讯录编辑组、文字摄像组、后勤保障组、学生组织组、治安保卫组等10个工作协调小组。

45周年校庆确定了一个庆祝大会、一场文艺演出、一次栽纪念树活动、一次系列学术报告会、一本校友通信录、一盘校庆录像带,以及系列参观活动、系列橱窗展等"八个一"的活动。

45周年校庆活动日定在9月26日。校庆前夕,时任中共中央总书记、国家主席、中央军委主席江泽民为学校亲笔题写校名,充分体现了党中央和江泽民同志对学校的关心和勉励,对学校办好高等教育的巨大鞭策和鼓舞,在学校建设发展史上具有重大意义。

9月26日,学校在大操场隆重举行建校45周年庆祝大会。兵器工业总公司、江苏省等上级单位领导,老院长李仲麟,30余家董事单位代表等出席了庆祝大会。会上还举行了江泽民同志题写的南京理工大学校名揭牌仪式。校庆期间,学校共举办39场学术报告会。一批企业纷纷解囊在学校设立奖学金。

45 周年校庆期间,学校为建设大学生活动中心(现艺文馆),董事单位、校友和全校师生踊跃捐款 697 万元人民币、9400 美元、4400 港元(捐款人和单位的名字至今镂刻在艺文馆墙壁上)。9 月 30 日,学校举行了大学生活动中心奠基仪式。2001 年 11 月正式启用的大学生活动中心——艺文馆,在校园里"成为社会各界、校友和全体师生员工关心下一代成长的标志性工程"。

(三)50 周年校庆(2003 年)

2002 年 3 月,学校召开了 50 周年校庆第一次筹备工作动员会,成立了由党委书记郑亚、校长徐复铭任主任,副校长刘丽华任常务副主任,其他校领导任副主任的 50 周年校庆筹备工作委员会,下设筹备工作办公室以及总体协调组、接待组、文稿秘书组、学术与科技活动组、宣传新闻与文艺演出组、后勤保障组、校史展览组、安全保卫组、接受捐赠组、焰火晚会组、体育活动礼仪与志愿者服务组等 13 个工作组。动员会提出了"人文、学术、科技、开放"的 50 周年校庆主题,以及"回顾历史,展望未来;彰显成就,扩大影响;加强联谊,密切联系;凝聚人心,加快发展"的校庆宗旨。提出了第一阶段筹备工作专项任务计划,包括上级领导题词征集、校史及发展成就展、规划沙盘制作、《校友通讯录》信息征集、校友访谈、校庆标志征集、明信片首日封发行等。同时,学院(系)筹备工作组也相应成立。

校庆前夕,学校在广泛研讨的基础上,制定并发布了《南京理工大学关于办学思想与发展战略的若干意见》,提炼了"以人为本,厚德博学"的办学理念,对"团结、献身、求是、创新"校风的内涵进行了重新诠释;确立了学校发展定位,以及未来 50 年学校发展分"三步走"和"实现两个重点转变"的发展战略。

校庆前夕,学校还完成了新大门、学术交流中心、第一运动场、基础教学实验楼、110 千瓦变电站等基础设施建设,新建了思园、紫麓南苑等一批集观赏休闲学习健身于一体的校园景观,对校园及周边环境进行了集中整治,学校面貌焕然一新。

在校庆前夕和庆典日期间,时任中共中央总书记、国家主席胡锦涛致电视贺,吴邦国、曹刚川、回良玉、陈至立、周光召、徐匡迪、丁光训、张怀西等党和国家领导人,教育部、中国工程院、国防科工委、江苏省委省政府等为学校 50 周年校庆题词或发来贺信贺电。

50 周年庆典大会于 2003 年 9 月 20 日在新改造完成的第一运动场隆重举行,全国政协副主席丁光训,以及两万三千余名嘉宾、校友和师生参加了大会。

校庆期间,还举办了庆典文艺演出、校史及发展成就展,举办了 55 场国内外著名学者报告会,制作了校友通信光盘、电视纪实片《使命》、MTV 校园歌曲《南理工明天更辉煌》、《南京理工大学 50 周年校庆报告会论文摘要文集》、《南京理工大学 50 周年校庆研究生学术报告会论文集》等。

校庆前后，许多知名企事业单位、个人、校友先后为校庆50周年捐款捐物助学兴学，截至2003年10月15日，学校共收到捐赠2705万元。

（四）55周年校庆（2008年）

2008年7月，学校启动了55周年校庆的筹备工作。成立了由校长王晓锋任组长的校庆筹备工作领导小组，下设校庆工作办公室。确定55周年校庆活动的主题是"学术、文化、发展"；活动举办的原则是"务实、高效、勤俭"；校庆的主要活动包括在学校原址（现哈尔滨工程大学校园）21号楼前立纪念石碑、筹备军工文化教育中心、举办改革开放30周年学校建设发展成就展、制作学校宣传片、举办系列学术报告会等。

55周年庆祝活动集中在9月10—19日期间举办。9月10日，学校在艺文馆多功能厅举行了校庆活动启动仪式暨教师节表彰大会；19日，在学术交流中心举行了闭幕仪式暨文艺演出。在哈军工原址（现哈尔滨工程大学校园）21号楼门前广场竖立了"溯源碑"。

（五）60周年校庆（2013年）

2012年8月，学校成立了60周年校庆筹备领导小组，书记校长为组长。筹备领导小组下设校庆筹备办公室和八个专项工作组，由分管副校长担任组长，副组长由若干名相关部门正职担任，并调遣精干人员充实校庆工作队伍，保证了各项工作的高效开展。学校明确提出了校庆的指导思想，确定了"使命、传承、跨越"的主题、"高品位、有特色的学术与文化盛宴"的工作目标以及"教育为本、彰显特色、简朴热烈、以庆促建"的工作原则。同时，各学院也都建立了校庆工作领导小组，主要领导亲自负责，制定计划，组织实施。

校庆前夕，学校凝炼形成了"进德修业，志道鼎新"的校训，征集并创作了校歌《使命》，征集确立了校庆六十周年标识，建成了友谊河南岸历史文化景观带"止戈园"，举行了陈赓大将、孔从洲中将铜像落成揭幕仪式，设置一批反映学校发展史、军工发展史的公共艺术品。编撰出版了校庆60周年画册《六秩风华》，制作校庆专题片《矢志长歌》，出版了《南京理工大学纪事（1953—2013）》《火炮历史的见证：南京理工大学兵器博物馆藏火炮集粹》《景行身影：南京理工大学良师益友图志》《南京理工大学电子工程与光电技术学院院志》等校史系列丛书，以及《南京理工大学60人教育思想谈》《弘毅——新中国第一代国防科技教育工作者传奇》《若二月兰般优雅——南京理工大学女性风采录》《关乎人文——南京理工大学文化建设成果巡礼》《攀登是一种人生姿态》等文化系列丛书。

校庆前夕，学校翻建或加固拓宽改造5座桥梁，2016年7月，根据《关于公布部分楼宇、桥梁和景观名称的通知》，部分桥梁分别被命名为军工桥、武高桥、炮工桥、华工桥。校庆前夕，学校还出新道路22000平方米，翻新、改造人行道15000平方米，种植绿化面积15000平方米，使得学校中心区环境明显改善。新建停车场4个，维修改造学生宿舍、艺文馆等公共用房 17 栋,大大改善了学生生活、教学科研、行政办公相关硬件设施。新建的研究生食堂,在学校校庆接待中发挥了巨大的作用。

在校庆前夕和庆典日期间,杰出校友、全国政协副主席卢展工通过视频表达了对母校的深情厚谊和对学校发展的期望,曹刚川、顾秀莲、陈求发、韩延林、李政道等领导和专家为学校校庆题词,65 位两院院士、近百所兄弟高校、海内外校友会以及合作单位等致信祝贺。

60 周年庆典大会于 2013 年 9 月 20 日在学术交流中心举行,海内外嘉宾、校友以及师生共 1200 余人参加庆祝大会。工业和信息化部代表衣雪青(人事教育司司长)、江苏省人民政府副省长曹卫星、哈尔滨工业大学校长王树国、白俄罗斯共和国教育部部长马斯盖维奇·谢尔盖·亚历山大洛维奇、美国加州州立大学北岭分校校长 Dianne. F. Harrison、中国科学院院士卢柯等嘉宾到会致辞。

校庆前后,学校组织了一系列学术活动。来校院士达 40 余人,组织各类报告近 400 场,受益师生两万多人次。国防科技前沿技术论坛、工信部七校青年学者论坛等高层次学术交流会议,紧贴学校实际,扩大了学校相关学科的影响。同时,学校邀请近年来与学校合作交流比较密切的 26 所海外大学的校长出席了学校校庆活动,并与其中 9 所海外大学校长分别举行了会谈并签署合作协议,成功举办了主题为"高水平研究型大学建设与创新型工程技术人才培养"的中外大学校长报告会,加强了学校与国际知名高校的联系和合作。

校庆前后,学校共接受校友和社会各界捐赠 357 笔,协议金额 4709.64 万元(含实物估价)。

第六章 开启世界一流大学建设新征程
（2012—2022 年）

党的十八大以来,中国特色社会主义进入了新时代。南京理工大学作为行业特色鲜明研究型大学也迈入了新的发展阶段。学校党委带领全校师生,凝心聚力,全面贯彻党的教育方针,加快特色高水平研究型大学建设步伐。全面深化综合改革,拓展办学空间,完善内部治理体系,提高教育教学质量,向着建成特色鲜明世界一流大学的目标阔步前进!

第一节 凝心聚力,开启世界一流大学建设新征程

在国内一流大学建设的同时,学校站在新的历史起点上,着眼长远发展,科学谋划未来,逐步开启建设特色鲜明世界一流大学新征程。

一、世界一流大学建设目标

从 1998 年 6 月国家计委正式批准南京理工大学"211"工程建设立项报告以来,学校通过"211"工程共 3 期建设,2011 年 6 月正式跻身国家"985"工程优势学科创新平台重点建设高校。进入"985"工程优势学科创新平台,标志着学校步入国内一流高校行列,开启了学校建设"世界一流"大学新的一页。

2013 年 6 月 5—7 日,学校召开第十一次党代会。尹群同志代表党委作了题为"坚定信心,锐意进取,开启建设特色高水平研究型大学新征程"的工作报告。报告指出:"经历一个甲子,学校站在了新的历史起点上,即将开启建设特色高水平研究型大学的新征程。当前,国家正处在全面建成小康社会,江苏省正处在实现'两个率先',工业化、信息化和国防现代化正处在加速发展的关键阶段,这为我们服务国家和区域经济发展、推进'两化'深度融合、推动行业转型升级提供了广阔的空间。党和国家大力实施科教兴国、人才强国创新驱动战略,这为我们推动内涵式发展、提高教育质量创造了更多的机会。十八大报告指出,我国国防和军队现代化建设的目标是'力争到 2020 年基本实现机械化,信息化建设取得重大进展。'因此,信息化作为今后一个时期国防和军队现代化建设的发展

方向将更加明确,研发信息化武器装备系统前景广阔、大有作为,这为我们这样一所国防特色鲜明、以兵器学科见长的重点大学创造了巨大的发展机遇。"

报告分析了学校面临的新形势后,提出了学校百年办学目标:到2053年,即建校一百周年时,学校步入国内一流、国际知名的高水平研究型大学行列。

为实现学校办学目标,将重点实施质量提高工程、特色强化工程、创新攀登工程、拓展提升工程等四大工程,实施卓越管理行动、文化引领行动和青年教师助推计划。

2016年9月,学校发布"十三五"教育事业发展规划,在面临的发展环境中提出:"'世界一流大学和一流学科'建设将掀起新一轮高校间办学综合实力的竞争。'世界一流大学和一流学科'建设是新的历史时期党和国家在高等教育领域做出的重要决策,这一计划必将对学校的长远发展带来新的发展动力和发展机遇,学校应集中力量,汇聚优势资源,以一流为目标,扎实开展学科结构优化、创新学科组织模式,完善绩效管理体系,改革创新体制机制,扶持若干学科进入世界一流行列,争取有学科进入世界一流前列,为学校争创世界一流大学建设打下良好基础。"

在发展目标中提出:"至'十三五'末,核心办学指标水平位次稳居全国高校前40位,建成特色高水平研究型大学,为到2053年步入国内一流、国际知名的高水平研究型大学行列奠定坚实基础。"

2018年7月26日,在学校暑期工作研讨会上,校长付梦印同志在谈到学校发展的战略定位时指出:"中国的大学有近3000所,不外乎这两类:一类是综合性大学,一类是特色行业型大学,而我们的定位是特色高水平研究型大学。""我们要建设特色高水平研究型大学,远期要成为世界一流的特色研究型大学。"

2019年11月4—6日,学校召开第十二次党代会。张骏同志代表党委作了题为"不忘初心,牢记使命,奋力开启建设特色鲜明世界一流大学新征程"的工作报告。报告指出:"当前,中国特色社会主义进入了新时代,我国正处于决胜全面建成小康社会和实现'两个一百年'奋斗目标的历史交汇期,这既是党和国家发展的大方位,也是学校逐梦前行的新坐标。"走进新时代,站在新起点,担当新使命,必须科学谋划未来,开启学校建设发展新征程。

报告分析了学校面临的新形势后,提出了学校百年办学目标,即到本世纪中叶建校一百周年之际,把学校建成特色鲜明世界一流大学。报告还提出了学校"三步走"的奋斗目标:到2025年,学科布局更加合理、优势更加突出,拔尖创新人才培养成效凸显,高端领军人才数量、科学研究水平显著提升,高水平开放办学格局基本形成,1~2个学科进入世界一流学科前列,2~3个学科进入世界一流学科行列,力争进入国家"世界一流大学"建设行列,陆海空天信融合发展特色基本形成,具备冲击特色鲜明世界一流大学的雄厚实力;到2035年,高端人才培养体系完善,拥有一批国际公认、水平一流的师资队伍,代表国家水平和具有国际学术影响力的研究成果不断涌现,2~3个学科进入世界一流学科前列，3~5个学科进入世界一流学科行列，陆海空天信融合发展特色更加突出，基本建成特色鲜明世界一流大学；到2053年，若干学科进入世界一流学科前列，一批学科进入世界一流学科行列，陆海空天信融合发展特色鲜明，全面建成特色鲜明世界一流大学，整体实力进入世界一流大学前列，成为知识创新的重要源头、杰出人才的汇聚高地和传播中华优秀文化的辐射源，办学声誉和学术影响力得到全球公认。

为实现学校办学目标，将重点实施一流创新人才培养、一流学科体系建设、一流科研水平提升、一流人才队伍引育、一流对外开放办学、一流办学环境优化六大工程。

2021年11月，学校发布"十四五"教育事业发展规划，提出："到2025年，学校学科布局更加合理、优势更加突出，创新型精英人才培养成效凸显，高端领军人才数量、科学研究水平显著提升，高水平开放办学格局基本形成，1~2个学科进入世界一流学科前列，2~3个学科进入世界一流学科行列，力争进入国家'世界一流大学'建设行列，'陆海空天信'融合发展特色基本形成，具备冲击特色鲜明世界一流大学的雄厚实力。"

把南京理工大学建设成为特色鲜明世界一流大学的目标经过多年的凝炼，形成全校上下共识。一代又一代的南理工人凝心聚力，接续奋斗，必将实现这一目标。

二、高等学校创新能力提升计划

高等学校创新能力提升计划简称："2011"计划，是继"211"工程和"985"工程之后，第三个体现国家意志的高等教育重大专项计划。

（一）学校重视，完善工作体制机制

学校高度重视高等学校创新能力提升计划。2011年11月，成立了以党委书记和校长为组长的高等学校创新能力提升计划（"2011"计划）工作领导小组，秘书单位为发展规划处。领导小组负责学校"2011"计划工作的总体筹划、研究协调；指导和督促各协同创新中心围绕重大任务需求导向建立健全协同创新机制，落实协同创新计划；研究审定全校"2011"计划工作布局、经费投入和对外合作等重大事项。

学校高度重视协同创新中心建设，针对协同创新中心的具体情况制定了相应的支持措施。2012年7月，学校校长办公会审定同意发展规划处、科技处、人事处拟订的《先进发射技术协同创新中心建设方案》，将兵器创新楼作为中心建设地点，确定中心作为学校拟申报的"2011"计划重点项目，设立特区，先行先试，创新模式，拓展学校发展的新空间。

先进发射武器系统协同创新中心承担了学校深化体制机制改革的责任，是协同创新的试验田。主要的改革举措包括：汇聚创新资源和要素，转变创新方式，提升人才、学科、科研三位一体的创新能力；突破体制壁垒，推进高校与高校、科研院所、行业企业、地方政府以及国外科研机构的深度合作；围绕先进发射研究领域持续创新，攻克一批关键技术，形成学校在相关领域的国内一流研发水平；培育若干新兴交叉学科，促进学校相关学科

的发展,提升学校学科总体发展水平;引进和培养相关领域高层次创新人才,组建高水平研究团队,保障科学研究、人才培养任务完成;构建"有工程和行业特色"的协同人才培养模式,重点培养相关领域对口急需人才;对接相关领域重点企业,推进相关研究成果的应用转化和产业化,促进相关领域行业的技术改进和产业升级;围绕相关学科和研究领域,构建开放、共享的实验平台,以实现资源的高效利用,最大程度发挥建设效益。

2013 年 6 月,学校党委常委会审定了先进发射武器系统协同创新中心组织架构及人事管理办法,会议决定中心定位为学校直属单位,按照"全新的运行机制,中心独立,人、财、物独立"的要求,加快推进建设。

2013 年 7 月,学校印发《先进发射武器协同创新中心人事管理办法(试行)》。2013 年 10 月,学校聘任朱日宏教授为先进发射武器系统协同创新中心主任。此后,首批专职人员、兼职人员陆续聘任,中心实体化建设运行工作正式启动。

2014 年 2 月,学校专门成立了先进发射协同创新中心工作领导小组,由校长任组长,分管相关领域的副校长任副组长,相关学院和部门领导担任成员。领导小组成立的目的是推进先进发射武器系统协同创新中心的建设、运行及认定申报工作,促进学校人才、学科和科研三位一体的创新能力提升。中心在学校的统一领导下,经过精心准备,全力组织开展论证、申报国家级"2011"协同创新中心各项工作。2014 年 5 月底,在第二轮答辩评审中取得了良好的成绩,在行业产业 C2 组与上海交通大学、华中科技大学、西北工业大学并列小组第四,未能进入第二批名单。

在学校政策支持和条件保障的基础上,先进发射武器系统协同创新中心创新机制,集聚人才,形成了构建多元化创新队伍的经验。坚持"以重大需求为牵引,以项目任务为载体、以创新团队为单元"的团队组织思路,充分利用人才特区的灵活政策,形成了按方向、任务集聚团队;专兼职结合、校内外结合选聘人才;科研创新、工程技术、管理队伍有机结合;以团队为单元考核;强化青年人才培养等经验。

(二)稳步推进协同创新建设工作

2012 年 11 月 16 日,经学校相关单位牵头培育组建,学校"2011 计划"工作领导小组研究决定,认定先进发射武器系统协同创新中心、社会公共安全科技协同创新中心、先进微纳米材料及装备协同创新中心、先进民用爆破材料与安全技术协同创新中心、高端装备与先进制造协同创新中心、轨道交通电气自动化与系统安全技术协同创新中心为校级协同创新中心。2015 年 9 月 10 日,学校研究决定在知识产权学院成立知识产权与区域发展协同创新中心。2016 年 5 月 10 日,学校决定依托弹道国防科技重点实验室成立水中弹道协同创新中心。

先进发射武器系统协同创新中心是由南京理工大学牵头,联合中国兵器工业集团、中国工程物理研究院流体物理研究所、中国航天科工集团第九总体研究部等作为核心单位，武汉锐科光纤激光技术有限责任公司、西安交通大学、燕山大学、中国科学院国家天文台南京天文光学技术研究所、中国科学院电工研究所、重庆望江工业有限公司等作为主要参与单位，共同组建的面向国防行业的协同创新中心。中心围绕"国家急需、世界一流、制度先进、贡献重大"、"支撑传统、引领新兴、产学融合"的要求，秉承"突破先进发射技术，发展高新武器装备，服务国家安全"宗旨，紧扣以先进发射关键技术创新的战略需求，不断凝炼和实施重大研究任务，整合吸纳国内优势创新要素，完善多方合作、利益风险共担的长效机制，链接基础研究、技术攻关、系统集成、工程转化，构建"人才、学科、科研"三位一体的先进发射技术协同新载体，探索政产学研用融合发展的技术转移模式，成为我国先进发射领域新原理、新技术、新装备和高端创新人才的摇篮，成为支撑相关行业产业发展的核心共性技术研发和转移的重要基地，成为代表国家、国际一流的先进激光发射领域科学研究和人才培养的核心平台。

社会公共安全科技协同创新中心是由南京理工大学牵头，联合江苏省公安厅、江苏警官学院、东南大学、扬州大学、中国电子科技集团公司第二十八研究所、南京莱斯信息技术股份有限公司、江苏清大维森科技有限责任公司、江苏三棱科技发展有限公司培育组建的协同创新中心。中心围绕社会公共安全领域的重大科技需求，汇聚校内外优质资源，形成核心技术与装备研发能力，提升社会公共安全的管控和处置能力，为建设"平安江苏"和我国经济社会稳定可持续发展提供技术和人才支撑。

先进微纳米材料及装备协同创新中心是由南京理工大学牵头，联合中国科学院金属研究所、江苏法尔胜泓昇集团有限公司、南京钢铁集团有限公司等行业领军单位，聚焦微纳米含能材料、微纳米高性能金属结构材料、微纳米能源功能材料、微纳米光电材料与器件和微纳米材料加工装备等单位，协同组建的面向微纳米材料行业产业的协同创新中心。中心以"国家急需、世界一流"为宗旨，围绕微纳米材料领域的前沿科学问题、行业瓶颈技术和装备研发需求，在微纳米金属结构材料、纳米功能材料、微纳米材料加工装备三个方向，组建国际化、高水平、融产学研合作一体化的协同创新平台，整合高等学校、研究院所、龙头骨干企业等单位的科技创新资源，搭建学科、人才和科研三位一体的协同创新平台，引领纳米材料发展、推动新材料战略性新兴产业发展、培养拔尖创新人才与卓越工程师。

先进民用爆破材料与安全技术协同创新中心是由南京理工大学牵头，联合解放军理工大学（现中国人民解放军陆军工程大学）、中国科学技术大学、安徽理工大学、中国工程物理研究院、北京矿冶研究总院、长沙矿冶研究院等高校及科研院所和北方特种能源集团有限公司、贵州久联民爆器材发展股份有限公司、安徽江南化工股份有限公司、四川雅化实业集团股份有限公司、广东宏大爆破股份有限公司、新疆雪峰科技集团股份有限公司、深圳市金奥博科技有限公司、青海海西化工有限公司、大赛璐安全系统（江苏）有限公司等多家大型企业组建。中心建设目标是探索建立"校校协同""校企协同""校地协同"

"国际协同"等"开放、集成、高效"的民用爆破材料研发、成果转化、人才培养和体制机制创新为一体的"校企地"协同创新组织,产出一批具有自主知识产权的民用爆破材料技术、产品和装备,推动我国民爆行业创新发展。

高端装备与先进制造协同创新中心是由南京理工大学牵头,联合华中科技大学、东南大学、中国运载火箭技术研究院、中国兵器内蒙古第一机械集团有限公司等单位组建。中心致力于高端装备设计和制造工艺等方面的关键共性技术协同攻关和成果转化,建成"支撑传统、引领新兴、军民融合、产学结合"的高端装备制造领域高水平技术创新和人才培养基地。

轨道交通电气自动化与系统安全技术协同创新中心是由南京理工大学牵头,联合中车南京浦镇车辆有限公司、国电南瑞科技股份有限公司、南京地铁集团有限公司、南京熊猫信息产业有限公司、江苏省城市轨道交通研究设计院股份有限公司、苏州大学、江苏银河电子股份有限公司、江苏省交通规划设计院股份有限公司、南京恩瑞特实业有限公司、北京交通大学轨道交通控制与安全国家重点实验室等单位组建。中心的建设目标是以"突破轨道交通电气牵引关键技术,研制轨道交通信号系统国产化装备,服务国家"一带一路"和"走出去"战略为宗旨,整合吸纳国内优势创新要素,完善多方合作共赢,利益风险共担的长效机制,构建链接基础研究、技术攻关、工程转化全过程,集人才、学科、科研三位一体的国家级轨道交通电气自动化与系统安全技术协同创新平台,不断凝炼和实施重大任务,建成轨道交通领域新原理、新技术、新装备和高端创新人才的摇篮,带动我国先进轨道交通高端装备制造业跨越式发展,为加快提升轨道交通装备国产化率水平提供有力的支撑。

知识产权与区域发展协同创新中心是由南京理工大学牵头,联合中南财经政法大学、江苏省知识产权局、南京中兴软件有限责任公司、中材科技股份有限公司、广州奥凯信息咨询有限公司等单位组建。中心以体制、机制改革为保障,开展知识产权高端服务和合作研究,全面提升知识产权学科建设、人才培养、社会服务、科学研究等方面的创新能力,为推动国家知识产权战略实施、建设知识产权强国提供强有力的理论支撑和人才支持,构建知识产权理论与应用研究的学术高地,打造政产学研一体化运行的科研成果转化平台。

水中弹道协同创新中心是由南京理工大学牵头,联合海军装备研究院舰艇作战系统论证研究所、哈尔滨工程大学等单位组建。海洋是我国战略利益拓展的重要方向,影响我国未来发展的主要安全威胁来自海上,我国海上安全环境日趋复杂、安全形势极为严峻。在此背景下,中心着力推进该领域代表国内领军水平的研究力量强强联合、优势互补、资源共享,加速推动我国水中弹道相关领域的机理研究、重点关键技术攻关和系统集成创新,填补我国在水下防御武器装备研制的短板和空白。

2013 年 4 月,学校先进微纳米材料及装备协同创新中心入选江苏省首批立项建设的协同创新中心,2014 年 3 月,社会公共安全科技协同创新中心入选第二批江苏高校协同创新中心,先进发射协同创新中心被认定为工业和信息化部协同创新中心。2016 年 2 月,先进民用爆破材料与安全技术协同创新中心、高端装备制造技术协同创新中心被认定为第二批工业和信息化部协同创新中心。

2014 年 10 月 10 日,学校"2011"计划工作领导小组审议通过了《南京理工大学 2011 协同创新中心管理办法（实行）》,从管理体制、运行机制等方面对协同创新中心实施相对独立的管理体制和倾斜的管理政策,优先提供人员、经费、场地等各项保障条件,促进中心突破体制机制壁垒,产生标志性研究成果和社会经济效益,培养拔尖创新人才。

2018 年 4 月,教育部下发《教育部办公厅关于开展省部共建协同创新中心工作的通知》,决定启动省部共建协同创新中心工作。省部共建协同创新中心以产学研利益共同体、新型智库为载体,聚焦加快构建中国特色哲学社会科学的重大理论问题和现实问题,学理研究、战略研究、对策研究一体化实施;聚焦支撑经济社会发展的重大科学问题、共性关键技术和产品,研究开发转化全链条设计,以解决重大需求的贡献度为认定标准,从省级协同创新中心中择优产生。通过省部共建,重点支持牵头高校能力建设,进一步为区域、产业、文化发展提供科技、智库和人才支撑,充分发挥高校对建设现代化经济体系、推动社会主义文化繁荣兴盛的独特作用。2019 年 9 月,学校先进微纳米材料及装备协同创新中心入选省部共建协同创新中心。

2015 年 5 月,国务院作出《国务院关于取消非行政许可审批事项的决定》（国发〔2015〕27 号）后,教育部取消了国家级"2011"计划协同创新中心的认定。2020 年初,经学校研究决定,先进发射武器系统协同创新中心并入电子工程与光电技术学院,不再作为学校独立二级机构,不再实行"特区"政策。

三、世界一流大学和世界一流学科建设

2015 年 10 月,国务院印发《统筹推进世界一流大学和世界一流学科建设总体方案》,对新时期高等教育重点建设作出新部署,推动中国从高等教育大国向高等教育强国迈进。

2016 年初,学校在十一届七次全委会上经过讨论和分析认为,"双一流"建设对学校目前来说,就是要瞄准世界一流学科建设,全力打造若干不可替代、不可或缺、新兴交叉的一流学科,并首次提出了建设兵器与装备、电子与信息、化工与材料三大优势学科群,为学校"双一流"建设指明了方向。

2016 年 3 月,学校以"立足优势学科、对标世界一流,加快建成特色高水平研究型大学"为主题,召开了"双一流"建设动员大会,分析学校面临的机遇和形势、使命与责任,明确了学校的建设任务和举措。以创新科研组织方式为重点,构建跨学院、跨学科交叉融合的研究平台和团队,瞄准国家和行业重大需求,做实协同创新中心,利用大平台、组建

大团队、产出大成果。

2016 年 4 月,学校以"聚焦一流学科建设,谋求特色创新发展"为主题,召开首届院士专家咨询会,24 位院士聚焦学校"十三五"规划和"双一流"建设,为学校未来发展精准把脉。

2017 年 1 月,经国务院批准同意,教育部、财政部、国家发展和改革委员会印发《统筹推进世界一流大学和一流学科建设实施办法(暂行)》。该办法提出:到 2020 年,若干所大学和一批学科进入世界一流行列,若干学科进入世界一流学科前列;到 2030 年,更多的大学和学科进入世界一流行列,若干所大学进入世界一流大学前列,一批学科进入世界一流学科前列,高等教育整体实力显著提升;到本世纪中叶,一流大学和一流学科的数量和实力进入世界前列,基本建成高等教育强国。该办法指出,每五年为一个建设周期,建设高校实行总量控制、开放竞争、动态调整。

(一)抓住机遇,争取进入"双一流"建设行列

建设世界一流大学和一流学科(以下简称"双一流")是学校新时期面临的又一重大机遇和挑战。为抓住机遇,加强谋划部署,2017 年 3 月学校成立了"双一流"建设工作领导小组及工作小组。领导小组由党委书记和校长担任组长,分管科研工作、财务工作、学科建设、人才培养、人事管理、国有资产管理的校领导任副组长,成员有党政办公室、宣传部、发展规划处、教务处、科学技术研究院、人事处、研究生院、财务处、国有资产与实验室管理处、国际交流合作处主要负责人。领导小组负责学校"双一流"建设工作的总体筹划、研究协调。下设"双一流"建设办公室,挂靠在发展规划处。"双一流"建设工作小组负责学校"双一流"建设工作的具体推进和组织实施。

2017 年 8 月学校在充分研究"双一流"建设专家委员会审议咨询意见的基础上,认真修改完善了《一流学科建设高校建设方案》并上报。

学校上报的《一流学科建设高校建设方案》分为三部分,如下:

第一部分是学校的办学定位与发展目标。在办学定位中明确:"到 2020 年,学校服务信息化武器装备系统和'两化'深度融合的办学特色更加鲜明,人才培养质量明显提高,学术水平显著提升,服务社会能力更加突出,学校文化长足进步,师生满意度和幸福感进一步增强,核心办学指标水平位次稳居全国高校前 40 位,建成特色高水平研究型大学;到 2053 年,即建校 100 周年时,步入国内一流、国际知名的高水平研究型大学行列。"

第二部分是学科建设。学校提出建设的学科群是智能兵器与装备学科群。对应的一级学科有兵器科学与技术、光学工程、化学工程与技术。通过重点建设该学科群包括的武器系统与工程、目标探测与感知、先进发射与弹道、智能与高效毁伤、先进军工材料、武器系统智能化、武器装备智能制造、网络与空间攻防等 8 个主要发展方向,既能支撑学校服务国家战略和重大需求,又能满足在世界新军事变革条件下引领兵器与装备创新能

力提升的需要。同时,利用兵器科学与技术学科先发优势带动其他学科形成后发特色优势,逐步形成互为支撑的一流学科群,形成一批学科高峰。

第三部分是整体建设。在本部分提出了学校一流学科建设的主要政策举措。

(二)采取措施,逐项落实,强力推进"双一流"建设

2017 年 9 月 21 日,教育部、财政部、国家发展和改革委员会联合发布《关于公布世界一流大学和一流学科建设高校及建设学科名单的通知》,正式公布世界一流大学和一流学科建设高校及建设学科名单,学校入选世界一流学科建设高校,兵器科学与技术学科入选"双一流"建设学科。"双一流"建设正式进入实质性推进阶段。

1. 第一轮建设

1)扎实推进各项建设工作

2018 年 11 月,学校制定了《"世界一流大学和一流学科"建设项目管理办法》,用来规范项目管理,提高资金使用效益。办法适用于使用中央高校建设世界一流大学(学科)和特色发展引导专项资金及配套资金的各类建设项目,主要包括拔尖创新人才培养、师资队伍建设、提升自主创新与社会服务能力、文化传承创新、国际合作交流等五类建设项目。

2018 年 11 月 13 日,学校组织召开了"双一流"建设推进会。会上传达了教育部"双一流"建设现场推进会精神,通报了学校"双一流"建设进展,解读了学校"双一流"建设项目管理办法及下一步工作考虑。兵器科学与技术、化学工程与技术和光学工程等 3 个学科分别介绍了建设进展情况。学校学术委员会委员、学科代表围绕学校"双一流"建设竞争形势,人才培养改革、学科特色建设、大学文化塑造等问题,提出了具体意见建议。

党委书记尹群同志提出:要进一步深刻认识"双一流"建设的战略意义,做强"双一流"建设新引擎,明确一流学科建设责任体系,学校各管理部门主动担当起为"双一流"保障、服务职能,调动各个学科及教师的积极性、主动性,共同参与到"双一流"建设工作中来。

校长付梦印同志作总结讲话并指出:要把握"双一流"建设内涵,在人才培养和科学研究上要形成不可替代、不可或缺的特色与能力;要建立全员、全时间、全维度的"双一流"建设机制,发挥"双一流"建设引领发展的作用;要在"聚、提、融、绩"方面下足功夫。在方向上聚特色、短板上聚发展,聚合人才资源、聚实标志性成果、聚齐团结力量,形成开放协作、相关包容的共同发展机制;要提升全校每一个人的主人翁地位、责任担当和协同共进精神,以贡献度为评价标尺,赋予教师在学校中的地位和荣誉;要在融合发展模式上创新方法,推动学科之间的交叉融合,坚持走出去、协同发展模式,强化国内外学术交流;要在绩上产出标志性成果,把握行业特色大学定位,坚定以重大战略需求为导向,在大学文化、人才培养、师资队伍上多下功夫。

2018年12月,学校制定了《"双一流"建设国际化发展指导意见》,以实施教育观念和管理国际化、学科建设国际化、师资队伍国际化、国际化创新人才培养、国际化形象与文化建设等五项工程为抓手,促进学校国际化水平的提升。

2)中期评估

2019年6月,根据教育部《关于开展"双一流"建设中期自评工作的通知》要求,学校制定上报了自评估工作方案,明确自评目标、程序和结论形成机制。

6月23日,学校召开工作布置会,初步研讨建设成效和问题,布置开展学校自评报告起草和主要建设学科自评工作。7—8月,"双一流"建设办公室组织到相关学院开展调研,完善自评估报告。8月30日,学校召开"双一流"建设领导小组会议审议自评报告初稿,听取主要建设学科自评分析汇报,根据领导小组审议意见修订完善自评报告。9月4日学校组织召开评审会,邀请10位评审专家(包括两院院士7人)对"双一流"建设自评报告进行评审。依据评审会评审意见,学校进一步修订完善中期自评报告,2019年9月上报工业和信息化部、教育部。

在"双一流"建设中期评估会上,专家组一致认为南京理工大学"双一流"建设符合度高、目标达成度好,建设进展顺利、阶段成效显著,可以实现国家"双一流"建设目标。

3)周期建设总结

2020年8月,教育部下发了《教育部办公厅关于开展2016—2020年"双一流"建设周期总结工作的通知》。根据要求并结合工作实际,学校及时制定了《南京理工大学"双一流"建设周期自评工作方案》。学校"双一流"建设办公室开展了情况摸底、报告编制。9月1日开始,结合自评工作上传截至2020年8月31日的最新数据。9月3日,组织学校"双一流"建设领导小组成员单位及相关教学科研单位负责人召开校内意见征集会议,审议学校整体、兵器科学与技术学科建设周期总结报告。9月6日,组织学校"双一流"建设周期评估会,邀请12名校内外专家(含10位两院院士)对学校整体、兵器科学与技术学科周期建设进行评估,并形成专家评估意见。后经学校校长办公会审定后报工业和信息化部、教育部。

"双一流"建设周期总结报告凝炼出了学校最具显示度的贡献点。学校作为传统军工院校和隶属于工业和信息化部的全国重点大学,始终胸怀强大国防、繁荣祖国使命,忠诚奉献强国防,每次彰显国家力量时,南理工人从未缺位。新时代新要求,聚焦"两个强国"建设、"保军补军强军"、"强富高美"新江苏建设历史重任,谋篇布局,攻坚拓新,奋力推进特色鲜明世界一流大学建设,谱写服务强军兴国新篇章。

坚持立德树人,构建"家国情怀"国防英才培养体系。根植"强大国防"使命,提出"为中华民族复兴立命、为武器装备现代化立行"的教育理念,构建招生-培养-就业国防英才全链培养体系。率先在全国提前批次招收兵器类专业学生,锁定优质生源,保障国防人才培养基础。军工文化育人融入人才培养全过程,将知识传授、能力培养、文化引领、价值培塑等融会贯通,培养青年学子家国情怀和奉献精神。将军民融合融入创新创业人才培养过程,构建"需求全纳、学训全融、平台全链"国防创新创业人才培养新模式,入选国家双创示范基地。实施"助飞启航"等国防系统专项招聘活动,畅通就业渠道,引导学生献身国防。2016年以来,学校累计向国防行业输送毕业生5890人,占全校总就业学生数的30%以上;在国庆70周年大阅兵武器装备方队中,学校校友担任其中24个武器装备系统的总师或副总师,为国防现代化建设提供了有力的智力支撑。

坚持创新引领,构建"使命担当"国防科技创新体系。始终坚持面向国家重大战略,瞄准科技前沿,在先进发射、高效毁伤、光电信息、导航制导、先进材料等国防科技领域代表国家先进水平。强化原始创新,抢占国防科技创新制高点。在全氮阴离子研究领域取得巨大突破,引领全球第四代高能量密度含能材料技术,助推我国军工行业"一代材料一代装备"创新发展,入选"2019年国防科技十大进展"。聚焦核心技术,推动高新武器装备更新换代。作为唯一总师单位研制出具备前向零度直射强装弹药功能的大口径车载压制火炮,核心性能达到或优于国际先进水平,亮相新中国成立70周年阅兵式。开展集成攻关,引领中国火炸药事业到世界之巅。王泽山院士团队突破多项世界性瓶颈技术,推动我国火炸药研究应用从跟踪仿制跨入自主创新和引领发展,王泽山院士荣获2017年度国家最高科技奖。精准帮扶,助力行业创新发展,向欠发达地区、经济效益不佳、亟待新技术注入的军工单位进行免费专利许可,无偿供其创新发展。2016年以来,聚焦武器装备发展关键核心技术攻关,突破一批制约国防科技工业和武器装备发展的基础性、前沿性和颠覆性技术,支撑和引领行业发展,14项科技成果荣获国家科学技术奖励,其中一等奖3项,位居一流学科建设高校前列。

在"双一流"建设周期评估会上,与会专家一致认为学校"双一流"建设符合度高、目标达成度好,建设成效突出,标志性成果显著,高质量完成了"双一流"建设周期目标和任务,学校作为引领兵器科学发展的排头兵,在推动国防科技创新和武器装备研制发展等方面做出了不可替代的贡献。

4)成效评价

2021年3月,教育部、财政部、国家发展改革委联合印发《"双一流"建设成效评价办法(试行)》,"双一流"建设成效评价以中国特色、世界一流为核心,突出培养一流人才、产出一流成果,主动服务国家需求,克服"五唯"顽瘴痼疾,以中国特色"双一流"建设成效评价体系引导高校和学科争创世界一流。办法指出:"双一流"建设成效评价是对高校及其学科建设实现大学功能、内涵发展及特色发展成效的多元多维评价,综合呈现高校自我评价、专家评价和第三方评价结果。评价遵循原则:一流目标,关注内涵建设;需求导向,聚焦服务贡献;分类评价,引导特色发展;以评促建,注重持续提升。

2021年4月19日下午,学校召开2021年第一次院长、处长联席会,组织学习了《"双一流"建设成效评价办法(试行)》,分析了学校学科建设存在的问题,明确了学校"十四五"学科发展目标,并提出了具体举措。

2021 年 8 月,教育部公布首轮"双一流"建设成效评价结果,兵器科学与技术学科整体发展水平总体情况显著,学校首轮"双一流"建设成效突出。

2. 第二轮建设工作

1)编制建设方案

2021 年 8 月,《教育部关于开展新一轮"双一流"建设方案编制工作的有关安排》文件下发,学校对做好新一轮"双一流"建设方案编制工作进行了动员部署,提出了工作要求。

2021 年 10 月,经工业和信息化部研究同意,学校《"双一流"建设高校整体建设方案》和《兵器科学与技术一流学科建设方案》上报教育部。

2022 年 1 月,教育部、财政部、国家发展改革委联合印发《关于深入推进世界一流大学和一流学科建设的若干意见》,并公布了第二轮"双一流"建设高校及建设学科名单,学校兵器科学与技术学科继续入选第二轮"双一流"建设学科,符合一流培优条件。

2022 年 3 月,学校按照"双一流"建设专家委员评议意见,对照《关于深入推进世界一流大学和一流学科建设的若干意见》的任务要求,对方案进行了修改完善,正式上报。

《"双一流"建设高校整体建设方案》(以下简称《方案》)主要内容有首轮建设总体情况、建设目标、学科建设总体规划、2021—2025 年建设内容、预期成效、组织保障和专家论证意见。

《方案》提出的 2021—2025 年建设周期学校整体建设目标:"整合资源,突出特色,以兵器科学与技术一流学科建设为引领,到 2025 年,学校学科布局更加合理、优势更加突出,创新型精英人才培养成效凸显,高端领军人才数量、科学研究水平显著提升,高水平开放办学格局基本形成。1~2 个学科进入世界一流学科前列,2~3 个学科进入世界一流学科行列,核心办学指标居全国高校前 35 位,陆海空天信融合发展特色基本形成,具备冲击特色鲜明世界一流大学的雄厚实力。"

《方案》提出了学校在 2021—2025 年十项建设举措:坚持和加强党对学校的全面领导、建设一流师资队伍、培养拔尖创新人才、提升科学研究水平、传承创新优秀文化、着力推进成果转化、完善内部治理结构、实现关键环节突破、构建社会参与机制、推进国际交流合作。

学校《"双一流"建设高校整体建设方案》经过 9 名校内外专家(含 8 位两院院士)组成的专家组论证评审,获得通过。

《兵器科学与技术一流学科建设方案》主要内容有首轮建设情况、建设目标、建设口径、一流学科建设任务及进度安排、一流培优行动的具体举措、学科预期成效、组织保障和专家论证意见。

《兵器科学与技术一流学科建设方案》经过 8 名校内外专家(含 5 位两院院士)组成

的专家组论证评审，获得通过。

2022年2月9日，教育部、财政部、国家发展改革委《关于公布第二轮"双一流"建设高校及建设学科名单的通知》，学校兵器科学与技术专业再次入选第二轮"双一流"建设高校及建设学科名单。

2）开启第二轮建设工作

2022年4月19日，学校召开"双一流"建设工作领导小组会议，学习传达教育部、财政部、国家发展改革委联合召开的新一轮"双一流"建设推进会会议精神。"双一流"建设工作领导小组成员单位负责人结合工作实际，围绕坚定把牢办学正确政治方向、"超常规"培养急需高层次人才、下大气力全方位打造一流师资、强力支撑高水平科技自立自强、高品质回应经济社会高质量发展的新需求等方面，深入交流了主要工作思路、重点工作举措。新一轮"双一流"建设推进会为学校加快推进"双一流"建设指明了方向。

2022年9月17日，由中国电子科技集团、南京市人民政府和南京理工大学三方共建的微电子学院（集成电路学院）正式揭牌成立。

四、省部共建南京理工大学

2018年12月，工业和信息化部、教育部与江苏省人民政府联合发布《关于共建南京理工大学的意见》（工信部联人〔2018〕297号），学校成为三方共建高校。

为深入贯彻习近平新时代中国特色社会主义思想和党的十九大精神，全面落实全国教育大会精神，进一步提升办学水平和人才培养能力，主动服务国家战略需求和地方经济社会发展，工业和信息化部、教育部、江苏省三方合力，以落实立德树人根本任务、实现内涵式发展为目标，紧密围绕人才培养、学科建设、科学研究、成果转化等重点方面，采取有效措施，促进南京理工大学加快改革和发展，大力提升办学质量，努力将南京理工大学建设成为国防特色鲜明的世界一流大学。

根据共建意见精神，工业和信息化部对学校一流学科和平台建设予以重点支持。加大对重点学科、重点实验室、协同创新中心的支持力度。重点支持学校围绕制造强国、网络强国和交通强国等国家战略需求，凝炼重大科学问题、攻克关键技术。支持学校汤山校区、江阴校区和盱眙基地建设，开拓办学空间、提升基础办学能力，积极支持并推动学校与江苏省地方政府、科研机构、企事业单位开展深度合作，联合开展重大科研项目攻关，产出重大标志性成果。

教育部将南京理工大学纳入国家层面发展规划，积极支持学校强化办学特色，建设一流学科，提升人才培养质量。支持学校创新人才培养模式，大力加强本科教育，全面提升人才培养能力。引导学校紧密结合国家重大战略和经济社会发展需求，深化研究生教育改革，进一步提高生源质量。支持学校在人才培养、科研体制等方面开展积极探索，为江苏经济社会发展提供有力支撑，为推进世界一流大学建设和高等教育体制机制改革提供先进经验。

江苏省将南京理工大学纳入全省经济社会发展整体规划,支持学校围绕主干学科,进一步彰显特色,不断提高学校综合实力和国际知名度。结合江苏地方经济社会发展需要,支持学校在省内设立科技创新中心、前沿科学中心、协同创新中心等创新载体。支持学校和江苏省内地方政府开展合作,建设地方研究院,促进地方产业转型升级。

共建意见要求学校在工业和信息化部、教育部、江苏省的指导下,深入贯彻落实习近平新时代中国特色社会主义思想和党的十九大精神,全国教育大会和新时代全国高等学校本科教育工作会议精神,按照《统筹推进世界一流大学和一流学科建设总体方案》要求,坚持正确办学方向,聚焦立德树人根本任务,健全高水平人才培养体系,着力培养德智体美劳全面发展的社会主义建设者和接班人。推动学校内涵式发展,深入实施国家创新驱动发展战略和军民融合发展战略,积极服务制造强国、网络强国和交通强国建设,培养拔尖创新人才,提升科学研究水平,增强服务社会能力,传承创新优秀文化,整体提升学校办学质量。

第二节　管理体制综合改革与校区拓展

党的十八大以来,围绕特色鲜明世界一流大学的建设目标,学校按照国家进一步完善治理体系、提升治理能力的要求,以及教育领域综合改革的总体要求,根据工业和信息化部和江苏省有关工作安排,积极开展管理体制综合改革,制定了大学章程,完善了学校治理体系。同时,学校根据办学需求积极拓展了办学空间。

一、学校章程的制定

2011 年 7 月,为完善中国特色现代大学制度,指导和规范高等学校章程建设,促进高等学校依法治校、科学发展,教育部发布《高等学校章程制定暂行办法》,自 2012 年 1 月 1 日起施行。高等学校章程的起草、审议、修订以及核准、备案等工作按照该办法执行。

（一）学校章程制定过程

学校高度重视章程的制定工作。章程起草工作从 2012 年 1 月份起,历时两年多,分为 4 个阶段。

第一阶段(2012 年 1 月—2012 年 8 月):2012 年 1 月,学校成立了以党委书记和校长担任组长的工作领导小组,以及由党政办牵头,15 个责任单位为成员的起草工作组。工作启动后,各责任单位一方面对高校章程制定的有关要求进行深入研究领会,另一方面组织到相关高校开展专题调研。2012 年 5 月,学校召开了章程起草责任单位研讨会,明确了章程起草遵循以下5个原则:合法合理、程序正当;语言精练、表述准确;反映学校特色;体现改革创新精神;给学校科学发展留下空间。5—8月,各责任单位按照要求分头起草各章节内容。

第二阶段(2012年9月—2013年10月):2012年9月,形成了章程的讨论稿。2012年10月、11月,2013年1月,章程起草工作领导小组召集起草组成员、相关部门和专家,对章程讨论稿进行了3次集中研讨,对章程整体框架、各章节主要内容等提出了修改意见。根据研讨会的意见和建议,起草工作组先后4次对章程进行了集中修改。2013年10月,形成了章程初稿(征求意见稿)。

第三阶段(2013年11月—2014年5月):2013年11月,章程初稿(征求意见稿)面向全校各单位征求意见。2014年4月,校党委理论学习中心组举行集体学习,专题研讨推进大学章程建设。5月中旬,学校将章程草案提交第八届教职工代表大会讨论。5月下旬,学校召开学生座谈会征求对章程草案的意见和建议。

第四阶段(2014年6月—2015年9月):2014年6月19日,校长办公会审议章程草案并提出修改意见。2014年6月30日,中共南京理工大学第十一届委员会第四次全体会议审定章程草案。

2014年10月,《南京理工大学章程(草案)》报请工业和信息化部审核。2015年1月,工业和信息化部同意章程草案。

2015年1月报请教育部审核,经教育部核准同意后(中华人民共和国教育部高等学校章程核准书第82号),《南京理工大学章程》(以下简称《章程》)于2015年9月1日正式发布。

(二)学校章程的主要内容

《南京理工大学章程》除序言外,共9个章节、76个条目、7866字,涵盖了《高等学校章程制定暂行办法》提出的需要载明的56个要素。

《南京理工大学章程》是学校制度的顶层设计,总结了学校发展改革的理论和实践成果,彰显了学校的办学理念和特色,明确了学校的发展目标和根本任务,明晰了学校的管理体制和运行机制,规范了校内外各种关系,规定了师生员工的权利和义务。该章程上承法律法规和国家政策,下接学校各项规章制度,是学校总的"宪章",是学校依法自主办学、实施管理和履行公共职能的基本准则和依据。

(三)学习宣贯《章程》,推进依法治校

《章程》颁布后,学校组织全校师生员工认真学习,准确把握章程的文本条款,深刻领会蕴含于章程中的彰显学校办学理念和发展愿景的总体制度安排和价值规范,努力做到知章程、学章程、用章程、守章程,自觉按章程办事。号召各单位以贯彻实施章程为契机,进一步完善学校制度建设,推进依法治校;以《章程》为重要引领,加快推进综合改革步伐,不断完善内部治理结构。

（四）章程修订

2022 年初,根据教育部文件要求,部委所属高校章程修正案在 2022 年 6 月底前报主管部门审核后报教育部核准。学校严格按照要求和有关程序,认真做好章程修订各环节的工作。

2022 年 3 月中旬,学校党委常委会和全委会决定正式启动章程修订,成立章程修订工作领导小组及办公室,制定并下发《工作方案》,明确任务分工、时间进度与工作要求。

2022 年 3 月下旬至 5 月中旬,在开展多种形式调研与论证的基础上,修订工作领导小组办公室汇总各单位提交的修订内容,进行系统梳理,草拟了新章程(修订讨论稿),并在 5 月 11 日提交学校章程修订工作领导小组审议,根据会议意见再次进行修改完善,形成了新章程(修订征求意见稿)。

2022 年 5 月下旬,修订工作领导小组办公室通过召开座谈会、发布网络通告等多种方式,征求了教师、学生、民主党派、离退休老同志代表与学术委员会委员们的意见建议;同时,联系相关高等教育研究专家学者进行专业咨询,还专门委托相关法务人员开展了合法合规性审核。先后共收到有效意见建议 120 余条,在对意见建议梳理和研讨的基础上,对章程再次进行了集中修改完善,形成了新章程(修订审议稿)。

2022 年 6 月 9 日至 13 日,学校召开第九届教职工代表大会第三次会议,会上各代表团认真讨论并审议了新章程(修订审议稿)。共计收到教代会代表提出的意见建议 30 余条,修订工作领导小组办公室进行了认真研讨和吸收采纳,形成了章程修正案(草案)。

2022 年 6 月 15 日,学校分别召开校长办公会与党委常委会,审议并原则通过章程修正案(草案)。

2022 年 6 月 20 日,经中共南京理工大学第十二届委员会第六次全体会议对《南京理工大学章程修正案(草案)》审定通过后,上报工业和信息化部审批。

2022 年 7 月 26 日,工业和信息化部办公厅《关于南京理工大学章程修正案审核意见的函》(工厅人〔2022〕651 号)原则同意学校章程修正案,并按程序报教育部核准。

二、分配制度改革

2012 年以来,学校在绩效津贴分配制度方面进行了两轮大的改革。

（一）第一轮改革

第一轮改革是以绩效为主要特征的综合改革和津贴制度。2012 年 5 月 29 日,《南京理工大学绩效津贴制度实施方案(试行)》正式实施。这次实施绩效津贴制度方案的主要目的是重点强化绩效津贴对学校核心竞争力指标的激励机制,调动学校教职工工作积极性,增加教职工收入。

此轮绩效津贴方案与以往相比的显著变化是:第一,核拨与发放方式。此轮绩效津贴实行校院两级分配制度。学校实行总体经费划分,下拨二级单位。第二,取消学院按编制划拨津贴的方式,改为按实际在岗人数划拨,鼓励学院引进人才。第三,重点向高层次人才和重要岗位倾斜。第四,缩小差距。通过调整分配比例,缩小不同层次人员绩效津贴差距,青年教职工的收入显著增长。机关、直属单位人均津贴额度与教师联动,机关人均绩效津贴与教师人均绩效津贴之间的差距有所缩小。直属单位一般人员人均津贴与机关人员人均津贴相同。

此轮绩效津贴分为三个部分:基本津贴、业绩津贴和考核津贴,分别占总津贴的50%、40%和10%。实施范围包括学校占编在岗的教学科研人员、管理人员、其他专业技术人员和工勤人员。每类人员又划分不同等级,对应不同的津贴标准。新方案从当年3月开始实施,到下年度2月为一个津贴年度。

(二)第二轮改革

第二轮改革是以分类管理为重要特征的综合改革和津贴制度。2016年3月学校召开"双一流"建设动员大会,决定启动绩效津贴及教师岗位聘任制度改革,将其作为推进学校跨越式发展,提高学校现代化治理能力,实现创建高水平特色研究型大学的驱动引擎。《南京理工大学实施绩效津贴制度指导意见》和《南京理工大学教师岗位聘任工作指导意见》同时下发。

此轮绩效津贴核拨是学校设定核拨标准,在各单位完成学校下达的各项工作任务的基础上,按照实际在岗人数将绩效津贴(A)核拨至各二级单位。学校根据财力情况及发展需要另设A+津贴,主要依据各单位工作的业绩成效及对提升学校核心竞争力的突出贡献情况进行核拨。学校采用关键业绩指标(KPI)评价法对学院整体绩效进行评价,依据评价结果核拨学院的A+津贴。学校党政办公室制定直属单位绩效评价及核拨办法,并核拨各单位的A+津贴。学校机关党委制定学校机关部门的绩效评价及核拨办法,并核拨各部门的A+津贴。

各单位用于自主分配的绩效津贴总额由学校核拨的绩效津贴(A)、A+津贴及学院(直属单位)经学校同意纳入绩效津贴分配的创收等经费组成。绩效津贴由聘岗津贴和奖励性津贴组成,各单位聘岗津贴总额不得低于核拨的绩效津贴(A)额度的80%,不得高于单位绩效津贴总额的80%。

"分类设岗、分类评价"是这轮绩效津贴及教师岗位聘任制度改革的重要特征。新的评价体系中,将教师划分为教学科研并重型、科研为主型、教学为主型与实验教师型4个类别,并分别设立针对性的评价标准,每个教师定位在其适合的岗位上。

学院通过岗位设置,为每位教师制定个性化工作职责,引导教师立足岗位,发挥特长,逐步建立了人员"能进能出"、职务"能上能下"的用人机制。通过改革,学校关键业绩指标明显提高,绩效一般教师占比由改革前 45% 降至 13%,绩效较低教师占比由7.6% 降至 0.6%。

三、学校综合改革方案

为深入贯彻落实党的十八大和《中共中央关于全面深化改革若干重大问题的决定》精神,按照国家教育领域综合改革的总体要求,根据工业和信息化部和江苏省有关工作安排,2014 年底,学校在调研基础上全面启动了学校综合改革工作,并成立由党委书记和校长担任组长,全体校领导、校长助理组成的学校综合改革领导小组,负责学校综合改革工作的顶层设计和改革方案的审定工作,以及改革工作推进、实施的总体领导。领导小组下设办公室,负责综合改革方案的编制和具体改革实施工作的组织、协调、推进,并将负责综合改革有关成功经验的提炼、校内交流推广和校内外宣传工作。对综合改革过程中取得成功经验、做法,及时"固化",并上升为制度安排。

(一)确立综合改革思路和目标

2015 年 3 月,学校印发《进一步做好综合改革的工作方案》(以下简称《工作方案》)。《工作方案》本着"有限目标、问题导向,统筹实施、阶段推进,重点突出、分类试点"的原则,有效地破解制约学校发展的若干重大体制机制障碍,切实提高综合改革效益,稳步推进综合改革。

综合改革的整体思路:"学校综合改革工作推进与单位改革试点同步开展。学校层面加强综合改革工作的顶层设计和统筹实施,根据改革目标和工作实际,制定改革'路线图',分阶段、有计划、有重点推进。在此基础上,围绕学校综合改革的八个专题,结合学校的学科布局和单位发展实际,针对部分单位的'个性化'需求,在若干重点工作领域采取'先行先试',开展单位改革试点。通过'上下'互动,一方面充分调动基层单位开展改革的积极性、主动性,更大范围地统一思想、凝聚共识,提高改革效益;另一方面,切实提高学校改革政策和措施制定的科学性、合理性,为更大范围、更深层次改革的推进积累成功经验。"

综合改革的工作目标:"通过综合改革,每年解决 2～3 项制约学校办学和影响发展的重大、关键'瓶颈'问题,力争用 3 年左右的时间,到'十三五'中期,学校综合改革取得一定的成效,有效地促进学校、学院办学水平提升和特色塑造。"

(二)综合改革方案的编制与报备

按照国家教育体制改革领导小组办公室《关于进一步做好部属高校综合改革方案编

制和报备工作的通知》的精神和要求,经过广泛征求师生员工意见建议、党委常委会审议、党委全委会审定等程序,2015 年 7 月初完成了《南京理工大学综合改革方案(草案)》的编制工作。

2015 年 7 月,《南京理工大学综合改革方案(草案)》经工业和信息化部审核通过。2016 年 3 月,根据教育部综合改革司反馈的修改意见,学校进行了相应的修改,完成了《南京理工大学综合改革方案》编制工作。2016 年 4 月,该方案通过国家教育体制改革领导小组审定,同意备案。国家教育体制改革领导小组办公室在同意备案的函中指出:学校要坚持正确改革方向,细化落实改革措施,探索授权备案机制,主动做好舆论引导,加强组织领导,确保方案提出的各项任务落到实处。要正确处理改革发展稳定关系,加强对改革系统性、关联性、协同性的研判,坚持底线思维,控制改革风险,确保改革有力有序推进。

(三)综合改革方案的主要内容

综合改革方案提出的总体目标是:"以立德树人为根本,以一流学科建设为牵引,以人事制度改革为切入点,以人才培养、科学研究等机制改革为重点,以资源配置改革为保障,转变发展理念和方式,着力破除制约学校发展的思想束缚和体制机制障碍,充分释放办学活力,加快学校发展。经过 5 年左右时间的努力,到'十三五'末,学校在学科建设、人事制度、人才培养、科学研究、资源配置、内部治理等领域取得显著的改革成效,办学质量和办学水平全面提升,办学特色更加鲜明,服务国家战略、国防科技重大需求以及区域经济社会发展的能力进一步增强,到 2020 年,建成特色高水平研究型大学。"

综合改革方案的主要任务分为 6 个:推进学科专业建设机制改革,打造特色鲜明的一流学科专业;深化人事制度改革,打造高水平人才队伍;推动人才培养机制改革,培养工程精英和社会中坚;开展科研管理机制改革,提高科技创新和服务能力;推进资源配置机制改革,提升发展效益;优化内部治理结构,提高治理能力。

(四)制定实施方案,推进任务落实

为了综合改革方案各项改革任务的顺利完成,切实提升改革效益,学校开展了《南京理工大学综合改革实施方案》的制定工作。梳理形成了包含 29 条措施的综合改革主要措施清单,聚焦学科专业建设、人事制度、人才培养、科学研究、资源配置、内部治理六大领域,进一步细化工作措施,明确解决路径。

1. 在学科专业建设方面措施

(1)对照国家一流大学和一流学科建设方案,在巩固现有学科国防特色优势的基础上,瞄准学科发展国际前沿和国家战略需求,围绕军民融合、两化融合,进一步凝炼、明确学校学科发展的重点方向和领域,做好顶层设计。

（2）优化学科专业结构，制定出台学科专业调整工作实施意见，通过增设或调整，增强学科专业适应性和竞争力，提升学校学科专业整体水平。

（3）改进学科建设管理工作机制，建立学科分级分类评估和建设机制，加强优势特色学科建设，发展新兴交叉学科，切实落实学科建设主体责任，提高学科建设效益。

（4）加强 ESI 学科的跟踪监测和对标建设工作，提高学校 ESI 学科排名，增强学科国际影响力。

（5）推进品牌专业建设，建立品牌专业建设长效投入机制，完善建设责任和管理机制，确保建设效益。建立健全专业认证和评估工作机制，大力推进工程教育专业认证，校内建设的品牌专业必须通过工程教育专业认证，积极引导专业参加国际工程教育专业认证。

2. 在人事制度和人才队伍建设方面措施

（1）完善人才引进机制，构建新型"紫金人才"体系，对师资队伍结构进行重构，建立紫金人才学术标准，打造核心学术力量；改革师资队伍建设模式，推进师资队伍建设工作以学校为主导向以学院为主体的转变。

（2）创新教师岗位聘任机制，建立教师准长聘制度，建立科学的人才发展激励与保障机制，实现教师发展模式转轨；建立教师岗位聘任制度，按照"两级管理、按需设岗、分类评价、评聘分离、能上能下"的指导思想，建立评聘分离、能上能下和能进能出的用人机制。

（3）改革绩效津贴分配制度，以"两级管理、自主分配、责酬一致、绩效导向、统筹规范"的指导思想，逐步建立以岗位为基础、以绩效为导向的薪酬分配和评价激励机制；改变津贴核拨方式，建立基于绩效评价的津贴核拨办法。

（4）改革人员聘用机制，设置专职科研岗，建立面向项目和任务的专职科研人员使用和薪酬确定机制，有效扩大学校科研人员规模；改革实验室人员引进和培养机制，关键岗位纳入师资队伍管理，打造一支高水平实验队伍。

3. 在人才培养方面措施

（1）完善拔尖创新人才培养机制，加强教育实验学院建设；推进基础学科拔尖创新人才培养计划，采取校院共管、以院为主的模式办好理科实验班。

（2）完善工程人才培养机制，推进"卓越工程师教育培养计划"，落实合作企业培养计划；健全中法工程师学院建设管理机制，构建符合国际通用工程师培养标准的培养方案和课程体系，培养高素质、通用型的国际工程师。

（3）完善知识产权人才培养机制，探索理、工、法、管理复合、本研贯通、政产学研合作人才培养模式和"双院制"管理机制，培养复合型、应用型、创新型高级知识产权人才。

（4）改革招生机制，推进本科生大类招生制度改革；完善博士研究生招生"申请－审核制"；改进研究生推免生工作机制，吸引优秀本科生，提高生源质量。

(5)健全学生国际化培养工作机制,加大政策引导和经费支持,拓宽学生海外联合培养和出国访学的渠道;健全留学生培养体系,完善培养方案,加强留学生日常管理,提高留学生培养质量和水平。

(6)加强实践教学条件建设,推进实验室"一院一品"建设计划,打造一批特色、内涵、质量三位一体协调发展,有示范性的品牌实验室,建设形成满足人才培养需要、校内外实践基地协同互补的实验室平台支撑体系。

4. 在科学研究方面措施

(1)加强科研工作顶层设计,完善学校科研重点方向确定和科研资源配置的论证决策机制,推进有组织的科研工作,确保学校重大科研工作领域与学校学科建设方向的一致性,提升科研工作效益。

(2)改进基础研究工作扶持机制,在学校科研布局、科研评价、资金投入等方面提出明确措施;优化经费配置结构,重点资助新兴、边缘和交叉学科,重视中长期基础性项目培育,提高基础研究水平。

(3)建立基础和应用研究的协同机制,构建重大科学研究、交叉学科研究和自由探索式研究相结合的科技创新模式,建立重大重点项目前期策划、风险投资和全过程管理机制,引导和组织开展前瞻性基础研究,促进重大基础研究成果产出。

(4)改革科研评价机制,采用年度考核与聘期考核相结合方式,建立面向单位和团队的科研评价体系;改革科技成果评价机制,根据科研成果的性质进行分类评价;调整科研奖励政策,鼓励和引导重大科研成果的产出。

(5)完善学校重点科研平台的建设管理机制,修订出台相关管理办法,落实建设主体责任和配套投入,推进实体化建设,着力提高科研平台的支撑保障能力和水平。

5. 在资源配置方面措施

(1)建立健全以学科为牵引的资源配置机制,强化学科发展在学校、学院各类重要资源投入方面的主导作用,围绕学校重点发展的学科领域,按照学科建设目标配置人才、科研、平台、资金等资源,提供政策保障,提高资源配置方向与学校发展目标的契合度。

(2)改进学校经费管理机制,加大学校对各类经费的统筹力度,将各类经费纳入学校整体预算。完善计划管理工作机制,发挥"发展与改革计划"在校内各类建设经费中的平衡与重点支持作用,制定出台校内专项项目管理办法,规范项目立项、过程管理和验收程序,提高自筹资金使用效益。

(3)完善学校国际化工作顶层设计,加大校内国际交流合作相关资源的整合,构建系统的校内国际交流工作体系,统筹制定针对性的工作计划和建设措施,着力提高学校国际化工作效益。

(4)完善实验室建设管理机制,加强整体规划、统筹建设、运行管理和考核评估,加大实验中心的整合;推进实验室资源开放共享,健全师生评价激励政策,建立实验室开放和学生进入实验室常态化机制,提高实验室使用效率;完善公共平台运行管理模式,构建公共平台共享体系。

(5)改进和加强学校信息化建设,推进学校数据中心建设,探索信息化教学新模式,加强科学研究、人事管理、学生管理、教学管理、资产管理、资源配置等信息化管理平台建设,提升管理效率和工作水平。

6. 在内部治理方面措施

(1)全面实施《南京理工大学章程》,按照《南京理工大学章程》开展规章制度全面审查和清理工作,形成以《南京理工大学章程》为核心的学校制度体系;制定出台学校工作规则,规范学校各项工作开展;细化学校重大事项决策程序,制定修订重大事项决策调查研究、论证评估以及征求意见等的实施办法,增强学校各项工作开展的系统性、协调性和科学性。

(2)梳理重构学术权力运行体系,制定和实施学术委员会工作权力清单,进一步充分发挥学术委员会在校院两级学术事务咨询、发展和决策中的作用,推进教授治学。

(3)深化校院两级管理改革,在人事管理、经费使用、资产配置、人才培养、科研项目管理、国际交流、实验室建设等方面进一步下放权力,制定权力清单,完善相关工作管理办法,进一步扩大学院办学自主权,释放办学活力。

(4)建立健全基层学术组织建设管理机制,进一步明确基层学术组织的认定程序、支持政策和建设管理办法,着力提高学校基层研究机构的内生动力和创造性,促进大团队、大成果的产出,推动基础、交叉学科的发展。

学校将上面29条改革措施列为重点督察督办事项,每项措施对应具体改革内容,指定了责任单位,提出了完成时间。

(五)校属企业改革

2018年6月,国务院办公厅《关于高等学校所属企业体制改革的指导意见》公布,提出推动高校所属企业清理规范、提质增效,促使高校聚焦教学科研主业,提升高校治理体系和治理能力现代化水平,促进高等教育内涵发展,办好中国特色社会主义大学。

工业和信息化部召开部属高校所属企业体制改革动员会,要求各部属高校按照文件精神启动校企改革工作。2018年11月,学校决定成立"企业体制改革领导小组"和"工作组",由党委书记和校长担任领导小组组长。体改领导小组下设体改工作组,由分管资产公司校领导担任组长,并下设企业清理剥离工作小组(资产公司、科研院、后勤服务中心)、国有资产监管工作小组(财务处、国资处、纪委办、审计处),人员安置工作小组(人事处)三个专项工作小组,负责具体工作落实推进。

2019年,学校按要求上报了《南京理工大学所属企业体制改革全面摸底工作报告》,制定了《南京理工大学所属企业体制改革方案》(第一版)。2020年学校修改完善后按要求上报了《南京理工大学所属企业体制改革方案》(第二版)。2021年4月28日,改革方案获财政部、教育部和工业和信息化部批复,纳入改革范围的所属企业共有 154 家,改革任务为清理关闭 71 家、脱钩剥离 70 家、保留管理 13 家。

在上面 154 家企业中,按企业层级:一级企业 49 家、二级企业 54 家、三级企业 42 家、四级企业 9 家;按企业性质:有限公司 139 家、股份有限公司 7 家、全民所有制企业 7 家、合作经营 1 家;按组织形式:国有独资 25 家、国有控股 26 家、国有参股 103 家。

2019 年 7 月 15 日,学校召开所属企业体制改革动员部署会,全面解读了国家关于高校所属企业体制改革的相关政策和学校所属企业体制改革方案。

按照工业和信息化部、教育部的相关部署及要求,截至 2021 年 6 月底学校全部完成改革任务。154 家企业分别采取了清理关闭、脱钩剥离和保留管理方式完成了改革任务。实现改革收入总额 2.32 亿元;改革涉及校事业编制人员 88 人,全部稳妥安置,确保了改革稳定。

四、《深化新时代教育评价改革总体方案》落实情况

教育评价事关教育发展方向,是树立正确办学导向的指挥棒,也是提高现代教育治理能力的关键点。2020 年 6 月 30 日,习近平总书记主持中央全面深化改革委员会第十四次会议,审议通过了《深化新时代教育评价改革总体方案》(以下简称《总体方案》)。《总体方案》坚持以立德树人为主线,以破"五唯"为导向,以五类主体为抓手,着力做到政策系统集成、举措破立结合、改革协同推进。

2020 年 12 月 8 日,学校专门召开落实《深化新时代教育评价改革总体方案》宣讲培训暨工作布置会,副校长陈钱同志从《总体方案》"出台的背景、过程和意义""基本定位、考虑和特点""主要内容和精神"等三个方面进行了系统阐述和深刻讲解。校长付梦印同志在总结时指出,《总体方案》的出台充分体现出解决当前教育评价体制机制问题的迫切需要,也是构建符合中国实际、具有世界水平教育评价体系的时代需要。与会同志要带着问题学习,积极思考解决不符合学校发展实际、不适应学校发展问题的创新办法;与会同志要发扬情怀,以立德树人为主线,以破"五唯"为导向,以五类主体为抓手,紧盯一流和质量两个关键。

(一)全面落实教育评价改革任务

学校分三步推进教育评价改革工作:一是统一思想,明晰计划,坚决全面贯彻落实《总体方案》的指导思想;二是通过《任务清单》明确改革措施,其中制度的制定修订是主要阶段性目标和主要改革成果体现;三是在措施出台后,加强改革措施的宣贯执行,不断增进师生的认可和制度的落实。

学校按照《工作方案》和《任务清单》内容,推进落实改革措施,统筹安排全校各类别、各层次的改革工作。综合评价改革工作组、教师评价改革工作组、学生评价改革工作

组围绕单位、干部、教师、学生四类主体,协同推进教育评价改革工作清单的实施;各教学科研机构根据学校政策出台相应配套政策;督导工作组组织改革政策运行的专项督导,及时动态调整改革政策。

学校制定了《中共南京理工大学委员会工作规则》等制度,修订了《学校工作规则》,进一步完善了学校坚持党的领导的制度体系,对党政两条线的工作程序进行了明晰,对完善学校治理体系、推进治理能力现代化方面起到了重要的作用。

学校坚持立德树人根本任务,制定了《教师师德失范行为处理办法》,对师德失范行为的内涵进行了详细阐述,明确了师德失范行为的受理、调查、认定、处理程序和责任部门,确保立德树人的思想落实到具体事例、具体人员,切实从教师主体方面划出了行为底线,必将为提高教师师德修养,改进工作作风起到引领作用。

学校坚持评价引导,围绕深化教育评价改革的指导思想,修订完成涵盖各单位、教职工的四类考核制度。学校机关直附属单位、教学科研机构、领导干部、教职工的考核评价都完成了深刻改革。学校根据《总体方案》中避免重复评价、多头评价的要求,开展校级奖励的梳理工作,修订研究生导师个人、团队的奖励办法,进一步健全教职工、教师荣誉奖励体系,通过改革奖励体系体现评价导向。

2021 年 5 月 8 日、11 月 10 日,2022 年 5 月 19 日、9 月 27 日,学校分别召开深化新时代教育评价改革专题推进会,教育评价改革工作领导小组办公室及各工作组全体成员参加会议。各工作组总结了学校教育评价改革实施情况,确保各项改革政策落实落地,取得实效。

（二）全面自查自纠,巩固清理规范成果

2021 年 3 月,学校根据教育部《工作意见》、江苏省教育厅《关于开展教育评价改革涉及政策性文件等清理工作的通知》要求,组织各单位对各类现行制度文件进行对照梳理,共清查全校现行校级制度 484 项,单位内部制度 720 项,制定了包含严格禁止类、克服纠正类等项目的《负面清单》。针对 27 条负面清单事项中学校存在的 19 个问题,学校采取了 17 项改革措施,做到立行立改。

根据江苏省教育厅办公室文件要求,结合学校关于贯彻落实《深化新时代教育评价改革总体方案》的工作方案,学校在前期清查整改工作基础上,二次清查完毕,前期各项整改措施已落实,学校无"十个不得一个严禁"清单中存在的问题。

学校成立法治与法务办公室,加强对制度政策合法合规性审核,把好前置关,确保各类制度指导思想与《总体方案》一致;严格规章制度发文审查,压实审查责任,把好中间关,建立制度出台日常审查机制;定期召开改革工作推进会、座谈会,及时总结评估,把好后续关,建立教育评价改革实效评估机制。

综合评价改革类中,学校修订了《南京理工大学教学科研机构绩效考核实施细则》

《南京理工大学教学科研机构考核办法》,科学制定校内教学科研机构年度办学水平监测指标,取消教学科研机构原任期考核、中期考核,仅设年度考核,严格控制教育评价数量和频次;修订了《机关和直属单位考核办法》,一次解决了指导思想、考核分类、党建融合、考核方式、负面清单、结果激励等六大问题,完善了相关考核指标,更加有效凸显评价指挥作用。

教师评价改革类中,学校修订了《南京理工大学主系列专业技术职务申报条件》,取消国(境)外学习经历作为限制性条件;修订《南京理工大学基于 KPI 评价的 A＋津贴核拨办法》,教师业绩评价重点考察学术贡献、社会贡献和支撑人才培养成效等方面;取消各类申报表中有关人才工程填写栏;修订《高层次成果奖励办法》《关于调整学校高层次人才绩效津贴标准的通知》,人才称号不与成果奖励、绩效津贴简单挂钩;修订招聘办法,招聘基本条件中取消学习方式、毕业院校等限制要求。

学生评价改革类中,学校修订了《南京理工大学本科生素质发展学分和第二成绩单管理规定》,进一步完善了综合素质评价体系,创新德智体美劳过程性评价办法,避免唯分数评价;修订了《南京理工大学课程考核管理实施细则》,突出过程性考核与结果性考核有机结合的学业考评思想,细化对过程性考核的标准。

(三)解放思想,不断探索评价改革新路径

学校根据不同类型教师所长,有针对性地分类设置职务晋升条件,将教师专业技术职务晋升体系细化为教学为主型、教学科研型、科学研究型和实验教师型。结合学校学科特色,将科学研究型细分为基础研究类、重大(工程)项目研究类、科技成果转化类,将教学为主型细分为课堂教学类和素质教育类,构建了"四型七类"的职称晋升体系。

采取多元化评价标准,破除传统评价对论文、项目、专利等单一化要求,更多地体现差异性评价,摆脱唯论文、重数量、看排名的弊病,推行代表性业绩和标志性成果评价。例如:重大(工程)项目研究类,鼓励教师服务国家战略需求及国防科技研究的重大项目,将担任项目总师、制定行业标准、撰写研究报告等均纳入职称评审条件,并淡化对论文、项目排名的要求,体现团队评价。

改革有效激励了各类型教师成长成才。

学校实施素质发展学分暨"第二成绩单"制度,将学生参加学科竞赛、文体竞赛、社会实践和志愿服务活动、就业创业活动与竞赛获奖,著作、论文、专利、软件著作权等成果,选修创新性开放实验等(共 15 个模块)内容积累并转换为素质发展学分,为所有本科学生提供"第二成绩单"。

素质发展学分涵盖的内容主要是课外活动,属于第二课堂(校内)、第三课堂(校外)实践活动范畴,现已成为大学生涯不可或缺的重要组成部分,培养学生全面综合素质。

学校在素质发展学分中增加"劳动教育实践"模块,本科生在校期间需累计获得 16

个课外劳动实践学时方可毕业,进一步完善了"素质发展学分和第二成绩单"这一德智体美劳"五育并举"的评价体系。

五、"一校三区"建设

2019年,学校第十二次党代会提出:"对标师生向往,实施一流办学环境优化工程"。学校紧紧围绕建设特色鲜明世界一流大学目标,优化办学顶层设计,打造布局合理、功能突出、环境优美、运行高效、昂扬和谐的高品质校园,切实增强广大师生员工情感认同和幸福指数。

2012年以来,学校积极拓展办学空间,提升办学能力。实施校区拓展计划,基本形成南京校区、江阴校区和盱眙基地办学格局,保障学校持续快速发展。

(一)科学谋划一校三区办学格局

2018年南京理工大学江阴校区、盱眙基地建设纳入工业和信息化部、教育部、江苏省三方联合共建意见。学校统筹谋划"1+3"校区布局,高起点实施校区规划、建设和管理运行,为创建特色鲜明世界一流大学提供发展空间。

南京校区是学校传承办学文化、筑牢发展根基、扩大办学影响的主阵地,通过空间布局调整和整体功能优化,进一步提升主校区核心办学能力,支撑学校人才培养、科学研究等核心事业发展。

江阴校区主要聚焦国家战略实施和国际化办学,建设服务"两个强国"先行区、前沿交叉学科先试区、国际化办学示范区。

盱眙基地主要聚焦国防科技创新和成果转化,建设服务"陆海空天信"深度融合的国防科研与试验基地。

汤山校区建设成为国家兵器科研创新基地,打造服务国防科技重大创新和人才培养的重要平台。

2020年9月,学校印发《落实第十二次党代会〈党委工作报告〉任务分解方案》,针对各项任务制定了工作目标,制定了落实举措,指定了牵头校领导和责任部门,给出了完成时间。其中关于"1+3"校区整体布局和建设的内容如下:

(1)统筹谋划"1+3"校区布局,高起点实施校区规划、建设和管理运行。

具体举措有:①围绕兵器学科建设水平提升和学科领域方向拓展,立项建设科技大厦、基础学科楼B栋及前沿科学中心,为科技创新、人才培养提供更有力支撑;②编制实施孝陵卫主校区空间环境提升规划,对校园空间环境进行整体提升规划设计,对校园当前存在的局部景观缺失、部分功能布局不符合发展需要等问题进行全面整治,打造安全、舒畅、绿色、美丽的校园环境;③建立可行性研究、方案设计、初步设计、施工图设计全过程跟踪管理机制,精准对标教学科研能力提升需求和师生向往;④强化项目建设过程管理,建立施工单位考核评价和约束机制,提高基建管理规范化和精细化水平,提升管理质量和效率,确保项目按期竣工。

(2)统筹各类资源加强汤山分部建设,基本建成国家兵器科研创新基地,打造服务国防科技重大创新和人才培养的重要平台。

具体举措有:①完成汤山一期土地征收的全部工作,新建汤山基础设施配套项目、智能装备大楼、融合教学科研楼等项目,形成标志性的建设进展;②利用国家发展和改革委员会学科基础设施建设经费对汤山分部进行建设,新建智能兵器创新人才培养中心。

(3)优化空间和功能布局,推进江阴校区建设,基本建成服务"两个强国"建设的先行区、前沿交叉学科的先试区、国际化办学的示范区。

具体举措有:①推进首期入驻江阴校区的办学事项和单位,推动中法工程师学院以及网络空间安全、工业互联网、智能制造、新能源等相关专业江阴校区本科招生工作。推进校区国际化办学项目,推动工业设计(中外合作办学)专业扩大招生规模,入驻江阴校区。②在江阴校区论证推动成立生物医学工程学院、智能制造学院、新能源学院、交通与土木工程学院等专业学院。通过多种合作渠道成立南京理工大学江阴校区附属医院。

(4)统筹各类资源加快推进盱眙基地建设,建成一批支撑国防科技创新和科研试验的载体,初步形成一流的国防科研与试验基地。

具体举措有:①推进产学研合作基地建设,建成盱眙基地;②统筹推进水下科学实验中心建设,基本建成国内先进的水下武器实验基地;③统筹建设军民融合科研试验基地,完成一期功能区建设,初步建成满足学校国防试验的军工基地。

(二)拓展提升一校三区品质实力

2021年11月,学校"十四五"规划提出优化校区功能布局,实施一校三区"拓展计划"。提升南京校区办学能力,支撑国防和通用领域学科建设,完成土地扩容,重点推进长三角智能制造与装备创新港规划建设。加快江阴校区新兴交叉学科布局和建设,设置一批新工科专业,重点推进长三角(江阴)数字创新港建设。加快推进盱眙科研试验基地、水下科学实验中心和产学研合作基地规划建设,推进工业基础军民一体化工程中心建设。

一校三区"拓展计划"的主要内容:

1. 南京校区实现品质提升

聚焦核心办学功能提升,开展校区校园规划修编,优化校园功能区域布局,推进办学资源有偿使用,满足办学规模发展需求。实施汤山分部征地扩容,建设校园基础设施、人才培养和科技创新办学条件,优化军工试验中心运行机制和国防试验区功能布局,重点建设第四代含能材料研究平台,结合盱眙基地建设进度逐步转移大药量、大口径的科研试验。建设长三角智能制造与装备创新港,推进校地融合发展,强化与兵器、电子等行业集团合作,对外拓展重大科技创新特殊需求载体资源,支撑人才实践培养和科技成果转化。

2. 江阴校区实现高效运行

稳步提升校区办学规模,"十四五"末本科生达到 3000 人,研究生达到 4000 人,国际教育学生达到 1000~2000 人。不断优化办学基本条件,加强教学平台建设,推动校区高效运行。充分发挥地方和产业优势,高水平建设长三角(江阴)数字创新港,在人工智能和大数据、智能制造、网络空间安全和工业互联网等领域布局优化学科专业和科研方向,探索新工科人才培养模式改革,积极推动产教融合,服务支撑"两个强国"建设和区域经济发展。聚焦医工结合,深入推进与地方医院合作,引进医学人才,开展医学和工科结合领域研究生培养,探索建设医学研究院。

3. 盱眙基地实现投入使用

着眼学校国防科研试验能力长远发展,高标准编制科研试验基地(天泉湖分部)总体规划,加快推进生态红线调整、土地分批划拨等前置工作,统筹各类条件建设资源进行分期建设。启动产学研合作基地(宁淮分部)教学科研楼和配套设施一期建设,实现 2023 年 9 月入驻启用,推进二期办学条件和人才公寓的规划建设,支撑校区人才培养和办学条件保障。提升水下科学实验中心(象山分部)智能兵器科研试验条件,强化国内水中兵器研究领域科研试验能力,建设国家级军民融合创新平台,构建以瞬态物理重点实验室为运行主体、军工试验中心为保障主体的运行机制。

(三)一校三区稳定健康发展

1. 江阴校区建设情况

2017 年 11 月,学校与江阴市政府正式签署南京理工大学江阴校区合作办学协议,充分利用学校的品牌、科技和人才优势,结合江阴市战略新兴产业发展和传统产业转型升级需求,旨在把江阴校区建设成为办学质量优良、特色鲜明、具有较高社会影响力的人才培养基地。

江阴校区位于江阴临港经济开发区核心区域,滨江西路以南、亚包大道以东、福星路以北区域 1115 亩,校区地块独立完整。江阴市将土地按公益性、非营利性教育科研用地,依据办学规模等相关进度分期划拨给学校。

2018 年 3 月,学校与江阴市政府、江阴临港经济开发区签署南京理工大学江阴校区合作办学补充协议。学校在江阴校区统筹建设中法工程师学院、国际教育、研究生教育、学历教育,以及新工科、江阴研究院、企业大学、在职培训等办学项目,师生规模最终达到 8000~10000 人。为保障江阴校区教学质量,达到预期的办学规模和要求,自 2020 年第一批学生(规模达到 2000 人)入驻起,江阴临港经济开发区管委会提供 3000 万元/年(共计 5 年)的运行经费补贴。多项具体措施的确定,标志着江阴校区进入实质性建设阶段。

2018年9月,江阴校区开工仪式在江阴市举行。江阴校区的开工建设,对加快学校"双一流"建设和江阴市的经济社会发展具有十分重要的意义,也标志着学校与江阴的合作取得了突破性进展,校地双方从此真正成为风雨同舟、共荣共生的事业共同体和命运共同体。

2019年6月,江阴校区举行主体工程封顶仪式。学校与江阴临港开发区签署政产学研战略合作协议,与法尔胜泓昇集团、远景集团、双良集团、申达集团等8家首批产教合作联盟企业主要负责人签署合作协议。

2020年9月,江阴校区正式启用。9月9日迎来首批2300余名新生入驻,先期建设中法工程师学院、网络空间安全学院、智能制造学院、新能源学院、工业互联网研究院、国际教育学院和江阴学院等7个学院。启用仪式上,学校和江阴市政府签署长三角(江阴)数字创新港战略合作协议,依托江阴的制造业优势、学校的科教人才优势,形成以工业互联网为主导的数字产业生态系统,将长三角(江阴)数字创新港打造成优质增长极、活力创新源、数字新高地。

2021年10月,成立南京理工大学工业互联网研究院(江阴),依托南京理工大学多学科的优势成立打造工业互联网领域核心技术研究和人才培养的平台。研究院将针对工业互联网平台构建与应用中涉及的重要科学问题,开展关键技术攻关、应用技术研发、科技成果转化及产业化、人才培养和团队建设,重点突破5G+工业互联网、工业互联网平台、工业互联网安全、工业大数据应用、数字孪生、智能制造等方面的重大共性关键技术,并加快成果转化和产业化,争创长三角地区工业互联网平台应用示范区。

2. 盱眙基地建设情况

2017年9月,学校与盱眙县签署战略合作协议及水下科学实验中心共建协议,开启基地建设新篇章。

2017年11月,盱眙基地水下科学实验中心开展演示试验,校地领导现场观摩并协调推进水下科学实验中心建设。

2018年4月,历时半年,先后对簸箕港、虎营山、长港村等地块进行实地选址勘测,经过比选,最终确定长港村一处山谷为盱眙科研试验基地建设拟选地块。

2018年5月,学校组织相关领域专家对盱眙科研试验基地拟选地块进行可行性论证,论证结果表明选址能够满足相关规范要求和学校建设需求。

2018年8月,围绕"智能兵器与装备"学科群,广泛调研学校科研团队,征集试验需求,启动编制盱眙科研试验基地选址报告。

2019年1月,学校与盱眙县签署科研试验基地共建协议和产学研合作基地共建协议,盱眙基地"一中心两基地"规划框架基本形成。

2019年4月,完成水下科学实验中心消音堡、码头等试验设施施工图设计和评审,实质启动水下科学实验中心建设。

2019 年 10 月，水下科学实验中心消音堡等试验设施建设完成并投入测试试用，取得较好试验效果。

2020 年 4 月，工业和信息化部规划司批复《关于同意南京理工大学启动盱眙基地科研试验基地规划建设前期工作的复函》；盱眙基地产学研合作基地完成初步设计单位招标，启动设计编制工作。

2020 年 5 月，付梦印校长带队赴盱眙与县领导班子洽谈交流，协调推进盱眙基地规划建设。

2020 年 9 月，国家国防科工局军工项目审核中心组织专家组对盱眙科研试验基地建设选址进行实地考察；付梦印校长带队前往盱眙与县委县政府研讨推进盱眙基地建设。付梦印表示，学校将高起点谋划，高标准建设，将盱眙基地打造成区域人才培养、科技创新和成果转化的新高地。盱眙县代县长孙志标表示，建设盱眙基地是双方优势互补、共谋发展的战略举措，盱眙县将全力配合做好项目建设条件保障，争取早日建成，为双方的提升发展发挥效能。

2020 年 11 月，科研项目汇报会暨水中弹道协同创新中心 2020 年第二次学术会议在盱眙水下科学实验中心召开。李鸿志院士、邱志明院士、杨德森院士、李魁武院士，军委装备发展部综合计划局、科研订购局、装备体系评估中心、陆军研究院、海军装备部综合计划局、军械装备局、海军研究院等单位领导，付梦印校长参加了会议。

2021 年 1 月，付梦印校长带队赴盱眙与县委书记邓勇洽谈交流，加快推进盱眙基地建设。

2021 年 8 月，盱眙县人民政府同意以代建方式启动产学研合作基地建设，工程预算超 7 亿元，建设标准满足"拎包入住"条件。

2021 年 11 月，南京理工大学盱眙产学研合作基地开工仪式在宁淮智能制造产业园举行。淮安市委书记陈之常、学校党委书记张骏、校长付梦印、先进金属与金属间化合物材料技术工业和信息化部重点实验室主任陈光等领导和教师代表出席了仪式。盱眙产学研合作基地是促进学校建设发展的重要战略支点，学校将紧密结合淮安和盱眙经济结构调整和产业转型升级需求，开展技术攻关和成果转化，把盱眙产学研合作基地打造成为创新人才辈出、领军人才集聚、创新创业孵化、高新技术转移的高层次人才培养基地和科技创新高地。

2022 年 2 月，南京市和淮安市党政代表团考察推进宁淮智能制造产业园建设工作，期间专程考察南京理工大学盱眙产学研合作基地项目。江苏省委常委、南京市委书记韩立明，市委副书记、市长夏心旻参加考察，付梦印院士、陈光院士、王明洋院士等在产学研合作基地现场陪同考察，考察团对学校盱眙产学研合作基地项目建设给予充分肯定。

2022 年 10 月，经学校和地方共同申请，在国家自然资源部正式批复启用新划定的"三区三线"中，选址规划的盱眙天泉湖镇 2000 亩的军民融合科研试验基地从国家级生态红线中调出,解除了影响规划设计、土地划拨的政策性障碍。2022 年 12 月,学校委托中国五洲工程设计集团有限公司,在 2020 年 6 月完成的选址规划方案基础上,根据上级要求和学校最新需求,全力推进军民融合科研试验基地总体规划和一期建设修建性详细规划编制。

3. 南京校区汤山分部建设

2017 年 1 月,学校与江宁区政府签订全面战略合作协议和科技创新研发园合作协议,推进南京校区汤山分部扩容建设,促进校地融合发展。

2017 年 1 月,学校在请示工业和信息化部的文件《南京理工大学关于汤山校区扩容的请示》中提出,拟在南京市江宁区汤山街道征地 231.7 亩筹建汤山校区。2017 年 3 月,工业和信息化部办公厅批复《关于同意南京理工大学开展校区扩容前期工作的函》,原则同意学校推进南京校区汤山分部扩容建设。

2017 年 7 月,南京市政府办召开汤山校区扩容项目协调会,推进南京校区汤山分部规划建设用地范围确定等核心事项。

2018 年 4 月,南京校区汤山分部扩容规划图则在南京市规划局网站公示。2018 年 11 月,南京市政府批复同意南京校区汤山分部扩容规划图纸。2019 年 4 月,南京市规划和自然资源局批复南京校区汤山分部扩容项目用地规划许可。2019 年 7 月,南京市规划和自然资源局批复南京校区汤山分部项目《南京市工程建设项目规划条件》。2021 年 10 月,在多方协同努力下,南京校区汤山分部扩容征地范围内 16 户农户、5 家企业的拆迁工作全部完成。2022 年 3 月,南京市规划和自然资源局审定通过汤山校区扩容项目修建性详细规划。

2020 年 5 月,依托南京校区汤山分部提出"长三角智能制造与装备创新港"策划方案,并报送南京市政府。

2020 年 10 月,学校与南京市政府签订《长三角智能制造与装备创新港共建协议》,汇聚行业资源,打造区域科教和产业创新高地。

2021 年 4 月,在中国航天日开幕式上,江苏省人民政府与中国兵器工业集团、中国兵器装备集团、中国电子科技集团签订战略合作协议,创新港建设纳入合作协议内容;在中国航天日经济与国防协调发展高层论坛开幕式上,揭牌创新港科技创新园、装备研发园。在中国航天日江宁推介会上,学校与汤山度假区管委会分别和河北燕兴机械有限公司、重庆长安望江、西北工业集团等军工企业签订入驻创新港合作协议。

2021 年 9 月,中国兵器工业集团、南京理工大学、江宁区人民政府联合举办中国兵器工业集团有限公司长三角创新研究院入驻长三角智能制造与装备创新港意向签约仪式。第一期启动 50 亩土地用于长三角研究院科研设施建设。

2021 年 12 月,首家入驻企业"西北工业集团南京研究所"正式成立并揭牌。

2022 年 5 月,江苏省科技厅厅长王秦到长三角智能制造与装备创新港考察科技创新平台建设情况。校长付梦印院士和芮筱亭院士等陪同考察。王泰指出，以创新港为载体，聚焦国家和江苏省产业需求，充分融合政府、高校、行业三方优势，打造综合性科技创新基地的规划举措在推动基础研究和前沿技术产业化工程化上发挥了重要作用，希望学校进一步发挥学科优势、加强与企业联动合作，在科技创新平台建设工作中走在前列、做出示范。同月，学校获批江苏省高端制造装备工程技术联合实验室。

2022 年 6 月，南京市副市长林涛带队到长三角智能制造与装备创新港，调研南京理工大学智能系统与控制全国重点实验室筹建工作。校长付梦印院士、芮筱亭院士等陪同考察。林涛指出，创新港是深化校地融合的重要探索，此次筹建的全国重点实验室与创新港建设深度结合，是盘活科技创新资源的创新举措。市政府高度重视并全力支持全国重点实验室筹建和创新港建设，期望将创新港建设打造为全省乃至全国校地融合发展、科技协同创新的样板与典范。

2022 年 7 月，河北燕兴机械有限公司国防科技工业无坐力武器创新研发中心、齐齐哈尔和平重工集团有限公司南京技术研发中心和北方华安工业集团有限公司南京科技研发中心在创新港正式揭牌成立。

4. 南京本部校区建设情况

南京本部校区聚焦核心办学功能提升，是学校办学主引擎，是学校延伸文化底蕴、筑牢发展根基、扩大办学影响的主阵地。主校区侧重通用领域一流学科的建设，支撑学校人才培养、人才引进、科学研究等核心办学工作。"十四五"期间，南京本部校区将全面提升办学环境条件，以全新面貌迎接 70 周年校庆。

2020 年以来，加速实施南京本部校区基础设施建设及环境改造。完成兵器学科楼、基础学科楼、学生创新创业活动中心等载体建设，落实二号路、友谊河路纵横景观带、老建筑片区、紫霞湖片区等核心区域景观提升，推进校园周边外围空间环境整治。如表 6.2.1 所示。

表 6.2.1　2012 年以来主校区建设情况一览表

项目名称	建筑面积/平方米	总投资/万元	资金来源		开工日期	竣工时间
			国拨/万元	自筹/万元		
兵器技术创新中心	17006.4	6239	5000	1239	2011 年 1 月 11 日	2012 年 3 月 16 日
综合实验教学楼（二期）（413 栋）	47356.4	14000	14000		2011 年 4 月 15 日	2013 年 5 月 31 日
学生生活南区（三期）（617 栋、618 栋）	27429.3	9214	9199	15	2011 年 12 月 23 日	2013 年 8 月 31 日
研究生食堂（48 栋）	12141.7	5214	5211	3	2012 年 2 月 2 日	2013 年 7 月 1 日
第二运动场	3959.7	1800		1800	2011 年 9 月 10 日	2013 年 3 月 7 日

续表

项目名称		建筑面积/平方米	总投资/万元	资金来源		开工日期	竣工时间
				国拨/万元	自筹/万元		
图书馆(307栋)		45796	21995.6	19535	2460.6	2012年11月14日	2015年12月31日
体育中心(91栋)		22209.9	14809	12348	2461	2012年7月31日	2016年6月30日
研究生宿舍(二期)(234栋)		33732.4	14656	14650	6	2016年9月1日	2017年8月31日
材料实验教学楼(341栋)		12249.7	6484.35	5400	1084.35	2016年4月28日	2017年8月31日
兵器学科楼		35270.54	17330	17188	142	2018年10月8日	2021年12月24日
老校区改造(一期)	游泳馆(92栋)	2897.32	17861	15786	2075	2017年11月8日	2019年10月30日
	环境生物楼(361栋)	14171.3				2018年4月15日	2019年12月6日
	应用化学楼(384栋)	9266.5				2018年4月15日	2019年12月6日
	校园生活设施改造(风味食堂)(243栋)	4881.1				2018年8月10日	2019年10月30日
灾后学生宿舍重建	大学生创新创业大厦	18122.83	14835	11493	3342	2019年7月8日	2021年12月30日
	学生宿舍(18舍)	11844.3				2020年7月13日	2021年8月30日
基础学科教学科研楼项目(401栋)		18531.07	8613	7749	864	2020年12月28日	2022年12月28日

第三节　学科建设

进入新时代,学校一流学科建设稳步推进。通过实施国家重点学科冲刺计划、新特色学科培育塑造计划、学科水平"攀登计划"计划等,打造学科高峰,强化国防特色学科建设,进一步促进新兴学科和交叉学科的发展,提升学科可持续发展能力,学科建设进入新的发展时期。2017年和2022年两次入选"双一流"建设高校及建设学科名单,学科评估取得较好成绩。

一、"十二五"期间学科建设

"十二五"期间,围绕建设特色高水平研究型大学的总体目标,落实特色质量立校、大师团队兴校、拓展协同强校三大发展战略,为学校可持续发展打下了坚实基础。经过"十二五"期间的重点建设,学校学科结构得到优化,水平明显提高,基本形成了以工为主,理、文、经、管、法、教、哲、艺等多学科协调发展的学科布局。

学校围绕重点学科和优势学科,组织各学院、部门落实国家重点学科冲刺计划任务书,全面系统地总结各项任务完成情况,结合第三轮教育部学科评估的结果,分析研究竞争态势和应对举措,相关学科建设取得明显成效。出台政策鼓励科研人员在对 ESI 贡献度高的期刊发表高水平论文,学科国际竞争力得到提升。进入 ESI 全球前 1% 的学科领域在原有的工程学、化学、材料基础上,2015 年 11 月计算机科学学科首次进入 ESI 学科排名全球前 1%。

2013 年学校组织各相关单位召开了"国家重点学科冲刺计划"工作总结会,通报计划完成情况,研讨下半年重点工作。会后印发了《关于通报 2011—2012 年"国家重点学科冲刺计划"完成情况及做好 2013 年相关工作的通知》和《关于进一步做好国家重点学科冲刺计划的通知》,明确下阶段工作重点任务,要求各相关部门对学科开展调研和交流。

学校 7 个江苏省重点学科接受了江苏省教育厅组织的"十二五"省重点学科建设情况中期检查:电子科学与技术、化学工程与技术 2 个学科被评为优秀,其他均为良好。全省参评的 188 个学科中仅有 14 个学科评估结果为优秀。

2014 年,"江苏高校优势学科建设工程管理协调小组"启动江苏高校优势学科建设工程一期立项学科考核验收和二期项目评审工作。学校兵器科学与技术、光学工程、控制科学与工程、材料科学与工程、高端装备与微纳器件设计制造 5 个一期立项学科参加了考核,5 个学科全部被评为 A 等,顺利通过验收。在二期立项学科申报中,兵器科学与技术、光学工程、控制科学与工程、材料科学与工程、高端装备与微纳器件设计制造、社会公共安全技术 6 个学科提出了申请。经评审,兵器科学与技术、光学工程、控制科学与工程、材料科学与工程、高端装备与微纳器件设计制造 5 个学科被评为江苏高校优势学科建设工程二期立项学科,社会公共安全技术被评为江苏省重点序列学科。

2015 年,学校制定出台《南京理工大学关于试行首席教授制的规定和实施细则》,确定首席教授的遴选原则、首席教授的主要职责、工作程序及日常工作管理等事项,并在材料科学与工程江苏高校优势学科中试行。学校组织第七届国务院学科评议组成员推选工作,钱林方教授(兵器科学与技术)、王连军教授(化学工程与技术)、陈如山教授(电子科学与技术)、廖文和教授(航空宇航科学与技术)、陈钱教授(光学工程)成功入选。其中钱林方教授当选兵器科学与技术学科组召集人,廖文和教授、陈钱教授首次入选。

此外,"十二五"期间,学校相继启动实施新特色学科培育塑造计划、理工融合学科及特色应用型文科建设计划。针对新特色学科培育、基础学科水平提升以及发展过程中存在的问题和不足,学校进一步统筹已落实的江苏省优势学科、重点学科和自筹资金,开展学科平台和引进人才专用条件建设,如表 6.3.1 和表 6.3.2 所示。比如:2013 年实施"新特色学科培育塑造计划",共投资 809 万元用于支持 6 个人才引进与培养项目以及 1 个真空等离子体技术国际科学实验室建设项目。

表 6.3.1 "十二五"学校国家重点学科情况

序号	二级学科名称	所属一级学科	备注
1	兵器发射理论与技术	兵器科学与技术	一级学科国家重点学科
2	火炮、自动武器与弹药工程		
3	武器系统与运用工程		
4	军事化学与烟火技术		
5	光学工程	光学工程	一级学科国家重点学科
6	材料学	材料科学与工程	二级学科国家重点学科
7	电磁场与微波技术	电子科学与技术	二级学科国家重点学科
8	模式识别与智能系统	控制科学与工程	二级学科国家重点学科
9	应用化学	化学工程与技术	二级学科国家重点学科

表 6.3.2 "十二五"学校省部级重点学科情况

序号	学科名称	重点学科类型
1	兵器科学与技术	江苏省优势学科
2	光学工程	江苏省优势学科 工业和信息化部两化融合类学科
3	控制科学与工程	江苏省优势学科
4	材料科学与工程	江苏省优势学科 工业和信息化部两化融合类学科
5	高端装备与微纳器件设计制造	江苏省优势学科
6	社会公共安全技术	江苏省重点序列学科
7	力学	一级学科江苏省重点学科
8	电子科学与技术	一级学科江苏省重点学科 工业和信息化部两化融合类学科
9	信息与通信工程	一级学科江苏省重点学科
10	计算机科学与技术	一级学科江苏省重点学科
11	软件工程	一级学科江苏省重点学科
12	化学工程与技术	一级学科江苏省重点学科 工业和信息化部两化融合类学科
13	动力工程及工程热物理	一级学科省重点(培育)学科
14	环境工程	工业和信息化部支撑性基础学科
15	高端装备设计制造与质量管理	工业和信息化部新兴交叉学科
16	社会公共安全信息工程	工业和信息化部新兴交叉学科

"十二五"期间,学校拥有 49 个二级学科博士点,分布在 18 个一级学科中,其中 15 个为一级学科博士授权点,如表 6.3.3 所示。116 个硕士点分布在 39 个一级学科中,其中 29 个一级学科硕士授权点,如表 6.3.4 所示。

表6.3.3　"十二五"末学校一级学科博士点情况

序号	门类	一级学科
1	理学(1个)	数学
2	工学(13个)	力学、机械工程、光学工程、仪器科学与技术、材料科学与工程、电子科学与技术、信息与通信工程、控制科学与工程、计算机科学与技术、软件工程、化学工程与技术、兵器科学与技术、环境科学与工程
3	管理学(1个)	管理科学与工程

表6.3.4　"十二五"末学校一级学科硕士点情况

序号	门类	一级学科
1	理学(4个)	数学、物理学、统计学、化学
2	工学(20个)	力学、机械工程、光学工程、仪器科学与技术、材料科学与工程、电子科学与技术、信息与通信工程、控制科学与工程、计算机科学与技术、软件工程、化学工程与技术、兵器科学与技术、环境科学与工程、动力工程及工程热物理、电气工程、土木工程、交通运输工程、航空宇航科学与技术、生物医学工程、安全科学与工程
3	管理学(3个)	管理科学与工程、工商管理、图书馆情报与档案管理
4	经济学(1个)	应用经济学
5	艺术学(1个)	设计学

在全国第三轮学科评估中,学校14个学科参评,其中兵器科学与技术保持全国排名第1、光学工程排名第8、化学工程与技术排名第10、控制科学与工程排名第11、电子科学与技术排名第17、材料科学与技术排名第23。在进入ESI全球排名前1%的学科领域上,原有的工程学、化学、材料科学排名较"十一五"末均有所提升,如表6.3.5所示。另外,在"十二五"末,学校成为工业和信息化部所属高校中"计算机科学"进入ESI全球排名前1%的第三所高校。

表6.3.5　学校三轮学科水平评估排名情况

学科代码及名称	第一轮		第二轮		第三轮		第三轮与第二轮相比变化	
	排名/参评数	相对位置	排名/参评数	相对位置	排名/参评数	相对位置	排名	相对位置
兵器科学与技术	2/6	33%	1/8	13%	1/11	9%	不变	↑4%
光学工程	11/19	58%	9/26	35%	8/38	21%	↑1	↑14%
化学工程与技术	12/25	48%	16/40	40%	10/68	15%	↑6	↑25%
控制科学与工程	14/29	48%	14/51	27%	11/83	13%	↑3	↑14%
仪器科学与技术	16/29	55%	18/26	69%	15/33	45%	↑3	↑24%
电子科学与技术	—	—	—	—	17/50	34%	—	—
力学	21/29	72%	26/41	63%	17/39	44%	↑9	↑19%

续表

学科代码及名称	第一轮		第二轮		第三轮		第三轮与第二轮相比变化	
	排名/参评数	相对位置	排名/参评数	相对位置	排名/参评数	相对位置	排名	相对位置
材料科学与工程	28/49	57%	16/69	23%	23/98	23%	↓7	不变
机械工程	14/37	38%	26/70	37%	29/102	28%	↓3	↑9%
管理科学与工程	26/34	76%	32/52	62%	34/102	33%	↓2	↑29%
计算机科学与技术	—	—	33/70	47%	38/120	32%	↓5	↑15%
软件工程	—	—	—	—	42/106	40%	—	—
马克思主义理论	—	—	49/69	71%	56/121	46%	↓7	↑25%
外国语言文学（硕士点）	—	—	—	—	66/92	72%	—	—

二、"十三五"期间学科建设

"十三五"期间,学校围绕国家重大战略需求,聚焦"两个强国""保军补军强军""军民融合"和"强富美高"新江苏建设历史重任,持续深化学科内涵建设,强化陆海空天信融合特色,充分发挥兵器科学与技术一流学科引领作用,学科体系结构持续优化,学科整体水平大幅提升,形成了以一流建设学科为核心、以特色优势学科为主体、基础学科为支撑、新兴交叉学科为增长点的多学科协调发展体系。

（一）优化学科结构布局

通过实施动态调整管理不断夯实理工、文理交叉融合的学科基础,推进学校各学科统筹协调发展,形成了以工为主,理、工、文、经、管、法、艺等多学科协调发展的学科布局。学校鼓励和支持优势学科面向世界科技前沿,积极开展国际合作交流,参与国际学术组织,努力提升学科国际影响力和竞争力。

推进医工结合建设。积极拓展医工结合建设领域,加强与鼓楼医院、东部战区总医院等知名医院对接,密切合作联系。与玄武区人民政府签订合作协议,共建南京理工大学双创示范基地医工基地。强化校内资源整合,做好医工结创新项目协同创新,推进医工结合创新研究院建设。围绕特种医学学科发展,立足学校国防背景,系统论证研究院的发展定位和主要任务,明确了军事医学的主要研究方向。

2019年,开展智库建设机制改革调研论证工作,整合成立紫金战略研究院。改进学院和重大平台的建设机制,论证推动学校电子工程与光电技术学院与先进发射协同创新中心的合并工作,筹建学校光学科学中心。

学校第十二次党代会报告中明确提出构筑高原高峰,实施一流学科体系建设工程。

学校坚持强势工科、特色理科、精品文科、新兴交叉、医工结合多学科发展模式,推进世界一流学科、国内前列学科、特色新兴学科分类建设,加快推进三大优势学科群向三大一流学科群跃升,打造特色鲜明、结构合理、管理科学的一流学科体系。

"十三五"期间,学校获批武器系统与工程、控制理论与控制工程等 10 个国防特色学科,数量位列获批高校首位;获批数学、力学等 9 个江苏省重点学科,其中 6 个重点学科中期评估优秀,如表 6.3.6 所示。学科整体国际影响力显著提升,工程领域进入世界一流前列,材料、化学、计算机科学领域进入世界一流行列。2018 年,工程学进入 ESI 国际学科领域全球排名前 1‰,达到世界一流前列水平;材料、化学、计算机科学学科进入 ESI 全球排名前 1%,达到世界一流行列水平。截至"十三五"末,学校 ESI 全球排名第 773 位,较"十三五"初提升 469 个位次。

表 6.3.6 "十三五"重点学科建设

类型	个数	学科名称
一流学科	1	兵器科学与技术学科
江苏省优势学科(三期)	6	化学工程与技术
		光学工程
		控制科学与工程
		机械工程
		计算机科学与技术
		材料科学与工程
工业和信息化部重点学科	7	材料科学与工程
		化学工程与技术
		光学工程
		电子科学与技术
		环境工程
		高端装备设计制造与质量管理
		社会公共安全信息工程
国家重点学科	9	武器系统与运用工程
		兵器发射理论与技术
		火炮、自动武器与弹药工程
		军事化学与烟火技术
		光学工程
		材料学
		电磁场与微波技术
		模式识别与智能系统
		应用化学

续表

类型	个数	学科名称
江苏省重点学科	9	数学
		力学
		电子科学与技术
		环境科学与工程
		软件工程
		管理科学与工程
		网络空间安全
		动力工程及工程热物理
		航空宇航科学与技术
国防特色学科	10	武器系统与工程
		武器发射理论与技术
		弹药工程与爆炸技术
		军事化学与烟火技术
		电磁场与微波
		控制理论与控制工程
		模式识别与智能系统
		光电成像技术
		军用关键材料
		军工制造及其自动化

(二)积极推动"双一流学科"建设

2017 年,学校入选"双一流"建设高校,兵器科学与技术学科入选"双一流"建设学科。2018 年,学校成为工业和信息化部、教育部、江苏省三方共建高校,开启在新时代扎根中国大地建设世界一流大学的新征程。

在具体工作中,完善落实"双一流"建设"一小组、两协调"管理机制。充分发挥学校"双一流"建设领导小组办公室统筹协调作用,加强建设工作领导小组会、部门联席工作会的组织工作。建立健全"双一流"和学科建设管理机制。制定南京理工大学"双一流"建设项目管理办法,进一步规范"双一流"项目管理,科学优化建设管理流程,提高资金使用效益,为"双一流"建设提供制度保障。强化走访调研,了解基层学术组织学科建设需求。组织推进学科布局优化调整工作。围绕学科建设发展,协调解决人工智能学院筹建、高性能大数据计算集群平台项目等工作,解决学院、团队学科建设遇到的问题与困难。强化学科建设主体,结合江苏高校优势学科三期建设,进一步厘清学科建设边界,明确一级学科建设主体;组织兵器科学与技术、化学工程与技术等 6 个一级学科,开展学校一级学科(试点)学科带头人认定选聘工作。加大"双一流"建设统筹协调推进力度。聚焦"1 + 3 + 6 + N"的学科体系和建设任务,围绕14 个重点建设平台,进一步加强了校内部门的横向沟通协调工作,组织召开了工作推进会、专题研讨会,做到沟通、统筹、协调常态化,校内"双一流"建设齐抓共管的"一体化"的工作格局得到构建。

2019 年,"双一流"建设经费执行率达到100% 。组织完成了"双一流"建设中期评估会,学校既定6 大方面27 项具体任务指标已完成21 项,其中超额完成14 项。启动了学科带头人认定工作和第五轮学科评估迎评工作。"十三五"国防特色学科条件建设项目可研报告顺利获批,总金额7200 万元。"先进微纳米材料及装备协同创新中心"成功入选军民融合类省部共建协同创新中心(全国仅2 个)。

2020 年9 月6 日,学校顺利通过"双一流"建设周期评估,圆满完成了"双一流"建设任务。

(三)学位点建设取得新的成效

"十三五"期间,学校不断调整优化学位授权点布局,制定了关于学位点建设计划、学位点动态调整和学位点合格评估等相关文件,不断加强学位点建设工作,学位点建设质量得到提升。2016 年新增网络空间安全一级学科博士点,2018 年新增航空宇航科学与技术、动力工程及工程热物理2 个一级学科博士点,法学、外国语言文学2 个一级学科硕士点。通过学位点动态调整,主动撤销了科学技术哲学、体育教育训练学、高等教育学3 个二级学科硕士点和物流工程、艺术硕士2 个硕士专业学位点,新增马克思主义理论、公共管理、社会学3 个一级学科硕士点。截至"十三五"时期末,学校学科涵盖理、工、文、经、管、法、艺等7 个门类,共有18 个一级学科和1 个二级学科博士学位点,17 个一级学科和1 个二级学科硕士学位点,19 个硕士专业学位授权类别,具有高级管理人员工商管理硕士(EMBA)授予权和在职人员以同等学力申请博士、硕士学位的授予权。在2014—2019 年国家首轮学位授权点合格评估工作中,学校所有参评博士、硕士学位授权点全部顺利通过评估,如表6.3.7 所示。

表6.3.7　"十三五"末学校博士点情况表

序号	学科门类	一级学科代码及名称	授权级别
1	法学	0305 马克思主义理论	博士二级
2	理学	0701 数学	博士一级
3	工学	0801 力学	博士一级
4		0802 机械工程	博士一级
5		0803 光学工程	博士一级
6		0804 仪器科学与技术	博士一级
7		0805 材料科学与工程	博士一级
8		0807 动力工程及工程热物理	博士一级

续表

序号	学科门类	一级学科代码及名称	授权级别
9		0809 电子科学与技术	博士一级
10		0810 信息与通信工程	博士一级
11		0811 控制科学与工程	博士一级
12		0812 计算机科学与技术	博士一级
13	工学	0817 化学工程与技术	博士一级
14		0825 航空宇航科学与技术	博士一级
15		0826 兵器科学与技术	博士一级
16		0830 环境科学与工程	博士一级
17		0835 软件工程	博士一级
18		0839 网络空间安全	博士一级
19	管理学	1201 管理科学与工程	博士一级

在教育部第四轮学科评估中(表6.3.8),兵器科学与技术学科位列 A+ 档,蝉联全国第一,化学工程与技术学科位列 A- 档,光学工程、机械工程、控制科学与工程、计算机科学与技术学科位列 B+ 档,13个学科进入全国前30%(第三轮6个)。武器系统与工程、控制理论与控制工程等10个学科入选"十三五"国防特色学科,建设经费7200万元,获批数量和经费总额均居全国首位。江苏省优势学科建设工程二期项目以全优形式结题,化学工程与技术、材料科学与工程等6个学科入选江苏省优势学科建设工程三期项目;数学、力学等9个学科入选"十三五"江苏省重点学科,中期评估优秀数量位列全省高校第一。

表6.3.8 第四轮学科评估成绩(B- 及以上)

序号	学科代码	学科名称	评估结果	百分位
1	0826	兵器科学与技术	A+	前2名或前2%
2	0817	化学工程与技术	A-	前5%~10%
3	0802	机械工程	B+	前10%~20%
4	0803	光学工程	B+	前10%~20%
5	0811	控制科学与工程	B+	前10%~20%
6	0812	计算机科学与技术	B+	前10%~20%
7	0801	力学	B	前20%~30%
8	0805	材料科学与工程	B	前20%~30%
9	0809	电子科学与技术	B	前20%~30%
10	0810	信息与通信工程	B	前20%~30%
11	0830	环境科学与工程	B	前20%~30%
12	0835	软件工程	B	前20%~30%

序号	学科代码	学科名称	评估结果	百分位
13	1201	管理科学与工程	B	前 20% ~30%
14	0305	马克思主义理论	B－	前 30% ~40%
15	0701	数学	B－	前 30% ~40%
16	0804	仪器科学与技术	B－	前 30% ~40%

三、"十四五"期间学科建设

"十四五"时期,学校进一步强化学科建设在资源配置中主导作用,推进学科、专业、学位点一体化建设。进一步优化拓展学科布局,筑牢高峰学科优势,加快高原学科全面崛起,在巩固和提升兵器科学与技术一流学科优势基础上,加快提升陆、海、空、天、信学科建设。进一步创新学科交叉体制机制,促进学科交叉融合,推进交叉学科发展,形成新的学科增长点,增强学科发展内生动力。巩固兵器科学与技术学科全国排名第一,力争三大优势学科群分别建有学科高峰高原,涌现理科、文科、交叉学科高原,高峰高原学科占比超 50%,为建成特色鲜明世界一流大学奠定学科架构。具体包括两个方面:①以兵器科学与技术一流学科引领带动学校整体发展。围绕未来武器装备信息化、智能化趋势,打造"兵器智能＋"学科创新发展体系,拓展兵器科学与技术学科内涵,推进陆海空天信融合发展。发挥兵器科学与技术引领作用,通过学科交叉融合发展,带动其他学科发展,逐步形成互为支撑的一流学科群,形成一批学科高峰高原。②以"1＋5＋10＋N"评估目标为牵引推动学科布局调整。对标世界一流大学建设,持续推进学科布局优化调整,力争一级学科整体规模控制在 30 个以内,其中工科约占 50%、理科约占 10%、文科约占20%、新兴交叉学科约占 20%,形成以工为主,多学科相互支撑、协调发展的学科生态体系,争取实现"1(A＋)＋5(A 类)＋10(B＋)＋N"的目标,形成以兵器科学与技术、化学工程与技术、光学工程、控制科学与工程、材料科学与工程、计算机科学与技术等学科为代表的高峰学科,以机械工程、电子科学与技术、环境科学与工程、管理科学与工程、软件工程、动力工程及工程热物理、网络空间安全、数学、物理学、力学、航空宇航科学与技术、马克思主义理论、安全科学与工程等学科为代表的高原学科,为建成特色鲜明世界一流大学奠定学科架构。

(一)立足新发展阶段,奋力推进"双一流"建设

2021 年 4 月 19 日,学校组织召开院长、处长联席会,共商学科发展规划,统筹推进学校"双一流"建设。完成教育部首轮"双一流"周期总结工作,兵器科学与技术学科首轮"双一流"建设成效整体发展水平评价为显著,符合一流培优入选条件。聚焦国防现代化建设和"两个强国"建设,瞄准"陆海空天信"领域,完成新一轮"双一流"建设方案编制工

作,10 月通过工业和信息化部、教育部评审。围绕"1 +3 +6 + N"学科评估目标,系统推进学科评估工作,精心组织异议材料反馈等工作,力争最好成绩。

(二)服务新发展格局,稳步推进学科布局优化调整工作

对接国家战略和工业和信息化部重大部署,瞄准学科发展前沿,着力加强基础学科建设,调整学院学科设置,2021 年 4 月,化工学院更名为"化学与化工学院";9 月,正式揭牌成立"数学与统计学院"。主动布局服务"两个强国"建设新兴前沿领域,推进"集成电路科学与工程"交叉学科建设,2022 年 9 月与中国电子科技集团、南京市政府共建"微电子学院(集成电路学院)"。持续推进学科、学位点、专业一体化建设,获批新增马克思主义理论、物理学 2 个一级学科博士学位授权点和机械、电子信息、材料与化工 3 个博士专业学位授权点。

(三)加强统筹协调,积极推进各类学科建设

2021 年,学校继续实施"特色理科精品文科"建设计划,加大物理学、数学、马克思主义理论、管理科学与工程、外国语言文学等学科建设支持力度。圆满完成江苏省重点学科周期验收工作,9 个江苏省"十三五"重点学科全部通过终期验收,其中 6 个学科终期验收结果为优秀,优秀数量全省高校排名第一。根据 2023 年 1 月 12 日更新的 ESI 数据,本期全球进入 ESI 排名前 1% 机构 8360 所,学校位列 625 位,排名百分位 7.48% 。学校工程学、材料科学、化学、计算机科学、环境/生态学和物理学等 6 个学科进入 ESI 全球排名前 1% ,其中工程学和材料科学进入 ESI 全球排名前 1‰。

2022 年,学校 12 个学科入选"十四五"江苏省重点学科,入选数量位居全省第一,其中新增马克思主义理论、外国语言文学、物理、安全科学与工程学科。12 月 21 日,教育部反馈了第五轮全国学科评估结果,学校取得了历史最好成绩,其中珠峰学科 2 个(第四轮1 个)、高峰学科 3 个(第四轮 1 个)、高原学科 5 个(第四轮 4 个)。

第四节　师资队伍建设

世界一流大学的建设,离不开一支师德高尚、业务精湛、结构合理、充满活力的高素质专业化教师队伍。新时代、新征程,学校坚持党对人才工作的全面领导,持续推进人才强校战略,始终围绕一流师资队伍建设,深入实施人事综合改革,积极探索创新管理机制,强化外引内育,逐步形成了以战略科学家为引领,以高层次人才和创新团队为骨干,以青年后备人才为支撑的人才队伍发展格局。新时代、新征程,学校继续锚定特色鲜明世界一流大学建设目标,坚持聚天下英才而用之,持续打造高质量的师资队伍,构筑坚实的人才队伍力量。

一、人事制度改革历程

人才资源是第一资源，高校对人才的竞争日益激烈，学校师资队伍建设面临扩大规模、优化结构、提高质量的多重压力。学校以人事制度改革为突破口，结合人才发展规律和学校实际，发挥学院办学主体作用，围绕教师发展全过程全环节，从人才引进、职称晋升、岗位聘任、聘期考核、薪酬分配等全方位深入推进人才发展体制机制改革，努力构建人尽其才、才尽其用的制度体系。

2012 年 6 月，学校召开人才工作会议，对学校师资队伍建设进行了顶层设计和政策资源的整合，统一了思想和认识。会议出台了一系列人才引进和培养的政策措施，成为此后一段时期队伍建设的纲领和抓手。本着"新人新办法、老人老政策"的精神，学校对新进校职工全面实行合同管理，并实施严格的首聘期考核制度。首聘期考核制度的实施，极大地调动了新进校职工的工作积极性，初步建立了"能进能出"的用人机制，为进一步深化人事聘用制度改革奠定了基础。

从 2013 年起，学校对新进校讲师实行 6 年聘期考核政策，聘期内若没有晋升高级专业技术职务则不予以在该岗位续聘，以此提高人才引进质量、激发新进教师活力。考虑青年教师在工作生活中存在的实际困难，学校于 2021 年出台了新进教师聘期考核相关执行细则和校内选聘专任教师担任专职辅导员办法。对于首聘期考核为"合格"且 6 年内达到副高职称申报条件、有效申报但未晋升的新进校讲师，可转入学生辅导员、实验室一般专技岗或与教学科研、学科建设密切相关的管理岗。对于首聘期内转聘至专职辅导员岗位的专任教师，可延长首聘期至专任教师岗位满三年后进行考核。

2015 年，学校按照"以分类管理为基础，以岗位聘任为重点，以绩效评价为核心，以薪酬分配为突破，以业绩贡献为导向"的工作思路，制定并实施以"两级管理、按需设岗、分类评价、评聘分离、能上能下"为指导思想的《南京理工大学教师岗位聘任工作指导意见》和以"两级管理、自主分配、责酬一致、绩效导向、统筹规范"为指导思想的《南京理工大学实施绩效津贴制度指导意见》，开展教师岗位聘任工作，进一步构建"人员能进能出、职务能上能下"的用人机制和符合人才成长规律的激励保障、流转退出机制，充分调动教师的积极性。拓宽人员聘用方式，研究制定了专职科研队伍建设方案，扩大专职科研队伍规模。根据国家和上级部门统一部署，做好学校养老保险并轨、绩效工资改革等工作，保障教职工利益。

"十三五"期间，学校探索实施"学术特区"制度。创新学术团队运行机制和基层学术组织模式，根据学校科技发展规划，瞄准国家战略需求和学校重点突破、重点发展的关键科学技术领域，以国家级、省部级重点实验室（工程技术中心）、重大重点项目、学校工程技术研究院等为依托，实施专职科研岗位制度，设立专职科研岗位，面向国内外公开招聘，做大做强科研团队。

2017 年，按照"一个体系，两项计划，三项改革"为主体的人事综合改革方案设计，按"三年三步走"推进实施综合改革。通过第一步以岗位聘任为基础的绩效津贴分配制度改革，强化了学院办学自主权，建立以业绩贡献为导向的人事管理与分配制度，有效调动了教师积极性。通过以分类评价为核心的专业技术职务评聘改革，进一步畅通了教师发展渠道、丰富了评价体系、强化了团队合作，完成了综合改革第二步。第三步是探索定编定岗，构建核心师资队伍，完成人事制度综合改革"123"方案，努力构建"人尽其才、才尽其用、人事相宜"的良好局面。

2018 年，通过以重构师资队伍体系为目标的人才体系改革，进一步激发人才队伍创新活力，打造人才高地，建立完善的选才、育才、用才体系，逐步完成核心师资队伍构建。建立和完善教师分类发展、评价和晋升体系，修订完成《南京理工大学专业技术职务评聘管理办法》和《南京理工大学主系列专业技术职务申报条件》。将教师岗位分为"四型六类"，新增重大（工程）项目类、科技成果转化类、教学为主型和实验教师型等晋升通道，同时引入多元化评价机制、代表作制度、团队推荐人制度、重大成果直评制度等措施，破除"五唯"，鼓励团队合作，健全教师分类晋升体系，确保各类人才都有发展通道。完善教师岗位聘任考核机制，制定《南京理工大学"卓越计划"青年拔尖人才选聘计划入选人员考核实施办法》，充分尊重优秀青年人才的成长发展规律，激发优秀青年人才的积极性、主动性和创造性。按照"科学规范、优化结构、定责定量、控制规模"的原则，分类分层制定岗位编制核定办法，调整机关部门岗位编制结构，优化资源配置。缩减直属单位规模，提升服务保障效益；加强学院管理力量，突出学院主体地位。

2019 年，出台《"紫金人才"体系建设实施意见》，通过选聘、激励、考核等制度改革，逐步构建一支引领学术方向、提升核心指标、支撑学校发展的高层次人才队伍。进一步深化分类评价、分类晋升制度改革，完善专业技术职务评聘实施办法，畅通教师分类发展通道。完善专职科研体系，修订《博士后管理工作办法》，完善出站考核流转机制，优化博士后薪酬待遇确定机制，提高博士后岗位吸引力，拓展人才选留渠道，构建多元化的人才聘用体系。

2020 年，启动思政队伍、管理队伍、服务保障队伍改革，构建各支队伍协调发展的政策体系。完成教师岗位首轮聘期考核，开展新一轮教师岗位聘任和绩效津贴分配改革，进一步落实学院的办学主体地位，强化了教师岗位意识和契约精神，构建符合教师发展规律考核评价和激励机制。推进分类评价体系，深化专业技术职务改革，出台《教学为主型素质教育类专业技术职务业务申报条件》，将教师晋升系列拓展为"四型七类"，进一步畅通教师发展通道，激发教师队伍活力。"四型七类"，是指将教师专业技术职务晋升体系由教学科研型和科学研究型两种类型扩展为教学科研型、教学为主型、科研为主型和实验教师型四种类型。同时，结合学校国防学科特色，将科研为主型细分为科学研究类、重大（工程）项目类、科技成果转化类三类，将教学为主型细分为课堂教学类和素质教育类两类,着力打造具有典型行业特色的职称晋升体系。

"十四五"期间,学校进一步深化人事制度综合改革。遵循各类人才成长发展规律,科学运用职责任务、考核评价、绩效分配等"指挥棒"作用,推动师资队伍高质量发展。落实破除"五唯"的导向,继续深化"四型七类"分类评价、多维评价,探索基础研究、应用研究等不同类型的教师评价。建立多元化评价指标体系,推行代表性业绩评价,突出核心成果的质量、绩效和贡献度。探索引入第三方评价机构,完善同行评议机制。完善"大思政"格局,加快思政队伍融合发展,选优配齐建强思政课教师和辅导员队伍,完善思政队伍发展晋升、考核评价等政策机制。推进"多元化"聘用,丰富职员岗、实验技术岗、管理服务助理岗聘用方式,提升管理保障队伍专业水平。完善管理岗位职员制改革,优化职员评聘条件;抓好实验队伍建设,建立保障队伍关键技术岗位晋升体系及办法,畅通专业化发展通道。优化管理保障队伍考核评价,完善试用期、聘期、年度等考核制度。

2021 年,持续深入贯彻落实中共中央《深化新时代教育评价改革总体方案》以及教育部《关于深化高等学校教师职称制度改革的指导意见》等文件精神,树立正确评价导向,破除"五唯",印发《南京理工大学 2021 年度专业技术职务评聘工作意见》,取消出国(境)留学或进修经历的限制性要求,突出代表性业绩评价,注重质量和转化绩效,同时完善博士后、专职科研人员等职称评聘办法。探索"多元化"用人机制,精简优化管理服务队伍,出台《机关、直属单位管理服务助理岗位设置及选聘管理办法》,在机关、直属单位编制数内设立管理服务助理岗位,选聘优秀学生承担辅助工作,促进岗位精简高效,推动"三全育人",落实学校立德树人根本任务。出台《校内选聘专任教师担任专职辅导员暂行办法》,积极选聘专任教师担任专职辅导员。

2022 年,深化"四型七类"分类评价改革,坚持"破四唯""立新标",修订出台《专业技术职务评聘管理办法(2022 年修订版)》和《主系列专业技术职务申报条件(2022 年修订版)》。以质量和贡献为导向,突出对教育教学实绩和实际贡献以及高水平代表性业绩的评价,完善同行专家评议机制,优化外审结果使用,促进多维度评价;新增博士后类、辅导员类等通道,进一步推动了分类评价、分类发展。

二、引进与培养并举的建设举措

学校通过实施师资队伍建设的"卓越计划"、青年教师成长助推计划、师资队伍引育"聚力计划"等,拓宽人才引进途径,建立人才引进绿色通道,加大优秀人才引进和培养力度。不断完善人才激励机制,加强师德师风建设,推动教师队伍和思政工作队伍融合发展。着力打造"紫金论坛"和"青年教授"两大品牌项目,强化外引内育,高层次人才和青年后备人才的集聚和倍增效应凸显。

(一)加大高层次人才引育力度

学校利用组团招聘等形式,大力引进海内外优秀人才,不断扩大教师规模,提高师资水平。充分发挥海外特聘教授、讲座教授、顾问教授的作用,建立"以才引才、以才聚才"的良好机制。

2013 年,全面实施师资队伍建设"卓越计划"二期。"卓越计划"由以下 6 个项目组成:"紫金学者"引进和支持项目、"紫金之星"引进和培养项目、教学名师和教学团队培育项目、创新学术团队培育和巩固项目、教师国际化发展项目、国际顾问教授项目。通过该计划改变传统人才引进模式,加大学科领军人才,特别是学科和科技发展紧缺的高层次人才引进力度。采取超常规措施,加强高层次大团队的引进。

2014 年,重点引进了一批纳米科技领域的顶尖学者,成立了格莱特研究所,从经费场地保障、人员设备配备、运行政策条件等各方面给予充分支持,并采用全新的运行机制,为不断整合各类资源、汇聚高端人才、培育杰出创新人才等工作起到了良好的推动作用。

2015 年,建立人才"蓄水池"制度,研究成立前沿交叉学科研究院,完善"人才特区"政策和工作机制,构建具有国际视野和学术标准的人才储备和引进机制,扩大队伍规模,优化队伍结构,提升队伍层次。全力以赴做好院士、长江学者、万人计划等高层次人才工程的申报推荐工作,争取新突破。

2018 年,学校进一步推进"精准引才",充分调动学院和团队的积极性,坚持"走出去、请进来",组织学科带头人赴美国、英国、日本、新加坡、香港等国家或地区召开人才专场招聘会 30 余场;成功举办第五届、第六届海外青年学者紫金高层论坛,积极创新引才方式,首次由学院主办专题论坛,吸引了来自 12 个国家和地区 90 余所世界名校或科研机构的青年学者 113 人参会。

2019 年,注重系统性建设高层次人才队伍,通过持续实施师资队伍建设"卓越计划",重点培养有潜力的优秀人才,建设科学的人才梯队;设立人才"伯乐奖",充分发挥学科带头人传帮带作用,着力提升青年人才的学术知名度和学术影响力。

2020—2022 年,为确保人才引进"不断线",学校克服疫情影响,三年内组织召开 6 场紫金高层云端论坛,面向海内外优秀青年学者进行全球直播,在线观看累计超过 10000 人次,吸引 3000 余名海外学子申报,为近百名海外人才提供教师岗位。紫金高层论坛 2021 年入选江苏省首批海外引才重点平台项目。学校推动和深化与大型国有集团战略合作,实现资源共享、优势互补,在全国率先实践了"高校＋企业"双轨制新型的人才工作模式,2021 年推荐 25 人(入选 13 人)依托军工集团申报海外人才项目(推荐和入选数皆为部属高校第 1),有效解决了军工集团海外引才难的问题。

(二)加快优秀青年教师的遴选和培育

青年教师是学校人才队伍的后备军和生力军,关系着学校发展的未来。

学校按照《关于加强和改进高校青年教师思想政治工作的若干意见》的要求,切实加强青年教师思想教育引导，不断完善青年教师的培养机制，优化青年教师成长发展的环境，激发青年教师的事业追求、敬业精神和责任意识，促进优秀青年才俊脱颖而出。结合"紫金学者"计划的实施，有针对性地研究制定青年教师职业发展规划。健全优秀教师"传、帮、带"团队协作机制和青年教师职业导师制，指导青年教师树立职业理想、提高职业道德水平，完善青年教师师德考核机制，帮助青年教师更好更快地发展。推进青年教师的国际化培养，选拔优秀的青年教师，赴国际知名大学和科研机构进行培训进修、合作研究和学术交流。

2013 年，实施青年教师成长助推计划。致力于推行青年教师破格晋升专业技术职务制度，培养 100 名 35 岁以下有发展潜力、学术水平高的青年杰出人才。制订灵活多样的薪酬管理模式，在分配中注重向青年教师倾斜，加大学校自主科研基金对青年教师的资助力度，进一步调动青年教师的积极性，促进青年教师快速成长。

2014 年，实施青年拔尖人才选聘计划，储备高层次后备人才。面向海内外选聘一批以"青年千人"、教育部新世纪优秀人才等为代表的青年拔尖人才，通过直接聘任教授职务等特殊政策支持和跟踪培养，促进青年才俊脱颖而出，为学校储备一批高层次后备人才。

2016 年，学校修订了《南京理工大学人才引进优惠政策（2016 版）》，进一步完善引进人员分类和待遇标准。通过千人计划网、科学网，*Science*、*Nature* 杂志等多个渠道，加大宣传力度，扩大选才半径。组织三批海外招聘团，赴世界一流大学招揽青年人才。《中国教育报》头版头条以"青年教授有空间，学校才有未来"为题，对学校青年拔尖人才选聘计划的做法及成效进行了报道。

2017 年，学校强化学院主体、学科主责、学者主导的工作格局，围绕重点方向、新兴交叉方向和核心团队，加大青年教师的引进与培养力度，积极创造有利于优秀青年教师脱颖而出的学术生态环境和支撑条件，做到举全校之力引才育才。

2020 年，受疫情影响，面向海内外优秀青年学者、博士后、博士，紫金高层论坛首次召开云端论坛，面向全球直播，在线观看达 2000 人次。吸引 5000 余名海外学子申报，为 200 余名海外人才提供教师岗位。2021 年紫金高层论坛入选江苏省首批海外引才重点平台项目。全面加强博士后工作力度，调整完善博士后招收及配套政策，实施分层次培养，做好学校后备人才储备，博士后队伍数量质量显著提升，学校 16 个一级学科博士后流动站顺利通过国家流动站评估工作，兵器科学与技术流动站获评优秀。

2021—2022 年，学校强化后备高层次人才队伍梯队建设，大力推进实施青年拔尖人才选聘计划，优化遴选程序，试行院长举荐制度，激发学院引才动力；完善 40 岁以下青年后备人才库，结合校内外各类人才项目申报，重点关注、有针对性培养；针对国防领域青年人才，提供专项经费支持其快速成长成才。

(三)强化师德师风建设

进一步推进"三全育人",整体优化"十育人"体系,进一步增强思想政治工作的针对性和实效性。严格执行学校加强师德师风建设的实施意见以及师德失范行为处理办法。大力宣传以李鸿志院士、王泽山院士、芮筱亭院士以及张海玉同志等为代表的一大批南理工人的典型事迹,多角度展现南理工人立德树人、矢志报国的时代风采,引领和激励全校师生新一轮发大讨论。

王泽山院士2017年获国家最高科学技术奖,为弘扬王泽山院士"一辈子做好一件事"的科学家精神,学校建设了王泽山精神教育基地。2019年,王泽山院士受邀在全国科学道德和学风建设宣讲教育报告会上作了"牢记使命,忠诚奉献"专题报告。2020年,王泽山院士受邀在江苏省研究生"开学第一课"上作了"刻苦完成学业,为国忠诚奉献"专题报告。2021年,王泽山院士将其所获国家最高科学技术奖奖金等共计1050万元捐赠学校,设立南京理工大学泽山育才基金,用于支持学校教学和人才培养工作,进一步推动科学家精神的发扬与传承。

"十四五"期间,学校继续筑牢师德师风第一标准,把提高教师思想政治素质和职业道德水平摆在首要位置,突出全员全方位全过程师德养成。健全教师理论学习制度,完善校院两级师德教育体系,加强教师政治理论、师德师风、职业素养、情感认同教育,将习近平总书记关于教育重要论述纳入教师培训的必修内容,引导广大教师坚持"四个相统一",争做"四有"好老师,当好"四个引路人"。将师德师风建设要求贯穿教师管理全过程,健全新进教师思想政治考察、日常师德考核评价、失范行为监督预防查处等相关制度,坚决把好教师入口关、考核关、监督关、奖惩关。构建教师关心关爱工作体系,把师德师风建设与关心关爱教师紧密结合起来。突出典型树德,优化荣誉奖励体系,大力选树师德典型,生动讲好师德故事,营造尊师氛围,激励全校教师见贤思齐、奋勇争先,自觉担负起为党育英才、为国铸利器的神圣使命。

三、一流人才队伍和高水平创新团队初步建成

(一)师资队伍规模和质量实现"双增长"

截至2022年12月,学校专任教师总量增加到2426人,其中教授611名。通过培养和引进等,具有国际影响的高层次专家人数大幅增加。两院院士增至27名,其中中国科学院院士6名(表6.4.1)、中国工程院院士21名(表6.4.2)、教育部长江学者奖励计划特聘教授和青年学者20名、"万人计划"入选者45名、国家杰出青年基金获得者11名、国家优秀青年基金获得者21名、国家百千万人才工程入选者13名、国家级教学名师获得者5名。

表 6.4.1　2022 年南京理工大学中国科学院院士一览表

序号	姓名	所属学部	学术领域	当选时间
1	芮筱亭	技术科学部	发射动力学和多体系统动力学	2017 年
2	陈　光	技术科学部	金属材料与加工科学技术	2021 年
3	崔向群	数学物理学部	大型天文光学望远镜	2009 年
4	卢　柯	技术科学部	金属纳米材料及亚稳材料	2003 年
5	金亚秋	信息技术科学部	复杂自然环境与目标电磁散射、辐射传输和空间微波遥感定量信息技术	2011 年
6	宣益民	技术科学部	能量高效传递、利用与控制	2015 年

表 6.4.2　2022 年南京理工大学中国工程院院士一览表

序号	姓名	所属学部	学术领域	当选时间
1	李鸿志	机械与运载工程学部	中间弹道学,超高速电热发射技术,爆炸灾害力学等	1994 年
2	王泽山	化工、冶金与材料工程学部	含能材料发射药及其装药理论等	1999 年
3	杨秀敏	土木、水利与建筑工程学部	武器爆炸破坏效应及工程防护对策	1995 年
4	刘怡昕	机械与运载工程学部	武器系统研制与运用	2003 年
5	付梦印	机械与运载工程学部	陆上运动平台导航、制导与控制理论研究、技术攻关和工程应用	2021 年
6	王明洋	土木、水利与建筑工程学部	防护工程领域	2021 年
7	苏哲子	机械与运载工程学部	火炮武器系统设计	2005 年
8	杨绍卿	机械与运载工程学部	外弹道学与灵巧(智能)弹药武器系统工程技术	2011 年
9	尤　政	机械与运载工程学部	智能微系统及其在空间应用	2013 年
10	陈志杰	信息与电子工程学部	空中交通管理系统技术研究与工程实践	2011 年
11	李魁武	机械与运载工程学部	信息化自行高炮与弹炮结合末端防空/反导武器系统	2015 年
12	谭建荣	机械与运载工程学部	机械工程	2007 年
13	陈政清	土木、水利与建筑工程学部	桥梁等大型结构的工程力学问题	2015 年
14	冯煜芳	机械与运载工程学部	地地弹道导弹核弹头、常规弹头装备论证与使用技术研究	2017 年
15	邱志明	机械与运载工程学部	舰艇作战系统、火力兼容、舰炮武器系统和舰载多武器兼容发射的论证、技术研究和装备研制	2015 年
16	任辉启	土木、水利与建筑工程学部	武器毁伤效应与工程防护研究	2015 年
17	凌　文	工程管理学部	运用系统工程理论解决大型工程管理	2015 年
18	向锦武	机械与运载工程学部	飞行器设计技术研究、型号研制	2019 年

序号	姓名	所属学部	学术领域	当选时间
19	杨树兴	机械与运载工程学部	陆军野战火箭武器系统和制导控制技术的理论研究与工程技术研发	2019 年
20	邹汝平	机械与运载工程学部	多用途导弹技术研究和装备研制	2021 年
21	谢先启	土木、水利与建筑工程学部	工程爆破	2017 年

(1)2013—2022 年国务院政府特殊津贴获批专家:2014 年,王连军、邹云、朱英明;2016 年,王建新、王克鸿、徐建成、柏连发、王国平;2018 年,何勇、陈光、韩玉阁;2020 年,曾海波、朱俊武、顾国华;2020 年,杨力(引进);2021 年,张静(引进)。

(2)长江学者入选者:王中原、陈钱、黄捷、徐胜元、付梦印、王明洋、栗保明、杨健、李强、唐金辉、朱俊武、曾海波、张先锋、丁大志、沈锦优、吴泽彬、马倩、隋修宝、汪尧进、马骏。

(3)"万人计划"入选者:卢柯、钟秦、王建新、袁军堂、陈光、张先锋、丁大志、陈龙淼、唐金辉、曾海波、姚建勇、钱华、徐锋、李泽超、陆瑞锋、崔振、赵宇翔、何伟基、姚文进、徐雷、张静、查冰婷、卞雷祥、章冲、王禹林、傅佳骏、皮大伟、宫辰、郑侃、李长生、王鹏程、彭勇、朱英明、李强、廖文和、朱俊武、杨健、姜炜、周永彬、王国平、杨富锋、戚湧、孙呈郭、苏冠勇、冯虎田。

(4)国家杰出青年基金获得者:徐胜元、杨健、李强、赵永好、王明洋、曾海波、唐金辉、丁大志、朱俊武、阚二军、张希。

(5)国家优秀青年基金获得者:曾海波、朱俊武、丁大志、唐金辉、阚二军、王玉东、刘伟、左超、冯文杰、刘冬、张保勇、潘金山、沈锦优、宋继中、袁德明、杨力、李猛猛、舒祥波、叶茂娇、兰司、李晓明。

(6)国家百千万人才工程入选者:王中原、朱日宏、陈钱、周长省、廖文和、付梦印、徐胜元、张建法、李强、王明洋、杨健、柏连发、王国平。

(7)国家级教学名师获得者:吴晓蓓、钟秦、王建新、袁军堂、陈光。

(二)打造一批高水平创新团队

充分发挥学院和学科带头人的作用,注重工作系统性和前瞻性,高层次人才集聚效应进一步凸现如表 6.4.3 和表 6.4.4 所示。

表 6.4.3 国家级教学团队

团队带头人	团队名称	入选时间	入选项目
钟秦	"化学工程系列课程"教学团队	2008	国家级教学团队
杨孝平	"大学数学基础课群"教学团队	2008	国家级教学团队
吴晓蓓	"自动控制课群"教学团队	2009	国家级教学团队

续表

团队带头人	团队名称	入选时间	入选项目
钱林方	"武器系统与工程专业课群"教学团队	2009	国家级教学团队
李亚军	"工业设计"教学团队	2010	国家级教学团队

表 6.4.4　省部级以上科技创新团队

团队带头人	团队名称	入选时间	入选项目
王泽山	"含能材料"创新团队	2017	国防科技创新团队奖
陈钱	"光电成像与信息处理"教师团队	2017	全国高校黄大年式教师团队
徐胜元	"控制科学与工程"教师团队	2022	全国高校黄大年式教师团队
陈钱	"光谱成像技术与信息处理"团队	2007	教育部"长江学者"创新团队发展计划
付梦印	"地面无人移动平台运动控制与导航技术研究"团队	2008	教育部"长江学者"创新团队发展计划
徐胜元	"陆用复杂系统的指挥与智能控制"团队	2013	教育部"长江学者"创新团队发展计划
王明洋	"钻地武器侵爆效应与工程防护"团队	2013	教育部"长江学者"创新团队发展计划
汪信	"功能材料化学"团队	2007	国防科技创新团队
王中原	"现代发射与弹箭飞行控制技术"团队	2007	国防科技创新团队
芮筱亭	"武器高性能发射技术"创新团队	2008	国防科技创新团队
付梦印	"地面无人移动平台运动控制与导航技术研究"团队	2008	国防科技创新团队
钱林方	"现代火炮高效发射与控制技术"团队	2008	国防科技创新团队
周长省	"弹箭推进增程与飞行姿态控制技术"团队	2008	国防科技创新团队
张合	"智能化引信及战斗部技术"团队	2008	国防科技创新团队
沈瑞琪	"军事化学"团队	2008	国防科技创新团队
王国平	"武器系统发射动力学国防科技创新"团队	2018	国防科技创新团队
陈龙淼	"火炮高效发射与控制技术创新"团队	2019	国防科技创新团队
刘婷婷	"高功能密度三维结构－电路一体化制造创新"团队	2019	国防科技创新团队
朱运田	"工程与材料科学"团队	2011	江苏省"双创"团队
格莱特·赫伯特	"纳米材料及纳米技术"团队	2013	江苏省"双创"团队
刘学峰	"微纳光电器件与结构及其成像和探测应用研究"团队	2014	江苏省"双创"团队
周敏	"生命分析化学"团队	2014	江苏省"双创"团队
唐金辉	"智能媒体大数据分析"团队	2016	江苏省"双创"团队
Branka Vucetic	"未来智能车路协同系统及相关技术研究"团队	2019	江苏省"双创"团队
芮筱亭	"发射动力学"团队	2006	"青蓝工程"科技创新团队

团队带头人	团队名称	入选时间	入选项目
徐胜元	"复杂环境下复杂结构控制系统的控制与决策"团队	2010	江苏省"青蓝工程"科技创新团队
王克鸿	"先进焊接技术"团队	2012	江苏省"青蓝工程"科技创新团队
刘小惠	"动态异构数据智能分析与可视计算"团队	2012	江苏省"青蓝工程"科技创新团队
孙东平	"化学生物学与功能材料"团队	2014	江苏省"青蓝工程"科技创新团队
姜炜	"生态修复纳微功能复合材料"团队	2016	江苏省"青蓝工程"科技创新团队
杨国来	"先进发射系统教学"团队	2017	江苏省"青蓝工程"优秀教学团队
许春根	"数学建模教学"团队	2018	江苏省"青蓝工程"优秀教学团队
吴鹏	"信息管理与信息系统教学团队"团队	2020	江苏省"青蓝工程"优秀教学团队
张轶	"美丽乡村设计教学"团队	2021	江苏省"青蓝工程"优秀教学团队
沈锦优	"化工污染控制教学"团队	2022	江苏省"青蓝工程"优秀教学团队
蒋立勇	"大学物理实验课程教学"团队	2022	江苏省"青蓝工程"优秀教学团队
陈钱	"光谱成像技术与信息处理"团队	2007	江苏省高等学校优秀科技创新团队
金忠	"模式识别与机器智能"团队	2009	江苏省高等学校优秀科技创新团队
李建生	"化工污染控制与资源化"团队	2011	江苏省高等学校优秀科技创新团队
王晓鸣	"弹药高效毁伤技术"团队	2013	江苏省高等学校优秀科技创新团队
郝青丽	"面向能源和环境的石墨烯功能材料"团队	2015	江苏省高等学校优秀科技创新团队
戚湧	"智能交通信息感知与数据分析"团队	2017	江苏省高等学校优秀科技创新团队
杨健	"模式分析与智能感知"团队	2019	江苏省高等学校优秀科技创新团队
朱俊武	"纳米能源材料"团队	2021	江苏省高等学校优秀科技创新团队
郭健	"电动汽车高速电机驱动系统智能控制与高效节能技术研究"团队	2016	江苏省"六大人才高峰"创新人才团队
张建法	"定长β-1,3-葡寡糖的可控规模化合成及产业化应用"团队	2016	江苏省"六大人才高峰"创新人才团队
廖文和	"微纳卫星固体火箭推力器"团队	2017	江苏省"六大人才高峰"创新人才团队
曾海波	"量子点发光显示"团队	2017	江苏省"六大人才高峰"创新人才团队
王显会	"商用车智能线控制动系统研发"团队	2019	江苏省"六大人才高峰"创新人才团队
朱志伟	"微纳功能结构跨尺度切削新方法与装备"团队	2019	江苏省"六大人才高峰"创新人才团队
杨健	"视觉计算与环境感知"团队	2019	江苏省"六大人才高峰"创新人才团队

第五节　人才培养与教育创新

进入新时代,面对经济社会、工信行业、高等教育、江苏建设新形势新要求,学校紧扣立德树人根本任务,坚持工程精英社会中坚培养的人才培养定位不变,坚持构建一流人才培养体系不动摇,围绕教育教学思想大讨论、疫情期间在线教学、人才培养顶层设计、国家一流专业、创新创业教育、教师教学发展等方面扎实推进各项工作,推出一批高质量人才培养成果,为打造一流人才培养中心和教育创新基地贡献南理工人的智慧与力量。

一、新时代工程精英人才的培养定位与重大工程

(一)培养定位与政策引领

在分析面临的新形势、新情况和新任务的基础上,结合发展实际,学校"十二五"规划明确指出"巩固人才培养的中心地位,按照'优化结构、加强建设、深化改革、提高质量、突出特色'的总体思路,立足精英教育,实施'本科教学质量与教学改革工程'和'研究生教育创新工程',完善毕业就业服务体系和创业教育体系,培养具有国际视野,能开拓创新、引领发展的工程精英和社会中坚。面向经济社会发展和三化建设重大需求,造就一批工程科学家、研究型工程师和杰出管理者"。工程精英培养目标写入《南京理工大学章程》,成为学校坚定不移的办学方向。

2013 年 6 月 5 日,学校第十一次党代会召开,明确在人才培养方面的目标与体系:"本科人才培养确立工程科学家、工程精英、国际化工程英才和理工文融合应用型文科人才的多样化目标。着力建设'四个结合'的人才培养新体系:本研相结合,构建本科生与研究生贯通的、分层次的课程体系;校内外相结合,创新校企合作培养的新模式;国内外相结合,打造国际化合作培养新平台;专业学习与素质发展相结合,把思想政治教育、社会实践、创业教育、文体艺术教育等有机融入人才培养体系。研究生培养更加注重与国家重大战略需求的结合,更加注重管理能力的提高,更加注重一流学术成果的产出,不断创新研究生培养机制。"

学校"十三五"规划明确人才培养上的发展目标是:"科学研究与人才培养深度融合,工程实践和创新能力培养进一步强化,形成以工程精英和社会中坚为培养目标、具有南理工特色的人才培养模式,人才培养的国际化水平显著提高。"

2016 年 10—11 月,学校深入开展教育教学思想大讨论,活动主题是:全面推进改革创新,办好一流本科教育。制定出台《南京理工大学关于深化教育教学改革的实施意见(讨论稿)》,在全校范围内,凝聚共识、营造氛围,充分认识深化教育教学改革是推进一流本科建设、提高人才培养质量的根本出路,全面部署实施"十三五"本科人才培养工作。

通过此次教育教学思想大讨论,进一步坚定了与学校创建特色高水平研究型大学和争创"双一流"等愿景、目标相适应的本科教育教学思想与理念,牢固确立了以"提高质量、办出特色"为核心的本科教育教学观。进一步引导了广大教职员工紧密围绕"全面推

进改革创新,办好一流本科教育"主题,按照"四有好老师"的要求积极主动投身本科人才培养,不断增强办好一流本科教育的使命感和责任感,解放思想,扎实肯干,以高尚师德、人格魅力和学识风范教育感染学生,做学生健康成长的指导者和引路人。进一步巩固了广大学生在建设一流本科教育中的主体地位,将促进学生发展作为办好一流本科教育的出发点和落脚点,做好人才培养方案顶层设计,完善教学管理制度,不断激发广大学生立足自身、好学上进、追求真知、敢于超越,争做弘扬优良校风学风、推进一流本科建设的实践者和表率者。

学校第十二次党代会指出,学校"要坚持工程精英和社会中坚的人才培养定位,立足信息化社会对人才的知识、能力、素质等新要求,构建彰显南理工特色、充满生机活力、具有示范效应的创新人才培养体系,培养德才兼备、求真务实、具有家国情怀和国际竞争力、能引领未来的创新型精英人才"。

2020年5月25日,本科教育教学思想大讨论拉开帷幕。这是全国教育大会、高等学校本科教学工作会议召开以来,学校贯彻会议精神,健全立德树人落实机制的重要举措。讨论围绕思政育人、一流专业、一流课程、一流教师、一流学生五个内容展开,旨在创建具有南理工特色的一流本科教育。大讨论还结合人才培养方案研讨、公共基础课程改革、实践教学模式改革和教学信息化建设等主题开展专题研讨,组织教学成果奖和一流课程申报培训,开展"我最喜爱的教师"评选活动,评选出15名最受欢迎的任课教师。组织"紫金论坛"37期,开设"一流本科教育大家谈"系列主题沙龙,依托国家级教学名师建立耕耘坊、知新坊、勤思坊、至善坊4个名师工作坊,积极营造教师善教、乐教的良好氛围。大讨论启动以来,上下联动,部门协同,广大师生通过丰富而有内涵的活动,凝聚了共识,坚定了信念。牢固确立与学校"特色鲜明世界一流大学"办学目标和"创新型精英人才"培养目标相适应的本科教育教学思想和理念。

学校"十四五"规划强调,"坚持以学生为中心的教育理念,强化本科教育基础地位,突出研究生教育战略地位,构建'大思政'工作格局,厚植家国情怀、锻造创新能力、淬炼综合素质,探索建立本研融通、科教产教融合的人才培养模式,培养敢于跨界创新、能够引领未来学术和社会发展的时代新人"。

(二)重大工程

从2012年以来,学校坚持打造工程精英社会中坚培养目标,以重大人才培养工程为改革牵引,坚持以学生为中心的教育理念,强化本科教育基础地位,突出研究生教育战略地位,构建"大思政"工作格局,厚植家国情怀、锻造创新能力、淬炼综合素质,探索建立本研融通、科教产教融合的人才培养模式,培养敢于跨界创新、能够引领未来学术和社会发展的时代新人。其中,本科生创新人才培养"卓越计划"、研究生拔尖人才培养"超越计划""大思政"育人格局构建工程等产生深远影响。

1. 实施本科生创新人才培养"卓越计划"

主要内容包括：①深化人才培养模式改革。围绕工程精英和社会中坚人才培养定位，着力构建以个性化培养、多元化发展为特征的"321"人才培养模式，推动制定 2022 版本科人才培养方案，面向未来人才培养需求重构"通识、学科、专业"课程知识体系，全方位支持学生根据不同发展路径选择课程和学习进程，实现"一人一方案"。②构建"基础 + 进阶"课程体系。从尊重学生个性化差异、实现多元化发展的角度构建"基础 + 进阶"的课程群，鼓励学有余力的学生通过挑战系列进阶课程，设置"本研贯通"相关课程，较大程度提升学术研究能力或工程实践能力。③推进"名师 - 名课 - 名教材"一体化建设。聚焦国家一流专业和一流课程建设，充分发挥教学名师团队带头效应和示范作用，推进课程教材一体化建设，实现课程教材的良性互促，强力支撑培养模式和教学模式改革。④打造递进式实践教学体系。继续推进"一院一品"教学实践平台建设，完善与理论教学紧密联系的实验实践教学体系，构建"基础 - 专业 - 综合 - 创新"四层级、"教学实验、综合实践、实习实训、科研训练、毕业设计、素质发展"六类型递进式实践教学体系，推进项目引导式实践教学改革，促进优秀科研成果向本科教学转化。⑤实施"四位一体"教师教学评价工作。完善学生、同行教师、同行专家、督导/领导"四位一体"的教师教学评价机制，加大教学质量在专业技术职务（职级）评聘、绩效考核和津贴分配的权重；完善教师教学激励机制，充分调动教师教学发展的积极性，助力学生全面成长成才。

2. 实施研究生拔尖人才培养"超越计划"

具体包括：①完善精准人才选拔机制。建立招生宣传前置的长效工作机制，实现招生宣传"体系化""精准化"和"日常化"，努力使硕士研究生优质生源率达到 60%。深化硕士研究生考试招生改革，优化初试科目和内容，强化复试考核，发挥和规范导师作用。健全博士研究生"申请 - 考核"招生选拔机制，扩大直博生招生规模。统筹优化招生资源配置，完善具有激励作用的招生计划分配机制，建立研究生招生计划管理负面清单制度。②创新人才培养模式改革。优化学位点布局，加快一级学科、专业学位和交叉学科的博士点建设步伐，培育化学、安全科学与工程、集成电路、外国语言文学、生物医学工程等一级学科博士点。针对不同学位类型研究生制定多样化的培养方案和多维度考评体系。试点本研贯通课程，推进课程教材建设。完善科教融合和产教融合育人机制，聚焦"卡脖子"技术问题实施专项培养计划。通过"引进来"和"走出去"相结合，提升研究生教育国际化水平。③强化导师立德树人职责。健全导师选聘、考核评价体系，破除"五唯"评价方式；加强岗位培训，构建"岗前培训 - 在岗培训 - 自主学习"相结合的导师培训模式；加强导师组或导师团队建设，形成老中青导师团队"传帮带"梯队。树立优秀典型，发挥优秀导师和优秀团队的示范引领作用。④健全培养质量保障体系。压实多元主体责任，强化导师、学院、答辩委员会和学位评定分委员会权责。紧扣课程学习、论文开题、中期考核、论文评阅和答辩等关键环节，加强培养全过程监管。完善学位授予标准评价体系，合理制定与学位授予相关的科研成果要求。完善学业预警和分流退出机制，督促研究生顺利完成学业，对不适宜继续攻读学位的研究生及早分流。完善质量保障体系，构筑循环管理的内部质量保障机制和以学位点合格评估、学位论文抽检相结合的外部质量监管体系。

博士生自主创新能力提升显著，在校生章冲以第一作者在 *Science* 期刊上发表我国火炸药领域首篇论文，引领了新型超高能含能材料研究，有望成为未来军事技术制高点。在校生许元刚以第一作者在 *Nature* 期刊上发表我国含能材料领域首篇论文，对提高我国武器装备整体性能具有重大科学意义。毕业生 2/3 以上在国防系统就业，涌现出程刚、张培林等一批具有献身精神的国防领军人才，为武器装备发展发挥重大作用。

3. 实施"大思政"育人格局构建工程

全面落实"三全育人"和"十育人"工作要求，促进学生德智体美劳全面发展，充分挖掘思想政治教育元素，强化具有"军工底色、工信特色"的思政课程和课程思政建设，促进价值塑造、能力培养和知识传授有机融合。打造兵器中国、兵器美学等课程思政示范课，落实思政课程实践教学，试点专业思政。加强马克思主义学科建设，打造一流马克思主义理论研究高地。

二、人才培养体系的构建及具体措施

（一）完善人才培养方案

制定和不断完善人才培养方案，是指引教育教学体系的基础。通过多年探索和实践，本科人才培养方案逐渐形成鲜明的"南理工风格"，以培养工程精英和社会中坚为目标，满足国防现代化、工业化和信息化人才的需求，造就一大批具有国际视野、领导才能、开拓创新、引领发展的拔尖人才。在贯彻实施过程中，越来越强调以学生为中心，注重学生的学习体验，将通识教育和个性发展有机结合；越来越强化实践培养环节，增加学生综合分析解决实际问题的能力；越来越注重国际接轨，提高对外语授课和外文教材使用要求；课程设置越来越完善，实现了系列化、多样化、模块化课程体系，以满足不同专业及学生的个性化需求；教学模式和方法越来越偏向研讨式和创新性，教师灵活采用信息化教学手段，课堂更加活泼新颖、更加符合学生自主学习需求。

1. 2014 版本科人才培养方案

提出培养"基础宽厚，知识、能力、素质协调发展的高级专门人才，造就一大批具有国际视野，求真务实，能开拓创新、引领发展的工程精英和社会中坚"的目标。构建"宽基础、精专业、有特色、多模块"的课程体系，拓宽学生视野，促进学生个性化和多样化发展。加强实践环节的培养，将科研训练纳入培养计划必修课程，切实培养学生综合分析解决实际问题能力。做好职业生涯规划的一组课程设置，将"创业教育"纳入通识教育必修课程,引导学生自主创业,增强学生就业能力。

2. 2018 版本科人才培养方案

以培养工程精英和社会中坚为主旨,积极构建通识教育与专业教育相融合、创新创业教育、思想政治教育全融入的本科人才培养体系,遵循"学生中心、学院主体、强化实践、创新融入、行业对标、国际接轨"的基本原则,构建基于信息化时代的"学"为中心的课程教学体系和基于学习成果导向(outcome-based education, OBE)的教学评价体系。进一步精简学分,优化课程知识结构,发挥教师的主导作用,在传授知识和培养能力的同时,肩负起学生思想政治教育和创新创业教育的神圣使命。

3. 2022 版本科人才培养方案

以习近平新时代中国特色社会主义思想为指导,全面贯彻落实立德树人根本任务,将思想政治教育、创新创业教育和理想信念教育贯穿培养全过程。不断巩固人才培养中心地位,持续推进通识教育与学科专业教育融合,促进体艺美劳与德智教育并重,强化实践能力培养,全面提高学生综合素质,创建南理工风格的一流本科教育。培养基础知识宽厚、专业能力扎实、德才兼备、求真务实、具有家国情怀和国际竞争力的创新型精英人才,敢于跨界创新,能引领未来学术和行业发展,成为"两个强国"建设的践行者和生力军。如表 6.5.1 所示。

表 6.5.1 本科专业设置一览(2022年)

序号	专业名称	专业类
1	机械工程	机械类
2	车辆工程	机械类
3	工业工程	工业工程类
4	武器系统与工程	兵器类
5	弹药工程与爆炸技术	兵器类
6	测控技术与仪器	仪器类
7	飞行器设计与工程	航空航天类
8	机器人工程	自动化类
9	辐射防护与核安全	核工程类
10	环境工程	环境科学与工程类
11	生物工程	生物工程类
12	应用化学	化学类
13	材料化学	材料类
14	高分子材料与工程	材料类
15	化学工程与工艺	化工与制药类
16	制药工程	化工与制药类
17	特种能源技术与工程	兵器类

续表

序号	专业名称	专业类
18	安全工程	安全科学与工程类
19	电子信息工程	电子信息类
20	电子科学与技术	电子信息类
21	通信工程	电子信息类
22	微电子科学与工程	电子信息类
23	光电信息科学与工程（工）	电子信息类
24	探测制导与控制技术	兵器类
25	计算机科学与技术	计算机类
26	软件工程	计算机类
27	网络工程	计算机类
28	智能科学与技术	计算机类
29	金融学	金融学类
30	国际经济与贸易	经济与贸易类
31	工商管理	工商管理类
32	会计学	工商管理类
33	人力资源管理	工商管理类
34	能源与动力工程	能源动力类
35	建筑环境与能源应用工程	土木类
36	武器发射工程	兵器类
37	工业设计	机械类
38	工业设计（3＋1）	机械类
39	视觉传达设计	设计学类
40	环境设计	设计学类
41	电气工程及其自动化	电气类
42	智能电网信息工程	电气类
43	自动化	自动化类
44	轨道交通信号与控制	自动化类
45	应用物理学	物理学类
46	工程力学	力学类
47	土木工程	土木类
48	光电信息科学与工程（理）	电子信息类
49	英语	外国语言文学类
50	日语	外国语言文学类
51	语言学	外国语言文学类
52	社会工作	社会学类

续表

序号	专业名称	专业类
53	公共事业管理	公共管理类
54	材料科学与工程	材料类
55	材料物理	材料类
56	纳米材料与技术	材料类
57	材料成型及控制工程	机械类
58	法学	法学类
59	知识产权(第二学位)	法学类
60	机械工程(知识产权)	机械类
61	电子信息工程(知识产权)	电子信息类
62	机械工程(中法)	机械类
63	材料科学与工程(中法)	材料类
64	网络空间安全	计算机类
65	信息管理与信息系统	管理科学与工程类
66	数据科学与大数据技术	计算机类
67	智能制造工程	机械类
68	新能源科学与工程	能源动力类
69	数学与应用数学	数学类
70	信息与计算科学	数学类
71	应用统计学	统计学类

4. 2014 版研究生人才培养方案

强化各学科研究生培养目标和培养质量要求,严格把关培养目标和课程设置,明确国际化课程学习和参加国际学术交流的要求;构建校内综合和校企合作实践课程体系;实施硕博贯通原则,加强课程设置在基础性、交叉性、前沿性和前瞻性的建设力度。率先在全省高校内制定了《专业学位培养方案》和《留学生培养方案》,为不同类型人才培养模式的实施提供有力支撑。

5. 2018 版研究生人才培养方案

以"服务需求,提高质量"为主线,遵循不同类型、不同层次研究生教育规律,完成 5 大类(学术学位博士生、学术学位硕士生、专业学位硕士生、来华留学博士生和来华留学硕士生)研究生培养方案修订工作。大力推进公共基础课教学改革,为研究生个性化发展和综合素质培养搭建良好的支撑平台。英语公共课改革结合全英文专业课要求提升研究生英语能力,高等工程数学教学改革按学科大类分为四类进行精准教学,工程伦理及创新创业课程开设提升研究生人文素养。

6. 2022 版研究生人才培养方案

以"立德树人、服务需求、提高质量、追求卓越"为主线,深化研究生分类培养模式改革,以提高学术学位研究生知识创新能力和专业学位研究生实践创新能力为导向,在培养环节和课程设置上进一步突出学术学位和专业学位分类培养的不同要求。强化思想理论教育和价值引领,实现课程思政全覆盖,在课程大纲中新增德育目标及课程思政融入点,进一步强化课程育人职能。加强教学资源建设,设置核心课程,明确体现学科特色的课程。设置综合素养模块,开设科学研究方法、体育课程、艺术课程、创新创业等课程,促进研究生德智体美劳全面发展。

(二)推进人才培养模式改革

学校注重在人才培养中推进拔尖人才培养模式改革,围绕工程精英和社会中坚人才培养定位,建立钱学森学院,探索建立基础学科与优势学科相融合的拔尖人才培养新模式。

经学校 2012 年第 12 次党委常委会会议研究决定,成立教育实验学院。教育实验学院作为与各学院平行的教育单位,负责学校拔尖创新人才培养模式改革试点等工作。经学校 2017 年第 7 次党委常委会研究决定,并经钱学森姓名冠名和肖像使用管理委员会同意,教育实验学院更名为钱学森学院。聘请钱永刚同志为钱学森学院名誉院长。

2013 年,教务处牵头制定下发了《南京理工大学关于加强教育实验学院学生培养工作的意见》,明确了拔尖创新人才培养思路和培养目标,提出了人才培养的一些重要举措,在学生选拔管理,教学改革,科研能力培养,加强国际交流等人才培养的重要环节,提出了具体的思路和办法,对教育实验学院人才培养工作具有指导作用。

2014 年 1 月 19 日,学校召开研究生教育改革推进会,全面深化研究生教育改革,提高研究生教育水平和人才培养质量,促进学校加快特色高水平研究型大学建设。会议明确了"把握一条主线,深化三项改革,实施五项计划"的研究生教育改革思路,并提出将 2014 年作为"研究生教育质量年",深化硕士生培养模式改革。完善以学科为基础、科研为主导的研究型硕士生培养模式,实行校企合作"三段式"应用型硕士培养模式,建立完善专业学位研究生培养体系。制定课程体系和学位授予标准,建设 50 门以上研究生核心课程、60 门以上工程类课程和一批由企业专家授课的工程类专业学位研究生课程。与 50 家以上企业或科研院所联合建设研究生实践实习基地,建成 50 个以上省部级研究生企业工作站。在教学组织、考核方式、奖助学金评定等方面进行机制创新。

2015 年,学校制定《南京理工大学"卓越工程师教育培养计划"实施办法(暂行)》。组织工程训练中心、军工试验中心开发建设面向"卓工计划"的机械工程综合实习、电子信息工程综合实习和靶场实习 3 门实习课程。进一步落实首批 10 个试点专业对应的工程实践教育中心企业培养环节教学准备工作,明确校企双导师各自职责,细化工作要求,制定经费支持和教学检查方案。完成"卓工计划"学生遴选工作,首批 10 个试点专业就读学生为 426 名。

2019年,根据教育部要求,学校组织理学院、化工学院、自动化学院、钱学森学院领导、教师深入探讨研究,挖掘整合校内资源,推荐申报数学、计算机科学与技术两个基础学科拔尖人才培养基地。立足钱学森学院,进一步探索数学、化学、力学、计算机科学等基础学科与优势学科相融合的拔尖人才培养新模式。基于"两个强国"战略对卓越工程人才的需求,以江阴校区为载体,探索"两个强国"战略下服务和引领区域产业结构变革的学科专业设置和结构优化,构建产教融合模式下卓越工程人才的培养体系,创新引企业入教的体制机制,获批江苏省教育教学改革研究重点项目。

2019年,产学协同、稳步推进卓越工程师教育培养计划实施。组织开展了20个试点专业的企业培养环节的教学实施工作,制作下发了《"卓越工程师教育培养计划"企业培养环节学习手册(2015级)》;完成全部20个试点专业的学生遴选工作,组织入选学生全部选作校企联合指导的科研训练项目;为顺利完成学业的355名"卓工计划"学生颁发了荣誉证书,如表6.5.2所示。

表6.5.2　"卓工计划"试点专业

序号	专业	建设类别
1	武器系统与工程	国家级
2	特种能源技术与工程	国家级
3	探测制导与控制技术	国家级
4	武器发射工程	国家级
5	电子科学与技术	国家级、省级(软件类)
6	电子信息工程	国家级、省级(软件类)
7	软件工程	国家级、省级(软件类)
8	计算机科学与技术	国家级、省级(软件类)
9	网络工程(网络安全工程)	省级(软件类)
10	自动化	省级(软件类)
11	环境工程	国家级
12	应用化学	国家级
13	高分子材料与工程	国家级
14	电气工程及其自动化	国家级
15	机械工程	国家级、省级(机械动力类)
16	车辆工程	省级(机械动力类)
17	工业工程	省级(机械动力类)
18	能源与动力工程	省级(机械动力类)
19	工业设计	省级(机械动力类)
20	材料成型及控制工程	省级(机械动力类)

2020年,推进拔尖人才培养模式改革,申报基础学科拔尖基地。组织钱学森学院、化

工学院、能动学院等相关单位深入研讨，探索化学、力学等基础学科与优势学科相融合的拔尖人才培养新模式；依托化工学院，探索建立化学特能实验班。探索建设未来技术学院，以钱学森学院为载体，凝炼国防领域未来颠覆性技术，加强学科专业实质性交叉融合，培养国防行业未来科技创新领军人才。根据教育部要求，深入挖掘整合校内外优质资源，继续申报计算机科学与技术基础学科拔尖人才培养基地。

2021年，面向国家重大战略需求，围绕战略性新兴产业发展，聚焦军民融合重大需求和国防科技人才需要，瞄准前沿性、革命性、颠覆性技术发展，发挥兵器与装备、电子与信息、化工与材料三大特色学科群优势，依托国家级一流本科专业，以国家级平台为支撑，坚持创新驱动，组建鼎新创新人才班，着力培养具有前瞻性、能够解决"卡脖子"问题和引领未来发展的科技创新领军人才。出台《南京理工大学新时代劳动教育实施方案》，以思想引领、有机融入、彰显时代、实际体验、学校特色为原则，构建南理工特色的"8＋8＋16＋X"四层次劳动教育体系，通过"理论教育＋实践教育""专业教育＋劳动教育""课内＋课外""校内＋校外"多维融合，实现"三全育人"、德智体美劳"五育并举"。

2022年，以体制机制创新和教育教学改革为重点，建设基础学科拔尖学生培养一流基地，强化使命驱动，注重大师引领，创新学习方式，提升综合素养，促进学科交叉，深化国际合作，科学选才鉴才，致力于培养勇攀科学高峰、推动科学文化发展的拔尖人才。计算机科学拔尖人才培养基地、钱学森力学拔尖学生培养基地获批2022年省级基础学科拔尖学生培养计划2.0基地建设点。

2022年，学校以修订新版本科生人才培养方案为契机，将四层次劳动教育体系纳入培养方案，并立项建设首批10个校内外劳动教育实践基地，分布在后勤中心、团委、场馆管理中心、南京农业大学白马基地等校内校外单位；设置了首批32类实践岗位，以支持每学生累计16学时的课外劳动实践活动，将学生参与劳动实践信息记载到"本科生素质发展学分荣誉证书"上，为学生打造了集思想教育、知识教育、技能教育、劳动实践于一体的劳动实践平台。

此外，学校结合自身优势和特色，持续推进知识产权人才、中法工程师、国防人才等培养模式的改革。

2015年，知识产权学院组织完成"3＋1＋2"知识产权人才培养方案制定工作，在电子信息工程、机械工程2个专业进行"四年贯通"培养模式试点，2015年两个试点专业首批招生各20人，开启理工文法多学科交叉融合、培养复合型工程人才的新探索。

2015年，教务处与中法工程师学院共同研讨完成2015年招生、培养的相关工作，首批在工业工程、材料科学与工程2个专业招生64人，充分借鉴法国工程师教育经验，探索工程教育新模式，培养具有国际视野、通晓国际规则的高素质工程人才。

2020年，设立国防优才计划，修订推免实施办法。为服务国家、国防战略需求，支持学校"双一流"学科建设，培养国防行业领军人才，学校在推免工作中首次设立国防优才计划,鼓励学生报考学校国家、国防战略急需的相关学科和专业,引领学生积极献身国防事业。国防优才计划首年实施取得了一定成效,2021 届推免生留校攻读研究生比例为49.48% ,2023 届推免生留校比例为 66.04% 。

持续的人才培养模式改革形成了阶段性教学成果:2021 年获得江苏省高等教育教学成果奖 12 项,以南京理工大学为第一完成单位的 11 项,其中特等奖 1 项、一等奖 4 项、二等奖 6 项,廖文和教授主持的理工文复合的新型知识产权人才培养体系的构建与实践成果获得特等奖。改革成效取得一定示范影响力,受邀在新工科建设·工学院院长峰会、第九届"以学为中心"教育研讨会等会议上做大会报告,改革举措赢得同行好评:"南理工的工作系统、创新、特色!"

(三)品牌专业及教材、课程建设

学校以建设面向未来、适应需求、引领发展、理念先进、保障有力的一流专业为目标,优化专业结构,建设品牌专业,持续推进专业认证,推动新工科、新文科建设,建设一流专业、培养一流人才,全面提升专业建设水平,提高人才培养能力,实现内涵式发展。

在品牌专业建设方面,挖掘专业发展潜力,明确专业办学方向,推动专业教学改革,全面提升专业建设整体水平,提高人才培养质量。

2013 年,首次开展专业发展潜力评估。组织参评的 51 个专业完成填报评估情况表、采集与分析评估数据、师生问卷调查、引进并定制开发评估系统,聘请校内外专家进行网评等各项评估工作。与之配套,制定下发了《南京理工大学专业设置和管理规定》,以此建立专业评估与专业结构优化调整的良性互动机制。

2013 年,组织开展工程教育专业认证工作。自动化专业完成了学校自评、专家进校现场考查等各项工作,专家组对专业建设情况予以充分肯定并提出了建设性意见,通过了专家认证。组织完成了机械工程、环境工程、光电信息科学与工程、计算机科学与技术、材料成型及控制工程、材料科学与工程 6 个专业工程教育专业认证的申请工作。

2015 年,组织完成品牌专业建设工作。化学工程与工艺、武器系统与工程、自动化 3 个专业获批江苏省品牌专业一期建设工程 A 类立项,机械工程、光电信息科学与工程、材料科学与工程 3 个专业获批 B 类立项。6 个专业提交了《江苏高校品牌专业建设工程一期项目任务书》和《江苏高校品牌专业建设工程一期项目建设实施方案》。江苏省财政厅拨款 900 万元支持品牌专业建设。同时全面启动 18 个校级品牌专业建设工作。

2016 年,持续推进重点专业建设。组织机械工程、武器系统与工程、化学工程与工艺、光电信息科学与工程、自动化、材料科学与工程 6 个江苏省品牌专业的验收总结,提交了《江苏高校品牌专业建设工程一期项目 2015 年度报告》。完成"十二五"江苏省重点专业类(12 个专业类,涉及 38 个专业)期末验收工作,及时报送《"十二五"省重点专业验收报告》和《"十二五"省重点专业验收总结》。组织品牌专业参加江苏省教育厅举办的江苏高校专业建设校长论坛、江苏高校品牌专业建设领军者研讨会。颁布了《南京理工大学品牌专业建设经费管理办法》。

2017年，开展第二轮校内专业评估。本轮评估遵循全面与重点相结合、投入与产出相结合、内部与外部相结合、定量与定性相结合、总结与发展相结合的评估原则，侧重从学生的学习与发展、专业课程设置、教学实施，以及专业与新产业、新技术发展的契合度，评估专业发展潜力。规划专业发展，推动"新工科"专业建设。

2019年，着力构建校、省、国家三级专业建设体系，深化专业内涵建设，提升专业核心竞争力。启动校级品牌专业二期建设工作，在巩固一期建设成果基础上，滚动调整，扩大建设专业范围，批准机械工程等20个专业纳入建设。组织省级品牌专业一期项目验收，遴选推荐机械工程等18个专业申报国家"双万计划"。持续推进工程教育专业认证。优化调整专业结构，推进新工科专业建设。面向制造强国和网络强国战略，积极申报经济社会发展、战略性新兴产业相关专业。新增智能制造工程专业、机器人工程专业、网络空间安全专业及会计学"大数据"专业方向，完善人工智能辅修专业培养方案，探索"人工智能＋"新工科人才培养新模式。根据校内专业发展潜力评估结果，综合考虑各专业师资人数及办学水平，调减网络工程专业、知识产权二学位专业，进一步优化调整专业结构。结合江阴校区办学优势，推进智能制造工程、网络空间安全、信息管理与信息系统、新能源科学与工程、机械工程（中外合作办学）、材料科学与工程（中外合作办学）6个专业2020年起在江阴校区招生。

2020年，分层建设一流专业，统筹规划教改经费。为加强学校一流本科专业内涵发展，提高专业建设水平，制定《南京理工大学一流本科专业建设实施方案》。按照教育部相关文件要求，组织第二批一流本科专业建设点申报工作。制定《南京理工大学"本科教学改革与建设工程"项目管理办法》。

2021年，以专业升级改造夯实内涵建设。面对人工智能等新技术和社会经济发展需求，对15个专业进行内涵升级改造。支持以材料科学与工程为代表的专业与优势学科方向融合、与新兴产业结合，将无机非金属材料升级为半导体材料，材料加工升级为新能源材料方向。同时加强科教融合，推动原创性科研成果进课程、重大科研项目转化为科研训练课题、重点科研平台支撑学生实践创新能力培养，实现了系统性和前沿性的科教深度融合。支持以智能制造工程为代表的专业进行产教融合，从政策和经费上保障专业与法尔胜泓晟集团、双良集团等制造业优势企业共建企业实践基地。支持以工业设计为代表的专业深入国际合作，制定优质教学资源建设战略，允许该专业灵活设置培养方案，在学生选课、课程学分互认等方面予以支持。工业设计专业获得江苏省"十四五"高校国际化人才培养品牌专业建设项目。

2022年，进一步推进江阴校区专业建设和教学改革，成立江阴校区专业建设工作领导小组，明确各专业建设责任单位和工作职责。面向国家战略需要和地方及区域经济发展,制定本专业人才培养方案,深度推进产教融合、科教融合,提升学科专业整体实力和办学水平。深化校企合作模式,抓好校企融合共建专业,主动对接经济社会发展需求,学校机械工程和材料成型及控制工程 2 个专业入选江苏省首批产教研融合品牌专业。

在课程建设方面,通过课程改革撬动培养模式变革,持续推进"基础 + 进阶"的课程体系改革,通过"本科教学质量改革与建设工程"重点立项支持课程改革。推动"课程思政"建设。贯彻落实中央和学校部署,充分发挥课堂教学在思想政治工作中的主渠道作用,颁布《南京理工大学"课程思政"建设实施方案》,统领"课程思政"建设。

2012 年秋季学期,首次开设新生研讨课 32 门(35 门次),3926 名新生中 3545 人参与选课,参选率超 90%,750 名新生得以领略知名教授学者的学术风采和人格风范,推动了教授上讲台、教学方法改革。

2012 年,首次组织青年教师出国课程教学培训,积极推进课程教学和教学方法改革。选自全校 11 个教学单位的 20 名青年教师赴美国加州大学北岭分校(CSUN)进行为期 5 个月的全英语课程教学培训,为学校全英语专业课程教学建设和推进教学方法改革奠定基础。

2014 年,组织完成通识教育选修核心课程立项建设和通识教育选修课程梳理工作。共立项建设 22 门通识教育核心课,按人文与艺术、自然与科技、经济与社会、自我与发展四大模块梳理出通识教育选修课 331 门。精选从爱因斯坦到霍金的宇宙等 10 门尔雅网络课程作为学校通识教育选修课程,引入南京大学徐士进教授主讲的《认识地球》MOOC课程,丰富课程资源。

2017 年,制定详细的课程思政培训计划,举办课程思政教学改革推进会,邀请华东师范大学张勇老师前来为学校相关领导、教师介绍课程思政建设经验。全年举办班导师和辅导员德育能力提升专题工作交流会、思政专项立项课题负责人研讨交流会、辅导员课程思政能力专项培训、课程思政试点课程和示范课堂的教学观摩和培训会、思政课程教学观摩、新入职教师课程思政教育等课程思政专题培训 10 余次。组织江苏省高校省级外国留学生英文授课精品申报,5 门课程获立项。继续推进新生研讨课、学科前沿课的申报和评审立项工作,全校新生研讨课达到 78 门、学科前沿课达到 22 门。

2019 年,实施"金课"工程,强化课程思政。全面梳理课程教学内容,按照"五个一流"要求开展建设,将"金课"建设纳入校品牌专业中,组织参加江苏省教育厅组织的"金课"建设工作坊;联合教师教学发展中心邀请校内外"金课"建设专家开展建设经验、具体做法以及取得的成效分享,帮助教师尽快投入建设。对首批获得立项建设的课程思政试点课程、示范课堂进行周期性总结和展示。启动"百门基础课"在线开放课程建设及"百门专业课"在线资源建设。

2020 年,打造校—省—国家三级一流课程体系,强化课程思政,要求建一流必"思政",遵循"两性一度"标准开展校级四类一流课程建设,立项建设课程 156 门,其中线下和线上线下混合课程 90 门,重点开展研究型课堂教学模式改革。挖掘学校军工文化和科研精神内涵,集中资源打造体现南京理工大学特色的兵器中国典范课程,实现专业教育与思政教育的有机融合。持续推进课程思政建设,着力建设课程"五个一"(一套大纲、一部军工案例库、一门兵器中国思政典范课、一个军工文化中心、一批军工文化作品)精品工程,努力探索独具南理工特色和标识的课程思政建设新模式。

2021 年,公共基础课按专业(类)培养需求和学生需求组织教学,仅数理基础课就有 6 个项目团队、60 位老师(80 人次)参与改革工作并形成了 30 个案例;大力推进进阶课程建设,组织学院构建进阶课程体系,充分调动各方资源挖掘本研贯通、校企共建、中外合作等类型的高端课程,供升学深造、求职创业等不同发展意向的学生按需选择。据首轮统计,计划新增 324 门进阶课程;试点跨学科交叉融合课程建设,瞄准前沿性、革命性、颠覆性技术发展,新建 67 门涵盖新一代信息技术、新材料技术、智能制造技术、新能源技术等多领域技术相互渗透的交叉融合课程;筹备构建本研一体化培养的"鼎新班",为培养具有前瞻性、能够引领未来发展的科技创新领军人才注入新动能;构建四层次、六类型实践教学体系,开展项目引导式实践教学改革,建设 8 个跨学院、跨学科项目引导式项目,促进科研成果转化、学科交叉融合,带动实践教学质量整体提升。

2021 年,将美育、劳育、心理教育等固化在培养方案中,打造具有南理工特色的通识教育课体系。颁布《南京理工大学新时代劳动教育实施方案》,在新版培养方案中增加 1 学分"劳动教育"必修课;要求学生必须选修 1 学分心理健康教育课、2 学分艺术审美类课、1 门"四史"课,选修安全教育相关课程和"兵器中国"等特色课程,促进学生的全面发展,烙上"南理工"印记。

2021 年,修订了《南京理工大学课程思政建设实施方案》,推进以立德树人为引领,以内涵建设为中心,取得了一批标志性成果,2 门课程获教育部课程思政示范课程,3 门课程获江苏省课程思政示范课程,入选数量位居全国高校前列。学校获批江苏省课程思政示范高校,机械工程专业获江苏省首批课程思政示范专业。针对优势学科、特色专业核心课程体系化不够,建设的持续性不强等问题,学校提前谋划、深入调研,立项建设校级一流课程 98 门,推荐 42 门课程申报第二批国家一流本科课程,三级及以上教授 18 位,占教授作为负责人的 51%,1+3+6 优势学科课程占比 84%。45 门课程获江苏省首批省级一流本科课程,位列省内第 4 位。

2022 年,首批建设名家通识课课程 14 门,课程由校内院士、知名教授等担任课程首席专家,邀请国内外学术影响力大、热爱教学的顶级学术名家联合开设,通过大师名家走进课堂,让新生与大师名家面对面,并在大师名家学问精神的引领下,拓宽科学视野、培养科学思维、孕育学术理想。为倡导研讨型、启发式教学,培养学生跨学科交叉应用能力,将项目式教学改革作为 2022 年本科教学改革与发展工程的重点项目之一。立项建设项目式教学示范专业 1 个、示范课群 4 个、示范课程 24 门。3 门课程获江苏省产教融合一流课程立项公示。为挖掘和充实专业课程的创新创业教育资源,推动专业教育与创新创业教育有机融合,组织开展专创融合课程建设,首批遴选出 29 门课程获学校立项。为规范和加强通识教育选修课程建设管理,对《南京理工大学通识教育选修课程管理办法》进行了修订,通识教育选修课程按照学科领域划分为人文素养类、艺术审美类、自然科技类和经济社会类四大模块。

在教材建设方面加大力度,制定了《南京理工大学关于加强教材建设工作意见》,积极开展重点教材立项申报工作,按照全校开设课程、学生选课情况和任课教师报送教材使用计划,确定了每门课程所使用的教材计划,并在开学前公布,以方便学生选购。严格按照校内出版教材的程序完成自编教材的出版申报、排版和印刷,规范了自编讲义的封面设计、版面编排等,提高了出版印刷质量。

2016 年,组织江苏省高等学校重点教材立项建设申报工作,8 种教材获省立项。

2019 年,持续推进教材建设。10 部教材获 2019 年江苏省高等学校重点教材立项;12 部获批第七届兵工高校精品教材。开展"十三五"第三批校级规划教材申报立项工作,立项教材 23 部、出版教材 67 部。落实马克思主义理论研究和建设工程重点教材统一使用相关工作。组织相关教师参加教育部及江苏省教育厅组织的"2019 年新出版的马克思主义理论研究和建设工程重点教材任课教师全员培训班",做到新出版的马克思主义理论研究和建设工程重点教材学校统一使用、任课教师全员培训。

2020 年,组织江苏省高等学校重点教材立项建设申报工作,13 部教材获立项,累计 49 部教材获江苏省"十三五"高等学校重点教材立项。开展了校级规划教材立项工作,发挥教材在学科建设、一流本科专业建设中的作用,立项教材 69 部,其中围绕学校"1＋3 高峰学科"对应的 9 个专业,统筹建设专业核心课程系列教材,立项建设优势学科专业系列教材 18 部,"十三五"期间共立项校级规划教材 192 部。圆满完成教育部教材专项检查工作和首届全国教材建设奖优秀教材、先进个人、先进集体三类项目的推荐工作,并取得阶段性成果。

2021 年,修订《教材建设工作管理规定》,持续加强教材建设工作,规范教材选用、完善激励机制。10 部教材获首批江苏省本科优秀培育教材;23 部教材、专著获工业和信息化部"十四五"规划教材立项;12 部教材获批立项 2021 年江苏省高等学校重点教材,获批立项数量位列省内第 4 位。落实马克思主义理论研究和建设工程重点教材统一使用,组织相关学院任课教师参加教育部第十三期及 26 种马工程重点教材使用培训,帮助任课教师准确把握教材基本精神和主要内容。

（四）实践教学体系建设

学校依据强化实践和创新融入原则,积极构建形成了"四层次、六类型"实践教学体系。"四层次"是指基础－专业－综合－创新 4 个学生实践能力发展阶段,"六类型"是指教学实验、综合实践、实习实训、毕业设计（论文）、科研训练、素质发展课外活动共6种实践教学环节类型。

学校鼓励各学院在实验室建设（学科交叉）、科研成果转化（科教融合）、校企合作（产教融合）的基础上，改造传统的实验教学内容和实验技术方法，开出新实验，稳步提高综合性、设计性、研究创新性实验项目比例。2018年起，学校组织各教学单位立项建设322项创新性开放实验并持续开出，全校各专业的学生都可选修，实验成绩记载在第二成绩单上。

学校按照"资源共享、引领示范、提升水平、持续发展"原则，以提升学生实践创新能力为宗旨，以深化实践教学改革为核心，建成一批特色鲜明的国家级实验教学示范中心（表6.5.3）、省（部）级实验教学与实践教育中心，保障实践教学必修学分占比和更新率明显高于标准要求，推动学校实践教学改革与实验教学中心建设水平。现学校有国家级、省部级实验教学与实践教育中心、国家级工程实践教育中心共42个。

从2018年起，学校组织立项虚拟仿真实验项目建设，经过验收合格的项目纳入课程中，如表6.5.4、表6.5.5所示。学校依托国家级虚拟仿真实验教学中心、江苏省虚拟仿真共享平台，建设了学校虚拟仿真实验教学管理平台，支持各类虚拟仿真项目管理及在线开放运行。截至2021年共获评国家级虚拟仿真一流课程（项目）5门、省级虚拟仿真一流课程（项目）11门。

表6.5.3　国家级实验教学示范中心

序号	中心名称	所属单位	级别	批准建设单位	设立时间
1	化学化工实验教学中心	化工学院	国家级	国家教育部	2007年
2	工程创新综合实验中心	工程训练中心	国家级	国家教育部	2013年

表6.5.4　国家级虚拟仿真实验教学示范中心

序号	中心名称	所属单位	级别	批准建设单位	设立时间
1	现代制造企业虚拟仿真实验教学中心	工程训练中心	国家级	国家教育部	2014年
2	化学化工虚拟仿真实验教学中心	化工学院	国家级	国家教育部	2015年
3	电气工程及自动化虚拟仿真实验教学中心	自动化学院	国家级	国家教育部	2016年

表6.5.5　国家级虚拟仿真实验教学一流课程

序号	课程名称	级别	批准建设单位	设立时间
1	微纳卫星设计与测控综合仿真实验	国家级	国家教育部	2018年
2	5万吨/年乙酸乙酯生产仿真实习	国家级	国家教育部	2018年
3	粉末冶金成形及安全防护设计	国家级	国家教育部	2018年
4	高能炸药的超细化虚拟仿真实验	国家级	国家教育部	2019年
5	导弹末制导系统探测制导虚拟仿真实验	国家级	国家教育部	2019年

校内实习由工程训练中心负责制订教学方案、组织教学;靶场实习由军工试验中心制订教学方案并组织教学。校外实习主要包括认识实习、生产实习(毕业实习)等环节,由专业负责人组织制订教学大纲,联系实习单位,落实实习教学内容,组织实习教学活动。在协调有效期内的实习基地(企业)数量全校稳定在 260 个左右,平均每专业不少于 3 个对口的校外实习基地。

学校自 2015 届开始设立毕业设计(论文)重点课题,坚持"名师 + 优生 + 真题 + 成果"的导向,密切结合科研项目和社会热点,具有良好的基础和条件保障。到 2022 届为止,学校共立项毕业设计(论文)重点课题 387 项(含 41 项团队课题)。学校每年组织百篇优秀毕业设计(论文)评选,并推荐参评江苏省优秀毕业设计(论文),2012—2020 年共获评省级优秀毕业设计(论文)144 项(含 21 项团队课题)。

学校于 2008 年加入国家大学生创新创业训练计划,并以"科研训练"形式开始实施,从 2014 级开始将"科研训练"纳入本科生培养方案,成为实现本科生全覆盖为数不多的学校之一,如表 6.5.6 所示。经过十多年的发展,科研训练已经成为学校"四层次六类型"实践创新教育体系中最能体现科教融合的学生实践创新能力培养环节。截至 2022 年底学校共面向本科生设立 15347 个科研训练项目,参与指导教师达 9448 人次,有效助推了学生创新创业能力的提升。

表 6.5.6　科研训练计划 2012—2022 年立项情况表

立项时间/年	立项总数	国家级	省级	校级重点	校级普通
2012	929	53	40	352	484
2013	1193	80	50	371	692
2014	1376	85	50	335	906
2015	1219	78	50	268	823
2016	1493	78	50	290	1075
2017	1501	77	52	282	1090
2018	1485	78	49	286	1072
2019	1499	100	60	273	1066
2020	1715	100	61	284	1270
2021	1450	100	62	277	1011
2022	1487	110	110	317	950
合计	15347	939	634	3335	10439

科学的顶层设计、完备的保障措施和有效的过程管理形成了科研训练成功实施的强大合力,促成了丰硕的项目成果产出。2013—2018 年本科生申请及授权各类专利 975 项,2019—2022 年授权各类专利 143 项;2013—2022 年累计发表论文 1644 篇,并涌现出

一大批先进典型。优秀科研训练项目参加全国大学生创新创业计划年会（国创年会）频频获奖，在2018年第十一届国创年会上，获奖总数排名位居全国第二位，如表6.5.7所示。

表6.5.7　全国大学生创新创业年会获奖情况

项目名称	奖项名称	完成人	指导教师
桥梁检测爬壁机器人	第五届全国大学生创新创业年会"创新项目奖"（全国共10项）	王乾、吴吞、王倩舒	刘永
桥梁检测爬壁机器人	第五届全国大学生创新创业年会"我最喜爱的项目奖"（全国共10项）	王乾、吴吞、王倩舒	刘永
基于光电引导的智能车	第八届全国大学生创新创业年会"我最喜爱的项目"奖（全国共16项）	张庆昊、叶晗、张辰	吴益飞
火星探测模拟智能小车	第十届全国大学生创新创业年会"我最喜爱的项目"奖（全国共20项）	高晓堃、王尹、耿乐	肖泽龙
智能仓储搬运机器人设计	第十一届全国大学生创新创业年会"我最喜爱的项目"奖（全国共20项）及"最佳创意项目"奖（全国共20项）	程光冉、符启恩、赵佳婧	吴益飞
金属Ti和Al的阳极氧化过程和形成机理研究	第十一届全国大学生创新创业年会"优秀论文"奖（全国共20项）	夏思源、于梦诗、赵思危	朱绪飞
氧化钛纳米管的生长机制和影响因素研究	第十四届全国大学生创新创业年会"优秀论文"奖（全国共20项）	周沁怡、张健鹏、但雨欣	朱绪飞、应宗荣

学校组织各牵头学院的负责教师发布年度竞赛目录，组织校赛、参加省赛和国赛。为更好地支持学科竞赛等学生创新实践活动，学校立项建设42个X·Space创客空间工作室，面向全校学生开放。创客空间工作室实施年度考核-分级及滚动管理机制，持续优化配置学生参与创新实践活动的支撑资源，全面支持学生开展学科竞赛、科研训练、创新型开放实验、创新社团活动等创新创业实践活动。学校建设X·Space创客空间联盟网站www.xspace.njust.edu.cn，用于集中发布各学院和各创客空间工作室组织的各类创新实践活动、创新创业社团活动、学科竞赛、学术交流等活动通知、新闻报道、表彰及典型案例宣传。

（五）创新创业教育

学校遵循"协同性、跨学科性、实践性、创新性、开放性"原则，充分发挥学科综合优势，打造科技创新与科技创业融合的双创实践教育新生态，成立"双创"工作领导小组，由校长担任组长，分管教学工作和学生工作的校领导担任副组长，党政办公室、宣传部、发展规划处、教务处、科学技术研究院等部门的主要负责人担任成员,负责审定大学生创新创业教育改革实施方案,研究决定重大事项,部署相关工作。

2017 年 12 月,学校正式成立独立运行的创新创业教育学院,主要负责创新创业教育规划、管理和组织实施;协助制定人才培养方案,将创新创业教育融入人才培养全过程;统筹做好学校各类创新创业课程建设与管理;规划与统筹跨学科创新创业实践平台的建设管理,指导其他创新创业实践平台的建设;承担"互联网 +"大学生创新创业大赛等高层次学生创新创业类竞赛活动的组织工作;做好学生创新项目的培育;创业孵化项目的遴选、服务与管理。

学校出台相关政策文件,明确创新创业学分转换、弹性学制、保留学籍休学创业等一系列配套规定,为积极从事创新创业实践的学生提供学籍管理的保障,做到学业创业两不误。同时将创新创业教育考核评价纳入教师专业技术职务评聘和绩效考核标准。将创新创业指导工作纳入学校教师表彰奖励体系,将重要创新创业大赛获奖纳入学校高层次奖励,实施重奖激励政策。

学校统筹专项资金用于支持各类创新创业实践平台建设、支持创新创业实践教育项目、组织学生参加"互联网 +""挑战杯"等创新创业竞赛、学科竞赛、科技创新活动,近五年合计投入 7192 万元。具体措施包括:①打造创新创业人才培养新模式。构建"全纳 -全融 - 全链"三段式创新创业人才培养新模式,通过分层培养、融合训练、递推实践提升学生创新创业能力。②完善"必修 + 选修""线下 + 线上""校内 + 校外""新生研讨 + 学科前沿"的立体化创新创业课程体系。2020 年,按照"面向国家战略需求、坚持实践导向性、突出跨学科性、强化系统性"的原则,立项建设《智能机器人创新创业实践》《人工智能、区块链技术与创新创业知识产权保护》《科技创业商业计划仿真实验》等 20 门创新创业课程。③构建了由近 200 名专兼结合的创新创业导师队伍。校内依托遍布于各专业学院的 33 个"大学生创新创业工作室"(创客空间),校外聘请知名学者、创业成功者、企业家、特聘"产业教授"、投资人等 30 余名来自于各行各业的杰出人士担任创新创业兼职教师,承担双创竞赛和相关课程的教学指导任务。

创新创业教育贯穿于人才培养全过程,创新创业典型不断涌现,取得了显著成效。2016 年 7 月学校入选全国首批"全国创新创业典型经验高校",2017 年 7 月入选教育部首批"深化创新创业改革示范校",2017 年 12 月学校成为首批教育部"中美青年创客交流中心"与"全国高校实践育人创新创业基地"落户高校,2017 年 6 月入选第二批"国家双创示范基地",成为全国仅有获得目前所有 5 项创新创业类国家级荣誉的 6 所高校之一。2022 年 9 月,学校入选首批国家级创新创业学院建设单位。

(六)辅导员队伍建设

2017 年,教育部修订了《普通高等学校辅导员队伍建设规定》(以下简称《规定》），自 2017 年 10 月 1 日起施行。《规定》指出，高等学校应当按总体上师生比不低于 1：200 的比例设置专职辅导员岗位。2022 年，学校专职辅导员师生比配比为 1：181，配比达标。

2012 年至今，学校秉承"优选""赋能""厚爱"的工作理念强化辅导员队伍建设，练就过硬本领，培育出了一批辅导员先进典型，如下：

游鹏，2012 江苏高校辅导员年度人物提名奖、第五届全国高校辅导员年度人物入围奖、第一届全国辅导员职业能力大赛三等奖。

田野，2013 江苏高校辅导员年度人物、第六届全国高校辅导员年度人物入围奖。

宁德强，2014 江苏高校辅导员年度人物、第七届全国高校辅导员年度人物入围奖；"第三届江苏高校辅导员职业能力大赛"决赛一等奖。

赵茜，第八届全国高校辅导员年度人物入围奖。

赵玉瑜，2015 江苏高校辅导员年度人物、第九届全国高校辅导员年度人物入围奖、"第四届江苏高校辅导员职业能力大赛"决赛一等奖。

施维，2016 江苏高校辅导员年度人物、2017 全国高校辅导员年度人物入围奖；"第五届江苏高校辅导员职业能力大赛"复赛二等奖。

汪品莉，2017 江苏高校辅导员年度人物提名奖、第六届全国高校辅导员职业能力大赛华东赛二等奖。

杨恒，第七届江苏高校辅导员素质能力大赛决赛一等奖。

宋杨，2019 江苏高校辅导员年度人物提名奖。

孔小敏，第八届江苏高校辅导员素质能力大赛复赛一等奖。

张海玉，2021 全国最美高校辅导员、第十一届全国高校辅导员年度人物、第四届全国高校青年教师教学竞赛思想政治课专项一等奖、江苏省五一劳动奖章、江苏省五一创新能手、江苏省抗击新冠肺炎疫情先进个人、新时代江苏重大先进典型、江苏省"三八"红旗手。

陈祚瑜，第九届江苏高校辅导员素质能力大赛决赛一等奖。

赵璐璐，2022 年江苏省高校辅导员年度人物。

三、一流人才培养成果及其介绍

（一）教学成果奖

2012 年至今，学校在推进和深化教育教学研究与改革、构建创新人才培养体系中，在培养模式探索、实践教学建设、课程教学改革、教学管理等方面取得丰硕成果，获得国家级教学成果奖 8 项、中国学位与研究生教育学会研究生教育成果奖 1 项、省级教学成果奖 33 项（其中特等奖 4 项、一等奖 12 项）。如表 6.5.8 所示。

表 6.5.8　南京理工大学国家级教学成果奖(2012—2022 年)

类别	成果名称	主要完成人	等级	时间/年	完成单位
国家级教学成果奖	构建多学科交叉平台,实施项目教学,提升大学生工程创新能力	徐建成、宗士增、黄晓华、李涛、居里锴、鞠晨鸣、冉小平、王克鸿、郭健、姜斌、王辉、李鹏飞、刘东升、缪莹莹	二等奖	2014	南京理工大学
国家级教学成果奖	"兴趣-基础-素质-能力"互促互进的大学数理力基础课程教学模式	杨孝平、章定国、李相银、许春根、谢玉树、赵培标、邓开明、徐志洪、陈萍	二等奖	2014	南京理工大学
国家级教学成果奖	立足工程教育,致力学生"四大"能力培养——电工电子课群教学改革与实践	王建新、黄锦安、蒋立平、黄爱华、花汉兵、康明才、刘光祖、蔡小玲、李军、李伦波	二等奖	2014	南京理工大学
国家级教学成果奖	军民融合、校企协同,培养具有献身精神的兵器类专业人才	何勇、袁军堂、谈乐斌、张相炎、杨国来、汪惠芬、王栋、姚文进、姚建勇、李向东、孔德仁、万莹、宋卓然、何卓菲、赵灵	二等奖	2018	南京理工大学
国家级教学成果奖	化工大类工程创新型人才培养体系构建与实施	钟秦、王泽山、解立峰、刘大斌、贾红兵、王娟、张舒乐、郝艳霞、姚薇	二等奖	2018	南京理工大学
国家级教学成果奖	重创新要素,强全链培养——自动化专业学生创新能力培养模式的探索与实践	吴晓蓓、王海梅、吴益飞、李银伢、李胜、郭健、戚国庆、谢蓉华、郭毓、陈庆伟	二等奖	2018	南京理工大学
国家级教学成果奖	面向国家战略,引领学生发展——"工程精英"人才培养体系构建与实践	廖文和、黄爱华、高蓓蕾、杜伟、车文荃、王浩平、鞠晨鸣	二等奖	2018	南京理工大学
国家级教学成果奖	科教融合,产学协同,理实一体,构筑财会专业研究生教育特色资源共享平台	王竹泉、綦好东、孙建强、曹玉珊、温素彬、张月玲、孙莹、杜媛、王贞洁、王苑琢、程六兵、杜瑞	二等奖	2018	中国海洋大学、山东财经大学、江西财经大学、南京理工大学、山东科技大学
中国学位与研究生教育学会研究生教育成果奖	武器类拔尖创新人才培养模式的改革与实践	廖文和、张琨、杨国来、薄煜明、刘大斌	一等奖	2018	南京理工大学

(二)创新创业教育成果

2019 年,第五届中国"互联网+"大学生创新创业大赛,学校共有 455 个项目、1966 人次报名参赛,为历届之最。7 月 16—18 日,第五届江苏省"互联网+"大学生创新创业大赛决赛在常州大学举行,学校共有 16 支优秀项目团队参加江苏省赛,最终获省赛一等奖 5 项、二等奖 6 项和三等奖 3 项,学校荣获优秀组织奖。10 月 13—15 日,第五届中国"互联网＋"大学生创新创业大赛全国总决赛在浙江大学举办,学校取得金奖 2 项、银奖 1 项、铜奖 1 项。

2020 年,第六届中国国际"互联网＋"大学生创新创业大赛,学校报名参赛数达到 546 项(含红旅赛道 89 项),主赛道项目数超额完成 14%,创历史新高。8 月 21—24 日,江苏省第六届"互联网＋"大学生创新创业决赛采取线下＋线上的方式举行,总决赛在南京航空航天大学现场举行,获得省赛一等奖 5 项、二等奖 4 项、三等奖 6 项。学校获得高教主赛道优秀组织奖,红旅项目获得单项奖:乡村振兴奖。11 月 17—20 日,第六届中国国际"互联网＋"大学生创新创业大赛全国总决赛在广州华南理工大学举办,学校取得金奖 2 项,银奖 3 项,铜奖 9 项的历史最好成绩。学校在该赛事上取得两项新突破——首次在国际赛道取得金奖,首次获得高校先进集体奖(全国仅 21 所高校)。

2021 年,第七届大赛学校报名参赛项目数达 543 项,超额完成江苏省下达指标 136%,创历史新高。学校共有 20 个项目(主赛道 7 项、红旅赛道 1 项、产业赛道 2 项、国际赛道 10 项)进入全国总决赛,最终取得了 5 金 9 银 6 铜的历史最好成绩,蝉联主赛道高校先进集体奖(全国第 7),获得国际项目优秀组织奖(江苏省唯一),并实现了三大突破:所有赛道项目全覆盖,主赛道成长组金奖,红旅赛道银奖。

2022 年,第八届中国国际"互联网＋"大学生创新创业大赛上,学校共有 812 个项目(同比去年增长 49.5%)、近 4000 人报名参赛(其中主赛道项目 594 个、红旅赛道项目 126 个,产业赛道项目 92 个),报名项目数、参赛人数均创历史新高。最终,由学校电子工程与光电技术学院左超教授指导、2019 级博士王博文牵头负责的光影流转－亿像素红外智能成像的开拓者项目从全球 340 万个项目中突出重围,与来自北京大学、浙江大学、北京航空航天大学、卡内基梅隆大学和苏黎世联邦理工大学的 5 个项目同台竞技。经过紧张激烈的角逐,"光影流转"项目以 860 分的总成绩斩获全国冠军! 这是首次有"南理工人"站上最高领奖台,也是江苏省所有高校首次在该项赛事上夺得最高荣誉!

(三)学生学科竞赛获奖

1."挑战杯"竞赛

"挑战杯"全国大学生课外学术科技作品竞赛,是由共青团中央、中国科协、教育部和全国学联共同主办的全国性的大学生课外学术实践竞赛,每两年举办一届。自 1989 年首届竞赛举办至今,被誉为当代大学生科技创新的"奥林匹克"。

2015 年 11 月,在第十四届"挑战杯"全国大学生课外学术科技作品竞赛全国终审决赛中,学校以三项特等奖(特等奖数全国第一)、一项一等奖、两项二等奖,总分 450 分,与清华大学、上海交通大学并列全国第一,共同捧得"挑战杯",成为全国第七所捧得"挑战杯"的高校。同时,在 2015 年"挑战杯"智慧城市专项赛中,学校荣获一项特等奖(全国仅三项)和一项三等奖。在本届"挑战杯"竞赛中,全国 2000 多所高校超过 200 万大学生直接参加,全国初赛有 528 所高校、1569 件作品参加,经过层层选拔,最终共有 318 所高校的 783 件作品进入决赛,同时还有来自香港科技大学、香港中文大学、澳门大学等 10 所港澳台地区高校的 40 件作品,涵盖数理、信息、生命科学、能源化工、机械与控制、哲学、经济、社会、法律、教育、管理,共 11 个学科门类。由多名院士领衔的近百位专家学者组成了竞赛评审委员会,对参赛作品进行了细致严格的评审。

学校选送的 6 件作品经过江苏省赛初赛、决赛、全国网络评审、复审最终全部入围全国终审决赛,共同亮相全国终审决赛现场。在评审现场,学校两件参赛作品在众多参赛作品中脱颖而出,被组委会推选,接受共青团中央书记处书记傅振邦同志检阅。傅振邦同志检阅了学校的两件参赛作品,与参赛学生进行了亲切的交流,对作品给予高度评价,并寄语学校学子,要发扬"大众创业,万众创新"精神,在科技创新的道路上攀登高峰,创造佳绩!

经过多方评审,学校机械工程学院张翔老师指导的"低成本立方体纳卫星"、电子工程与光电技术学院左超老师指导的作品"Scscope—基于智能计算成像的多功能显微镜"和公务学院季芳桐老师、卜一老师共同指导的"经济发达、人口众多的民族社区治理调查—以福建省晋江市陈埭镇为例"三件作品获得特等奖。学校材料科学与工程学院曾海波老师和宋继中老师共同指导的"铜纳米线导电组装膜"获得一等奖。学校化学与化工学院朱绪飞老师指导的 TiO_2 纳米管生长动力学和肋骨形成机理及其应用研究和自动化学院邢宗义老师指导的基于激光位移传感器的地铁车辆轮对尺寸在线动态检测系统两件作品获得二等奖。学校在 1997 年承办过第五届"挑战杯"比赛,并多次捧得"优胜杯"。

2016 年 11 月 15—19 日,由共青团中央、教育部、人力资源和社会保障部、中国科协、全国学联、四川省人民政府共同主办的 2016"创青春"中航工业全国大学生创业大赛全国终审决赛中,学校以 3 项金奖、1 项银奖、1 项铜奖,总分 440 分,首次捧得"优胜杯",取得了学校在该项赛事上的最好成绩。

2017 年 11 月 14—18 日,由共青团中央、中国科协、教育部、中国社会科学院、全国学联、上海市政府共同主办,上海大学承办的第十五届"挑战杯"全国大学生课外学术科技作品竞赛中,学校最终以总分 370 分、排名全国第八的成绩捧得"优胜杯"。

2018 年 10 月 31—11 月 3 日,由共青团中央、教育部、人力资源和社会保障部、中国科协、全国学联、浙江省人民政府主办,浙江大学、共青团浙江省委承办的 2018 年"创青春"浙大双创杯全国大学生创业大赛决赛中,学校以 4 项金奖、1 项铜奖,总分 450 分,再次捧得"优胜杯",刷新了学校在该项赛事中的最好成绩。

2019 年 11 月 7—13 日,由共青团中央、中国科协、教育部、中国社会科学院、全国学联和北京市政府共同主办,北京航空航天大学承办的第十六届"挑战杯"全国大学生课外学术科技作品竞赛中,学校获得一等奖1项、二等奖2项、三等奖3项。

2022年4月第十七届"挑战杯"大学生课外学术科技作品竞赛中,学校共计获得全国特等奖3项、一等奖4项、二等奖4项、三等奖4项。特别是,学校在"揭榜挂帅"赛道中获得全国"擂主"(第一名)1项,并在专项赛中实现了国赛特等奖全覆盖(全国仅四所高校)。

2.中国大学生方程式汽车大赛、中国大学生电动方程式汽车大赛

学校NUT方程式赛车队成立于2010年,在2018年赛季中排名第11名,荣获国家二等奖;在2019年赛季中,在吉林大学、同济大学等59支实力强劲的队伍中脱颖而出,获得了总成绩全国第4名的好成绩,荣获国家一等奖;在2020赛季中排名第11名,荣获国家二等奖。EMOTION电动方程式车队连续参加共计六届大学生电动方程式汽车大赛,获得多项实用新型专利。从2011年起,学校连续6年参加中国大学生方程式汽车大赛。2016年,学校第6辆自主设计制作的油车在大赛中获得佳绩,在全国高校79支参赛队伍中跻身16强,在高速避障项目中进入前十名。

3.全国大学生机器人大赛RoboMaster机甲大师赛

学校A.I.R.机器人创意工作室ALINCE机器人战队共获得全国一等奖10项、国赛二等奖6项、国赛三等奖5项、分区赛亚军(特等奖)1项、分区赛一等奖5项、校际联盟赛亚军(一等奖)1项、校际联盟赛殿军(一等奖)1项、校际联盟赛一等奖3项、校际联盟赛二等奖8项、校际联盟赛三等奖3项。获得年度全国四大优秀指导教师奖2项、年度优秀宣传经理奖3项。

4.全国大学生生命科学竞赛

学校从2018年开始参加全国大学生生命科学(创新创业)大赛,共计获得全国一等奖1项、二等奖2项、三等奖1项。

5.全国大学生电子设计竞赛

刘光祖老师指导的学生参加2019年全国大学生电子设计竞赛获得全国一等奖,参赛作品为"晶体管放大电路故障诊断仪"。薛文老师指导的学生参加2019年全国大学生电子设计竞赛获得全国二等奖,参赛作品为"晶体管放大电路故障诊断仪"。

6."蓝桥杯"全国软件和信息技术专业人才大赛

"蓝桥杯"全国软件和信息技术专业人才大赛开始以来,学校每年均获优胜学校奖和优秀组织奖,全国总决赛中名列前茅。学校共获得该大赛全国一等奖20余个、全国二等奖100余项、全国三等奖近200项。2013年荣获该大赛全国总决赛JAVA软件开发本科A组全国第一名、总成绩全国第二名。在该大赛十周年庆祝活动中,指导教师余立功也被该赛组委会评为蓝桥10年优秀指导教师。

7. CCPC 中国大学生程序设计竞赛

CCPC 中国大学生程序设计竞赛 2015 年开始举办，模拟 ACM/ICPC 赛制，旨在激励当代大学生运用计算机编程技术和技能来解决实际问题，激发学习算法和程序设计的兴趣，培养团队合作、创新精神。学校自参加该赛以来共获得金奖 3 座、银奖 10 座、铜奖 8 座。

8. 中国高校计算机大赛——团体程序设计天梯赛

中国高校计算机大赛——团体程序设计天梯赛的大区赛中，全国共有 26 个赛点同步开始比赛，共有 180 多所高校组成的 488 支队伍共计 4880 位学生参赛。学校三支队伍分获华东区珠峰争鼎组团队一、二、三等奖，并成功入围总决赛。凭借三支队伍的出色发挥，获得总得分 5165，荣获全国高校金奖。位列江苏省高校和工业和信息化部所属高校第一。

9. 全国大学生数学建模竞赛、国际数学建模竞赛

2012 年以来共计获得全国大学生数学建模竞赛一等奖 9 项、二等奖 30 项。在国际数学建模竞赛中亦屡创佳绩，共计获得一等奖 29 项、二等奖 89 项。

10. 全国周培源大学生力学竞赛

2017 年全国周培源大学生力学竞赛中，获个人赛全国一等奖和二等奖 4 人、全国三等奖 24 人、全国优胜奖 48 人，同时在理论设计和操作团体赛中获全国优秀奖。2019 年全国大学生力学竞赛个人赛中，获得一等奖 1 人、二等奖 2 人、三等奖 11 人；在 2019 年全国周培源大学生力学竞赛"基础力学实验"团体赛中，获得三等奖的好成绩。2021 年度全国周培源大学生力学竞赛中，获二等奖 6 项，三等奖 36 项。

11. 全国大学生物理实验竞赛

在第二届全国大学生物理实验竞赛，学校共获得一等奖 1 项（基础Ⅱ类，全国仅 4 个）、二等奖 1 项（综合类，全国仅 10 个）、三等奖 1 项（基础Ⅰ类），是江苏省和工业和信息化部所有参赛高校中成绩最好的高校，名列全国高校前茅。在第三届竞赛中，学校 4 名选手全部获奖，共获得一等奖 2 项（基础性实验 A，综合性研究性实验 B）、二等奖 1 项（基础性实验 B）。学校的总体成绩仅次于北京大学，名列全国第二。在第四届竞赛中，学校代表队在强手如云的竞争中获得了三个一等奖（一等奖总获奖比例约 10%）。第七届全国大学生物理实验竞赛（创新）中学校 5 项作品全部获奖，其中一等奖 2 项、二等奖 1 项、三等奖 2 项，整体成绩位于全国前列，首次在该赛道中获得全国总决赛最高奖项。第八届全国大学生物理实验竞赛（创新）中学校获一等奖 2 项、二等奖 1 项、三等奖 2 项，实现命题类作品一等奖零的突破。

12. 全国大学生工程训练综合能力竞赛

学校参加该项赛事屡次获得佳绩，2012 年以来两次在全国总决赛中荣获一等奖。

13. 全国大学生化工设计竞赛

全国大学生化工设计竞赛为教育部 A 类赛事，近四年学校在全国大学生化工设计竞赛中连续获得特等奖，并且化学工程与工艺专业全体学生参赛，全部获奖，总成绩名列前茅。

14. 全国大学生节能减排社会实践与科技竞赛

学校自第一届竞赛起，多次荣获优秀组织奖，2012 年以来获得特等奖 1 项，一等奖 5 项、二等奖 4 项、三等奖 15 项。2022 年能源与动力工程学院本科生获得特等奖，同时获得六百光年智慧能源创新奖铜奖。

15. 全国大学生智能汽车竞赛

学校积极参与全国大学生智能汽车竞赛并获佳绩。在 2021 年第十六届全国大学生智能汽车竞赛华东赛区，学校学生获全国总决赛基础四轮组二等奖和全国总决赛航天智慧物流组二等奖。

16. 中国工程机器人大赛

近年该大赛包含搬运工程、双足竞步、仿人竞速、仿生爬坡、医学工程、工程越野、仿人搏击、机器人舞蹈、机器人赛车、视觉机器人等 21 个大项。学校积极组织参加，2020 年获奖 8 项。

17. 中国机器人技能大赛

中国机器人技能大赛作为具有较强影响力的国家级、专业化、社会化的交流合作与竞技平台，自 2017 年起，已成功举办三届。比赛包含了机器人拼图、机器人舞蹈、机器人跳远、机器人赛跑、机器人接力灯等九大类项目。在"优必选杯"2021 年中国机器人技能大赛中，学校积极组织参赛，荣获多个奖项。

18. 中国机器人大赛暨 RoboCup 公开赛

2012 年以来，学校获得多项一等奖，并以优异的成绩接受 CCTV 记者采访。2020 届大赛以"互联网＋机器人，引领中国智能制造业革命"为主题，内容涵盖电子信息、通信网络、装备制造、人工智能等前沿技术领域。自动化学院本科生为主组成的五支代表队勇夺三项最高奖一等奖（其中包括一项冠军、一项季军）、两项二等奖，再次刷新了历史纪录。

19. 智能无人系统挑战赛

2021 年智能无人系统应用挑战赛，学校斩获"飞行避障"赛道第一名、"快递速达"赛道第二名。

20. 全国大学生结构设计信息技术大赛

全国大学生结构设计信息技术大赛是国内高校土木工程专业领域内最具影响力的赛事之一，自 2018 年至今已成功举办了四届。学校自 2019 年开始参赛，在近三届比赛中共获得 1 项特等奖、1 项二等奖、2 项三等奖。

21. 全国大学生金相技能大赛、全国高校大学生金相大赛

学校自 2013 年开始参与，多次获得团队前 3 名，共计获得团体特等奖 1 项、一等奖 2 项、二等奖 1 项、三等奖 1 项；个人一等奖 6 项、二等奖 12 项、三等奖 3 项；徕卡优胜奖 2 项。

学校自参与"蔡司杯"全国高校大学生金相大赛以来，获特等奖 6 项、一等奖 4 项、二等奖 9 项、三等奖 4 项。材料科学与工程专业学生在金相制备与理论测试综合评比中，多次站在最高领奖台上。

22. 全国大学生数学竞赛

全国大学生数学竞赛是一项面向本科生的全国性高水平学科竞赛。在 2017—2021 年的全国大学生数学竞赛分区赛（江苏赛区）中，共获得一等奖 343 人、二等奖 589 人，获奖总数 1835 人，学校非数学类获奖总数、一等奖获奖数等指标多次位列我省参赛高校首位。在第十一届全国大学生数学竞赛决赛中，共有 5 人获奖，其中获得数学类一等奖 1 项、非数学类一等奖 1 项、非数学类二等奖 1 项、非数学类三等奖 2 项。学校获奖总数位居我省该届决赛获奖高校第一（江苏省共 28 人获奖，其中 3 人获数学类一等奖、6 人获非数学类一等奖），学校也是江苏省本次决赛获奖高校中同时获得数学类一等奖和非数学类一等奖的唯一高校。

23. 全国大学生数据挖掘竞赛

全国大学生数据挖掘竞赛（已更名为"泰迪杯"数据挖掘挑战赛）开始于 2013 年，至今已经成功举办 10 届。学校从 2017 年开始参加该竞赛，目前共获得四届最佳组织奖，国奖一等奖 10 项，二等奖 30 项，三等奖 58 项，是江苏省和工业和信息化部所有参赛高校中成绩最好的高校。

24. 全国大学生工程实践与创新能力大赛

学校获得 2021 年全国大学生工程实践与创新能力大赛全国金奖两项，银奖一项、铜奖一项。获得六届江苏省大学生工程训练综合能力竞赛共获得特等奖 6 项、一等奖 6 项、二等奖 2 项。在江苏省工科院校中名列前茅。

第六节　科学研究与科技创新

随着工业化、信息化和国防现代化的加速发展，学校适应国家重大战略、经济发展以及武器装备发展需求，强化基础研究、应用基础研究和高新技术研究，拓展优势学科领域和方向，推进构建"立体兵工"特色，加快科技成果的孵化和转化，着力服务国家和区域经济社会发展、推进"两化"深度融合，推进行业转型升级，学校科学研究质量得到提升，科技创新实力稳步增强。

一、科技创新工作发展思路

学校"十二五"规划中提出，围绕建设特色高水平研究型大学的战略目标，学校重点实施拓展协同强校战略：面向重大前沿性科学问题、行业产业共性技术问题、区域经济与社会发展的关键问题,拓展学科科研领域方向,推进学科交叉融合,加强校企、校所、校校、校地的协同创新,打造学科高峰,形成科技创新优势,提升整体办学实力。同时提出,按照"服务三化建设、推进两化融合、加强军民结合"的总体思路,紧密围绕国家重大需求和科学研究前沿,以《国家中长期科学和技术发展规划纲要》和《国防科技工业"十二五"发展规划》为指导,着眼于三化建设领域和战略性新兴产业的关键技术突破需求,强化基础研究,加强平台建设,拓宽科研领域,进一步提高科技创新能力,争取国家重大重点项目。深化产学研合作模式和体制机制改革,建立若干高水平协同创新平台,争取国家级协同创新平台。"十二五"时期末,科研综合实力稳定在全国高校30强之内,在国家、区域、行业创新体系中发挥重要作用。

为实现这一目标,学校在科研工作方面实施六个计划:基础研究能力跃升计划、高层次科研平台建设计划、科研领域拓展计划、重大研究项目培育计划、成果产出促进计划、产学研合作示范计划。

2013年6月,学校第十一次党代会对当前学校面临的形势进行了分析,并指出,面对国防和军队现代化建设、国家安全对信息化武器装备系统的迫切要求,我们必须强化和拓展已有特色和优势,实现学科和科研面向"大国防"的全覆盖,努力为全系统、全过程、全方位的信息化武器装备系统研制提供高水平的人才和技术支撑。同时,作为工业和信息化部所属高校,我们必须围绕"两化"深度融合、"军民融合"和战略性新兴产业发展的要求,大力发展通用学科,尤其是提高信息类学科的水平,为国民经济建设和社会发展做出积极的贡献。

为实现建设特色高水平研究型大学的发展目标,学校重点实施"四大工程""两个行动"和"一项计划"。

"特色强化工程"提出:巩固提升国防特色学科优势。为适应我国国防现代化和军事转型需要,以信息化武器装备系统为牵引,在探测识别、发射推进、制导控制、毁伤防护等关键环节,促进兵器、光电信息、力学、材料、化工等多学科的交叉融合。加强国防基础研究和应用基础研究,产生一批原创性和引领性的成果,掌握核心关键技术,实现服务领域向海、空、天、磁"大国防"拓展,确立支撑相关军工行业发展的"不可替代",培育塑造"两化"融合、军民融合学科新特色。瞄准工业化与信息化深度融合、战略性新兴产业发展的重大需求,在装备制造、电子信息、新材料、化学化工、能源与环境等领域,建设一批能够解决行业发展重大问题,具有鲜明特色和优势的学科方向。采取"高起点""重基础""促交叉"的建设模式,即以高端学术人才引进为核心,打造平台、汇聚团队;成立一批跨学科研究机构,以重大问题和关键技术为牵引,以项目为纽带,汇聚多学科人才。

"创新攀登工程"提出:创新是大学的重要使命。建设特色高水平研究型大学,必须围绕"创新驱动"这一主线,努力实现科学研究从重规模向规模与质量并重转变。以"高起点、重基础、促交叉"为主要手段,实现优势学科从高原向高峰的跃升。促进转型、推动协同,着力提高科技创新能力。

具体措施,如下:

(1)改革管理构架,建立新型基层学术组织。根据学校学科布局,整合相同、相近学科的科研团队,统筹教学、科研职能,探索建立新型基层学术组织,形成研发合力。在学科建设投入、科研项目争取、人才引进与培养等方面予以倾斜,打造若干国内领先的创新群体,进一步促进学科交叉融合,提升科技创新能力。

(2)强化基础研究,提升原始创新能力。进一步增强基础研究能力,提高基础研究经费占总研究经费的比例。加大自主投入力度,支持教师开展原创性工作,打造若干学校优先发展方向,部分方向基础研究能力达到国内领先水平。瞄准国际前沿,以国家 973 计划、国家自然科学基金为导向,强化基础研究和前沿技术研究;围绕保障军工核心能力建设的中心任务,积极开展解决制约武器装备研制生产的重大基础问题研究。

(3)拓展科研领域,打造科研发展新优势。军品科研继续向海、空、天、磁全领域拓展,进一步深化"立体兵工"内涵,打造信息化武器装备系统与技术的品牌特色和优势。民用科研根据"两化"深度融合和"军民融合"要求,积极服务于国家、区域创新战略,形成发展新方向和新优势。

(4)推动协同创新,构筑高水平研究平台。综合分析学校的优势和特色,统筹规划全校的协同创新布局,积极筹措、整合校内外资源,分层培育、分步实施,建立支撑协同创新的新体制机制,切实推进各类协同中心的实体化运行,争取进入国家"2011 计划"建设行列,以协同创新带动学校创新能力的全面提升。

(5)创新合作模式,形成产学研发展新高地。深入实施国家教育体制改革试点项目,完善依托行业、立足地方的政产学研合作模式与机制,积极构建具有区域、行业特色优势的产业技术创新战略联盟。充分发挥国家级技术转移中心和校外产学研基地作用,为学校技术转移、成果转化孵化和技术资本运作提供全方位服务,提高科技成果转化绩效。

(6)加大扶持力度,推进哲学社会科学繁荣发展。按照"整体规划、特色发展、重点突破"的发展思路,加强对省级哲社基地的建设和投入,凝炼学校社科发展方向。借助学校在国防领域、工程技术科学的传统优势,加强基础理论研究深度,不断增强国际化视野,产出学术精品。高度重视应用对策研究,为政府做好决策咨询,服务地方经济社会发展。

(7)扩大产出源头,促进高水平科研成果产出。鼓励和支持承担国家重大、重点项目,提高奖励源头数量。鼓励高水平项目进行鉴定报奖,实现国家级科技一等奖的新突破。发挥政策引导作用,鼓励师生出版专著、发表高水平论文。进一步加强专利的扶持力度,提高授权专利数量和持有量,提高专利转化率。

学校"十三五"规划提出科研工作发展目标:支撑国防科技工业、军民融合、两化深度融合发展需求的创新能力和基础研究能力显著增强,重大关键技术攻关能力实现新突破,产出一大批服务国家、区域、产业重大需求的科技成果。提出科研工作的重要任务:提升创新能力,服务重大需求。面向前沿基础研究、工程应用基础研究,以及信息化武器装备系统、战略新兴产业领域、国家重点研发计划和"中国制造2025""互联网+"等国家重大科技发展战略需求,凝炼大方向,培育大团队、大平台,提升承担国家重大任务的科研能力和科技成果产出、科技成果转化能力,重点突破行业产业转型升级关键技术,增强科技综合实力。

"十三五"时期初,学校党委明确了重点发展"兵器与装备、电子与信息、化工与材料"三大优势学科群的建设思路,并在此基础上,经过全校上下的共同努力,多轮论证,2017年8月编制完成了《南京理工大学一流学科建设高校建设方案》(以下简称《建设方案》)。《建设方案》清晰规划了学校"立体兵工"科研特色发展思路:充分依托学校在国防和工程技术领域的特色和优势,围绕国家重大战略。立足全过程立体攻防作战需求,构建集"探测感知、目标识别、发射推进、精准打击、高效毁伤、战场评估"为一体的创新链,打造"1+3+8+N"的科技创新体系。通过"兵器+",构建"立体兵工"。

2019年11月4日,学校十二次党代会系统总结了学校第十一党代会以来的办学成绩,深刻分析了学校面临的发展形势,明确了建设"特色鲜明世界一流大学"的百年奋斗目标,提出了学校事业发展的"三步走"实施路径、必须完成好的四份"答卷"和重点实施的"六大工程"。在实施一流科研水平提升工程中提出:落实国家科技创新体系建设要求,按照"构建大平台、组建大团队、争取大项目、产出大成果"的思路,创新管理体制机制,促进各研究领域人才和成果相互支撑、融合发展,打造基础研究、应用研究、工程研制、成果转化全链条科技创新格局,推动科研质量高速发展。

具体措施,如下:

(1)着力建设高层次科研平台。立足科学前沿,重点在兵器科学与技术、社会安全信息等领域培育国家级科研平台。巩固国防优势,建设好现有国家级重点实验室,在先进发射、智能弹药、含能材料、目标探测等领域筹建国防科技重点实验室。抓住新战略、新机遇,在智能制造、工业互联网、医工结合等领域,高起点建设一批高水平科研平台。

(2)着力谋划争取重大重点项目。巩固"立体兵工"特色,实现原创性、突破性重大科研成果产出。服务"两个强国"建设,聚焦智能制造、增材制造、新材料、人工智能、网络安全等需求,争取一批国家重大项目。持续扩大基础研究规模,不断提高研究水平,在优势学科领域培育创新研究群体、产出原创成果。深入实施精品文科发展规划,推进理工文交叉研究,形成一批特色研究方向。

(3)着力培育高水平领军团队和科研成果。按照"瞄准先进研究方向、储备关键核心技术、产出高水平科技成果"的思路,分学科梳理项目成果,提前谋划、明确目标、全程跟踪,在发射与推进、材料与工艺、装备与制造、光电与信息等领域产出一批高水平科技成果。

(4)着力完善科研管理和成果转化机制。落实好国家科技成果转化政策,创新学校科技成果转移转化模式,构建路径畅通、流程规范高效的制度体系,建立结构完善、专业化程度高的管理保障服务团队,建设好国家级高校科技成果转化基地。做强产业技术研究平台,做亮服务行业和区域经济创新发展的名片,大幅提升学校科技贡献度和影响力。

2021 年学校"十四五"规划提出科研工作发展目标:产出重大影响科技创新成果。聚焦世界科技发展前沿,聚焦国家重大战略需求,促进前沿、新兴和交叉领域方向的布局和发展,抓好研究方向的凝炼,强化一流学科、一流平台、一流团队的协同,建设一批高水平科研团队,基础研究和应用基础研究能力进一步增强,服务国民经济发展和国防科技创新等国家重大战略需求的能力进一步提升,力争在原始创新和关键核心技术方面产出一批重要成果。提出科研工作的重点任务:实施一流科研水平提升,支撑强国强军。坚持"四个面向"战略总方向,聚焦国家重大需求,建设重大创新平台,培育领军创新团队,拓展优势科研领域和方向,在推进"陆海空天信"融合发展上实现新突破。聚焦基础研究,实现更多"从 0 到 1"的原始创新,突出问题导向,寻找问题本源,解决系列"卡脖子"问题,扶持人文社科科研特色发展。深化科技体制改革,优化科研评价体系,健全科研管理制度,优化业务流程,营造潜心向学的科研环境。强化科技成果转化的引导和激励,支撑科技和产业发展自主可控,为"两个强国"建设和武器装备发展提供新动能。

实施创新平台建设"鼎力计划",做实做强主干学科科研平台,全面支撑高层次国家科技创新基地和建设,包括构建国防科技创新平台体系、打造通用领域重大创新平台、建设前沿交叉学科研究平台、建设人文社科研究基地(智库)、建设一批公共科研实验平台五个方面。

开展科技创新"引航计划",实施四个工程:基础领域强基工程、国防领域提优工程、成果转化增效工程、体制机制改革工程。

二、科技体制机制改革

2013 年 12 月 19 日,学校成立科学技术研究院,南京理工大学科学技术协会挂靠,同时撤销科学技术处、工程技术研究院、产学研基地管理办公室、学术中心。

学校不断健全和完善科研管理机制,营造良好的科研创新政策环境,激励科研人员多出高质量科技成果。2012 年以来,学校修订出台科研管理制度相关文件 50 余项,对科研项目、科研经费、科技合同、科研成果、科研机构、科技活动、科研团队、质量资质等进行全面管理。2020 年出台《南京理工大学深化科研"放管服"改革实施方案》,深化科研"放管服"和经费管理改革,2021 年修订了《科研经费管理》《劳务费管理》《仪器设备采购》

《科技成果转化》《科研经费报销》《对外协作技术合同管理》《科研财务助理岗管理》等文件，进一步扩大科研项目经费管理自主权，加大对科研人员的激励力度，减轻科研人员事务性负担。

积极推进科研评价体制改革。2016年，学校建立以岗位聘任为基础的绩效津贴分配制度，设置科学研究KPI评价指标体系。结合学校教学科研机构年度考核工作，实施科学研究办学水平监测，每年评选"科研工作先进单位"。积极贯彻落实《深化新时代教育评价改革总体方案》，坚决破除"五唯"倾向，充分发挥职称政策的"指挥棒"作用，建立科研项目分类体系，2021年印发《南京理工大学高质量期刊及会议目录》，修订了《南京理工大学促进科技成果转化管理办法》，形成科学合理的科研评价导向。

着力培育科技创新人才，按照学校"项目进方向、人员进团队、设备进平台"的建设思路开展科研团队建设。2016年学校印发《南京理工大学关于促进科研领军团队建设的实施意见》，认定17个科研领军团队。自建设以来，领军团队获国家科技奖励9项、承担了一批重大重点科研项目，年均到款科研经费超5亿元，约占全校经费近30%。"十四五"期间，学校着力培育一批具有重要发展潜力、创新活力、使命担当的科研创新团队，于2022年启动第一批团队培育工作。

大力开展科研管理服务信息化建设。2014年12月，科研管理系统正式上线运行，实现教师在网上申请减免管理费、减免税、经费认领和分配等。2020年开展科研管理信息系统二期建设，建立了标准的科研管理基础数据库，形成了南京理工大学完整的科研人员、科研机构、科研项目、科研经费、日常办公在内的数据库管理，通过智慧理工门户应用实现科研信息管理和基本科研业务线上办理。2021年，完成科研管理系统与财务报销系统预算对接，实现科研项目经费预算与财务支出信息联动控制。2022年，进一步开展科研数据采集和治理，优化科研信息系统，强化项目、平台、专利、论文、奖励等数据一体化建设。

三、科研平台与条件保障

（一）重大科研平台建设

学校立足于实际，致力于在更广范围、更高层次、更深程度上把国防和军队现代化建设与社会发展需要结合起来，为实现国防和军队现代化提供可持续发展的后劲。

2012年以来，南京理工大学成功申建国家级平台9个。其中，科技部批复的平台5个，国家发改委批复的平台1个，国防科工局批复平台2个，教育部批复的平台1个。申建省部级以上平台31个。其中，教育部重点实验室1个，工业和信息化部重点实验室16个，江苏省科技厅、教育厅、发改委批复的平台共11个。申建其他平台2个。如表6.6.1所示。

表 6.6.1 2022 年科研平台情况

级别	序号	实验室名称	主管部门	立项时间
国家级	1	高端装备铸造技术全国重点实验室(分部)	科技部	2022 年
	2	特种车辆设计制造集成技术全国重点实验室(分部)	科技部	2022 年
	3	高端工程机械智能制造全国重点实验室(分部)	科技部	2022 年
	4	微纳米材料与技术国际联合研究中心	科技部	2014 年
	5	数控成形技术与装备国家地方联合工程实验室	国家发改委	2016 年
	6	图像测量技术研究国际科技合作基地	科技部	2018 年
	7	吴运铎创新中心南理工分中心	国防科工局	2021 年
	8	紫竹聚能创新中心南理工分中心	国防科工局	2021 年
	9	复杂装备系统动力学前沿科学中心	教育部	2021 年
省部级	1	特种能源材料教育部重点实验室	教育部	2018 年
	2	先进固体激光工业和信息化部重点实验室	工业和信息化部	2015 年
	3	数控机床功能部件共性技术工业和信息化部重点实验室	工业和信息化部	2016 年
	4	电子设备热控制工业和信息化部重点实验室	工业和信息化部	2016 年
	5	新型显示材料与器件工业和信息化部重点实验室	工业和信息化部	2016 年
	6	社会安全信息感知与系统工业和信息化部重点实验室	工业和信息化部	2017 年
	7	电磁仿真与射频感知工业和信息化部重点实验室	工业和信息化部	2017 年
	8	先进金属与金属间化合物材料技术工业和信息化部重点实验室	工业和信息化部	2017 年
	9	复杂装备系统动力学工业和信息化部重点实验室	工业和信息化部	2018 年
	10	新型膜材料工业和信息化部重点实验室	工业和信息化部	2018 年
	11	受控电弧智能增材技术工业和信息化部重点实验室	工业和信息化部	2018 年
	12	微纳含能器件工业和信息化部重点实验室	工业和信息化部	2019 年
	13	特种装备可靠性设计与控制工业和信息化部重点实验室	工业和信息化部	2019 年
	14	交通信息融合与系统控制工业和信息化部重点实验室	工业和信息化部	2019 年
	15	半导体微纳结构与量子信息感知工业和信息化部重点实验室	工业和信息化部	2020 年
	16	语言信息智能处理及应用工业和信息化部重点实验室	工业和信息化部	2020 年
	17	代谢工程与生物合成技术工业和信息化部重点实验室	工业和信息化部	2020 年
	18	江苏省社会安全图像与视频理解重点实验室	江苏省科技厅	2012 年
	19	江苏省先进微纳米材料与技术重点实验室	江苏省教育厅	2014 年
	20	江苏省多运动体信息感知与协同控制重点实验室	江苏省教育厅	2016 年
	21	江苏省高端制造装备与技术工程实验室	江苏省发改委	2014 年
	22	江苏省智能交通信息感知与数据分析工程实验室	江苏省发改委	2016 年
	23	先进光电成像技术与仪器教育部工程研究中心	教育部	2022 年
	24	江苏省高端制造装备工程技术联合实验室	江苏省科技厅	2022 年
	25	江苏省现代工业设计工程中心	江苏省发改委	2015 年
	26	江苏省复杂运动体智能导航与控制工程研究中心	江苏省发改委	2018 年

级别	序号	实验室名称	主管部门	立项时间
省部级	27	江苏省高端装备质量提升工程研究中心	江苏省发改委	2019年
	28	江苏省发动机材料工程研究中心	江苏省发改委	2021年
	29	江苏省商用车智能底盘工程研究中心	江苏省发改委	2022年
	30	南京理工大学安全与防护检测中心	国家人防办	2020年
	31	民航智慧安检工程技术研究中心	中国民用航空局	2021年
其他	1	江苏省公安厅社会公共安全重点实验室	江苏省公安厅	2012年
	2	机械工业数控机床功能部件性能测试与可靠性重点实验室	机械工业联合会	2014年

（二）条件保障项目建设

为贯彻"一二五"总体战略部署，加快提升学校关键技术的研发创新能力和先进制造能力，着眼建设技术先进、能力强健、布局合理、灵活反应、开放融合的国防科技工业体系。

2013年以来7个基础条件保障项目获得批复，总投资额5.53亿，新增及升级工艺设备及软件372套，新增及扩建、改造试验中心建筑面积、制备工房、暂存库等12232.2平方米，进一步改善了研究条件，有力提升学校在相关领域开发的基础保障水平，为新技术研制提供了必要的基础理论和关键技术研究条件。

（三）质量资质建设

学校围绕高质量发展总要求，不断提高全员质量意识，加强质量工作统筹规划、组织领导和监督考核，在全校上下形成"校长领导、科研主导、部门联合、积极参与"的大质量工作格局，围绕"陆、海、空、天、信"融合发展的目标展开质量管理体系认证、装备承制单位资格和武器装备科研生产许可的扩项工作，推进质量强校建设，全面提升科研质量水平，为学校争取重大项目提供支撑和保障。

2013—2022年，学校通过了装备承制单位资格扩项审查，通过了新时代认证中心组织的质量管理体系扩项认证，增加了一些项目的研制和服务资质。2021年10月，学校通过了赛宝认证中心的质量管理体系扩项认证，2022年1月，学校通过了装备承制单位资格扩项审查，获得了光电子元器件、计量检定装置、飞机测试系统、抛撒机构、勘测评估系统、半导体集成电路6个方向的科研和3个方向的技术服务资格。

四、科研综合实力

学校科技工作聚焦国家战略需求，以服务国防和"两个强国"建设为主线，承担一大批重大重点科研任务，为国防自主创新和经济社会发展提供强有力支撑。科技活动经费从 2012 年 8.34 亿元增长至 2022 年 26.89 亿元,科研项目经费从 2012 年 6.72 亿元增长至 2022 年 20.72 亿元,首次跨上 20 亿元新台阶,如表 6.6.2 所示。每年到款 100 万元和 500 万元以上的项目数增长了 3 倍以上,如表 6.6.3 所示。

表 6.6.2　科研经费　　　　　　　　　　　　　　单位:亿元

年份/年	科研项目经费	科技活动经费
2012	6.72	10.78
2013	6.94	10.84
2014	7.56	11
2015	8.13	11.23
2016	8.2	11.57
2017	9.52	13.17
2018	10.91	14.73
2019	16.65	20.19
2020	16.41	20.42
2021	16.54	22.25
2022	20.72	26.89

表 6.6.3　到款 100 万元以上科研项目数

年份/年	100 万元以上	500 万元以上
2012	108	11
2013	103	6
2014	113	8
2015	122	11
2016	107	11
2017	122	16
2018	179	13
2019	274	37
2020	266	39
2021	250	30
2022	346	52

(一)国防自主创新优势持续增强

学校致力于服务国防科技发展,自 2012 年以来,在光电探测、无人平台等方向承担了一大批重大重点研究任务,先后获批国家科技重大专项 6 项、国防 973 技术首席项目 6 项、173 计划重点项目 23 项、创新特区重点项目 9 项、国防卓青 11 项、型号项目 44 项,累计获批基础科研项目 52 项(2.38 亿元)、共用技术项目 65 项(2.8 亿元),技术基础项目

24 项(0.67 亿元)。

国防科研在前沿新兴领域不断拓展,实现颠覆性技术突破,重大型号装备列装部队,国防特色优势不断增强,"陆海空天信"融合发展科研格局进一步完善。在陆战装备领域,学校作为总师单位研制的155毫米车载榴弹炮参加70周年阅兵式并列装部队形成战斗力;建立了多体系统发射动力学理论与技术体系,在国际上被称为"芮方法",是国际上计算速度最快的多体系统动力学方法之一。在航空装备领域,攻克钛铝合金室温脆性大和服役温度低两大国际性难题,研制出的钛铝单晶对我国航空发动机核心技术领先发展具有重大意义。在航天装备领域,学校突破卫星发射、姿态控制、结构与载荷设计、地面实时仿真等系列技术,先后成功发射13颗微纳卫星;在特种制造领域,异质异构结构功能材料及整体制造技术,实现了同等防护强度要求下减重超过60%,对装备制造技术发展产生重大影响。

(二)基础研究能力不断提升

学校发挥高校原始创新源头作用,鼓励从国家重大战略需求中凝炼基础研究方向和课题,广泛动员,积极承担基础研究重大重点项目,持续加强基础研究能力建设。2012—2022年,学校在973计划、国家自然科学基金等国家级基础研究项目中的承担量和总经费不断提升,承担国家级重大重点类项目百余项、国拨经费8.54亿元,其中承担了973计划项目1项、课题2项、国家自然科学基金1593项(表6.6.4),包括国家杰出青年科学基金8项、优秀青年科学基金项目19项、重点项目12项、联合基金重点支持项目14项、国家重大科研仪器研制项目5项、重大研究计划重点支持项目3项、重大项目课题3项、重点国际(地区)合作研究项目1项等。另外,立足地方、服务区域创新发展,承担江苏省基础研究计划自然科学基金类项目757项,其中江苏省杰出青年基金项目34项、优秀青年基金项目34项、前沿引领技术基础研究专项项目4项。

学校原始创新能力和影响力大幅提升,在自旋电子学、计算电磁学、多媒体分析与检索、新型显示发光半导体与发光器件、新型微波电路、电子设备热管理、纳米杂化材料、金属材料、含能材料等领域取得系列重要的基础研究成果。在全氮含能材料领域,取得了"0−1"的突破,研究成果先后在 *Science*、*Nature* 期刊发表,引领第四代含能材料发展,获2019年 GF 科技十大进展;在金属材料强韧化机理方面做出了开创性工作,在量子模拟领域实现研究突破,2022年2项成果发表在 *Nature* 正刊。

表 6.6.4　国家自然科学基金 2012—2022 年立项情况

年份/年	立项数/项	直接经费总额/万元
2012	119	6721.2
2013	124	6002.5
2014	105	5610

续表

年份/年	立项数/项	直接经费总额/万元
2015	133	6026.1
2016	134	6571.29
2017	152	8833.95
2018	151	7523.7
2019	138	7585.5
2020	173	8044
2021	164	10174.8
2022	200	12354.8

（三）民品科研发展取得新突破

学校民品科研始终围绕国家战略需要和经济社会发展需求，深化落实国家军民融合和"制造强国、网络强国"战略，聚焦智能制造、增材制造、新材料、人工智能、网络安全等需求，努力承担科技重大专项、国家重点研发计划、国家科技创新 2030 重大项目等科研项目，产出了一批具有社会和行业影响力的科研成果，如表 6.6.5 所示。在高档数控机床领域，自主设计了高精度机械平台和专用控制软件，实现对高端制造装备核心部件主要精度和性能指标的全方位动态测量，达到国际先进水平。突破光学计量测试技术，研制出我国首台 800nm 大口径光学干涉仪，全球首台非干涉多模态定量相位显微镜，全球最快的结构光三维成像仪等，实现了光学精密测量仪器的自主可控，填补了国内空白。在新材料领域，发展了发光量子点新材料、新器件、新应用，在全无机钙钛矿量子点的红绿蓝三基色发光器件新体系上取得重要进展。在网络空间安全方面，提出了以人工智能模型为核心的"3＋1"安全防御体系结构，反伪造数据识别率超过 80%，达到了国内一流水平。

表 6.6.5　高层次重大重点项目（民品）

序号	项目名称	项目负责人	牵头/参与	总经费/万元
国家科技重大专项 - 高档数控机床与基础制造装备				
1	高档数控机床滚动功能部件共性技术研究	冯虎田	牵头	4636.26
2	镁合金复杂结构零件超高压热流变高效控制成形技术	吴志林	牵头	1430.66
3	数控机床功能部件优化设计选型工具开发及应用	钱林方	牵头	1600
4	功能部件测试试验共性技术研究与能力建设	欧屹	牵头	2767.03
5	数控机床关键功能部件可靠性增长工程		牵头	4379
制造业高质量发展专项				
6	工业互联网平台工程实训基地项目	韦志辉	牵头	10120
7	面向典型行业的工业互联网"5G＋边缘计算"服务平台项目	李骏	牵头	17500

序号	项目名称	项目负责人	牵头/参与	总经费/万元
工业和信息化部自然灾害防治技术装备工程化攻关项目				
8	大块度＊＊＊快速破障成套技术与装备	张先锋	牵头	1750
航空发动机与燃气轮机基础科学中心重大项目				
9	钛铝合金叶片类构件材料－结构－工艺一体化制造基础研究	陈光	牵头	1000
国家重点研发计划：大气污染成因与控制技术研究				
10	催化臭氧化烟气脱硫脱硝技术研发与应用	张舒乐	牵头	260
国家重点研发计划：增材制造与激光制造				
11	智能化增材制造系统平台	廖文和	牵头	1820
国家重点研发计划：制造基础技术与关键部件				
12	硅基MEMS高深宽比三维结构的干涉显微无损测量技术	高志山	牵头	2982
13	高性能液压阀性能在线监测与智能控制	姚建勇	牵头	500
国家重点研发计划：网络协同制造和智能工厂				
14	极端服役功能驱动的超大型结构极限轻量化智能设计技术及软件	张长东	牵头	500
国家重点研发计划：稀土新材料				
15	新型稀土基多层阻抗渐变宽频吸波复合材料	吴凡	牵头	300
国家重点研发计划：工程科学与综合交叉				
16	可再生能源与化石能源互补的耦合转化理论与方法	李强	牵头	1700
国家重点研发计划：数学和应用研究				
17	油气管网安全运维的大数据细粒度感知分析理论与算法	魏秀参	牵头	300
18	泛哈密顿系统的有序运动及应用	王婧	牵头	300
国家重点研发计划：高端功能与智能材料				
19	熵调控非晶合金多尺度微纳结构设计	兰司	牵头	300
国家重点研发计划：信息光子技术				
20	基于VCSEL微扫描散斑时空相关的三维传感技术与系统	陈钱	牵头	4100
国家重点研发计划：基础科研条件与重大科学仪器设备研发				
21	农业育种科学数据自主应用软件研发	杨杨	牵头	200
国家重点研发计划：政府间国际科技创新合作				
22	人工关节功能薄膜的等离子体制备关键技术研究	江晓红	牵头	274
23	农业秸秆制取发酵工业用糖的生物炼制体系研究	金明杰	牵头	353
24	分散式交通智能感知与控制理论及关键技术研究	戚湧	牵头	440
25	自纳米到纳米构建的高性能电容器多层次结构电极材料	郝青丽	牵头	183.88
26	聚变堆超高热负荷部件用仿生微通道冷却的关键技术研究	陈雪梅	牵头	290
27	可变构DNA纳米探针对细胞内ncRNA的检测及成像研究	万莹	牵头	282
28	基于智能网联的城市交通管控关键技术研究与应用	戚湧	牵头	278

续表

序号	项目名称	项目负责人	牵头/参与	总经费/万元
29	防火隔音高机械性能夹芯板的设计与研究	李艳春	牵头	260
30	面向森林培育的智能化林木种植抚育装备共性关键技术研究	彭富明	牵头	300
31	产氢产甲烷生物质两相厌氧消化过程建模、观测以及极值优化智能控制技术研究	王浩平	牵头	89
32	可重构电磁超表面空频域电磁波调控机理与关键技术研究	李猛猛	牵头	100
33	等离子体技术构建药物长效释放涂层体系及其在骨肿瘤治疗中的应用	江晓红	牵头	100

(四)人文社科科研取得新进展

2012—2022年,学校共获批国家社科基金项目65项(含重大项目5项、重点项目6项),2022年获批重大项目2项,重点项目1项,创单年度重大项目获批数历史最高纪录,首次获批国家社科基金艺术学项目和军事学项目;2021年获批15项,名列工业和信息化部高校第一,创学校历史最佳成绩。十年间共获批省部级项目341项,其中教育部人文社科研究一般项目91项,江苏省社科基金项目108项;获批厅局级项目183项。荣获省部级哲学社会科学研究优秀成果奖42项,其中教育部高等学校科学研究优秀成果奖(人文社科)3项,江苏省哲学社会科学优秀成果奖38项;获批省部级哲学社会科学研究基地(智库)13个。

五、成果与奖励

2012—2022年,学校围绕兵器、机械、材料、化工特色优势学科共获得国家科学技术奖20项,其中项目奖18项,如表6.6.6所示。共获得省部级奖励292项,其中一等奖及以上66项。

2018年1月,王泽山院士获得2017年国家最高科学技术奖,是工业和信息化系统及兵器行业首位获此殊荣的科学家,习近平总书记亲自为其颁发荣誉证书。我校成为该奖项设立以来第四所获此荣誉的高校。20世纪80年代以来,王泽山团队接连攻克难题,提高火炸药的含能性能,凭废弃火炸药再利用的多项关键技术获1993年度国家科技进步奖一等奖;凭降低武器对环境温度敏感性这一尖端技术获1996年国家技术发明奖一等奖;凭等模块装药和远程、低膛压发射装药技术获2016年国家技术发明奖一等奖;获得何梁何利科学与技术进步奖、光华科技基金奖特等奖等多个奖项,被授予"全国优秀科技工作者"称号。

富克斯·哈罗德·海因茨教授于2020年首次提名并最终荣获中华人民共和国国际

科学技术合作奖,实现了学校国家科学技术奖五大奖种(最高奖、三大奖、国合奖)的全覆盖。学校是工业和信息化部首个国家奖五大奖种全覆盖的高校。

表 6.6.6 2012—2022 年国家科学技术奖获奖清单

序号	获奖时间/年	获奖项目/人	获奖类别	获奖等级	主要完成人
1	2012	专用项目	国家技术发明奖	二等	李凤生、郭效德、姜炜、刘宏英、邓国栋、顾志明
2	2015	专用项目	国家科学技术进步奖	二等	阮文俊(7)
3	2015	专用项目	国家科学技术进步奖	二等	宣益民、韩玉阁、任登凤、谭洪、李强、马伟
4	2016	新型合金材料受控非平衡凝固技术及应用	国家技术发明奖	二等	陈光、徐锋、孙国元、傅恒志、王志华、陈栋
5	2016	专用项目	国家技术发明奖	一等	王泽山、廖昕、易群智、何卫东、堵平、南风强
6	2017	大型智能化饲料加工装备的创制及产业化	国家科学技术进步奖	二等	范天铭、徐学明、陈正俊、范文海、谢正军、武凯、唐健源、周春景、彭斌彬、孙旭清
7	2017	专用项目	国家技术发明奖	二等	付梦印、苏中、林德福、王江、刘宁
8	2017	专用项目	国家科学技术进步奖	二等	张合、何勇、李长生、黄春光、李炳彦、程翔、李豪杰、王洪建、葛凯宏、王亚赫、丁立波、马少杰、张祥金、孙毅、郝耀云
9	2017	王泽山	国家最高科学技术奖		
10	2018	专用项目	国家科学技术进步奖	一等	王晓鸣4、姚文进10 等
11	2018	专用项目	国家技术发明奖	二等	王中原、史庆书、易文俊、师清芳、周长省、王旭刚
12	2018	专用项目	国家技术发明奖	二等	陈钱、顾国华、何伟基、张闻文、陈远金、张平
13	2018	专用项目	国家科学技术进步奖	二等	肖忠良、刘琼、朱林、田书春、魏晓安、谭敏、艾庆祝、代淑兰、张志芳、董朝阳
14	2019	互联网视频流的高通量计算理论与方法	国家自然科学奖	二等	唐金辉
15	2019	专用项目	国家科学技术进步奖	一等	杨绍卿、李振华、吴文

续表

序号	获奖时间/年	获奖项目/人	获奖类别	获奖等级	主要完成人
16	2019	时延系统的鲁棒控制理论与方法	国家自然科学奖	二等	徐胜元、张保勇、马倩
17	2019	专用项目	国家技术发明奖	二等	钱林方、陈龙淼、徐亚栋、陈光宋
18	2020	专用项目	国家科学技术进步奖	一等	付梦印、庄志洪、屈艺
19	2020	专用项目	国家技术发明奖	二等	张合、查冰婷、张祥金
20	2020	哈罗德·海因茨·富克斯	中华人民共和国国际科学技术合作奖		

学校持续加强国防创新成果培育，重点围绕发射与推进、材料与工艺、装备与制造、光电与信息等优势学科领域，面向国家重大战略需求，攻克重大科学问题和重大工程技术难题，实现核心关键技术自主可控，产出重大科技成果，认真组织各类成果鉴定，共完成高质量科技成果鉴定 154 项，每年均邀请含两院院士在内的行业内专家领军人才担任鉴定委员会委员，保证学校重大重点项目获得体现成果水平的评价。

六、产学研合作与成果转化

（一）产学研合作网络建设

学校紧密围绕国家战略，扎实推进重点区域和企业的产学研合作。积极贯彻落实国家对推进西部大开发、"一带一路"、东北振兴、长江经济带绿色发展、东西部科技合作等要求，围绕区域产业特点，强化与西藏、重庆、辽宁、宁夏等重点区域交流合作，取得阶段性成效。立足行业、深化产学研合作，与兵器、电科、航天、船舶等单位建立了深度合作关系，合作开展重大项目研发，形成了服务国防建设的良好局面；与西藏高争民爆、鞍钢集团北京研究院等单位共建校企产学研联合机构，推进校企融合发展。

学校围绕优势学科方向和重点科研领域，遴选与学校有合作基础的领军企业、行业重点企业、科技上升型企业及与学校科研方向契合度较高的产业园区建立紧密型产学研合作联盟，组织学校科研力量与企业推进深层次、长效性战略合作，在科研平台共建、重大项目联合申报、技术难题协同攻关、科技成果共同培育孵化以及人才培训与交流等方面开展全方位务实合作，全面提升产学研合作广度和深度。

（二）科技成果转化工作

学校围绕国家创新体系建设和区域创新发展需求，大力推进科技成果转化工作。学校建有国家级技术转移中心。2019年,获批教育部首批高等学校科技成果转化和技术转移基地,相关举措入选首批高等学校科技成果转化和技术转移基地典型经验;2019年在科技部技术转移示范机构考核中荣获优秀,2020年顺利入选首批国家知识产权示范高校。以国家知识产权示范高校建设为抓手,建设知识产权运营中心,全面促进学校科技成果转化运用。

学校持续修订完善相关政策文件,出台《南京理工大学促进科技成果转化管理办法》等政策文件,从工作机制、收益奖励、职称激励等方面开展创新,加快推进科技成果转化为实际生产力。学校构建了促进成果转化的全链条支持体系,进一步激发教师开展成果转化工作的激情和活力。学校进一步发挥资产经营有限公司平台作用,加强学校技术转移体系能力建设,加强市场需求对技术创新的引导,加强源头技术成果的跟踪培育和市场对接,加快科技成果转化落地。

近10年来,学校签订各类科技成果转让、许可合同423项,合同经费2.54亿元;科技成果作价投资额1.1亿余元。2022年,学校科技成果转化合同经费突破8000万元,较往年同期大幅增长,发展态势良好。相关转化为合作单位和行业带来了良好经济效益和社会效益。

(三)校地合作平台建设

学校充分发挥校地合作资源优势,围绕国家战略和区域发展需求推进校外研究院建设,开展科学研究、科技成果转移转化、社会服务等工作。持续推动南京理工大学无锡研究院、南京理工大学常熟研究院、南京理工大学连云港研究院、南京理工大学高新技术研究院、南京理工大学张家港工程技术研究院、泰州南京理工大学研究院、南京理工大学北方研究院建设发展。2020年以来,结合学校学科建设新的发展要求,转变研究院建设发展思路,建设了南理工厦门数字信息研究院、南理工工业互联网(江阴)创新中心。校地合作平台建设有力促进了学校创新能力提升、优势学科建设和创新人才培养,为所在区域经济社会发展提供了有力支撑。

第七节　国际交流与合作办学

国际化是衡量大学办学水平的重要指标,也是世界一流大学基本特征。进入新时代,学校国际化工作紧紧围绕建设世界一流大学发展目标和"双一流"建设核心,以学科建设为龙头,以师资队伍国际化、科研国际化、人才培养国际化、国际形象与文化建设为抓手,通过正常引导、聚焦优势、提质增效,国际化办学水平进一步提升。

一、国际化发展顶层设计

学校十一次党代会指出,要实施"教育国际化推进计划",推动人才培养国际化,实施各学科国际竞争力提升的任务与措施,建立师资队伍及学院领导全球聘用制度,聘请国际顾问教授,提高学校学术国际竞争力,鼓励支持教师积极开展国际科研合作以及在国际重要学术组织或期刊任职。

2018 年,学校制定了《"双一流"建设国际化发展指导意见》,提出实施师资队伍国际化工程,充实外专外教队伍,扩大对外派出规模,加强政策引导与激励。

学校十二次党代会明确提出走向世界舞台,实施一流对外开放办学工程。构建以欧亚为中心、美澳为基础、覆盖"一带一路"沿线的国际合作网络,全面实施国际化发展战略,坚持内涵发展,实现国际化建设与学校核心工作深度融合,助力学校"双一流"建设,不断提升学校国际影响力。

学校"十四五"规划中提出实施一流对外开放办学工程,对标世界一流学科和一流大学建设目标,深化国际化办学理念,加强国际化发展顶层设计,健全国际化办学考核机制,聚焦资源、主动作为、综合发力,形成多部门联动机制,扩大国家交流规模,提升国际交流质量,为学科建设、人才培养、科学研究等学校中心工作提供有力支撑,不断迈向世界舞台中央,提升学校国际影响力。

2021 年 4 月,国际交流合作处组织召开了学校"'十四五'国际化发展暨中外合作办学推进会",以《教育部等八部门关于加快和扩大新时代教育对外开放的意见》精神为指引,在全校范围内统一思想、凝聚共识,科学制定"十四五"国际化专项发展规划,锚定"十四五"发展目标,继续加快和扩大对外开放,加强统筹协调,形成国际化发展合力,实施"FLAG"行动计划,"向内部挖潜力,向世界要增量",提升人才培养、科学研究水平以及服务国家对外开放的能力,构建更高水平的开放办学格局,提升学校的国际知名度和影响力。

2022 年 5 月,国际交流合作处组织召开学校外事工作领导小组会,以习近平新时代中国特色社会主义外交思想为指引,传达学习了近两年来中央和上级主管部门关于外事工作的会议及文件精神。统一思想、凝聚共识,制定并发布年度外事工作要点,推动年度工作做深做实。

"十二五"以来,学校通过广泛开展国际合作与交流,面向开放合作、系统发展新形势,坚持"对内部挖潜力、向世界要增量",引入更多优质国际教育资源,拓展"一带一路"朋友圈,开展多方位、多层次、多渠道的国际合作,国际化办学水平进一步提升。

二、师资队伍国际化

学校"十二五"规划主要任务专门提到推进师资队伍国际化:"鼓励支持教师参加国际会议、出国讲学、合作研究、进修或攻读博士学位","每年选派重点学科专业的一定数量骨干教师进行为期半年以上的出国(境)访学","通过修订专业技术职务晋升条例等政策引导鼓励青年教师申报留学基金委全额资助公派出国项目,拓宽和利用国家公派、校际交流合作、单位公派等多种渠道","实施'国际顾问教授'计划,每个学院聘请 3～5

名国(境)外著名学者教授、院长(系主任)作为学院发展国际顾问教授,发挥他们在学院科学研究、人才培养、国际交流、人才引进等方面的顾问咨询作用"。

为落实这一任务,推进教师队伍国际化发展,充分利用海外智力资源,2012年6月18日,学校召开人才工作会议,推出一系列人才工作的政策和管理制度,正式实施"卓越计划"(二期)建设,启动"教师国际化发展"项目和"国际顾问教授项目",并在政策和经费上给予大力支持。

学校十一次党代会也明确提出要坚持人才强校战略,大力实施"青年教师成长助推计划",推进青年教师的国际化培养,选拔优秀的青年教师,赴国际知名大学和科研机构进行培训进修、合作研究和学术交流,激发青年教师活力。

学校十二次党代会提出鼓励广大教师瞄准国际学术前沿,开展个性化、多层次、多形式海外交流合作和进修,持续扩大教师出国(境)交流规模,支持教师在重要国际学术组织和学术期刊任职。

"十四五"规划中提出实施师资国际显示度(faculty visibility)提升工程。通过引育并举,学校将进一步优化师资队伍海外学缘结构,多渠道支持教师海外交流进修,加强高端外国专家引智,提高国际化管理服务保障能力,从而夯实学校国际化发展基础。

2012年以来,学校累计派出3213人次赴国(境)外参加国际会议、合作研究、短期培训以及合作交流;通过国家留学基金委、江苏省境外研修项目以及学校自主资助等多种方式派出416人赴国外长期访学,有效改善了师资学缘结构。聘请外籍语言和专业教师58人次,招收外籍博士后39人,在教学和科研工作中发挥了重要作用。累计引进诺贝尔奖得主、院士等在内的外国专家2776人次来校学术交流或合作研究。

2012年5月,诺贝尔化学奖得主阿龙·切哈诺沃来校讲学;2013年4月,诺贝尔生理医学奖得主理查德·罗伯特来校讲学;2019年4月,诺贝尔化学奖得主迈克尔·莱维特教授来校访问交流。2012年以来,包括诺贝奖得主、院士等在内的外国专家来校学术交流或合作研究,在学科建设、前沿探索、发展咨询方面发挥了重要重要作用。富克斯院士获2019年"中国政府友谊奖"和2020年"中华人民共和国国际科学技术合作奖",罗加乔夫院士获2021年"中国政府友谊奖"及"金陵友谊奖",格莱特、富克斯、洛莫诺索夫还获得"江苏友谊奖",罗加乔夫、富克斯获得"江苏省荣誉居民"称号,英国籍语言教师李金凤荣获2022年度"江苏省人民友好使者"称号。

三、科研合作国际化

2013年6月,学校十一次党代会上提出实施"拓展提升工程":"进一步发挥学院在国际交流中的主体作用,实施院长、学科带头人责任制。学习借鉴国外先进的学科管理经验和评价体系,以建设国际联合实验室或研究中心为载体,积极参与国际区域重大科研项目。"

学校"十三五"规划主要任务中也提到:"提高交流层次,扩大国际影响。提升师生国际交流能力,与国外高校、科研机构、国际组织等建立长期稳定的合作伙伴关系,引入国际优质教育资源,开展实质性、有深度的科研合作与交流,全面提升国际学术影响力。"

2012年11月,南京理工大学格莱特纳米科技研究所揭牌成立,所长由国际纳米晶材料权威、原德国科学院副院长,身兼德国科学院、美国科学院、美国工程院、印度科学院等多国院士的赫伯特·格莱特教授担任,还汇聚了富克斯院士、哈恩院士、卢柯院士等一批世界知名学者。研究所是学校精心打造的首个学科特区、科研特区和人才特区,旨在打造世界顶级纳米科技研究基地,培养具有国际化视野的职业科学家。

2016年,根据学校第十一次党代会精神和学校"十三五"发展规划,为推动与国外一流大学和一流学科的实质性合作,提升学校师资队伍、人才培养、科学研究的国际化水平和影响力,学校启动实施"海外学术伙伴计划",根据学校学科或学科(专业)领域,遴选国(境)外有影响的学术团队,并依此作为参照系开展相应校内学术团队建设的项目。通过项目的实施,力争用5年的时间凝炼20个左右与国际研究接轨的前沿领域(方向)研究团队,创新学术组织和运行模式,建立与国外一流大学和一流学科的长效合作机制,提升学校的国际学术影响力。

学校十二次党代会提出要推进国际学术合作迈上新台阶。建立一批高水平的国际联合实验室、国家级国际科技合作基地、高等学校学科创新引智基地等,全面提升国际学术合作平台建设质量。建立国际化指标评价体系,实施绩效导向,激发学院内生驱动力,鼓励学院积极创办具有国际影响力的自主品牌国际学术会议,加强对重大国际科研合作项目的培育,融入全球科技创新网络,深入参与国际、区域性重大科学计划和科学工程,形成一批标志性国际合作成果。

学校"十四五"规划中针对科研合作国际化问题,提出实施学术国际影响力(academic excellence)提升工程。按照"教授交流、团队合作、平台构建、巅峰突破(professor、partnership、platform、pinnacle)"的"金字塔"模式推进科研合作国际化工程,提高全球科技创新参与度,产出高水平国际科技合作成果。

2012年以来,学校依托优势学科,获批"国家国际科技合作基地"2个(表6.6.7)、"部级国际科技合作基地"9个(表6.6.8)、江苏省国际联合实验室1个、新增校级"国际联合实验室"9个(总数达到13个),国家、省部级国际学术合作平台稳居工业和信息化部和江苏省高校前列;自主设立国合平台培育项目"海外学术伙伴计划"25项,共同承担国际科研合作项目105项,获批经费5865万元,在学科建设、前沿探索、发展咨询等方面发挥了重要作用;获批科技部高端外国专家项目115项。

学校累计举办包括增材制造前沿技术、微波生物医学、纳米结构含能材料及其应用技术等领域的116场高水平国际会议,吸引全球专家和学者参会进行学术交流,促进学校与国际著名高校建立联系,有效扩大了国际学术影响力。据统计,学校被SCIE收录的国际合作发表论文数量逐年增加,在 6 个 ESI 全球排名前 1% 的学科中,国际合作论文占本学科论文比例近 50%。在 2020 年软科世界大学学术排名中,学校位居 301～400 位;在软科中国大学排名中,学校位居第 36 位,其中国际竞争力位居第 42 位。

表 6.6.7　国家国际科技合作基地

序号	基地名称	立项年度
1	微纳米材料与技术国际联合研究中心	2014
2	图像测量技术研究国际科技合作基地	2017

表 6.6.8　部级国际科技合作基地

序号	基地名称	立项时间/年	项目负责人	学科支撑
1	高维信息智能感知与系统	2013	杨　健	计算机科学与技术
2	微纳米材料与装备	2014	曾海波	材料科学与工程
3	智能机电系统理论及关键技术	2016	何　勇	兵器科学与技术
4	先进光电成像理论与技术	2017	陈　钱	光学工程
5	难成形材料增材制造技术与装备	2018	廖文和	机械工程
6	含能材料设计理论及关键技术	2019	沈瑞琪	化学工程与技术
7	自主智能无人系统信息感知与协同控制	2019	徐胜元	控制科学与工程
8	高效电磁仿真与射频感知	2021	丁大志	电子科学与技术
9	复杂装备系统动力学学科	2023	芮筱亭	兵器科学与技术

四、人才培养国际化

大学最根本的使命是人才培养,建设"双一流"首先要培养一流的人才。国际化水平,特别是培养国际化一流人才,已经成为世界一流大学的重要标志。当前,我国高等教育国际化水平与内涵和世界一流大学尚有差距,特别是在人才培养上,世界一流大学不仅要求培养人才的家国情怀、国际视野,还要求具有全球竞争力与世界担当。因此,准确把握世界一流大学国际化人才培养的共性特征,是提升我国"双一流"建设高校人才培养目标和质量的重要参考。加强国际化人才培养是提升国家软实力的战略需求,也是一流大学建设的内涵要求。

为了提升学校人才培养的国际化,培养具有全球竞争力的人才,学校"十二五"规划在实施本科教学质量与教学改革工程中着重提出探索多样化人才培养模式。通过合作办学、互派交流、学分互认、暑期学校、出国实习等多种形式,加强与国(境)外大学在人才培养领域的合作,创新国际合作人才培养模式;实施研究生教育创新工程:资助博士生开展国际学术交流。聘请国(境)外兼职博士生导师,加强与国(境)外高水平大学联合培养博士;实施国际教育提升工程:学校主干学科专业门类中,按领域制定、完善或修订留学生培养方案。加强选聘和培训,提升教师双语授课能力,建设一支满足留学生培养需要的授课教师和导师队伍。

为了支撑国际化人才培养,规划中提出:"加强引进国(境)外智力工作,聘请80名国(境)外著名学者担任兼职博士生导师,参与博士研究生培养工作;聘请不少于170名外籍教师担任基础或专业教学工作;成立中法工程师学院,与美国一所大学合作举办国际化人才培养实验班。利用国家和学校公派出国计划,每年选派80名以上学生到国(境)外一流大学联合培养或攻读博士学位。鼓励支持学院与国(境)外高水平大学开展学分互认(包括学位互授)的联合培养人才项目,设立国(境)外学习基金,支持学生到国(境)外大学修课、实习、暑期游学或攻读学位。"

学校十一次党代会提出培养高素质国际化人才。引进国外优质教育资源,积极推进与国外高水平大学举办合作办学项目或联合培养学生。开设具有国际化特色和跨文化内容的本科课程,提高学生国际交往能力。启动学生海外学习项目,设立海外学习基金,加大力度支持优秀本科生出国学习交流。实施研究生国际化培养项目,鼓励研究生开展合作科研和参加国际学术会议。加强全英语授课专业建设,积极开拓留学生招生渠道,扩大学位留学生规模。

学校十二次党代会提出要做好国际化创新人才培养顶层设计,着力培养具有国际视野、国家情怀的优秀学生,推进创新人才培养国际化迈上新台阶。在高质量建好中法工程师学院和考文垂合作办学项目的基础上,在艺术、理科等专业领域拓展高质量中外合作办学项目。整合国际化教学资源,接轨国际一流课程体系,借鉴国际一流专业建设经验,推进全英语授课专业建设和国际专业认证,提升学科专业的国际认可度和影响力。加大引导与资助力度,以暑期课程、专项培训等形式提高学生跨文化交流能力,扩大与世界一流大学联合培养、交换学习、定制夏令营、毕业设计等合作,力争在学生出国(境)交流访学与合作研究的比例上本科生达到15%~20%、博士生达到100%。在招收"一带一路"国家留学生的基础上,努力拓展发达国家生源,提升留学生教育教学质量,培养一批知华友华的高素质留学生,打造"留学南理工"品牌。建设好白俄罗斯戈梅利国立大学孔子学院,开展多种形式文化活动,拓展"汉语+"项目,打造"科技孔院"特色,培养更多文化使者和优秀人才。

学校"十四五"规划提出实施一流对外开放办学工程,实施学生国际竞争力(leadership capacity)提升工程。推进实施高端合作办学,拓展高质量联合培养项目,试点国际实验班建设,突出就业国际化,推送学术国际组织实习任职,加快培养具有全球视野、具备全球治理能力的高层次国际化人才。在部署落实人才培养国际化时指出:"深耕拓展国际化教学资源,根据优势学科发展需求,与世界一流高校联合建立人才培养长效合作机制,分层次引入更多优质教育教学资源,在高端国际合作办学上实现新突破。试点国际实验班,打造适宜国际化人才成长的整体环境,推进全英文专业建设,多渠道支持优秀学生赴海外研修、实习。引导和支持学生参加国际学术会议、参与国际事务或在国际组织实习任职。整合学校优势学科和品牌专业资源,完善录取留学生考核评估机制和流程,进一步提升生源质量。稳步推进留学生趋同化管理,加强中国国情教育,严格培养质量,体现全球人才中国标准。"

2012 年以来,中外合作办学取得突破性进展。南京理工大学与英国考文垂大学合作举办工业设计本科教育项目 2012 年获得教育部正式批准,由学校设计艺术与传媒学院负责项目在华阶段教学任务的组织实施。该项目面向汽车、船舶、摩托车、电动车等交通工具行业的创新设计需求,培养具备"国际视野、民族情怀、社会责任、专业素养"的工业设计专业人才。中法工程师学院是 2015 年由南京理工大学与法国梅斯国立工程师学院合作成立,是经教育部正式批准设立的中外合作办学机构。中法工程师学院结合中法办学特色,依托双方优势专业,培养具有国际视野、通晓国际规则的高层次、全科型工程技术人才。2017 年,这两个合作办学项目共同入选江苏省教育厅中外合作办学高水平示范性工程。

学校与海外高校联合设立了 26 个校际联合培养项目,提高派出规模质量,拓展学生国际视野。2021 年学校与俄罗斯门捷列夫化工大学合作开展本科生联合培养,采用"1 + 4"双校园模式,整班成建制派出培养专业强、语言精的复合型人才。学校依托各类项目派出学生 3351 人次,其中博士研究生出国(境)比例达 60% 。

创新思路,推动人才培养在地国际化。学校自 2020 年起推出 66 门"国际课程",邀请外籍教师为本土学生讲授学分课程;试点建设材料学院"纳米材料与技术国际实验班",采用国际 – 国内"1 + 1"双导师授课模式,培养全球视野的高素养纳米技术青年人才。

学校不断完善留学生培养体系,开设 9 个本科专业、16 个硕士专业大类,以及 12 个博士专业大类的全英文课程,基本上覆盖学校所有专业,获评江苏省外国留学生精品课程 31 门、教育部来华留学英语授课品牌课程 3 门。留学生发表高水平学术论文 200 余篇,19 人获得教育部"优秀来华留学生"奖学金。截至 2022 年底,学校在校学历留学生达 616 名,来自 70 多个国家和地区,留学生总体规模在江苏省高校中位居前列。此外,2016—2019 年期间,共接收新加坡、德国、韩国、法国和台湾地区来校进行短期访学的学生 714 人次。学校建立了书院制管理模式,将中国国情和校情校史教育融入留学生培养全过程,连续四届承办国家留学基金委"感知中国"活动,举办"一带一路"文化节,组织留学生参加外交部和江苏省外办主办的"丝路青年行"活动,增强了留学生对中国文化和学校的认同感,近 90 名毕业生已在国内知名企业实习或就业。2020 年,尼日利亚留学生欧莱德主动参与所在社区疫情防控志愿服务,相关事迹被《人民日报》、新华网报道。

五、国际声誉与影响力

国际声誉和全球影响力是世界一流大学的重要标志。建设世界一流大学,要坚持开放办学,提高国际传播力,为解决全球性问题、构建全球知识体系贡献中国智慧、中国方案和中国观点。

学校"十二五"规划中提出:"坚持'开拓渠道、扩大交流,注重效益、提升质量'的总体思路,构建完善'学院为平台、师生为主体'的国际交流合作机制,瞄准国(境)外一流高校和国际著名的企业、研究机构,通过广泛开展国际合作与交流,进一步提高教师国际交流能力、重点学科竞争力、科技创新能力和人才培养质量。"

学校十二次党代会提出:"推进国际化发展战略,巩固现有合作优势,拓展与'一带一路'沿线国家多领域合作,以高水平国际交流合作助力学校"双一流"建设,不断提升学校国际影响力。"

学校"十四五"规划提出实施一流对外开放办学工程:提升全球合作参与度(global engagement)提升工程:提升学校国际影响力。重点支持创办 2 ~ 3 个高水平国际期刊和一批具有学科特色的品牌国际学术会议,鼓励教师在高层次国际会议上担任主席或做特邀报告,参与国际标准制定,提高学校的学术声誉和影响力。围绕先进能源化工和航天推进领域,与俄乌白等"一带一路"国家及部分欧盟高校筹建高校科技联盟,深度参与高水平国际高校联盟建设,扩大学校国际"朋友圈"。加强孔子学院建设,建好白俄罗斯、沙特国别研究中心,新建中东欧研究中心,发挥海外侨领"以侨架桥"作用,加强多边人文交流,探索国际化智库建设的新思路。以江苏国际知识产权学院建设为抓手,加强与世界知识产权组织合作,扩大学校世界知识产权组织技术与创新市场中心影响力。多渠道大力宣传开放办学成果,组织海外交流活动,提升学校国际形象。

2012 年以来,学校加强与美国卡耐基梅陇大学、新加坡国立大学、澳大利亚昆士兰大学、法国梅斯国立工程师学院等世界知名高校开展校级交流近 400 次,签署校际合作协议 163 份。

2017 年,经国家汉办批准,学校与白俄罗斯戈梅利国立大学共建白俄罗斯戈梅利国立大学孔子学院,传播中华优秀文化。现有 5 个教学点,累计为千余名学生提供汉语培训,8 名学生先后获得"中国大使奖学金",1 人获第十五届"汉语桥"世界中学生中文比赛白俄罗斯赛区第一名。每年举办数十场文化活动,大力传播中华文化。此外,孔子学院发挥科技特色,举办了 3 届中国 – 白俄罗斯科技论坛,推动白俄罗斯戈梅利国立大学与国内企业建设院士工作站,对接白俄罗斯华为、巨石科技园,推动科技成果转化。

发挥国际智库作用,推动文明交流互鉴。学校建有教育部备案的"沙特研究中心"、入选国家民委"一带一路"国别和区域研究中心的"白俄罗斯研究中心"以及自主设立的"中东欧研究中心"。2021 年,学校整合三家研究中心成立了欧亚研究院,加强与政府部门合作,提交了多份决策咨询报告,部分报告获国家领导人批示,充分发挥了国际智库的咨政作用。

加强国际学会和国际期刊建设,扩大学校国际学术话语权。2021年7月,通过与来自11个国家的15位院士、14位国际学会主席、13位其他国际期刊主编等35位著名科学家和国际出版巨头美国Wiley出版社合作,由学校主办的英文国际期刊学校《国际机械系统动力学》正式创刊。该期刊主编为南京理工大学芮筱亭院士,3位合作主编分别是加拿大皇家学会会士、加拿大工程院院士、欧洲科学院院士、加拿大麦吉尔大学Marco Amabili院士,IUTAM前司库、IMSD前主席、德国斯图加特大学Peter Eberhard教授和美国工程院及科学院两院院士、欧洲科学院外籍院士、中国科学院外籍院士、美国工程科学协会前主席、美国西北大学黄永刚院士。2022年8月,在首届国际机械系统国际会议上,国际机械系统动力学学会正式开始筹建。

国际Campbell协作网是侧重循证研究方法和知识转化的国际知名学术组织。继英国、美国、印度、南非设立分中心之后,2019年,学校牵头成立Campbell中国联盟,四川大学、兰州大学、武汉大学等10所高校加入联盟;2019年4月,世界知识产权组织技术与创新支持中心揭牌仪式在学校举行。学校成为世界知识产权组织技术与创新支持中心在华设立的首批7个试点建设单位之一,是工业和信息化部所属高校和江苏高校中唯一一家。世界知识产权组织技术与创新支持中心是联合国下属专门机构,旨在向发展中国家的创新者提供依托本地的优质技术信息和相关服务,帮助其开发创新潜能并创造、运用、保护和管理知识产权;经济管理学院入选全球顶级信息学院联盟iSchools最高级别iCaucas核心成员,是国内第五家、工业和信息化部属高校第一家。在世界知识产权组织中国办事处的支持下,学校组织申报的江苏国际知识产权学院建设方案最终获得江苏省知识产权局、江苏省教育厅同意并启动建设。

深化国际组织交往,加大师生推送国际组织实习任职力度。2020年7月,学校制定下发《南京理工大学关于促进师生到国际组织实习任职的实施工作方案》。2021年以来学校多渠道加强与国际组织交往畅通派出渠道,开设首届大学生国际组织实习任职训练营;主动联系国际电信联盟等知名国际组织官员,加大国际组织实习项目宣传,累计派出23名学生赴国际组织实习任职,知识产权学院范璐晶成功通过选拔,成为学校首位赴国际组织任职教师。

第八节 党的建设和思想政治工作

坚持以习近平新时代中国特色社会主义思想为指导,全面贯彻落实党的教育方针。坚持社会主义办学方向,落实立德树人根本任务。贯彻新发展理念,以服务"两个强国"和国防现代化建设等重大战略需求为导向,推进大学治理体系和治理能力现代化。围绕

"双一流"建设、事关学校全局和长远发展的重大事项，突出党建引领、文化引领作用，开展党的建设、思想政治工作、精神文明建设和校园文化建设，统筹推进学校各项事业发展。

一、两次党代会简况

（一）中国共产党南京理工大学第十一次代表大会

2013 年 6 月 5—7 日，中国共产党南京理工大学第十一次代表大会召开。尹群同志代表中共南京理工大学第十届委员会作了工作报告，中共南京理工大学纪律检查委员会向大会提交了工作报告。大会分 12 个代表团分别对两委报告进行了认真讨论和审议，同意并一致通过尹群同志代表中共南京理工大学第十届委员会所作的工作报告，审议并一致通过提交大会的纪律检查委员会工作报告。大会确立了到 2020 年建成特色高水平研究型大学的奋斗目标，提出必须始终坚持质量为本、特色为先、创新为魂、拓展为要，努力实现思想观念、发展方式和管理模式的转变，重点实施"质量提高工程""特色强化工程""创新攀登工程""拓展提升工程""卓越管理行动""文化引领行动"和"青年教师成长助推计划"。

大会选举产生了由 27 人组成的第十一届党的委员会和由 11 人组成的纪律检查委员会。

党委委员：付梦印、王连军、钱林方、王贵农、尹群、王晓锋、刘刚、陈岩松、廖文和、陶应勇、宫载春、陈钱、席占稳、韦志辉、刘中、朱日宏、柏连发、梅锦春、周长省、薄煜明、李茜、周学铁、龚建龙、恢光平、王浩、袁军堂、钟秦。王连军、王贵农、王晓锋、尹群、付梦印、刘刚、陈岩松、钱林方、廖文和等 9 人当选第十一届党委常务委员会委员。党委书记：尹群；党委副书记：王晓锋、陈岩松。

纪委委员：李涛、张小兵、徐峰、李自勇、赵雪琴、王贵农、刘逶迤、臧强、李新民、马宏建、施君。纪委书记：王贵农。

（二）中国共产党南京理工大学第十二次代表大会

2019 年 11 月 4—6 日，中国共产党南京理工大学第十二次代表大会召开。张骏同志代表中共南京理工大学第十一届委员会作了题为《不忘初心、牢记使命，奋力开启建设特色鲜明世界一流大学新征程》的工作报告，中共南京理工大学第十一届纪律检查委员会向大会提交了工作报告。大会 12 个代表团分别对"两委"工作报告进行了认真讨论，审议并一致通过张骏同志代表中共南京理工大学第十一届委员会所作的工作报告，审议并一致通过提交大会的中共南京理工大学第十一届纪律检查委员会工作报告。大会系统总结了学校第十一次党代会以来的办学成绩，深刻分析了学校面临的发展形势，明确了建设"特色鲜明世界一流大学"的奋斗目标,提出了学校事业发展的"三步走"实施路径、必须完成好的四份"答卷"和重点实施的"六大工程",强调坚持和加强党对学校工作的全面领导,深入推进党的建设,坚定不移推动全面从严治党向纵深发展,为建设特色鲜明世界一流大学提供坚强的政治、思想和组织保证。

大会选举产生了由 27 人组成的第十二届党的委员会和由 11 人组成的纪律检查委员会。

党委委员:于雷、王国平、孔捷、付梦印、朱建飞、朱俊武、庄志洪、许百涛、李涛、李强、吴志林、何勇、张珩、张骏、陈岩松、陈钱、陈雄、易文斌、季卫兵、赵雪琴(女)、柏连发、席占稳、陶应勇、曾华翔、路贵斌、廖文和、薄煜明。付梦印、许百涛、张骏、陈钱、陈岩松、席占稳、廖文和等 7 人当选第十二届党委常务委员会委员。党委书记:张骏;党委副书记:付梦印、陈岩松、席占稳、许百涛。

纪委委员:刘逐迤、许百涛、孙云鹏、吴清林、张小兵、张强、陆健、宗文干、施君、徐峰、韩晓梅(女)。纪委书记:许百涛。

二、党内集中教育开展情况

(一)党的群众路线教育实践活动

2013 年 7 月—2014 年 3 月,根据中央和工业和信息化部党组的统一部署,党委常委会认真制定了党的群众路线教育实践活动实施方案,以"三抓三促"(抓学习促提升、抓执行促落实、抓效能促发展)为主线扎实开展教育实践活动。组织召开活动动员大会、基层党组织学习交流会等,加强对基层党组织活动开展的指导。校党委领导班子成员开展各类调研活动 18 次,形成了调研报告 16 份,以多途径、多方式收集基层单位和广大师生的意见建议,经归纳整理共计 104 条,并逐条明确责任部门进行整改落实。班子成员认真起草对照检查材料,查摆出了自身存在的问题,组织召开专题民主生活会,每位同志都作了深刻的对照检查和自我批评,班子成员之间逐个开展了相互批评,达到了"红红脸、出出汗、洗洗澡、治治病"的目的。按照即知即改的要求,出台了改进调查研究密切联系群众、改进文风会风、精简简报资料以及规范公务接待等四项规定。在教育实践活动中,学校坚持党委与二级党组织两级联动、校内与校外并举公开征求意见、教育实践活动开展与 60 周年校庆筹备有机结合,形成了鲜明的特色,教育实践活动取得了显著成效,党员领导干部的作风得到有效改进。

(二)"三严三实"专题教育

2015 年 5—12 月,学校党委深刻领会并认真贯彻党中央、工业和信息化部党组关于"三严三实"(既严以修身、严以用权、严以律己;又谋事要实、创业要实、做人要实)专题教育的部署要求,坚持"以上率下、问题导向、从严要求、务求实效"的原则,把专题教育与转变作风、拓展教育实践活动成果有机结合,与遵纪守规、营造良好政治生态有机结合,与真抓实干落实学校改革发展任务有机结合。在开展专题教育过程中,班子成员时时处处负起责、带好头,努力当好忠诚、干净、担当的标杆,分别给相关单位上党课,每人分别作一次主题发言。学校领导班子严格按照上级要求,认真开好"三严三实"专题民主生活会,做到"征求意见广泛、谈心谈话坦诚、批评与自我批评深刻",达到了统一思想、改进作风、增进团结的目的。学校领导班子认真抓好中央八项规定精神的落实,坚决反对"四风",带头执行、以身作则,并重点对公务用车、行政办公用房、三公经费等逐项开展自查自纠。2015 年,三公经费支出下降 23.74%,其中公务接待经费支出下降 25.81%,公车购置及运行费支出下降 22.12%,因公出国经费支出下降 8.62%。

(三)"两学一做"专题教育

2016 年 5—12 月,学校党委按照中央关于"两学一做"(学党章党规、学系列讲话,做合格党员)学习教育的要求,研究制定了学习教育实施方案,成了党委书记为组长的"两学一做"学习教育协调小组,对学习教育进行了全面动员部署。通过工作例会、情况通报、基层周报、定点监控和调研督导等多项制度措施,及时掌握基层党组织特别是各基层党支部学习教育开展情况,将学习教育不断引向深入。班子成员坚持带头参加学习教育,先学一步、深学一层、作出表率。班子全体成员深入所在基层党支部参加学习教育,并在党委中心组学习中分别做了有关学习教育的专题发言。党委书记带头为师生党员上党课,部分常委还面向全校党务干部、学生工作干部或所联系学院党员上专题党课。同时,学校搭建常态化的学习教育平台,通过举行"向标杆看齐、为党旗增辉"纪念建党 95 周年暨优秀党员报告会、开展"不忘初心,牢记使命,立足岗位做贡献"主题大讨论、成立"两学一做"讲师团等活动,以及设立专题党建网、微信公众号、移动图书馆等新媒体平台,营造了浓郁氛围,确保了学习教育成效。在全国高校"两学一做"支部风采展示活动中,学校 4 个支部的典型做法入选推荐展示项目。学校"两学一做"学习教育成效受到了工业和信息化部和江苏省委督导组的肯定。

(四)"不忘初心、牢记使命"主题教育

2019 年 9 月—2020 年 1 月,学校党委紧扣深入学习贯彻习近平新时代中国特色社会主义思想这条主线,严格遵循"不忘初心、牢记使命"主题教育的总要求、根本任务和具体目标,统筹推进学习教育、调查研究、检视问题、整改落实"四项重点措施",坚持"先谋一步、先学一步、先改一步",结合学校实际重点把握"四个紧密结合",突出"严"字当头、"实"字为先,把"改"字贯穿始终,成立了 8 个巡回指导组,分工联系指导 56 个二级单位的主题教育,确保全校主题教育各项重点措施同步调推进、同质量落实。

高质量完成了主题教育各项任务，切实解决了思想认识和改革发展中的突出问题，全面提高了党员干部履职尽责的自觉性、主动性。主题教育期间，领导班子针对17个问题，制定具体整改措施51项，已完成22项，阶段性完成17项，长期推进12项；针对6个方面的专项整治出台64项措施，已全部推进完成，解决了一批师生急、忧、盼的紧迫问题。通过此次主题教育，进一步锤炼了广大党员领导干部忠诚干净担当的政治品格，彰显了为民务实清廉的政治本色，夯实了宗旨意识，调动了全校共产党员和师生员工创业的豪情、创造的热情和创新的激情，为学校各项事业的发展积蓄了磅礴力量。工业和信息化部巡回指导组对学校主题教育的开展，进行了全面深入的指导，给予了充分肯定。

（五）党史学习教育

2021年3月—2022年1月，学校党委围绕"学党史、悟思想、办实事、开新局"的目标要求，按照"五结合五强化"的工作思路，将党史学习教育与贯彻党中央决策部署、落实立德树人根本任务相结合，强化培根铸魂、启智润心的使命担当；与服务国防和军队现代化、制造强国和网络强国战略、奋力谱写"强富美高"新江苏建设、推动陆海空天信融合发展相结合，强化扎根中国、心系未来的办学追求；与实现学校办学百年奋斗目标、建成特色鲜明世界一流大学相结合，强化戮力同心、奋发有为的进取精神；与破解综合改革发展难题、推进学校"双一流"建设等重点工作相结合，强化知重负重、攻坚克难的责任驱动；与提升基层党组织组织力、增强师生群众获得感幸福感安全感相结合，强化一心为公、真挚赤诚的为民情怀，着力增强党史学习教育的针对性和实效性，不断激发党员干部干事创业、改革创新的"源动力"，努力书写特色鲜明世界一流大学建设新篇章。以深入学习贯彻习近平新时代中国特色社会主义思想为主线，坚持高起点谋划、高标准推进、高质量落实，有序推进各项工作任务落实、落细、落地，努力做到规定动作高位推进、自选动作生动出彩，相关做法先后受到新华社、《人民日报》《中国教育报》《新华日报》及学习强国全国平台以及工业和信息化部党史学习教育专题网站等权威媒体报道，受到工业和信息化部党史学习教育第七巡回指导组的高度肯定。

具体工作开展如下：

及时跟进、深入系统学习习近平总书记在党史学习教育动员大会、庆祝中国共产党成立100周年大会、党的十九届六中全会等会议上的重要讲话精神，校党委领导班子成员带头学原文、带头讲党课，举办处级领导干部专题读书班和红旗渠专题培训，邀请权威专家来校专题宣讲10场，组建党史宣讲团开展校内宣讲62场，引导党员师生从百年党史中汲取奋进力量。结合庆祝建党100周年，开展了一系列主题鲜明、形式多样、广泛参与的宣传教育活动。例如：承办了"中国航天日"、江苏省第四届"马克思主义青年说"、南京市2021级新生开学典礼，举办了二月兰文化节、师生歌咏比赛、微党课大赛、党史知识竞赛、主题升旗仪式、红色舞台剧比赛等,营造了浓厚的爱党爱国、爱校荣校的氛围。深入开展研究阐释工作,召开了"纪念人民军工创建九十周年"等 4 场学术研讨会,在《南京理工大学学报(社会科学版)》中开设"建党 100 周年"和"人民军工 90 周年"两个专题,官方微信公众号推出 14 期"红色留声机"。打造话剧《孔从洲》、舞蹈《军工之花》、系列短视频《党史中的校史》等文化作品,深度挖掘学校红色教育资源、凝塑南理工"献身"精神。紧扣"四个聚焦",扎实开展"我为师生办实事"实践活动,坚持"需求师生提出、过程师生监督、成效师生评价"的原则,共梳理并完成 319 项办实事清单,重点做好了推广使用无尘粉笔、深化基础教育联盟合作、健全青年教师周转房使用机制等,切实增强了广大师生的获得感与幸福感。

三、基层党组织建设

(一)基层党组织规范化建设

加强制度建设,夯实党建工作的基础。2014 年,学校修订完善了《基层(二级)组织工作办法》《教职工党支部工作办法》《学生党支部工作办法》等一系列规章制度,制定了《关于加强基层服务型党组织建设的意见》。2015 年,制定实施《学院党建工作评价办法》,对所有学院党委的党建工作进行全面考核评价。2016 年,制定实施《二级党组织党建工作评价办法》《党支部工作考评办法》,分层分类开展考核评价。2017 年,制定《学院党政共同负责制实施办法》,进一步规范学院党政联席会议制度。2018 年,为认真贯彻落实新时代党的组织路线,学校修订了《二级党组织工作办法》《二级党组织党建工作评价办法》《教师党支部工作办法》《学生党支部工作办法》,制定了《学院党委会议和党政联席会议制度实施办法》,进一步完善二级党组织议事决策规则,凸显党组织的政治把关作用。2019 年,制定出台了学校党委《基层专职组织员工作办法》,推进二级党组织组织员队伍建设。2020 年,制定了《党群奖励评选办法》等制度以及换届工作规范。为建立健全"不忘初心、牢记使命"的制度,学校先后于 2020 年、2021 年制定《"不忘初心、牢记使命"主题教育落实的措施清单》《巩固主题教育成果的措施清单》。

严格落实组织生活制度。2018 年,学校制定了《"三会一课"记录标准》,开展基层组织生活自查自纠工作,对部分基层党支部存在的组织生活不经常、不严肃、不认真等问题,及时纠正,坚决整改,对有关二级党组织和基层党支部进行了严肃处理,基层党组织工作更加规范。坚持从党内政治生活严起,切实组织好专题组织生活会,做好民主评议党员工作,使党内政治生活和基层组织生活进一步严格起来、规范起来。2019 年,严格"三会一课"、组织生活会、民主评议党员等组织生活基本制度和工作标准。

选优配强教师党支部书记。2017 年,开始实施教师党支部书记"双带头人"培育工程,一批党性强、业务精、有威信、肯奉献的党员学术带头人主动担任教师党支部书记,全校"双带头人"比例于 2020 年达到 100%,截至 2022 年,共获批全国高校"双带头人"教师党支部书记工作室 2 个。

(二)党员发展及教育管理

高质量发展党员。学校始终坚持把政治标准放在首位,持续提高党员发展质量,特别重视对青年教师、海归人员、高层次人才等高知群体的政治引领和政治吸纳。2018 年出台《关于进一步加强在中青年教师中发展党员工作的意见》,并落实校院两级党委班子成员联系指导青年教师入党积极分子制度,2012 年 1 月至 2022 年 6 月 30 日,发展党员12619 人,其中高知群体党员 491 人。

高标准开展党员教育培训。2015 年,开始实施"教师党员知行工程""学生党员质量工程",进一步提升党员素质,充分发挥党员的先锋模范作用。2018 年,制定出台《党支部书记和党员定期培训制度》,实现全校党支部书记集中培训"全覆盖"和网络教育"全覆盖",持续健全"线上 + 线下""校内 + 校外""日常报告 + 专题讲授"相结合的培训模式。

发挥典型引领作用,规范日常管理。以 2017 年度国家最高科学技术奖获得者、"工信楷模"、江苏省"时代楷模"王泽山院士和 2019 年全国高校辅导员年度人物张海玉同志的先进事迹作为党性教育生动教材,组织开展了"不忘初心、牢记使命"主题教育先进典型事迹报告会;在学校网站主题教育专题设置"先进典型"栏目,并通过学校新媒体平台推送身边典型和榜样的先进事迹,教育引导党员干部传承优良校风,弘扬南理工人忠诚担当、矢志报国、坚韧求真、淡泊名利的精神。两年开展一次党内表彰活动,评选一批"党员示范岗"(2021 年),形成了"学先进、赶先进、当先进"的浓厚氛围。分层分类实施"联学共建",有效提升基层党建质量,近百个教职工支部开展了"校地、校企、校际"间的结对共建。2016 年,学校积极落实工业和信息化部党组有关基层党建各项工作要求,认真开展党组织关系集中排查、党费收缴专项检查工作,规范开展基层党组织按期换届工作。

(三)基层党建工作创新

强化顶层设计。2016 年,学校实施"党建强基"工程,着力从组织上和制度上夯实党建工作基础。2019 年,深入实施党支部建设"提质增效"三年行动计划(2019—2021 年),结合支部年度考核述职评议,培育遴选优质党支部,构建起"标准 + 示范"的基层党建工作模式。

推动党建与业务融合发展。2017 年以来,学校党委坚持"党建与中心工作融合发展"的工作理念和"基础、活力、作用、特色"四位一体的工作主线,以"党建强基"工程为引领,对基层党组织实行分层分类的精准指导,持续深化新时代高校党建"双创"工作,加大对标杆院系和样板支部的培育力度，成效显著。2019 年，全面推广"四点三全"党建业务融合工作法，从学院"目标使命融合点""文化理念融合点""思政教育融合点"和"评价考核融合点"四个关键融合点入手，聚焦于"全方位融合""全过程融合"和"全要素融合"三条有效融合路径，促进党建与业务深度融合，受到省委组织部推介。

打造党建工作品牌。2014 年，在全校推广"党建标杆管理"工作，各基层党组织将"党建标杆管理"的实施与推动中心工作相结合。2017 年，创新性开展"一品三团"计划、校院两级"书记项目"和"党建工作室"，充分挖掘基层创新活力源泉，推动党建工作出特色、树品牌。

（四）基层党建工作成效

2012 年以来，学校党委坚持"夯实基础、激发活力、发挥作用"的工作思路，着力提升基层党组织引领发展、推动发展、贡献发展的能力，极大调动基层党组织的积极性、主动性、创造性，取得显著成绩。2012 年，在全省"创先争优"活动评比中，1 个二级党委荣获江苏省创先争优先进基层党组织，1 个直属党支部荣获江苏省高校创先争优先进集体，1 人荣获江苏省高校创先争优先进个人。2014 年，在江苏省教育工委两年一度的评优表彰中，学校能动学院 810 党支部荣获"江苏省高校先进基层党组织标兵"称号（全省仅 5 个，而且学校这个支部是唯一的党支部标兵）。2017 年，学校获评"江苏高校党建工作创新一等奖"1 项，"江苏省高校最佳党日活动"2 项，王泽山院士当选为十九大代表。2018 年，在教育部揭晓的第二届全国高校"两学一做"支部风采展示中，学校 5 个支部风采展示项目在全国 788 所高校 2602 个项目中脱颖而出，学校获奖数目和获奖等级位居全国高校之首，蝉联工业和信息化部高校和江苏高校第一。2018 年至今，经过三批全国党建示范创建和质量创优工作，学校已入选全国党建工作"标杆院系"3 个、"样板支部"7 个、"双带头人"教师党支部书记工作室 2 个、"百个研究生样板党支部"2 个、"百名研究生党员标兵"2 人，基层党组织建设全面进步、全面过硬，先进典型的示范引领作用充分发挥，形成了"追有标兵、学有榜样"的浓厚氛围。2020 年，学校获评"江苏高校最佳党日活动创新奖"2 项，兰杉先锋突击队获评"工业和信息化系统抗击疫情先进集体"。2022 年，江苏省委教育工委公布了新时代江苏高校三级党组织"强基创优"建设计划首批遴选结果，机械工程学院党委入选党建工作标杆院系培育建设单位，能源与动力工程学院发射动力学教研室党支部等 23 个党支部入选党建工作样板支部培育建设单位，学校入选总数位居江苏高校前列。

2012 年至今，学校党建工作取得了十分显著的成绩，打造了以高质量党建引领高质量发展的南理工样板，如表 6.8.1 所示。2012 年，学校荣获"全省高校先进基层党组织"称号。2014 年，学校顺利通过工业和信息化部"一提三优"工程（二期）之党建创优工程（二期）的验收，专家组对学校党建创优工程取得的成绩给予充分认可和高度评价。2022

年,南京理工大学党委入选首批全省党建工作示范高校培育建设单位。

表 6.8.1 高校党建示范创建和质量创优工作获奖情况(全国)

序号	类别	培育创建名单
1	首批全国党建工作"标杆院系"	理学院党委
2	首批全国党建工作"样板支部"	电子工程与光电技术学院电工电子实验教学中心党支部
3		理学院数学系与数学实验中心联合党支部
4	第二批全国党建工作"标杆院系"	电子工程与光电技术学院党委
5	第二批全国党建工作"样板支部"	电子工程与光电技术学院本科生第一党支部
6		理学院机关党支部
7		马克思主义学院"毛泽东思想和中国特色社会主义理论体系概论"党支部
8	第三批全国党建工作"标杆院系"	自动化学院党委
9	第三批全国党建工作"样板支部"	化学与化工学院化学系教师党支部
10		环境与生物工程学院博士研究生第一党支部
11	全国首批高校"双带头人"教师党支部书记工作室	理学院数学系与实验中心联合党支部
12	全国第二批高校"双带头人"教师党支部书记工作室	化学与化工学院装药所教师党支部
13	全国首批高校"百个研究生样板党支部"	马克思主义学院硕士研究生党支部
14	全国第二批高校"百个研究生样板党支部"	电子工程与光电技术学院光电技术系研究生第一党支部
15	全国首批高校"百名研究生党员标兵"	环境与生物工程学院博士研究生王祎
16	全国第二批高校"百名研究生党员标兵"	材料科学与工程学院博士研究生陈嘉伟

(五)学校党委开展向王泽山同志学习活动

为进一步学习领会习近平总书记系列重要讲话精神特别是关于高校工作的一系列重要指示精神,深入贯彻落实全国高校思想政治工作会议和《中共中央国务院关于加强和改进新形势下高校思想政治工作的意见》精神,充分发挥先进典型的示范带动作用,引领和激励广大党员干部和师生员工坚定理想信念、自觉爱国奉献、积极建功立业,经学校党委研究,决定以"学身边楷模做利公达人"为主题在全校广泛开展向王泽山同志学习活动。2017 年 9 月,学校党委下发《中共南京理工大学委员会关于广泛开展向王泽山同志学习活动的通知》(南理工党〔2017〕58 号),工信部党组、省委教育工委也下发通知,开展向王泽山同志学习活动。

习近平总书记强调,广大教师要有理想信念、有道德情操、有扎实学识、有仁爱之心,努力做党和人民满意的好老师。长期以来,学校广大教师始终坚定中国特色社会主义道路自信、理论自信、制度自信和文化自信,扎根中国大地做一流学问、育一流人才、创一流业绩,为国防现代化建设和经济社会发展做出了突出贡献,涌现出了一大批立德树人、乐业奉献的模范人物和先进事迹。化学与化工学院教授、博士生导师王泽山同志就是他们中的杰出代表。

王泽山同志是著名火炸药学家、中国工程院院士、党的十九大代表。他先后荣获国家技术发明奖一等奖 2 项、国家科学技术进步奖一等奖 1 项、国家级教学成果奖二等奖 1 项，以及何梁何利科学与技术进步奖、光华科技基金奖特等奖，被授予首届"全国优秀科技工作者"、江苏省"时代楷模"等称号。2018 年 1 月 8 日在北京召开的国家科技奖励大会上，王泽山同志又获得了国家最高科学技术奖，习近平主席亲自给王泽山院士颁发了获奖证书。2019 年，被中宣部、中组部等中央 9 个部委联合授予"最美奋斗者"荣誉称号。他坚守初心、忠诚担当，始终把祖国的需要作为自己一生的追求，以强军兴国为己任，以"一辈子做好一件事"的执着投身于国防科技教育事业，用行动诠释了一名共产党员的崇高信仰；他诲人不倦、立身育才，始终做一名照亮学生前行路的"执灯者"，累计指导博士生 90 余名，出版教材、专著 15 部，培养了一大批国防科技领域亟需的一流人才；他勇攀高峰、攻坚超越，始终践行"强国必先强军、强军科技先行"理念，注重探究科学原理、突破关键技术、推动转化应用"三位一体"，成功攻克了火炸药领域多个世界级难题，在含能材料低温感技术、等模块装药、废弃火炸药无公害化处理与再利用等方面取得了突破性成果，为实现我国武器装备现代化和推进军民融合发展做出了卓越贡献；他淡泊名利、无私奉献，始终做到不畏艰险，长年不休，经常深入科研院所、试验基地、军工企业、基层部队等第一线从事教学科研活动，把自己的知识和精力毫无保留地献给了火炸药事业，极大地推动了国防建设和经济社会发展。王泽山同志是当代中国知识分子的楷模，是践行社会主义核心价值观的标杆。在他身上，集中体现了南理工人强军兴国的使命担当以及"团结、献身、求是、创新"的崇高风范。

学校同时组织成立王泽山院士先进事迹宣讲团，通过宣讲活动全面地讲述了王泽山院士的先进事迹，展现了王泽山院士作为一名优秀共产党员标兵的坚定信仰、崇高境界和一名新时代科技工作者的优秀品格、奋斗姿态。王泽山院士先进事迹报告团在校内外广泛开展宣讲，听众共计两万余人次，受到高度赞誉，并得到时任工业和信息化部部长苗圩和时任江苏省委组织部部长郭文奇的亲切接见。此外，以参观学习、座谈交流、体悟践行等多种方式，迅速掀起学习王泽山同志的热潮。

四、高素质专业化干部队伍建设

（一）干部队伍选任

2012 年以来，学校认真贯彻执行《党政领导干部选拔任用工作条例》精神，先后制定了《处级领导干部选拔任用工作办法》《处级后备干部工作实施办法》《科级干部选拔聘任和管理工作办法》《院长助理选拔任用工作实施意见》等文件，突出政治标准，注重从政治忠诚、政治定力、政治担当、政治能力、政治自律等方面树立用人导向，不断提高政治站位、把准政治方向、选优配强队伍。2014 年，学校党委坚持"五好"干部标准和"三严三实"要求，创新选人用人举措，顺利完成处级、科级干部集中聘任工作，构建能上能下、定期交流的干部任用机制。2019 年学校启动新一轮干部大调整，截至 2022 年底共选拔调整处级干部 320 人，学校处级干部平均年龄下降 5.5 岁，新提任党委职能部门主要负责人均具有学生工作经历。重视后备干部的遴选和培养，做好常态化干部调研，建立并定期更新重点人选库和培养人选库，加强优秀年轻干部储备。选拔一批优秀干部担任院长助理，加强系主任选拔任用指导，夯实基层工作力量。

（二）干部队伍培养

健全年轻干部选拔培养机制，学校于 2015 年探索实施干部培养"310 工程"，选派数十名干部教师参加部省多个挂职项目或到高校挂职锻炼，引导干部开拓视野、丰富阅历。2018 年，按照"数量充足、质量过硬、结构科学"的工作思路，学校坚持将选拔培养优秀年轻干部作为重要战略任务抓紧抓好，完成干部队伍结构分析和年轻干部专题调研，着力打造一支当下有活力、发展有潜力、未来有竞争力的年轻干部队伍。2019 年，学校开始实施年轻干部培养"致远计划"，分层分类建立年轻干部人选库，选派多批年轻干部赴国家部委、地方政府和国防重点单位等挂职借调。此外，学校以加强干部党性教育和能力提升为重点，着力建设分层分类、线上线下相结合的干部教育培训体系。近年来，学校通过举办二级党组织书记延安专题研修班、正处级干部国外培训班、中层正职干部集中调训、中青年管理骨干培训班、新提任处级和科级干部任职培训班、处级后备干部培训班，以及选派处级干部参加江苏省委党校党政干部培训班等途径，为干部、党员的成长锻炼提供了有效平台，有力支撑了学校干部队伍建设。

（三）干部队伍管理

近年来，学校先后制定或修订《从严管理干部若干规定》《规范处级干部在企业兼职（任职）问题的管理办法》《关于激励干部担当作为的办法（试行）》《处级领导干部年度考核实施办法》和《专职辅导员职级晋升办法》等文件，不断健全干部管理机制。依据上级和学校兼职管理办法，完成干部兼职规范清理工作。推进干部档案规范化管理，完成全校处级领导干部档案专项审核工作。严格执行个人有关事项报告和出国审批制度，按规定完成领导干部年度个人事项报告及抽查、提任审核等工作，强化干部监督和管理。认真落实中央《关于进一步激励广大干部新时代新担当新作为的意见》精神，出台学校激励干部担当作为的政策，设立"担当作为奖"，大力发现、表彰和选拔敢于负责、勇于担当、善于作为的干部，旗帜鲜明地为担当尽责的干部撑腰鼓劲。健全提醒函询诚勉程序，推动干部管理监督日常化经常化，出台《关于对处级领导干部进行提醒函询和诚勉的实施办法》，对苗头性、倾向性问题，及时予以日常提醒和函询，完善组织、纪检监察联动工作机制。坚持从严要求管理干部,加大对违规违纪干部的处理和问责力度,2018 年对 4 名处级干部进行了免职降职等组织处理。

五、宣传思想文化工作

(一)思想政治工作

统筹推进,扛牢思政工作主责任。学校党委深入学习贯彻全国高校思政工作会议、全国教育大会、学校思政理论课教师座谈会等会议精神,坚决落实立德树人根本任务,牢牢把握思想政治工作生命线,将思想政治工作贯穿教育教学全过程,先后制定《全面贯彻落实 < 加强和改进新形势下高校思想政治工作的意见 > 实施方案》《关于加快构建思想政治工作体系实施方案》等文件,着力构建具有"军工底色、工信特色"的思想政治工作体系。校党委常委会定期研讨思想政治工作,理论学习中心组及时开展思想政治工作专题学习研讨,校党委书记认真履行思想政治工作第一责任人职责,领导班子其他成员认真落实"一岗双责",深入师生了解思想动态,解决实际问题,大力推进思想政治工作改革创新,已建立党委统一领导、党政齐抓共管、宣传部牵头抓总、相关部门协同联动、学院落实推进的工作机制。

培根铸魂,坚守课程教学主渠道。自 2019 年 6 月 16 日正式成立马克思主义学院以来,学校聚全校之力支持马克思主义学院建设,与江苏省委党校共建马克思主义学院,马克思主义理论成功获批一级学科博士学位授权点。聚力思想政治理论课这一"关键课程",以"八个相统一"指导推进思想政治理论课改革创新,认真落实习近平新时代中国特色社会主义思想"三进"工作,强化实践教学"一课一品"品牌,打造一批富有思想性、理论性和亲和力、针对性的思政"金课",在南京率先成立大中小幼思政课一体化建设联盟。牵头成立全国高等军工院校课程思政联盟,修订学校课程思政实施方案,充分挖掘各类课程中蕴含的思政教育元素,积极打造"兵器中国""兵器美学"等思政典范课程,其中 7门课程入选教育部、江苏省课程思政示范课程,"马工程"教材使用率达到 100% ,2021 年学校入选江苏省首批"课程思政建设示范高校"。

固本强基,建强思政队伍主力军。为提升学校思政工作队伍能力和水平,学校于 2021年 1 月制定《关于加强和促进新时代思想政治工作队伍融合发展的意见》,不断充实和提升思政工作力量,努力形成互相融合、互为支撑、专兼结合的"大思政"工作队伍。大力推进思想政治理论课名师培育计划,1 人获全国高校青年教师教学竞赛一等奖,4 人入选江苏省高校优秀青年思想政治理论课教师"领航·扬帆"计划、青蓝工程中青年学术带头人、社科优青等人才项目,1 人作为基层理论宣讲先进代表参加学习贯彻党的十九届六中全会精神研讨班。以"优选、赋能、厚爱"为主线,不断强化辅导员队伍建设,五年来相继涌现出 2021年全国"最美高校辅导员"、第十一届全国高校辅导员年度人物张海玉,江苏省 2021 年"最美辅导员"张天娇以及江苏省辅导员年度人物提名奖汪品莉、宋杨等先进典型。面对新冠肺炎疫情肆虐,由300余名师生党员组成的"兰杉先锋突击队"冲锋在前,思政课教师积极将抗疫精神融入思政课教学,辅导员深入学生宿舍、教室关心爱护学生,共同为校园疫情防控、师生身体健康织就"安全网",彰显思政工作队伍凝聚力和战斗力。

启智润心,唱响思政教育主旋律。深入推动理想信念教育常态化、制度化,深入开展"不忘初心、牢记使命"主题教育和以党史学习教育为重点的"四史"教育,大力弘扬和践行社会主义核心价值观。多渠道联动上好"大思政课",精心开展"书记毕业最后一课""校长开学第一课""行走的思政课""将军讲思政课""校友思政课"等,举办中国航天日、江苏省"马克思主义·青年说"、"我和国旗同框"、二月兰文化节、军工文化节,举办"我的青春故事"大学生成长故事会、"奋斗的青春最美丽"学生表彰大会等一系列形式新颖、广泛参与、反响热烈的主题教育活动,受到中央电视台、新华社等权威媒体关注报道,有效引导学生增强"四个自信",厚植爱国主义情怀。此外,学校通过建设"一纵一横"军工文化景观带,打造话剧《孔从洲》、舞蹈《军工之花》、系列短视频《党史中的校史》等文化作品,大力弘扬"最美奋斗者"王泽山院士的感人事迹和崇高品德,深度挖掘学校红色教育资源、凝塑南理工"献身"精神,为推动学校事业高质量发展汇聚磅礴力量。广大学子牢记"强大国防、繁荣祖国"的铮铮誓言,奋发进取、成才报国,涌现了第十届"中国大学生年度人物"丁云广,全国高校"百名研究生党员标兵"陈嘉伟、王祎,全国优秀共青团员张璐、叶德阳、卢林芃等一批先进典型,马克思主义学院"红话筒"政治理论宣教团获评"全国百强社团"。

守正创新,点燃品牌建设主引擎。学校立足实际、突出特色,大力打造思政工作品牌,努力为学校思政工作赋能增效。持续开展19年的"国防行"暑期社会实践活动,教育引导数万优秀毕业生投身国防科技事业,典型经验做法得到了教育部的认可和中央电视台的报道。2004年学校创新性的将国防教育与实习实践相结合开展了"国防行"特色实践教育活动,截至2022年已组织了19期实践活动,共走访了1000余家国防单位并成功引导广大学子关注并投身国防科技事业。在多年的实践中,"国防行"特色实践教育活动逐渐确立了"3 + 3 + N"的活动模式。通过"国防行"专题报告会、国防招聘月、邀请国防行业校友担任就业指导教师、评选"泽山育才基金优秀毕业生专项奖"和国防就业毕业优秀生等活动,在学生中扩大影响,加强学生对国防单位的了解和认同,有效促进毕业生到国防单位就业。据统计,参加"国防行"特色实践教育活动的学生最终选择到国防军工单位就业的占比超过50%,"十三五"以来,学校累计有10263名学生投身国防科技事业。"国防行"使更多的南理工学子关注国防行业,了解国防单位,从而立志成为又红又专、知行合一的工程精英和社会中坚。持续推进19年的大学生党员"百时奉献"教育实践活动,引导学生党员在奉献服务过程中受教育、长才干、做贡献,入选教育部第二批"高校思政工作精品项目";学校创新创业教育成绩优异,先后获得国家双创示范基地等5项国家级荣誉,继2015年成为全国第七所捧得"挑战杯"的高校后,学校在 2021 年全国"互联网+"创新创业竞赛中再次实现突破,蝉联"高校先进集体奖"(全国仅 20 所高校),获评国际项目优秀组织奖(教育部首次评选,全国仅 10 所高校)。2021 年,在工业和信息化部部属高校思想政治工作百佳案例的评选中,学校 15 篇案例成功入选,入选篇数位居部属高校第二名,如表 6.8.2 所示。2022 年,学校在教育部高校思想政治工作培育建设项目遴选中实现突破,由党委宣传部牵头申报的《"一贯通三融入"军工文化育人体系的构建和实践》入选高校思想政治工作精品项目,马克思主义学院邓纯余教授的《行走的课堂:新时代思想政治教育实践育人研究》入选高校思想政治工作研究文库,如表 6.8.3 所示。

表 6.8.2 2021 年工信部部属高校思想政治工作案例入选情况

序号	案例	类别	单位
1	打造传播"最美信仰之声"的理论学习型学生社团——南京理工大学"红话筒"政治理论宣教团的探索与实践	体制机制类	马克思主义学院
2	大学生党员"百时奉献"实践教育活动	特色活动类	学工处
3	"行走的思政课"微教育活动	特色活动类	宣传部
4	"精准资助,暖心育人"——南京理工大学暖心饭卡项目	特色活动类	外联部
5	"金兰奖"红色舞台剧大赛	特色活动类	电光学院
6	党委书记谈"学懂用活辩证唯物主义和历史唯物主义"——全贯通式学生职业生涯规划思政教育新实践	特色活动类	党政办
7	战疫精神与制度自信教育宣讲——七彩团青微课堂	特色活动类	团委
8	南京理工大学"国防行"暑期社会实践特色活动	特色活动类	学工处
9	校长讲授"本科生入学第一课"	特色活动类	宣传部、党政办
10	打造具有"军工底色和工信特色"的思想政治理论课——南京理工大学的探索与实践	课程建设类	马克思主义学院
11	全周期浸润、多维度发力、全方位评价——兵器课程群课程思政改革与实践	课程建设类	工程训练中心、图书馆
12	"手·望"助残障 设计展未来《图形设计》课程携手志愿服务融入国家发展	课程建设类	设传学院
13	铸就兰杉先锋突击队 构建抗疫红色防火墙	队伍建设类	组织部
14	践行"三耕四传"彰显"名师效应"画好思政引领同心圆	队伍建设类	组织部
15	"1+2+N"融合思政工作队伍建设	队伍建设类	电光学院

表 6.8.3 教育部高校思想政治工作有关培育建设项目情况

序号	项目名称	类别
1	大学生党员"百时奉献"实践教育活动	教育部 2019 年度高校思想政治工作精品项目
2	"一贯通三融入"军工文化育人体系的构建和实践	教育部 2022 年度高校思想政治工作精品项目
3	行走的课堂:新时代思想政治教育实践育人研究	教育部 2022 年度高校思想政治工作研究文库

（二）意识形态工作

意识形态工作制度建设。学校深入贯彻落实中央《关于进一步加强和改进新形势下高校宣传思想工作的意见》，结合学校实际研究制定相应实施意见。先后于2018年和2021年修订学校《贯彻落实意识形态工作责任制实施细则》，制定《二级党组织意识形态工作责任制清单》《南京理工大学二级党组织和职能部门落实意识形态工作责任制正面清单和负面清单》《涉外突发事件应急预案》《媒体信息发布"三审三校"制度》《新媒体管理办法》《意识形态工作联席会议制度》《南京理工大学师生接受国（境）外媒体采访管理办法》《教材建设工作管理规定》等制度文件，印发《关于落实意识形态工作责任制的工作指引》，从制度层面筑牢意识形态工作"防火墙"。

意识形态工作机制建设。学校先后成立了意识形态工作领导小组、民族宗教工作领导小组等机构，校党委常委会定期研究意识形态工作，党委常委会、校党委理论学习中心组专题学习习近平总书记关于意识形态工作的重要论述，并将其列为全面从严治党考核和校内巡察的重点内容。定期召开校内意识形态工作联席会议、全校意识形态工作专题会议、二级党组织书记联席会议等，加强与江苏省委宣传部、省网信办、江苏省委教育工委以及省市区公安部门的沟通联系，建立舆情监测预警机制，加强统筹推进和部门联动，强化工作的导向性、针对性和精准性，切实巩固马克思主义在学校意识形态领域的指导地位。

意识形态阵地建设管理。学校严格执行哲社报告会审批、校内出版物审核备案、微信公众平台年度审核等制度，完善人文社科类学术活动线上审批等平台，守牢筑好意识形态工作底线。加强学生社团管理，精简社团数量，实施学生社团"星团计划"，提升社团信息化管理水平。2020—2022年，先后针对网络信息发布、校内出版物、新媒体账号、"三审三校"落实情况等开展了全面摸排和风险防范，全校意识形态防线进一步织密织牢。

意识形态工作队伍建设。学校建立健全宣传员队伍工作网络，组建舆情智库和网络评论员队伍，扎实开展网络宣传工作，占领新的舆论阵地，切实维护意识形态领域安全，牢牢抓住意识形态工作的领导权、话语权和管理权。定期举办意识形态工作专题培训，实现对党员干部、新入职教师、新聘导师与辅导员等群体的教育培训全覆盖。

（三）校园文化建设

加强文化建设顶层设计。充分发挥学校文化建设委员会的统筹推动作用，不断增强文化建设的系统性、层次性和先进性，学校制定并落实"文化建设三年计划""文化引领行动（2014—2018年）""文化引领行动（2021—2023年）"相关要求，有序推进"铸魂工程""溯源"军工文化工程等专项任务，定期组织校级文明单位评选、"五个一工程"奖评选和校园文化精品建设项目立项资助,促进优秀作品不断涌现,丰富师生精神文化生活,提升学校精神文明建设的水平和实效。

健全学校形象标识体系。以庆祝学校六十周年校庆为契机,学校凝炼了"进德修业,志道鼎新"的校训,创作完成校歌《使命》,同"团结、献身、求是、创新"的八字校风、"以人为本、厚德博学"的办学理念一起,成为所有南理工人共同的精神寄托。2012 年以来,学校致力于打造以使命文化为统领,军工文化、奉献文化、暖心文化为支撑的极具南理工特色的文化标识,为推进学校各项事业科学发展、竞相发展、创新发展提供了思想保证、激发了精神动力,营造了良好的舆论和文化氛围。为进一步丰富南京理工大学文化体系,深入诠释以"献身"为核心的"南理工精神",学校于 2022 年在开展南京理工大学"献身"精神笔谈和表述征集活动的基础上,在广大师生及校友中广泛开展"南理工精神"大讨论活动。

打造校园文化工作品牌。学校每年举办"二月兰文化节","二月兰"的校园文化名片效应进一步在社会凸显。共开展"高雅艺术进校园"200 余场,为广大师生提供良好的文化艺术熏陶,满足师生对文化活动的更高需求。此外,军工文化节、研究生学术文化节"菁华节"、"一带一路"留学生文化节、星期五影视欣赏、星期天读书空间、读书节、退休教职工集中举行荣休仪式等活动,进一步活跃了校园文化氛围,不断丰富师生的精神文化生活,积极营造和谐进取的良好文化氛围。2020 年,开展了致远楼、学术交流中心等楼宇文化建设,完成了三号门的"一门一景"设计规划。重点培育和支持一批精品文化项目,助力"双一流"建设,2021 年,立项资助"红色舞台剧""龙狮文化"等 19 项校园文化精品项目,其中精心培育和重点推荐的 1 个项目获得南京市艺术基金资助,1 个项目被文化部"欢乐春节"栏目选中录制,并向世界各国传播。

推出校园文化建设精品。学校先后举办了"纪念孔从洲中将诞辰 110 周年图片展""丹心铸魂育桃李、矢志长歌壮国威——王泽山院士教育与科研成果专题展"(受邀在工业和信息化部展出)、"十一次党代会以来成就展""十三五成就展"以及"志在鸿云立潮头——李鸿志院士学术思想研讨会"等,多角度展现南理工人献身国防、勇立潮头的时代风采。编撰出版《南京理工大学纪事(1952—2012 年)》《南京理工大学史话》《南理工记忆》《南理工人》《钟聆——口述南理工》一批展示学校发展脉络、成功经验的系列文化丛书,拍摄制作《矢志长歌》《征途》《军工文化十景》《党史中的校史》等一批展示学校精神内核和价值取向的视频作品,建设制作话剧《钱学森》《孔从洲》,舞蹈《军工之花》等一批有思想、有特色、有温度、有品质的原创文化作品,将学校精神文化内化为师生的情感激励与精神支撑,为学校发展铸就强大的精神力量。

2012 年以来,学校连续 3 次荣获全国高校校园文化建设优秀成果一等奖,继获得"2013—2015 年度江苏省文明单位"荣誉称号后,学校又连续获得"2016—2018 年度江苏省文明校园""2019—2021 年度江苏省文明校园"荣誉称号。

（四）对外宣传

2012 年以来，学校通过做大重点宣传、做强主题宣传、做实成果宣传、做活典型宣传，树立南理工形象，传播南理工声音，在中央级媒体上发表各类新闻或文章 600 余次，社会影响力和美誉度不断提升。2013 年 7 月 30 日，《光明日报》01 版刊出《南京理工大学：六秩风华强国防》，为学校 60 周年校庆献礼。2016 年 3 月，学校创新困难学生帮扶教育方式，首推"暖心饭卡"工程，精准帮扶贫困学生，获得《人民日报》头版点评，此外，《中国教育报》头版头条以"青年教授有空间，学校才有未来"为题，对学校青年拔尖人才选聘计划的做法及成效进行了报道。2017 年，以大力宣传王泽山院士先进事迹为重点，组织 3 次集中采访活动，新华社、中央电视台《新闻联播》《光明日报》等予以大篇幅报道。2018 年，《光明日报》以"功以才成 业由才广"为题报道学校"工程精英"培养的典型做法。2019 年，结合中央电视台"我和国旗同框"主题活动，举行庆祝新中国成立 70 周年暨校庆日升国旗仪式，央视新闻官方微博推文在 2 天内阅读量达到 374 万，央视新闻频道报道时长 3 分钟。2020 年，学校钱学森学院用劳动塑造学子精彩人生的典型做法受到《中国教育报》报道。2021 年，"王泽山院士捐赠一千零五十万元"获全网关注，点击量破亿，极大激发了广大师生爱校荣校的热情和砥砺奋进的动力。2022 年，校外媒体报道 500 余条次，覆盖学校党建、思政、科学研究、人才培养等各个领域，也实现了《人民日报》、新华社、《光明日报》等在内的国家级媒体全覆盖，进一步提升了学校的社会美誉度和影响力。

学校目前已建立包括钟声网、微信公众号、官方微博、视频号、强国号、B 站号、抖音号等在内的媒体宣传矩阵，立体宣传效果显著。学校官方微信影响力稳步提升，曾于 2018 年获"全国高校网络栏目"优秀奖，粉丝数目前已突破 14 万，"24 位南理工人担任总师（副总师）的装备隆重亮相国庆 70 周年大阅兵""央视聚焦，今天我和国旗同框""喜报！南京理工大学陈光教授、付梦印教授、特聘教授王明洋当选两院院士"等推文阅读量均超过 10 万＋。2021，学校官方形象片《征途》、新版校歌 MV《使命》正式发布后，引发社会广泛关注，总播放量超过 100 万。2022 年，充分发挥"三微一端"传播新优势，一条微博冲上微博热搜总榜第一，官方微信推送文章平均浏览量超过 1W＋，其中校庆日特别推送浏览量突破 12W＋，微信视频号等平台发布的 58 期视频总浏览量达到 95 万。

六、党风廉政建设

（一）落实管党治党政治责任

学校党委坚决贯彻党中央关于全面从严治党战略部署，认真落实全面从严治党主体责任、党委书记第一责任人责任和领导班子其他成员"一岗双责"，不断强化党风廉政建设,以优良的党风政风保障学校事业发展。学校先后制定了《中共南京理工大学委员会关于落实党委主体责任、纪委监督责任的实施意见》《中共南京理工大学委员会关于落实全面从严治党主体责任的实施意见》《中共南京理工大学委员会落实全面从严治党主体责任清单》《南京理工大学党风廉政建设责任制考核办法》《南京理工大学全面从严治党评价办法(试行)》《中共南京理工大学委员会关于加强对"一把手"和领导班子监督的实施方案》等一系列规章制度,不断完善二级党组织和基层党支部考核评价体系,层层压实各级党组织党风廉政建设责任。学校纪委认真履监督专责和协助职责,充分发挥监督保障执行、促进完善发展作用,推动学校党委建立完善协调统一、各负其责的管党治党责任格局。2018 年,学校党委决定在部分二级党委建立纪委、在部分二级党委(工委)试点派驻专职纪检员,进一步强化党风廉政建设工作,有力地推动了全面从严治党向纵深发展。

(二)持之以恒推进作风建设

学校党委认真贯彻执行中央八项规定及其实施细则精神,锲而不舍纠"四风"树新风,制定实施《中共南京理工大学委员会关于深入贯彻落实中央八项规定精神的实施细则》《中共南京理工大学委员会关于深入贯彻落实中央八项规定精神实施常态化监督检查办法》,将落实中央八项规定精神情况作为校内巡察重点,聚焦文风会风、公车使用、津补贴发放、公务接待、制止餐饮浪费等重点方面和"四风"问题新动向新表现常态化开展监督检查,注重抓"关键少数"、抓"关键节点"、抓"关键领域",以"钉钉子"精神持续深化纠治。学校坚持"以人为本"的办学理念,坚持以师生为中心,不断优化作风建设,每年办好"一课两礼四节"活动,书记校长多年来连续为毕业生和新生讲授"毕业思政课"和"开学第一课",校领导带头为师生上党课或形势与政策课,深入课堂查听课,深入师生开展调查研究,坚持落实好"校领导接待日",面对面回应师生反映的各方面问题;开展"马上就办、办就办好"机关作风建设,机关职能部门落实"最多跑一次 只推一扇门",践行"首问负责""限时办结",不断优化服务流程,提高办事效率,推动党风政风持续向好。

(三)坚持严的基调肃纪反腐

学校党委坚持一体推进"不敢腐、不能腐、不想腐"建设,着力强化不敢腐的强大震慑效能、不能腐的刚性制度约束、不想腐的思想教育优势。2017 年,学校制定了《中共南京理工大学委员会关于践行监督执纪"四种形态"的实施办法(试行)》,精准运用"四种形态"对违规违纪、损害学校集体利益、师生反响强烈的突出问题等进行严肃处理,2018 年起学校每年召开警示教育大会,强化"不敢腐"的震慑。2017 年,学校制定《南京理工大学廉政风险重点领域及风险等级基本框架》《南京理工大学廉政风险点及防范措施任务分解表》《南京理工大学深入开展廉政风险防控工作实施方案》,将廉政风险防控工作作为严格职责权限、规范工作程序、强化权力制约的重要抓手,从源头上更好防范和化解廉政风险,织密扎牢"不能腐"的笼子。学校认真落实党中央《关于加强新时代廉洁文化建设的意见》,扎实落实工信部廉组办"反腐倡廉每季一课"学习要求,把党章党规党纪纳入校院两级党委理论中心组学习、基层党组织生活的重点内容,通过持续开展"廉洁文化月"活动等重要抓手,不断丰富纪律教育的形式和载体,涵养"不想腐"的自觉。

(四)深入开展校内巡察工作

学校党委认真学习贯彻中央巡视巡察工作政策和部署,坚持政治巡察定位和"发现问题、形成震慑,推动改革、促进发展"方针,深入推进巡察工作实践,不断提升巡察工作质量,着力发挥巡察对推进全面从严治党、推动学校事业发展的重要作用。2018年,学校成立巡察工作领导小组和巡察工作办公室,制定《中共南京理工大学委员会巡察工作办法(试行)》。2019年,学校制定《中共南京理工大学委员会巡察工作规程(试行)》,建立巡察工作人才库,试点对2个二级党组织开展巡察工作。2020年,学校制定《中共南京理工大学第十二届委员会巡察工作规划(2020—2024年)》,全面启动开展巡察工作,组织完成2轮、对6个二级党组织的巡察工作。2021年,学校修订《中共南京理工大学委员会巡察工作实施办法》《中共南京理工大学委员会巡察工作规程》,探索实施分类巡察,组织完成2轮、对8个二级党组织和7个党支部的巡察工作。2022年,学校制定《中共南京理工大学委员会巡察整改工作实施办法》,组织完成3轮、对9个二级党组织的巡察工作,并实现对机关党支部巡察的全覆盖。在开展校内巡察实践中,学校党委始终把推动解决问题作为巡察工作的落脚点,不断压实巡察整改主体责任和监督责任,统筹推动巡视巡察联动整改、二级党组织未巡先改、职能部门对照跟进整改,做深做实巡察工作的"后半篇文章"。

(五)接受工信部巡视

2018年5月24日—8月21日,工业和信息化部党组第二巡视组对南京理工大学党委进行了巡视。巡视组坚持以习近平新时代中国特色社会主义思想和党的十九大精神为指导,坚守政治巡视职能定位,把"两个维护"作为根本政治任务,通过听取专题汇报、组织政治测试和民主测评、广泛开展个别谈话、认真受理群众来信来访、调阅有关文件资料、深入了解情况等方式,顺利完成了巡视任务。这次巡视是十九大之后,部党组对校党委开展的新一轮常规巡视,体现了部党组对高等教育事业和南京理工大学的高度重视和亲切关怀。学校党委坚决拥护部党组的决策部署,坚决把思想和行动统一到部党组巡视工作要求上来,进一步在坚持党的全面领导上聚神、在加强党的建设上聚力、在推进全面从严治党上聚焦,坚决把政治巡视的要求不折不扣落到实处。

七、群团、统战、关工委工作

（一）加强群团组织建设

学校党委全面贯彻落实《中共中央关于加强和改进党的群团工作的意见》要求，加强对群团工作的领导。

2014 年，学校第八届教职工代表大会暨第七届工会会员代表大会召开，审议并通过了《教职工代表大会实施办法》《教职工代表大会提案工作实施细则》等相关制度，选举产生新一届教代会执委会和工会委员会，进一步调动了全校教职工关心和建设学校的积极性。2020 年，胜利召开了第九届教职工代表大会暨第八届工会会员代表大会，23 个二级单位召开了教（职）代会和工代会（换届）大会。每年召开一次教职工代表大会，审议"十三五"发展规划、绩效津贴方案等，保障了教职工的知情权、参与权和监督权。近年来，工会坚持与时俱进、开拓创新，为全校教职工提供了热情、细心、周到的服务，增强了广大教职工的归属感和幸福感。2021 年，学校工会情系一线教职工，推出福利邮递到家服务，建立爱心母婴室，举办单身青年联谊会，受到广大教职工的好评。10 年来，学校共有 4 人获评省五一劳动奖章，6 人获评省五一创新能手，12 人获评省巾帼建功标兵与"三八"红旗手，1 人获评省"巾帼建功标兵"，1 个团队获评全国工人先锋号，6 个团队获评省工人先锋号，2 个团队获评省巾帼文明岗，1 人获评省五一劳动奖章。

学校团委先后于 2017 年、2022 年召开第十一次团代会和第十二次团代会，每两年召开一次学代会和研代会，积极畅通师生为学校发展建言献策的渠道。近年来，认真组织学生参加各类高层次课外科技活动竞赛，佳绩频传，其中在 2015 年第十四届"挑战杯"全国大学生课外学术科技作品竞赛终审决赛中，学校以 3 项特等奖（特等奖数量全国第一）、1 项一等奖、2 项二等奖，总分全国第一的成绩，成为第七个捧得"挑战杯"的高校。志愿服务方面，2014 年学校近千名志愿者全程参与"南京青奥会"赛事服务，赢得了广泛赞誉。积极推进共青团自身改革，2017 年出台《共青团改革实施方案》，2018 年启动实施"1＋100"团干部直接联系青年制度，提升团干部与基层团组织活力，2019 年重点推动学生会工作提质增效。十年来，1 人获高校团干部思政技能"大比武"基层团支部书记专项赛全省总冠军，"红话筒"宣教团获全国高校"百强学生社团"，"校园军工十景"青年学习社线路获全省唯一高校省级青年学习社线路。2020 年，学校团委荣获"全国五四红旗团委"称号。

（二）加强统一战线工作

学校党委深入学习贯彻中央统战工作会议和《中国共产党统一战线工作条例》等文件精神，坚持把统战工作纳入学校重要议事日程，定期召开统战工作领导小组会，颁布了学校《关于进一步加强统战工作的实施意见》等制度,健全校院两级统战工作联动机制和党委统一领导的"大统战"工作格局。通过举办专题学习、座谈交流等多种方式,充分发挥民主党派和无党派人士民主监督、参政议政的积极作用,为学校建设发展凝聚广泛力量。近年来,学校统一战线工作屡结硕果,2020 年,"名师耕耘坊"同心教育实践品牌入选江苏省高校统一战线同心教育实践基地,典型经验得到中央统战部、江苏省委统战部高度评价。学校获批江苏民族工作"红石榴家园",入选南京市"博爱钟山"民族团结进步示范区创建联盟单位。学校荣获江苏统战实践创新成果奖和理论创新成果一等奖。2021 年,学校实施"人大政协直通车计划",形成一批有较大社会影响力的统战理论实践研究成果、高层建言成果和领办督办事项。全年共 7 项成果获省级以上课题立项或奖励,9 项提案被市级以上认可或采纳,2 项提案获省级建言献策奖。学校入选省民族团结进步促进会会员单位。

(三)加强关工委工作

在中央领导的支持下,中国关心下一代工作委员会于 1990 年 2 月成立。中国教育关工委 1991 年 4 月成立,江苏省教育系统关工委 1992 年 3 月成立。1992 年 5 月 23 日,《关于成立华东工学院关心下一代工作委员会的通知》印发,(学院正式成立关心下一代工作委员会,简称:关工委)是全国高校中较早成立关工委的高校之一。

学校关工委成立以来,主要有三个历史发展阶段,如下:

初创时期(1992—2001 年),关工委认真组织学习研讨关心下一代工作,聘请联络员、建立校关工委教育组,在二级学院推进成立关工委组织,表彰先进,结合形势政策开展主题教育。

发展时期(2002—2011 年),关工委建立了《南京理工大学二级关心下一代工作委员会工作规则(试行)》《南京理工大学特殊困难学生申请"关爱基金"的办法》《南京理工大学关心下一代工作委员会委员联系学院工作职责(试行)》《南京理工大学关心下一代工作委员会联络员职责》等一系列制度。建立培训机制,成立了讲师团,积极参与三个代表、校史、爱国主义等主题教育。

深耕细作时期(2012—2022 年),关工委开展团队和平台建设:①关工委讲师团平台。起步于 1998 年成立的关工委教育组,成员由最初的 20 人发展到现在的 73 人,讲题从最初的不到十个,发展到现在 170 个,其中 6 个获得江苏省教育关工委"精品教育项目"奖。现在每年开讲超过百场。②老青共建平台。老青共建开展的活动有:"老青共话人生路""老青共话品书香""我与学校共发展""院士交流推发展""老青交流谋发展""老青同乐迎新春"等。2017 年,老青共建项目以《着眼"最大多数"、厚爱"关键少数"》为题,获得江苏省教育系统关工委工作创新奖。③"五学习"活动组。2017 年 10 月,校关工委与校团委、马克思主义学院合作,创建了习近平新时代中国特色社会主义思想学习平台。学习小组由学生社团骨干、部分辅导员和关工委老同志共同组成。2019 年,"五学习"活动组获得江苏省教育关工委创新工作奖,平台已经纳入了"青马工程"培训体系。④暑期社会调查报告征文竞赛。2018 年,为鼓励同学们投身于社会实践,了解国情,自我教育,就改革开放 40 年、建国 70 年、脱贫攻坚、建党 100 年等主题开展了征文活动。学校关工委坚持不懈抓二级关工委建设。2016 年完成全部二级关工委常态化建设,并开展了活动品牌建设。

2022 年 10 月 14 日上午,学校举行了关心下一代工作委员会成立 30 周年暨第九次表彰大会,表彰了学校关工委成立 30 年荣誉 30 人和部分先进集体和先进个人。

学校关工委成立以来坚持以核心价值观教育为主战场,立德树人,逐步拓展关爱的领域,已经覆盖党课、团课、新生入学教育、形势政策教育、校史教育、教学督导、党建、学生社团辅导、辅导员队伍建设、社会实践和社会调查辅导、读书活动、帮困助学、青年教师申报自科基金课题辅导等多方面,全面服务青少年成长。关工委工作两次荣获"全国教育系统关心下一代工作先进集体"荣誉称号,四次荣获"江苏省关心下一代工作先进集体"荣誉称号,六次荣获"江苏省教育系统关心下一代工作先进集体"荣誉称号。学校两个学院荣获"江苏省教育系统关心下一代工作先进集体"荣誉称号。四个项目荣获江苏省教育系统关工委年度工作创新奖。校关工委工作团队荣获江苏省教育系统关工委"2016 年度关工委优秀工作团队"称号。

附　录

一、学校校名沿革图

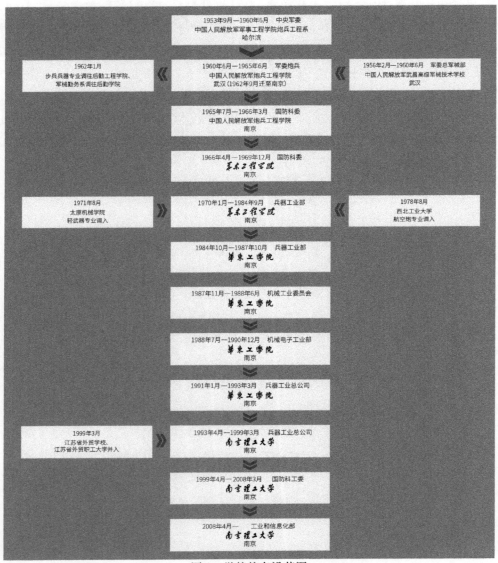

图 1　学校校名沿革图

二、教学科研机构设置一览表

表1　科学科研机构设置一览表

序号	名称
1	机械工程学院
2	化学与化工学院
3	电子工程与光电技术学院
4	计算机科学与工程学院/人工智能学院
5	经济管理学院
6	能源与动力工程学院
7	瞬态物理重点实验室
8	自动化学院
9	理学院
10	外国语学院
11	公共事务学院
12	马克思主义学院
13	材料科学与工程学院/格莱特研究院
14	环境与生物工程学院
15	设计艺术与传媒学院
16	知识产权学院
17	网络空间安全学院(江阴校区)
18	智能制造学院(江阴校区)
19	新能源学院(江阴校区)
20	数学与统计学院
21	钱学森学院
22	中法工程师学院
23	国际教育学院
24	体育部
25	创新创业教育学院
26	工程训练中心
27	艺术与文化素质教育部
28	继续教育学院
29	紫金学院
30	泰州科技学院
31	微电子学院(集成电路学院)

三、历任党政负责人一览表

表 2　历任党委主要领导

学校发展阶段	姓名	职务名称	任职时间	党代会届次及召开时间
军事工程学院	陈赓	临时党委书记	1952 年 9 月 16 日—1953 年 1 月 30 日	
		党委书记	1953 年 1 月 30 日—1958 年 5 月 1 日	
	谢有法	政治委员	1958 年 5 月 1 日—1960 年 7 月	
军事工程学院炮兵工程系	贺振新	系政委	1955 年(春)—1960 年 5 月	
武昌高级军械技术学校	廖成美	政治委员	1953 年 8 月—1960 年 5 月	
炮兵工程学院	孔从洲	临时党委书记	1960 年 6 月 7 日—1961 年 5 月 27 日	临时党委 1960 年 6 月 4 日
	廖成美	党委第一书记	1961 年 5 月 27 日—1966 年 4 月 1 日	第一次 1961 年 5 月 20 日—27 日 第二次 1964 年 1 月 5 日—11 日
华东工程学院	李仲麟	党委书记	1966 年 4 月 1 日—1968 年 9 月	
	齐陶	党的核心小组组长	1970 年 11 月 4 日—1973 年 5 月 15 日	
		党委书记	1973 年 5 月 15 日—1975 年 9 月 18 日	第三次 1973 年 5 月 15 日—18 日
	周伯藩	党委书记	1975 年 9 月 18 日—1977 年 7 月 5 日	
	霍宗岳	党委书记	1977 年 7 月 5 日—1979 年 7 月 16 日	
	明朗	党委书记	1979 年 7 月 16 日—1983 年 12 月 20 日	第四次 1979 年 12 月 24 日—1980 年 1 月 3 日
	汪寅宾	党委书记	1983 年 12 月 20 日——1984 年 10 月	第五次 1984 年 7 月 2 日—4 日
华东工学院	汪寅宾	党委书记	1983 年 12 月 20 日—1988 年 1 月 30 日	
	曲作家	党委书记	1988 年 1 月 30 日—1993 年 2 月	第六次 1988 年 6 月 27 日—29 日 第七次 1992 年 1 月 12 日—14 日
南京理工大学	曲作家	党委书记	1993 年 2 月——1996 年 1 月 30 日	
南京理工大学	徐复铭	党委书记	1996 年 1 月 30 日—2000 年 3 月 13 日	第八次 1997 年 4 月 27 日—29 日
	郑亚	党委书记	2000 年 3 月 13 日—2006 年 2 月 9 日	第九次 2001 年 4 月 25 日—27 日
	王晓锋	党委书记	2006 年 3 月 1 日—2006 年 12 月 18 日	
	陈根甫	党委书记	2006 年 12 月 18 日—2013 年 1 月 16 日	第十次 2007 年 7 月 2 日—4 日
	尹群	党委书记	2013 年 1 月 16 日—2019 年 4 月 19 日	第十一次 2013 年 6 月 5 日—7 日
	张骏	党委书记	2019 年 4 月 19 日—	第十二次 2019 年 10 月 4 日—6 日

表3　历任纪委(监委)主要领导

学校发展阶段	姓名	职务名称	任职时间	党代会届次
炮兵工程学院	林胜国	监委书记	1960年6月—1965年11月	第一次、第二次
华东工程学院	霍宗岳	纪委书记	1979年7月16日—1983年5月18日	第四次
华东工学院	何可人	纪委书记	1984年3月25日—1985年8月15日	第五次
	邹积芳	纪委书记	1985年8月15日—1993年9月3日	第六次、第七次
南京理工大学	郑亚	纪委书记	1996年11月22日—2000年3月13日	第八次
	马大庆	纪委书记	2000年3月13日—2007年5月11日	第九次
	项银康	纪委书记	2007年5月11日—2012年3月1日	第十次
	王贵农	纪委书记	2012年3月1日—2017年11月1日	第十一次
	许百涛	纪委书记	2017年11月1日—	第十二次

表4　历任主要行政领导

学校发展阶段	姓名	职务名称	军衔或职称	任职时间
军事工程学院	陈赓	院长	大将	1952年7月11日—1960年7月
军事工程学院炮兵工程系	赵唯刚	系主任	大校	1953年1月—1959年10月
武昌高级军械技术学校	贾克	校长	大校	1954—1959年
	校长黄延卿	校长	大校	1960年1月—1960年7月
炮兵工程学院	孔从洲	院长	中将	1960年6月7日—1964年7月2日
	李仲麟	院长	少将	1964年7月22日—1966年4月
华东工程学院	李仲麟	院长		1966年4月—1968年9月28日
	齐陶	革委会主任		1968年9月28日—1975年9月18日
	周伯藩	革委会主任		1975年9月18日—1977年7月5日
	霍宗岳	革委会主任		1977年7月5日—1979年7月16日
	明朗	院长		1979年7月16日—1981年1月29日
	李仲麟	院长		1981年1月29日—1983年4月15日
	冯缵刚	院长	教授	1983年4月15日—1984年10月
华东工学院	冯缵刚	院长	教授	1984年10月—1988年1月26日
	李鸿志	院长	教授	1988年1月26日—1993年2月
南京理工大学	李鸿志	校长	教授	1993年2月—2000年3月13日
	徐复铭	校长	教授	2000年3月13日—2006年12月18日
	王晓锋	校长	教授	2006年12月18日—2015年6月1日
	付梦印	校长	教授	2015年6月17日—

四、历年教职工情况统计表

表 5　1961—1990 年教职工情况统计表

年份	教职工总数	专任教师			
		小计	正副教授人数	讲师人数	助教教员人数
1961	1901	506	—	—	—
1962	2655	549	14	92	443
1963	2203	691	—	—	—
1964	1867	695	—	—	—
1965	2079	681	—	—	—
1966	1847	731	—	—	—
1967	1808	731	—	—	—
1968	1805	731	—	—	—
1969	1798	728	—	—	—
1970	1739	739	—	—	—
1971	2056	717	—	—	—
1972	2112	703	14	117	572
1973	2106	798	—	—	—
1974	2115	796	—	—	—
1975	2181	854	—	—	—
1976	2243	851	—	—	—
1977	2339	889	14	118	757
1978	2542	951	32	313	606
1979	2674	992	26	309	657
1980	2792	1014	22	685	307
1981	2994	981	102	685	194
1982	3164	1060	95	682	283
1983	3177	1064	126	650	288
1984	2146	1053	131	626	296
1985	3378	1179	126	630	423
1986	3497	1236	120	619	497
1987	3612	1246	335	471	440
1988	3714	1255	404	535	316
1989	3727	1293	429	535	329
1990	3791	1344	498	621	225

表6　1991年—2022年教职工情况统计表

年份	教职工总数	专任教师	正高级职称	副高级职称	中级职称	初级职称	无职称	行政人员	教辅人员	工勤人员	科研人员	校办企业职工	其他附设机构人员
1991	3853	1518	76	440	606	396		528	452	426	344	222	363
1992	3771	1560	105	427	609	391	28	538	462	431	369	206	205
1993	3812	1540	153	423	548	396	20	528	454	408	461	209	212
1994	3775	1528	178	485	524	320	21	514	452	397	475	192	217
1995	3760	1529	171	490	528	305	35	453	479	395	492	202	210
1996	3682	1494	183	501	496	284	30	423	477	390	488	202	208
1997	3623	1454	172	493	495	274	20	421	476	385	483	198	206
1998	3580	1434	164	474	497	280	19	416	473	380	485	191	201
1999	3226	1040	159	365	338	162	16	389	379	194	443	182	599
2000	3230	1039	160	319	357	119	10	399	377	189	456	179	591
2001	3112	1036	169	327	369	107		390	400	50	322	313	601
2002	3010	1099	218	406	336	136	3	373	414	64	324	269	467
2003	3047	1163	226	422	355	157	3	411	475	69	342	190	397
2004	3032	1263	236	471	361	189	6	362	489	67	330	126	395
2005	3036	1335	268	489	412	163	3	388	514	74	288	195	242
2006	3033	1398	271	502	493	132		366	498	98	205	104	364
2007	3064	1447	301	530	518	98		423	418	96	210	119	351
2008	3099	1508	341	555	520	92		448	422	77	210	126	308
2009	3112	1594	335	539	648	72		436	416	72	185	116	293
2010	3145	1736	366	597	715	58		391	382	67	196	113	260
2011	3236	1806	370	604	802	30		410	374	39	210	123	274
2012	3260	1905	385	652	853	15		404	380	15	192	110	254
2013	3251	1944	388	671	874	11		407	373	14	190	102	221
2014	3242	1979	396	692	878	13		402	367	12	178	91	213
2015	3262	1981	443	704	819	15		423	371	12	181	87	207
2016	3285	1986	451	735	791	9		421	445	11	162	75	185
2017	3277	1987	502	722	756	7		573	440	11	107	62	97
2018	3252	1988	501	733	745	9		562	411	11	0	197	82
2019	3262	2003	496	815	681	11		559	413	12	0	195	80
2020	3317	2102	546	881	667	8		654	376	148	0	37	0
2021	3533	2265	588	931	737	9		713	350	125	41	39	0
2022	3627	2378	610	997	761	10		741	327	99	48	34	0

注:2000年专任教师另有其他系列高级职称74人;2001年专任教师另有其他系列高级职称64人。

五、历年招生人数统计表

表7　历年招生情况统计表

年度	博士招生	硕士招生	本科招生	专科招生
1953			180	
1954			181	
1955			182	
1956			66	
1957			77	
1958			104	
1959			176	
1960			422	30
1961			1014	
1962			0	
1963			257	
1964			256	
1965			460	
1966			0	
1967			0	
1968			0	
1969			0	
1970			0	
1971			0	
1972			837	
1973			319	
1974			486	
1975			159	
1976			686	
1977			556	
1978		55	1064	99
1979		7	722	
1980		5	631	
1981		47	658	
1982	1	50	825	
1983	1	86	1013	104
1984		121	1213	173
1985	19	233	1314	497
1986	11	234	1316	176

年度	博士招生	硕士招生	本科招生	专科招生
1987	17	199	1445	110
1988	27	203	1531	118
1989	24	171	1263	206
1990	19	188	1325	192
1991	16	187	1329	141
1992	27	194	1423	592
1993	36	244	1692	850
1994	56	249	1840	660
1995	57	212	2100	600
1996	74	258	2388	402
1997	78	297	2664	186
1998	101	308	2857	63
1999	121	390	3817	425
2000	160	500	3876	320
2001	213	736	3809	331
2002	251	959	3680	305
2003	325	1353	4054	300
2004	337	1535	4000	300
2005	337	1666	4000	
2006	324	1644	3691	
2007	327	1614	3481	
2008	330	1737	3642	
2009	354	2169	3830	
2010	360	2271	3850	
2011	367	2229	3950	
2012	372	2342	4010	
2013	370	2379	4011	
2014	382	2445	4100	
2015	390	2469	4097	
2016	444	3515	4093	
2017	444	3515	4071	
2018	471	3543	4084	
2019	518	3727	4087	
2020	565	4414	4266	
2021	595	4479	4481	
2022	379	4665	4605	

六、学校专业、学位点数量变化示意图

专业、学位点数量变化图

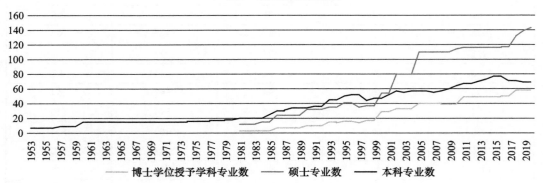

七、校风、校训、校歌

1. 校风

团结　献身　求是　创新

20世纪80年代,学校以1953年8月毛泽东主席为哈军工颁发的《中央人民政府人民革命军事委会训词》为指导,经过征集、提炼,将"团结 献身 求是 创新"确定为学校校风。

团结是包容,是协作,是团队合作的凝聚力量;献身是奉献,是追求,是执着进取的精神境界;求是是探索,是求真,是理性务实的科学素养;创新是超越,是创造,是成就进步的不竭源泉。

2. 校训

进德修业　志道鼎新

校训释义:

"进德修业"语出《周易·乾》:"子曰:君子进德修业,忠信,所以进德也,修辞立其诚,所以居业也。""进德",意为增进德行,体现学校崇尚"立德树人""育人为本""以德为先",将提高师生道德修养作为其立身治世的前提与目标。"修业",意为修习学业、成就事业,体现学校办学育人的境界,即:教师诲人不倦,勤业、精业、乐业;学生孜孜以求,创新、创业、创优。

"志道鼎新",取意"探究道理,创造新知"。"志道"语出《论语·述而》"志于道、据于德、依于仁、游于艺",蕴含着探寻事物的本质规律、追求科学真理之意,勉励师生把探索"道"作为孜孜以求的目标。鼎,树立之意,语出《周易·杂卦》:"革,去故也,鼎,取新也。"鼎新,引申为发现与创造新思维、新知识。

3. 校歌

使 命
南京理工大学校歌

集 体 词
吴小平 曲

后 记

    峥嵘七秩,薪火相传。2023 年 9 月南京理工大学将迎来 70 周年校庆,为记录校史、回溯过往、昭示未来,2021 年底,学校启动校史编纂工作,组织人员纂写《南京理工大学校史(1953—2022)》(以下简称《校史》)一书,回顾、梳理、介绍学校 70 年的发展历程,以期通过该书的编纂,弥补南京理工大学缺乏一部完整校史的遗憾,打造一部优秀的校史文化作品献礼学校庆典。

    2013 年,学校校史编纂组已编纂出版《南京理工大学纪事》,对学校自成立以来的重要校史事件进行了系统梳理,为本书的编纂奠定了扎实的资料基础。此外,学校档案馆丰富的馆藏档案及学校一批前期校史编研成果也为本书提供了丰富素材,如档案馆馆藏《南京理工大学组织沿革(1953 年—1976 年)》《华东工学院院史(1960—1985)》《华东工学院年鉴(1977—1990)》及其他(统计)年鉴,已经公开出版的《南理工记忆》《南京理工大学史话》《南京理工大学文化建设成果巡礼》《南理工人》《弘毅—新中国第一代国防科技教育工作者传奇》《南京理工大学校史人物传略(1953—1966)》等。本书的编纂还参考了《哈军工传》《陈赓大将与哈军工》《国防科技大学校史(1953—1993)》等多部与哈军工相关的书籍。

    2021 年 12 月开始,《校史》编纂组成员开始着手整理校史素材,搜寻校内外相关档案材料,经过 5 个多月的努力,2022 年 5 月,资料整理工作初步完成,书稿总体框架也基本确定,按照各章分工开始分别征求校内相关部门和专家、领导对各章的意见,在征集到的意见基础上,经过探讨交流,修改、细化框架,撰写初稿,2022 年 9 月,初稿文字基本完成。自 2022 年 11 月起,经历四轮专家审阅、意见整理、修改完善,统稿组成员最终于 2023 年 5 月完成全书统稿工作。

    《校史》书稿约 60 万字,按照学校 70 年发展沿革及重大事件,共分为六章。六章执笔成员如下:第一章肩负强大国防使命创建现代军事科技学府(1953—1960 年)为季卫兵、李梦瑶、赵玉瑜、谈悠;第二章历经三地艰难办学筑牢大学根基(1960—1966 年)为李广都、王虹铈、李犟,第三章曲折中的坚守(1966—1978 年)为姜莹、李春宏,第四章改革开放后新的发展时期(1978—1993 年)为李春宏、姜莹,第五章加快推进国内一流大学建设(1993—2012 年)为何振才、李涛、崔聪、杨武、顾来红、孟天财、杨钰婷,第六章开启世界一流大学建设新征程(2012—2022 年)为宗士增、张佳钊、周荣、曾绍军,附录为曹洪。全书统稿工作由李梦瑶、李春宏、姜莹、宗士增四位同志完成。

书稿在编纂过程中得到了学校领导的亲切关怀和大力支持。曲作家、李鸿志、王泽山、冯缵刚、邱凤昌、尹群、汪信、刘丽华、芮筱亭、陈光、孙海波、吴晓蓓、韦志辉、贺安之、周长省、王晓鸣、范嘉璥、殷达仁、王大勇、周光华、于院生、江鸿、徐学华、王健、宫载春、孙崇凯、蔡春、唐振民、王建新、赵敏、刘大斌、钱建平、袁军堂、孔捷、薄煜明、郭健、朱建飞、王赓、丁大志、张珩、易文斌、殷巧生、张勇、宋伟华、谈乐斌、王亚群、陈英、马德林、肖酉等许多老领导、老同志、专家教授及各部门负责人参与了对全部书稿或部分章节的审阅,他们认真阅读书稿,提供资料素材,提出完善的修改意见及建议,其认真负责的态度、扎实严谨的作风,深深鼓舞和激励着编纂组成员克服各种困难,精益求精,把本书编写好。在此谨向所有为本书付出辛勤汗水的人员表示衷心感谢!

南京理工大学校史涵盖 70 年历程,涉及学校工作的方方面面,加之时间久远、人事变迁,许多资料遗失,编纂过程之艰辛,不一一而论。由于编者水平有限,虽经努力,仍难免存有疏漏和错误之处,恳请各位读者不吝赐教。

南京理工大学校史编纂组

二〇二三年八月